기독교문서선교회 (Christian Literature Center: 약칭 CLC)는 1941년 영국 콜체스터에서 켄 아담스에 의해 시작되었으며 국제 본부는 미국 필라델피아에 있습니다.
국제 CLC는 59개 나라에서 180개의 본부를 두고, 약 650여 명의 선교사들이 이동 도서차량 40대를 이용하여 문서 보급에 힘쓰고 있으며 이메일 주문을 통해 130여 국으로 책을 공급하고 있습니다. 한국 CLC는 청교도적 복음주의 신학과 신앙 서적을 출판하는 문서선교기관으로서, 한 영혼이라도 구원되길 소망하면서 주님이 오시는 그날까지 최선을 다할 것입니다.

영적 여정을 위한
기독교 영성

Christian Spirituality for Spiritual Journey
Written by Chang-Kug Choi
All rights reserved.
Korean Edition Copyright ⓒ 2020 by Christian Literature Center, Seoul, Korea

영적 여정을 위한 기독교 영성

2013년 2월 28일 초판 1쇄 발행
2020년 12월 31일 개정 증보 1쇄 발행

지 은 이 | 최창국

편   집 | 정재원, 구부회, 정희연
디 자 인 | 전지혜, 김현진
펴 낸 곳 | (사)기독교문서선교회
등   록 | 제16-25호(1980.1.18.)
주   소 | 서울특별시 서초구 방배로 68
전   화 | 02-586-8761~3(본사) 031-942-8761(영업부)
팩   스 | 02-523-0131(본사) 031-942-8763(영업부)
이 메 일 | clckor@gmail.com
홈페이지 | www.clcbook.com
송금계좌 | 기업은행 073-000308-04-020 (사)기독교문서선교회

ISBN 978-89-341-2220-3(93230)

이 도서의 국립중앙도서관 출판예정도서목록(CIP)은 서지정보유통지원시스템 홈페이지
(http://seoji.nl.go.kr)와 국가자료공동목록시스템(http://www.nl.go.kr/kolisnet)에서 이용하실 수 있습니다. (CIP제어번호: CIP2020048254)

이 책의 저작권은 저자와 (사)기독교문서선교회가 소유합니다. 신저작권법에 의하여 한국 내에서 보호받는 저작물이므로 무단 전재와 무단 복제를 금합니다.

개정 증보판

영적 여정을 위한
기독교 영성

최창국 지음

평화로운 영혼은 하나님을 경청할 줄 아는 영혼이요
이웃의 소리를 진지하게 경청할 줄 아는 영혼이요
자신의 마음의 소리를 경청할 수 있는 영혼이다

CLC

차례

머리말 ... 6

제1부 영성의 해석 ... 12

제1장 영성과 영혼 ... 13
제2장 영성과 인식 ... 49
제3장 영성과 신학 ... 72
제4장 영성의 해석학적 지평 ... 97
제5장 영성과 하나님의 프락시스 ... 126
제6장 영성과 구원론적 프락시스 ... 163
제7장 영성생활의 해석학적 패러다임 ... 200
제8장 영성생활과 정신 ... 227
제9장 영성생활과 몸 ... 268
제10장 '체현된 자아'로서 몸 ... 291

제2부 영성생활의 실제 ... 316

제1장 영성과 영적 여정 ... 317
제2장 영성생활과 일상성 ... 352
제3장 영성생활과 신비성 ... 375
제4장 영성생활과 공동체성 ... 401
제5장 영성생활과 기도 ... 424
제6장 기도의 유형과 실제 ... 457
제7장 기도의 방편과 성격 유형 ... 471
제8장 기도와 치유의 지평 ... 504

제9장 영성생활과 방언	529
제10장 영성생활과 금식	546
제11장 영성생활과 영적 예배	559
제12장 영성생활과 예배의 지평	579

제3부 영성 수업 621

제1강 인간 이해와 영성	622
제2강 기독교 영성 해석	628
제3강 영성생활과 자기 분화의 지평	637
제4강 신앙의 단계와 영적 여정	648
제5강 영성생활과 기도	656
제6강 기도의 유형	663
제7강 기도의 방법	670
제8강 렉시오 디비나	674
제9강 기도와 치유	680
제10강 영 분별과 해석	685
제11강 영혼의 어두운 밤	690
제12강 영성생활과 방언	698
제13강 영성생활과 금식	702

참고문헌 711

머리말

　기독교 전통에서 우리의 눈에 보이는 유형의 성경과 교리와 도덕과 제도 등은 기독교의 적절한 요소로 주목되었다. 하지만 무형의 영성과 꿈과 경험과 치유 등은 진지한 주목을 받지 못하였다. 분명한 것은 유형의 신학적 차원과 무형의 영적 차원의 균형 없이 우리는 하나님의 풍성하고 아름다운 세계를 경험할 수 없다는 것이다. 평생 동안 종교 현상에 관심을 가지고 살았던 월터 클라크는 "사람들은 교회에 가서 무언가를 극히 일부만 얻고서는 진짜를 얻어야 할 필요를 없애 버린다"고 하였다.[1]

　"하나님의 세계가 이렇게 크다면 그대는 왜 하필이면 이 감옥에 잠들었는가?"라는 루미의 질문은 우리의 인식의 지평에 도전을 가한다. 우리가 이성이란 세계에 갇히게 되면 합리성과 논리라는 우상에 빠지게 된다. 계몽주의와 이성주의 유산에서 태동한 소위 "의심의 해석학"을 통하여 칼 마르크스는 종교를 "민중의 아편"이라 불렀다. 프리드리히 니체는 종교를 "민중을 위한 플라톤주의"라고 말하고 지그문드 프로이드는 종교를 "집단적 신경증세"라고 하였다.

　의심의 해석학은 우리의 부족한 부분들을 깨닫도록 도전하였다. 그럼에도 의심의 해석학이 이성을 우상처럼 신봉한 결과의 산물임은 부인할 수 없다. 분명히 이성이 우리의 유일한 안경은 될 수 없다. 이성만이 우리의 유일한 의식은 아니기 때문이다. 그러므로 오직 이성적인 능력으로만 복음의 진

---

[1] Ernest Kurtz and Katherine Ketcham, *The Spirituality of Imperfection: Storytelling and The Journey to Wholeness* (London: Bantam Books, 1994), 23에서 인용.

리를 모두 경험할 수 없기에 우리는 이성적 해석학을 넘어서야만 한다.

우리는 반이성적이어서는 안 되지만 비이성적일 수 있다. 왜냐하면 신앙의 세계는 신비적 미학을 지니고 있기 때문이다. 신비의 미학은 우리의 신앙과 신학과 영적 삶을 이성의 울타리 안에 가두어버리는 과오로부터 보호할 수 있다. 물론 신비 추구가 사회적 자아를 부정하고 기적 찾기와 체험에 대한 욕심에서 공동체적 삶의 사회적 가치를 사라지게 만드는 경향성을 지닐 가능성이 있기 때문에 항상 애정과 긴장이 요구되는 장이기도 하다.

역사학자 아놀드 토인비가 오직 영적 갱신만이 우리의 문명을 구출할 수 있다고 간파했던 것은 옳았다. 그가 언급한 영적이란 말에는 우리 자신과 세계와 하나님까지도 대상으로만 바라보는 대상적 위치의 주제가 가진 한계를 넘어서도록 요청하는 정신을 담고 있다. 이것은 대상성에서 인격성으로 개별성에서 사회성으로의 관계를 소망하는 꿈을 담고 있기 때문이다.

영적인 사람은 영에 이끌려 사는 사람을 의미하고, 그런 삶은 무엇보다 물질적 실재에 중심을 둔 삶과 대조적인 삶이다. 관점을 새롭게 한다는 의미와 '외관'을 경계한다는 의미이기도 하다. 물질의 소유 그 자체가 나쁜 것은 아니다. 하지만 영적인 사람이란 소크라테스가 말했듯이 우리가 소유하는 물질이 우리를 소유할 수 있다는 사실을 기억한다. 소유가 커질수록 그 소유가 우리를 더욱 지배하기 때문이다. 그렇지만 영적인 실재는 소유의 대상이 아니다. 우리가 사랑과 바람과 지혜를 경험은 할 수 있지만 소유할 수 없듯이 영적인 실재도 마찬가지이다. 영적이란 말은 원래 영의 동의어인 숨이나 바람처럼 우리가 경험은 할 수 있지만 눈에 보이지 않는 실체에 관한 것이다. 바람의 힘으로 나무와 수풀이 움직이듯이 영혼도 영의 힘으로 움직이도록 창조되었다. 이것이 영적인 사람들이 알고 깨닫고 경험하는 신비다. 영적인 사람은 역설의 신비를 또한 경험한다. 그것은 자신이 가장 연약해졌을 때 항복하고 그 항복을 통해 하나님을 만나게 된다는 것을 안다. 영적인 사람은 오히려 상처와 어두운 밤을 통해 진정한 하나님을 경험한다는 사실도 안다.

영적인 사람은 하나님의 주도에 의해 새로운 삶의 태도와 목표를 가진 전인을 의미한다. 영적인 사람은 몸을 비영적인 차원으로 여기지 않는다. 몸은 단지 물질적 실체만은 아니기 때문이다. 몸은 우리의 정체의 일부이기 때문이다. 영적인 사람은 이성적이고 개념적 신앙을 넘어 신앙의 신비성을 자각한다. 하나님의 사랑은 단지 인지하거나 관찰할 수 있는 것이 아니기 때문이다. 우리가 하나님의 사랑의 일부가 되어야만 하나님의 사랑을 볼 수 있기 때문이다. 영적인 사람은 이성적 한계에 머물기보다는 하나님의 신비에 열린 자세를 가진다. 다른 어떤 위대함의 세계보다 하나님의 세계가 크고 더 아름다운 세계임을 알기 때문이다.

인간은 하나님의 숨결 안에서 살아갈 때 건강하고 충만한 삶을 살아가도록 창조되었다. 그러나 인간은 이러한 본질적 환경을 오염시켰다. 그 결과 인간은 외적으로 나타난 형태에 지나치게 몰두하는 결과를 초래하였다. 현대 한국교회 안에는 이런 현상이 심화되고 있다. 이러한 문제들을 극복하기 위해서는 한국교회 안에서의 통전적인 기독교 영성과 기도와 거룩한 독서 등과 같은 영성훈련에 대한 새로운 이해와 경험을 통해 하나님을 일상의 삶 속에서 체험하도록 돕는 사역이 필요하다. 알리스터 맥그라스는 영성생활의 중요성을 이렇게 진술한다.

> 복음주의 특히 미국적 복음주의의 영향을 받은 현대 교회들은 큰 문제에 직면하고 있다. 복음주의는 예수 그리스도를 구주이자 주님으로 전도하는 데는 성공적이었지만, 하나님과의 영적 관계를 이어나가고 성숙한 모델을 제시하는데 실패했다.[2]

맥그라스의 지적은 현대 교회가 추구해야 할 사역의 방향성을 바르게 지적하고 있다. 현대 한국교회가 추구해야 할 중요한 목표 중의 하나가 바로 영적 성장이다. 한국교회의 가장 본질적인 문제는 영적인 미성숙으로 요약될 수 있다. 직간접적으로 한국교회의 그리스도인들은 교회의 영적 자질이 우수하고 영성과 도덕성이 분리되지 않고 일치되는 교회를 희망하고 있다. 때문에 한국교회의 가장 시급한 과제는 교회의 영적인 질을 우수하게 하는 것이다.

---

2 알리스터 맥그라스,『복음주의와 기독교의 미래』, 신상길·정성옥 역 (서울: 한국장로교출판사, 1997), 142.

본서는 필자가 지난 20여 년에 걸쳐 기독교 영성을 연구하고 가르치며 궁금하였던 것에 대한 답변이기도 하다.

왜 기독교에서는 인간을 영혼이라고 부르는가?
왜 기독교적 인식은 묵상적인 방법을 진지하게 고려하지 않는가?
왜 사색적 신학에만 몰두하고 신비적 미학에는 관심을 두지 않는가?
기독교 영성이란 과연 무엇을 의미하는가?
영적 여정에서 반드시 고려해야 할 내용들은 어떤 것들이 있는가?
신비주의는 경이로움을 갈망하는 소망인가 아니면 하나님 사랑의 역사인가?
우리의 영성생활의 영적고향은 어디인가?
우리의 영성생활에서 외적 공동체와 내적 공동체가 왜 중요한가?
우리의 영성생활은 정신세계와 어떤 관계가 있는가?
영적이란 비물질적인 것을 의미하는가?
몸과 영성생활은 어떤 관계가 있는가?
영성은 영혼의 성스러운 힘인가?
기도생활에서 어두운 밤은 어떤 의미가 있는가? 우리는 몸으로 기도할 수 있는가?
솔로몬의 기도는 무의식 세계를 통한 기도였는가?
치유와 기도는 어떤 관계가 있는가?
과연 금식기도는 하나님께서 기뻐하시는 것인가? 방언기도는 심리적 현상에 불과한 것인가?
아니면 방언은 정신적인 개념들의 폭정으로부터 인격을 자유로이 해방시키기 위한 성령의 능력인가?
영적 예배란 무엇인가?
예배와 의식의 변화는 어떤 관계에 있는가?
예배의 4중 구조란 무엇인가?

본서에서는 이러한 질문들과 함께 씨름하면서 단순히 학문적 논쟁에 목표를 두기보다는 영혼에 대한 애정을 가진 사람들의 소리와 함께 답변을 찾기 위해 노력하였다. 영혼을 사랑하는 행위는 논리에서 비롯되는 것이 아니라 진정한 애정에서 시작하기 때문이다. 영혼은 진선미를 먹고 자라지만 사랑이 있는 곳에서는 더욱 크게 자라기 때문이다.

기독교 영적 전통에 따르면 다른 사람들을 돌보는 사람은 평화로운 영혼이어야 한다. 본서를 저술하는 동안 필자의 마음에 잔잔히 자리하고 있었던 내용이다. 평화로운 영혼은 하나님을 경청할 줄 아는 영혼이요, 이웃의 소리에 진지하게 경청할 줄 아는 영혼이요, 자기 자신의 마음의 소리에 경청할 수 있는 영혼이다. 본서는 이 세 가지 소리에 빚을 지고 있다. 평화로운 영혼은 주님의 사랑의 품에 안식할 수 있는 영혼이요, 영혼의 친구가 될 수 있는 영혼이요, 환경의 소리에 휩쓸리지 않고 기도할 수 있는 영혼이요, 내적으로 평온한 영혼이요, 무엇보다도 사랑할 줄 아는 영혼이다. 평화는 육체적, 정신적, 영적 그리고 사회적 삶의 모든 영역에서 건강한 상태를 의미한다.

평화로운 영혼은 통전적인 삶을 추구한다. 평화로운 영혼은 인간 존재의 전체성과 인격의 올바름을 추구한다. 평화는 신앙, 마음, 사랑, 관계성, 통전성 그리고 인격의 실체와 관련된 것이기 때문이다. 평화로운 영혼은 참된 평화는 하나님께로부터 온다는 것을 기억한다. 평화로운 영혼은 자신의 다양한 이름을 사랑한다. 그 이름에 아로새겨진 하늘의 뜻을 알기 때문이다. 그 다양한 이름은 몸과 정신과 마음과 영혼이다. 평화로운 영혼은 무엇보다도 사랑에 의식적으로 헌신하며 사는 것보다 더 아름답고 자유로운 삶은 없다는 것을 안다. 이 책은 이 세 가지 소리를 담아내기 위해 기도하며 소망한 결과물이기도 하다. 마음으로 이 책을 읽는 영혼에게 평화를 소망해 본다.

본서는 필자의 저서인 『영혼 돌봄을 위한 기독교 영성』(CLC)을 수정 보완하였을 뿐 아니라 여러 장을 새로 추가한 것이다. 특히 제1부의 제4장, 제7장, 제10장은 새로 추가한 내용이며, 제2부의 제5장, 제6장, 제9장, 제10장은 새로 추가하거나 수정 보완한 것이다. 제3부는 필자가 오랫동안 영성 수업을 통해 얻은 영성과 영성생활에 대한 이해를 돕기 위해 핵심 내용을 정리하여 강의한 것들이다.

본서가 나오기까지 많은 기도와 격려와 도움을 주었던 손길을 잊을 수 없다. 개혁주의생명신학을 추구하는 백석대학교에서 가르칠 수 있도록 인도하신 하나님과 귀한 장을 마련해 주신 총장 장종현 박사님께 감사를 드린다. 또한 부족한 강의를 경청하며 격려해 준 백석대학교 신학대학원과 기독전문대학원의 원우들, 그리고 건강한 영성을 통한 영적 돌봄과 상담과 설교에 관심을 갖고 함께 기도하며 연구하는 영성상담 콜로키움(colloquium) 박사 과정의 여러 동역자에게 감사드린다. 끝으로 이 책이 나오기까지 기도와 사랑과 격려의 수고를 아끼지 아니한 사랑하는 아내 은심과 어느덧 멋진 사회인으로 성장한 사랑하는 딸 지수와 큰 비전을 가지고 진력하고 있는 아들 은찬에게 고마움을 전한다.

2020년 11월 1일
방배동에서
최 창 국

제1부

영성의 해석

제1장   영성과 영혼
제2장   영성과 인식
제3장   영성과 신학
제4장   영성의 해석학적 지평
제5장   영성과 하나님의 프락시스
제6장   영성과 구원론적 프락시스
제7장   영성생활의 해석학적 패러다임
제8장   영성생활과 정신
제9장   영성생활과 몸
제10장 '체현된 자아'로서 몸

제1장

영성과 영혼

Spirituality and the Soul

1. 철학에서의 영혼

영혼을 뜻하는 고대 그리스어 프쉬케(*psyche*)는 가장 난해한 개념 중에 하나이다. 프쉬케는 정신(mind)과 혼(soul)의 의미로 사용되었을 뿐만 아니라 영(spirit)의 의미로도 사용되었기 때문이다. 물론 그리스어에는 정신을 뜻하는 누우스(*nous*)와 영을 의미하는 프뉴마(*pneuma*)가 있지만 말이다. 독일어 가이스트(geist)도 정신과 영을 모두 의미하는 단어로 쓰이고 있다.¹

영혼 개념은 최초로 피타고라스학파에 의해 소개되었다. 피타고라스학파는 인간 영혼은 우주의 변두리에 있는 성스러운 요소인 에테르(aether)의 한 조각이 우리에게 알려지지 않은 이유로 육체에 갇혀졌으며 자신의 고향으로 회귀하는 것을 갈망한다는 것이다. 소크라테스와 플라톤도 이러한 사상을 근본적으로 수용한다. 영혼은 육체보다 고귀하며 육체를 다스려야 한다는 것이다. 플라톤은 영혼의 여러 기능을 구분하였다.

플라톤은 영혼의 기능을 세 가지로 나누었다. 이 세 가지 기능은 세 부위, 즉 머리, 가슴, 배와 관계있다. 가장 높은 기능은 이성적 능력이고, 그 다음은 의지와 결정의 능력이고, 마지막으로 가장 낮은 기능은 욕망의 능력인 성

---

1 Gerald May, *Addiction and Grace: Love and Spirituality in the Healing of Addictions* (New York: Harpercollins, 1988), 86.

욕과 식욕이다. 그는 이성적 능력을 수레꾼으로 비유하고, 의지와 결정의 능력을 주인의 뜻을 잘 따르는 말에 비유하고, 가장 낮은 능력인 욕망의 능력을 절제 없는 말로 비유했다. 각 능력은 그에 상응하는 덕이 있는데 이성적 능력에는 지혜가, 의지와 결정의 능력에는 용기가, 욕망의 능력에는 절제가 필요하다고 보았다.[2]

플라톤 이후 아리스토텔레스는 자신의 자연철학의 일부로서 하나의 체계적 영혼론을 제시하였다. 아리스토텔레스는 플라톤으로부터 영혼이 생명의 원리로서 자기운동의 원리이며 공간적인 제한을 받지 않는다는 것을 배웠다. 그리고 그는 식물적 동물적 그리고 인간적 영혼을 구분한다.[3] 형상의 경제성의 원리에 따라 상위의 영혼은 탁월한 방식으로 하위의 영혼의 기능을 내포하며 동시에 자신의 고유기능을 갖는다.

플라톤과는 달리 아리스토텔레스는 영혼이 자립적 형상이 아니라 가능적으로 생명체의 실체적 형상이며 궁극적 현실성의 원리로 이해하였다. 플라톤은 인간을 영혼과 육체의 복합물로 이해하고 영혼이 육체와의 결합에서 어떠한 이득이 없으며 육체와 결합되지 않았다면 더욱 자유로웠을 것이라고 이해하였다. 육체는 영혼에게 해로운 것으로 이해하였다.

아리스토텔레스는 영혼이 육체를 현실화하는 것으로 이해하고 영혼과 육체의 실체적 통일성을 주장하였다. 때문에 아리스토텔레스는 육체와 영혼의 결합은 영혼에게 좋은 것으로 이해하였다. 그 결과 그 결합은 적대적이 아닌 자연적인 것이며 영혼과 복합체에게 좋은 것이 된다. 하지만 아리스토텔레스가 정신인 누우스와 영혼과의 관계를 뚜렷하게 설명하지 못함으로 인간의 전체적인 통일성은 확보하지 못한다.[4]

---

2   Bryan Magee, *The Story of Philosophy* (London: Dorling Kindersley, 2010), 24-31; M. J. 아들러, 『열 가지 철학적 오류』, 장건익 역 (서울: 서광사, 1990)을 참조.
3   참조: 여호와 하나님이 흙으로 각종 들짐승과 공중의 각종 새를 지으시고 아담이 무엇이라고 부르나 보시려고 그것들을 그에게로 이끌어 가시니 아담이 각 생물을 부르는 것이 곧 그 이름이 되었더라(And out of the ground the LORD God formed every beast of the field, and every fowl of the air; and brought them unto Adam to see what he would call them: and whatsoever Adam called every living[chay] creature,[nephesh] that was the name thereof[Genesis 2:19]).
4   Bryan Magee, *The Story of Philosophy* (London: Dorling Kindersley, 2010), 32-9; Mortimer J.

유일하게 인간 영혼이 그 자체 자립적인 형상이며 동시에 육체의 실체적 형상으로 이해한 사람은 토마스다. 영혼의 근본목표는 물체를 형상화라고 현실화함으로써 생명체를 산출하는 것이다. 인간은 엄밀한 의미에서 인간 영혼과 육체의 복합물이 아니라, 인간 영혼과 제일질료의 가능태와의 복합물이다. 토마스는 아리스토텔레스의 이론을 기초로 하여 그의 영혼이해를 발전시켰다.[5] 토마스는 아리스토텔레스의 영혼의 정의를 받아들이며 누우스를 영혼의 작용적 기능으로 영혼에 종속시킨다. 이로 인해 그는 인간의 총체적 통일성뿐 아니라 인간의 자기초월성을 확보한다.

토마스에게 인간은 근본적으로 자신의 영혼이다. 그에게 영혼은 육체를 활성화하고 현실화하기 위한 것이며 영혼은 그 복합체에서 이득을 가지며 육체에서 분리된 영혼은 어떠한 의미에서도 인간이 아니다. 그리고 영혼은 육체의 실체적 형상이지만 또한 동시에 그 자체 자립적 형상으로 이해하였다. 따라서 인간은 자기 초월적인 존재로 인격이며 영적 존재가 된다.

영혼을 몸 안의 정확한 한 장소에 위치시킨 사람은 중세의 학자가 아니라 17세기의 르네 데카르트(Rene Descartes)였다. 그는 인간의 뇌의 송과선이 영혼의 장소라고 생각했다.[6] 데카르트는 몸과 영혼의 일체성을 인정하지만 이것은 철학적 연구를 벗어나 일상생활의 실존적 차원에 속한 것으로 보았다.

2. 심리학에서의 영혼

대부분의 심층심리학자들은 영혼이라는 용어보다는 정신이라는 말을 사용한다. 심리학에서 영혼은 정신이란 단어와 비슷한 의미로 쓰이기도 하지만 이 둘을 구분하기도 한다. 정신은 인간의 인격성과 관련된 것으로 보고 영혼

Adler, *Intellect: Mind over Matter* (Collier Books: New York, 1990)을 참조.
[5] Bertrand Russell, *History of Western Philosophy* (Oxford: Routhedge, 2004), 418-27; Robert Edward Brennan, *Thomistic Psychology: A Philosophical Analysis of Nature of Man* (New York: The Macmillan, 1941)을 참조.
[6] Rene Descartes, *The Philosophical Works of Descartes*, Translated by E. S Haldance and G. R. T. Ross (Cambridge: Cambridge University Press, 1969), 345-46.

은 인간적이고 신적인 모든 인격과의 관계를 통해 한 사람이 자신의 구체적인 인격을 인식하게 되는 고양된 장소로 본다. 영혼은 자기와 타자와의 관계성 안에 있는 인격의 사실에 밀착되어 있는 것으로 여긴다. 정신과 영혼의 관계를 울라노프(A. B. Ulanov)는 다음과 같이 말한다.

> 건강한 정신의 배후에 영혼이 있다. 정신은 사람으로 하여금 인격이 되고 자기가 되는 것을 가능하게 한다. 영혼은 정신에게 타자성의 다중적인 세계들과의 관계에서 소원하고, 욕망하고, 희망하고, 주고, 자신의 자기가 되고 스스로의 인격이 되고자 하는 데 전적으로 주의를 집중하는 기꺼움을 제공한다. … 정신과 구별되는 영혼에 관해서 정확성을 가지고 말할 수 있다고 하더라도, 우리는 그것이 마치 전적으로 독립된 세계이거나 또는 같은 세상 안의 독립된 나라인 것처럼 말할 수는 없다. 그것은 상호관심이라는 공동의 영역을 갖는다.[7]

영혼은 사물이 아니라 삶과 우리 자신을 경험하는 차원이요 질이다. 영혼은 깊이와 가치와 관계성과 마음 그리고 인격의 실체와 관계가 있다. 토마스 무어(Thomas Moore)는 이러한 영혼의 깊이에서 오는 무의식적 차원의 경험을 설명하면서 "지성은 알기를 원하고 영혼은 놀라기를 원한다. 지성은 앞을 내다보며 계몽과 타오르는 열정의 기쁨을 원한다. 영혼은 늘 내면으로 끌려 들어가며 관상의 보다 더 그늘지고 신비적인 경험을 찾는다"라고 하였다.[8]

심리학에서 영혼이란 인간의 삶의 궁극적 지향성을 보도록 하는 용어이기도 하다. 다시 말하면 영혼이란 인간으로 하여금 바른 관계와 인식을 바탕으로 하여 세계와 인간을 바라보도록 하는 용어다. 무어는 또한 영혼은 그 나름의 논리를 가지고 나름의 언어를 구사한다고 여겼다. 그래서 그는 "영혼이 제시하는 이미지는 이성적인 정신으로는 즉시 알아차릴 수 없는 것들이다. 영혼은 합리성을 넘어선 지향성을 가진 용어이다. 때문에 영혼의 힘을 끌어내려면 영혼의

---

[7] 앤 배리 울라노프, 『종교와 무의식』, 이재훈 역 (서울: 한국심리치료연구소, 1996), 119.
[8] Thomas Moore, *Care of The Soul: A Guide for Cultivating Depth and Sacredness in Everyday Life* (New York: HarperCollins, 1992), 233-34.

스타일에 친숙해져야 하며 동시에 깊게 살펴야 한다"고 하였다.[9]

이러한 의미에서 무어는 인간이 의식적으로 살려고 노력할 때 영혼 충만한 삶에 대한 기회를 놓칠 수 있기 때문에 칼 융(Carl Jung)이 무의식과 영혼을 동등하게 다루고 있는 것에 동의한다.[10] 칼 융은 이러한 영혼의 스타일에 심리학적으로 가장 큰 공헌을 한 사람이다.

칼 융은 인간의 영혼에 관심을 가진 대표적인 분석심리학자다. 그는 자신의 가장 기본적인 임무를 '영혼 돌봄'이라고 보았다. 그것은 당시 교회가 가장 기본적인 이 임무를 하고 있지 않다고 생각하였기 때문이다. 그는 목회자들은 정신의학에 대한 지식이 부족하고 정신치료자들은 인간의 영혼에 대한 이해가 부족하기 때문에 영적인 문제로 고통 받는 사람들을 제대로 치료하지 못하는 경우가 많음을 지적하면서 목회자와 정신과 의사들이 협력해야 한다고 생각하였다.[11] 그는 인간의 영혼은 분명히 상상할 수 없이 복잡하고 다양하여서 단순한 본능의 심리학을 통해서는 접근할 수 없다고 생각하였다. 그는 영혼에 대하여 다음과 같이 진술하였다.

> 나는 경탄과 경외로 우리의 정신성의 깊이와 높이를 응시할 수 있을 뿐이다. 영혼의 비공간적 우주는 이야기 되지 않은 풍부한 이미지들을 감추고 있다. 그 이미지들은 수만 년 동안 살아 발전되며 축적되고 유기체 안에 고정되었다. 나의 의식은 가장 먼 공간을 꿰뚫는 눈과 같지만 그것을 비공간적 이미지들로 채우는 것은 정신적 객체 또는 비아(non-ego)이다. 그리고 이러한 이미지들은 하찮은 그림자들이 아니며 엄청나게 강력한 정신적 요소들이다. … 내가 이 그림과 더불어 놓고 싶은 것은 별이 총총한 밤하늘의 광경이다. 왜냐하면 그 우주 안에 있는 것과 버금가는 것은 오직 그 우주 밖에 있기 때문이다. 그것은 마치 내가 내 몸이라는 매개체를 통해 이 세계에 이르는 것처럼 정신이라는 매개체를 통해 그 세계에 이른다.[12]

---

9 Thomas Moore, *Care of the Soul*, 122.
10 Thomas Moore, *Care of the Soul*, 223.
11 Carl Jung, *Modern Man in Search of a Soul* (London: Routledge & Kegan Paul, 1978), 265.
12 Carl Jung, *Memories, Dreams, Reflections* (London: Fontana Press, 1995), 418-19.

융에 의하면 영혼은 경이롭고 수많은 이미지들로 가득 차 있기 때문에 결코 쉽게 이해 할 수 있는 것이 아니다. 그는 영혼을 이해하기 위하여 여러 가지 이미지들을 등장시킨다. 특히 아니마와 아니무스가 그 대표적인 예이다. 융에 의하면 아니마는 남성 속에 있는 여성의 이미지이고 아니무스는 여성 속에 있는 남성의 이미지로 인간이 자신의 내면세계와 연관시키는 정신요소이다. 그에 의하면 이 이미지들은 인류에게 무의식적으로 유전적으로 전해져 오는 정신적 요소로서 남성들이 여성들과 가지는 경험, 그리고 남성들이 여성들로부터 받았던 모든 인상들이 유전적으로 전해져 내려와 여성들에게 정신적 측면에서 어떻게 반응할 것인가를 결정하는 일종의 원형이다.[13] 융은 이것을 다음과 같이 설명하였다.

> 모든 남자는 자기 속에 영원한 여성상을 갖고 있다. 그것은 특정 여성의 이미지가 아니라 명확히 여성화된 이미지다. 이 이미지는 기본적으로 무의식이고, 남성의 살아있는 유기 조직에 새겨져 있는 원시적 기원의 유전적 요소이다. 이는 여성에 대한 조상의 모든 경험의 흔적 또는 원형으로, 말하자면 일찍부터 여성에 의해 만들어졌던 모든 인상의 침전물이다. … 이 이미지는 무의식적이므로 항상 사랑하는 사람에게 무의식적으로 투사되고 정열적인 매력이나 혐오를 느끼게 하는 주된 원인 가운데 하나가 된다.[14]

융은 남성은 여러 세대를 걸쳐서 여성과 접촉함으로써 아니마 원형을 발달시켜왔고 여성 역시 남성과 접촉함으로써 아니무스 원형을 발달시켜왔다고 지적하였다. 한편 융은 아니마를 분화시키지 않으면 남성들은 그들의 감정에 지배를 받고 열등한 충동에 지배를 받아서 변덕스러운 성격이 된다고 생각하였다. 이런 남성들은 쉽게 흥분하거나 우울증에 자주 빠지고 매우 불

---

13 에르나 반 드 빙켈, 『융의 심리학과 기독교 영성』, 김성민 역 (서울: 다산글방, 1997), 118.
14 Carl Jung, *Collected Works, Vol. 17: The Development of Personality* (London: Routledge & Kegan Paul, 1977), 198, 켈빈 S. 홀, 버논 J. 노드비, 『융 심리학 입문』, 김형섭 역 (서울: 문예출판사, 2012), 75에서 재인용.

완전한 성격의 사람이 된다. 융은 우리 내면에 있는 아니마 상을 인식하지 못할 경우 아니마는 우리 무의식의 원시적인 층들에 영향을 받아서 원시적이고 충동적인 특성을 띠게 된다고 하였다. 융에 의하면 이는 무의식의 부정적인 힘에 전염되었기 때문이다.[15]

아니무스 역시 여성들에게 충분히 발달하지 않을 경우 많은 파괴력을 보인다. 아니무스는 완고하고 고집스러우며 냉혹한 성격의 모습으로 그 부정적인 모습이 표출된다. 이러한 여성은 사실은 그 자신의 내면적인 부정적 인격에 사로잡혀 있는 줄 모르고 그것이 일반적인 타당성을 지니고 있는 진실이라고 믿고 자신의 의견만이 진실이라고 주장한다.[16] 따라서 우리는 아니마나 아니무스의 존재를 인식하고 그것을 충분히 분화시킬 필요가 있다고 융은 말하였다.

이러한 내적 인격과 바른 관계를 맺는 것이 중요하다. 융은 이때 아니마 아니무스는 자아와 영혼의 중개자 역할을 한다고 생각하였다.[17] 융은 이러한 면에서 아니마와 아니무스를 통해 인간이 자신의 영혼과 관계를 맺는다는 것을 안다고 여겼다.[18] 이와 같이 융에게 영혼의 본질적인 측면을 나타내는 것은 아니마와 아니무스다. 아니마와 아니무스가 가지고 있는 신비하고 엄청난 힘과 이것들이 신성하게 경험되는 것 때문에 그는 이들을 영혼의 이미지라고 불렀다.[19]

심리학에서는 영혼의 얼굴은 다양하게 그려져 왔다. 영혼의 얼굴은 정신, 무의식, 관계성, 주체성, 상상력, 인격성 등이다. 무어는 여기에 아름다움을 추가한다. 그는 영혼의 얼굴을 아름다움으로 표현한다. 그는 영혼의 특성에 대해 다음과 같이 묘사한다. "영혼은 아름다움 때문에 자란다. 음식이 몸에 중요한 것처럼 마음을 끄는 복잡하면서도 즐거운 이미지는 영혼에게 중요하다. 우리가 만일 심리학의 뿌리를 인간 행동과 정서 생활에 관한 의학적 관

---

15 에르나 반 드 빙켈, 『융의 심리학과 기독교 영성』, 121.
16 에르나 반 드 빙켈, 『융의 심리학과 기독교 영성』, 122.
17 에르나 반 드 빙켈, 『융의 심리학과 기독교 영성』, 123.
18 Carl Jung, *Memories, Dreams, Reflections*, 179.
19 Anthony Stevens, *Jung: A Very Short Introduction* (Oxford: Oxford University Press, 1994), 71.

점에 둔다면 일차적인 가치는 건강이 될 것이다. 그러나 심리학에 관한 개념이 영혼에 기초를 둔다면 치료의 목표는 아름다움일 것이다."[20] 무어에 따르면 영혼이란 분명 이성적인 것에 매이는 것을 거부한다. 왜냐하면 영혼은 이성을 넘어 미와 신비를 추구하기 때문이다.

3. 기독교에서의 영혼

오늘날 인간본성에 대한 이해는 여러 상충되는 견해로 말미암아 혼란이 초래되고 있다.[21] 같은 성경을 통해서도 인간본성에 대한 이해는 다양하게 이해

---

20 Thomas Moore, *Care of the Soul*, 278.
21 본서에서 다루지 못한 유물론과 유심론의 인간관을 간단히 정리하면 다음과 같다. 유물론이란 인간을 물질적인 측면에서 해석하려는 태도이다. 유물론은 인간의 정신도 몸의 부산물로 본다. 유물론적인 인간관을 가진 포이에르바하는 영혼은 그 자체로 떼어서 보면 하나의 추상에 불과하다는 것이다. 영혼은 몸에 붙어 있을 때, 비로소 어떤 무엇이 될 수 있고, 몸의 표현으로서 그 모습을 드러낸다. 그 자체로는 아무것도 아니다. 뼈나 근육과 더불어 영혼은 인간의 개인성을 표현한다. 여기서 표현이란 말은 가령 생각은 그것을 말로 표현했을 때 생각이 되고, 감정은 그것을 노출시켰을 때 감정이 되며, 어떤 사람이 가령 발걸음 소리로 그 사람으로 확인되는 경우와 마찬가지 뜻이다.
유심론은 인간의 정신을 객체로 보기보다는 주체로 본다. 인간의 세계경험의 중심점을 바로 정신으로 본다. 유심론적인 인간관을 가진 버클리는 물질이란 존재하지 않고, 정신만 존재한다는 것이었다. 그에게 있어서 존재란 그 자체로 존재하는 사물의 속성이나 성질이 아니라 인간이 실험적으로 확증할 수 있는 무엇이다. 버클리는 육체적인 것은 정신적인 것을 나타내는 기호라고 여긴다. 물론 그는 몸의 존재를 인정한다. 하지만 그에게 몸(사물뿐만 아니라 자기 자신의 몸)은 정신의 현존을 상징하는 것에 지나지 않는다. 그러므로 유심론적인 인간관에서는 몸도 정신적인 측면으로 보게 되어 너무 지나치게 대상이나 본체로 생각할 위험을 안고 있다.
인간에 대한 유물론과 유심론의 관점은 육체적인 것과 정신적인 것 중의 한 측면에서 그들의 출발점을 찾았다. 이 두 사상은 사실상 이원론이 지배하는 상황에서 형성되었다. 그 상황은 또한 그들의 시발점이기도 하다. 그들은 먼저 인간의 이원성을 전제하고, 그 후 그중의 한 측면을 다른 측면으로 환원하려고 하였다. 문제는 인간 이해의 시발점을 이원론에서 시작하고 있었다는 것이다.
참고로 티베트 불교의 이론에 따르면, 인간은 세 가지 주요 특질을 지니고 있는데, 육체, 언어, 정신이다. 육체(body)는 인간의 몸을 구성하는 재료만이 아니라 인간이 살고 있는 물리적 환경도 포함한다. 언어(speech)는 인간이 타자와 소통하고 상호 작용하는 모든 방법을 포괄한다. 가장 중심적인 삶의 에너지를 상징하는 호흡(breath) 또한 여기에 포함되는

되고 있다. 특별히 영혼의 문제는 더욱 그렇다. 인간본성에 대한 이해는 결코 쉬운 일이 아니다. 하지만 인간 본성의 문제는 대단히 중요한 것임에 틀림없다. 그저 이차적인 문제로 치부하기에는 너무 중요한 문제다. 영성생활에 대해 의미 있고 바르게 말할 것이 있으려면 반드시 이것을 다루어야 한다. 그렇지 않으면 우리의 논의는 인간의 구체적 실존과 전혀 무관한 것이 될 것이다. 안타깝게도 그것이 '영적'인 세계에 대한 논의일 때에 더욱 그렇다.

영혼에 대한 이해는 매우 난해한 측면이 있다. 빙켈은 "영의 거소", "하나님을 지각할 수 있는 기관"으로 이해했다.[22] 기독교 전통에서 영혼은 다양하게 이해되고 있지만 주로 영혼의 기능을 지성, 감성, 의지 등과 같은 내적 차원으로 보았다. 기독교 전통에서 영혼 이해에 중요한 역할을 한 어거스틴은 "몸의 생명은 영혼이다. 그러나 영혼의 생명은 하나님이시다"라고 하였다.[23]

어거스틴은 영혼 안에 내재하는 세 가지 요소로 '진리'(*veritas*), '사랑'(*caritas*), '영원성'(*aeternitas*)이 있다고 보았다. 영혼에는 진리를 사모하는 열정이 있고, 사랑하려는 의지가 있고, 영원성을 가지고 있다고 보았다. 이 세 가지가 영혼의 기능(faculty)이라고 보았다. 인간은 본래 진리, 사랑, 영원성을 가지고 있으며, 이것이 제대로 회복되면 인간은 하나님께로 돌아갈 수 있고, 진리를 깨달을 수 있다고 보았다. 어거스틴주의를 따르고 있는 중세의 신학자들은 영혼을 육체적인 것도 아니고 영적인 것도 아닌 그 중간적인 실체로 이해하였다. 그리고 영혼의 구체적인 모습을 기억, 이해, 의지라고 믿었다.[24]

베르나르(Bernard of Clairvaux)도 "영혼의 기능은 기억, 이해, 의지인데, 기억에 의해서 회상을 하고, 이해에 의해서 분별을 하고, 의지에 의해서 하나님을 사랑한다"라고 하였다.[25] 보나벤투라(Bonaventure)는 영혼의 기능을 감각, 상상력,

---

데, 이는 서구의 개념 가운데 혼(spirit)과 가장 가깝다. 정신(mind)은 서구에서의 의미와 유사한 개념이지만, 의식의 특성들에 더 큰 중요성을 두고 있다.
22 에르나 반 드 빙켈, 『융의 심리학과 기독교영성』, 58-9.
23 Ladislaus Boros, *Pain and Providence*, Translated by Edward Quinn (Kent: Search, 1972), 35.
24 St. Bonaventure. *The Soul' Journey into God*, Translated by Ewert Cousins (New York: Paulist Press, 1978)를 참조.
25 Bernard of Clairvaux, *The Love of God* (Portland, Oregon: Multnomah, 1983), 3.

사고력, 이해력, 지력 그리고 마음으로 이해하였다.[26] 물론 보나벤투라는 영혼의 순례를 창조세계와 연결시켜 세상을 관상하는 것을 중요하게 여겼지만, 영혼의 기능을 인간의 내면의 차원으로 이해하였다.

중세 학자들은 영혼을 의지와 지성과 기억의 능력들로 구분하였다. 그들은 오늘날 우리가 영혼과 정신이라는 연결된 용어 안에 담고 있는 모든 것, 그리고 육체적으로 뇌와 중추신경 체계의 여러 부분의 기능이라고 생각하는 것들을 모두 포함하였다. 중세 사람들은 영혼을 그 자체 안에 반영된 생명력을 부여하는 내면성으로 이해했을 뿐만 아니라 영혼을 합리적인 사고의 능력으로 이해하여 비합리적인 존재로부터 합리적인 인간이 구별되게 하였다.

영혼에 대한 이해는 중세 신학 이래 그 내재적 특성과 모호함 때문에 더 이상 심화되지 못하고 있었으나 현대에 들어서 영혼을 통전성의 관점으로 보려는 움직임이 일고 있다. 메이(Gerald May)는 영혼을 한 사람의 실존의 핵심을 반영하는 것으로 이해하면서 이렇게 설명한다. 영혼은 "히브리어 '네페쉬'의 의미처럼 한 사람의 살아있는 전인격적 존재를 말한다. 그러므로 영혼은 몸이나 마음 또는 존재의 다른 측면들과 분리되지 않으며, 오히려 그런 측면들을 통해 발견되는 것이다. 영(spirit)은 영혼을 살아있는 실재로 만들어 주는 하나님이 부여하신 생명력 있고 역동적인 존재의 힘이다."[27] 영혼은 히브리어 네페쉬와 헬라어 프쉬케를 번역한 단어이다.

베너(David Benner)는 네페쉬는 삶을 비롯해서 인간의 내면의 특징, 생각, 느낌, 열정 그리고 육체까지 포함한 전인성을 의미하는 것으로 보고, 이와 비슷하게 신약에서 프쉬케도 인간의 완전성, 육체적 삶, 마음 그리고 감정의 의미를 가지고 있다고 하였다. 그리고 그는 네페쉬와 프쉬케를 이해하기 위한 가장 중요한 용어는 인간이나 자아라고 하였다.[28] 달라스 윌라드(Dallas Willard)는 인간의 구조적 요소를 지성, 감정, 의지, 몸, 사회성, 영혼으로 구

---

26 Bonaventure, *The Soul's Journey into Go: The Tree of Life; The Life of St. Francis*, Translated by Ewert Cousins (New York: Paulist Press, 1978), 27-8.
27 Gerald G. May, *Care of Mind Care of Spirit: Psychiatric Dimensions of Spiritual Direction* (New York: Harper & Row, 1982), 27-28.
28 데이비드 G. 베너, 『영혼 돌봄의 이해』, 전요섭·김찬규 역 (서울: CLC, 2010), 22.

분한다. 그의 인간 이해는 전통적인 인간 이해를 뛰어넘고 있다. 왜냐하면 전통적인 인간 이해에서는 인간의 구조적 요소를 지성, 감성, 의지, 몸의 차원으로 구분하였다.

하지만 윌라드는 '더불어 살아가는 존재'(social being)로서 인간의 사회성을 인간의 구조적 요소에 포함시켰다. 그는 이러한 인간 이해와 함께 영혼은 다른 다섯 가지 요소, 즉 지성, 감성, 의지, 몸, 사회성을 아우르고 통합하는 동력적인 역할을 한다고 하였다.[29] 영혼의 사회성을 간파한 인간 이해라 할 수 있다. 인간은 내면적인 차원(지성, 감성, 의지)과 외면적인 차원(몸)만을 지니고 있을 뿐만 아니라 사회적 차원(사회성)도 지니고 있는 존재다. 영혼은 사회성을 지니고 있다. 영혼의 사회성을 무시할 때 우리의 영혼은 절름발이와 같은 모습이 된다. 래드(Ladd)는 "현대 학문에서는 영, 혼, 육에 있어서 인간의 다른 기능이 아니라 인간 전체를 보는 관점의 차이"라고 하였다.[30]

영혼을 가리키는 히브리어는 네페쉬(*nephesh*)이다. 이 용어는 전체로서의 인간 본질을 의미한다. 물질(matter)과 영(spirit)을 구분한 플라톤과 신플라톤주의 철학은 서구 사상에 지대한 영향을 미쳤지만, 지금은 대개 옳은 사상으로 받아들여지지 않고 있다. 아이러니하게도 현대에는 이보다 더 오래된 히브리 사고에 나타난 전일성이 더 적실성 있게 여겨지고 있다.

영혼과 관련된 히브리어 단어 네페쉬는 인간의 몸에 활기를 불어넣는 원리를 뜻하는 단어이다. 네페쉬는 하나님으로부터 오고 모든 피조물에 의해 소유된 생명원리를 일컫는다. 인간의 경우 네페쉬는 인간에게 부여된 영혼(soul)으로서 인간으로 하여금 그의 생각과 행동을 포함한 그의 전 인격을 통해 드러나는 특성을 지닌 살아있는 존재가 되게 한다.

신약성경에서 영혼을 의미하는 프쉬케(*psyche*)는 '숨쉬다' 라는 뜻을 가진 프쉬케인에서 온 것으로서, 이는 숨이 중심적인 생명의 징표로 여겨져 왔다. 그리고 인간과 동물의 몸에 생명을 불어넣는 원리로 여겨져 왔다. 이 프쉬케는 라틴어인 스피리투스, 즉 '숨쉬다' 라는 뜻의 스피라레 또는 헬라어 프뉴

---

29 Dallas Willard, *Renovation of The Heart: Puting On The Character Of Christ* (Colorado Springs: NAVpress, 2002), 31-9.
30 George E. Ladd, *A Theology of the New Testament* (Grand Rapids: Eerdmans, 1974), 457.

마(*pneuma*)로부터 온 영혼과 동의어로 이해되었다.

창세기 2:7에 "하나님이 흙으로 사람을 지으시고, 생기(the breath of life)를 그 코에 불어 넣으시니 생명체(살아있는 존재, a living being)가 되었다"고 했다. 하나님께서 흙으로 사람의 모양을 만드시고 생기를 불어 넣음으로써 생명체가 되었는데, 여기서 생명체는 '영혼'으로 해석될 수 있다(시 23:3; 103:1; 104:1등). 그러므로 영혼이란 하나님의 숨을 부여받은 존재(being)로서 하나님과 교제 할 수 있는 인간의 실체를 의미한다.

창세기 2:7에 나타난 최초의 인간은 아담이다. 아담이란 말은 사람이란 의미이다. 최초의 인간인 아담은 영혼으로 칭해지기도 한다. 창세기 2:7에서 하나님의 숨을 부여 받아 살아있는 존재 또는 생명체가 된 하나님의 피조물은 아담 혹은 영혼으로 칭해지지만 모두 전인인 인간을 다른 관점에서 표현하는 또는 바라보는 상이한 방법들이다. 예를 들어 한 남자인 인간이 아버지로 칭해지고, 남편으로 칭해지고, 교수로 칭해지는 것과 같이 전인인 인간이 영혼으로 육체로 칭해지고 있는 것이다.

성경에서의 영혼이란 헬라적인 사고처럼 이원론적으로 몸과 대치되는 의미가 아니다. 성경에서 영혼이란 본질적으로 인간을 의미한다. 우리가 자주 사용하는 '영혼 사랑', '영혼 구원', '영혼 돌봄'은 '인간 사랑', '인간 구원', '인간 돌봄'과 같은 의미다. 그렇다면 왜 인간을 영혼이라고 칭하는가? 이유는 인간을 영혼이라고 말할 때는 영적인 존재로서 인간을 강조할 때이다. 즉, 인간은 하나님과 관계 속에서 살아야 하는 피조물이라는 성경적 인간관이 표출되고 있다고 할 수 있다. 또한 전적인 지지를 받을 수 있는 견해는 아니지만 인간을 영혼(네페쉬)으로 칭하는 것은 다른 사람과 관계를 맺고 살아가는 정신적인 국면을 지니고 있는 인간을 강조할 때 사용되기도 한다.[31] 즉 영혼이란 단어는 인간의 정신적인 국면에 초점을 두고 인간을 칭할 때 쓰이는 말이기도 하다.

---

31 W. David Stacey, *The Paulline View of Man in Relation to Its Judaic and Helenistic Background* (London: Macmillan, 1956), 90.

히브리적인 인간관은 육신이 영혼을 소유한 것이 아니라 인간은 곧 영적 존재라는 관점으로부터 출발한다. 즉, 히브리적인 인간 이해는 헬라적인 인간 이해처럼 영혼과 몸을 이원성으로 보지 않는다. 인간은 몸과 정신과 영혼을 구별하거나 분리할 수 있는 존재가 아니라 오히려 전인적 존재로서 영적인 국면을 가지고 있다고 본다. 이러한 이해는 통전적인 인간 이해를 가능하게 했지만, 우리가 사용하고 있는 정신과 영혼과 몸은 그렇다면 어떤 의미로 이해해야 하느냐의 문제가 제기된다.

히브리적인 인간 이해에 기반을 두고 있는 기독교적 인간본성 이해에 있어서 중요한 한 가지 문제는 몸과 정신과 영혼 등의 용어가 어떤 의미를 가지고 있느냐를 논하기 전에 이들 용어가 어떤 특성을 가지고 있는가를 이해하는 것이 필요하다. 다시 말하면, 전통적으로 이해되어 왔던 인간에 대한 이원론이나 삼분설을 전제로 이 용어들에 대해 접근하기보다는 이 용어들에 대한 이해의 렌즈를 '부분'(part)으로 보아야 하는지 아니면 '국면' 또는 '양상'(aspect)으로 보아야 하는지를 먼저 논해야 한다. 왜냐하면 이 용어들에 대한 기존의 이해는 헬라적인 사상에 근거한 '부분'들로 모두 이해하고 있을 뿐만 아니라 이원성을 전제로 하여 그 이해의 출발점을 삼고 있기 때문이다. 여기서 일반적으로 제기할 수 있는 의문은 과연 이것이 필연적으로 선택해야 할 유일한 출발점인가이다.

인간 본성 이해에 있어서 대부분의 경우에 문제는 언어에 있다. 예를 들어 같은 영혼이란 단어도 어떤 사람들은 영혼과 정신을 동일한 의미로 어떤 사람들은 다른 의미로 이해하고 있기 때문이다. 게다가 앞에서 지적한 것처럼, 영혼이나 몸이란 단어를 사용할 때 이 단어를 분리될 수 있는 부분(part)의 개념으로 사용하는 사람들이 있지만 분리될 수 없는 양상 또는 국면(aspect)으로 보아야 하기 때문이다. 이러한 두 관점은 인간 본성 이해에 있어서 작은 문제가 아니라 아주 결정적인 것이다.

4. 전인으로서 인간의 이름들

1) 전인으로서 하나님의 형상

성경은 인간은 '하나님의 형상'으로 창조되었다고 말한다. 하지만 하나님의 형상이란 말을 이해함에 있어서는 상당한 논쟁이 있다. 어떤 이들은 하나님의 형상을 대부분 우리가 소유하고 있는 능력을 뜻하는 것으로 이해한다. 그것은 다른 동물들은 소유하고 있지 않는 사고하는 이성적 능력, 언어로 의사소통하는 능력 등을 말한다. 의심할 필요 없이 이 모든 능력들과 다른 능력들은 인간을 성숙하게 하고, 건강하게 표현하기 위해 인간이 필요로 하는 요소들이다. '형상'에 대하여 또 다른 접근 방법이 있는데, 능력과 가능성은 좀 덜 강조하고 '관계'를 보다 더 강조하는 입장이다.

데이빗 클라인즈(David Clines)는 이것을 인간이 하나님의 형상을 지녔다는 사실이 내포된 '관계에로의 소명'으로 보았다.[32] 이러한 접근의 배경에는 인간의 본성을 하나님의 빛 아래에서 보아야 하는데 인간의 본성을 반영하는 하나님의 본성자체가 관계 속에 존재하는 인격으로 보기 때문이다. 때문에 인간은 하나님과 관계, 인간 동료와의 상호관계, 자연과의 관계 속에서 살아가도록 창조된 것이다. 인간의 정체성은 이러한 관계로부터 더불어 사는 공동체로부터만 생겨날 수 있다. 신학적 관점에서 인간을 이해하는 근본적인 것은 인간 존재는 필연적으로 관계 속에 있는 사람이라는 것이다.

이러한 의미에서 "우리 안에 있는 하나님의 형상을 반영한다는 것은 하나의 선물일 뿐만 아니라 하나의 과제이다."[33] 우리의 과제는 하나님의 공동체 안에서 인간들 사이에서 우리가 맺는 관계가 하나님의 성품의 특징들을 나타내는 요소들을 가지게 하는 것이며, 그때 우리는 하나님의 공동체 안에서 하나님을 드러내게 되는 것이다. 이것은 인간 존재의 과제이며 한편으로는

---

32 David Clines, "A Biblical Doctrine of Man," *The Journal of the Christian Brethren Research Fellowship* 28 (1976): 24.

33 Francis Bridger and David Atkinson, *Counseling in Context: Developing A Theological Framework* (London: DLT, 1998), 146.

목적이기도 하다.

하나님의 형상에 대한 다양한 이해들이 있지만 하나님의 형상을 전인이라는 맥락에서 바라본 사람은 헤르만 바빙크이다. 그는 인간을 하나님의 형상을 지닌 존재가 아니라 인간은 하나님의 형상(Human is the image of God)이라고 하였다. 바빙크는 다음과 같이 말한다.

> 인간은 단순히 하나님의 형상을 소유하거나 지니고 있는 존재가 아니다. 인간은 하나님의 형상이다. 인간이 하나님의 형상으로 창조되었다는 교리로부터 이 형상이 인간 존재의 전 영역에까지 확대되었다는 분명한 가르침을 추출할 수 있다. 인간 속의 그 어느 것도 하나님의 형상으로부터 배제될 수 있는 것은 없다. 모든 피조물은 하나님의 자취를 반영한다. 그러나 오직 인간만이 하나님의 형상이다. 인간은 그 영혼과 육체, 모든 기관들과 능력들, 모든 조건들과 관계성 속에서, 전체적으로 하나님의 형상이다. 인간은 하나님의 형상이다.[34]

인간은 하나님의 형상을 가지고 있거나 소유하고 있는 것이 아니라 인간이 바로 하나님의 형상이다. 그러므로 하나님의 형상은 인간의 그 전체성의 관점에서 이해되어야 하며 몸도 인간의 전인의 한 국면이므로 몸도 하나님의 형상으로 보아야 한다.

불행하게도 전통적으로 이와 같은 중요한 사실이 받아들여지지 않았다. 하나님의 형상은 인간의 내적인 국면이나 정신적인 영역이나 영혼과 관련하여서만 이해되어 왔고, 이로 인해 인간의 몸은 자칫 하나님의 형상과 관련이 없는 국면으로 이해되는 오류가 있었다. 메이첸(J. Gresham Machen) 같은 신학자는 다음과 같이 주장했다.

> '하나님의 형상'이 인간의 육체와 관계된다고 볼 수는 없다. 왜냐하면 하나님은 영이시기 때문이다. 그러므로 인간의 영혼을 가리켜 하나님의 형상이라고

---

[34] Anthony A. Hoekema, *Created in God's Image* (Grand Rapids: Eerdmans, 1996), 65에서 인용.

말해야 한다.[35]

칼빈은 하나님의 형상의 중심적 자리는 영혼 속에 놓여있다고 하였지만, "육체를 포함한 인간의 그 어떤 부분도 하나님의 형상의 불꽃이 그 빛을 발하지 않는 부분은 없다"고 하였다.[36] 그러나 바빙크는 인간의 육체까지도 하나님의 형상 속에 포함되어 있다는 것을 확실하게 주장하였다.

> 인간의 육체 역시 하나님의 형상에 속해 있다. … 육체는 무덤이 아니라 하나님의 경이로운 걸작이다. 육체는 영혼과 동일하게 인간의 본질을 구성하고 있다. … 육체는 '인간됨'의 본질적 구성원이기 때문에, 비록 죄로 말미암아 인간의 죽음 시에 육체가 영혼으로부터 잔인스럽게 찢겨져 분리되지만, 그럼에도 불구하고 육체는 부활 시에 영혼과 결합하게 된다.[37]

하나님의 형상으로서 인간을 전인이라는 맥락에서 이해하게 될 때 인간을 존재론적이고 경험론적 관점에서 바라보도록 인도한다. 다시 말하면 하나님의 형상이란 단지 인간의 존재론적이고 구조적인 의미만을 지니고 있는 것이 아니라 경험론적이고 기능론적 측면을 내포하고 있다고 보아야 한다. 왜냐하면 인간은 하나님을 경배하고 이웃을 사랑하고 자연 만물을 돌보도록 지음을 받았기 때문이다. 인간이 이러한 삶을 살아가도록 창조되었다는 의미 안에는 이러한 일을 수행할 수 있는 어떤 구조적 요소들을 부여받았다고 할 수 있다. 때문에 하나님의 형상으로서 인간은 근본적으로 구조적 측면과 기능적 측면을 가지고 있다고 할 수 있다.

기독교 초기 신학자들은 하나님의 형상은 주로 인간의 구조적 기관으로 이해된 이성과 도덕성 등으로 이해하고 인간의 기능적 측면은 인간의 구조성

---

[35] J. Gresham Machen, *The Christian View of Man* (New York: Macmillan, 1937), 169.
[36] John Calvin, *Institutes of Christian Religion, Translated by Ford Lewis Battles* (Grand Rapids: Eerdmans, 1995), I. 15. 3.
[37] Anthony A. Hoekema, *Created in God's Image*, 68에서 인용.

에 첨부되어 있는 일종의 부수적인 것으로 간주하였다.[38] 하지만 최근의 신학자들은 인간이 하나님을 예배하고, 이웃을 사랑하고 자연을 돌보는 일들은 하나님 형상의 본질적인 것이라고 주장하였다. 하지만 이러한 견해는 하나님의 형상을 오직 기능적인 측면만으로 파악하려는 유혹이다. 이것은 구조적 측면으로만 하나님의 형상을 이해하려는 일방적 유혹과 동일하게 잘못된 것이다.[39]

하나님의 형상이란 구조성과 기능성의 양면성을 모두 포함한다. 학자들은 구조적 측면을 광의적, 형식적 측면으로 이해하였다. 넓은 의미로서의 하나님의 형상은 인간의 지성적, 감성적, 정서적, 영적 능력들을 두고 말하는 것으로 이해되었다. 이 구조적 측면에는 신성을 감지할 수 있는 능력(칼빈은 *sensus divinitatis*라고 함)을 포함하고 있는 것으로 이해하였다.[40] 하나님과 동료 인간과 하나님이 창조한 세계를 향하여 반응할 수 있는 능력과 이러한 반응의 행위에 대하여 책임질 수 있는 능력이 구조적 또는 광의적 의미의 하나님의 형상에 해당된다.

이러한 능력들은 우리가 흔히 이성, 감성, 영성 등이라 칭하는 것들이라 할 수 있다. 인간의 이성적, 합리적, 도덕적 능력들은 하나님으로부터 받은 이성을 반영하고 있으며, 인간의 감성적, 정서적 능력들은 하나님으로부터 받은 감성을 반영하고 있고, 인간이 하나님과 생동적인 관계를 맺을 수 있는 능력은 하나님으로부터 받은 영성이 있기 때문에 가능한 것이다. 우리가 진리를 추구하고 선을 사모하며 미를 맛볼 수 있는 것은 하나님의 형상을 반영하는 증거이다. 기능적 또는 협의적 의미에서의 하나님의 형상은 인간을 향하신 하나님의 뜻과 조화를 이루어 작동하는 인간의 올바른 기능성을 의미한다고 할 수 있다.

하나님의 형상의 구조적 측면과 기능적 측면은 서로 분리될 수 없다. 우리가 인간의 영성이나 인성을 생각할 때마다 이 두 가지 측면을 항상 염두에 두어야 한다. 죄로 인한 인간의 타락은 인간이 하나님의 형상을 나타내는 데

---

[38] Anthony A. Hoekema, *Created in God's Image*, 69.
[39] Anthony A. Hoekema, *Created in God's Image*, 69.
[40] Anthony A. Hoekema, *Created in God's Image*, 70.

치명적 손상을 주었다. 하나님의 형상이 인간의 타락으로 인해 변질되고 왜곡되었다.[41] 성경의 증거에 의하면 타락한 인간은 아직도 하나님의 형상의 소유자이며 동시에 또 다른 의미에서 그분의 형상으로 다시 회복되어야 할 필요가 있는 존재이기도 하다.

하나님의 형상의 구조적 측면과 기능적 측면 사이의 구별을 통해 인간의 타락 이전과 타락 이후를 말할 수 있게 된다. 인간이 창조될 당시에는 그가 하나님께 완전히 복종하며 살았기 때문에 구조적 측면의 하나님의 형상을 소유하고 있었으며 동시에 기능적 의미에서 본 하나님의 형상도 생동적이었다.[42] 그러나 타락 이후 인간은 구조적 의미의 형상은 그대로 보유하였지만 기능적 의미의 하나님 형상은 상실하게 되었다. 즉, 타락한 인간들은 아직도 하나님이 그들에게 부여하신 재능과 능력들을 소유하고 있지만 이러한 재능들은 불순종한 방법들로 사용되고 있는 것이다. 구속의 과정을 통해 하나님은 성령을 통하여 타락한 인간 속에 있는 하나님의 형상을 새롭게 하신다. 그들로 하여금 하나님과 관계 속에서 살 수 있도록 그들에게 부여하신 능력들을 사용하도록 역사하신다.[43]

2) 전인으로서 영혼

구약성경에서 인간에 대한 다양한 표현들이 발견된다. 인간을 때로는 영혼으로, 때로는 영으로, 때로는 마음으로, 때로는 육체 등으로 표현되고 있다. 이러한 표현들은 인간 존재 자체인 전인을 바라보는 상이한 방법들이다.

구약성경에서 영혼을 일컫는 히브리어는 네페쉬(*nephesh*)는 원래 '호흡'과 관계된 말이다. 하지만 네페쉬는 우리가 흔히 사용하고 있는 영혼과도 관계된 용어이다. 하나님께서 인간을 창조하면서 인간에게 '생기'를 불어 넣었다고 할 때(창 2:7), '생명체'(네페쉬 하야: 생령, 영혼, 인간)라는 말이 최초로 나타난다. 여기서 영혼이란 최초에 전인으로 창조된 인간과 동일한 의미이다.

---

41 Anthony A. Hoekema, *Created in God's Image*, 72.
42 Anthony A. Hoekema, *Created in God's Image*, 72.
43 Anthony A. Hoekema, *Created in God's Image*, 72.

그러므로 영혼은 생명체, 인간, 몸으로도 이해될 수 있다. 왜냐하면 성경에서 '영혼'은 '몸과 상관없다'는 이원론적 관점과 같이 순전히 정신적인 의미로만 이해된 경우는 없기 때문이다. 오히려 영혼은 인간의 육체적 상황과 관련되어 사용되고 있다. 구약성경에는 배고픈 영혼(시 107:9), 목마른 영혼(잠 25:25), 주린 자가 꿈에서 먹었을지라도 깨면 비어 있는 영혼(사 29:8) 등에 대해서 말하고 있다. 동시에 영혼은 인간의 중요한 특징인 증오와 기쁨, 사랑과 하나님을 향한 갈망의 처소를 나타낼 때 쓰이는 용어이기도 하다(시 35:9; 삼상 20:17; 시 42:2 등).

구약성경에서 영혼(soul)로 번역 되는 히브리어 단어는 네페쉬이다. B.D.B 히브리어 사전은 네페쉬가 다양한 의미를 지니고 있는 용어임을 말한다. 예를 들어 네페쉬는 '인간에 대한 존재', 인간과 동물 모두에 대하여 '살아있는 존재', 총체적인 존재로서 '인간 그 자체', '욕망의 자리', '감정의 좌소' 등의 의미로 사용되고 있다.[44] 그러므로 구약성경에 영혼으로 번역된 네페쉬는 전인을 나타낸다. 네페쉬는 인간이 무엇을 소유하였는지에 대한 지시용어가 아니라 인간이 무엇인가에 대한 지시용어이다. 때문에 네페쉬의 가장 바른 번역은 사람 또는 인격이라 할 수 있다.[45]

시편에서 영혼으로 번역된 네페쉬도 인간의 내면을 말하기보다는 인간 자체를 의미한다. 영혼(soul)으로 번역된 히브리어로 네페쉬(nephesh)는 영혼과 육체가 분리되지 않는 하나인 인격체(person)이며 존재 자체(self)를 의미한다.[46] 시편에 나타난 히브리어 네페쉬(nephesh)는 주로 '혼'(soul)이라고 번역되어 있는데 이는 실제로 '나 자신', '나의 존재'를 뜻한다.[47]

특별히 주목해야 할 부분은 "당신이 나의 영혼을 죽음에서 구했다"(시 116:8)라는 표현이다. 여기서 주의해야 할 것은 혼(soul)은 육체 안에 있는 존재로서 그 본질에 있어서 죽을 수 없는, 혹은 파괴될 수 없는 것이라는 식으로 이해해

---

[44] Francis Brown, S. R. Driver, Charles Briggs, *Hebrew and English Lexicon of the Old Testament* (Oxford: Oxford University Press, 1963)를 참조.
[45] 'Psyche', *Theological Dictionary of the Old Testament*, vol. 9 (Grand Rapids: Eerdmans, 1977), 620.
[46] 버나드 W. 앤더슨, 『시편의 깊은 이해』 노희원 역 (서울: 대한기독교서회, 1997), 113.
[47] 버나드 W. 앤더슨, 『시편의 깊은 이해』, 174.

서는 안 된다는 것이다.⁴⁸ 헬라적인 영혼 이해인 영혼의 불멸개념은 구약성서에서는 입증되고 있지 않다. 이 문제에 관한 한 신약성서에서도 마찬가지이다. 오직 하나님만이 불멸하시는 분이시다(딤전 6:16). 인간은 죽을 수밖에 없는 존재로서 창세기 2장이 말하고 있는 것처럼 "흙으로부터 왔으니 흙으로 돌아갈 것"이다.

영혼이란 용어는 때로 인간의 외모와 외부의 속성 등을 포함하여 전·인격을 뜻하기도 한다. 그리고 심지어 시체를 뜻하기도 한다(레 21:1; 민 5:2 등). 인간은 영혼이고 동시에 몸(basar)이다. 인간은 정신적인 것과 육체적인 것의 합성물이 아니다. 몸도 곧 영혼이다. 그래서 사람을 영혼으로 말할 때와 마찬가지로 "몸도 하나님을 갈망한다"고 말한다(시 63:1; 84:3). 구약성경에서는 인간을 몸과 영혼으로 구분이 가능하거나 부분들로서 인정하는 것이 아니라, 오직 하나의 전인으로서 인정한다.

시편 기자는 "하나님이여, 주는 나의 하나님이시라. 내가 주를 찾되 물이 없어 마르고 곤핍한 땅에서 내 영혼(nephesh)이 주를 갈망하며 내 육체(basar)가 주를 앙모하나이다"(시 63:1)라고 말한다. 여기서 영혼과 육체는 하나님과의 관계에서 이원론적으로 대비되는 것이 아니라 이 두 가지 실재는 부조화나 갈등 없이 하나의 유기체를 이룬다. 영혼이란 양적인 의미나 공간적인 의미로 내적인 세계에만 한정되거나 단지 정신적인 세계를 지칭하는 개념이라기보다는 질적인 의미를 띠고 있다고 할 수 있다.

인간을 몸이라는 관점에서 평가할 때도 마찬가지이다. 이때도 공간을 차지하는 보이는 의미에서의 몸이라기보다는 질적인 의미로서 하나님과 관계되어 있는 인간 존재이다. 하나님의 호흡으로 인간은 살아 있는 영혼이 되었다는 표현과 살아있는 존재(창 2:7)가 되었다는 것은 존재론적 의미에서 같은 것이다. 인간은 영혼과 몸을 가지고 있는 존재가 아니라 그 자신이 바로 영혼이요 그 자신이 바로 몸이기 때문이다.

우리말 성경에서 네페쉬(nephesh)가 어떤 곳에서는 영혼으로 어떤 곳에서는 마음으로 번역되고 있음을 알 수 있다.

---

48 버나드 W. 앤더슨, 『시편의 깊은 이해』, 113.

주여 내 영혼이 주를 우러러보오니 주여 내 영혼(네페쉬)을 기쁘게 하소서 (시 86:4).

주께서 하시는 일이 기이함을 내 영혼(네페쉬)이 잘 아나이다(시 139:14).

요나단의 마음(네페쉬)이 다윗의 마음(네페쉬)과 하나가 되어 요나단이 그를 자기 생명 같이 사랑하니라(삼상 18:1).

내 마음(네페쉬)이 그것을 기억하고 내가 낙심이 되오나(애 3:20).

구약성경에서 네페쉬는 영혼, 마음 등을 나타내는 통합적인 용어이다. 네페쉬와 동일한 의미를 지닌 신약성경의 단어는 프쉬케(psyche)이다. 프쉬케는 인간의 자기(self), 성격(personality)과 내적인 삶(inner life)을 뜻하는 단어다. 헬라어 프쉬케는 거의 대부분 '혼'으로 번역되지만 네페쉬와 프쉬케는 동일한 의미를 지니고 있기 때문에 네페쉬를 영혼으로 번역한 것처럼 프쉬케도 영혼으로 번역될 수 있다. 신약성경에서도 영혼(psyche)은 히브리어 네페쉬(영혼)처럼 전인을 의미하는 개념으로 사용되고 있다(고후 12:15; 롬 2:9). 구약의 네페쉬와 신약의 프쉬케는 전인적 인간을 드러내는 육체와 함께 사용되기도 한다.

신약성경에서 프쉬케는 '생명의 원리', '땅의 삶 그 자체', 느낌과 감정을 포함한 '인간의 내적 생명의 좌소', '땅의 것들을 초월하는 삶의 자리와 중심', '생명을 가진 피조물' 등의 의미를 가지고 있다. 또한 프쉬케는 종종 복음서에서 한 인간 전체를 나타내고자 할 때와[49] 순전한 육체적 삶과 구별된 삶을 묘사하기 위해서,[50] 그리고 자연적 삶과 참된 삶과 관련하여 인간의 인성을 나타내고자 할 때 사용하고 있다.[51] 네페쉬와 같이 프쉬케도 종종 전인을 상징한다.

---

49 'Psyche', *Theological Dictionary of the Old Testament*, vol. 9, 639.
50 'Psyche', *Theological Dictionary of the Old Testament*, vol. 9, 642.
51 'Psyche', *Theological Dictionary of the Old Testament*, vol. 9, 648.

3) 전인으로서 영

히브리어에서 '영'(spirit)으로 번역된 단어는 루아흐(*ruah*)이다. 이 단어의 의미는 '움직이는 공기, 숨, 호흡, 영'이다. B.D.B.는 루아흐를 '영', '생기', '기질', '인간과 짐승의 몸에 거하는 살아 있으며 숨 쉬는 존재의 영'[52] '감정의 자리', '정신상의 행위의 기관', '의지의 기관' 등이다. 때문에 루아흐와 네페쉬의 의미는 중첩되어 사용되고 있다. 스테이시(W. D. Stacey)는 루아흐와 네페쉬를 다음과 같이 비교하여 설명하고 있다.

> 하나님과 관계에서 비추어 인간에 대한 언급을 할 때는 루아흐란 용어가 사용되는 경우가 많다. … 그러나 다른 사람 혹은 인간의 보통의 삶을 살고 있는 사람과 연관되어 정신상의 용어가 필요한 경우에 인간에 대해 언급할 때는 네페쉬가 사용되는 경우가 많다. 이 두 경우 모두에 전인과 관련된 개념이다.[53]

그러므로 루아흐는 인간과 분리될 수 있는 부분이 아니다. 오히려 루아흐는 전인적 인간의 어떤 한 관점을 표현하는 것으로 보아야 한다.

구약성경에서 영으로 번역된 루아흐와 관련된 헬라어는 프뉴마(*pneuma*)이다. 프뉴마는 인간을 가리킬 때에는 대부분 '영'이라 번역된다. 프뉴마의 주요 의미는 '사람의 인성의 한 부분으로서의 영', '한 인간의 자아', '정신의 성향이나 상태' 등이다.[54] 신약성경에서 바울은 인간의 육체적 기능에 대하여 프뉴마를 사용하기도 하고, 프뉴마는 종종 프쉬케와 같은 의미로, 그리고 전체로서의 인간을 나타냄으로 육체적 본성보다는 심적 본성에 더 많은 강조점을 둘 때 사용되기도 한다.[55] 신약성경에서 바울이 종종 프뉴마를 인간의 외적 국면에 반하는 내적 국면으로서의 몸과 대조시키고 있고(고후 7:1; 롬

---

52 짐승과 관련하여 사용된 예는 전도서 3: 21이다.
53 W. David Stacey, *The Pauline View of Man*, 90.
54 William F. Arndt and F. Wilbur Gingrich, *A Greek-English Lexicon of the New Testament and Other Early Christian Literature* (Chicago: University of Chicago, 1967)를 참조.
55 'Pneuma', *Theological Dictionary of the Old Testament*, vol. 6 (Grand Rapids: Eerdmans, 1977), 435.

8:10), 프뉴마를 인간의 자기인식 혹은 자아의식과 관계하여 기술하기도 한다(고전 2:11). 스테이시(W. D. Stacey)는 바울이 오직 중생한 사람만이 프뉴마를 가지고 있는 것으로 보지 않았다고 하였다. 왜냐하면 "모든 사람이 날 때부터 프뉴마를 갖게 되지만 거듭난 신자의 프뉴마는 하나님의 영광의 교제를 통해 새로운 특성과 새로운 품위를 띠게 된다(롬 8:10)"고 지적하였다.[56]

또한 래드(George Ladd)는 프뉴마와 프쉬케를 구분하여 "영은 종종 하나님에 대해서 사용되나 혼은 결코 그렇게 사용되고 있지 않다. 이것이 프쉬케가 인간 편에서 사람을 나타내는 반면에 프뉴마는 하나님의 편에서 사람을 나타내 준다는 것을 시사해 주는 것이다"라고 지적하였다.[57] 래드의 견해가 대체적으로 의미가 있는 지적이지만 반드시 그런 것만은 아니다. 왜냐하면 신약성경에서 프뉴마는 프쉬케와 거의 같은 의미를 가지고 있을 뿐만 아니라 이 두 단어가 혼용되고 있기 때문이다. 게다가 프쉬케는 때로 주님을 찬양하고 찬미하는 것으로 기술되기도 하며(눅 1:46), 야고보는 우리의 영혼(프쉬카스)을 구원할 수 있다는 마음에 심긴 말씀에 관해서 말하고 있기 때문이다(약 1:21).

때문에 프쉬케와 프뉴마는 다른 의미의 목적을 위해서 쓰였지만 프뉴마가 전인을 나타내기 위해서 쓰이기 때문에 프쉬케처럼 프뉴마도 전인으로서 인간의 한 국면을 기술하기도 한다.

4) 전인으로서 마음

구약성경에서 보통 마음으로 번역되는 히브리어는 레브(leb)와 레바브(leb-ab)다. B.D.B는 이 단어의 의미를 '속사람' 혹은 '내적 혼', '정신', '의지의 결정', '양심', '도덕성', '인간 자신', '욕망의 자리', '감정의 자리', '용기의 자리' 등으로 설명하고 있다. 구약성경에서 마음이란 단어는 생각, 느낌, 의지의 자리를 나타내는 데 사용될 뿐만 아니라 죄의 자리(창 6:5; 시 95:8, 10 등), 영적 갱신의 자리(신 30:6; 시 51:10; 겔 36:26 등), 그리고 믿음의 자리(시 28:7; 잠

---

[56] W. David Stacey, *The Pauline View of Man*, 135.
[57] George E. Ladd, *A Theology of New Testament Theology* (Grand Rapids: Eerdmans, 1974), 459.

3:5 등)이기도 하다.

앤더슨(Ray Anderson)은 마음을 "주체적 자아의 중심부"라고 말하면서 마음은 "참된 질서 가운데 놓여 진 육체와 영혼의 단일체이다. 그것은 인간이다"고 하였다.[58] 여기에 나타난 마음, 육체, 영혼은 인간의 존재론적 구성 요소를 의미하기보다는 인간을 다른 관점에서 보고 있는 것이다. 모두가 인간의 단일성과 전인으로서 인간을 영혼, 육체, 마음으로 기술하고 있는 것이다.

로빈슨(H. Wheeler Robinson)은 "마음이 포함하는 영역들을 정확하게 구분 짓는다는 것은 단순히 이러한 정확한 구분이 이루어지지 못했다는 이유 때문에 불가능한 것이다"라고 하였다.[59]

구약성경에서 마음으로 번역된 레브와 레바브에 상응하는 헬라어는 카르디아(kardia)이다. 헬라어 카르디아의 주요한 의미로는 "육체적, 영적, 정신적 생명의 자리"란 의미를 지닌 용어이다. 또한 카르디아는 인간의 지, 정, 의를 포함한 인간의 내적 삶의 중심과 원천으로 이해되고 있다. 마음은 인간의 내적 삶의 중심부로서 감성, 이성, 의지의 원천으로 표현되기도 한다.

신약성경에서도 인간에게는 어떤 중심이 있는데 마음(heart, 마 15:15; 눅 16:15; 행 14:17; 고후 5:12)이라는 단어이다. 마음에 대한 성경의 강조는 전인으로서 인간의 심리적인 면을 강조할 때 사용되었다. 우리가 자주 사용하는 마음과 심령과 의지는 한 가지 동일한 근본 요소를 지칭하는 말이다. 다만 동일한 것이 강조되는 측면이 다르다. 의지는 그 근본 요소의 능력 가운데 행동에 착수하고 없던 것을 있게 하는 힘이다. 심령은 그것이 육체적 실체와 구분된다는 특성을 지칭한다. 마음은 그것이 인간 안에서 차지하는 자리가 중심을 가리킨다.[60]

마음이란 전인의 결정과 선택이 내려지는 곳이다. 이것이 마음의 기능이다. 성경은 "자기의 마음을 제어하지 아니하는 자는 성읍이 무너지고 성벽이 없는 것 같으니라"고 하였다(잠 25:28).

---

58 Ray S. Anderson, *On Being Human* (Grand Rapids: Eerdmans, 1982), 21.
59 H. Wheeler Robinson, *The Christian Doctrine of Man* (Edinburgh: T&T Clark, 1934), 26.
60 달라스 윌라드, 『마음의 혁신』, 윤종석 역 (서울: 복있는사람, 2005), 48.

칼 바르트(Karl Barth)는 구약성경과 신약성경에 나타난 마음에 대해서 다음과 같이 기술하였다.

> 성경 본문들에서 말하는 마음에 대해서 우리가 충실하게 살펴보면, 마음은 인간 자체의 모든 것이다. 그러기에 인간의 활동의 소재지일 뿐만 아니라 활동의 근본이라고 이야기해야 한다. … 그러므로 마음은 인간의 단지 하나의 실체가 아니라 인간의 실존 그 자체이며 영과 육의 전체적 실체인 것이다.[61]

마음은 인간의 영과만 관계된 것이 아니라 육과도 관련된 실체라는 이해는, 마음은 인간의 내적 본질에 있어서의 전인을 상징한다. 성경에서는 마음(heart)은 구체적으로 우리가 오늘날 생각하는 심장을 의미하지 않는다. 또한 마음의 의미가 사랑의 감정에 국한되는 것도 아니었다. 오히려 전인으로서의 마음은 사람의 중심으로 간주되었으며, 마음의 중심은 또한 우리가 하나님의 임재와 가장 친밀하게 만나는 곳, 그리고 사람들과의 본질적인 연합이 이루어지는 곳, 하나님과 인간 사이의 지속적이고 깊은 사랑이 실제로 일어나는 곳이다.

5) 전인으로서 몸

보통 몸으로 번역되는 히브리어는 바사르(*basar*)이다. 브렛시오티스(N. P. Bratsiotis)는 "바사르는 인간 본성의 외적인 측면을 가리키는 단어로 구약에서 가장 자주 사용되는 용어라고 말하면서 바사르가 인간의 외적 측면을 네페쉬가 인간의 내적 측면으로 구별되고 이해될 때도 우리는 이 단어들을 플라톤적인 의미의 영혼과 몸의 이원론을 나타내는 것으로 결코 생각해서는 안 된다"고 하였다.

바사르와 네페쉬는 하나의 이중적 실체와 같은 인간 존재의 상이한 측면들로

---

[61] Karl Barth, *Christian Doctrine* (Edinburgh: T&T Clark, 1960), 436.

이해되어야 한다. 인간의 이중적 본성에 대한 결정적인 것은, 분면하게 말하면 이와 같이 분명한 인간론의 의 온전성인 것이다. 그것은 바사르와 네페쉬 모두에 완전히 대립되는 이분론의 어떠한 견해도 배제하며 이 둘 사이에 상호유기적인 몸과 마음의 관계를 나타내는 것이다.[62]

종종 바사르는 단순히 육체적 측면이 아니라 인성 전체를 가리키기도 한다. 하지만 인간의 모든 것을 가리키고 있다는 점에서 네페쉬와 함께 쓰이기도 한다. 베스(Clarence B. Bass)는 몸을 나타내는 구약의 표현들에 대해 다음과 같이 설명한다.

> 몸과 영혼이 거의 혼용되고 있는데 영혼은 살아있는 존재로서의 인간을 나타내기 위해서 사용되고, 몸은 유형적인 가시적 존재로서의 인간을 나타내기 위해 사용된다. … 몸과 영혼의 이러한 단일성이 몇 몇 저술가들로 하여금 구약은 육체적인 몸을 하나의 분별 있는 실체로 보는 시각이 결여되어 있다는 결론을 내리게 했다. … 그러나 보다 확실하게 말하면, 구약은 몸과 영혼을 하나의 단일체로 구성키 위한 기능에 있어서 서로에게 스며드는 동등한 실체로 보고 있다.[63]

물론 구약성경에서 '육체'는 특히 인생의 덧없음을 뜻한다. "모든 육체는 풀과 같고, 풀은 마르고 꽃은 시든다"(사 40:6-7)고 말한다. 그러나 핵심은 바사르는 구약에서 강조점이 때때로 외형적 측면에 두고 있지만, 전인을 나타내기 위해 사용되고 있다는 점이다.

구약성경에서 인간의 육신을 나타내기 위해 사용한 용어가 바사르인데, 이에 상응하는 신약성경의 용어는 두 개의 헬라어이다. 사륵스(sarx)와 소마(soma)이다. 보통 사륵스는 육신이라고 번역되고 소마는 몸이라고 번역된다.

---

[62] 'Basar', *Theological Dictionary of the Old Testament*, vol. 2 (Grand Rapids: Eerdmans, 1977), 325.

[63] 'Body', *Theological Dictionary of the Old Testament*, vol. 1 (Grand Rapids: Eerdmans, 1977), 538-29.

사륵스는 인간, 몸, 인간의 본성, 육체적 한계, 삶의 외적 측면 그리고 특별히 바울 서신에서 죄의 의지적 도구, 죄성 등과 같이 다양한 의미로 쓰인다.
신약성경에서 사륵스는 크게 두 가지 의미로 쓰인다.

첫째, 사륵스는 인간의 삶의 모든 영역에서 하나님께 불순종하려는 인간의 성향을 의미한다. 때문에 여기서 사륵스는 인간 그 자체를 가리키는 것이 아니라 인간의 죄성을 의미한다. 바울 자신도 가끔 '죄를 짓는다'는 생각과 어느 정도 관련해서 육을 쓰기도 한다. 가령 "너희는 성령 안에서 행하라. 그리하면 육체(sarx)의 욕심을 이루지 아니하리라"(갈 5:1이하). 바울은 로마서 8:9에서 그리스도인은 '육을 따라' 살지 않고, '영을 따라' 사는 자라고 말한다.

바울이 언급한 육의 의미는 '본성으로'(psychikos) 살아가는 사람(자연인)의 생활방식을 의미하고, '하나님의 영을 따라'(pneumatikos) 사는 사람(영적인 인간)과 대비되는 개념으로 사용한다(고전 2:14, 15). 죄성을 의미하는 사륵스는 육신과 관련된 죄성만을 의미하는 것이 아니라 전인에 의해서 범해지는 죄 또는 죄성으로 이해되어야 한다. 하지만 육(sarx)이 언제나 '죄성'만을 의미하는 용어가 아니다.

둘째, 사륵스는 인간 존재의 외적이고 육체적인 국면으로 이해된다. 이런 의미에서 사륵스는 육체라는 관점에서 바라본 인간을 말한다. 문맥에 따라 인간의 의미로 쓰이는 경우를 볼 수 있다. 예를 들어 사도행전 2:17, "하나님이 가라사대 말세에 내가 내 영으로 모든 육체에게 부어 주리니"에서 육체에 해당하는 '사르카'의 원형 '사륵스'는 문자적으로는 고린도전서 15:39에 나오는 것과 같이 인간의 뼈를 둘러싸고 있는 '신체 조직'을 가리킨다.

그러나 요한복음 1:13-14를 보면, 이 용어는 더 포괄적인 의미에서 '육체를 지닌 인간'을 말하고, 로마서 4:1에서는 '육체는 언젠가는 죽게 되는 유한한 존재로서 인간'을 의미한다. 사도행전 2:17에서 육체는 인간 그 자체이다. 여기서 육체는 인간으로서 특별히 오순절 성령 강림의 체험을 한 제자들이다. 때문에 여기서 육은 보이는 시각적인 몸을 의미하기보다는 하나님과 관계된 존재방식을 의미한다.

육은 보이는 몸에 제한되지 않고 오히려 전인의 존재 방식과 생활방식의 의미로 쓰이기도 한다. 따라서 육은 지상의 상황 그 자체가 아니라 하나님과의 관계에서 지상의 생활을 본 것이다. 성경에서 말하는 육이란 인간의 육체성의 문제가 아니라, 인간이 지상에서 살아가는 생활방식, 곧 태도의 문제와 관련된 개념이기도 하다. 이 지상생활 자체는 죄가 아니지만, 만일 인간이 오직 육을 중심으로 살아가면, 죄가 될 수 있다는 것이다.

몸으로 번역된 소마의 문자적 의미는 살아있는 몸이라는 의미를 담고 있지만, '하나님 앞의 하나의 실체로서의 전인', '인간 속의 영적인 것들의 소재지', '하나님 나라의 백성 될 자로서의 전인', '부활을 위한 매개물', 그리고 '마지막 심판의 수단이 될 영적인 시험의 장소' 등으로 이해되고 있다.[64]

신약성경에서 몸은 인간의 외적인 공간의 의미로 제한되어 이해되기보다는 전인의 의미로 설명되고 있다. 로마서 12:1에서는 몸을 산제사로 드리라고 말한다. 여기서 몸은 의심의 여지없이 전인을 뜻한다. 신약성경에서 말하는 몸은 하나의 객체로서가 아니라 행동하고 삶을 영위할 수 있는 가능성이고, 또한 하나님께 순종하고 불순종할 수 있는 가능성이다.

5. 영과 혼과 몸

성경적 인간관의 가장 핵심적인 요소 중 하나는 인간은 전인이라는 것이다. 하지만 인간을 분리할 수 있는 여러 '부분들'(parts)로 구성되어 있다고 생각해 오기도 했다. 이러한 이해 중 하나가 일반적으로 삼분론(trichotomy)이다. 이 견해는 인간은 몸과 혼과 영혼으로 이루어져 있다고 본다. 기독교 역사에서 삼분론의 최초의 주장자들 중의 한 사람은 이레니우스(Irenaeus, A.D. 130-200년경)였다.

---

[64] Geoffrey W. Bromiley, 'Body', *The International Standard Bible Encyclopedia*, vol 1 (Grand Rapids: Eerdmans, 1996), 529.

이레니우스에게 하나님의 형상이란 인간의 합리적이고 자유스런 성품으로서 타락 후에도 상실되지 않는 성품을 의미한다.[65] 하나님의 형상을 인간의 합리성에 초점을 맞춘 그의 견해는 고전적 헬라철학자들인 플라톤, 아리스토텔레스, 스토아 철학자들의 영향이라고도 할 수 있다. 고전 철학자들은 이성이야말로 인간이 소유하고 있는 가장 높고 독특한 특색이라고 이해하였다. 이레니우스는 인간의 합리성과 자유성은 인간이 타락 후에도 보유하고 있다고 이해하였다. 그에게 하나님의 모습이란 성령께서 아담에게 덧입혀 주신 '신성의 의복'으로 이해하였다.[66]

흥미로운 것은 그는 인간은 태초에 하나님의 형상(image)과 하나님의 모습(likeness)으로 창조되었지만, 인간은 타락으로 인하여 하나님의 모습을 잃은 반면 하나님의 형상은 그대로 보유하고 있다고 생각했다. 그 후 구속의 은혜를 받은 신자들은 잃어버렸던 하나님의 모습을 회복하게 된다고 생각했다. 즉, 타락 후 구속의 은혜를 입는 신자들은 영을 회복하지만, 구속의 은혜를 입지 못한 불신자들은 영을 회복하지 못하고 혼과 육만 지니고 있다고 보았다.[67]

이레니우스가 인간은 타락 후에 하나님의 모습을 잃었다고 본 것과 불신자들은 영을 상실한 것으로 여긴 것은 관련성이 있다. 그에게 인간이 영을 가지고 있다는 것과 인간이 하나님의 모습을 가지고 있다는 것은 동일한 의미라고 할 수 있다. 때문에 하나님의 모습을 소유하고 있는 이 영은 타락 전에 아담에게 주어졌는데 타락을 통하여 상실하게 되었고 다시 구속의 과정에서 회복된다는 것이다.

그러나 인간에게서 하나님의 형상과 모습을 이렇게 다르게 이해한 것은 옳지 못하다. 이유는 이 두 용어는 실질적으로 같은 의미로 사용되는 동의어다. 하나님의 형상을 일차적으로 합리성으로 이해한 것은 이레니우스의 오류였다. 왜냐하면 인간의 합리성은 결코 하나님의 형상의 핵심이 될 수 없기 때문이다.

---

65 Anthony A. Hoekema, *Created in God's Image*, 34.
66 Anthony A. Hoekema, *Created in God's Image*, 34.
67 Anthony A. Hoekema, *Created in God's Image*, 35.

게다가 신자들은 육과 혼과 영으로 구성되어 있고 불신자들은 오직 육과 혼으로만 구성되어 있다는 이레니우스의 견해는 정당하지 못하다. 성경에서는 '혼'(soul)이란 용어와 '영'(spirit)이란 용어는 동의어로 사용되고 있는 경우도 있기 때문이다. 따라서 인간을 삼원론적으로 보는 견해는 성경적이라 할 수 없다. 게다가 타락한 인간은 그의 영을 상실하게 된다는 이레니우스의 주장을 결국 타락 때에 인간이 상실한 영은 원래 인간에게 덤으로 주어진 것이었는지 본래적으로 인간에게 필수적인 것은 아니라는 결론이 된다. 왜냐하면 영이 없이도 인간은 온전한 인간일 수 있다는 결론이 나오기 때문이다.[68]

기독교 역사에서 삼분론은 여러 학자들에 의해 주장되기도 했다. 19세기에 델리취(Franz Delitzsch),[69] 허드(J. B. Heard),[70] 벡(J. T. Beck)[71] 등에 의해 주장되었다. 최근에 와서는 워치만 니(Watchman Nee)[72]와 솔로몬(Charles Solomon) 등이다. 솔로몬은 인간은 몸을 통해서는 환경과, 혼을 통해서는 다른 사람들과, 영혼을 통해서는 하나님과 관계를 맺는다고 말하였다.[73] 삼분설을 주장하는 사람들은 영(spirit)을 인간(신자)이 하나님의 영이 만나는 곳으로 여기고, 혼(soul)을 인간의 지, 정, 의로 구성된 인간의 정신세계 또는 인격성이 자리잡은 것으로 이해하였다. 하지만 인간에 대한 이러한 삼분론은 큰 오류를 가지고 있다.

첫째, 삼분론은 인간을 세 부분으로 나눌 수 있다고 생각하지만 성경에서 말하는 영, 혼, 영혼 등에 대한 개념은 인간의 '부분'(part)을 말하는 것이 아니라 철저하게 '국면'(aspect)을 의미한다. 인간은 통전적인 존재로서 전인이기 때문에 인간의 이러한 국면들은 결코 나누어 질 수 있는 요소들이 아니다. 삼분론이란 용어는 두 개의 헬라어 즉 '삼중의'란 의미의 '트리케'와 '자르

---

68 Anthony A. Hoekema, *Created in God's Image*, 35.
69 Franz Delitzsch, *System of Biblical Psychology* (Edinburgh: T&T Clark, 1867), 247-66.
70 J. B. Heard, *The Tripartite Nature of Man* (Edinburgh: T&T Clark, 1866).
71 J. T. Beck, *Outlines of Biblical Psychology* (Edinburgh: T&T Clark, 1877), 38.
72 Watchman Nee, *The Release of the Spirit* (Indianapolis: Sue Foundation, 1956), 6.
73 Charles R. Solomon, *The Handbook of Happiness* (Denver: Heritage House of Publications, 1971), 27-58.

다'라는 의미의 '템네인'으로 이루어져 있다. 인간은 기계처럼 결코 분리될 수 있는 존재가 아니라 하나의 유기체적 생명체이다. 래드(G. E. Ladd)는 "몸, 혼, 영혼과 같은 용어는 인간의 상이하고 분리할 수 있는 기능들이 아니라 전인을 바라보는 상이한 방법"이라고 지적하였다.[74] 영, 혼, 몸이라는 개념은 인간의 국면을 의미하는 것이지 부분들을 의미하는 것이 아니기 때문에 이러한 요소들은 인간을 바르게 이해하고 설명하기 위해서 단지 이론적으로 구분하여 설명하고 있는 것이지 결코 분리될 수 있는 요소들이 아니다.

둘째, 삼분론은 영혼과 육체를 대립적인 개념으로 이해하고 있다는데 문제가 있다. 이러한 이해는 헬라 철학에 그 기원을 두고 있다. 헬라 철학은 보이는 물질세계와 보이지 않는 세계를 대립적인 관계로 이해했다. 즉, 인간은 이성(nous)을 소유하고 있는 이성적 존재이며 몸을 가지고 있는 물질적 존재라고 생각하였다. 이 둘 사이의 중재자가 제 3의 실체 즉 영혼(soul)이 있어 이성의 이름으로 몸을 이끌어 나갈 수 있어야 한다고 주장하였다.[75] 하지만 성경은 영혼(정신)과 육체 사이의 대립을 주장하지 않는다. 성경은 물질이나 육체 그 자체를 필요악으로 보지 않고 도리어 하나님을 섬기는 일에 사용되어야 하는 하나님의 선한 창조의 국면으로 기술하고 있다.

셋째, 성경에서는 삼분론을 명백히 제시하고 있지 않으며 영과 혼 사이에 뚜렷한 차이점을 두고 있지 않다. 왜냐하면 혼과 영이라고 번역된 히브리어와 헬라어 단어들이 성경에서 종종 교차적으로 사용되고 있기 때문이다.[76]

인간을 영과 혼과 몸으로 구분하여 이해하는 삼분론자들은 히브리서 4:12과 데살로니가전서 5:23을 그들의 견해를 입증하는 증거로 내세운다. 그렇다면 이 두 구절들이 삼분설을 말하고 있는지 살펴볼 필요가 있다.

히브리서 4:12은 "하나님의 말씀은 살았고 운동력이 있어 좌우에 날선 어떤 검보다 예리하여 혼과 영과 및 관절과 골수를 찔러 쪼개기까지 하며 또 마음의 생각과 뜻을 감찰하시나니"라고 말한다. 이 구절은 인간이 어떤 존재

---

[74] George E. Ladd, *A Theology of the New Testament*, 457.
[75] Anthony A. Hoekema, *Created in God's Image*, 206.
[76] Anthony A. Hoekema, *Created in God's Image*, 206.

로 구성되어 있는가를 말하는 것이 아니라 하나님의 말씀의 통찰력을 기술하고 있다. 히브리서 저자가 여기서 말하고자 하는 것은 하나님의 말씀은 우리 존재의 가장 깊은 곳까지 파고 들어가 우리의 행위의 은밀한 동기들을 드러내는 특성이다. 히브리서 저자가 인간을 혼과 영과 몸(관절과 골수)으로 나누어 구분하여 말하고자 하는데 목적이 있지 않다. 때문에 히브리서 4:12을 인간의 구성요소로서의 혼과 영과 몸을 구분하고 그 차이점을 가르치는 것으로 보는 것은 정확한 이해가 아니다.

다른 한 구절은 데살로니가전서 5:23이다. 데살로니가전서에서 바울이 데살로니가 교회에 보낸 첫 번째 편지의 말미에 나오는 기도 가운데 그는 이렇게 기록하고 있다.

> 평강의 하나님이 친히 너희로 온전히 거룩하게 하시고 또 너희 온 영과 혼과 몸이 우리 주 예수 그리스도 강림하실 때에 흠 없게 보전되기를 원하노라(살전 5:23).

삼분설을 믿는 사람들은 이 구절을 그 근거로 인간이 '영과 혼과 몸'의 세 부분으로 구성되어 있음을 성경이 증거하고 있다고 주장한다. 그러나 중요한 것은 이 구절이 교리상의 진술이 아니라 하나의 기도라는 것이다. 바울은 여기서 데살로니가 성도들이 그리스도께서 다시 오실 때까지 성화되고 온전히 하나님에 의해 보존되기를 기도하고 있다.

이 본문에서 바울이 데살로니가 성도들의 성화의 총체성을 위한 기도가 두 개의 헬라어 단어로 표현되고 있다.

첫째, '홀로텔레이스'라는 단어는 "전체의"란 의미를 갖고 있는 '홀로스'와 "마지막" 혹은 "목표"란 의미의 '텔로스'로부터 파생되었다. 이 둘이 합쳐져서 "모든 부분에 있어서 완전한" 의미를 갖는다.

둘째, 데살로니가전서 5:23의 하반절에서 형용사 홀로크레론과 동사 테레데이에, "보전되기를 원하노라"는 둘 다 단수형이다. 때문에 본문의 강조점이 전인임을 보여준다. 예수님께서 "네 마음을 다하며 목숨을 다하며 힘을 다하며 뜻을 다하여 주 너의 하나님을 사랑하라"(눅 10:27)고 말씀하셨을 때 그것이 예수님이 사람을 네 부분으로 구분하여 말씀하신 것이 아닌 것처럼, 바울이 데살로니가 성도들을 위해 그들 각자의 영과 혼과 몸이 온전히 보전되기를 기도했을 때 바울도 인간을 세 부분으로 나누어 말한 것이 아니다.

그러므로 데살로니가전서의 이 구절은 신약성경에서 육체(몸), 정신(혼), 그리고 영혼이라는 세 단어가 함께 나오는 유일한 구절이지만, 로빈슨이 지적한 것처럼, "이것이 인격의 서로 다른 요소들에 대한 조직적인 분석은 아니다."[77] 바울은 그가 독자들을 위하여 하나님께 간청하는 보전과 성결의 전체적 속성을 강조하고 있다. 바울이 이 세 가지 용어들을 사용하는 것은 인간의 전인성이라는 맥락에서 쓰고 있다.

이 구절은 아주 중요한 함축적 의미들을 지니고 있다고 보아야 한다. 즉, 바울은 예수 그리스도의 사역을 통하여 이제는 인간 속에서 발견되는 네 가지 특성들, 평화, 거룩, 건전성, 그리고 흠이 없음의 결합을 강조하고 있다. 이러한 것들은 그리스도인의 모든 면, 즉 육체, 정신, 그리고 영혼의 모든 면에서 발견되어야 한다는 것을 강조하고 있다.

데살로니가전서 5:23과 같은 성경구절을 문자적으로만 해석하게 되면, 인간은 또한 네 부분으로 구성되어 있다고 말 할 수 있게 된다. 예를 들어 마가복음 12:30은 '마음, 혼, 정신, 힘'의 네 부분을 말하고 있기 때문이다. 신명기 6:5는 '마음, 혼, 힘'으로, 마태복음 10:28은 오직 '혼과 몸'으로 구분하고 있다. 이와 같은 성경구절들을 문자적으로만 해석하게 되면, 인간에 대한 성경의 관점은 어떤 곳에서는 이분설을, 어떤 곳에서는 삼분설을, 어떤 곳에서는 사분설이 되어 버린다. 이는 인간에 대한 혼돈과 논리적 모순을 부르게 된다. 때문에 데살로니가전서 5:23절을 통해 인간의 삼분설을 강조하는 것은 정당성이 약하다고 할 수 있다. 성경의 전체적인 맥락과 신학적인 관점에서 보면, 인간 존재를 분리하거나 나눌 수 있는 부분들(parts)로 이해해서는 안 되며, 인간은 전인으로서 여러 국면들(aspects)을 향유하고 있다고 보아야 더 옳다.

그러므로 데살로니가전서와 같은 성경구절들은 문자적으로만 이해하기보다는 신학적이고 실천적인 관점에서 이해할 필요가 있다. 먼저, 성경상의 자

---

77 H. Wheeler Robinson, *The Christian Doctrine of Man* (Edinburgh: T&T Clark, 2009), 108.

료는 인간의 구성요소의 중요성을 강조하는 데 있기보다는 항상 인간의 전인성을 강조하는 데 있다. 인간존재의 다양한 국면을 나타내는 성경상의 용어들은 인간의 전인성을 지칭할 때 자주 사용되었다. 다른 하나는 성경이 때로 인간의 구성요소를 제시하는 구절들이 있지만, 궁극적으로 그리고 실천적 맥락에서 인간은 몸과 혼과 영으로 나누어지거나 분리될 수 있는 존재가 아니라 결코 분리할 수 없는 통전적인 존재이다. 문자적으로 개념적으로는 인간을 구분할 수 있는 존재로 논할 수는 있지만 실천적인 면에서는 결코 분리될 수 없다.

6. 영과 몸

신약성경에서 영(*pneuma*: spirit)이란 용어는 274회 나오고, 혼(*psyche*: soul)은 57회 나온다. 주로 복음서와 사도행전에 나온다. 신약성경에서 인간 이해의 중요한 관점을 제공하고 있는 바울은 그의 서신에서 혼보다는 영의 현상에 대해 더 많이 언급한다. 혼보다는 영을 더 중요시했던 바울의 관점은 터툴리안(Tertullian)으로 이어졌고, 787년 니케아 종교회의 때 300명의 주교들은 영과 혼에 대한 긴 논쟁을 벌였다. 이런 과정을 거쳐 869년 콘스탄티노플 종교회의에서 기독교 인간관으로 삼분론(육, 혼, 영)이 아닌 이분론(육, 영)이 채택되었다.

이분론(dichotomy)은 삼분론보다 훨씬 더 광범위하게 주장되어 왔다. 벌코프는 "성경에 나타난 인간본성에 대한 주요한 진술은 분명히 이분론적이다"라고 했다.[78] 하지만 우리가 기독교적 인간 이해를 추구하면서 기억해야 할 것은 성경에서 말하고자 하는 인간은 하나님과 관계에서 영 또는 영혼을 이해하고 육체 또는 몸을 이해하는 것이지 헬라 철학과 같이 인간의 구성요소를 구분하여 설명하고자 하는 것이 핵심이 아니라는 것이다.

헬라 철학 형성에 중요한 영향을 끼쳤던 플라톤은 영혼과 육체는 두 개의

---

[78] Louis Berkhof, *Systematic Theology* (Grand Rapids: Eerdmans, 1941), 192.

구별된 본체로 이해하고, 신적 기원을 갖는 영혼은 고상한 본체이지만 육체는 질료(matter)로부터 구성된 것이기 때문에 열등한 것으로 여겼다. 게다가 인간의 육체는 임종 때 단순히 분해되어 버리지만 이성의 영혼(nous)은 만약 그 영혼의 행위의 과정이 올바르고 존경을 받을 만했다면 하늘로 되돌아가서 영원히 존재한다고 생각하였다. 영혼은 고상한 본체이며 본질상 파괴될 수 없지만 육체는 영혼보다 열등하며 유한하기 때문에 죽게 되어 있으며 완전파멸의 운명을 갖고 있다고 여겼다.

이분론은 이러한 헬라적인 사고와 상당히 밀접하게 관련 있으며 통전적 이해를 추구하는 성경적인 인간 이해로 받아들이기 어렵다. 그 핵심적인 이유는 이분론은 인간에 대한 성경적 견해의 정확한 진술이 아니기 때문이다. 이분론이란 용어는 두 개의 헬라어 어근 즉, '이중의' 혹은 '둘로'라는 의미의 디케와 '자르다'란 의미의 템네인으로부터 왔다. 이분론은 인간을 영혼과 육체로 나눌 수 있음을 시사해 준다. 그러나 살아있는 존재로서 인간은 유기체적인 생명체이기 때문에 어떤 경우에도 나누어질 수 있는 존재도 아니고 실체도 아니다. 인간은 하나의 단일체이며 유기체적 전인이기 때문이다.

자주 인용되는 구절은 다음과 같다.

> 이집트인들은 사람이요 신이 아니다 그들이 타는 말은 육체(고기덩이)요 영(ruah)이 아니다(사 31:3).
> 모든 육체는 풀이요 그 모든 아름다움은 들의 꽃과 같으니 풀은 마르고 꽃이 시듦은 여호와의 기운이 그 위에 붊이라(사 40:6-7).

여기서 말하는 '육체' 또는 '몸'과 '영'이란 이원론적인 인간관을 표현하기보다는 오히려 인간을 하나님과 관계에서 묘사하고 있다. 하나님과 관계 맺고, 그에게 의존함이 사람됨의 근본 상황이라는 것을 설명하고 있는 것이다.

성경의 인간관은 인간을 철저하게 하나님과의 관계에서 보고 있다. 전인으로서의 인간을 영혼이란 말로 표현하고 있는 것이지 육체와 대비시키기 위해서 영혼이란 말을 사용하고 있는 것이 아니다. 성경에서 인간을 육체와 영혼으로 말하는 것은 인간의 하나님에 대한 이중관계, 즉 인간이 일시적으로 존재하는 피조물임과 동시에 하나님의 영으로 만들어지고 힘을 얻는 존재임을 표현하고 있는 것이다.

    중요한 것은 성경이 몸과 영혼을 묘사하는 방식은 어떤 철학적인 인간관을 제시하려는 것이 그 목적이 아니다. 성경의 이런 언어들은 묘사적(descriptive)이기보다는 실천적(performative)인 의미이다. 성경의 관심은 인간의 속죄와 구원의 선포이다. 이런 관점에서 인간이 취해야 할 태도와 그가 추구해야 할 목표를 중심으로 인간의 상황을 묘사하고 있다.

    인간을 바라보는 상이한 방법으로서 몸과 영혼은 기계처럼 분리 가능하거나 분리하여 다시 조립할 수 있는 부분들(parts)이 결코 아니라 유기체적 상관관계에서 이 둘을 구별하고 있는 국면들(aspects)이다. 핵심은 인간과 관련하여 사용된 몸과 영혼이란 언어 속에 내재되어 있는 의미는 인간이 목적과 방향을 가진 지향적 존재라는 것이다. 성경의 선포는 인간이 그의 삶의 지향성을 자연적인 삶의 과정으로서가 아니라 하나님께로부터 받은 선물로 경험하도록 하는 것이다.

제2장

영성과 인식

Spirituality and Appreciation

1. 인식의 길

참으로 무엇이 기독교적 배움과 인식의 과제일까?

기독교적 배움과 인식의 과제는 사람들이 경건한 경험에 관여하게 하는 것이어야 한다. 그러나 우리는 자주 사람들이 먼저 정보로 가득 차도록 자극해야 한다고 생각하는 경향이 있다. 이런 경향들은 지식의 본질에 관한 근본적인 오해와 관계된다. 이러한 오해의 출처들 중의 하나는 그리스도 시대 이전에 일반적이었던 헬레니즘 시대의 그리스 철학이다.

위대한 그리스 철학자들의 핵심 전제들 중의 하나는 정신의 중요성이다. 그리스 철학자들은 그리스도가 오시기 400년 또는 500년 전에 정신은 인간 행동과 이해의 중심적 메커니즘이라고 이해하였다. 그들은 정신을 훈련시키는 데 많은 강조점을 두었다. 그들의 신념의 중심에는 정신이 진리를 저장한다면 삶에서의 행동은 그 진리로부터 나올 것이라는 사상이 있었다. 우리 안에도 이와 같은 생각이 깊이 내재되어 있음을 부인할 수 없다.

우리가 이 사상을 받아들인 명백한 것들 중의 하나는 배움을 많은 정보를 획득하는 것으로 여기고 있다는 것이다. 우리가 좋은 정보를 소유하고 있는 것은 결점이 아니다. 결점은 정보가 삶을 통제할 것이라고 믿는 데 있다. 이것은 진리가 머릿속에 있으면 삶의 행동을 통제한다는 도덕적 철학의 기초가 되는 것이다. 이러한 지식관은 너무 단순화된 것이다.[1]

교육에는 여러 수준들이 있다.

첫째 수준은, 단순히 정보의 회상을 요구하는 교육이다.
둘째 수준은, 사람들에게 단순히 그들이 들은 것을 재진술 하도록 요구하는 교육이다.
셋째 수준은, 사람들에게 단순히 사물이 어떻게 작용하는지 설명하도록 요구하는 교육이다.
넷째 수준은, 사람들에게 개념들을 부분으로 나누어 작은 조각들을 고려하도록 하는 방법을 단순히 가르치는 교육이다.
다섯째 수준은, 사람들이 개념을 함께 모아 통찰력을 가질 수 있는 시점에 이르도록 하는 교육이다.

아니면 교육을 통해 사람들이 그들 자신의 행위를 판단하는 시점에 이르도록 이끄는 교육도 있다. 이것은 책임 있는 사람이 되는 기본적인 개념이다. 기독교적 교육은 인간에게 주어진 하나님의 계시를 절대적 규범으로 하여 우리들로 하여금 역사적, 경험적 측면뿐만 아니라 어떻게 행하여야 하는가에 대한 가치 지향적이며 당위론적인 측면도 다루어야 한다. 이것들은 하나님이 인간인 우리에게 만드신 신적 미로 이해해야 한다.[2]

---

1 Ted Ward, *Cross-cultural Christian Education and Korean Mission Movement* (Seoul: Hwettbull, 1994), 71-3.
2 시카고 대학의 벤자민 불룸 박사는 인지적 과정 또한 지식 과정에 관한 인간 정신의 6가지 사용 수준들을 분류하였다.
첫째, 정보의 수준이다. 가장 단순한 지식 단계이다. 보통은 교육적 견지에서 정확하게 똑같은 정보를 되돌려 주기 위해 기억함으로써 표현되는 것이다. 때때로 반응정보라고 부른다. 보통시험에서 요구되는 정보이다.
둘째, 이해의 수준이다. 기억작용으로 똑 같은 단어들을 창출할 수 있을 뿐만 아니라 그것들이 의미하는 바도 진술할 수 있다.
셋째, 적용의 수준이다. 적용은 사물이 어떻게 작용 하는가 또는 어떻게 기능하는가를 말할 수 있음을 의미한다. 또는 특별히 어떻게 사용할 수 있는가를 의미한다. 사람들은 보통 이 정도 수준으로 지식과정을 이해한다. 하지만 불룸은 우리가 이해하지 않은 다른 세 가

'모든 인간은 태어나면서부터 알기를 원한다.'

이는 아리스토텔레스의 형이상학 첫머리에 나오는 유명한 말이다. 인간의 지식에 대한 욕구는 인간의 본성에 속하고 인간에게 있어서 지식보다 더 순수한 즐거움을 주는 일은 없다 해도 과언은 아니다. 이 같은 지식에 대한 애지정신이 철학적 정신이라고 한다면, 가르치는 일에 대한 사랑의 정신은 바로 교육적 정신이라고 할 것이다. 이래서 가르치는 사람이나 배우는 사람의 관계가 형식적이든 비형식적이든 무형식적이든 이러한 관계에는 사랑이 없으면 그것은 교육이라고 할 수 없다. 따라서 지식에는 사랑의 의미가 함축되어 있는 것이다.

2. 인식의 유형

1) 경험론

지식의 기원은 감각적 경험에 있다는 것이다. 지식이란 밖으로부터 주어지는 것이고 외계에 대한 지각이 모든 지식의 기본이며, 다른 모든 지식은 모두 거기서부터 파생된 것이다. 경험주의에 의한 지식관을 가지고 있는 사람은, 희랍시대의 소피스트와 중세의 유명론의 주창자인 오컴(William Ockham), 베이컨(Bacon) 그리고 로크(Locke)를 위시한 영국의 경험주의 철학자들이 여

지 수준을 더 설명하였다.
넷째, 분석의 수준이다. 어떤 것을 나누고 그것이 부분이며 요소라는 것을 이해하기 위해 지식을 사용하는 것이다.
다섯째, 종합(synthesis)수준이다. 이것은 어떤 것을 함께 모으는 것을 의미하는 그리스 단어이다. 분석과 종합은 대조되는 단어이다. 분석이 작은 조각들에게 이름을 붙이기 위해 사물을 부분으로 나누고 있는 반면에, 종합은 더 큰 사상을 만들기 위해서 작은 조각들을 모으는 문제이다.
여섯째, 평가의 수준이다. 평가라는 단어를 오용해서는 안 된다. 대부분의 사람들은 평가라는 단어를 시험을 치르는 것으로 이해하는 경향이 있다. 그것은 우리 대부분에게 학교교육의 불행한 산물이기도 하다. 우리는 평가라는 단어의 훨씬 더 깊은 의미, 즉 평가는 판단하기 위하여 지식을 사용하는 능력을 말한다(Benjamin Bloom, *Taxonomy of Educational Objectives* (Boston, MA: Allyn and Bacon, 1956).

기에 해당한다. 프로타고라스(Protagoras)는 지식이란 감각에서 유래한다고 하였으며, 오컴도 보편적이고 추상적인 지식을 배척하고 경험주의적 경향을 보였다.

근세의 존 로크(John Locke)는 그의 『인간오성론』(*An Essay Concerning Humane Understanding*)에서, 경험에 의지하지 않는 본구관념은 데카르트를 위시한 이성주의자의 입장을 거부하였다. 우리의 마음은 본래 백지(*tabula rasa*)와 같다. 즉, 암실과 같은 것이다. 이 암실에는 두 개의 창이 있다. 하나는 감각의 외관이요, 또 하나는 반성 즉 내관이다. 이 두 개의 창을 통하여 경험에 의하여 관념이 형성되어 지식이 된다.

경험론의 난점은 다음과 같다.

첫째, 감각경험에서 지식이 성립된다면 우리의 감각이 유한할 뿐 아니라 불완전하기 때문에 표상은 우리의 정신 상태와 외계의 사정에 따라 변화한다. 동일한 경험도 가지각색이며, 동일한 경험도 장소, 시간, 상황에 따라 다를 것이다. 그러면 지식의 상대주의를 면키 어려우며, 나아가서는 회의론으로 발전할 가능성이 있다.

둘째, 수학, 논리학의 지식을 어떻게 설명하느냐의 문제이다. 자연과학적 지식만이 가치가 있고 사유에 의한 논리적 지식의 근원은 경험론의 입장으로 설명하기 어렵다.

셋째, 사유를 아무리 누적해도 기기에서 보편성과 필연성 그리고 객관적 타당성을 찾기는 어렵다. 따라서 경험론은 개별적인 지식의 설명은 가능하나 보편적이고 필연적인 지식의 설명을 어렵게 하고 있다.

2) 합리론

합리론은 이성론이라고도 하고 지성주의라고도 한다. 지식의 기원은 이성이다. 경험론이 후천적이라면 이성론은 선천적이다. 지식의 기원은 본유관념인 이성에 의해서 성립한다는 이론이다. 대표적인 사람으로는 플라톤, 토마스 아퀴나스, 그리고 근세의 데카르트, 라이프니츠, 스피노자 등이다.

플라톤은 영원불변한 참다운 존재는 이데아이고 이성만이 이를 인식할 수 있다고 보았다. 토마스 아퀴나스는 인간본성인 이성은 신의 계시에 의한 초자연적인 신관념에서 부여된 본유관념이라 생각하여 이 관념만이 참된 지식의 근원이라고 하였다. 데카르트는 근대합리주의 주창자로서, 확실한 지식이란 명석 판명한 공리로부터 순수한 이성의 활동에 의해서 연역된 것이라고 하였다.

본유관념이란 인간이 선천적으로 가진 자연의 빛과 같은 것이며 신이 인간에게 부여한 선험적 관념이다. 이것은 본래 이성적이며 이러한 과념이 명석 판명한 지식을 형성하며 이로 하여금 일체의 지식은 연역되어야 한다는 입장이다. 라이프니츠도 이성주의자로서 로크가 인간의 마음을 백지와 같은 것으로 비유한 데 비하여 그는 대리석과 같아서 갈면 갈수록 아름다운 무늬가 비쳐 나온다고 하였다. 이성이란 영혼 속에 선천적으로 깃들어 있어 그 속에서 피어나오는 그러한 것이라고 하였다.

이성론적인 지식의 입장에서는 관찰과 경험과 실험을 중요시하는 자연과학에 지식의 높은 가치를 두는 경험론과는 다르게 인간의 사유 활동을 존중하는 논리학, 수학, 기하학적 지식에 높은 가치를 두게 된다.

합리론의 난점은 다음과 같다.

첫째, 외계의 대상이나 객관적 실재보다는 인간의 주관과 사유 활동을 존중함으로써 개인의 주관에 명석판명 한다고 해서 모든 사람의 주관에 명석판명한 것은 아닐 수 있기 때문에 보편타당성을 갖기 어렵다.

둘째, 자연과학적 지식을 무시하기 쉽고, 따라서 관찰과 실험에 의한 과학적인 방법의 경시는 학문의 발전과 교육의 진보를 이루는 데 장애가 될 수도 있다.

셋째, 이성적 지식은 자칫하면 독단론으로 흐를 위험이 있으며 실재의 세계를 설명하지 못함으로써 그들 주장자들이 피하려고 하였던 상대주의의 함정으로 빠져들 가능성이 있다.

3) 선험론

선험론은 비판론이라고도 하며 진리의 입장에서 보면 구성론이다. 선험론은 선천적인 이성을 인정하면서 동시에 후천적인 경험을 존중하여 경험론과 이성론의 조화와 통합을 지향하려는 절충적인 제3의 입장이라 할 수 있다. 이 이론은 칸트에 의해 대표된다.

여기에서 비판이란 이성에 대한 비판을 의미하며 선험이란 경험에 대하여 시간적으로 선행한다는 뜻이 아니다. 그렇다고 선천적 혹은 생득적이란 의미도 결코 아니며 경험을 경험으로서 가능케 하는 이론적 조건을 말한다. 우리의 모든 지식은 경험과 함께 시작한다고 경험론을 긍정하면서 이성론을 비판한다. 그러나 모든 지식이 경험에서 나오는 것은 아니라고 하여 이성론을 긍정하고 경험론을 비판한다. 그러므로 칸트는 지식은 경험과 이성의 양자의 종합과 지양에 의해 가능하다고 보았다.

칸트는 지식과 진리의 객관성과 보편타당성을 존중하면서 경험은 지식의 재료 혹은 소재를 제공하고 이 재료를 가지고 참된 지식을 구성하는 기능은 선험적인 인식 주관에 속한다는 것이다. 이 같은 인식 주관은 개인적인 주관이 아닌 초개인적이고 보편적인 주관이다. 칸트는 이러한 주관을 순수이자 혹은 선험적 일반의식이라고 하였다. 이러한 주관이 선험적인 감성과 오성의 기능을 가지고 감각적 재료로서 지식이 되게끔 구성한다.

4) 기독교적 인식

지식의 성경적인 시각은 감정과 행동과 함께 인식적 의미의 지식을 포함하는 성스러운 것이다. 지식은 알려진 사람이나 물체와 함께하려는 개인적 헌신이나 의도를 의미하는 물리적인 차원을 포함한다. 하나님을 안다는 경우의 예를 들어 이때의 지식은 하나님에 대한 사랑, 순종, 믿음의 반응을 구체화하는 것이다. 성경에 나타나 있듯이 하나님의 선포에 상관적, 경험적, 반사적인 앎의 방법이다. 경험적이고 분석적인 연구를 통해서 얻어진 지식은 일반적으로 정보를 통제하려고 한다. 사색적, 역사적, 해석적으로 얻어진 지식은 일반적으로 호기심을 만족시키기 위해 지식을 습득하고자 한다.

해방시키는 또는 자유롭게 하는 지식을 파커 팔머(Parker Palmer)는 고린도전서 8:1-3에서 찾는다.

> 우상의 제물에 대하여는 우리가 다 지식이 있는 줄 아나 지식은 교만하게 하며 사랑은 덕을 세우나니 만일 누구든지 무엇을 아는 줄로 생각하면 아직도 마땅히 알 것을 알지 못하는 것이요 또 누구든지 하나님을 사랑하면 이 사람은 하나님이 아시는 바 되었느니라(고전 8: 1-3).

열정 또는 사랑의 관심과 관련된 것이 바로 이 지식이다. 분명히 신약은 지식이나 진리가 반드시 사랑과 연관되어 있고(엡 4: 15, 요이 1장) 하나님의 모든 지식, 지혜, 이해의 원천이기에 모든 진리가 하나님의 진리임(골 2: 2-3)을 밝히고 있다. 기독교 교육자가 당면하는 문제는 과연 어떻게 창조적인 균형을 성경에 나타난 진리와 다양한 훈련 방법에 대한 연구를 통해 분별된 진리를 유지하는가와 관련 있다. 동시에 하나님과 다른 사람들과 피조물들의 사랑으로 어떻게 인도 받을 수 있는가에 관한 것이다.

현대인들은 철저하게 이성과 경험에 기초한 과학이 지식을 습득하는 단 하나의 믿을 수 있는 방법이라고 하는 과학주의 아래서 살아가고 있다. 휴스턴 스미스(Huston Smith)는 과학주의의 이런 제한된 인식론의 위험성을 지적했다. 과학이 통제, 예견, 수, 기호에 가치를 두는 반면 믿음은 포기, 놀라움, 주관성, 객관성, 말, 상징에 가치를 둔다. 과학이 실용성, 유용성, 서비스, 통제의 수단이 되는 가치와 관련 되어 있는 반면 믿음은 경이, 경외, 경의, 창조성, 상상력, 약속과 같은 본질적인 가치와 관련되어 있다. 생성되는 것이 과학의 지배적인 초점인 반면 존재하는 것과 생성되는 것이 믿음의 초점이다.[3]

기독교 믿음의 관점은 계속해서 확장되는 지식 습득의 대안적 방법을 제공한다. 하지만 그것은 모든 진리는 하나님의 진리라는 점에서 과학의 진리와 반대되는 것은 아니다. 기독교인은 이성과 하나님의 보편적 계시의 자연

---

[3] Huston Smith, *The World's Religions* (New York: HarperSanFrancisco, 2009), chapter 8.

적인 세상과 관련해서 경험적인 관찰을 통해 구별되고 발견된 과학의 통찰력을 자유롭게 살펴 볼 수 있다. 하지만 기독교인은 불완전하고 유한한 인간에 의해서 형성된 지식의 한계를 반드시 의식하여야 한다.[4]

3. 지식에 대한 여러 이미지

탁월한 교육학자 파커 팔머는 지식에 대한 여러 이미지들에 대한 고찰을 통하여 교육의 의미를 재조명하고 있다. 그는 인식의 주체와 대상 그리고 그들 간의 관계에 대해 인식론이 제공해 주는 이미지들은 교육 받는 개인의 사고방식뿐 아니라 행동 방식에도 형성적 영향을 끼친다. 지식의 양태는 곧 삶의 양태가 되는 것으로 보았다.[5] 그는 지식을 묘사하는데 사용하는 핵심 단어들인 사실(fact), 이론(theory), 객관적(objective), 실재(reality)를 관찰함으로써

---

[4] 일반적으로 지식을 획득하는 방법에는 연역적 방법, 귀납적 방법, 계시적 방법이 있다. 연역적 지식은 학문연구 방법에 의한 연역법(deductive method)에서 얻어지는 지식으로 논리학과 같은 정당화의 문제를 다루는 지식이다. 이 지식은 이미 알려져 있는 일반적이고 보편적인 지식으로부터 출발하여 새로운 지식에 도달하는 방법을 말한다. 예를 들어 '모든 사람은 죽는다'는 이 예에서처럼 바울이 실제로 죽은 것을 보지 않더라도 수긍할 수 있는 결론이다. 순수하게 논리적 증명에 의해서 얻어질 수 있는 지식이다. 이 같은 연역적인 지식이 갖고 있는 위험성은 다음과 같다.
첫째, 플라톤과 공자와 같은 현자/석학의 지식이나 사상에서 벗어나지 못할 가능성이 있다. 왜냐하면 이 지식은 지금까지 보편화된 지식에 근원하고 있기 때문이다.
둘째, 공리공론에 빠질 위험을 내포하고 있다.
셋째, 자연계에 관한 과학적 지식의 계발을 어렵게 하는 지식이다.
귀납적인 지식은 연역적 지식과 대조되는 지식으로써 관찰된 사실에 의한 이론의 정당화에 의한 귀납법(inductive method)에서 얻어지는 지식이다. 이 지식은 결국 과학적이고 경험적인 지식이다. 이 지식이 가진 위험성은 개인적인 편견이 있을 수 있으며, 새로 발견된 지식이 보편화되고 일반화된 지식을 뒤엎을 위험이 따르고 혼란을 야기할 수 있는 지식이다. 계시에 의한 지식은 신이 인간에게 계시한 지식으로서 지식의 근원은 신이며 인간은 지식의 수령자이다. 그래서 이 같은 계시에 의한 지식을 수득한 지식(received knowledge)이라고도 한다. 신은 초자연적인 존재이므로 그가 계시한 지식은 사람에 의해 발견된 지식에 비하여 우월한 것으로 생각되었다. 따라서 이 계시적 지식은 신적 지식으로 믿음에 의해 효력이 발생하는 지식이다.
[5] Parker J. Palmer, *To Know As We Are Known: A Spirituality of Education* (London: Harper & Row, 1983), 22.

지식의 인식론적이고 윤리적 이미지들을 밝혀 준다.[6] 이러한 지식의 이미지들을 통하여 그는 어떻게 인식론이 교육 받은 자아 및 세계와 자아의 관계를 형성시켜 주는지를 밝힌다.

팔머는 먼저 '사실'은 우리에게 필수 불가결한 것으로 전제한다. 사실을 발견하려는 노력을 통해 주관적 지식으로부터 객관적 지식으로의 전환이 이루어졌다. 영어 단어 'fact'는 '만들다'라는 의미의 라틴어 '파케레'(facere)에서 유래된 것으로서, '만들다'라는 이미지는 '사실'이란 인간의 손에 의해 만들어지는 것임을 시사한다. 여기서 우리는 우리가 자신을 인식의 주체로 여긴다는 말의 핵심적인 의미를 발견하게 된다. 이러한 지식의 이미지는 사실들로 만들어진 실재만이 유일한 실재다. 팔머는 여기에서 "'사실'에 대한 신뢰가 종교적 신앙이 쇠퇴함에 따라 증폭되었다는 사실은 우연이 아니다"라고 말한다.[7]

또 다른 핵심 단어는 '이론'이다. 이론은 사실들을 정리하고 통합해 주는 연결 논리의 망으로서 이론들을 도출해 낸다. 이론은 사실들을 엮어주는 하나의 실과 같은 것이다. 중요한 것은 'theory'는 '구경꾼'을 뜻하는 헬라어 '테오로스'(theoros)로부터 유래되었다. 이 이미지는 현대인의 인식이 보여주는 또 다른 특징을 시사한다. 이러한 지식의 이미지는 우리를 앎의 대상과의 관계 속으로 이끌기보다는 우리로 하여금 서로와 세계에 대해 분석가, 논평자, 평가자로서 참여하도록 이끈다. 때문에 이러한 지식의 이미지는 우리로 하여금 영혼을 성숙시켜 주는 것으로 다가오기보다는 객관성을 위해 관찰자와 관찰대상을 엄격히 구분할 뿐만 아니라 구경거리로 이끄는 경향이 있다.

'객관적'이란 단어도 우리의 앎의 방식에서 핵심적인 용어이다. '객관적'이라는 지식의 이미지는 만일 어떤 주장이나 근거가 객관적이 아니라면 그것은 지식이 아니라 일종의 감정이나 편견에 불과한 것이 된다. 이러한 지식의 이미지는 종교적 주장이나 신앙을 편견으로 가득 찬 일종의 인간의 감정으로 여겨지는 경우가 허다하다. 'objective'의 라틴어 어원은 '… 에 맞서다',

---

6 Parker J. Palmer, *To Know As We Are Known*, 20-25.
7 Parker J. Palmer, *To Know As We Are Known*, 22.

'⋯에 대항하다'는 의미를 가진다. 이러한 지식의 이미지는 현대인들이 가장 추구하는 특징이기도 하다. 팔머는 이렇게 말한다.

> 우리는 혼돈을 제지하기 위해, 실재를 재구성하기 위해, 또는 다른 사람들이 만들어 놓은 구성물을 변경시키기 위해 지식을 추구한다. 우리는 세계를 자기 필요대로 강제할 수 있는 힘을 주는 지식을 높이 평가한다. ⋯ (이러한) 객관적 지식은 자기도 모르게 자신의 어원적 의미를 실현시켜왔다. 즉, 객관적 지식은 우리를 우리 자신과 맞서는 적대자로 만든 것이다.[8]

우리들에게 지식에 대한 이미지를 형성시켜주는 단어는 '실재'이다. '실재'는 지식임을 주장하는 모든 것에 대한 판별기준으로 사용되고 있다고 팔머는 제안한다. 그는 'reality'의 어근은 재산, 소유물, 물건 등을 의미하는 라틴어 '레스'(res)로부터 유래한 용어로서, 이 이미지는 현대 지식의 또 다른 특징을 제공해 준다고 본다. 이러한 이미지의 지식은 사물에 대한 권리를 주장하고 그것들을 소유하고 지배하기 위해 실재를 알기를 추구하는 것이다. 이러한 지식은 사물에 대한 지배권을 주는 지식만을 가치 있게 여긴다.

팔머는 현대 지식의 실패는 윤리의 실패 즉 적용의 실패가 아니라 인식의 실패 즉 앎 자체의 실패라고 지적한다. 그는 "현대 지식의 실패는 일차적으로는 윤리의 실패 즉 아는 것을 적용하는 문제에서 실패한 것이 아니다. 오히려 그것은 지식을 좀 더 깊은 원천과 열정을 추구하지 못하고 우리의 지식이 창조하는 관계들-자기 자신, 이웃, 자연세계와의 관계-에 대한 사랑이 거하도록 하지 못한, 앎 자체에의 실패다"라고 지적한다.[9]

팔머는 이러한 현대 지식의 이미지들은 하나님을 불신하고 배제 시켰던 지식으로부터 시작되었음을 이야기한다. 즉, 하나님의 형상으로 창조된 인간은 본래 사랑의 형상대로 창조되었지만 타락으로 말미암아 서로 지배하고 통제하는 왜곡된 형상을 가지게 되었다는 것이다. 팔머는 창세기의 아담과

---

8 Parker J. Palmer, *To Know As We Are Known*, 23.

9 Parker J. Palmer, *To Know As We Are Known*, 9.

하와의 이야기를 통하여 인간의 지식에 대한 이미지들이 어떻게 왜곡되어 왔는지를 보여준다. 에덴동산에 아담과 하와를 두셨던 하나님은 그들의 인간적 한계를 아셨음으로 그들에게 선악을 알게 하는 지식의 나무를 먹지 말라고 명령하셨지만 그들은 불순종함으로 말미암아 그들의 한계 너머에 있는 지식을 향해, 즉 자신들을 하나님처럼 만들어 줄 것이라는 지식을 향해 손을 뻗쳤다. 결국 그들은 하나님에 의해 에덴동산으로부터 추방당하였다.

팔머는 이 이야기를 통하여 종교 전통의 언어와 지식 전통의 언어를 이끌어낸다. 그에 따르면, 종교 전통의 언어로 말하면 아담과 하와는 최초로 죄를 범한 것으로 말할 수 있지만 지식 전통의 언어로 말하면 그들은 최초의 인식론적 과오를 범한 것으로 이해한다. 팔머는 "아담과 하와는 그들이 추구했던 지식의 종류로 인해 에덴동산에서 쫓겨난 것이다. 그것은 하나님을 불신하고 배제시켰던 지식이다. 알고자 하는 그들의 욕망은 순종과 사랑이 아니라 호기심과 지배욕, 오직 하나님에게만 속해 있는 힘을 자신이 소유하려는 욕망에서 비롯된 것이다. 그들은 하나님이 그들을 먼저 아셨고 그들을 아시되 잠재성뿐만 아니라 한계 또한 알고 계신다는 사실을 존중하지 못했다"라고 지적하였다.[10] 팔머는 물론 "지식에 대한 갈망 자체가 죄나 인식론적 과오는 아니다"는 것을 분명히 한다.[11]

4. 객관주의 지식과 진리

팔머는 이러한 현대 지식의 이미지들의 오류를 극복하기 위해서는 '객관주의로부터 진리로' 나아가야 한다고 제안한다. 팔머가 지적하는 객관주의는 '소외된 인식 방식'을 의미한다. 즉, 객관주의는 인식 주체와 인식 대상을 예리하게 구분하는 데서 시작한다고 지적한다. 이러한 객관주의는 인식 대상은 인식 주체와 별개로 독립적으로 존재한다.

---

10 Parker J. Palmer, *To Know As We Are Known*, 24-6.
11 Parker J. Palmer, *To Know As We Are Known*, 25.

팔머는 "지식은 주관적인 것이거나 객관적인 것이 아니라 두 가지 모두에 대한 초월이다"라고 말한 마이클 폴라니(Michael Polanyi)의 지적을 통하여 인식의 주체와 인식 대상은 엄밀한 의미에서 분리될 수 없다는 것을 주장한다.[12] 객관주의는 교육행위를 사실의 권위에만 의존하는 가르침만을 가치롭게 여긴다. 때문에 이러한 교육 행위는 객관화된 사실에만 가치를 부여하고 배우는 자는 단지 객관화된 사실만을 피동적으로 받아들이거나 모방하는 것이다.

이러한 객관주의는 엄밀한 의미에서 배우는 자들이 진리에 대한 내적이고 영적 감각의 인도를 받으며 능동적으로 배우는 법을 모르는 사람들로 형성시키는 것이다. 객관주의는 교육은 배우는 사람들에게 자기 삶의 형성적 영향력을 소외시킨다. 교육은 단지 사실에 대한 인식이 아니라 사람들의 자아관과 세계관에 형성적 영향력을 주어야 한다. 더욱이 기독교 교육은 단지 어떤 내용이나 사실을 인지하는 교육이 아니라 영적 형성에 목적이 있는 것이다. 교육 행위를 통하여 영적 시각에서 보다 더 깊고 넓은 자기 반응적 삶과 관계로 인도되어야 한다.

팔머는 "우리는 지식의 주관성의 혼란으로부터 자유롭게 하려다가 인식 주체를 삶의 그물망 자체로부터 끊어내어 버리고 말았다. 인식의 주체와 인식의 대상의 이러한 현대적 결별은 인식의 주체로서의 자아와 인식 대상으로서의 세계 사이의 공동체성과 책임성의 붕괴를 가져 왔다"고 지적한다.[13] 교육은 인식의 주체와 인식의 대상을 분리시키는 객관적 실체들에 대한 메시지가 아니라 교육이 전달해야 할 메시지는 '진리'여야 한다. 진리 안에서 무언가를 아는 것은 우리가 인식의 대상의 삶으로 들어가며 그것에게도 우리 자신의 삶으로 들어오도록 허락하는 것이다.

때문에 진정한 앎은 인식 주체와 그 대상을 하나로 결합시킨다. 교육에서 전달해야 할 메시지인 진리에는 우리 모두가 추구하고 있는 그 본래 형상 즉 우리가 그 안에서 창조되었던 공동체의 형상이 담겨져 있다. 진리를 향해 교육한다는 것은 사실이나 이론이나 객관적 실재를 논할 필요가 없다는 의미

---

12 Michael Polanyi, *Personal Knowledge* (Chicago: University of Chicago Press, 1958); Parker J. Palmer, *To Know As We Are Known*, 29에서 인용.
13 Parker J. Palmer, *To Know As We Are Known*, 26.

는 아니다. 교육이 객관적 실재를 파악하는 것만을 그 목적으로 삼을 수 없다는 것이다. 교육은 반드시 인식의 주체에게 인식 대상과 상호 의존적인 관계를 맺도록 이끌어져야 한다는 것이다. 이러한 교육관은 진정한 인식의 의미를 일깨운다. 팔머는 다음과 같이 말한다.

> 진정한 앎에서는 인식 주체는 다른 인격과 피조물과 사물과의 충실한 관계의 공동체 안에서 공동의 참여자가 된다. 우리는 우리의 언약을 서약함으로써 진리를 발견한다. 그럴 때 앎은 본래 논리가 아니라 사랑으로 연결되어야 하는 모든 분열된 존재를 재결합시킨다.[14]

5. 사랑과 변화를 위한 지식

팔머의 관점은 인간은 하나님과 다른 인간 그리고 자연과 본질적으로 연결되어 있다는 사실에 있다. 팔머가 보여주고자 하는 것은 인간의 초월성과 관계성은 인간의 가장 깊은 존재의 터전임과 동시에 기초 이다. 이 기초 위에 모든 가르침의 행위가 이루어지며 기독교적 가르침은 바로 이를 드러내 주고 경험케 하는 행위이다. 이를 등한히 할 경우 인간은 교육으로 인하여 오히려 파멸을 경험한다.

팔머는 "교육이 초월성에 중심을 두지 않을 때, 교육은 자아와 세계 사이에 진정하고 자발적인 관계성을 창조하는 데 실패 한다"는 것을 지적한다.[15] 팔머는 교육의 영성 또는 초월성을 간과할 때 이성주의로 흐르게 됨을 지적한다. 이성 중심의 기독교교육은 교육의 터전이 되는 인식론에도 심각한 폐해를 끼친다. 팔머의 지적에 따르면 이러한 교육은 진리를 추구함에 있어서 그 동기는 사랑이 아니라 철저하게 호기심과 통제(curiosity and control)로 대치되고 이로 인해 이용이나 조작(manipulation)과 같은 가치들이 주된 목적이 되었다.

14　Parker J. Palmer, *To Know As We Are Known*, 32.
15　Parker J. Palmer, *To Know As We Are Known*, 12.

그는 이러한 교육 철학 안에서 지식이 인간의 변화의 수단이 아니라 이용과 착취와 이기적 목적 달성의 수단이 되었다고 지적하면서 인간은 진리를 듣고 순종하기 위해서 지식을 갖는 것이 아니라 자신의 미리 결정된 목적을 달성하기 위하여 진리로 나아갈 수 있는 오류와 위험성을 지적한다. 하지만 그는 교육은 앎을 추구하는데 그 앎은 반드시 사랑의 행위를 수반해야 함을 말하고 있다. 팔머는 인식론의 목표를 사랑으로 이해한다. 그는 "안다는 것은 사랑하는 것이다"라고 말한다.

팔머는 진리는 하나의 인격체로서 우리에게 다가와야 한다고 주장한다. 이는 우리에게 필요한 것은 진리를 알고자 하는 욕구만이 아니라 진리를 올바로 다가가는 모습까지도 포함되어야 한다. 진리는 결코 호기심을 충족시키는 대상이거나 정복의 대상이 아니라 만남과 대화 그리고 순종의 인격체이다. 그러므로 기독교적 교육은 단지 어떤 것에 대한 객관성을 증명해 보이는 것으로 만족하는 것에서 벗어나서 감성과 공동체 그리고 초월성에로까지 이끄는 교육이 되어야 한다는 점을 강조한다.

지식의 성경적인 시각은 감정과 행동과 함께 인식적 의미의 지식을 포함하는 성스러운 것이다. 지식은 알려진 사람이나 물체와 함께하려는 개인적 헌신이나 의도를 의미하는 물리적인 차원을 포함한다. 예를 들어 하나님을 안다는 의미는 하나님에 대한 사랑, 순종, 믿음의 반응을 구체화하는 것이다. 성경적 지식은 하나님의 선포에 상관적이고 경험적이며 반사적인 앎의 방법과 관계된다. 팔머는 성경적 지식은 자유롭게 하는 지식이며 사랑의 삶으로 이끄는 지식이다. 자유롭게 하는 지식을 팔머는 고린도전서 8:1-3에서 찾는다.

> 우상의 제물에 대하여는 우리가 다 지식이 있는 줄 아나 지식은 교만하게 하며 사랑은 덕을 세우나니 만일 누구든지 무엇을 아는 줄로 생각하면 아직도 마땅히 알 것을 알지 못하는 것이요 또 누구든지 하나님을 사랑하면 이 사람은 하나님이 아시는 바 되었느니라(고전 8: 1-3).

사랑의 관심과 관련된 것이 바로 이 지식이다. 분명히 신약은 지식이나 진리가 반드시 사랑과 연관되어 있다(엡 4:15; 요이 1장). 때문에 기독교 교육은 사람들로 하여금 하나님과 다른 사람들과 피조물들의 사랑으로 어떻게 인도할 수 있는가에 목적을 두어야 한다.[16]

나아가 팔머는 오늘날의 가르침이 인간 자신의 변화보다는 지적 증식의 형태로 이루어지고 있다고 지적하였다. 가르침이 기술이나 과정에 제한되는 한 결코 가르침의 주체인 인간의 변화를 기대 할 수 없다. 가르침의 주체는 과목이나 지식이 아닌 인간 자체이다. 때문에 우리는 가르침에 대한 새로운 이해를 가져야 한다. 가르침의 새로운 패러다임의 전환이 요구된다. 기술이나 과정으로서의 가르침이 아니라 인간과 분리된 가르침이 아닌 인간의 변화가 동반된 가르침을 말하는 것이다.

6. 영성적 인식의 특징

1) 인식의 구조

우리 모두는 지각 구조를 가지고 있다. 이 지각 구조는 하나님에 대한 이해와 우리 자신에 대한 이해와 이웃과 세계에 대한 이해를 형성한다. 이러한 지각 구조들은 우리의 앎의 방식을 풍성하게 하기도 하지만 때로는 제한하는 도구가 될 수도 있다. 왜냐하면 우리의 지각 구조는 뿌리 깊은 이성지배적인 사고 구조에 길들여져 있기 때문이다. 파커 팔머(Parker Palmer)는 기독교적 인식 방식이 갖는 특성을 다음과 같이 심도 있게 제시하였다.

> 창조 세계의 공동체와의 언약을 깨뜨려 버리는 인식 방식과 행위와 존재의 결과들로 인해 오늘날의 인류는 더 많은 고통을 겪고 있고 더 많은 탄식을 하고 있다. 그러나 바울의 말에 따르면 이러한 탄식 자체가 바로 기도이다. … 깊은 기도 속으로 들어갈 때에야 비로소 우리는 '그가 나를 아시듯 아는 것'을 시작

---

[16] Parker J. Palmer, *To Know As We Are Known*, 6-10.

할 수 있다. 우리의 교만한 지식, 세계를 분열시키고 정복하고 파괴해 온 그 지식이 겸손히 낮추어진다. 이제 그 지식은 우리의 삶의 모든 것과 충실한 관계를 맺도록 하는 지식이 된다. 기도 속에서 우리는 진리에 대한 순종을 실천할 수 있는 궁극적 공간, 즉 우리 모두와의 언약을 지키시는 성령에 의해 창조되는 공간을 발견하게 된다.[17]

제럴드 메이(Gerald May)는 "하나님에 대한 어떤 확고한 이미지에 너무 집착한다면 결국 우리는 하나님을 예배하는 것이 아니라 하나님에 대한 우리의 생각을 예배하게 된다. 이것이 바로 영적인 신경증, 정신의 우상이다"라고 하였다.[18] 우리는 우리의 지식으로 파악할 수 없는 신비함이 있다는 것을 항상 인정해야 한다. 왜냐하면 지식은 실재하는 것을 상징화하고자 우리 뇌가 창조해 낸 표상과 개념에 불과하기 때문이다. 어떤 것에 대한 우리의 생각은 결코 그 자체가 아니다.

따라서 우리의 생각과 표상과 개념은 기호와 설명에 불과하기 때문에 그것을 실재로 착각해서는 안 된다. 삶에서 중요한 것을 인식하기 위해서는 어느 정도 사고의 금욕, 즉 지적 활동의 절제가 약간 필요하다.[19] 인격적인 하나님을 우리가 진실로 알아가기 위해서는 "경직된 파악(comprehend) 대신 인식(appreciation)이 필요하다. 파악한다는 것은 꽉 쥐는(grasp) 것을 의미하지만, 인식한다는 것은 소중이 여기는 것이다. 인식은 편안하게 바라보는 것, 부드러운 인정, 경건한 지각이다."[20]

현대 기독교에서 영적 인식의 중요성을 깨달은 팔머는 바른 기독교적 인식의 대안적 시각을 제안한다. 영적 전통의 중심부에서 발견되는 '온전한 시각'(whole sight)이다. 그에 따르면, 대부분의 사람들은 지성(mind)의 눈에 의존해서 실재에 대한 이미지를 형성한다. 그러나 그는 실재에 대한 이미지 형성에 있어서 또 하나의 눈, 즉 지성의 눈은 보지 못하는 실재를 볼 수 있는 마

---

[17] Parker J. *Palmer, To Know As We Are Known*, 125.
[18] 제럴드 메이, 『사랑의 각성』, 김동규 역 (서울: IVP, 2006), 42.
[19] 제럴드 메이, 『사랑의 각성』, 42.
[20] 제럴드 메이, 『사랑의 각성』, 43.

음(heart)의 눈의 중요성을 지적한다.

우리에게는 '온전한 시각', 즉 '두 눈이 하나가 되어 바라보듯이' 지성과 마음의 하나가 되어 세계를 보는 시각이 필요하다. 우리는 지성의 눈으로 사실과 이성의 세계를 본다. 하지만 그는 "지성의 시각은 마음을 배척하나 마음의 시각은 지성을 포용할 수 있다"라고 지적 한다.[21] 팔머는 우리에게 두 눈 모두를 통해 보는 시각, 즉 단일하고 한결 같으며 온전한 시각을 제공해 줄 수 있다고 여긴다.

우리는 빙켈(Erna Winckel)이 인식의 현상적 차원뿐만 아니라 성스러운 깊은 차원까지 확장하여 설명하는 것을 통하여 인식이 지성의 세계에만 의존하지 않는다는 것을 알 수 있다. 그는 인간의 인식의 세 가지 차원의 의미를 다음과 같이 설명한다.

첫째, 외면적인 차원이다. 이것은 우리가 어떤 것을 보고 소위 '문자 그대로' 파악하는 인식 양태이다. 이런 인식은 우리가 사물을 지적으로 인식할 때 사용된다. 우리는 이런 방식의 인식을 매우 폭넓게 사용하고 있다. 하지만 이런 인식은 현실적인 것, 구체적인 것, 합리적인 것, 의식적인 것을 벗어나지 못한다. 이런 인식은 어떤 경우 우리의 이성에서 나온 것이나 논리에서 나온 것들을 의심하거나 불신할 때도 있다.[22]

둘째, 내면적인 차원이다. 이 인식의 차원은 집단 무의식과 연결되어 있는 차원이다. 이 차원은 집단 무의식에 이끌어감으로써 그 의미를 더욱더 깊이 궁구하게 하고 더욱더 풍성하게 한다.[23]

셋째, 성스러운 차원이다. 이것은 우리를 진리 그 자체와 관련을 맺게 한다. 우리는 지성을 가지고 있기 때문에 외면적인 의미에 쉽게 도달할 수 있다. 또한 직관교육을 통해서 내면적인 의미에 대한 인식 능력도 계발시킬 수 있다. 그러나 우리가 아무리 노력해도 성스러운 의미에는 우리 힘으로 도달할 수 없다. 그것은 우리에게 얻어지는 것이며, 하나님의 선물로서만 얻어질

---

21 Parker J. Palmer, *To Know As We Are Known*, xxiv.
22 에르나 반 드 빙켈, 『융의 심리학과 기독교 영성』, 28-9.
23 에르나 반 드 빙켈, 『융의 심리학과 기독교 영성』, 29.

수 있는 것이다.[24]

2) 유념적 인식

기독교 전통에서 진리에 대한 인식의 두 가지 방법이 있다. 유념적(kataphatic) 방법과 무념적(apophatic) 방법이다. 유념적 방법은 하나님을 아는 길에서 우리에게 주어진 선물들을 적극적으로 활용하는 것이다. 우리의 이성, 감성, 피조물들, 형상들 그리고 상징물들과 같은 형태들을 통해 인간의 능력을 표현하면서 긍정적인 하나님의 이미지를 불러일으키는 방법이다.

유념적 방법은 이성의 중요한 작용인 상상 등을 적극적으로 활용하는 방법이다. 이 방법은 하나님의 긍정적인 이미지를 확인하고 이런 이미지를 인식의 도구로 이용하는 방법이다. 유념적 방법에서는 마음 혹은 지성이 중요한 역할을 하기 때문에 진리에 대한 접근이 사색적이다. 사색적 성향은 마음 또는 지성으로 하나님을 만나는 것을 강조하고 보통 그것은 이성적이고 명제적(proposition) 신학을 동반한다.

이 방법은 성경의 자기계시를 통해 하나님을 알게 된다는 것을 중요시했던 개혁주의 전통에서 많이 보이고 있다. 이 전통에서는 하나님은 이성으로 만날 수 있고, 하나님의 말씀인 성경공부를 통하여 알 수 있다고 여긴다. 그 결과 사색적 방법을 주로 추구했던 전통에서는 하나님에 대한 신학적 이해는 많이 발전했지만 하나님 체험에 대한 관심은 다소 미흡했다고 할 수 있다.

3) 무념적 인식

무념적 접근 방법은 하나님에 대한 모든 특정한 인간적인 표현들을 매우 부적합한 것으로 본다. 우리에게 주어진 것으로는 하나님을 바르게 인식할 수 없다는 것이다. 우리의 이성으로는 그분을 충분히 이해할 수도 설명해 낼 수도 없다는 것이다. 무념적 방법은 이성적 작용을 활용하여 하나님의 형상

---

[24] 에르나 반 드 빙켈,『융의 심리학과 기독교 영성』, 29-30.

을 상징하는 이미지에 초점을 두기보다는 무엇이 하나님이 아닌가를 다루는 것이다. 하나님은 단지 하늘에 계신 아버지가 아니다. 하나님은 그보다 훨씬 더 위대한 분이다.

무념적 전통에서 하나님은 신비한 존재로 인식된다. 하나님은 때로 이미지를 통해 우리에게 그 자신을 보여주셨음에도 불구하고 우리는 그 이미지를 통해 하나님에 대해 지극히 제한적 인식만을 소유하고 있을 뿐이다. 무념적 방법의 목표는 하나님과 하나 되는 체험이다. 하나님을 체험함으로 발견할 수 있는 것은 단지 사랑에 대한 지식이 아니다. 하나님은 우리의 사랑으로나 우리의 지력으로도 완전히 인식할 수 없는 존재이시기 때문이다. 유념적 방법은 이성을 적극적으로 사용하기 때문에 사색적 차원이 중요하게 역할한다. 사색적 방법은 마음 혹은 지성이 강조되는 방법이다.

무념적 방법에서는 이성보다 오히려 감성적 직관을 중요하게 여기는 경향이 있다. 때문에 무념적 전통에서 진리에 접근하는 방식이 사색적이기보다는 감성적 요소가 더 중요하게 작용한다고 할 수 있다. 감성적 방법은 체험을 통해 하나님을 직접적으로 만나는 것을 강조한다. 하나님은 머리보다는 마음으로 만나는 것을 중요하게 여긴다. 감성적 방법은 하나님을 체험하는 것에 강한 면이 있는 반면 그의 체험을 반영하는 신학은 다소 약하다. 신학 공부는 하나님을 직접 체험하는 것에 비해 이차적인 경향이 있다.

두 접근 방법들은 서로 대립하는 것이 아니라 상호보완적인 관계로 인식할 필요가 있다. 우리가 인지적으로 알게 되는 것들로 인해 인지적 사고를 소중하게 여기면서도 하나의 올바른 설명과 답을 최종적인 것이라고 주장하려는 유혹에서 좀 더 자유로워질 수 있기 때문이다. 예를 들어 하나님께서는 우리가 영적인 것에 대해 가지고 있는 어떤 이미지 그 이상의 존재라는 무념적 통찰은 가장하지 않고 이미지에 제한 받지 않고 열려 있고 여유 있는 믿음을 갖게 하므로 우리를 자유하게 할 수 있다.

우리는 하나님께서 드러나지 않은 방법으로 우리 안에서 일하고 계심을 믿을 수 있다. 그리고 그 영적인 일이 우리 안에서 일어나도록 하기 위해 정해진 방법을 알아야만 하는 것도 아니다. 이와 동시에 명백한 형태, 즉 사람이나 그 외의 사물들을 통해 하나님께서 우리에게로 임하신다는 유념적 통찰은 우리 삶의 모든 구체적인 형태들을 통해 임하시는 하나님을 우리가 인식할 수 있도록 허락한다.

이 두 방법을 모두 겸허히 받아들일 때 우리가 알고 있는 하나님만이 바른 하나님이라고 여기며 우리들의 인식 안에 하나님을 가두어 버리는 우를 피할 수 있다. 게다가 하나님은 우리에게 오직 한 가지 방법으로만 다가오시는 하나님이 아니라 여러 방법으로 우리에게 다가오시는 하나님이심을 인정하고 믿어야 한다.

4) 묵상적 인식

하나님을 알고 경험하는 방법이 확실히 한 가지만 있는 것이 아니다. 하나님을 인식하고 경험하는 길은 때로는 지성의 길을 통해서 때로는 감성의 길을 통해서 때로는 묵상의 길을 통해서도 경험 할 수 있다. 로렌스 커닝험(Lawrence S. Cunningham)과 키스 이건(Keith J. Egan)은 안타깝게도 마치 지성이 하나님을 찾는 일에 개입된 유일한 능력인 듯이 이해하고 있지만 묵상도 중요한 기독교 인식의 한 방법임을 말한다.[25]

묵상은 현대의 활동주의로 인하여 배제되어버린 인식의 오랜 방법이다. 묵상은 일상생활 속에서 성찰을 통하여 인식하는 방법이다. 우리는 이성적 작용만을 통하여 인식하는 것으로 이해한다. 오늘날 우리는 사물들을 대개의 경우 다르게 이해한다. 객관적으로 확실히 인식할 수 있는 것만을 인정하려는 현대적 인식은 모든 주관적 요소들을 배제하려는 경향이 있다. 우리는 모든 것을 파악하고자 한다.

하지만 우리는 세계를 우리가 가진 뇌로만 이해하는 것이 아니라 우리의 감각들과 함께 이해한다. 특별히 현대인들에게 묵상은 중요한 인식 방법으로 이해될 필요가 있다. 묵상은 감각적 인지와 받아들임과 수용과 참여의 길이다. 묵상적인 인식은 인식되는 대상을 변화시키려 하지 않고 인식하는 주

---

[25] Lawrence S. Cunningham and Keith J. Egan, *Christian Spirituality: Themes from the Tradition* (New York: Paulist Press, 1996), 102.

체를 변화시킨다. 묵상적인 인식은 사람을 지배하기 위해서 인식을 추구하는 것이 아니라 참여하기 위해서 인식한다.

그러므로 묵상적인 인식을 추구하는 사람은 인식의 대상을 사랑하고 사랑 가운데서 그것을 완전히 그 자신으로 존재하도록 할 수 있을 만큼 인식한다. 묵상은 이해와 실천 사이의 주요 연결 고리이다. 즉, 묵상은 지성에서 마음으로 그리고 매일의 생활로 나아가기 때문에 진리를 살아 있게 만드는 방법이다. 묵상은 우리의 영적인 삶에서 마음과 지성을 통합하는 데 중요한 역할을 하는 것이다.

우리가 성경적 지식을 인식함에 있어서도 지배하는 손을 가지고 인식을 추구한다면 우리들이 성경적 지식을 손 안에 넣게 되었을 때 그러한 인식은 우리들이 원하는 것을 지배하기 위한 수단이 되어 버릴 수 있다. 현대의 기능주의 사회에서 인식의 목표는 너무도 쉽게 지배하기 위한 도구가 되어 버리기 때문이다. 우리 안에 일어나는 성령의 활동의 묵상적인 인지가 없다면 우리를 위한 그리스도의 역사는 생동성을 잃게 될 것이다.

> 자기 이해를 심화시키지 않고 자기의 사랑의 능력을 발전시키지 않으며 자기 자신에 대한 자유를 발견하지 못한다면 다른 사람들을 위하여 행동하고자 하는 사람은 다른 사람들에게 그가 줄 수 있는 그 아무 것도 자기 안에서 발견하지 못할 것이다. 그는-선한 의지가 전제되어 있고 아무런 악한 의도를 갖지 않는다 할지라도-자기 추구의 해독과 그의 불안의 공격심과 그의 이데올로기의 선입관을 다른 사람들에게 전달할 것이다. 자기의 내적 공허를 다른 사람들에 대한 도움의 행위를 통하여 채우고자 하는 사람은 자기 자신의 공허를 확신시킬 뿐이다.[26]

십자가에 달린 하나님에 대한 묵상적인 인식만이 우리의 삶에 부어진 하나님의 사랑의 생명력을 경험할 수 있다. 이 하나님의 사랑으로 자기 안에서 자유롭게 된 사람만이 다른 사람을 자유롭게 할 수 있으며 사람들의 고난을

---

[26] J. 몰트만, 『생명의 영』, 김균진 역 (서울: 대한기독교서회, 1996), 270-71.

나눌 수 있다. 진정한 사랑의 경험들이 있는 곳에는 언제나 부활의 경험을 낳게 하기 때문이다.

5) 아가페적 인식

바울에게 있어서 역시 하나님과 그리스도에 대한 참된 지식은 아가페, 곧 이웃 사랑으로 표현되어야만 하는 동적이고 경험적인 관계이다(고전 8:1 이하). 고린도전서 13장에서는 그노시스(지식)는 아가페 밑에 위치하고 있다. 그 이유는 아가페 없이 지식은 무가치하기 때문이다. 지식은 사랑 속에 근거를 지녀야 하며 올바른 행동을 낳게 해야 한다(빌 1:9 이하). "하나님을 아는 것에 자라기 위하여" 우리는 "주께 합당히 행하여 범사에 기쁘시게 하고 … 모든 선한 일에 열매를 맺게 하시며 … "(골 1:10).

그리하여 바울에게 있어서 "하나님에 대한 앎"은 사랑의 관계 속에 근거를 두고 있고 다른 사람에 대한 사랑의 섬김을 낳게 한다. 요한복음과 요한서신들은 "여호와를 안다는 것"이 의미하는 바에 대하여 가장 풍부한 이해를 나타내 준다. 요한에게 있어서 "여호와를 아는 것"은 사랑하고 복종하고 믿는 것이다.

요한은 "사랑하지 아니하는 자는 하나님을 알지 못한다"고 말한다(요일 4:8). 요한의 진술은 지식과 사랑은 언제나 함께 성장한다는 것을 가르쳐 준다. 지식과 사랑은 상대방 속에 근거를 두고 있고 서로를 풍요롭게 하며 따로 존재하지 않는다(요일 4:7-8, 16, 20). 예수님은 바로 자기 자신과 아버지 사이에 있는 사랑 때문에 "아버지께서 나를 아시고 내가 아버지를 안다"(요 10:15)고 말 할 수 있었다.

동일한 앎이 예수님과 그의 제자들 사이에서도 존재한다(요 10:14, 27). 그러나 이 사랑함과 앎의 동시성에 대한 인식은 아가페, 즉 이웃에 대한 사랑의 섬김 속에서 표현된다. 그러므로 "하나님을 사랑하는 자는 또한 그 형제를 사랑해야만 한다"(요일 4:21). 이웃에 대한 사랑의 행위들은 하나님에 의해 사랑 받고 있다는 깨달음에서 생기고 또 그 깨달음을 나타내는 것이다.

요한은 "사랑하는 자들아, 하나님이 우리를 이같이 사랑하셨은즉 우리도 서로 사랑하는 것이 마땅하도다"(요 13:34; 15:12; 요일 4:11)라고 기록하고 있다. 요한에게 있어서 하나님을 안다는 것은 하나님과의 사랑의 관계 속에 거하는 것이요 그 사랑을 깨닫고 우리 이웃에 대한 사랑을 통하여 거기에 응답하는 것이다.

성경적인 의미에 있어서 하나님을 안다는 것은 행위의 동적이고 경험적이며 관계적인 활동인 것이다. 사랑의 행위 없이는 하나님은 알려지지 않는다. 이러한 사랑이 없는 어떠한 종류의 앎도 성경적인 관점에서 볼 때 미완성에 불과하다. 사랑하는 것만큼 우리를 더 크고 더 넓게 만드는 것은 없다.

제3장

영성과 신학
Spirituality and Theology

1. 영적 갈망

아빌라의 테레사는 그녀가 살던 시대 속에서 '영적이지 않아도' 충분한 지식을 가진 사람이 '영적이지만' 지식이 없는 사람보다 더 나은 영적 지도자가 될 수 있다고 하였다. 영성이 없는 지도자보다 지성이 없는 지도자가 더 위험하다는 그녀의 말은 그 시대를 향한 예언자적 진술이었다. 그녀의 말은 영성이 있다고 생각하면서 지성을 외면하는 사람들에 대한 항변이었다. 그녀가 영적 지도자들의 지성의 중요성을 역설했다면 우리는 역으로 지성의 홍수 속에서 영성을 갈망하는 시대 속에 있다고 할 수 있다.

요즈음 '영적이지만 종교적이지는 않은'(spiritual but not religious) 사람들이 증가하고 있다.[1] 이러한 현상은 사람들이 기독교나 종교에서 추구하는 것은 제도적이고 형식적인 종교생활보다 영적 가치와 삶에 보다 더 많은 관심을

---

[1] 리 스트로벨(Lee Strobel)은 『교회에 다니지 않는 해리와 메리의 내면』(*Inside the Mind of Unchurched Harry and Mary*)에서 그리스도인의 유형을 네 가지로 분류하였다.
① 교회에 다니는 그리스도인들(Churched Christians).
② 교회에 다니는 비그리스도인들(Churched Non-Christians).
③ 교회에 다니지 않는 그리스도인들(Unchurched Christians).
④ 교회에 다니지 않는 비그리스도인들(Unchurched Non-Christians).
Lee Strobel, *Inside the Mind of Unchurched Harry and Mary: How to Reach Friends and Family Who Avoid God and the Church* (Grand Rapids: Zondervan, 1993), 162-63.

가지고 있다는 증거이기도 하다. 이는 토머스 하트(Thomas Hart)가 "신과 함께한 살아있는 관계"[2]라고 간결하게 표현한 것에서도 그 의미를 엿볼 수 있다. 현대인들은 제도적인 종교생활 자체에 신앙생활의 목적을 두기보다는 종교를 통해 하나님과 생동적인 관계 안에서 영적 삶을 추구하고자 한다. 이는 하나님은 진선미의 궁극적 실체이기 때문에 사람들은 하나님과의 생동적인 관계 속에서 진리의 길, 선함의 길, 그리고 아름다움의 길을 추구하는데 더 의미를 두고 있는 것이다.

하비 콕스(Harvey Cox)는 물질적 풍요 속에서 영적 공허감이 심해지는 현대인들의 현상을 지적하면서 "수도승처럼 사는 것"을 원하는 사람은 적어도 "새로운 깨달음을 찾아 나서는" 사람은 많다고 하였다.[3] 조지 갤럽(George Gallop)은 "20세기가 인간 밖에 존재하는 공간에 집착하였다면, 21세기는 인간 안의 공간에도 관심을 보이는 시대가 될 것이다"라고 전망하였다.[4]

미국의 가정 잡지 「하우스 엔 가든」(House & Garden)지가 조사한 설문에 따르면, 응답자의 82%가 집안에 "조용하게 명상 혹은 영적 사색을 할 수 있는 장소"를 만들고 싶다는 의지를 밝혔다.[5] 이는 현대인들이 물질적 풍요 속에서도 영적이고 정신적인 갈급함을 가지고 있다는 증거이기도 하다. 사람들은 묵상이나 사색의 공간을 통해서 매일 같이 반복되는 거칠고 메마른 현실 속에서 평화와 행복을 경험하기를 원하고 있다.

윌리엄 헨드릭스(William Hendricks)는 교회가 성도들을 하나님과의 영적인 관계에서 성장을 가져오도록 안내하기보다는 많은 프로그램에 집착하고 있기 때문에 영적으로 굶주린 사람들은 교회를 떠나고 있다고 하였다. 영적으로 굶주린 상태에 있는 많은 성도들이 교회 밖에서 하나님을 찾기 위해 떠나

---

2 Thomas Hart, *Spiritual Quest: A Guide to the Changing Landscape* (Mahwah, NJ.: Paulist Press, 1999), 40.
3 Harvey Cox, *Fire From Heaven* (Reading, Mass.: Addison-Wesley, 1995), 301.
4 "Buddhist Practices Make Inroads in the USA," *The Christian Science Monitor* (1997년 11월 3일), 9.
5 "Room for Reflection," *USA Weekend*, 4월 3-5일자, 브루스 디마레스트, 『영혼을 생기나게 하는 영성』, 김석원 역 (서울: 쉴만한물가, 2007), 44에서 인용.

고 있다고 지적하였다.[6]

역사학자 아놀드 토인비(Arnold Toynbee)는 문명이 살아남을 수 있는 유일한 길은 강력한 종교적 힘이 떠 받쳐 줄 때라는 사실에 충격을 받았다고 한다. 그는 서구 문명에서 예술, 교육, 경제, 민주주의, 삶의 질에 이르기까지 가장 놀라운 발전의 배후에는 종종 기독교인 존재했다는 사실을 알았다. 그는 이 양자 간에 어떤 관련성이 있는지 궁금했다.[7]

그는 그의 저서에서 이런 고민 가운데서 꾼 꿈에 대해 언급하였다. 그는 꿈에 요크셔의 앰플포스(Ampleforth)에 들어가 제단을 쳐다보았다. 제단 위에 십자가가 있는 것을 보고 가서 그것을 붙들었는데, 그때 그것을 "품고 소망을 가지라"(amplexus expecta)는 음성을 들었다고 한다. 그는 갑자기 이 양자 간의 관계를 이해할 수 있었다고 한다. 토인비는 꿈속에서 회중들에게 삶과 문화의 위대한 변화는 사람들이 변화를 위한 정교한 프로그램을 처방한다고 얻을 수 있는 것이 아니라 그것은 신자들이 십자가에 달려 돌아가시고 부활하신 그리스도 앞에 겸손히 나아가 변화를 소망하며 그들 붙들 때 일어나는 것이라고 가르쳤다고 한다.[8]

2009년 「목회와 신학」에서 신학생, 목회자, 신학교 교수를 대상으로 10년 후 한국교회 지도자들에게 가장 중요하게 요구되는 자질이 무엇인가를 물었다. 이 물음에 대한 결과는 이렇다. 리더십의 함양 14%, 세상에 대한 이해 14%, 교단적 정체성 확보 2%, 좋은 목회 프로그램 1%, 기타 2%, 반면 목회자의 개인 영성의 회복은 67%로 나타났다.[9] 미래 한국교회 지도자들이 갖추어야 할 자질로서 영적 자질을 꼽았다는 것은 대단히 의미 있는 결과가 아닐 수 없다. 이는 우리로 하여금 정직한 질문에 직면하게 한다.

그동안 우리는 신앙과 일상을 바르게 일구어 내지 못하며 흑백논리의 거미줄 속에서 몸부림치고 있지는 않았는지? 우리는 하나님을 아는 지식을 주

---

[6] William D. Hendricks, *Exist Interviews: Revealing Stories of Why People Are Leaving the Church* (Chicago: Moody, 1993), chapter 1, 19.

[7] 윌리엄 에드가, "평생 예배," 필립 그레이엄, 데릭 토마스, 리곤 던컨 3세 편집, 『개혁주의 예배학』, 김병하·김상구 역 (서울: 개혁주의신학사, 2012), 556에서 인용.

[8] 윌리엄 에드가, "평생 예배", 556-57에서 인용.

[9] 「목회와 신학」, (2009년 7월호): 92.

로 하나님에 대하여 아는 것으로 여기지는 않았는지? 우리의 믿음은 마음으로 신뢰하기보다는 지적인 동의 쪽에 가깝지는 않았는지? 우리는 가슴보다는 머리로 하나님과 관계를 맺지 않았는지? 하나님과의 인격적인 경험은 메말라 버리지 않았는지?

그렇다면 우리는 하나님에 대한 이론이 아니라 하나님 그분을 사랑하는 것 같은 사람을 보면 영적 질투가 생겨야 한다.

2. 영적 체험으로서 신학

우리는 기독교 신앙을 주로 논리적인 개념으로 이해하고 지적 분석을 통해 판단하는 경우가 많다. 하지만 우리는 하나님의 신비나 속죄에 대한 신학 이론들을 잘 설명할 수 있어도 일상의 삶 속에서 실제적으로 하나님과 관계 맺는 데에는 별로 효과적이지 못하는 경우가 많다. 우리는 신학을 이론적으로 잘 정리하는 것에는 열심이지만, 내적인 문제, 정서적인 동기나 마음의 상태에 관해서는 별 관심이 없었다.

신학을 공부한다는 것은 내 머리뿐만 아니라 마음도 진리를 향해 문을 여는 방법을 배우는 것이다. 성경은 우리의 내적 사람도 하나님이 창조하신 것을 분별할 능력을 가지고 있다고 가르친다(전 3:11; 요 1:9). 우리는 더 이상 하나님에 대하여 아는 것으로만 만족해서는 안 된다. 우리의 삶 속에서 하나님의 존재와 손길을 마음으로 경험할 수 있도록 해야 한다. 신학을 공부하는 과정에서도 이러한 목표는 결코 간과할 수 없는 문제이기도 하다.[10]

현대인들이 직면한 고민과 문제와 삶에 대해 기독교가 그리고 기독교적 가르침을 통해서 할 수 있는 대안은 무엇일까? 성경에 대해 박식하게 하고, 신학적으로 바른 이해를 가지게 하는 것일까? 우리가 정직하게 우리 자신을 돌아보며 그대로 받아들일 용기만 있다면, 바른 교리를 붙들고 있지만 하나님과의 교제 속에서 영적 풍요를 누리는 삶은 실패하고 있음을 바로 알 수 있다.

---

10 장종현, 『생명을 살리는 교육』(서울: 백석신학연구소, 2008), 77-9.

토저(A. W. Tozer)는 "수많은 신자들이 비신자들이 하나님을 대하는 방식으로 그 분을 대하고 있다. 이들의 신앙은 이상형을 그리고 추상적인 이론을 추종하는 삶을 살고 있다"라고 지적하였다.[11] 우리는 하나님에 대해서는 잘 연설하는 사람이 되었지만 우리를 변화시키시고 능력을 주시는 하나님에 대해서는 침묵하고 경험을 하지 못하고 있다.

복음주의 개신교들은 바른 교리를 변호하고 성경을 열심히 읽고 공부하는 데는 충실하며 불신자들을 전도하는 일에는 공헌을 했지만, 영적으로 성숙한 제자의 삶에는 부족한 상황이다. 우리가 청교도들을 자주 언급하는 여러 이유가 있겠지만, 그들은 진리를 지적으로 추구하고, 마음으로 느끼고, 삶을 통해 실천했음을 알기 때문이다. 청교도들은 "너희는 여호와의 선하심을 맛보아 알지어다"(시 34:8)라는 성경 구절을 가장 선호 했다고 한다.

18세기 계몽주의 영향 아래서 복음주의자들은 이성이 하나님을 발견하는 열쇠인 것처럼 행동할 때가 종종 있었다. 이런 현상은 신학을 지적인 활동처럼 여기는 경향을 초래하였다. 모튼 켈시(Morton Kelsey)는 "개신교가 가르치는 하나님은 경험으로 깨달은 현실이라기보다는 논리적 유추를 통해 발견된 신학적 개념처럼 되어 버렸다"고 지적하였다.[12] 이와 같은 좌측 뇌 중심의 신학은 하나님 경험과 삶의 현실과는 거리가 먼 추상적인 개념에 머무르기 쉽다. 사이몬 찬은 이런 관점에서 신학적 능력과 기술적 능력을 구분한다.

> 고도로 지성화된 시대에 우리는 종종 신학적 능력과 기술적 능력을 동등시 한다. 여기서 기술적 능력이란 올바른 해석 규칙들을 사용하고 최신의 비판적 도구들을 사용할 줄 아는 능력을 말한다. 정말 신학적 능력이 기술적 능력에 의존한다면, 더 많은 교육을 받은 사람이 교육을 덜 받은 사람보다 성자가 될 가능성이 더 많다고 가정해야 할 것이다. 그러나 위대한 성자들은 반드시 많이 배웠다는 가정은 분명 거짓이다. 종종 있는 일이지만, 학식이 있는 사람들이 항상 그들의 방대한 지식을 실천에 옮기지는 못하므로 영적 난쟁이로 남게 되

---

11 A. W. Tozer, *The Pursuit of God* (Camp Hill, Penn.: Christian Publications, 1991), 50.
12 Morton Kelsey, *Christo-Psychology* (New York: Crossroad, 1982), 11.

고, 반면에 습득한 빈약한 지식을 실현하는 사실상의 문맹자들이 신성함에서 학식이 있는 사람을 능가한다. 그러나 교육을 많이 받은 사람이 교육을 덜 받은 사람보다 신학적 지식을 더 가지고 있다고 말할 수 없기 때문에 그 가정은 또한 원리상 거짓이다. 전자가 더 가지고 있는 것은 명시적인 신학적 지식이고, 반면에 후자는 신학적 지식을 암시적으로 가지고 있는데, 이것은 교육을 더 받은 사람이 소유하고 있는 것과 잠재적으로 비슷하다.[13]

토저는 많은 과학자들이 하나님이 창조하신 우주를 보면서도 하나님을 찾지 못하고 있는 것처럼 많은 신학자들이 하나님의 말씀 속에서 하나님을 찾지 못하고 있다고 지적하였다.[14] 물론 하나님과 성경에 대한 바른 지적인 이해가 없으면 성경적 영적 삶의 형태를 만들 수 없다. 그러나 하나님과 인격적인 관계가 결여된 신학 지식은 결국 영적인 갈증을 가져온다.

하나님과의 인격적으로 만나고 경험하지 못하게 되면, 아무리 정통신학에 철저한 신학도라 할지라도 영적 마비 상태에 빠지기 쉽다. 기독교 영성의 목표는 정보를 더 얻는 것이 아니라, 그리스도의 형상처럼 변하는 것이다. 바울은 우상 제물로 쓰였던 음식 문제를 다루면서 이렇게 말한다.

> 우상의 제물에 대하여는 우리가 다 지식이 있는 줄을 아나 지식은 교만하게 하며 사랑은 덕을 세우나니, 만일 누구든지 무엇을 아는 줄로 생각하면 아직도 마땅히 알 것을 알지 못하는 자요. … 그러면 네 지식으로 그 약한 자가 멸망하나니 그는 그리스도께서 위하여 죽으신 형제라(고전 8:1-2, 11).

우리는 하나님을 분석해야 할 개념이 아닌 가슴으로 관계해야 할 인격으로 대해야 한다. 하나님을 안다는 것은 우리의 사고, 직관, 의지, 느낌, 관계를 통하여 사랑한다는 의미다. 이러한 지식은 지적 분석뿐만 아니라 인격적 만남과 실제적 경험도 있어야 한다. 우리는 지적 능력을 이용하면서도 동시

---

13 사이몬 찬, 『영성신학』, 김병오 역 (서울: IVP, 2002), 235-36.
14 A. W. Tozer, *The Pursuit of God*, 13.

에 가슴을 통해 하나님에 대한 지식의 깊이를 더해가야 한다.[15] 파스칼은 다음과 같이 지적하였다.

> 우리가 모든 것을 이성에 맡긴다면, 우리가 믿는 종교는 신비롭거나 초자연적인 특성을 모두 잃어버리게 될 것이다. 이성의 기준으로 신앙생활을 본다면, 결국 신앙 자체는 모순과 조롱거리가 될 것이다.[16]

하나님을 아는 것은 하나님에 대한 정보를 정리하는 것 이상의 의미를 가진다. 우리는 살아계신 인격적인 하나님께 마음을 여는 방법을 배워야 한다. 하나님은 우리가 정교(orthodoxy, 올바른 교리)뿐만 아니라 정감(orthopathy, 올바른 감성)과 정행(orthopraxy, 올바른 행동)의 균형을 가지기를 원하신다. 우리의 가르침과 배움의 목적이 여기에 있음을 분명하게 인식해야 한다. 하나님은 우리로 하여금 이런 균형을 가지도록 하기 위해서 과거와 현재의 지혜들을 배우게 하시고, 성경을 연구하게 하시고, 기도하게 하시고, 신학적인 지혜를 배우게 하신다는 것을 알아야 한다.

마이클 폴라니(Michael Polanyi)는 인식론에 대한 연구에서 앎은 세상에 참여하는 것이라고 주장한다. 그는 우리가 지식의 참여적 성격을 무시하기 때문에 지식을 단지 인지적 믿음에서 보는 경향을 수용하고 인식론을 잘못 인도하여 커다란 재앙을 불러왔다고 지적하였다.[17] 참여로서의 앎에 대한 이러한 이해는 우리가 신학을 대하는 방식과 신학을 하는 목적에 커다란 의미를 준

---

15 참고: 그리스의 철학자 아리스토텔레스는 『수사학』에서 설득의 수단으로 에토스(ethos), 파토스(pathos), 로고스(logos)의 세 가지를 구분하였다. 에토스는 화자의 성격을 뜻하고 파토스는 청중의 심리적 경향과 욕구와 정서 등을 뜻하며 로고스는 담론(텍스트)의 논증의 방식들이다. 한 마디로 믿을 만한 사람이 믿을 만한 메시지를 통해 수신자의 공감을 얻을 수 있어야 설득이 된다는 말이다. 다시 정리하면, 에토스는 화자와 화자가 전하는 메시지의 신뢰성으로 화자의 인격과 신뢰감이다. 파토스는 청중을 설득하기 위해 사용하는 감정적인 소구인 정서적 호소와 공감이다. 로고스는 논리적이고 이성적으로 화자의 주장을 실증하는 소구방법인 논리적 뒷받침이다.
16 블레즈 파스칼, 『팡세』, 김형길 역 (서울: 서울대학교출판문화원, 2010), 173편.
17 Michael Polanyi, *Personal Knowledge* (Chicago: University of Chicago Press, 1958); Michael Polanyi, The Tacit Dimension (Gloucester, MA.: Peter Smith, 1983)을 참조.

다 하겠다.

그동안 복음주의 신학에서는 지식의 인지적 면들이 관심의 대상이었고 그러한 면들이 특혜를 받는 위치에 있었다. 그것은 신학을 연구하는 목적을 교리적이고 개념적 인식에 두고 이를 통하여 생각을 올바르게 한다면 나머지 것이 뒤 따라 올 것이라는 사고에 근거했기 때문이다. 그 예로 특히 목회자들을 훈련시킬 때에 신학을 윤리학과 영성으로부터 분리하고 전자에 우선권을 주고 있다.

맥클렌돈(McClendon)은 신학의 이러한 경향에 대해서 다루면서, 후 비평적 접근방식은 행하는 것이 생각하는 것보다 더 큰 의미가 있다고 보는 관점을 소개한다. 이러한 관점에 비추어 그는 하나님의 일은 인지적 믿음이 정확한 말로 표현하는 것보다 실행하는 것에 더 주목할 필요가 있다고 역설한다.[18]

엠마누엘 레비나스(Emmanuel Levinas)는 "하나님을 안다는 것은 무엇을 해야 하는지 안다는 것을 의미한다. 그리고 무엇을 해야 하는지를 안다는 것은 일반적으로 그 사람의 삶이 완전히 뒤바뀌어야 한다는 것을 의미한다"고 하였다.[19]

우리는 성경을 공부하는 목적을 서술적 진술의 측면보다는 삶의 측면에서 볼 수 있도록 해야 한다. 우리가 성경본문을 읽고 연구할 때 첫 번째 질문은 "이것이 무엇을 의미하는가?"가 아니고 "이것이 어떻게 체험되는가?"이어야 한다.[20]

때문에 우리가 성경을 통하여 예수님의 이야기를 수용하고 그를 본받는 제자가 되어 그것을 우리의 이야기로 만들어야 하는 것을 잊을 때 우리는 언제

---

18 James W. McClendon Jr., *Systematic Theology: Ethics* (Nashville: Abingdon, 1986), 42. 사회심리학자들은 생각과 행동 사이에 상호작용이 있다는 것을 일찍이 주장해 왔다. 마이어스(David G. Myers)는 행동이 태도에 영향을 끼치는 방식에 주목하였다. 그는 "태도-행동의 관계는 또한 역방향으로 작용한다. 우리는 단지 생각하여 행동할 뿐 아니라 행동을 하여 생각에 영향을 줄 수 있다. … 우리는 우리가 믿는 것을 지지할 뿐만 아니라 우리가 지지하는 것을 믿기도 한다"(David G. Myers, Jackie Abell, Arnulf Kolstad, Fabio Sani, *Social Psychology* (McGraw-Hill Higher Education, 2010), 143).
19 메리 앤 스코필드, "하나님의 친구들과 예언자들," 수잔 버클리, 『영적 지도와 영적 여정』, 권희순 역 (서울: 은성, 2008), 323에서 인용.
20 Stephen E. Fowl & L. Gregory Jones, *Reading in Communion* (Grand Rapids: Eerdmans, 1998), Dietrich Bonhoeffer에 대한 장을 참조.

어디서 예수님께서 무엇을 하였는가에 대한 논쟁에 매달리게 된다. 우리가 신학을 연구하고 성경을 배우는 목적은 우리가 그리스도의 정신과 삶을 닮는 방식으로 세상에 존재하기 위해서이다. 우리의 앎을 세상에 비추는 방식이라고 하기보다는 세상에서 존재하는 방식으로 생각하는 것이 더 정확하다.

이와 같이 할 때 우리의 앎과 세상 사이의 간격에 다리를 놓는 것을 염려할 필요가 없어지게 된다. 앎에 대한 이러한 관점은 신학적으로 큰 의미가 있다. 인지적 믿음에 우선권을 주기보다는 우리가 세상에서 존재하는 방식에 보다 더 중요한 우선권을 주어야 한다.

하나님을 일컫는 최고의 이름은 '놀람'(surprise)이라고 베네딕투수도회의 데이비드 스텐들-라스트(David Stendl-Rast)가 말하였다.[21] 왜냐하면 하나님은 항상 새로운 일을 하고 계시며(사 43:19), 우리가 이미 알고 있는 것 이상으로 항상 역사하시기 때문이다. 우리가 이런 하나님을 믿는다면, 우리는 우리가 가지고 있는 신학적 개념과 커리큘럼을 만들고 정교하게 만든 기록들을 바탕으로 가르칠 때 살아계신 하나님을 놓칠 위험이 있다는 것 또한 잊지 말아야 한다.

3. 영성생활의 유형

우리의 영성생활은 사람들의 얼굴이 다른 만큼이나 다양하고 선호하는 유형도 사람마다 다르다. 영성생활에 대해 연구하는 학자들은 이 다양함 안에서 유형별 특징들을 찾는 일에 노력해왔다. 홈즈(Urban Holmes)의 연구는 그 기본적 틀을 제시하고 있다. 그는 그의 저서 『기독교 영성의 역사』(*A History of Christian Spirituality*)에서 영성생활에 관한 두 가지 유형을 제시한다.[22]

첫째, 정신을 계발하는 데 초점을 둔 사색적 유형이다.
둘째, 마음을 계발하는 데 초점을 맞추는 감성적 유형이다.

---

21 메리 앤 스코필드, "하나님의 친구들과 예언자들", 327에서 인용.
22 Urban T. Holmes, *A History of Christian Spirituality: An Analytical Introduction* (San Francisco: Harper & Row, 1982), 참조.

나아가 홈즈는 그와 같은 목적을 달성하기 위해 기독교 영적 전통에 나타난 두 가지 방법을 제시한다. 유념적 방법과 무념적 방법이다. 유념적 방법은 하나님과 인간 사이에 놓여있는 중간 매체를 통해 알아가고 깨달아가는 방법이다. 무념적 방법은 하나님과 인간 사이에 어떤 중간 매체 없이 직접 알아가고 깨달아지는 방법이다. 홈즈의 구분을 기초로 하여 여러 학자들이 영성생활을 네 가지 유형으로 재구성하였다.[23] 사색-유념유형, 감성-유념유형, 감성-무념유형, 사색-무념유형이다.

1) 사색-유념 유형

사색-유념 유형의 주된 목적은 자신들이 받은 소명을 세상에서 완수하면서 사람들을 도와주는 것이다. 이 유형의 주된 관심은 하나님의 의지를 깨우치고 성령의 의지를 깨달으며 예수 그리스도를 본받아 살며 한 사람 한 사람의 삶과 역사 속에 현존하시고 나타나시는 하나님을 알아가도록 하는 데 있다.

이 유형의 특성은 생각하고 사유하는 데 있다. 영성생활에서 사색-유념적 성향에 속하는 사람들로는 주로 로욜라의 이냐시오, 마틴 루터, 어거스틴 등이다. 사색-유념 유형의 정신적인 기도나 묵상을 주로 많이 한다. 이 유형에서는 묵상을 구체적인 그림이나 시와 음악 또는 성경말씀을 접하면서 그것들을 음미하거나 숙고하면서 느끼게 되는 감각에 주의를 기울여 참여하는 것을 뜻한다. 이 유형에서는 예수 그리스도의 성육신 사건과 십자가에 죽으심과 부활과 승천에서 말하는 환희의 신비, 고통의 신비, 영광의 신비에 대한 묵상과 친숙하고 반복적인 기도를 결합한 정신적 기도인 묵주기도를 선호한다.

---

[23] John Westerhoff III, *Spiritual Life: The Foundation for Preaching and Teaching* (Louisville, KY.: Westminster John Knox Press, 1994), chapter 5; Charles J. Keating, *Who WE Are Is How We Pray: Matching Personality and Spirituality* (New London: Twenty-Third Publications, 2008), 21-31;

이러한 그리스도교 신앙은 눈에 보이는 것들을 초월한 깊은 영적 의미를 말해 줄 수 있다. 어느 유형으로 기도하든 사색-무념 학파에서는 기도를 드릴 때에도 상상력과 감각과 지성을 사용하여 표현한다. 그런 유형의 기도는 기도하는 사람들이 하나님의 성령의 활동에 주의를 기울임으로써 통찰력을 얻게 하고 성령의 움직이심에 주목함으로써 삶 속에 내재된 의미를 깨닫도록 도와주는 데 그 목적이 있다.

2) 감성-유념 유형

감성-유념 유형의 특징은 은사적인 형태를 띤다. 이 유형의 주요목적은 생명의 거룩함과 신성함을 얻는 데 있다. 이 유형의 주요 관심사는 예수 그리스도와 우정을 나누는 것이며 성령이 충만하게 넘쳐흐르게 하는 것이며 개인과 공동체의 삶을 통해 나타나는 하나님의 징표를 제공하는 것이다. 이 유형에서는 오감으로 성령을 느끼는 것에 관심을 가진다. 영성생활에서 감정-유념적 성향을 가진 사람들로는 노르위치의 줄리안, 존 웨슬리, 조지 허버트 등이 여기에 해당된다.

이 유형은 대체적으로 말과 오감으로 기도 드리는 것을 선호한다. 오감으로 기도드린다는 말은 온 몸을 사용하고 모든 감각을 활용하며 모든 감정을 다해서 말하고 맛보고 만지고 냄새 맡고 듣는다는 뜻이다. 이 유형의 사람들의 기도의 특징은 아름다운 노래형식으로 나타난다. 이런 유형의 기도는 "하나님, 주님을 사랑합니다"와 같이 하나님을 경배하는 것으로 시작해서, "주 하나님은 영원히 용서해 주시는 분입니다"와 같은 찬양으로 이어지며, "주 하나님께 … 을 감사드립니다"와 같은 감사가 뒤 따르고, "주 하나님께 제 삶을 바칩니다"와 같은 봉헌기도가 뒤따르고, " … 에 대해 용서를 빕니다"와 같은 회개기도가 이어지며, " … 을 위해 기도하오니 … 인도하소서"와 같은 중보기도를 드린 후 마지막으로 " … 해주소서"와 같은 청원기도로 끝마치게 된다.

이런 유형의 기도는 찬송가나 복음성가와 같은 성가를 부르며 드리기도 한다. 감성-유념형의 사람들은 전형적으로 손뼉을 치고 몸동작을 자연스럽게 하며 외치고 자연스럽게 감정을 표출하면서 기도한다.

3) 감성-무념 유형

감성-무념 유형은 주로 신비체험에 중점을 둔다고 할 수 있다. 이 유형에서 추구하는 영성생활의 주된 목적은 하나님과 일치를 이루는 데 있다. 이 유형에서 가장 중요하게 고려하는 것은 하나님께서 온 세상을 다스리신다는 사실을 강조하며 그 다스림에 머물기를 좋아한다. 하나님의 현존을 강조하는 데 주로 역점을 둔다. 영성생활에서 감정-무념 유형의 특징을 가진 사람들로는 아빌라의 테레사와 십자가의 요한과 퀘이커 교도들이다.

감성-무념 유형의 사람들은 관상기도에 많은 관심을 둔다. 관상기도의 목적은 하나님이 기도하는 사람 안에 내주하시도록 마음을 비우는 데 있다. 이 유형의 사람들은 교회 역사상 가장 오래된 기도 중의 하나인 "하나님의 아들, 주 예수 그리스도시여 이 죄인에게 자비를 베풀어 주소서"와 같은 예수기도이다. 이 유형의 기도의 특징은 거의 움직임이 없고 예수 그리스도의 모습과 같은 성화를 가지고 응시하는 방법을 사용하기도 한다.

이 유형의 사람들의 특징은 예배와 기도생활에서 리듬이 거의 없고 조용하다. 이 유형을 선호하는 사람들은 주의가 산만하거나 정신이 흐트러지지 않도록 자아를 비워 삶 속에 역사하시며 활동하시는 성령을 온전히 의식하는 데 초점을 맞춘다. 이 유형에서는 감각적인 자극을 전혀 가하지 않은 채 깊이 침묵에 잠기면서 마음을 비우고 성령이 역사하시고 활동하시도록 협력한다.

4) 사색-무념 유형

사색-무념 유형의 사람들의 최대관심사는 하나님의 사랑으로 이 세상을 다스리시고 인도하신다는 사실을 증언하고 정의와 평화가 도처에 구현되도록 갖은 노력을 다하는 데 있다. 영성생활에서 이 유형에 해당하는 사람들로는 존 칼빈과 도로시 데이 등이다. 사색-무념 유형의 사람들은 주로 실제적인 행동기도를 선호한다.

이 유형의 사람들의 영성생활은 영적인 독서, 고요하게 조용하게 하루를 지내면서 내면세계에서 흘러나오는 하나님의 말씀에 귀 기울임, 금식, 봉사자로 참여하는 것 등을 통하여 표출한다. 이들에게는 기도의 삶이 이런 형태로도 나타난다. 이 유형에서는 주기도문의 각 부분을 하나님께 여쭈어볼 수 있는 매일기도의 자료로 유용하게 사용할 수 있는 자료라고 여긴다. 주기도문을 기도의 모형으로 삼는다.

4. 영적 수련의 본질로서 사랑

정신과 의사로 영적지도자로 10년 이상 영적 수련 또는 관상 수련의 신체적 효과에 대해 연구한 메이는 세 가지 특징을 소개하였다.[24]

첫째, 수년 동안 이런 종류의 훈련을 해온 사람들은 지각의 확장을 경험한다고 한다. 그들은 더 이상 단순히 이것 또는 저것을 인식하는 것이 아니라 대신에 모든 것을 포함하는 파노라마 같은 인식을 경험한다. 그것은 마치 운동선수나 예술가들이 때때로 최고의 실력을 발휘하는 순간과 비슷한 경험과 같다. 이는 뛰어난 축구선수가 공이 자기 쪽으로 오는 것을 볼 때, 마치 순간적으로 자기 인식 범위가 활짝 열리는 것을 경험하는 것과 같다. 축구선수가 공만 인식하는 것이 아니라 경기장의 다른 선수들, 바람 부는 느낌, 군중의 소리까지 모든 걸 인식하는 것과 같다. 심지어 그의 심장의 박동, 하늘에 떠있는 구름 모양까지 느낄 수 있는 것과 같은 것이다.

둘째, 순간의 상황을 무의식적으로 예리하게 인지하거나 다루는 자연스럽고 유연한 반응이다. 그것은 종종 위기의 순간에 잠시 동안 경험할 수 있다. 관상적 경험에서는 이런 즉각적이고 정확한 반응이 자연스럽게 나타나기도 한다.

셋째, 자기 인식이다. 여기서 자기 인식이란 자기 주위에 있는 것뿐만 아

---

24 제랄드 메이, 『사랑의 각성』, 115-16.

니라 자기 안에 있는 것 또한 주목하게 되는 것을 의미한다. 그것은 고통스럽고 드러내고 싶지 않은 자기의 모습을 직면하는 것이기에 즐거운 일이 아닐 수도 있다. 그러나 시간이 지날수록 이러한 경험은 자신의 장점과 단점에 대한 훨씬 더 현실적인 평가를 하게 된다.

영적 수련은 확장된 지각, 향상된 반응 그리고 더 큰 자기인식을 경험하게 된다. 때문에 영적 수련을 통하여 이러한 경험을 한 사람은 상당한 효율성을 지니게 된다. 이러한 사람에게는 보통을 능가하는 힘과 지혜가 있다. 하지만 영적 수련에 의한 이러한 힘과 지혜를 들어 영성이라고 하기에는 빈약한 면이 있다.

> 만일 우리가 영적 수련의 길을 찾으면서 지성적인 방식만 끌어들인다면, 우리는 바로 처음부터 영혼이 없는 상태에서 시작하는 것이다. 현대 문화 속에서는 영성에 대한 편견이 너무 강해서 우리의 사고방식에서 심오한 혁명을 일으켜야 비로소 영혼의 선물이라 할 수 있는 깊이와 섬세함을 영성생활에 부여하게 될 것이다.[25]

영성은 관계성을 위한 능력이므로 그에게 사랑이 있는가를 물어야 할 것이다. 일본의 봉건 시대 닌자들은 바로 그런 힘을 지니기 위해서 명상 수련을 했고, 이 세상에서 가장 효율적인 암살자들이 되는 데 그 능력을 사용했다.[26] 어떤 영적 수련이든지 그것을 악한 것이 아니라 선한 것에 사용되리라 보장해 주는 것은 본질적으로 아무것도 없다. 영적인 것들이 매우 무정한 목적에 사용될 수도 있다.[27]

우리가 기억해야 할 것은 영적 수련은 수련 그 자체가 결코 목적이 아니라는 것이다. 영적 수련을 통해 얻은 능력을 가지고 서로를 공격하는 데 얼마든지 사용할 수 있다. 영적 수련의 본질적인 목적은 사랑이다

하나님의 은혜와 구원의 능력을 강조하는 것은 매우 정통적이다. 그러나 그것은 사랑을 위한 것인가, 효율성을 위한 것인가? 많은 경우, 회복 자체가

---

25 Thomas Moore, *Care of The Soul*, 247.
26 제랄드 메이, 『사랑의 각성』, 117.
27 제랄드 메이, 『사랑의 각성』, 117.

우상이 된다. 중독에서의 회복이 인생의 최우선 과제가 되고 하나님은 마치 우리가 원하는 목적을 달성하기 위해 접속해야 할 우주적인 전원 콘센트인 것처럼 은혜의 공급원으로 전락한다. 이것이 바로 피난처이시기만 한 하나님, 절망 속에서만 만나는 하나님, 우리를 구원하는 것이 유일한 목적인 하나님이다. 물론 하나님을 구원자로 보는 데는 문제가 없다. 오히려 하나님은 그러한 분이시며 그 이상의 존재이시다. 하나님은 우리의 필요를 채워 주고 상처를 치유해 주고 곤경에서 구해 주며 또는 우리의 효율성을 높여 주는 분으로 이용하는 차원을 뛰어넘기를 원하신다. 하나님은 우리가 이러한 효율성의 가치로 하나님과 관계 맺는 것을 넘어 사랑하도록 부른다.

14세기의 작품 『무지의 구름』(*The Cloud of Unknowing*)의 저자는 하나님에 관한 지식은 사고가 아닌 사랑을 통해서 획득되는 것으로 이해했다.[28] 노르위치의 줄리안은 서른 살에 병상에 누워 있는 중에 예수님에 대한 환상에서 "아무도 너를 이길 수 없을 것이다"라는 말을 들었다. 줄리안은 그 환상을 거의 20년 동안이나 숙고하고 묵상했다. 그녀는 자신의 이런 과정을 통해서 배운 것으로 그녀의 책을 마무리했다.

> 사랑이 그 의미였다.
> 누가 그것을 너에게 보여 주었나? 사랑이.
> 무엇을 너에게 보여 주었나? 사랑을.
> 왜 그것을 너에게 보여 주었나? 사랑 때문에.
> 너 자신을 항상 그 사랑 안에 두라.
> 그러면 너는 더욱 사랑을 배울 것이다.
> 그리고 다른 것은 전혀 배우지 않을 것이다.
> 절대로![29]

---

[28] Anonymous, *The Cloud of Unknowing* (Chester: Kessinger Publishing, 2004) 참조.
[29] 제럴드 메이, 『사랑의 각성』, 348에서 인용.

줄리안의 고백은 우리로 하여금 우리는 사랑을 통해서 성숙해지고 사랑을 통해서 배운 지식만이 진정한 지식이요 능력이 될 수 있음을 깨우쳐 준다. 영적 수련의 진정한 목표는 능력이 아니라 사랑이다. 사랑으로 발전되지 않은 영적 수련은 무례함과 교만을 낳는 도구가 되어 버린다. 그러므로 영적 수련의 궁극적 목표는 사랑이다. 우리의 진정한 영적 능력은 사랑이요, 사랑의 마음이요, 사랑의 기술(art)이라 할 수 있다.

5. 영적 지혜의 장으로서 역사

우리는 기독교 전통에 나타난 영적 지혜와 전통을 너무도 피상적으로 접근하는 경우가 많다. 복음주의 계열에 있는 개신교인들은 16세기 종교개혁자들이 교황의 권위, 믿음, 공로에 의한 칭의 문제 등으로 가톨릭과 심각하게 갈등을 가지고 있었다는 것을 잘 알고 있다. 이 때문에 대부분의 복음주의자들이 중세교회로부터 영적으로 배우려고 하지 않는 경우가 많다.

종교개혁자들의 후예라고 하는 복음주의자들 중에는 가톨릭교회와 관련된 것이라면 무조건 반대하는 자세를 보이는 경향이 있다. 종교개혁 이전의 기독교 전통에 대해서는 가톨릭의 교리적, 교회론적 문제점과 함께 묶어서 이들이 제공하는 많은 영적 지혜와 의미 있는 방법론까지 외면해 왔다.

하지만 우리가 개신교 계열에서 제공하고 있는 기도원에 가지 않고 수도원에 갔다고 해서 우리의 원래 신학적 입장을 버리거나 포기한 것은 아니다. 개신교가 소홀히 해온 영성훈련과 같은 영적인 유산에 대해 관심을 가진다고 하여 우리의 정체성을 포기하는 것도 아니다.

필립스(J. B. Phillips)는 그의 책, 『너무 작은 하나님』(*Your God is Too Small*)에서 이렇게 썼다.

> 어떤 교단도 하나님의 은혜를 독점할 수 없으며, 누구도 참다운 기독교 인격을 만들어내는 유일한 정답을 가지고 있지 않다. 삼자적인 관점에서 보면, 하나님은 어떤 틀에도 매여 계시지 않는다. "성령의 바람은 어디로 갔다 어디로 가는

지 아무도 모른다." 이런 하나님이 인간이 정한 규정에 매여 계실 리가 없다.[30]

러블래이스(Richard Lovelace)도 필립스와 비슷한 관점에서 열린 자세의 중요성을 다음과 같이 지적하였다.

> 우리는 다른 기독교인들에게 더 귀를 기울일 필요가 있다. 기성 개신교파들, 가톨릭, 정교회 성도들은 우리가 가지지 못한 성경적 유산을 많이 유지해 왔다. 이들은 우리의 회개가 필요한 곳들을 더 깨달을 수 있도록 문제를 분명하게 보여주기도 한다.[31]

우리는 우리가 가지고 있는 개혁주의 전통을 분명히 인식하면서도 다른 교파의 것이라고 할지라도 우리에게 도움이 될 수 있는 소리에 귀를 기울일 필요가 있다. 달라스 윌라드는 역사적으로 교회의 영성지도 사역의 흐름을 이렇게 표현하였다.

> 영성지도 사역은 주님이 시작하시고 바울이 가르쳤고 초대교회가 따르고 중세교회가 과잉반응을 보이고 종교개혁자들이 폭을 좁혀 놓고 청교도들이 다시 살려놓고 현대교회가 거의 멸종시킨 사역이다.[32]

한국 개신교 목회자로서 최초로 수도원을 설립한 은성수도원 설립자 엄두섭 목사님은 개신교 신자들이 영적인 삶의 깊이와 넓이를 더 깊이 보고 누리도록 공헌하고 있다. 엄 목사님은 시간이 있을 때마다 우리 개신교인들이 영적인 광맥을 놓쳐버리고 세속적인 정신과 시대적인 흐름에 너무 휩쓸려가고 있다고 외쳤다.

그가 수도원을 세우게 된 동기는 이렇다. 한국전쟁을 전후해 그는 평양신학

---

30 J. B. Phillips, *Your God is Too Small* (New York: Macmillan, 1987), 80.
31 Richard F. Lovelace, "Evangelical Spirituality: A Church Historian's Perspective," *Journal of the Evangelical Theological Society*, 31/1 (1988): 35.
32 브루스 디마레스트, 『영혼을 생기나게 하는 영성』, 285에서 인용.

교를 졸업하고 나주 공산에서 첫 목회를 하였다. 목회를 시작했을 때 산중파 그리스도인 지도자였던 이현필 선생에 대한 부정적인 여론이 교회 내에 팽배해 있었다. 이현필 선생을 중심으로 공동체를 이룬 성도들이 산 속에서 함께 생활하면서 신앙생활을 하였기 때문이다. 엄 목사님이 섬기던 교회에서도 한 성도가 이 산중파 그리스도인들의 모임에 들어가는 일이 일어났다. 그러자 교회 성도들은 산중파를 이단으로 여기며 비난을 하였다.

이 무렵 한국전쟁이 일어나자 엄 목사님이 섬기던 성도들의 대부분은 부산으로 피난을 가게 된다. 하지만 피난을 갈 형편이 되지 못하여 남아있는 사람들을 돌보다 피난을 놓치고 죽음의 위험에 처한 미국 여선교사가 있었다. 이때 이 미국인 여선교사를 구출한 사람들이 산중파 그리스도인들이었다. 산중파 그리스도인들은 죽음의 위험을 무릅쓰고 삼 십리 길을 맨발로 오고 가면서 궤짝에 이 선교사님을 숨겨서 지게에 번갈아 가면서 지고 구출한다.

이때 엄 목사님은 신앙인들의 이중성에 대해서 고뇌하게 된다. 가장 정통적인 신앙을 가지고 있다고 자부하면서 다른 사람을 이단이라고 비난하던 사람들이 실제적인 삶 속에서는 이기적인 삶의 모습을 보면서 목회자로서 고민하게 된다. 그를 더욱 고뇌하게 했던 것은 산중파 그리스도인들은 이단이라 여김을 받으면서도 주님의 제자로서의 헌신적인 삶을 살아가는 그들의 모습에서 목회자로서 많은 생각을 하게 한다. 그 후 목회지를 서울로 옮겨 목회를 하면서도 나주에서 경험했던 것과 비슷한 경험을 하게 된다. 이러한 목회 경험과 신앙에 대한 고민의 과정을 통해서 목회를 그만두고 은성 수도원을 세우게 된다. 바로 영적인 삶과 성장의 중요성을 알았기 때문이다.

한국 개신교인들은 예배와 봉사와 프로그램에 참여하는 것에는 열심이지만 영적 훈련과 성장에는 관심이 약한 편이다. 이는 교회 지도자들의 책임이 크다고 할 수 있다. 이러한 현상은 개신교가 기독교의 전통과 역사에 대한 잘못된 인식에서 기인한 측면도 있다. 문제가 많았던 중세교회에 반발해 종교개혁자들은 영적 성숙을 위해 영적 훈련을 활용하지 않았다. 종교개혁자들은 당시 신부, 수도사, 수녀들에 의해 행해졌던 영적 훈련을 하나님께 '공로'를 인정받으려는 노력이라고 이해했다.

그러나 일반적으로 영적 훈련은 하나님이 인간을 새롭게 만드시는 은혜의 도구로 이해되어 왔다. 리처드 포스터는 이렇게 말한다.

> 영적 훈련은 … 하나님이 우리 안에서 역사하시고 바꾸시는 장으로 우리를 인도한다. … 이것은 하나님의 은혜의 도구다. … 하나님은 영적 생활을 훈련 시켜 우리가 축복 받을 만한 모습으로 준비될 수 있도록 이 도구를 주셨다.[33]

종교개혁 이전의 영적 지혜와 방법을 모두 가톨릭의 유산으로 생각하고 비판하는 것은 역사에 대한 너무나 단순한 견해이다. 많은 신학적 오류와 잘못이 난무했던 중세교회였지만 하나님의 역사는 계속적으로 이어져 왔기에 우리가 여기에 있는 것이다.

1517년 종교개혁 이전의 역사를 모두 가톨릭의 것으로 여기는 것은 우리의 역사와 정체성을 부인하는 것이기도 하다. 종교개혁자들이 개혁을 통해서 실현하고자 했던 목표가 그 이전의 모든 역사를 부인하기 위한 것은 아니었기 때문이다. 한 개인의 역사를 보더라도 어느 한 순간의 결정적인 오류나 모습이 한 개인의 모든 것을 평가하는 기준이 될 수 없듯이, 중세의 천년에 여러 오류가 있었다고 하여 모든 영적 지혜와 방법까지 거부하는 것은 옳은 것이 아니다.

현재 한국교회는 사회의 빛이 되기보다는 사회로부터 지탄을 받고 있는 현실에 직면해 있지만, 그렇다고 하여 한국교회의 아름다운 발자취와 영적인 유산을 모두 부정해버리는 것은 지혜로운 모습이 아니라 어리석은 것이다. 우리는 신학적 오류나 잘못된 교리에 빠지지 않도록 주의해야 한다. 그러나 자칫 과거의 신학적 오류를 거부한다는 명목으로 영적인 삶을 위한 중요한 자원을 거부해서는 안 된다.

패커(J. I. Packer)는 복음주의자들은 다른 교파에 대한 거부감을 극복하고 "개신교는 종교개혁과 복음주의적 유산뿐 아니라 그동안 무시해 왔던 교부시대, 중세, 청교도, 복음주의적 유산을 포함한 기독교 유산 전체를 다시 강

---

[33] Richard J. Foster, *Celebration of Discipline* (San Francisco: Harper & Row, 1988), 7.

조할 필요가 있다"고 지적하였다.³⁴

6. 상대적 독립성으로 영성신학

중세 말부터 신학과 영성을 분리해서 보는 경향이 20세기까지 지속되었다. 이는 특히 쟝 게르송(Jean Gerson, 1363)의 영향이 크다. 그는 영성이라는 단어와 신학적인 사고가 서로 다른 목적을 가지고 있다는 이유로 이 둘을 분리 하였다. 게르송 따르면 영적 접근법은 궁극적인 선(goodness)으로 인식 되어진 하나님의 신비적 일체에 그 목적이 있는 반면, 신학적 접근법은 궁극적인 진리(Truth)로 인식 되어진 하나님과의 일치에 있다고 주장 하였다.³⁵ 하지만 우리가 하나님을 아는 것(theology)과 하나님 안에서 살기위한 우리의 몸부림(spirituality)은 서로가 분리되지 않는다³⁶는 사실을 게르송은 간과하였다고 할 수 있다.

발타자르(Balthasar)는 지적하기를 영성 없는 신학은 방법론적으로는 보다 더 정교하게 되지만 기독교의 핵심에 위치한 여러 신비들을 알거나 말할 수 없게 되며 신학이 없는 영성은 뿌리가 없고 단지 개인주의적 성취로만 그치게 된다고 하였다.³⁷ 그러므로 영성과 신학이 함께 어우러질 때 그리고 이 둘의 통합이 명백해지는 그 지점에서 한편으로는 감정주의 영성을 극복하게 되고 다른 한편으로는 주지주의 신학을 극복하게 된다.

그러므로 이 둘의 관계는 서로에게 속해야 하며 도전해야 한다. 기독교 신학과 영성의 목적은 진리 탐구를 통한 정신 고양뿐만 아니라 삶의 고양과도 관계된다. 그리고 기독교 신학이 예수님의 영성과 통합을 이룰 때 기독교 신

---

34 J. I. Packer, *A Quest for Godliness: The Puritan Vision of the Christian Life* (Westchester, Ill.: Crossway, 1990), 13.
35 Michael Downey, *Understanding Christian Spirituality* (New York: Paulist Press, 1997), 61에서 인용. 보다 더 깊이 있는 관찰을 위해서는 특별히 D. Catherine Brown, *Pastor and Laity in the Theology of Jean Gerson* (New York: Cambridge University Press, 1987)을 참조.
36 Philip Sheldrake, *Spirituality and Theology: Christian Living and the Doctrine of God* (London: DLT, 1998), 3.
37 Hans Urs von Balthasar, "Theology and Sanctity," *in Exploring in Theology*, vol. 1: *The Word Made Flesh* (San Francisco: Ignatius Press, 1989), 208.

학은 형이상학적 고양 또는 상승이 아니라 오히려 예수님의 수난으로의 하강이라는 것을 깨닫게 될 것이다.

기독교 신학은 교리를 설명하기 위한 방식에 있기보다는 삶을 위한 방식이 되어야 한다. 영성과 신학의 바른 관계는 서로 상호적으로 작용하며 도전해야 한다(Theology evaluating spirituality and spirituality evaluating theology).[38] 신학 없는 영성은 맹목적이며 인간주의적 감정의 현상으로 전락하기 쉽고 영성 없는 신학은 공허한 인간의 언어로 남게 된다.

디오게네스 알렌(Diogenes Allen)은 신학사를 통해 볼 때 영성신학과 교리신학은 서로 활발한 작용을 하였으며, 전자가 후자에서 제외되는 현상은 최근의 현상이라고 지적하면서, "교리신학에서 진보를 이루기 위해서는 신학자의 영적 삶이 성숙해야 한다. 왜냐하면 신학적 이해와 영적인 진보는 불가분의 관계이기 때문이다"라고 하였다.[39]

분명히 영성신학은 교리신학에 의존되어 있고 그것을 기초로 그 실천을 형성해 내는 측면이 있다. 예를 들어 우리의 영성생활이 세례의 은총과 뗄 수 없는 관계에 있음을 알게 되는 것은 교리신학이 이러한 기초적인 자료들을 제공해 주기 때문이다. 예수 그리스도의 성육신이 갖는 영적 의미를 부각시키는 경우에도 교리적인 관점에서 전적으로 벗어날 수 없는 것은 사실이다. 때문에 교리신학이 신앙의 신비의 의미를 통찰하고 영성생활을 바르게 이해하도록 도움을 주는 개념들과 체계들을 신학적으로 다듬어 온 것은 사실이다. 이런 면에서 교리신학은 영적 체험의 기초를 위한 규범으로 작용한다.

영성신학과 교리의 관계는 차별성과 보완성의 관계라 할 수 있다. 이러한 문제를 올바로 설정하기 위해서는 성경과 교회의 공통적 교리와 개별적인 신학 체계들을 신중하게 구별할 필요가 있다. 영성신학은 성경과 교회의 공통적 교리에 분명히 기초하고 있다. 하지만 어거스틴, 토마스 아퀴나스, 칼 라너, 칼 바르트와 같은 개별적인 신학자들이 형성한 신학은 다르다. 개별 신학자는 제한된 수준의 체계적인 성찰이다.

---

[38] Philip Sheldrake, *Spirituality and Theology*, 83-95.
[39] Diogenes Allen, *Spiritual Theology: The Theology of Yesterday for Spiritual Help Today*, (Cambridge, MA.: Cowley Publications, 1997), 19.

이들의 성찰은 그 신학자들이 활동하고 있는 시대의 역사적 상황들과 그의 개인적 체험을 반영한다. 이런 신학의 가치는 그 신학자가 연구에 바친 노력과 그가 살고 있는 문화적 환경에 의존한다. 그러므로 개별적인 신학을 절대적 의미를 갖는 규범적인 것으로 간주해서는 안 된다.

그러나 어떤 개별적인 신학이 체험적인 측면들을 다루고자 할 때는 그 신학은 영성신학에 접근하게 된다는 사실에 유의할 필요가 있다. 현대신학은 실존적이며 체험적인 의미까지 다루려고 노력하고 있다. 그러므로 영성이 교리신학에 의존한다고 말하기보다는 신학이 영성에서 영감을 얻는다고 말하는 것이 더 옳은 진술일 수 있다.

그렇지만 이러한 신학적 관점을 위해서는 반드시 고려해야 할 것이 있다. 예를 들어 삼위일체가 갖는 영적 의미를 부각시키려 할 때 교의적인 사실에서 벗어나는 결론을 내려서는 안 된다. 교리신학이 영적 체험의 의미를 통찰하는데 도움을 주는 개념들과 체계들을 신학적 성찰로써 다듬어 온 것은 사실이다. 예를 들어 성령의 사역, 은사, 충만 등에 관한 것이다.

영성신학과 교리는 보완성과 차별성의 관계로서 한편으로는 영성신학이 교리신학에 기반을 두고 있지만, 다른 한편으로는 영적 체험이 신학적 성찰에 앞서는 것이라면 영성신학이 이런 상대적 독립성을 가지기 위해서는 염두에 두어야 할 것들이 있다. 이러한 문제들을 해결하기 위해서는 어떻게 영적 체험이 신앙의 본질과 연관되는지를 분명하게 할 필요가 있다.

먼저 영적인 지각은 늘 부분적이라는 사실을 알아야 한다. 기독교 전통에서 영적 체험 전체를 배경으로 하면서도 시대와 인물에 따라서 다양하게 측면들이 부각되었다. 교부들에게는 근본적인 주제가 하나님의 속성이었으며, 중세는 그리스도의 인성을 관상하는 것이 거의 보편적인 현상이었다. 오늘날에는 거룩한 삶과 하나님 사랑과 이웃 사랑의 문제가 주를 이루며 성령의 은사를 재조명하기도 한다.

하지만 이런 부분적인 측면들이 부각되었다는 사실이 불성실이나 오류의 표지라고는 할 수 없다. 왜냐하면 영적 체험의 다양한 측면들은 서로 연관되어 하나의 전체를 이루기 때문이다. 신앙에 의해서 영적 체험의 개별적인 부분을 파악하는 사람은 영적 체험의 전체와 접촉하게 되고 이로써 구원 계획의 유일한 원천인 하나님께 의탁하게 되기 때문이다.

또한 우리가 신앙의 신비에 동의하는 것은 항상 점진적이라는 공통의 체험 사실에 주목해야 한다. 영성생활의 뿌리와 본질은 그리스도 안에서 하나님의 생명에 참여함이라는 점에서 모든 이에게 동일하다. 그러나 영성생활의 발달은 모든 이에게 똑같이 적용되는 존재론적 기초가 아니라 사랑의 실천으로 평가되어야 한다. 그것은 영성생활의 발달 여부는 하나님의 은총에 대한 반응에 의존되기 때문이다.

게다가 신앙은 어떤 한정된 분명한 명제를 이해하는 데 그치지 않고 필연적으로 부분적일 수밖에 없다는 것과 신앙은 단지 어떤 객관적인 내용을 인식하는 지성의 행위만이 아니라 하나님의 선물로서 계시의 원천인 신비 전체와 하나님께 나아가는데 꼭 필요한 선물이다.

영성신학은 체험을 기초로 하기 때문에 경험적인 특징을 지닌다. 많은 영성신학의 주제들이 영적 체험에 그 기원을 두고 있었지만 후에 교리신학 영역으로 들어갔다. 이런 주제들은 기도, 성령의 열매, 정화, 영적 비움 등이다. 영성신학은 교리신학의 결론들의 단순한 적용일 수 없다. 영성신학은 영적 체험을 다루기 때문에 구체적 생활과 인간의 실존의 실천적인 면에 관심을 둔다.

때문에 영성신학이 기독교적 성찰에 체험의 풍요로움을 제공한다는 사실을 볼 때 영성신학은 단순히 교리신학의 원리들을 구체적으로 적용하는 것으로 축소시킬 수 없다. 하지만 분명히 놓치지 말아야 할 것이 있다. 그것은 교리신학은 영적 인식을 평가하고 조절하는 틀을 제공한다는 것이다. 교리신학이 없이는 신비를 너무 주관적으로 파악할 위험이 있다. 이런 측면에서 영성신학과 교리신학의 관계는 상대적 독립성과 보완성을 가지고 있다고 할 수 있다.

7. 실천적 규범으로서 영성신학

영성과 윤리는 모두 인간의 생활 전체를 다룬다. 이들은 모두 인간을 거룩함과 하나님의 생명의 충만함을 향한 움직임을 다루는 기독교적 삶 또는 실천적 측면들을 지닌다. 때문에 영성과 윤리는 대상의 관점에서는 차이가 없다. 하지만 대상을 다루는 관점과 방법은 서로 다르다.

　그리스도인의 행위를 다루는 윤리는 사랑의 질서와 사랑의 소통에 따라 온전히 사랑을 지향한다. 그리스도인의 생활에서 모든 행위는 하나님의 뜻에 맞추어져 있다. 윤리신학의 고유한 점은 일차적으로 행위의 구조를 고찰하고 행위 규범들을 찾는 데 있다. 윤리신학은 기본적으로 이성적인 방법을 사용할 뿐만 아니라 규범적이기 때문에 체험은 윤리신학에서 규범이 되지 못한다. 모든 사람이 거짓말을 한다 해도 거짓말이 합법적인 것이 되지는 않는다.

　반면에 영성신학은 무엇보다도 그리스도인의 생활의 실존적 발전에 중요한 목적을 두기 때문에 영성신학은 항상 독특한 체험을 직시한다. 영성신학이 설정하는 법칙들은 의무를 지우려는 것이 아니라 각자의 영적 여정을 밝혀주는 실천적인 규범으로 주어진다. 영성신학은 기도의 의무에 그치지 않고 기도 방법과 그 발전을 연구한다.

　이러한 관점에서 기도 체험과 같은 영적 체험은 구원 신비의 실재를 깨닫고 그 신비에서 내적인 맛을 경험하도록 한다. 이 깨달음은 성령을 지닌 영혼이 사랑의 신비인 예수 그리스도를 몸소 체험하는 자연스러움에서 나오는 열매이다. 때문에 영적인 삶은 어떤 규범에 의존하거나 매이지 않고 성령의 역사 안에서 규범을 초월하는 초월적 성격을 가지고 있다고 할 수 있다.

　영성신학은 결코 윤리신학의 하위 개념으로 이해되어서도 안 되며 윤리학과 영성을 동일한 차원으로 간주해서도 안 된다. 인간의 영적 차원은 도덕적이고 윤리적인 차원 없이 불가능하지만 도덕적이고 윤리적인 차원에 머물지 아니하고 성령과 사랑 안에서 그 차원들을 초월할 수 있는 영역으로 이해해야 한다. 다음 그림을 통해 영적 삶의 국면을 설명해 보자.

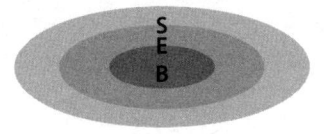

생물학적 국면(Biological Aspect) 윤리적 국면(Ethical Aspect) 영적 국면(Spiritual Aspect)

위의 그림에서 영적인 영역은 생물학적 국면부터 영적인 국면까지를 포함한다.[40] 단지 영적 영역만을 가리키지 않는다. 영적인 사람은 건강한 육체 그리고 생물학적 삶의 단계를 결코 등한시하지 않는다. 영적인 사람은 우리의 육체가 하나님께로부터 온 선물임을 알고 건강하게 관리한다. 배고프면 먹고 졸리면 자고 결혼을 하면 성을 즐긴다. 그러나 영적인 사람은 이 생물학적 차원에만 머물기를 거부한다. 도덕적이고 윤리적인 삶을 추구한다. 개인의 본능을 넘어 진선미를 추구한다. 윤리적인 삶을 추구한다. 하지만 윤리적인 사람의 삶의 표준은 선(good)과 악(bad) 그리고 의(right)와 불의(wrong)에 기초한다. 그러나 영적인 사람은 윤리적인 차원을 넘어 성령 안에서 사랑의 삶을 추구한다.

영적인 영역은 위 표에서 단지 영적 영역 그 자체만을 의미하는 것이 아니라 생물학적 영역과 윤리적인 영역을 반드시 포함하는 것이다. 영적인 사람은 우리의 육체성, 윤리성 그리고 영성을 이원론적으로 나누지 아니하고 전인적이고 통전적으로 이해한다. 우리의 건강한 육체 없이 하나님의 아름다운 세계를 거닐 수 없음을 안다. 우리의 건강한 마음과 이성 없이 우리들의 이웃에게 사랑을 실천할 수 없기 때문이다. 그러나 우리에게는 한계성이 있음을 망각하지 않는다.

건강한 몸도 이웃을 위한 윤리적 실천도 하나님의 도움이 없다면 깨어지기 쉽다는 것을 안다. 아주 미세한 바이러스 하나만으로도 우리의 육체는 힘을 잃고 우리는 근본적으로 이기적이고 선과 사랑을 추구하기보다는 불의와 악을 행하는 습성들이 자리하고 있다는 것을 안다. 영적인 사람은 즉 자기 인간성에 머물지 아니하고 하나님의 은혜의 품에서 하나님의 현존과 능력을 경험하는 사람이다.

---

[40] 최창국, 『기독교 영성신학』(서울: 대서, 2010), 34-5.

제4장

영성의 해석학적 지평[1]

Interpretational Horizon of Spirituality

1. 영성의 해석학적 질문

　인간에게 보편적 영성이 있느냐는 중요한 신학적 질문이다. 하나님의 형상으로 지음 받은 모든 인간은 창조의 선물인 영성을 지니고 있다고 보아야 하기 때문이다. 하지만 대부분의 영성 이해는 창조의 선물인 존재론적 영성을 간과하고, 경험론적 영성과 신령한 성품 또는 거룩한 성품으로서 영성을 이해하는 경향이 강하다. 영성을 경험론적 관점에서만 이해하려는 경향은 영성의 보편성을 간과할 때 흔하게 발생한다.
　영성의 보편적 차원인 존재론적 영성을 간과하는 것은 기독교적이라고 할 수 없다. 하나님의 형상으로 창조되었을 때 인간은 이성과 감성뿐 아니라 영성을 선물로 받았기 때문이다. 하나님의 형상으로 지음 받은 모든 인간이 영적 잠재력을 지니고 있다는 것을 인정한다면, 영성의 보편성을 인정할 수밖에 없다. 이러한 이해는 영적 경험과 삶에 대한 재정립을 요구한다.
　그리스도인들이 범하기 쉬운 오류 중의 하나는 영성을 종교의 한 차원으로만 여기는 것이다. 하지만 영성을 종교 언어와 지평에 제한하여 이해하는 것은 영적 삶과 경험을 왜곡할 수 있다. 영성은 종교 언어와 지평에만 관계되기보다는 일상의 언어와 지평과도 관계되기 때문이다. 역사적으로 영성이

---

[1] 이 글은 「복음과 실천신학」 53(2019), 221-255에 실린 필자의 글을 수정 보완한 것이다.

종교와 매우 밀접히 연결되어 있는 것은 사실이지만, 종교적 경험이나 차원에만 제한되는 것은 아니다.

따라서 영성이 단지 종교적 언어나 교회 전통의 영적 언어를 통해서만 인식될 수 있다는 가정에서 벗어나는 것이 필요하다. 또한 그리스도인들이 영성에 관해 생각할 때, 종교에 대한 지식과 종교적 언어를 사용할 수 있는 능력이 전부가 아니라는 것을 인식할 필요가 있다.

그리스도인들이 범하기 쉬운 또 하나의 오류는 영적 경험이나 깨달음이 보편적인 일상의 영역 안에서 발생할 수 있다는 가능성을 열어두지 않고, 자주 신비한 황홀경 같은 어떤 것이라고 가정하는 것이다. 하지만 영적 경험은 평범한 일상의 영역에서도 일어날 수 있다. 하나님의 일반은총 덕분이다.

따라서 그리스도인들이 일반은총을 바르게 이해하지 못한다면, 영적 환원주의(spiritual reductionism)나 영적 게토주의(spiritual ghettoism)에 빠질 수 있다.[2]

---

2 수상도시인 이탈리아 베네치아에 게토(ghetto)라는 지역이 있었다. 베네치아 시에서 1516년에 유대인이 거주하도록 마을을 건설하였는데, 그 지역 이름이 바로 게토였다. 이처럼 게토란 단어는 유대인이 모여 살도록 법으로 강제한 도시의 거리나 거주구역이었다. 게토는 기독교 부흥 시기에 유대인과 기독교인을 구분하기 위한 의도로 만들어졌다고 보기도 하지만, 기독교인이 유대인을 예수님을 죽인 민족이라는 오명 때문에 억압의 수단으로 이용되었다고도 할 수 있다. 실제로 게토는 높은 벽으로 둘러싸여 있어 바깥 사회와 격리되어 있었다. 베네치아 시는 게토에 거주하는 유대인 공동체에 어느 정도의 자치를 허용하였지만, 유대인에게 시민권은 절대 주지 않았다. 게다가 게토를 나갈 때 유대인임을 증명하는 노란색 옷과 챙 달린 뾰족 모자를 걸치고 마크까지 달아야 했다. 해가 진후에는 유대인들은 게토 밖으로 나가는 것이 완전히 금지되었을 뿐 아니라 기독교인들이 보초를 서며 게토를 감시했다. 거주지가 한정되어 있어서 게토의 유대인은 건물을 높이 지을 수밖에 없었다. 당시 유대인은 밤 12시 이후에 게토 밖에 나와 있는 것이 발각되면 벌금을 물어야 할 만큼 심하게 통제를 받았다. 2번 이상 벌금을 내는 경우에는 2개월 동안 감옥살이를 해야 했다. 서유럽에서는 19세기부터 게토가 점점 없어지기 시작하면서 1870년 로마를 마지막으로 폐지되었다. 이러한 역사적 배경 속에서 게토라는 단어는 점차 소수 인종이나 소수 민족, 또는 소수 종교집단이 거주하는 도시 안의 한 구역을 가리키는 말이다. 이러한 배경 안에서 게토주의란 용어가 등장하게 된 것이다. 실제로 게토주의는 종교집단과 매우 밀접하게 연계되어 발생하였고, 실제로 종교집단 안에서 자주 발생하였다. 오늘날 게토주의의 의미는 보편적으로 왜곡되고 편협한 사고나 폐쇄적인 집단과 관계되어 사용되기도 한다. 이러한 맥락 안에서 교회 공동체가 교회 안과 밖을 이원적으로 구분하거나 구심력과 원심력의 균형을 상실하거나 일상 안에서 영적 삶을 바르게 향유해 내지 못할 때 영적 게토주의에 빠지기 쉽다. 본 연구의 목적은 그리스도인들이 일반은총을 바르게 이해하지 못할 때 영적 게토주의는 심화될 수 있다는 것을 밝히는 데 있다.

영적 환원주의나 게토주의는 영적 경험이나 깨달음의 가능성을 종교적 차원이나 어떤 신비한 경험에만 종속시키고, 일상의 여러 영역 안에서 경험할 수 있다는 것을 부정한다.

영적 게토주의는 영성을 종교성이나 종교적 언어와 요소들에만 종속시킬 때 흔하게 발생한다. 특히 일반은총의 개념이 없으면 그리스도인들은 스스로 영적 게토주의와 문화적 게토주의에 만족하기 쉽다. 게토주의적인 사고방식을 가진 이들은 교회 일을 하거나 기도를 할 때는 스스로 그리스도인이라고 생각하지만, 일상 속에서 어떤 핵심 가치에 따라 시간을 투자하는 것은 영적 삶과는 무관하다고 여긴다. 하지만 영적 게토주의에 빠지게 되면 일상 속에서 일하는 동안에 오히려 물질만능주의, 기능주의, 개인주의를 반영하는 여러 특성을 포함해 현대 문화의 배경을 이루는 여러 가지 기준과 우상들을 분별없이 받아들이기 쉽다. 일상 속에서 형성되는 영적 면역성이 약하기 때문이다.

본 연구의 목적은 영적 게토주의를 극복하기 위한 방편으로서 영성의 보편성과 통전성에 대한 이해의 중요성을 밝히는데 있다. 먼저 영성 이해의 시금석으로서 하나님의 형상의 구조적 또는 존재론적 차원과 기능적 또는 경험론적 차원을 논하고자 한다. 이러한 논의를 통해 영성의 경험론적 차원에 대한 이해뿐 아니라 존재론적 영성 이해의 중요성을 밝히고자 한다. 무엇보다도 본 연구는 영적 깨달음과 경험은 종교적 차원뿐만 아니라 일상을 포함한 통전적 차원, 즉 개인적 사회적 차원 등과 같은 일상의 차원들 안에서도 경험될 수 있다는 것을 밝히는데 목적이 있다.

2. 하나님의 형상과 영성

영성을 바르게 이해하기 위해서는 하나님의 형상으로서 인간을 이해한다는 개념이 내포하고 있는 의미가 무엇인지를 구체적으로 이해하는 것이 중요하다. 하나님의 형상에 대한 이해는 영성 이해에 중요한 시금석을 제공하기 때문이다. 하나님의 형상에 대한 신학적 이해는 상당한 논쟁이 있다.

기독교 초기 신학자들의 대부분은 하나님의 형상을 인간이 소유하고 있는 '능력', 즉 지정의(知情意)와 같은 능력을 뜻하는 것으로 이해하였다.[3] 그들은 하나님의 형상은 주로 인간의 구조적 차원으로 이해된 이성과 도덕성 등으로 이해하고 인간의 기능적 차원은 인간의 구조성에 첨부되어 있는 일종의 부수적인 것으로 간주하였다.[4]

하지만 최근의 신학자들은 하나님의 형상의 구조적 차원인 능력과 가능성은 좀 덜 강조하고 '관계'를 보다 더 강조하였다. 인간 존재는 필연적으로 관계 속에 있는 존재라고 보기 때문이다.[5] 이들은 인간이 하나님을 예배하고, 이웃을 사랑하고, 자연을 돌보는 일들은 하나님 형상으로서 인간의 본질적 요소라고 주장하였다. 이러한 관점은 하나님의 형상을 기능적이고 경험적 차원만을 강조하는 경향이 있다.

이것은 구조적 차원으로만 하나님의 형상을 이해하려는 유혹과 동일하게 잘못된 것이다.[6] 전자가 하나님의 형상의 구조적 또는 존재적 차원에만 강조점을 두었다면, 후자는 하나님의 형상의 기능적 또는 경험적 차원만을 강조하였기 때문이다.

하나님의 형상은 구조적 차원과 기능적 차원의 양면성을 모두 포함한다.

첫째, 하나님의 형상의 구조적 차원은 인간의 이성적, 감성적, 영적 능력 등으로 이해할 수 있다. 존 칼빈(John Calvin)은 하나님의 형상은 신성을 감지할 수 있는 능력을 포함하고 있는 것으로 이해하였다.[7] 하나님과 동료 인간과 하나님이 창조한 세계를 향하여 반응할 수 있는 능력과 이러한 반응의 행위에 대하여 책임 질 수 있는 능력이 구조적 차원의 하나님의 형상에 해당된다. 이러한 능력들은 인간의 이성, 감성, 몸, 영성 등과 같은 차원들이라 할 수 있다.

---

[3] Michael Downey, *Understanding Christian Spirituality*, 안성근 역, 『오늘의 기독교 영성 이해』(서울: 은성, 2001), 119.
[4] Anthony A. Hoekema, *Created in God's Image* (Grand Rapids: Eerdmans, 1986), 124-25.
[5] Francis Bridger and David Atkinson, *Counseling in Context: Developing A Theological Framework* (London: DLT, 1998), 146.
[6] Hoekema, *Created in God's Image*, 125.
[7] Hoekema, *Created in God's Image*, 126.

인간의 합리적, 감성적, 체현적(embodied), 영적 능력들은 하나님의 창조적 선물들이다. 즉, 인간의 합리적 능력은 하나님의 창조적 선물인 이성을 반영하고 있으며, 인간의 감성적, 정서적 능력은 하나님의 창조적 선물인 감성을 반영하고, 인간의 체현적 능력은 하나님의 창조적 선물인 가시적인 몸을 통해 실현되며, 인간이 하나님과 생동적인 관계를 맺을 수 있는 능력은 하나님의 창조적 선물인 영성을 반영한다. 인간이 진리를 추구하고 선을 사모하며 미를 맛볼 수 있는 것은 하나님의 형상을 반영하는 증거이다.

둘째, 기능적 차원에서의 하나님의 형상은 인간을 향하신 하나님의 뜻과 조화를 이루어 작동하는 인간의 올바른 기능성 또는 행동을 의미한다고 할 수 있다. 여기서 창조적 선물들은 통전적 관계 안에서 하나의 통합된 전체를 이루는 것으로 이해되어야 한다. 창조적 선물들은 각각의 특성을 이해하기 위해 구별되기는 하지만, 실제로는 분리할 수 없다.[8]

하나님의 형상의 구조적 차원과 기능적 차원은 서로 분리될 수 없는 통전적 관계에 있다. 우리가 인간의 영성과 같은 차원들을 생각할 때마다 이 두 차원을 항상 염두 해 두어야 한다. 하지만 간과해서는 안 되는 것은 바로 죄로 인한 인간의 타락은 인간이 하나님의 형상을 나타내는데 치명적 손상을 주었다는 것이다. 타락으로 인해 하나님의 형상이 변질되고 왜곡되었기 때문이다.[9]

그러나 하나님의 형상인 인간의 타락을 존재론적 차원까지 포함하는 것으로 보아서는 안 된다. 하나님은 타락한 존재 자체를 창조하신 분이 아니기 때문이다. 하나님의 형상인 인간은 타락으로 인해 죄의 영향아래 기능을 상실하거나 바르게 발휘하지 못하는 상태가 되었다고 보아야 한다. 성경의 증거에 의하면, 타락한 인간은 아직도 하나님의 형상의 소유자(구조적 차원)이며, 동시에 또 다른 의미에서 하나님의 형상이 회복(기능적 차원)되어야 할 존재이다.

---

8 최창국, "건강한 돌봄을 위한 자기분화와 영성생활의 관계 연구," 한국복음주의실천신학회, 「복음과 실천신학」 제39권 (2016): 207.
9 Hoekema, *Created in God's Image*, 129.

하나님의 형상의 구조적 차원과 기능적 차원은 다음 표와 같이 구분하여 설명할 수 있다.[10]

【하나님의 형상의 존재론적 기능론적 차원】

구분		차원	영성	이성	감성	몸
창조		존재론적 차원	o	o	o	o
		기능론적 차원	o	o	o	o
타락		존재론적 차원	o	o	o	o
		기능론적 차원	x(특) △(일)	△	△	△
특별은총 (구속)	o	존재론적 차원	o	o	o	o
		기능론적 차원	▲	△	△	△
	x	존재론적 차원	o	o	o	o
		기능론적 차원	x	△	△	△
일반은총 (공동선)	o(o)	존재론적 차원	o	o	o	o
		기능론적 차원	△	△	△	△
	o(x)	존재론적 차원	o	o	o	o
		기능론적 차원	△	△	△	△

o: 온전 △: 불완전 ▲: 불완전한 회복 x: 상실 특: 특별은총 일: 일반은총 (o): 구속 (x): 구속 x

하나님의 형상의 구조적 차원과 기능적 차원을 구분하여 봄으로 타락 이전과 타락 이후에 인간의 각 영역이 어떤 상태인지를 구체적으로 말할 수 있게 된다. 인간이 최초에 창조될 당시에는 구조적 차원의 하나님의 형상을 지니고 있었을 뿐 아니라 기능적 차원의 하나님의 형상도 가지고 있었다.[11] 그러나 타락 이후 인간은 구조적 의미의 형상은 그대로 보유하였지만, 기능적 의미의 하나님 형상은 왜곡되고 불완전하게 되었다. 구속의 과정을 통해 하나님은 성령을 통하여 타락한 인간 속에 있는 하나님의 형상을 새롭게 하신다. 그들로 하여금 하나님과 관계 속에서 살 수 있도록, 그들에게 부여하신 능력들을 사용하도록 역사하신다.[12]

---

10 '하나님의 형상의 존재론적 기능론적 차원'의 표는 논자가 오랜 기간 동안 하나님의 형상과 영성의 관계를 효과적으로 이해하고 가르치기 위해 고민하며 연구하여 만든 것이다.
11 Hoekema, *Created in God's Image*, 129.
12 Hoekema, *Created in God's Image*, 129-30.

나아가 바른 영성 이해를 위해 전인으로서 하나님의 형상 이해도 중요하다. 전통적으로 하나님의 형상에 대한 신학적 이해는 인간의 내적인 국면이나 정신적인 차원이나 영혼과 관련하여서만 이해되어 왔고, 몸은 하나님의 형상과는 관련이 없는 것으로 이해하는 오류가 있어왔기 때문이다. 그레샴 메이첸(Gresham Machen)은 "'하나님의 형상'이 인간의 육체와 관계된다고 볼 수는 없다. 왜냐하면 하나님은 영이시기 때문이다. 그러므로 인간의 영혼을 가리켜 하나님의 형상이라고 말해야 한다"고 주장하였다.[13]

그러나 헤르만 바빙크(Herman Bavinck)는 인간의 몸 또는 육체도 하나님의 형상을 반영한다고 피력하였다.[14] 바빙크는 하나님의 형상을 전인이라는 맥락에서 이해하였다. 그는 인간은 하나님의 형상을 가진 존재(Human has the image of God)가 아니라 인간은 하나님의 형상(Human is the image of God)이라고 하였다.[15]

인간은 하나님의 형상을 소유하고 있는 존재가 아니라 인간이 바로 하나님의 형상이다. 하나님의 형상은 인간의 그 전체성의 관점에서 이해될 때, 몸도 전인의 한 차원이므로 하나님의 형상으로 보아야 한다.

하나님의 형상의 차원들(aspects)은 이성과 감성과 몸뿐 아니라 영성도 포함한다고 보아야 한다. 이러한 차원들은 하나님의 형상의 존재론적 차원들이다. 존재론적 차원들은 전인적 삶과 경험을 형성하는 기능적 동인이 된다. 이러한 맥락에서 영성을 단순하게(naive) 영적 삶이나 경험으로 이해하게 되면, 하나님의 창조적 선물인 존재론적 영성을 간과하는 결과를 초래하게 된다. 이는 하나님의 창조적 선물인 이성과 감성을 이성적 삶과 감성적 삶과 동일시하는 것과 같은 오류이다.

따라서 하나님의 형상으로 지음 받은 모든 인간이 이성의 차원과 감성의 차원을 지닌 것처럼 영성의 차원도 지닌다고 보아야 한다. 모든 하나님의 형상은 영성의 보편적 차원을 지닌다.

---

13 J. Gresham Machen, *The Christian View of Man* (New York: Macmillan, 1937), 169.
14 Hoekema, *Created in God's Image*, 122-23에서 인용.
15 Hoekema, *Created in God's Image*, 116에서 인용.

3. 영성의 존재론적 차원과 보편성

1) 영성의 존재론적 차원과 의미

영성 이해에서 존재론적 차원과 기능론적 차원을 모두 이해하는 것은 중요하다. 특히 존재론적 차원의 영성에 대한 이해를 간과해서는 안 된다. 오늘날의 대부분의 영성 이해는 존재론적 영성을 간과하고, 기능론적 또는 경험론적으로 이해하여 영성을 신령한 성품 또는 거룩한 성품으로 보는 경향이 강하다.

경험론적 영성은 하나님이 인간을 창조하실 때 인간에게 심어주신 선물인 존재론적 영성으로 인해 촉발되는 영적 삶과 경험을 의미한다. 영성을 신령한 성품이나 거룩한 성품으로 이해하는 것은 성령을 따르는 성향과 성령 안에서 경험하는 영적 인격으로서 영성을 의미한다.[16] 경험론적 영성과 신령한 성품으로서 영성 이해도 간과되어서는 안 되지만, 존재론적 영성 이해 없이 기능론적이고 경험론적인 영성만을 추구하게 되면 인간의 능동성만을 강조하는 영성이 될 위험성이 있다.

우리가 영성 이해에서 자주 혼동하는 것은 존재론적 요소로서 이성, 감성, **영성**과 인격적 요소로서 인성, 덕성, **영성**을 구분하지 못하는 것이다. 존재론적 요소로서 영성과 영적 인격으로서 영성은 관계는 있지만 같은 것은 아니다. 만약 인간의 기능과 행위와 인격만을 강조하고 존재의 은혜, 즉 창조적 선물로 주어진 차원들을 간과하는 것은 기독교적이라 할 수 없다. 따라서 하나님의 창조적 선물인 존재론적 영성을 간과한 신령한 성품으로서 영성 추구도 자칫 "성령을 고작 우리의 목표를 이루는 수단으로" 여기기 쉽다.[17]

메조리 톰슨(Marjorie Thompson)은 영성을 기본적으로 존재론적 관점에서 관계를 위한 능력으로 이해하였다.

---

[16] Bruce Damarest, *Satisfy Your Soul*, 김석원 역,『영혼을 생기나게 하는 영성』(파주: 쉴만한 물가, 2007), 71.

[17] Robert M. Mulholland, *The Deeper Journey*,『예수의 길에서 나를 만나다』, 서원교 역 (서울: 살렘, 2009), 140.

영성이란 영성생활을 할 수 있는 능력이라고 간단하게 정의 할 수 있다. 즉, 하나님의 영을 받아들이고, 그에 대해서 깊이 생각하며, 그에게 응답할 수 있는 보편적인 인간의 능력을 의미한다. 그러나 이것을 좀 더 실제적인 의미에서 말한다면, 영성이란 우리가 이런 영적 잠재력을 갖고 있다는 사실을 깨닫는 방법이라고 할 수 있다. … 기독교 영성이란 하나님으로 시작해서, 하나님께 의존하며, 하나님 안에서 끝난다는 사실이 분명히 드러난다. 우리들이 신령하게 살 수 있는 능력도 하나님의 은혜에 달려 있다. 그리고 하나님은 우리들을 살아 있는 창조주와 사랑을 나눌 수 있는 자유인으로 창조하셨다. 고대의 신비주의자들은 우리 인간을 '카팍스 데이'(*Capax Dei*)라고 즐겨 말하였다. 즉, 인간은 신성한 삶을 받아들이고 그 삶을 구현해 나갈 수 있는 능력을 가지고 있다는 뜻이다.[18]

어반 홈즈(Urban Holmes)는 영성을 존재론적 관점과 기능론적 관점에서 구분하여 총체적으로 이해한 사람 가운데 한 사람이다. 그는 영성을 다음과 같이 정의하였다.

① 관계성을 위한 인간의 능력이다.
② 인식 현상을 초월한다.
③ 이 관계성은 주체자의 노력들에 관계없이 증폭되고 고양된 인식으로서 주체자에 의해서 인식된다.
④ 역사적인 구조 안에서 존재한다.
⑤ 세계 안에서의 창의적인 활동 안에 자신을 노출한다.[19]

홈즈의 영성에 대한 설명에서 ①, ②, ③이 영성의 존재론적 또는 구조적 차원과 관계된 것들이라면, ④, ⑤는 영성의 경험론적 차원과 관계된 것이라고 할 수 있다. 그는 인간은 관계를 위한 능력으로서 영성을 소유하기 때문에 세계 안에서 창의적인 영적 활동 또는 생활을 할 수 있다고 보았다.

---

18 Marjorie J. Thompson, *Soul Feast: An Invitation to the Christian Spiritual Life* (Louisville: Westminster John Knox Press, 1995), 7-8.
19 Urban T. Holmes, *Spirituality for Ministry* (San Francisco: Harper & Row, 1982), 12.

영성의 기초적 핵심으로 볼 수 있는 관계를 위한 능력은 '나-하나님' 뿐만 아니라 '나-자아', '나-타자', 그리고 '나-세계'를 포함한다. 이러한 관계 능력 안에서, 의미 있는 영적 경험, 미적 경험, 종교적 경험, 신비와 존재에 대한 개인적, 전통적 반응, 그리고 신비하고 도덕적인 통찰이 일어날 수 있다.[20] 임마누엘 라티(Emmanuel Lartey)는 영성의 이러한 이해를 통전적 관점을 통해 설명하였다.

> 영성은 자기, 타자들, 세상, 하나님 그리고 감각적인 경험을 초월하고, 특수한 역사적, 공간적, 사회적 상황 속에서 표현되고, 흔히 세상에서의 특정 형태들의 행동으로 나타나는 것과의 관계를 위한 인간의 능력을 의미한다. 우리의 영성은 우리의 특정적인 관계 방식과 관련이 있고 적어도 5가지 차원을 가진다.
>
> ① 초월과의 관계
> ② 개인내적인(자기와의) 관계
> ③ 대인적(다른 사람과의) 관계
> ④ 집단적인(사람들 사이에서의) 관계
> ⑤ 공간적인(장소와 사물들과의) 관계.
>
> 이런 차원들이 하나의 통합된 전체를 이루는 것으로 이해되어야 한다고 주장하는 것이 중요하다. 그것들은 여기에서 토론의 목적을 위해서 구별되지만, 실제로는 분리할 수 없다.[21]

하나님의 형상으로 창조된 모든 인간이 이성과 감성을 지니고 있는 것처럼, 인간은 창조의 선물인 영적 차원을 지니고 있다고 보아야 한다. 모든 인간은 나이나 어떤 신비한 경험 등과 관계없이 본질적으로 창조의 선물인 영성을 지닌다.

20　David Hay with Rebecca Nye, *The Spirit of the Child* (London: Fount, 1998), 114.
21　Emmanuel Y. Lartey, *In Living Colour: An Intercultural Approach to Pastoral Care and Counselling* (London: Cassell, 1997), 113

영성은 본질적으로 존재의 영성으로부터 영적 경험이 나오는 것이지 영적 행위로부터 존재의 영성이 형성되는 것이 아니다. 물론 존재와 행위(being-doing)의 차원과 존재적-기능적 차원 사이에는 밀접한 상호 관계가 있다. 로버트 멀홀랜드(Robert Mulholland)에 따르면, "존재와 행동은 확실히 절대적으로 필요한 요소이다. 그러나 그 순서를 바로 잡아야 한다. 행동은 존재에서 흘러나온다. 영성 형성 중 닮아감이라는 부분에서 문제점은 행동이 존재를 낳는다고 생각하는 것이다."[22]

영적 여정에서 행위가 존재를 규정한다는 것은 잘못된 확신이다. 그리스도인의 영적 정체성과 삶의 가장 큰 덫은 창조적 선물인 존재를 회의하는 것이다. 이러한 회의를 일으키는 가장 큰 요인은 바로 자신의 기능이나 행위를 통해 자신의 존재를 증명해 보이고 싶어 하는 유혹이다.

존재론적 영성에 의해 촉발되는 영적 경험과 훈련도 창조적 선물인 존재론적 영성으로부터 시작한다는 것을 인식하는 것이 중요하다. 로욜라의 이냐시오(Ignatius of Loyola)는 이러한 관점에 중요한 아이디어를 제공해 준다. 그는 영성 훈련에서 필요한 일반적 검증으로서 5단계의 영적 실천을 할 것을 제한하였다.

① 이미 우리에게 주신 선물들에 대해 하나님께 감사드려라.
② 우리의 죄를 알고 또 그 죄에서 멀어질 수 있는 은혜를 하나님께 구하라.
③ 구체적 심사에서처럼 성찰하는 동안 나타난 생각과 말과 행동들에 대해서 성찰하라.
④ 하나님의 용서를 구하라.
⑤ 하나님의 은혜를 통해 우리의 잘못된 방식을 포기하기로 결단하라.[23]

---

22 Robert M. Mulholland, *Invitation to a Journey*, 서원교 역, 『예수를 닮아가는 영성 여행 길라잡이』(서울: 살림, 2008), 35-36.
23 George E. Ganss, ed., *Ignatius of Loyola: Spiritual Exercises and Selected Works* (New York: Paulist Press, 1991), 43.

영적 훈련에서 일반적 검증은 우리 자신의 기능이나 행위로부터 시작하지 않는다. 영적 훈련에서 검증의 시작은 하나님이 우리에게 주신 창조적 선물들을 성찰하는 것으로부터 시작해야 한다. 나아가 영적 훈련의 출발점은 우리의 죄가 아니라 하나님의 은혜라는 인식도 중요하다.[24] 우리는 좋은 행동, 나쁜 행동을 구분하는 데만 집중하는 실수를 범하기 때문에 그 행동의 뿌리에 있는 욕망을 알아채는 데 실패하곤 한다.[25]

이렇게 행위에만 초점을 두게 되면 그 행동의 원인이 되는 욕망에는 주의를 기울이지 않기 때문에 우리는 종종 검증의 실천과 일상생활을 분리하곤 한다. 죄와 잘못 자체에만 집중하게 됨으로써 우리는 종종 "나는 실패자다"라는 부정적 감정에 사로잡히게 된다.[26] 기능적 행동에만 집착하면 자신을 자학하거나 혹은 자기도취에 빠져들 수 있다.[27]

영적 훈련에서 검증의 목적은 우리의 죄와 행동에 대한 성찰을 포함하지만 하나님의 은혜와 사랑을 깨닫고 이에 대해 더 많이 알고, 놀라며, 감사하는 데 있다.[28] 영적 여정에서 이러한 검증은 한편으로는 자기 자학에 빠지지 않게 하고, 다른 한편으로는 자기도취나 자만에 빠져들지 않도록 도와준다. 따라서 영적 여정과 훈련의 출발점은 우리의 행위나 기능이 아니라 하나님의 은혜와 사랑이다.

---

24 김순성, "한국장로교내 소수파 영성으로서의 고려파 영성의 특징과 평가," 한국복음주의실천신학회, 「복음과 실천신학」 제42권 (2017): 108.

25 David Foxgrover, "Self_examination in John Calvin and William Ames," in *Later Calvinism*, ed., W. Fred Graham (Kirksville: Sixteenth Century Journal Publications, 1994), 456. Foxgrover는 Ignatius의 영성훈련에서 양심검사에 나타난 하나님의 은혜와 사랑의 우선성은 Calvin의 자기검사에 비해 더욱 분명하다는 것을 말한다. Calvin은 시편 51편 강해를 통해 이렇게 주장한다. ① 자신의 죄의 중대성에 대한 고백, ② 인간 본성의 전적 타락에 대한 감각, ③ 하나님의 엄한 심판에 대한 주의, ④ 자기 자신의 상황에 대한 집중, ⑤ 자신의 한 가지 죄에 대한 통찰이 다른 죄악들에 대한 통찰로 이어지도록 하나님 앞에서 철저히 낮아지고 겸손해지는 것이다. David Foxgrover, "Self_examination in John Calvin and William Ames," 456.

26 Katherine Dyckman, Mary Garvin and Elizabeth Liebert, *The Spiritual Exercises Reclaimed* (New Jersey: Paulist Press, 2001), 115

27 Jacque Pasquier, "Examination of Conscience and Revision de Vie," *The Way* 11(1971): 311.

28 Donald St. Louis, "The Ignation Examen," in *The Way of Ignatius Loyola: Contemporary Approaches to the Spiritual Exercises*, ed., Philip Sheldrake (London: SPCK, 1991), 157-60.

2) 보편적 영성의 증거로서 어린이 영성

인간에게 보편적 영적 의식 또는 깨달음이 있느냐에 대한 논의는 매우 중요하다. 특히 한국교회 안에서 이러한 논의가 매우 부족하기 때문이다. 또한 만일 어린 아이에게서도 영적 의식이나 깨달음이 발견된다면, 인간이 보편적으로 영성을 소유하고 있다고 주장할 수 있는 근거가 되기 때문이다.

영성의 보편성에 대한 논의나 연구의 대부분은 발달 심리적 관점에서 이해되어 왔다. 하지만 대부분의 발달 심리학자들은 어린이들에게서 영적 의식이나 깨달음이 발견되지 않는다고 가정하여 왔다. 그 대표적인 예가 오늘날까지 어린이들의 종교적 사고 이해와 연구에 많은 영향을 미치고 있는 로날드 골드만(Ronald Goldman)의 어린이들의 종교적 사고에 관한 연구이다.

골드만은 어린이들의 정신 발달이 특히 성경 본문의 종교적 이야기의 의미를 파악하는 능력에 관계하는 방식에 관한 연구를 하였다. 그는 이러한 연구를 통하여 어린이들에게는 영적 의식이나 깨달음이 존재하지 않는다고 가정하였다. 그는 인지 발달 이론에 중요한 공헌을 한 진 피아제(Jean Piaget)의 추종자로서 그의 가정은 영성이 어린이들 삶의 특징일 수 있다는 가능성을 무시하게 하였다.[29]

골드만은 그의 저서 『아동기부터 청소년까지의 종교적 사고』(*Religious Thinking from Childhood to Adolescence*)에서 "신성을 직접적인 감각으로 안다고 주장하는 신비주의자들은 지극히 예외적인 경우로 드물고, 청소년기에는 더욱 드물며, 어린 시절에는 실제적으로 없다"고 했다.[30] 그가 범한 오류는 영적 경험이나 깨달음이 어린이들의 일상 경험의 평범한 차원일 수 있다는 가능성을 열어두지 않고, 영적 깨달음이 항상 신비한 황홀경 같은 어떤 것이라고 가정한 것이다.

---

29 많은 학자들이 Goldman의 견해를 비판해왔음에도 불구하고 그의 견해는 계속 영향을 미치고 있다A. A. Langdon, "A Critical Examination of Dr Goldman's Research Study on Religious Thinking *from Childhood to Adolescence*," *Journal of Christian Education* 12 (1969): 37-63.
30 Ronald Goldman, *Religious Thinking from Childhood to Adolescence* (London: Routledge & Kegan Paul, 1968), 14.

하지만 영적 경험이나 깨달음이 어린 시절에 존재하지 않는다는 골드만의 주장은 사실이 아니라고 피력할 수 있다.[31] 유아기의 영적 경험과 깨달음의 임상적 연구는 많이 보고되고 있기 때문이다. 유아기의 영적 경험이나 깨달음의 실재에 대한 증거들은 에드워드 로빈슨(Edward Robinson)의 연구에 의해 보고되었다. 그는 약 5,000명 정도의 참여자들이 보내온 종교적 경험에 대한 설명이 이전의 아주 어린 시절에 일어났던 사건을 회상하는 것에 주목하였다.[32]

로빈슨에게 어린 시절의 영적 경험을 장년이 되어 회상한다는 것은 어린 시절에도 영적 경험이 실재한다는 것을 추론할 수 있게 한다. 어린 시절의 영적 경험은 인지 발달이 충분하게 이루어지지 않아 그러한 경험이 인지되고 논리적으로 설명되지 못하는 특성이 있지만, 어린이들의 영적 경험이 실제한다는 것을 증거 해주기 때문이다.

로빈슨의 연구는 골드만에 의해 제시된 어린이의 종교적 또는 영적 특성에 의문을 제기한다. 로빈슨이 어린이들의 영적 경험 연구를 통해 받은 깊은 인상은 어린 시절의 경험이 전 생애에 걸친 기억 속에 생생하게 남아 있었다는 것이다. 그의 연구에 참여한 사람들은 어린 시절의 경험들은 자신들의 개인적인 정체성과 삶에 많은 의미를 지닌 것이라고 반복적으로 말하였다.

골드만은 종교적 언어와 사고에는 많은 주의를 기울였지만 종교적 언어와 사고가 성장할 수 있는 원천인 직접적인 종교적 또는 영적 깨달음에 대해서는 간과하였다. 무엇보다도 골드만은 어린이 영성의 기능론적 또는 경험론적 차원에만 주의를 기울임으로써 어린이 영성의 존재론적 차원을 간과하였다고 볼 수 있다.

종교 발달 심리학자들이 생각하는 것처럼, 어린 시절에는 영적 경험이나 깨달음이 불가능하다는 생각은 인간의 영적 경험에 대한 편협함에서 기인한 것이다. 영적 경험이나 깨달음을 단지 인지의 여부와만 관련시키는 것은 인간의 영성과 영적 경험을 왜곡시키는 결과를 낳는다. 인간이 자신의 어떤 경험을 충분히 표현할 수 없다고 하여 그러한 경험이 불가능하다고 보는 것은

---

31 Hay, *The Spirit of the Child*, 43.
32 Edward Robinson, *The Original Vision* (New York: Seabury Press, 1983) 참조.

영적 경험에 대한 바른 이해라고 할 수 없다. 인간은 영적 경험뿐 아니라 다양한 삶의 경험들을 모두 인식하며 설명할 수 있는 존재는 아니다. 팀 켈러(Timothy Keller)는 이렇게 기술하였다.

> 모든 인간은 어느 정도 하나님과 그분의 성품에 대한 지식을 소유하고(아울러 억압하고) 있다. 그러나 그런 지식을 주로(또는 제한적으로) 인지적 정보로만 받아들이는 경우가 많다. 하나님의 존재와 기독교의 진리를 뒷받침하기 위해 제출된 증거를 대하듯, 얼마든지 접수해서 전달할 수 있는 지식으로 여긴다. 다시 말해서 하나님에 대한 내면의 인식을 지성적인 차원에서만 생각하는 경향이 있다는 것이다.[33]

인간의 영적 경험과 깨달음은 나이와 인지 발달에 의해 영향을 받는 것이 사실이지만, 그것들에 종속되는 것은 아니다. 인간은 나이에 상관없이 하나님을 알 수 있는 잠재 능력, 곧 '영적 잠재성'을 지니고 있기 때문이다. 이러한 이해는 신학적으로 타당할 뿐만 아니라 임상적으로도 보고되고 있다.

허버트(Herbert of Cherbury)는 모든 사람은 하나님이 그들의 마음에 새긴 내적 개념을 가지고 있다고 믿었다.[34] 사무엘 프레우스(Samuel Preus)는 기암바티스 비코(Giambattis Vico)의 중요한 개념인 인간의 "신성의 내적 지각"은 전통 신학의 가장 지속적인 요소라고 보았다.[35] 로버트 콜스(Robert Coles)는 그의 책 『어린이들의 영적 생활』(*The Spiritual Life of Children*)에서 영적 깨달음에 대한 사고가 인간의 보편적 속성이라는 것을 하버드대를 기반으로 하여 다양한 나라의 서로 다른 문화적 배경을 가진 어린이들과의 대화를 통해 밝혀냈다.[36]

---

33 Timothy Keller, *Every Good Endeavor: Connecting Your Work to God's Work*, 최종훈 역, 『일과 영성』 (서울: 두란노, 2014), 240.
34 Herbert of Cherbury, *The Life of Edward, First Lord Herbert of Cherbury*, ed., with an introduction by J. M. Shuttleworth (London: Oxford University Press, 1976), 120-21.
35 Samuel Preus, *Explaining Religion: Criticism and Theory from Bodin to Freud* (New Haven: Yale University Press, 1987), 77.
36 Robert Coles, *The Spiritual Life of Children* (Boston: Houghton Mifflin Company, 1991), xi, 148ff.

존 칼빈(John Calvin)도 모든 인간은 하나님에 대한 개념을 그 마음속에 가지고 있다고 하였다.[37] 칼빈은 사람은 어릴 때부터 그 내면에 하나님에 대한 지식이 있어 하나님을 경배하고 찬양할 수 있는 능력이 있다고 여겼다. 소피아 카발레티(Sofia Cavalletti) 또한 인간이 지닌 영적 잠재성을 언급하면서, 이러한 영적 잠재성을 근본적으로 개발 할 수 있는 힘은 하나님께로부터 온다고 하였다.[38]

영성은 언제나 하나님의 선물이다. 영성이 하나님의 선물이라는 뜻에는 두 가지 의미가 있다.

첫째, 영성은 인간이 스스로 만들거나 형성할 수 있는 차원이 아니라 하나님이 인간을 창조하시며 주신 선물이라는 의미이다. 즉, 존재론적 영성을 선물로 받았다는 의미이다.

둘째, 타락으로 인해 왜곡된 영적 기능과 경험이 성령의 임재와 능력으로 회복되는 은혜를 받았다는 의미에서 선물이다.

물론 모든 인간이 영성을 지니고 있다는 의미가 모든 인간의 영적 삶이 선하고 아름답다는 의미는 아니다. 영성의 기능론적 차원, 즉 영적 삶과 경험이 어떤 사람에게는 상실되어 있을 수도 있고, 어떤 사람에게는 왜곡되어 있을 수도 있고, 어떤 사람에게는 매우 역동적일 뿐 아니라 아름다움으로 충만할 수 있다. 중요한 것은 영적 삶과 경험의 질이 단지 종교적 공동체에 의해 보장되거나 종교적 실천에 종속된다기보다는 존재의 은혜에 대한 깊은 의식과 관계 된다고 할 수 있다.

인지 심리학의 종교 발달이론의 문제는 종교나 영성을 단지 이성으로만 해석하려는 경향이 강하다. 인지 발달 이론에서는 어린이들의 영성이 단지 미성숙 혹은 부적절한 형태라고 생각한다. 하지만 이러한 생각은 어린이들의 영성에 대한 편협함을 드러내는 것이다. 만일 인지 발달이 영성에 대한

---

37 John Calvin, *Institutes of the Christian Religion* (Philadelphia: Westminster Press, 1973), I. 45.
38 Sofia Cavalletti, *The Religious Potential of the Child* (New York: Paulist Press, 1983), 43.

논의의 중심이 된다면 지적 장애가 있는 사람들은 영적 경험과 깨달음을 할 수 없다는 편견에 빠지기 쉽다. 하지만 헨리 비손니어(Henry Bissonnier)는 정신 장애나 지적 장애를 가진 사람들에게도 심오한 영적 경험과 깨달음이 실재한다고 보고하였다.[39]

영적 깨달음의 본질을 바르게 이해하기 위해서는 주지주의 이론을 넘어서야 할 필요가 있다. 종교적 경험이나 영적 경험의 가장 유효한 기준을 합리성에 두는 것을 넘어서야 한다. 로렐레이 파머(Lorelei Farmer)는 어린 시절의 영적 경험을 성인이 회상한 연구 결과를 논의하면서, 발달 심리학자들이 우리를 종교적 지식의 이해에 좀 더 가까이 데려다 주지는 못할 것이라고 주장하였다.[40] 잘못된 범주화는 오류이기 때문이다.

영적 경험이나 깨달음을 단지 인지나 이성적 영역으로 범주화하는 것은 오류이다. 영적 혹은 종교적 지식은 사실적 정보에 대한 사고와는 아주 다른 직접적인 감각적 깨달음과 흡사한 경향이 있기 때문이다. 한 주제의 '직접적인 지식'과 한 주제에 '대한 지식' 간의 차이가 친숙한 예이다. 파머는 종교 지식과 종교에 대한 지식을 분리한다. 그녀는 직접 안다는 것이 지적, 감정적 능력의 성장과는 독립적일 가능성을 인정해야 한다는 것을 의미하는 것임에 주목했다. 그녀는 우리가 할 수 있는 것은 종교적 깨달음의 영역에 영향을 미치는 지적인 과정과 정서적인 과정의 기능을 고려하는 것이라고 하였다. 파머가 대화를 나누었던 많은 성인들이 인생 초기의 초월적 경험에서 감지했던 진리에의 충실함을 통해 이성적으로 서서히 이해하게 되는 과정을 거친다는 것을 발견하였다.[41]

인간은 그리스도인이든 아직 그리스도인이 아니든 인지적으로 미숙한 어린이든 인지적으로 발달한 장년이든 예외 없이 하나님의 형상으로 지음을 받았다. 하나님의 형상으로 지음 받은 인간은 창조적 선물인 이성과 감성을 받았을

---

39 Henry Bissonnier, "Religious Expression and Mental Deficiency," in *From Religious Expression Religious Attitude*, ed., A. Godin (Brussels: Luman Vitae Press, 1965), 143-154.

40 Lorelei Farmer, "Religious Experience in Childhood: A Study of Adult Perspectives in Early Spiritual Awareness," *Religious Education* 87 (1992): 259-68.

41 Farmer, "Religious Experience in Childhood: A Study of Adult Perspectives in Early Spiritual Awareness," 259-68.

뿐 아니라 영성도 선물로 받았다. 하나님은 인간의 마음을 작동시키는 시스템 중에서도 가장 깊숙한 자리에 거룩한 스토리를 심어 두셨기 때문이다.[42]

4. 영성의 보편성과 영적 경험의 장

1) 영적 경험의 장으로서 일상

영성의 보편성의 개념은 영적 경험이나 깨달음에 그리스도인들 뿐 아니라 아직 그리스도인 아닌 사람들도 공헌할 수 있다는 것을 시사해 준다. 하나님의 중요한 성품인 거룩성은 특별은총을 경험한 사람들 안에서만 발견되는 것이 아니라 일반은총 안에서도 발견된다고 보아야 한다. 모든 인간은 하나님의 형상으로서 일반은총 아래 있기 때문이다.

창조적 선물로서 영성의 보편성에 대한 이해는 영적 깨달음이나 경험은 종교적 차원에만 제한되지 않는다는 것을 시사해 준다. 영적 깨달음이나 경험을 성령의 임재와 사역과의 관계에서 이해할 때도 종교적 차원에만 제한되지 않는다. 영적 경험은 일상의 영역에서도 경험될 수 있다. 하나님은 일상의 영역에서도 일하고 계시기 때문이다. 팀 켈러(Timothy Keller)는 일상 속에서의 하나님의 사역을 설명하였다.

> 유대인 공동체는 뉴욕시를 풍요롭게 만드는 데 크게 기여하였다. 병원과 의료 혜택을 확장하고, 예술과 문화센터들을 만들고, 노인들을 보살피며, 젊은이들을 길러 내는 탄탄한 사회로 이끌었다. 성경의 유산과 신앙에 기대어 "정의를 행하며 인자를 사랑하며 겸손하게 네 하나님과 함께 행하는 것"(미 6:8)에 헌신했던 것이다. 비록 그리스도를 좇는 제자들은 아니지만 하나님이 그 안에 역사하셨다는 데는 재론의 여지가 없다.[43]

---

42 Keller, 『일과 영성』, 235.
43 Keller, 『일과 영성』, 227.

하나님의 사역은 그리스도인들에 의에서만 실현되는 것이 아니다. 영적 깨달음이나 경험도 종교적 차원에서만 경험할 수 있는 것도 아니다. 하나님의 성품과 거룩성은 교회 공동체나 종교 기관에서도 경험할 수 있지만 일상의 여러 영역에서 경험할 수 있다.[44] 하나님의 일반은총 덕분이다. 하나님의 거룩성은 일반은총 안에서도 경험할 수 있다.

그리스도인들이 일반은총을 바르게 이해하지 못한다면, 영적 환원주의나 영적 게토주의나 엘리트주의에 빠지기 쉽다. 영적 환원주의와 영적 게토주의는 기도와 같은 종교적 활동만을 통해서 영적 경험을 할 수 있다고 여긴다. 그리스도인들이 일반은총의 개념이 없으면 "스스로 문화적인 게토(ghetto)에 들어앉아 자급자족하는 데 만족할 가능성이 높다. 크리스천 의사에게만 치료를 받아야 하고, 크리스천 변호사에게만 일을 맡기고, 크리스천 상담가의 말만 듣고, 크리스천 예술가의 작품만 즐겨야 한다고 생각할 수 있다. 그러나 하나님은 세상에 선물을 쏟아 부으시면서 상당 부분을 그리스도를 모르는 이들에게 맡기셨다."[45] 하나님의 사역은 그리스도인들에게만 제한되는 것이 아니며, 영적 경험도 종교적 차원에만 종속되는 것도 아니다.

영적 분야와 세속적 분야 또는 영적 장소와 세속적 장소로 구분하거나 범주화하는데서 영적 경험의 장을 잘못 이해하거나 왜곡하는 경우가 많다. 이러한 잘못된 구분이나 왜곡된 범주화는 영적 경험을 교회나 종교기관과 같은 특별한 곳에서만 할 수 있다고 여기게 하였다. 일상의 영역인 정치 사회 교육의 영역에서는 영적 경험을 할 수 없다는 왜곡된 신념을 갖도록 하였다. 신학적 관점에서 영적 경험은 분명히 특별은총의 영역 안에서도 경험할 수 있지만 일반은총 안에서도 경험할 수 있다.

따라서 그리스도인들이 영적 경험과 생활을 효과적으로 설명하고 이해하기 위해서 영적 차원, 윤리적 차원, 사회적 차원 등으로 구분하는 것은 바른 것이지만 영적 분야와 세속적 분야로 범주화하는 것은 바른 것이 아니다. 그리스도인들이 스스로 영적 분야와 세속적 분야로 범주화하여 일상의 문화적

---

44 박태현, "21세기 한국교회를 위한 청교도 영성," 한국복음주의실천신학회, 「복음과 실천신학」 제41권 (2016): 78.
45 Keller, 『일과 영성』, 237.

정치적 사회적 차원들을 영적 삶과는 무관한 것으로 여길 때 영적 게토주의를 낳을 수 있다.

영적 게토주의는 영적 경험이나 깨달음의 장을 교회나 종교적 기관으로만 한정하거나 영적 또는 신령한 직분(spiritual estate)을 종교적 일이나 소명으로만 여길 때 심화될 수 있다. 마틴 루터(Martin Luther)는 고린도전서의 '부르심'(고전 7:24)이란 단어를 '직업'을 의미하는 독일어 '베루프'(Beruf)로 번역해서 신령한 소명을 종교적 소명으로만 여긴 중세교회를 비판하였다.[46]

중세교회는 신부와 수도사 또는 수녀만을 신령한 직분이라고 여겼다. 신령한 직분에 대한 교회의 이러한 관점은 일상의 노동이나 직업은 영적인 일과는 무관하다고 보았을 뿐 아니라 신령한 직분이 아니라 천박하지만 불가피한 것으로 보았다. 그러나 루터는 "교황, 주교, 주부, 신부, 수도사들을 '신령한 직분'으로 정하면서 왕족, 귀족, 장인, 농부들은 '세속의 직분'이라고 부르는 것은 모두 지어낸 허구이다. 철저한 기만이요 위선이 아닐 수 없다"라고 하였다.[47] 루터에게 직업이나 일을 영적 분야와 세속적 분야로 나누는 것은 잘못된 것이었다.

루터의 이러한 관점은 영적 경험이나 깨달음도 교회나 종교적 기관이나 종교적 활동에만 종속되는 것이 아니라는 것을 말해준다. 이런 맥락에서 영성과 종교의 관계에 대한 이해는 영적 게토주의를 극복하기 위한 중요한 방편이라고 할 수 있다.

2) 영적 경험의 장으로서 종교

보편적으로 영성을 종교의 한 차원으로 여기는 경향이 많지만 영성은 종교보다 큰 것이다. 영성을 종교 언어와 지평에만 제한하여 이해하는 것은 영적 삶과 경험을 편협하게 하거나 영적 게토주의에 빠지게 하기 쉽다. 영성 이해는 종교 언어와 지평을 넘어 일상 언어와 지평을 포함해야 한다. 영성이

---

[46] R. E. Ciampa and B. S. Rosner, *The First Letter to the Corinthians* (Grand Rapids: Eerdmans, 2010), 309.

[47] Martin Luther, *Three Treatises* (Minneapolis: Fortress Press, 1970), 12.

단지 종교적 언어나 교회 전통의 영적 언어를 통해서만 인식될 수 있다는 가정에서 벗어나는 것이 필요하다.

역사적으로 영성은 종교와 매우 밀접히 연결되어 있지만, 적어도 종교가 인간 공동체가 가진 일종의 신념, 교리, 전통이나 관습으로 여겨질 때 논리적으로 영성은 종교 이전의 것이다.[48] 게다가 레베카 나이(Rebecca Nye)는 어린이 영성의 임상 연구를 통해 "종교가 제공한 전통적인 영적 언어가 여전히 현재 어린이의 영성 표현에서 놀랍도록 두드러진 역할을 함을 보여준다. 그러나 드러나지 않게 영적인 것으로 보이는, 즉 종교적인 것과 관계가 있지만 어떤 경우에는 종교적인 것과는 명백히 다른 것을 구분하기 위해 예민한 기준이 필요하다"고 제안하였다.[49]

종교와 영성에 대한 사람들의 인식을 알아보기 위해 데이비드 헤이(David Hay)는 브레인스토밍 방법을 사용하여 조사하였다.[50] 그의 조사에 의하면 소수의 사람들은 종교와 영성 사이에 별 차이가 없다고 여겼지만 많은 사람들은 분명한 차이를 두었다. 종교는 교회, 성경, 기도, 종교적 행사 등과 관계가 있는 것으로 인식하는 경향이 있었다. 영성은 사랑, 영감, 온전함, 신비, 기도와 같은 개인적인 헌신 등과 관계가 있는 것으로 여겼다.[51]

헤이는 그가 스코틀랜드에서 지냈던 어린 시절의 기억은 거의 전적으로 종교에 대해 호의적인 것이 보편적이었지만, 현대 서구 사회에서 종교에 대한 부정적인 태도와 인식이 널리 퍼져 있는 현상에 주목하였다.[52] 헤이는 특히 영성이 종교와 같은 수준의 비판을 받지 않는 이유를 밝히기 위해서 영성이라는 단어가 쓰이는 범주에 주목하였다. 그는 연구와 관찰을 통해 영성에 대한 동의어는 헌신, 거룩함, 경건, 성스러움, 신성함 등이 포함되어 있다고 하였다. 영성은 또한 인간이 하나님과의 관계를 인식하는 것을 가리키고, 하

---

48 Hay, *The Spirit of the Child*, 57.
49 Hay, *The Spirit of the Child*, 111.
50 Hay, *The Spirit of the Child*, 20.
51 Hay, *The Spirit of the Child*, 20.
52 David Hay, "Memories of a Calvinist Childhood," in *Roots in a Northern Landscape*, ed., W. Gordon Lawrence (Edinburgh: Scottish Cultural Press, 1996), Hay, *The Spirit of the Child*, 6-7에서 인용.

나님과 신비한 연합을 목표로 하는 것을 가리킨다고 보았다.[53]

헤이와 그의 동료들은 교회에 나가지 않는 사람의 영성에 대해 연구하였다. 그들의 연구에 따르면 사람들은 강한 영적 직관을 가지고 있지만 교회나 종교 기관과는 관계하고 싶어 하지 않았다. 그들은 사람들은 교회나 종교 기관이 그들의 영적 뿌리를 지탱해주지 못하는 것을 깨닫고 그것에서 멀리 달아날 가능성이 있다는 것을 발견하였다.[54]

이러한 연구는 교회나 종교 기관이 사람들의 영성생활의 질적 경험을 담보해 주는 것은 아니라는 것을 시사해 준다. 사람들은 어떤 종교적 실천보다는 영적 의미와 경험을 추구하는 경향이 증가하고 있다. 이러한 경향은 교회 공동체가 사람들의 영적 잠재성 일깨워주고 영적 거룩성을 경험하도록 돕기보다는 오히려 종교적 거짓 자아의 우상을 부추기고 영적 파산으로 치닫는 경향이 있기 때문이기도 하다. 한국교회도 이러한 경향으로부터 자유로운 상황은 아니다.

로렐레이 파머(Lorelei Farmer)는 영성과 종교의 관계를 살피기 위해 인간 영성의 통전적 모델에 주목하였다.[55] 통전적 모델에서는 인간 영성을 종교보다 더 큰 것으로 보기 때문이다. 종교와 영성은 역사적으로 매우 가깝게 연결되어 있지만, 이 둘은 같은 것이 아니며, 영성은 종교에 제한되어 있지도 않다. 파머에 의하면 영성은 종교보다 더 큰 것이다. 하나님의 형상으로 창조된 모든 사람은 영적 특성을 지니고 있지만 모든 사람이 종교를 가지고 있지는 않기 때문이다.

영성을 종교적 행위나 경험과만 일치시키거나 제한하는 것은 영성의 의미를 왜곡할 수 있다. 영성에 대한 이러한 제한은 영성생활을 왜곡하기 쉽다. 영성생활을 단지 종교 생활이나 종교적 경험으로 축소시켜버릴 수 있기 때문이다. 영성의 이러한 의미 제한은 결국 기독교 공동체의 영적 삶에 심각한

---

53 Hay, *The Spirit of the Child*, 7.
54 David Hay and Ann Morisy, "Secular Society/Religious Meaning: A Contemporary Paradox," *Review of Religious Research* 26/3 (1985): 213-27.
55 Farmer, "Religious Experience in Childhood: A Study of Adult Perspectives in Early Spiritual Awareness," 259-68.

실제적인 결과를 가져온다고 할 수 있다.

영성이 기독교 전통의 언어나 개념을 통해서만 표현해야 한다면 일상의 언어와 개념은 모두 비기독교적 영적 언어가 되어 버릴 수 있다. 영성의 이러한 이해는 일상의 삶을 부정적으로 여기는 현상을 초래할 뿐 아니라 영적 삶을 종교적 삶으로만 제한해 버리는 편협함을 낳게 할 수 있다. 영성은 단지 종교적 차원뿐만 아니라 일상을 포함한 통전적 차원, 즉 개인적 사회적 차원 등과도 관계된다는 것을 의미한다. 마크 놀(Mark Noll)은 매우 중요한 관점을 기술하였다.

> 무엇보다도 누가 자연계를 만들었으며, 자연에서 차츰차츰 찾아낸 정보들을 통해 과학을 발전하게 했는가? 사람과 사람이 서로 영향을 미치는 세계를 만들고 정치, 경제, 사회, 역사의 원재료를 공급하는 주인공은 누구인가? 누가 모든 예술과 문학의 배경이 되는 조화와 형식, 서사 패턴의 근원이 되는가? 누가 지성을 창조해서 철학자와 심리학자들로 하여금 무한한 자연과 인간의 상호작용, 아름다움의 실체를 파악하고 이론적으로 정리할 수 있겠는가? 누가 자연계와 인간의 상호작용, 존재의 조화를 잠시도 차질 없이 유지하는가? 누가 순간순간 지각 속에 있는 것과 지성을 초월한 세계의 실재 사이를 연결하는가? 질문은 달라도 답은 똑같다. 하나님이 하셨고 지금도 하신다.[56]

영적 체험은 단지 교회 공동체나 종교기관의 영역에서만 가능한 것이 아니다. 인간의 영적 경험은 단지 기도와 예배와 같은 차원에서만 경험되어지는 것이 아니다. 일상의 다양한 차원에서도 경험될 수 있다.[57]

그리스도인들이 영성을 종교적 차원을 넘어 사회 정치 문화의 차원까지 확장하는 것을 두려워하는 이유 중에 하나가 반기독교 문화에 대한 두려움으로부터 기인한 측면도 있다. 하지만 그리스도인들이 보다 건강하고 통전적 영성을 추구한다면, 본회퍼가 말했듯이 "반기독교 문화는 하나님께서 처

---

56 Mark Noll, *The Scandal of the Evangelical Mind* (Grand Rapids: Eerdmans, 1995), 51.
57 조성호, "4차 산업혁명시대와 기독교 영성의 발전 방안 연구," 한국복음주의실천신학회, 「복음과 실천신학」 제48권 (2018): 150.

음부터 뜻하였던 대로 신앙적 삶을 서로 가르치면서 신앙으로 관계를 맺고 (위로든 아래로든, 평범하든 비범하든) 살아야 한다는 기독교적 신념을 깨우쳐준다는 의미에서서 장애가 아니라 오히려 도움이 된다"고 할 수 있다.[58]

3) 영적 경험의 장으로서 전통

영성을 탐구한 서구의 탐구자들은 거의 항상 그들의 주제를 규명하는 기준으로서 종교적 전통의 언어에 초점을 맞추어 왔다. 하지만 영적 깨달음이 인간에게 보편적으로 발견되는 것이라면, 서구의 이러한 흐름은 영성과 영적 삶에 대한 이해를 왜곡할 수 있다.[59] 물론 영성이 표현되는 방식에 전통적 문화적 배경이 영향을 미치는 것은 사실이다.

영성 이해는 전통적으로 형성된 경건, 기도, 묵상, 예배 등과 관련하여 이해해 온 경향이 강하다. 하지만 영성 이해를 전통적으로 형성된 개념이나 요소들에만 제한해서는 안 된다. 영성은 본질적으로 전통적으로 형성된 개념이나 요소들보다 크기 때문이다. 야로슬라프 펠리칸(Jaroslav Pelikan)이 "전통은 죽은 자의 살아있는 믿음이며, 전통주의는 살아있는 자의 죽은 믿음이다"라고 강조했듯이,[60] 전통적으로 형성된 영적 개념이나 요소들만을 고집할 때 전통주의에 빠지기 쉽다.

전통적으로 형성된 영적 개념이나 요소들을 소중히 여겨야 하지만, 영적 전통주의에 빠져서는 안 된다. 영적 전통주의에 빠지면 전통적으로 중요하게 여겨온 기도나 예배는 더 영적이고 가족 여행과 같은 일상은 덜 영적이라고 생각하는 관점을 형성하기 쉽다. 하지만 가족 여행 중에 자연에 대한 관조를 통해 하나님의 거룩함을 경험할 수 있다면 그것은 영적 깨달음의 방편이 될 수 있다.

---

58 Leonard Sweet, *Post-Modern Pilgrims: First Century Passion for the 21st Century World*, 김영래 역, 『영성과 감성을 하나로 묶는 미래교회』 (서울: 좋은씨앗, 2002), 171-12에서 인용.
59 Hay, *The Spirit of the Child*, 42.
60 Jaroslav Pelikan, *The Christian Tradition: A History of the Development of Doctrine* (Chicago: University of Chicago Press, 1977), 16.

영적 전통주의에 빠지게 되면 기도와 예배는 영적인 행위이지만 선명하고 의로운 사회를 위해 비평하며 투표에 참여하는 것은 영적 실천과는 관계가 없다고 여기게 한다.[61] 하지만 보다 성숙한 국가 공동체를 위해 투표에 참여하는 것도 하나님의 의로움과 거룩함의 실현에 참여하는 행위라고 할 수 있다. 루이 스브뤡(Ruysbroeck, 1923-1381)이 "신성이 부드럽게 유출되는 공동체성"과 "하나님의 공동체성에 대하여 경이로워하는" 인간에 대해 말했듯이,[62] 사고로 인해 죽어가는 사람들을 살려내고 눈물로 밤을 지새우는 사람들을 웃도록 하는 국가적 시스템과 정의로운 모습, 즉 하나님의 공동체성이 유출되는 모습을 통해 아름다움과 거룩함을 경험할 수 있다.

게다가 레베카 나이(Rebecca Nye)의 어린이 영성에 대한 임상적 연구에 의하면, 어린이들은 성인들보다 영성을 전통적인 종교적 발자취를 바탕으로 인식하는 정도는 덜하고, 그들 자신의 자원에 훨씬 더 많이 의존한다.[63] 그녀는 특히 어린이 영성 연구에 중요한 관점을 제시하였다.

> 어린이의 영성에 관해 결론을 내릴 때 근본적으로 연령이나 인지발달(성별, 계급, 혹은 종교)을 반영하는 차이를 영성의 특성으로 오독하는 것을 피하는 것은 중요한 것처럼 보인다. 그렇게 하는 것은 영성의 훨씬 더 근본적인 핵심 특성을 드러내는 것을 희생할 수 있다.[64]

나이(Nye)가 발견한 어린이들의 영성생활은 전통적으로 형성된 발자취보다는 창조적 선물로 주어진 영성에 훨씬 더 의존한다는 내용은 특히 어린이들의 영적 지도와 돌봄에 중요한 지혜를 제공해 준다. 즉, 교회나 영적 지도자가 전통적으로 형성된 영적 개념이나 요소들의 실천만을 그들에게 강요하기보다는 창조적 선물로 주어진 영성을 일상의 삶 속에서 고양하도록 돕는

---

61 김순환, "포스트모던 상황과 예배의 지평확대를 위한 이론과 실제," 한국복음주의실천신학회, 「복음과 실천신학」 제42권 (2017): 131.
62 Dorothee Solle, *The Silent Cry: Mysticism and Resistance* (Minneapolis: Fortress Press, 2001), 43에서 인용.
63 Hay, *The Spirit of the Child*, 99.
64 Hay, *The Spirit of the Child*, 100.

데도 힘써야 한다는 것을 시사해 주기 때문이다.

교회나 영적 지도자는 보다 광의적인 맥락에서 영성을 해석하며 영적 지도를 실천하는 것이 필요하다. 전통적으로 형성된 영적 개념이나 요소들만을 영적 기준으로 삼으려는 경향을 삼가고 영성을 좀 더 폭넓게 해석하고 적용할 필요가 있다. 이를 위해 먼저 영성과 전통의 관계에 대한 해석적 이해가 필요하다.

레티 러셀(Letty Russell)은 전통에 대한 중요한 해석적 관점을 제공해 주었다. 러셀은 '전통'이라는 용어를 'Tradition'과 'tradition' 그리고 'traditions'의 세 가지로 구분하여 설명하였다.[65]

첫째, 대문자로 시작하는 전통(Tradition)은 하나님이 예수 그리스도를 통하여 모든 세대와 민족에게 지속적으로 운반 또는 전수하시는 과정을 지칭하며, 이 개념에서 전통은 보호되어야 하는 어떤 저장물이나 한번 전달된 신앙 같은 것이라기보다는 관계와 전달의 역동적 행위라는 것이다.

둘째, 소문자로 시작하는 전통(tradition)은 인간 실존에게 있어서 가장 근본적인 구조적 현상으로 과거사이지만 현재 살아 있을 뿐 아니라 미래를 전망하도록 하는 요소를 가진 인간학적 카테고리이다.

셋째, 전통들(traditions)은 운반 또는 전수의 결과 형성된 다양한 종교적 전통들로 우리와 우리의 공동체의 정체성을 형성하는 데에서 중요한 부분을 차지한다. 이 전통들은 다양한 상황에서 복음을 전달하는 통로가 되지만, 그것이 궁극적인 것은 아니다.

러셀에 의하면, 소위 전통이라고 이해하는 있는 전통들(traditions)은 대문자의 전통(Tradition)이 일어날 수 있는 의사소통의 통로가 되지만 궁극적인 것이 아니다. 시대와 상황에 따라 그리고 공동체와 문화에 따라 다양한 전통들(traditions)이 존재할 수 있지만, 그것들은 유일하거나 절대적인 것이라고 할

---

[65] Letty Russell, "Handing on Tradition and Changing the World," in *Transformation and Tradition in Religious Education*, ed., Padraic O'Hare (Birmingham: Religious Education Press, 1979), 77.

수 없다. 이러한 전통들에서 일어난 영적 언어와 선이해는 영성 이해와 형성에서 중요한 역할을 한다. 하지만 이러한 전통들은 궁극적이거나 불변하는 것은 아니다.

메리 엘리자베스 무어(Mary Elizabeth Moore)는 하나님이 선물로 주신 대문자의 전통(Tradition)이 전달되고 의사소통되는 통로, 즉 소문자 전통들(traditions)을 통해서 세대에서 세대로 전해진다고 하였다. 이 소문자 전통들은 대문자 전통을 담고 있지만 그와 동일한 것은 아니다. 소문자 전통들은 시대와 상황에 따라 달라지고 변형되면서 매 시대에 맞게 하나님의 선물인 대문자 전통(Tradition)을 전달하는 통로 역할을 한다는 것이다.[66]

대문자 전통은 시대와 상황을 넘어서서 영향력을 나타내는 영향사를 가지고 있지만, 그것은 다양한 상황 속에서 다양한 형태의 소문자 전통들의 그릇에 담겨져서 전달된다. 따라서 우리는 소문자의 전통을 전달 받고 전수해주는 과정에서 그것에로의 참여가 이루어져 하고, 해석이 이루어져야 하며, 상황에 맞는 변형이 이루어져야 한다.

무어에 따르면 전통과 관련된 해석의 임무로서 하나는 변화하는 콘텍스트(context) 속에서 역사적 텍스트(text)의 적절한 의미를 해석하는 것이며, 다른 하나는 현재 속에서 새로운 의미를 찾아 전통에 새로운 것을 덧붙이는 것이다.[67] 전자를 전통의 영속성(continuity)이라고 한다면, 후자는 변화성(change)이라고 할 수 있다. 따라서 전통은 연속적 차원을 지닐 뿐만 아니라 변화적 차원을 지닌다. 이 두 차원은 서로 불가분리의 관계 안에 있다.

무어의 관점을 영성생활의 이해와 실천에 적용하면, 영적 전통의 영속성이 필요할 뿐 아니라 창조적 선물인 영성은 시대 안에서 변화성을 경험할 수 있다는 것을 시사해 준다. 따라서 전통적으로 형성된 영성의 개념이나 요소들이 초월성과 성령의 임재와 역사에 보다 더 많은 초점이 있었다면, 상대적으로 소홀히 여긴 창조적 선물로 주어진 영성의 의미와 실천에도 관심을 가

---

66 Mary Elizabeth Moore, *Education for Continuity & Change: A New Model for Christian Religious Education*, 이정근, 박혜성 역, 『기독교교육의 새로운 모형』 (서울: 기독교교육협회, 1991), 187

67 Moore, *Education for Continuity & Change*, 15.

질 필요가 있다.

  교회나 영적 지도자는 영성의 전통적 지평과 창조적 선물로서 영성이 상호 순환하며 연속성과 변화성을 경험하도록 도와야 한다. 현대 교회는 창조적 선물인 영성을 불분명하게 하고 어떤 경우에는 억압하기까지 하는 경향이 있기 때문이다.[68]

  일반적으로 경험론적, 기능론적 영성의 요소들과 지평에 대해서는 많은 연구가 이루어진 반면, 상대적으로 존재론적 영성 연구는 많이 이루어지지 않았다. 따라서 본 연구는 보편적 영성 이해의 필요성을 밝히고, 종교와 전통의 차원뿐 아니라 일상의 차원까지 영적 경험의 장으로 여겨야 한다는 점에 초점을 맞출 필요가 있었다. 그리고 이를 더 구체적으로 창조적 선물로 주어진 존재론적 영성이 일상 속에서 어떻게 작용하는지를 살펴야 했다.

  이를 위해 먼저 보편적 영성 이해의 시금석으로서 하나님의 형상 이해가 핵심임을 밝히고, 하나님의 형상의 바른 이해는 구조적 차원과 기능적 차원 모두를 포함해야 한다는 점을 구체적으로 논증하였다. 그 결과 영성이 본질적으로 하나님의 형상의 구조적 차원의 한 요소임을 밝히고, 이와 함께 어린이 영성의 임상적 연구 자료들을 통해서 영성의 보편성을 확증할 수 있었다. 하나님의 형상으로 창조된 모든 인간은 나이나 어떤 신비한 체험이나 인지 발달에 관계없이 영적 잠재성을 지녔다는 사실은 영성 연구와 실천에 매우 중요한 시사점을 준다.

  영성의 보편성을 좀 더 심도 있게 논의하기 위하여, 역사적으로 영성을 주로 종교적 차원에만 이해하여 왔던 점을 지적하면서, 이 둘의 관계성과 특성을 살펴보았다. 그 결과 영성과 종교는 밀접한 관계가 있지만, 영적 경험은 종교적 요소들이나 지평에만 종속되는 것이 아니라 보편적 일상의 지평 안에서도 체험될 수 있다는 것을 밝혔다.

  또한 영적 경험을 종교와 전통의 차원에만 종속시킬 때 영적 게토주의를 초래할 수 있다는 점도 진단하였다. 이를 통해 특히 영적 경험의 중요한 장인 일반 은총의 영역인 일상을 간과하거나 배제시킬 때 영적 게토주의가 심

---

[68] Hay, *The Spirit of the Child*, 20.

화될 수 있음을 확인할 수 있었다. 이는 영성 연구와 실천에 매우 중요한 시사점을 준다. 왜냐하면 영적 게토주의가 심화되면, 영적 경험의 가능성을 종교적 차원이나 어떤 신비한 경험에만 종속시키고, 통전적 차원, 즉 개인적 사회적 차원 등과 같은 일상적 차원 안에서도 영적 경험을 할 수 있음을 간과하게 할 수 있기 때문이다.

무엇보다도 그리스도인들이 스스로 영적 경험을 종교의 지평이나 특별은총의 영역에만 종속시킬 때 일상 속에서 오히려 물질만능주의, 기능주의, 개인주의 우상들에 취약해 질 수 있다. 일상 속에서 형성되는 영적 면역성이 약해지기 때문이다. 그러므로 영적 경험은 종교적 차원이나 특별은총 안에서만이 아니라 일반은총의 영역인 일상에서도 경험할 수 있다는 인식이 필요하다. 본 연구를 바탕으로 일반은총의 영역 안에서 영적 경험에 대한 보다 더 구체적인 연구들이 이루어지기를 소망한다.

제5장

영성과 하나님의 프락시스[1]

Spirituality and God's Praxis

1. 영성의 자리

오늘날 신학자들과 교회 안에서 영성에 관한 논의가 활발하게 이루어지고 있다. 영성의 중요성을 인식하고 있다는 점은 무척 다행스러운 일이지만, 수많은 논의와 다양한 이해 속에서 혼돈과 유행의 언어로 흐르는 아쉬움이 있다. 이러한 현상은 영성이란 용어에 대한 바른 이해 없이 막연하게 좋은 언어라는 전제아래 사용하는 경향이 있기 때문이다. 그러므로 이 용어에 대한 정의뿐만 아니라 그 용어가 사용되어지는 정황을 인지해야 할 필요가 있다.

사랑이란 참 좋은 말이다. 은혜란 참 의미 깊은 언어다. 기도란 소중한 영적 언어다. 하지만 좋은 말이기 때문에 그저 그 의미에 대한 이해 없이 사용하는 경우가 많다. '사랑'이란 말은 너무도 다양하게 쓰이는 용어이다. 만약 우리가 '사랑'이라는 말을 자기의 사랑하는 아내에게 썼다면 그 의미는 헬라적으로 표기하면 '에로스'이다. 하지만 자녀에게 사용했다면 그 의미는 '스토르게'이며, 친한 친구를 향하여 사용했다면 그 의미는 기본적으로 '필리아'이다.

우리는 어떤 언어를 사용할 때 그 자체로 사용하기도 하지만 그 언어를 다양한 상황과 관계 속에서 사용한다. 비록 같은 용어를 사용할지라도 상황과 관계 속에서 언어의 의미는 다른 의미를 갖는다. 때문에 우리가 어떤 용어를

---

[1] 이 글은 「성경과 신학」 49 (2009), 107-146에 실린 필자의 글을 수정 보완한 것이다.

사용할 때 그 의미를 명확히 하지 아니하면 많은 혼란을 야기할 수 있다. 영성이란 용어는 특별히 그렇다.

한국교회에서 영성이란 용어는 참으로 다양하게 사용되고 있을 뿐만 아니라, 그 이해도 천차만별이다. 심령부흥회, 부흥 사경회를 영성집회란 말로 대체하면서 심령, 부흥이란 의미로 사용하기도 한다. 한국교회 안에서 영성이란 의미는 내적 열정, 성령 체험, 영적 경험, 기도, 하나님 사랑, 경건, 신앙, 신명에 이르기까지 그 의미는 다양하게 쓰이고 있다. 더욱이 문제는 그 용어를 쓰고 있는 사람들에게 물어보면 그 용어의 의미에 대한 분명한 이해 없이 사용하기도 하고, 한 저자의 글이나 책에서도 다양한 의미로 쓰이는 경우가 있다. 단지 좋은 용어이고 현재 유행 언어이기에 그냥 쓰는 경우가 많다.

한국교회 안에서 영성을 말할 때 '영성'이란 말 대신에 그저 단순하게 '신앙'이란 말을 넣어도 거의 다 말이 된다. 국내에서 쓰인 영성에 관한 논문과 책들 가운데 영성이란 말 대신에 신앙이란 말을 대입시켜도 글의 흐름이나 내용에 아무 문제가 되지 않는 경우가 많다. 요즈음 많은 학자들이 보통 교회 역사의 어떤 시대에 '영성'이란 말을 붙여서 그 시대의 '신앙 특징'을 표현한다. 예를 들어 초대교회의 영성, 중세교회의 영성, 종교개혁자들의 영성, 근대의 영성 등으로 표현한다. 또는 인물을 중심으로 어거스틴의 영성, 루터의 영성, 칼빈의 영성, 웨슬리의 영성 등을 말하기도 한다. 기독교 역사 전체나 기독교의 모든 사상가나 신앙 선진들이 가졌던 신앙 특징이나 신앙의 핵심 내용을 이야기하거나 성경에 나오는 신앙 인물들의 신앙의 특징들을 이야기하면서 영성이란 말을 사용하는 것이 일반적이다.

이처럼 한국교회 안에 '영성'이란 단어가 혼란스러운 현상을 초래하고 있는 것은 여러 가지 이유가 있겠지만, 용어사용에 있어서 명확한 구분의 미비에서 기인하는 측면이 크다고 할 수 있다. 예를 들어 설명해 보기로 하자. '정신'이란 용어가 인간과 관련하여 단독으로 사용될 때는 '인간 본성의 한 요소 또는 국면'을 의미하지만 수식하는 용어가 붙으면 그 의미가 제한되거나 달라진다.

예를 들어 "한국인의 정신"이라고 말할 때다. 이때의 '정신'이란 의미는 '어떤 상태, 지향성' 등을 의미하게 된다. 이처럼 '영성'이란 용어 사용도 이런 맥락과 같이 구분하여 사용하지 아니하면 큰 혼란을 초래할 수 있다. 영성이란 용어가 '어떤 영적 상태'나 '지향성'을 나타내는 용어로 사용된다면 모든 기독교적 경험이나 행위는 영성이 되어버린다. 하나님 경험, 기도, 경건, 예배 등은 모두 영적 경험과 관련되기 때문이다.

2. 영과 영성의 문제

1) '영'의 문제

영의 문제는 기독교 인간 이해의 핵심적 주제라 할 수 있다. 하나님의 형상 또는 영으로서의 인간 이해에 대한 관찰을 위해서 구약성경에서 사용되고 있는 단어 네페쉬(שׁפנ)를 보자. 네페쉬는 대개 숨, 영, 영혼으로 번역되고 있다. 창세기 기자는 인간을 살아있는 존재, 즉 '생명체'(네페쉬 하야, נפשׁ חיה)라고 표현하고 있다(창 2:7).[2] 네페쉬는 의식의 중심, 감정적인 요소(잠 12:10; 13:2), 생명력의 중심(시 103:1)으로 살아있는 인간, 즉 생명체로서 인간을 가리키고 있다.

하나님이 인간을 창조하실 때에는 다른 피조물들과 달리 흙으로 만든 형상에게 하나님 자신의 것을 주셨다. 이에 대해 창세기 2:7은 "여호와 하나님이 흙으로 사람을 지으시고 생기를 그 코에 불어 넣으시니 사람이 생명체가 된지라"라고 했다.

구약성경에 인간 존재와 관련하여 또 다른 중심 단어는 루아흐(xwr)이다. 루아흐는 바람, 입김, 숨, 영이란 의미를 갖는다. 인간은 하나님으로부터 루아흐를 부여 받아 '살아있는 존재'가 되었다. 루아흐가 흙으로 만들어진 형상을 살아있는 존재 또는 인간, 살아있는 네페쉬로 만들어 준다. 루아흐는 살아있는 존재를 지탱시켜 주는 힘 또는 에너지이다.

따라서 루아흐는 인간 속으로 들어와 생명력 혹은 생기를 주며 인간의 육

---

2 Anthony A. Hoekema, *Created in God's Image*, 210.

체와 정신 모두를 살아있게 하는 역할을 한다.[3] 루아흐는 하나님께로부터 와서 하나님께서 거두실 때까지 인간 속에 머무른다(참조 사 42:5; 창 7:22). 이 루아흐는 하나님께로부터 인간에게 주어진 생명의 힘으로 통전적 힘이다. 즉, 정신만 생기 있게 해주는 힘이 아니라 몸, 정신 모두를 생기 있게 하는 힘이다.[4]

하나님의 형상으로 창조된 인간은 다른 모든 피조물처럼 하나님께 의존적이다. 인간은 본질적으로 하나님과 영적 관계를 형성하는데, 이것은 인간 본성을 정확하고 적절하게 이해하는 데 핵심이다.[5] 하지만 인간의 큰 어려움은 인간의 영이 하나님의 영 안에 있는 자신의 궁극적인 근원으로부터 분리되어 있다는 사실이다. 그 영은 그 원형으로부터 끊어졌고, 그런 점에서 본질적으로 상실되었다.

인간의 영은 자기 영을 스스로 알 수 없게 되었기 때문에 인간의 영은 그 원형에 근거를 두어야만 한다. 인간의 영은 그리스도의 중재를 통해서 회복되고 변화되고, 그분의 영 안에 깊이 묻히며, 인간의 영은 사도가 된다.[6]

2) '영성'의 문제

헐(John Hull)의 지적처럼 "영성이라는 용어는 매우 애매한 용어이다."[7] 뿐만 아니라 영성을 "간결하고 종합적으로 정리하여 정의하기는 매우 어렵다."[8] 커쯔(Ernest Kurtz)와 켓참(Katherine Ketcham)은 영성에 대한 정의의 어려움을 다음과 같이 언급하였다.

3　Anthony A. Hoekema, *Created in God's Image*, 210-211.
4　최창국, "몸과 기독교교육: 통전적 교육을 위한 유기체적 인식," 「성경과 신학」 45 (2008): 148.
5　제임스 로더, 『신학적 관점에서 본 인간발달: 영의 논리』, 유명복 역 (서울: CLC, 2006), 153.
6　제임스 로더, 150.
7　John M. Hull, *Utopian Whispers: Moral, Religious, Spiritual Values in Schools* (Norwich: Religious and Moral Education Press, 1998), 63.
8　Emmanuel Y. Lartey, *In Living Colour: An Intercultural Approach to Pastoral Care and Counselling* (London: Cassell, 1997), 112.

영성이란 무엇인가? … 진리, 지혜, 아름다움, 장미의 향기 등 이 모든 것은 영성과 비슷하게 막연하거나 말로 표현하기 어려운 것들이다. 우리가 그것들을 알지만 결코 그 특성을 색으로 칠하거나 그 성질을 설명해 낼 수 없고; 이것들은 인치나 도수로 이해될 수 없으며; 소리를 내지 않아 데시벨(음향강도를 측정하는 단위)로 측정할 수 있는 것도 아니고; 실크나 나무나 시멘트와 같이 독특한 촉감을 가지고 있지도 않고; 향기를 내지도 않고, 맛도 가지고 있지 않고, 공간을 차지하고 있지도 않는다. 하지만 그것들은 존재하고 있다. 사랑도 존재하고, 악한 것도 존재하고, 아름다움도 존재하고, 영성도 존재한다. 이러한 것들은 인간 존재를 정의할 때 항상 인식되는 실체들이다.[9]

모든 인간은 영적 존재이다. 하지만 이러한 진술이 갖는 의미는 사람마다 다를 뿐만 아니라 시대마다 다르고, 이론적 주장 또한 다양하다. 때문에 영성에 대한 이해는 대단히 중요지만 정확한 정의는 어려운 한 과업이 아닐 수 없다.[10]

나아가 달라스 윌라드(Dallas Willard)가 지적한 것처럼 "요즘 '영'(spirit), '영적'(spiritual), '영성'(spirituality) 등의 말은 점차 흔해지고 있다. 피할 수 없는 말이다. 그러나 대개 의미가 불확실하며, 그것은 위험할 수 있다."[11] 때문에 우리는 이 용어 사용에 있어서 신중을 기해야 한다.

바바라(Barbara Bowe)는 영성이 어떻게 이해되고 있는지를 살피기 위하여 1984-1995년 사이에 출판된 영성에 관한 책들과 글을 분석하였다. 바바라는 이 분석을 통하여 영성의 의미가 23가지 각기 다르게 이해되고 정의되고 있음을 밝혔다.[12] 물론 영성이라는 말을 명확하게 정의하는 데 있어서 어려움은 그 용어가 전통적으로 너무나도 다양하게 이해되어 왔을 뿐만 아니라 사용하는 사람들의 목적에 따라 다양하게 사용하고 있기 때문이다.

---

9 Ernest Kurtz, Katherine Ketcham, *The Spirituality of Imperfection: Storytelling and the Journey to Wholeness* (New York: Bantam Books, 1994), 15-16.
10 Chang Kug Choi, "Spirituality and the Integration of Human Life: Implications for Christian Education," (Ph. D. Dissertation, University of Birmingham, 2003), 20.
11 달라스 윌라드, 『마음의 혁신』, 윤종석 역 (서울: 복있는사람, 2005), 27.
12 Barbara E. Bowe, *Biblical Foundations of Spirituality* (New York: A Sheed & Ward Book, 2003), 10.

일반적으로 사용하는 '영성'(spirituality)이란 말은 어원적으로 라틴어 '스피리투알리타스'(*spiritualitas*)에서 나온 말이다. 그 의미는 물질과 반대되는 '비물질절적 본질' 혹은 '내적 또는 영적 본질'을 의미한다.[13] 뿐만 아니라 기독교 전통 안에서 영성이란 용어가 종교성, 경건, 헌신, 신비적 체험, 성령을 따르는 삶, 감성적 열정, 육체나 물질과 대립되는 개념 등으로 이해되어 왔다. 때로는 '신비주의'(mysticism)와 동일한 의미로서 영성을 이해되기도 했다.

맥그라스(Alister McGrath)에 따르면 오늘날 주로 사용하는 '영성'(spirituality)이란 용어의 근원은 17세기 프랑스에서 시작되었음을 주장하면서 그때는 신비주의와 영성이 구별 없이 사용되어 오다가, 이후 두 용어는 구별되기 시작하였다라고 하였다.[14] 이러한 영성이해, 즉 '비물질적 본질'이나 '내적 본질'이나 단순히 물질적인 것과 반대되는 개념으로 이해하는 것은 성경적으로나 기독교 신학적으로 정당성을 인정받지 못한 지 오래다.[15]

이렇게 영성에 대한 이해가 기독교 전통 안에서 시대와 상황에 따라 다양하게 이해되어 왔다. 다우니(Michael Downey)에 따르면, 12세기부터 여러 종류의 이원론적 세계관의 등장으로 인간의 영적 차원을 물리적 차원이나 인간의 육체성과 대비해서 보는 경향이 생겨나게 되었다. 이러한 경향은 인간의 지능과 의지, 이성과 감성, 몸과 영혼, 물질과 영혼이 이원론적으로 인식하는 결과를 초래하였다고 지적하였다.[16]

---

13 Richard A. Muller, *Dictionary of Latin and Greek Theological Terms: Drawn Principally from Protestant Scholastic Theology* (Grand Rapids, Michigan: Baker Book House, 1985), 286.
14 Alister E. McGrath, *Christian Spirituality: An Introduction* (Malden, Mass.: Blackwell, 1999), 5.
15 이러한 사상은 성격적 세계관에서 기인한 사상이라기보다는 헬라철학으로부터 기인한 사상이다. 헬라 철학으로부터 깊은 영향을 받은 이원론적 인간 이해는 특별히 플라톤의 이원론의 영향아래 주도된 영지주의에서 그 극단적 예를 찾아볼 수 있다. 영지주의에서 '영'은 영원과 실재이고, 육은 타락하기 쉽고 타락시키는 것으로 이해되었다. 다시 말하면, 인간의 영성을 육체와 영, 물질과 정신, 자연과 초자연, 현상과 본질 등 완전히 이원론적으로 구별하여 영성이 육체 또는 몸속에 밖으로부터 들어와 거하는 별도의 존재론적 기원을 가진 초자연적 실체라고 보는 것이 영지주의적 견해다. 하지만 영성에 있어서 정신과 육체, 지성과 감성, 믿음과 행위들은 대치국면에 있는 존재의 당위성으로 이해될 수 없다. 그들은 오히려 서로에 대해서 응답하고 경험을 가능케 하는 보완적인 국면들이다.
16 Michael Downey, *Understanding Christian Spirituality* (New Jersey: Paulist Press, 1997),

17세기에는, 특히 프랑스에서, 영성이 감성적인 의미를 내포한 내면생활을 의미하는 차원으로 이해되었다. 이런 경향이 가져온 불행한 결과 중 하나가 영적 삶을 비이성적이고, 열정적이고 감성적인 차원으로 이끌게 되었다. 그 결과 영성과 영적이라는 용어는 매우 부정적인 의미로 이해되었다. 18, 19세기에 이르러 영성과 영적 삶을 신비적 은혜의 삶, 완덕의 삶, 그리고 기도를 의미하는 말로 이해되었다. 그러다가 19세기에는 영적 삶이 경험을 강조하는 것이 되었다. 특별히 개인의 고상한 내면생활을 영적 생활로 이해함으로써 강한 개인주의적 색채가 나타났고 현세적 삶과 공동체적 삶의 중요성을 등한시하는 현상이 나타났다.[17]

이러한 주장과 함께 다우니는 중세 말부터 20세기까지 영성과 영적이란 용어가 신학적인 사고와 분리해서 보는 현상이 기독교 전통 안에서 주를 이루었다고 지적하였다.[18] 개신교 안에서는 영성에 대한 이해를 함에 있어서 신비주의와 관련된 것으로 여겼는데, 이것은 개신교 전통이 종교개혁 이후 수도원주의 또는 신비주의에 대한 부정적인 전제를 가지고 출발했기 때문이다.

종교개혁자들은 수도원의 타락상, 세속을 떠난 수도원의 현실 도피적인 것, 신비적인 것에 너무 몰두하는 것으로 여겨 수도원 주의를 비판하였다. 종교개혁이 이후에 특별히 독일에서는 수도원주의가 크게 쇠퇴하였고, 개신교에서는 수도원 또는 신비주의에 대해서 매우 부정적인 인식을 가지고 있었다.

개신교에서는 영성이란 말을 열정주의 또는 신비주의, 또는 수도원주의와 연관시켜 부정적인 인식을 가지고 영성이란 말 대신 경건(piety), 헌신(devotion)이란 말을 사용해 왔다. 영성이란 개념이 우리의 신앙생활에서 도덕적인 요소를 간과하는 것으로 부정적으로 인식하는 경향이 있었기 때문이다. 그리하여 영성이라는 말이 잘 사용되지 않다가 20세기에 영성이라는 말이 나오기 시작했으며, 20세기 중반에 들어서면서 개신교에서도 영성에 대한 관심을 갖게 되기 시작하였다.

현대에 들어 영성에 대한 관심이 극대화되면서 현대학자들의 영성에 대한

60-61.
17 Michael Downey, *Understanding Christian Spirituality*, 62.
18 Michael Downey, *Understanding Christian Spirituality*, 62.

이해는 삶의 방식, 삶의 경험이라는 견해를 비롯하여 통전적, 관계적 이해 등 매우 다양하게 나타나고 있다. 존슨(Ben C. Johnson)은 기독교 영성이란 "예수 그리스도 안에 계시된 하나님의 계시의 빛에서 자신의 삶을 이해하는 삶의 한 방식"[19]으로 이해하였으며, 슈나이더(Sandra Schneiders)는 기독교 영성은 "믿음의 공동체 내에서 그리스도 안에서 하나님과 생명을 주는 관계를 만드시는 성령의 다양한 은사로 이루어진 자아초월을 위한 능력의 구체적 실현이다"[20]라고 주장하였다. 복음주의적 신학자로 널리 알려진 맥그라스는 영성이란 "종교적으로 독특한 사상들과 그 종교를 기초한 범위 내에서의 전체적인 삶의 경험을 포함한 참되고 충만한 종교적 삶의 추구에 관계된 것"으로 정의했다.[21]

홈즈(Urban T. Holms)는 이렇게 말하였다.

> 영성이란 인간의 관계성 형성 능력이며, 그 관계의 대상은 감각 현상을 초월하는 존재이며, 이 관계는 주체의 노력과는 별개의 것으로, 확장된 또는 고양된 의식으로서 주체에 의해 인식되며, 역사적 상황 속에서 본질을 받고, 세계 속에서 창조적 행위를 통하여 그 자신을 드러낸다.[22]

웨이크필드(G. S. Wakefield)는 영성을 인간 삶의 활기 또는 생기를 돋우고 초지각적(supersensible) 실체들을 향해 뻗어가게 하는 태도와 실천으로 이해하면서, "기독교 영성은 단순히 '내면생활'이나 속사람만을 위한 것이 아니다. 영성은 영을 위한 것인 만큼 몸을 위한 것이기도 하며, 하나님을 사랑하고 이웃을 사랑하라고 하신 그리스도의 두 계명의 통전적 이해를 지향한다"라고 하였다.[23]

---

19 벤 C. 존슨, 『목회영성』, 백상렬 역 (서울: 진흥, 1995), 30.
20 Sandra Schneiders, "Theology and Spirituality: Strangers, Rivals, or Partners?," *Horizons* 13 (Fall 1986): 266.
21 Alister E. McGrath, *Christian Spirituality*, 2.
22 어반 T. 홈즈, 『목회와 영성』, 김외식 역 (서울: 대한기독교서회, 1988), 29.
23 Gordon S. Wakefield, ed., *Westminster Dictionary of Christian Spirituality* (Philadelphia: Westminster John Knox, 1983), v.

종교교육학자인 헐은 영성이란 관계적이고 공동체적 언어로 이해하면서, "영성이란 사람들의 내면에 존재하기보다는 관계성 안에서 존재하는 용어다"(spirituality exists not inside people but between them)라고 하였다.[24] 기독교 상담학자인 라티(Emmanuel Y. Lartey)는 다음과 같이 진술했다.

> 영성은 자기 자신, 타인, 세계, 하나님과 관계를 맺기 위한 능력(capacity)이라고 말할 수 있으며, 그것은 감각적 경험을 초월하며, 종종 주어진 특이한 역사적, 지역 공간적, 사회적 상황 하에 표현되며, 또한 종종 특정한 형태의 행동으로 이끌기도 한다. … 이 차원들이 통합된 전체로서 서로 연결되어있다고 이해하는 것이 매우 중요하다. 이 차원들이 여기서는 논의를 목적으로 구분되어 있으나 실재상으로 분리될 수 없다.[25]

라티는 이러한 전제 아래 영적 탐험이 이들 중 어느 한 영역이 축소되거나 한 영역만 배타적으로 강조되거나 반대로 무시될 때, '영성'은 악마적 힘(능력)에 노출될 수 있다고 하였다.[26]

3) 존재론적 영성과 경험론적 영성

위에서 살핀 것처럼 영성이란 용어 이해는 인간의 본질의 구성 요소로 보는 견해와 경험의 차원으로 이해하는 두 경향이다. 즉, 영성 이해의 한 경향은 '관계를 위한 능력'(capacity)이고, 다른 한 경향은 '경험의 차원'이다. 이러한 두 경향은 엄밀한 의미에서 '영성'(spirituality)과 '영적 삶'(spiritual life)에 대한 혼동에서 비롯된 측면이 크다. 영성은 인간의 본질(essence)의 한 국면(aspect)이라 할 수 있고, 영적 삶은 영적 존재로서 영적 경험과 관련된 생활 방식(existence)의 영역에 해당된다 하겠다.[27] 마치 이성은 인간의 본성의 한 국

---

24 John M. Hull, "Christian Education in a Capitalist Society: Money and God", 66.
25 Emmanuel Y. Lartey, *In Living Colour*, 113.
26 Emmanuel Y. Lartey, *In Living Colour*, 122.
27 최창국, "기독교 영성의 통전적 이해,"「복음과 실천」9 (2005): 339.

면이며, 이성적 삶은 이 본성에 의해서 발생하는 것과 같다.

나아가 바울이 영적 삶(spiritual life)을 말할 때는 자연적인 삶과 구별하여 영적이라는 용어를 사용하고 있다. 여기서 영적 삶은 성령의 영향 아래 있는 인간의 상태를 말한다. 바울이 고린도전서 2:14-15에서 말하는 영적인 사람이란 물질적 삶에서 돌아서는 사람이 아니라 하나님의 영안에 거하여 하나님과 관계에서 삶을 살아가는 사람 또는 하나님의 영의 영향권 아래서 삶(life)을 살아가는 사람을 의미한다.

여기에서 중요한 상황적 질문이 제기된다. 많은 학자들이 '영성'을 '어떤 영적 경험 또는 영적 생활방식이나 패턴'으로 이해하고 있다는 것이다. 한국 교회에서 '형용사'(spiritual)와 '명사'(spirituality)의 구분이 불명확하게 사용됨으로 혼돈을 불러오고 있다. 이러한 현상을 단지 잘못된 이해라고 할 수 없는 특성이 있는데, 그것은 언어의 특성에서 기인한다.

즉, 언어나 용어는 그 자체로 의미를 갖기도 하지만 대부분의 용어는 문맥적 상황과 관련되어 의미가 발생하기 때문이다. 서론에서 이미 보았듯이 영성이란 용어가 그 자체로 쓰일 때는 인간의 '본질 또는 본성'의 국면에 해당되지만, 이 용어가 어떤 용어나 말을 수식하는 의미로 쓰이거나 수식하는 말이 따를 때는 다른 의미가 될 수 있기 때문이다. '한국인의 얼'(정신)이란 표현에서 정신이란 용어는 인간의 본질적 국면인 '정신'과 구분되듯이 '기독교인의 영성'으로 사용할 때는 '어떤 영적 경험, 상태, 지향성' 등을 의미하기 때문이다.

그러므로 인간의 본질의 한 국면으로서 '영성'(spirituality)을 존재론적 영성으로, 본질과 관련하여 발생하는 '영적 삶'(spiritual life)을 경험론적 영성으로 구분할 필요가 있다.[28] 왜냐하면 하나님의 형상으로 창조된 인간이 향유하고 있는 영의 본질(existence)과 영적 경험 또는 영적 삶(spiritual experience or life)은 구분되어야 하기 때문이다.

---

28 영성을 두 종류로 구분하여 이해한 것은 저자가 영성이란 주제를 박사과정에서부터 수년간 고민하며 내린 이론적이고 상황론적인 결론임을 밝힌다. 이것은 영성이란 용어 이해의 애매성과 그 용어 사용의 다양성에서 오는 혼돈을 나름대로 정리해보고자 하는 저자의 고민과 열망에서 나온 것이다.

4) 하나님의 프락시스와 영적 삶

또 하나의 중요한 문제가 발생한다. 즉, 여기서 말하는 '본질로서 영성'은 인간의 자연적 본질을 의미하는가이다. 만약 인간의 자연적 본질의 한 국면으로만 영성을 이해한다면 '기독교 영성'이 될 수 없다. 이 문제를 극복하기 위해서 우리는 기독교 인간론에 대한 이해를 필요로 한다.

앞에서 인간의 '영'의 문제를 살펴본 것처럼, 인간은 하나님의 영(루아흐/네페쉬)에 의해 살아있는 존재, 풍성한 생명체가 되었다. 그러나 인간의 불순종은 이러한 풍성한 생명체로서 삶을 상실하게 되었다. 하나님과의 관계가 단절되었다. 이러한 관계의 단절은 '영적 죽음'을 의미한다.

이러한 관계의 단절을 누가 어떻게 회복시켰는가에 대한 질문이 제기된다. 인간의 새로운 탄생(new birth, born again) 또는 영적 탄생은 예수 그리스도를 통해서이다. 바울은 이러한 새로운 탄생에 대해서 "그런즉 누구든지 그리스도 안에 있으면 새로운 피조물이라 이전 것은 지나갔으니 보라 새것이 되었도다"(고후 5:17)라고 하였다. 이러한 새로운 탄생을 바울은 그리스도의 죽음-부활과 함께 이렇게 말한다.[29]

> 내가 그리스도와 함께 십자가에 못 박혔나니 그런즉 이제는 내가 산 것이 아니요 오직 내 안에 그리스도께서 사시는 것이라(갈 2:20a).

기독교인의 영성은 예수의 죽음과 부활을 믿고 따르는 사람들에게 발생하는 회복의 은혜이다. 회복의 은혜로 발생하는 국면이다. 기독교 영성은 예수 그리스도 안에서 새로운 탄생을 경험하는 인간 영의 경험이다. 여기서 말하

---

[29] 레이 앤더슨(Ray S. Anderson)은 구속을 완성한 것은 예수의 부활이지 십자가의 죽음만은 아니라는 주장과 함께 전통적으로 강조하는 예수의 십자가의 죽음보다 강조되어야 할 것은 부활이라고 피력한다. 그에 의하면 구속은 십자가의 죽음에 의해서만이 아니라 예수의 죽음과 부활에 의해서라고 강조한다. 타락한 가운데 있는 인간의 본성과 하나님으로부터 멀어진 인간을 회복시키기 위해 하나님께서는 예수의 죽음과 부활을 통해서다(Ray S. Anderson, *The Soul of Ministry: Forming Leaders for God's People* (Louisville, Kentucky, 1997), 98-99).

는 경험은 예수 그리스도 안에서 새로운 탄생을 가져오는 본질적 경험이다. 영적이고 존재론적 경험이다.

그러므로 기독교 영성은 그리스도 안에서 하나님의 형상의 회복, 즉 최초에 창조되었던 인간의 모습(창 1:26; 2:7)에 있다. 모든 그리스도인들에게 하나님의 영이 주어지는 것은 예수의 죽음, 부활, 승천의 열매였다.[30] 이런 맥락에서 기독교 영성은 직접적으로 인간 이해와 관련되어 이해되어야 한다.

올바른 기독교 영성은 근본적으로 인간의 구원 이해와 관련된다. 하나님과의 관계가 단절된 인간은 부패하였고 영적 능력을 상실하였다. 이러한 능력은 그리스도로 구속함을 통하여 회복(영성)되며, 그리스도 안에서 시작된 새로운 생활방식(영적 삶)이 가능하도록 성령은 계속적으로 도우며 인도하며 능력을 준다.

이러한 의미에서 다우니는 영성을 인간의 본질적 차원으로 이해하고, 세상에서 영으로서의 인간은 생명을 전달할 능력과 존재, 생명, 관계성에 개방하는 능력으로 이해했다.[31] 이러한 이해와 함께 그는 기독교 영성을 하나님과 관계 안에서 존재하는 능력(capacity)으로 보았다.[32]

로저스(Frank Rogers, Jr.)는 기독교 영성을 "하나님의 영이 전인으로서의 인간에 거하는 상태"라고 정의하였다.[33] 하지만 이러한 이해에 분명히 해야 할 것은 성령의 역사는 그리스도 안에서 그리스도를 통하여 이루어진다(마 12:28; 눅 4:14, 18)는 것이다. 기독교 영성이란 예수 그리스도 안에서 발생하며 성령에 의해서 새로운 삶의 방식, 새로운 믿음, 소망, 사랑으로 들어가는 통찰력과 삶이 실현되어 가는 것을 말한다.[34] 때문에 기독교인의 영성은 그리스도의 영의 현존과 능력으로 유지, 성화, 성장, 발달을 경험하게 된다.

여기서 그리스도와 성령의 관계에 대한 문제가 발생한다. 본 논문의 핵심

30　R. Paul Stevens, Michael Green, *Living the Story: Biblical Spirituality for Every Christian* (Grand Rapids: William Eerdmans Publishing Company, 2003), 37.
31　Michael Downey, *Understanding Christian Spirituality*, 42.
32　Michael Downey, *Understanding Christian Spirituality*, 42.
33　Frank Rogers, Jr., "Dancing with Grace: Toward a Spirit-Centered Education," *Religious Education* 89: 3 (1994): 381.
34　Alister E. McGrath, *Christian Spirituality*, 2.

논의 주제가 아니지만, 성령은 일차적으로 구원론적인 기능을 갖는다. 성령은 하나님의 구원 비밀을 계시하신다(고전 2:6-10). 성령은 개개 믿는 자들에게 성령세례와 함께 생명을 창출하는 그의 능력을 드러내신다(요 6:63). 성령은 새롭게 하고, 인지하도록 하고, 가르치며, 길을 제시하는 능력을 갖는다. 그러므로 성령 없이는 우리는 하나님의 삶과 격리될 수밖에 없다(롬 8:9).

> 성령은 창조적인 힘이요 '내적 로고스(Logos)'로서 예수 그리스도의 임재다. 여기서 말하는 '내적 로고스'란 세상을 향해 보내져서 선교의 사역을 감당하는 하나님의 사람들로서 구성된 교회를 만드시고자 하는 하나님의 목적에 내재하는 논리를 뜻한다.[35]

중요한 핵심은, 오순절에 강림하신 성령은 성육신하신 아들 예수의 영인 동시에 부활하신 그리스도의 영이다. 예수 그리스도와 성령은 결코 분리되지 않는다. 예수 그리스도와의 연합은 그리스도의 영과 연합하는 것이다(고전 6:17).

따라서 '성령 안에서의 삶'은 '그리스도 안에서의 삶'과 분리되지 않는다. "너희 안에 계시는 그리스도"(롬 8:10), "그리스도 안에"(롬 8:1)라는 표현들과 병행하여 "영이 너희 안에 거하며", "너희가 영 안에" 있다는 인격적인 표현을 쓰고 있다. 이 둘의 관계에 대해 성경은 세례를 받고 예수의 죽음과 부활에 참여함으로 인간은 죄의 권세로부터 벗어나 죄로부터 자유롭게 된다고 말씀한다. 이로써 그는 성령의 능력 안에서 새롭게 된 생활을 영위해 나갈 가능성(potentiality)을 갖게 된다. 여기서 그리스도의 몸의 구성원이 되는 것으로서 세례와 함께 성령이 활동하시는 영역으로의 구성원이 되는 것이 동시에 일어난다(행 2:38).

우리는 기독교 영성과 영적 삶을 이해하기 위해서 중요한 질문에 직면하게 된다. 기독교적 관점에서 우리 인간의 영적 삶과 경험(life or experience)이 실현되기 위해서 가장 먼저 선행되어야 할 것이 무엇인가? 기독교적 인간의 영적 삶이 어떻게 가능한가? 기독교 영성이해는 인간의 창조(하나님의 형상),

---

[35] Ray S. Anderson, *The Soul of Ministry*, 113.

타락(상실), 구속(회복), 유지와 성화(성장, 발달)이라는 통전적 구조 안에서 하나님의 선행하시는 프락시스(praxis)를 통해서 이해되어야 한다.

영성을 단지 하나님의 형상이라는 관점에서 이해하게 되면 일반적 영성이해의 핵심인 인간의 초월적 능력과 혼돈을 초래할 수 있다. 기독교적 영성이해는 철학적, 심리학적, 인류학적 연구에서 주로 사용되는 자기 초월을 위한 일반적인 인간의 가능성이나, 일반적 의미에서의 영성이해의 핵심인 삶의 종교적인 차원과 거룩한 것에 의하여 실현될 수 있는 자기 초월의 가능성에 관한 것으로 이해하는 것과 다르기 때문이다.[36] 일반적 영성 이해는 인간의 자율성에 의존한 초월적 능력을 주로 의미하기 때문이다.

성경과 신학적 확신은 인간은 영적인 존재로 창조되었다. 인간은 "하나님의 형상대로"(창 1:27) 창조되었다. 인간이 어떻게 흙의 모양에서 '온전한 생명체', '풍성한 생명체', '생명력 있는 존재'가 되었는가. '하나님이 흙으로 사람을 지으시고 생기를 그 코에 불어 넣으시니 사람이 생명체가 되었다'(창 2:7). 하나님의 루아흐/네페쉬가 임했을 때이다. 하나님의 루아흐/네페쉬는 인간을 풍성하고 온전한 생명체가 되게 하였다.

하지만 하나님의 풍성한 피조물인 인간은 불순종함으로 말미암아 하나님과 관계가 단절되고 풍성한 생명체는 파괴되었다. 이것은 특별히 영적인 것이다. 하나님과의 관계에서 영적 단절이 발생했다. 그러나 예수의 십자가의 사랑은 이 단절과 파괴를 회복하는 능력이 되었다. 파괴된 인간의 루아흐/네페쉬는 십자가에 사랑으로 회복되었다. 하나님과의 관계가 회복되었다.

그러므로 영적 프락시스(praxis)는 모든 기독교적 프락시스에 선행한다. 즉, 하나님과 관계 회복 없이 인간은 진정한 영적 삶을 실현해 낼 수 없다. 우리는 하나님의 은혜와 도움 없이 거룩한 삶을 실현해 낼 수 없다. 여기에서 등장하는 뜻 깊은 언어가 '예수 그리스도'와 '성령'이다. 예수 그리스도의 십자가는 우리로 하여금 하나님과의 관계를 회복시킨다. 그것을 알게 하고 믿게 하신 분은 성령이시다.

---

[36] Joann Wolski Conn, "Toward Spiritual Maturity: Spirituality," Catherine M. LaCugna, ed., *Freeing Theology: The Essentials of Theology in Feminist Perspective* (HarperSanFrancisco, 1993), 236.

영성은 이 기본적인 진리와 함께 이해되어야 한다. 모든 기독교적 프락시스는 인간을 향한 하나님의 프락시스 없이 불가능한 것이다.[37] 인간을 향한 하나님의 프락시스는 예수 그리스도의 십자가에서 시작되고 실현된다. 기독교적 영성 이해는 십자가에서 찾아야 하고 시작되어야 한다. 처음 창조된 '생명체'는 '풍성한 영성'을 소유하고 있었다. 아담의 불순종 이후 인간의 영성은 '상실'되었다. 십자가는 상실된 영성을 회복시켰다. 기독교 영성은 하나님의 뜻 안에서 이루어진 예수 그리스도의 십자가의 대속의 사랑을 통해서 회복되었다. 영성은 십자가의 대속으로 말미암아 회복된 루아흐, 우리는 이것을 소유한다.

이것은 하나님의 은혜와 사랑으로 말미암은 힘이요 능력이다. 이 힘은 우리로 하여금 하나님과 사귀게 하는 힘이요, 겸손한 정신력을 갖게 하는 힘이요, 이웃을 사랑하고 돌보는 힘이다. 이 힘은 우리 신앙인들로 하여금 고통 중에도 춤추게 하고, 가난 중에도 하나님의 부요를 경험케 하는 능력이다. 누가 이럴 수 있는가? 하나님의 은혜로 회복된 영성을 소유한 사람들이다.

3. 세속사회 안에서 영적 가치

1) 과학적 진보와 영적 가치

미래학자들의 견해를 들어보면, 아무리 그 사회가 물질적으로 성장을 이루었다고 할지라도 그 사회의 구성원들의 정신세계가 성숙되어 있지 않다면 그런 사회는 희망이 없는 공동체요 사회라고 말한다. 미래학자들에 의하면 미래사회는 엄청난 과학적 진보를 이룬다고 이야기한다.

미국 MIT의 드렉슬러(Eric Drexler) 박사는 나노기술 시대를 말한 미래학자이다. 그의 주장에 의하면, 2030년이 되면 나노기술이 실현되는 시대가 온다

---

[37] '하나님의 프락시스'로서 신학과 목회 사역을 탁월하게 기술한 참고자료를 위해서는 Ray S. Anderson, *The Soul of Ministry*를 참조.

고 한다. 이러한 시대가 오면, 위암 말기 환자의 수술이라고 해봐야 20세기처럼 째고 잘라내고 봉합하는 수술이 아니라 의사가 나노암 로봇을 피부 속으로 주사하면 나노암 로봇은 의사의 지시에 따라 암세포가 퍼져있는 주위로 흘러들어간다. 로봇은 분자신호로 일반 세포와 암세포를 구분한다. 선택적으로 암세포를 찾아 달라붙어 파괴한다. 작업이 끝난 로봇은 스스로 분해해 노폐물로 배출한다. 20세기까지만 해도 암은 죽음에 이르는 병이었지만 나노기술이 실현되면 암세포를 제거하는 수술은 30분이면 끝나는 간단한 수술 중 하나가 된다.[38]

나노 기술이 실현되는 시대가 오면 구강 청정제는 3분 정도 입에 물고 있으면 입속의 세균과 노폐물을 구석구석 깨끗하게 분해한다. 미백효과가 있어 헹구고 나면 이가 반짝반짝 빛이 난다. 양치질이 끝나면 비누 대신 나노 크림을 얼굴에 얇게 펴 바르면, 땀구멍 속의 노폐물과 지방을 제거해 준다. 1분 정도 지나서 물로 씻어내면 얼굴이 하얗고 습기를 머금은 채 촉촉해진다.[39]

나노시대가 오면 옷에 대한 혁신이 일어난다. 옷의 색깔을 굳이 얼굴에 맞추어 고를 필요가 없어진다. 실내에서는 모두 하얀 빛깔 옷이지만 외출하면 빛과 습도 등 조건에 따라 색상이 변한다. 지금은 계절에 따라 얇은 옷과 두꺼운 옷을 구별해서 입어야 하지만 나노 섬유로 만든 옷은 자동으로 온도와 습도를 조절하기 때문에 사시사철 얇고 가벼운 옷을 입어도 춥지 않게 된다.[40]

우리가 공상과학 영화에서나 보던 신기한 일들이 나노시대가 되면 실현된다고 미래학자들이 말한다. 얼마나 꿈같은 이야기인가! 과학이 이정도로 놀랍다. 인간의 이성이 때로는 무섭다.

하지만 미래학자들은 이러한 과학적 진보에 정신적이고 영적 진보 없는 물질적 과학적 진보는 결코 축복이 아니라고 말한다. 영적 진보 없는 과학의 진보는 사용하는 이에 따라 위험한 무기로 변할 수 있기 때문일 것이다. 이것은

---

[38] 신지은, 박정훈 외 3인, 『세계적 미래학자 10인이 말하는 미래혁명: 행복한 미래 불행한 미래』(서울: 일송북, 2007), 16-17.
[39] 신지은, 박정훈 외 3인, 『세계적 미래학자 10인이 말하는 미래혁명: 행복한 미래 불행한 미래』, 17-18.
[40] 신지은, 박정훈 외 3인, 『세계적 미래학자 10인이 말하는 미래혁명: 행복한 미래 불행한 미래』, 18.

축복이 아니라 저주일 것이다. 아무리 인간의 과학 문명이 발달할지라도 그것보다 더 중요한 것은 정신사요 영성이다. 이런 의미에서 기독교는 인류 역사에 큰 역할을 하고 있고 또 할 수 있는 것이다. 때문에 무엇보다도 기독교는 인류의 살아있는 정신사와 참된 영적 힘을 공급하는 사도가 되어야 한다.

미래학자 중에 『메가트렌드』를 쓴 나이스빗(John Naisbitt)은 미래는 오히려 고도의 정신문명이 필요하고 정신문명의 사회로 진입한다고 말한다. 그러면서 그는 "20세기는 종교에 대한 경제와 과학의 완승의 시기였다. 그러나 21세기 인류는 유례없는 물질적 풍요를 누리면서 그 어느 때보다 정신과 종교에 깊은 관심을 보이고 있다. 종교는 과학에 대하여 중세의 위상을 다시 회복했고 과학과 상호 보완하면서 인류의 발전에 기여하고 있다"고 했다.[41]

한때 '과학적'이라고 자처하던 사람들이 '치유기도'를 미신적이라고 비판했지만, 이제는 오히려 의사들이 기도의 효과를 인정하는 추세이다. 기도와 영적 생활이 '대체의학'(alternative medicine)으로 인정받고 있고, 의학자들에 의해 임상적으로 연구되고 있다.[42] 많은 사람들이 과학은 지식으로만 한다고 생각한다. 그러나 과학에도 마음의 눈과 영적인 눈을 가지지 못하면 올바른 과학을 할 수 없다.

과학의 이름으로 종교를 부정하던 때는 이미 지났다. 뿐만 아니라 종교는 하나님과 관련이 있지만 과학은 단지 인간의 산물이라고 생각하는 시대는 지났다. "종교가 없는 과학이나 과학이 없는 종교는 모두 불안하다"고 말한 알버트 아인슈타인의 지적처럼, 이제는 과학과 종교가 겸손하게 서로를 인정하고 협력하는 시대이다. 하나님의 도우심에 의지해 인간의 생명을 구하기 위해 애쓰는 의료인들은 하나님의 선한 종이라 할 수 있다.

지금까지 한국교회는 종교는 종교로만 과학은 과학으로만 생각하는 경향

---

[41] 신지은, 박정훈 외 3인, 『세계적 미래학자 10인이 말하는 미래혁명: 행복한 미래 불행한 미래』, 179-180.
[42] 의학계에서도 영적가치를 인정한지 오래다. 특별히 미국의 의과대학들에서 '대체의학'으로 '치료하는 기도'(prayer therapy)가 중요한 치료방법으로 시행되고 있다. 현재 미국의 80개 의학대학원에서 관련과목을 개설하고 있다. 래리 도시, 『치료하는 기도』, 차혜경·장준원 역 (고양: 바람, 2008); 월트 래리모어 M. D., 트레이시 멀린스, 『하나님이 창조한 건강한 사람』, 정지훈 역 (서울: 조이선교회, 2007)을 참조.

이 많았다. 전혀 관계가 없는 별개의 것으로 생각하는 경향이 많았다. 이것은 잘못된 생각이다. 물론 과학과 종교가 서로 배치되는 것이 있다. 그러나 이 둘은 하나님께서 주신 것이다. 그러므로 서로가 겸손하게 받아들인다면 유익한 내용이 많다. 우리는 그리스도인들은 하늘과 태양, 바람과 폭풍 등과 같은 자연현상과 과학을 통해 하나님이 얼마나 크고 능력 있는 분인지 알아야 하며 그분께 영광을 돌려야 한다. 긍정적인 의미에서 과학은 하나님의 사랑을 더욱 넓게 볼 수 있는 자료를 제공해 주는 것이다.

그러나 분명한 것은 현대인들은 기도하는 시간보다는 과학문명이 이루어 놓은 것을 즐기기에 너무 바쁘다. 이러한 기계문명이 그리스도인들에게는 최대의 사탄이 될 수도 있다. 이러한 기계문명은 우리로 하여금 영혼과 마음의 문제를 등한시하도록 유혹이기 때문이다.

우리가 과학과 기계의 편리함 속에서 살아가지만 우리의 마음은 날이 갈수록 메말라가는 것을 볼 수 있다. 이러한 과학문명에 지나치게 의존하는 삶은 우리의 영혼과 마음을 병들게 한다. 현대 그리스도인들로 하여금 이것을 깊이 자각하고 살아가도록 영적가치의 중요성을 인식하도록 해야 한다.

2) 이성의 한계성과 영적 가치

나아가 주로 인간의 이성의 지혜와 계몽만을 강조하여왔던 철학에서도 영적 가치를 발견하려는 시도를 보여주고 있다. 그 대표적인 예가 아도(Hadot)의 '영적 철학'(spiritual philosophy)이다. 그는 고대철학을 연구하면서 고대인들에게 철학한다는 것은 지성적 작업이라기보다는 '영적 훈련'(spiritual exercises)이었다고 주장하였다.[43] 아도는 고대 철학의 목적을 이렇게 진술하였다.

"고대의 철학적 담론은 정보를 '알리려는'(inform)것보다는 영혼을 '형성'(form)시키려는 데 있었다."[44]

---

[43] Pierre Hadot, *Philosophy as Way of Life* (Cambridge, MA: Blackwell, 1995), 81-82.
[44] Pierre Hadot, *Philosophy as Way of Life*, 20.

아도는 이러한 관점에서 고대인들에게 있어서 영적 훈련은 우리의 삶 전체를 포함하였을 뿐만 아니라 학문의 궁극적 목적은 바로 영적 성장을 위한 훈련을 실천하는데 있다고 주장하였다.[45] 또한 이러한 영적 훈련으로서 철학이 중세에 접어들면서 신학적 작업을 위한 논리를 제공하는 수단으로 전락하게 되었고 철학의 핵심적 목표인 영적 전통은 기독교 신비주의나 윤리학으로 축소되는 상황을 맞게 되었다고 비판하면서, 영적 훈련으로서 철학의 성격을 회복하는 것이 이 시대의 중요한 철학적 과제라고 주장하였다.[46] 아도의 이러한 주장은 철학에서도 이성의 계몽만이 목적이 아니라는 것과 그동안 철학에서 소외되었던 영적 담론을 철학의 핵심적 자리로 돌려야 한다는 점에서 의미하는 바가 크다 하겠다.

이처럼 세상에서도 정신과 영성의 중요성을 말하고 있을 뿐만 아니라 이성의 계몽에 진력하였던 철학에서도 인간 영혼의 가치를 자각하는 운동이 미비하지만 일어나고 있다. 이것은 세상에서도 단지 이성만으로는 안 된다는 외침을 하기 시작했다는 증거이기도 하다. 맥그라스(Alister E. McGrath)는 영성에 대한 관심이 활발히 일어나고 있는 그 이유를 "물질적 소유의 가치에 관한 한계가 오늘날 사람들로 하여금 그들의 생애 가운데 영적 영역에 많은 주의를 갖게 한 것"이라고 하였다.[47]

물론 영적 삶은 비이성적 삶을 지향하지 않는다. 기독교 전통 안에서 영성이 신비주의, 감정주의, 비이성주의의 상징처럼 여겨져 왔다고 할 수 있다. 하지만 영성은 인간 이성에 대해 배타적이지 않다. 영성은 우리 신앙인들에게 이성을 배타적이게 하는 것이 아니라 이성을 초월하여 삶을 가꾸어 가야 할 차원이 있음을 일깨우는 능력이다. 그러므로 신앙 안에서 또는 하나님 안에서 자기 초월적 이성이 아닌 이성의 포기는 진정한 신앙의 행위에 속하기보다는 인간 부정주의로 전락하게 되는 것이다.

---

[45] Pierre Hadot, *Philosophy as Way of Life*, 81-82.
[46] Pierre Hadot, *Philosophy as Way of Life*, chapter 7 참조.
[47] Alister E. McGrath, *Christian Spirituality*, 1.

신앙은 결코 반 이성주의 또는 반 지성주의가 넘치는 부정주의가 아니다. 기독교 전통 안에서 이 부정주의는 중세시대의 산물이기도하다.[48] 우리 신앙인들이 추구해야 할 영성과 이성의 관계는 상호 보완적이고 통전적이어야 한다. 그리고 보다 중요한 것은 영성과 이성이 하나님께로 향할 때는 영성과 이성은 서로를 보충해 줄 뿐만 아니라 또한 바른 신앙성취에 있어서 필수적이라는 것이다.

그러므로 그 둘이 하나님과 바른 관계 속에 있을 때 그들은 서로 결합한다. 이성이든 영성이든 하나님과 바른 관계로부터 이탈될 때 제멋대로 쓰이는 것이다. 여기로부터 인간주의가 등장하게 되는 것이다.

3) 세속주의와 영적 가치

기독교 역사 이래로 영적 운동은 본질적인 영역에 속하지만 기독교 영성신학과 영성훈련 또는 교육이 중요한 주제로서 교회적으로 신학적으로 관심이 계속되고 있는 배경은 다양하지만 이러한 관심의 주요한 동기와 배경은 이성주의와 물질주의에 대한 기독교적 반성과 책임에서 기인하였다.

이성의 합리성을 앞세운 계몽주의 시대의 정신은 이성의 자율성과 자족성을 넘어 이성의 절대성까지 이르는 오만을 저질렀고, 기독교는 실천이성의 한계에 머무는 도덕주의적 문화종교, 윤리종교로 기울어져 갔고, 영성에 대한 이해는 종교적 심리상태로 변질되어 갔다. 이런 상황 가운데서 특별히 영성에 대한 관심이 70년대 이후 확산된 원인은 20세기 후반의 문명 전환에서 일종의 패러다임 전환 의식에서 온 측면이 강하다.

그것은 근대 300년을 지배해 왔던 계몽주의 시대정신 이후 합리주의적 세계관, 모든 것을 과학적이고 합리적인 것으로 설명하고 처리했던 문명사의 결과가 도구적인 이성의 횡포로 인하여 많은 오류를 초래하였다는 비판적 인식에서, 이제는 좀 더 근원적인 인간회복을 이루고자 하는 세계사적 기독

---

[48] 특별히 Denys Turner, *The Darkness of God: Negativity in Christian Mysticism* (Cambridge: Cambridge University Press, 1996)을 참조.

교적 정신사적이고 영적인 각성운동과 연결되어 인간 내면의 영성에 깊이 관심을 가지게 된 것이다.

물질주의와 돈 문화에 함몰되어 가는 인간성에 대한 기독교적 반성으로부터 기독교적 인간성 회복을 위한 방안으로 영성에 대한 관심이 등장하게 되었다. 인간의 생명은 물질에 의해 지배되어서는 안 되고, 생명을 주고 살리고 풍요롭게 하는 하나님, 즉 생명의 주인이신 하나님과의 생동적인 관계 안에서 살아가야 한다는, 현대 자본주의적 정신에 대한 기독교적 신학적 반성과 관련하여 등장한 측면이 강하다.

현대인들은 엄청난 물질주의에 함몰되어가고 있다. 이 시대 안에서 하나님 원하시는 살아있는 정신, 성경적인 영적 가치를 가지고 살아간다는 것 자체가 고난일 수 있다.[49] 교회가 이 과학문명과 물질의 시대에 관심을 가지고 키워야 할 것은 살아있는 성경적인 정신이요, 영적 성장이다. 우리는 영적 힘(창 2:7; 요 3:16; 고전 1:18; 고전 2:10-14)을 가지고 예수께서 친히 보여주셨던 것처럼 심령의 지평(마 5:3), 정신의 지평(막 3: 31-35)을 넓혀야 한다. 혈연과 지연이 만연한 한국 사회에서는 더욱 그렇다. 나의 교회만 보는 것이 아니라 하나님 나라를 볼 줄 아는 정신이 필요하다. 한국교회에 이런 말이 들리고 있다.

> 자본주의 사회보다 더 자본주의적인 곳이 교회다.

바꾸어 말하면, 이 말은 교회가 영적인 말은 하고 있지만 그것은 구호에 불과하고 실은 세속주의적 가치에 잠식되어 있다는 말이기도 할 것이다. 한국교회는 하루 속히 성경적인 정신으로 돌아가야 하고 영적인 가치를 그 무엇보다도 소중히 여기는 교회가 되어야 한다. 이를 위해서는 우리의 신앙이

---

[49] 몇 년 전(2003년)에 우리나라 중고등학생들에게 '정직하게 진실하게 사는 것'에 대해서 그들에게 질문한 적이 있다. 불행하게도 우리나라 청소년들의 70%이상이 정직하게 살면 손해본다고 응답했다. 정직하게 살아야 한다는 응답이 나와야 하는데 그렇지 못했다. 우리나라 기독교 인구가 20% 이상이다. 우리 사회의 이러한 현상에 대해 기독교는 책임은 크다. 영적이고 사회적 책임의 관점에서 볼 때 이러한 사회현상은 한국 기독교와 무관하다고 볼 수 없다. 오히려 이러한 사회의 모습은 한국 기독교의 영적 미성숙의 한 단면을 보여주는 예라 할 수 있다.

형식과 구호로부터 진실로 하나님을 찾는 신앙으로 돌아가는 영적 삶이 요구된다. 성장 위주로부터 하나님의 뜻을 행하고 주님의 정신을 나누는 교회로 나아가야 한다.[50]

마가복음 3:31-35에 보면 황금보석과도 같은 영적 메시지가 나온다. 어느 날 예수의 사역의 현장에 예수의 모친과 형제자매들이 찾아왔다. 사람들이 예수를 향해 당신의 모친과 동생들과 누이들이 밖에서 찾는다고 말한다. 그때 우리 예수는 아주 중요한 말씀을 하신다.

"누구든지 하나님의 뜻대로 하는 자는 내 형제요 자매요 모친이라."

예수께서 무리들에게 말씀하신, 즉 하나님의 뜻대로 행하는 사람이 나의 부모요 형제라고 한 말씀 속에서 우리는 예수의 정신세계와 영적세계를 볼 수 있다. 예수의 정신은 항상 '하나님의 뜻'(the will of God)이 제일 중요한 판단기준이었다. 예수는 살아있는 정신세계, 하나님의 뜻으로 승화된 영적 눈을 소유하고 계셨던 것이다.

자본주의 가치 아래 세속주의 시대로 달려가고 있는 현대인들에게 그리스도인들이 예수처럼 살아있는 영적 사도가 되어야 한다. 예수께서 이 땅에 오

---

50 한국교회 안에 영적으로 성숙한 교회들이 일어나고 있다. 서울시 강동구 천호동에 있는 동선교회는 "작은교회가 살면 한국교회 산다"는 운동을 지금 벌이고 있다. 이 교회는 '작은 교회 살리기 운동', 마을교회 살리기 운동을 하고 있다. 현재 국내 개신교 교회는 5만여 곳이다. 이 가운데 절반이 청장년 신자가 30명 미만인 미자립 개척교회다. 개척교회 가운데 매년 약 3000곳이 문을 닫고, 약 2500곳이 새로 생긴다. 결국 매년 약 500곳의 개척교회가 사라지는 셈이다. 작은 교회 살리기 운동의 주창자 동선교회 박재열 목사는 2002년부터 교단 및 교파에 관계없이 개척교회를 지원해 왔다. 박 목사의 말이다. "교회가 대형화되면서 한국 기독교가 부흥했다고 보는데 실은 그게 아닙니다. 요즘 대형 교회들은 전도를 통해 새로운 신자를 늘리는 것이 아니라 다른 교회에 있던 교인들을 데려온 경우가 많습니다. 그러다 보니 그 주변의 작은 교회들은 문을 닫지 않을 수 없는 현실입니다. 작은 교회들은 생존의 문제에 직면해 있습니다." 박 목사와 동선교회는 2002년 15곳, 2003년 35곳, 2004년 60곳, 2005년 80곳, 2006년 110곳의 개척교회를 지원했고 올해 120곳을 지원하고 있다. 각 교회에 10개월씩 매월 30만 원과 관련 물품 등을 지원한다. 올해(2008년) 총지원액은 3억6000만 원이다. 교단에 관계없이 초교파적으로 올 120곳 지원하고 있다. 동참 교회 또한 계속 늘어나고 있다. 최근엔 서울 노원구 상계동 상계감리교회, 서울 중랑구 중곡동의 대망교회, 부산 동래구 안락동 안락한교회 등도 이 운동에 동참하고 있다. 동선교회는 앞으로 이들을 연계하는 네트워크를 구축해 작은 교회 살리기 운동을 확산시켜 나갈 계획이라고 한다.

셔서 하신 일이 많이 있으시지만 전통에 매여있는 바리새인들을 눈뜨게 하고, 바른 것을 보지 못하게 하는 장벽들을 무너트리고 살아있는 하나님의 정신 그 생명력(영성)으로 역사를 치유하고 전통을 치유하고 인류를 치유하셨다. 예수에게는 하나님이 부여하신 살아있는 정신과 생명력이 있었기 때문이다.

4. 영적 훈련의 특성과 방향

1) 하나님의 사역으로서 영적 훈련

기독교 영적 훈련이 일반(세속) 훈련과 근본적으로 구별되는 것은 신적특성을 갖는 것이다. 이런 의미에서 기독교 영적 훈련은 인간의 사역이라기보다는 하나님의 사역이다.

그렇다면 하나님의 사역으로서 영적 훈련은 어떤 신학적 신념으로부터 시작해야 하는가?

기독교 영적 훈련이 일반훈련과 구별되는 핵심적 근거가 하나님의 사역으로서 영적 훈련이라면 여기에는 하나의 내적 논리가 요구된다. 그 내적 논리의 핵심은 하나님의 본성인 은혜이다. 하나님의 은혜는 인간의 죄 때문에 촉진된 것이 아니라 인간의 모든 영역, 창조, 구속, 유지, 성화, 성장의 모든 과정에 있어서 핵심적 동인이다. 최초의 인간 창조뿐만 아니라 다른 모든 피조물의 창조가 하나님의 은혜와 자유에 근거를 두고 있다. 앤더슨(Ray S. Anderson)은 인간의 죄와 관계에서 죄의 내적 논리로서 은혜를 다음과 같이 피력한다.

> 은혜는 인간의 죄 때문에 필요에 따라 덧붙여진 차원이 아니라, 바로 그 신성한 말씀의 핵심이다. 은혜가 죄에 대한 하나님의 응답으로서 나타나는 것이라고 말하는 것은, 곧 죄가 하나님의 존재에 대한 본질적인 측면이 아니라는 결론에 이르기 때문이다. 신학적으로 보았을 때 이 견해에 따라 만일 죄가 발생

되지 않았다면 하나님의 은혜에 대한 필요가 없다는 결론에 이른다.[51]

은혜는 하나님의 본질적 특성으로서 단순히 죄를 속하는 것이 아니라, 인간의 삶의 전 영역에서 회복과 성장을 주도하는 힘이요 생명력이다. 때문에 영적 훈련은 인간의 능력이나 힘을 기르는데 있기보다는 하나님이 일하시는 공간을 창출하는 데 있다. 영적 훈련의 근본적인 목적은 영적 기술을 개발하는 하는 것이 아니라 하나님의 임재를 경험하는 것이다. 영적 훈련의 선취자는 인간이 아니라 하나님이다. 앤더슨은 사역의 모든 행위는 하나님의 그 무엇을 나타내는 것이라고 강조하면서 하나님의 은혜의 사역의 범위를 깊이 있는 통찰로 진술한다.

> 우리가 깨닫든지 깨닫지 못하든지, 사역의 모든 행위는 각각 하나님의 그 무엇을 나타낸다. 여기서 사역의 행위란, 선포되는 설교, 가르치는 학습, 거행되는 결혼, 제공되는 상담, 그리고 하나님의 축복, 경고, 심판을 담고 있는 것으로 사람들이 해석할 소지가 있는 모든 말과 행위를 의미한다. 우리가 성경적 원리나 교회의 법칙을 상당히 실제적인 것으로 적용하기를 꺼하는 것들이 사실은, 하나님이 누구인지에 관하여 무엇인가를 말해 주고 있는 것이다. 물론 우리가 말하고 행하는 모든 것이 사역은 아니다. 그러나 우리가 크리스천으로서 말하고 행하는 것은, 우리가 그리스도를 대신해서 말한다고 다른 사람들이 결론을 내릴 수 있는 이유를 제공한다. 우리가 교회가 권위를 가지고 말하고 행동할 때 우리는 다른 사람들이 하나님께서 그 사람들에 대해 가지고 계신 의지뿐만 아니라, 하나님의 본성과 성품 역시 우리들의 말과 행동 안에 들어 있다고 생각할 수 있는 이유를 제공한다.[52]

앤더슨은 모든 사역은 그 시작부터 하나님의 사역이라고 정의하고, 하나님의 사역에 대한 핵심적 패러다임(paradigm)의 내적 논리로서 *ex nihilo*(무로부

---

51 Ray S. Anderson, *The Soul of Ministry*, 55.
52 Ray S. Anderson, *The Soul of Ministry*, 6.

터)을 제시한다.[53] 라틴어 어구인 *ex nihilo*는 '무로부터'(out of nothing)라는 뜻으로 창조론을 시작할 때 자주 사용되는 용어다. 하나님은 세상을 무로부터(*ex nihilo*) 창조하셨다.

하나님의 사역을 묘사할 때 사용되는 가장 핵심 패러다임인 '무로부터'는 우리로 하여금 창조주와 구속주로서 하나님을 이해할 수 있도록 인도한다. 그것은 "인간과 비인간 사이에는 하나님의 은혜만이 극복할 수 있는 무로부터(*ex nihilo*)가 있다."[54] 인간은 흙으로부터 취해졌지만, 인간의 본성은 하나님의 은혜로운 말씀과 영에 의해 결정되어 하나님의 형상과 모습대로 만들어진 존재로서의 특징을 갖는다.[55]

그러므로 영적 훈련은 진정한 힘의 근원과 힘의 특성과 지향성을 아는 것으로부터 시작된다고 할 수 있다. 투르니에(Paul Tournier)는 인간 본성의 탁월한 분석과 함께 영적인 힘의 논리를 명쾌하게 제시한다.

투르니에가 본 인간에 대한 통찰은 이것이다. 인간은 모든 사회적인 관계에서 어느 쪽이 상대방에게 더 영향력을 행사하는가 하는 문제와 관련된다는 것이다. 그래서 사람들은 갈등 상황에 부딪히거나, 아니면 스스로 옳다고 확신하는 쪽으로 상대방을 끌어들이기 위해 좀 더 친절한 방법으로 사람들을 끌어들인다.[56] 이 두 의지가 자신의 한계임을 분명히 인식하고, 하나님의 의지에 순복할 때 인간의 근본적인 치료가 가능하다고 투르니에는 제안한다. 여기에서 그는 심리적인 힘과 영적인 힘을 구분하면서, 심리적인 힘은 약자를 강자 만드는 데 목적이 있다고 지적한다.[57]

하지만 이 세상에 진정한 강자도 진정한 약자도 없다. 인간은 단지 약한 반응을 하고 강한 반응을 할 뿐이다. 여기에 심리학적 목표에 한계가 있다. 그러므로 이러한 이해 속에서 심리학적 이해의 가능성과 한계성 또는 불가

---

53 Ray S. Anderson, *The Soul of Ministry*, 37.
54 Ray S. Anderson, *The Soul of Ministry*, 56.
55 Ray S. Anderson, *The Soul of Ministry*, 57.
56 폴 투르니에, 『강자와 약자』, 정동섭 역 (서울: IVP, 2007), 38.
57 폴 투르니에, 『강자와 약자』, 239-296 참조.

능성을 분명히 해야 한다.

투르니에의 결론은 모든 인간은 내적이고 영적 치유가 필요하다고 제안한다. 진정한 치유는 약한 반응이나 강한 반응에서는 찾을 수 없다는 것이다. 인간의 근본적인 갈등을 실제적으로 해결해야만 진정한 치유가 가능하다는 것이다. 그리고 진정한 치유는 심리학 수준에서가 아니라, 영적인 영역에서 이루어진다는 것이다.[58] "심리적인 구원은 약자의 진영에서 강자의 진영으로 옮겨가는 것이지만, 영적인 구원은 하나님의 뜻을 재발견하는" 것이다.[59]

진정한 인간의 치유는 하나님의 은혜 없이는 불가능하다는 것이다. 인간은 근본적으로 나약함, 이기주의, 죄인 됨 등을 깨닫게 하고 하나님의 은혜를 알고 그 앞에 나아가게 하는 힘이 영적인 힘이다. 때문에 영적인 힘은 약자를 강자 만드는 데 목적에 있기보다는 하나님의 은혜를 아는 사람이 되게 하는 데 있다. 이 세상에는 강자와 약자가 있는 것이라기보다는, 이 두 반응은 인간 누구나 가지고 있는 근본적으로 동일한 고통에 대한 표현이다.[60] 강한 반응과 약한 반응은 인간의 내면에 도사리고 있는 두려움과 삶 속에서 겪게 되는 고통에 대한 반응이라 할 수 있다. 그것이 강하고 약하게 표현된 것뿐이다. 하나님의 은혜만이 우리를 변화시킬 수 있다는 고백과 믿음으로 살아가게 하는 것이 영적 훈련과 성장의 목표다. 영적인 힘은 하나님의 은혜를 아는 사람으로 인도하는 힘이다.

영적 훈련은 하나님의 은혜의식과 관련 한다. 우리가 영성을 소유했다는 말의 의미는 하나님 영 또는 의식을 향유하고 있다는 말이다. 이 말은 자연적이고 생물학적 의미에서 삶의 한계를 분명히 인식하고 하나님의 은혜가 필요한 피조물임을 아는 것과 관련한다(갈 3:5; 고전 2:12).

---

58 폴 투르니에, 『강자와 약자』, 37.
59 폴 투르니에, 『강자와 약자』, 37.
60 폴 투르니에, 『강자와 약자』, 26.

2) 정체성 회복으로서 영적 훈련

모든 인간은 정체성에 대한 질문을 가지게 된다. "나는 누구인가?"라는 물음을 하게 된다. 그리스도인도 예외 일 수 없다. 인간은 그가 하는 일이나 남들이 그에 대하여 하는 말이나 그가 소유한 것이 그의 정체성이 라고 생각하는 경우가 많다. 그리스도인들도 이 세상 속에서 살아간다. 하지만 이 세상은 참된 정체성을 혼란스럽게 하는 부정적인 소리로 가득하다. 그런 부정적인 소리들이 하도 크고 집요하다 보니 인간은 자기도 모르게 자기 부정의 덫에 빠진다. 이 세상 속에서 살아가는 그리스도인은 정체성의 문제에 직면한다.

나우웬(Henri Nouwen)은 "너는 내 사랑하는 자라"는 하나님의 말씀 속에 모든 인간들에 대한 가장 깊은 진리가 계시된다고 지적하면서 모두 영적 유혹은 이 근본 진리를 의심하고 그 밖의 다른 정체들을 믿게 하려는 것과 관련된다고 하였다.[61] 예수의 공생애의 결정적인 순간은 세례를 받으시며 하나님께 "이는 내 사랑하는 아들이요 내 기뻐하는 자라"(눅 3:21-22)는 인정의 말씀을 들으시던 때였다.[62] 그 핵심적인 체험을 통하여 예수는 자신의 참 존재를 깊은 방식으로 체득한다.

누가복음(4:1-13)에 기록된 예수의 광야에서 받은 시험은 그분에게서 그 핵심 정체를 앗아가려는 유혹이다. 자신을 다른 존재로 믿으라는 유혹이다.

'너는 돌로 떡을 만들 수 있는 자다. 성전에서 뛰어 내릴 수 있는 자다. 다른 사람들로 하여금 네 권세에 절하게 만들 수 있는 자다.'

그러나 예수는 "아니다"라는 선언과 함께, "나는 하나님의 사랑받는 자다"라고 선언하신다. 그리스도인의 정체성은 우리를 향한 하나님의 사랑 안에서 이다. 나우웬은 영적인 삶의 가장 큰 적은 자기거부라고 진술한다.

---

[61] 헨리 나우웬, 『영성수업』, 윤종석 역 (서울: 두란노, 2007), 48.
[62] 요한이 요단강에서 사람들에게 세례를 줄 때에 예수님도 세례를 받으러 오셨다. "예수도 세례를 받으시고 기도하실 때에 하늘이 열리며 성령이 형체로 비둘기 같이 그의 위에 강림하시더니 하늘로서 소리가 나기를 '너는 내 사랑하는 아들이라. 내가 너를 기뻐하노라' 하시니라"(눅 3: 21-22).

삶의 가장 큰 덫은 성공이나 인기나 권세가 아니라 자기거부, 자신의 참 존재를 회의하는 것이다. 성공과 인기와 권세도 과연 큰 유혹일 수 있으나 그 유혹의 질은 자기거부라는 훨씬 큰 유혹의 일부라는 데에 있다. 우리를 무익하고 사랑 받지 못할 존재라고 부르는 소리를 믿게 되면, 성공과 인기와 권세가 어느 새 매력 있는 해답으로 다가온다.[63]

인간은 하나님의 사랑받는 자라는 것을 망각할 때 수많은 형태의 자기부정에 빠지게 된다. 자기거부나 부정의 유혹은 때로는 교만의 형태로 때로는 열등감의 형태로 나타난다.[64] 자기부정은 자신감 부족으로 나타날 수도 있고 지나친 자만심으로 나타날 수도 있다. "자기거부는 영적인 삶의 가장 큰 적이다."[65] 영적 훈련의 중요한 목적은 그러므로 참된 정체성의 문제와 깊이 관련된다.

영적 훈련의 중요한 목적은 성경에서 가르치고 있는 인간관을 통해 바른 정체성을 가지도록 해야 한다. 성경은 인간이 하나님의 형상대로 창조된 가치 있는 존재임을 명백히 하고 있다(창 1:26-28). 심지어 타락한 후에도 우리를 "천사보다 조금 못하고", "영화와 존귀의 관을 쓴 자"(시 8: 4, 8)라고 말한다. 하나님께서는 인간을 사랑하셔서 인간의 죄를 대속하시기 위해 독생자를 보내셨다(요 3:16). 천사를 보내셔서 우리를 보호하시고, 성령을 보내셔서 우리를 인도하신다.

성경의 가르침은 하나님의 형상으로서의 고귀한 인간과 죄로 타락하여 손상된 인간의 본성 간에 존재하는 파라독스가 하나님의 중보의 은혜로 해결된다는 것이다(눅 15장).[66] 아담스(Jay E. Adams)는 기독교인의 진정한 자기 발견은 죄성으로 가득 찬 자아에서 출발하는 것이 아니라, 그리스도 안에서 새로운 피조물인 하나님의 자녀라는 사실에서부터 시작한다고 지적한다.[67]

---

63 헨리 나우웬, 『영성수업』, 51.
64 헨리 나우웬, 『영성수업』, 52.
65 헨리 나우웬, 『영성수업』, 52.
66 Josh McDowell & Bob Hostetler, *Johsh McDowell's Handbook on Counseling Youth: A Comprehensive Guide for Equipping Youth Workers, Pastors, Teachers, Parents* (Nashville: W Publishing Group, 1996), 78.
67 Jay E. Adams, *The Christian Counselor's Manual: The Sequel and Companion Volume to Compe-*

따라서 기독교인들은 자신이 하나님 앞에서 새롭게 된 고귀한 존재임을 기억하고 바른 정체성을 가지도록 해야 한다. 때문에 영적 훈련의 중요한 목적은 예수 안에서 자기 정체성을 갖도록 도와주는 것으로부터 시작해야 한다.

라티(Immanuel Y. Lartey)는 기독교인의 성숙은 자기 자신과의 관계를 잘 맺는 것임을 설명하면서, 건강한 자존감을 소유한 사람은 자신의 독특성에 적절히 반응하는 사람이라고 강조하고 있다.[68] 레이 앤더슨은 기독교의 영적 훈련의 중요한 목적 중에 하나를 존엄성과 가치에 대한 근본적인 깨우침이라고 지적하면서 다음과 같이 진술한다.

> 인간 정신에 가장 깊은 상처를 주는 것의 하나가 자기 존엄성과 자기 가치가 조직적으로 침식될 때 일어나는 고립감이다. … 인간의 기원에 대한 성경 안의 이야기는 이러한 인간의 인격적 존재의 상실로부터 구원이라는 관점에서 읽혀질 필요가 있다. … 모세는 창조의 이야기를 통해 인간성의 기초로서 하나님의 형상과 모습을 드러내 보임으로써 각 개인에게 본래 주어진 내재적인 존엄성과 가치에 대해 근본적인 깨우침을 가져오기를 원했다.[69]

영적 훈련은 단지 영적기술을 터득하는 것이 아니라 인간의 존엄성과 가치에 대한 정체성과 관련되어야 한다. 자존감이 낮은 사람일수록 자기의 삶에 스스로 만족하기보다는 자기를 향한 타인의 시각과 행동에 의해 모든 것을 평가하는 경향이 있다. 이런 사람일수록 하나님이 존귀하게 만드신 자기 존엄성을 전혀 생각지 못하고 있을 뿐 아니라 자기 내면에 있는 인간으로서의 존엄성마저도 보지 못한다. 이런 사람의 자기 이해는 하나님 없는 자기 이해일 뿐 아니라 유아기적 사고에 빠지는 경우가 많다. 교회 생활이나 신앙적인 면에서도 더 많이 발전하고 성숙해질 수 있는데도 이러한 열등감 때문에 어려움을 겪는 기독교인들을 교회 공동체 안에서도 많이 볼 수 있다. 열

---

tent to Counsel (Grand Rapids, MI: Baker Book House, 1981), 145-147.
68 Immanuel Y. Lartey, *In Living Colour*, 118.
69 Ray S. Anderson, *The Soul of Ministry*, 39-40.

등감과 신앙의 성숙이 상반관계에 있음을 보고하는 연구도 있다.⁷⁰

맥도웰(Josh McDowell)은 낮은 자존감을 가진 사람과 건전한 자존감을 가진 사람은 세상과의 관계에서 다른 태도를 보인다며 다음과 같이 비교 설명하고 있다.⁷¹ 낮은 자존감의 사람은 세상에 도전하는 자기의 능력에 비관적이다. 그들은 새로운 상황이나 돌발적 상황을 자기들을 위협하는 것으로 여기거나 자기들을 공격하기 위해 계획된 것으로 간주한다. 그들은 자신을 향해 세상이 닫혀있다고 생각하며, 자기들을 억압하고 짓밟으려한다고 본다. 그들은 세상에 도전하여 그것을 변화시키려 하지 않고 세상이 요구하는 것을 받아들이려는 경향이 있다.

반대로 전전한 자존감의 사람은 세상을 도전해야 하고, 자기의 능력을 발휘하며, 그리스도를 신뢰하며, 부딪혀야 할 기회로 여긴다. 그러한 사람은 그리스도를 통하여 세상에 영향을 줄 수 있으며, 하나님의 은혜로 효과적으로 환경을 변화시킬 수 있다고 생각한다.

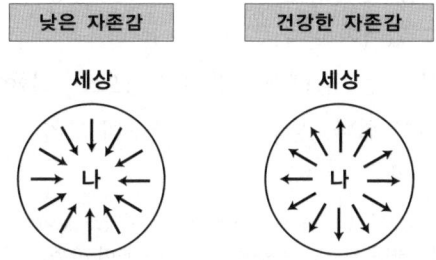

위의 그림은 낮은 자존감으로 자라난 사람은 세상의 가치가 다가오거나 공격할 때 쉽게 정복당한다는 것을 보여준다. 하지만 건강한 자존감을 가진 사람은 세상의 가치에 의해 정복당하는 것이 아니라 세상의 가치를 오히려 지배하고 개혁하며 살아간다.

이는 우리 그리스도인들에게 아주 주요한 교훈을 준다. 그리스도인들이

---

70 배은주, "기독학생의 신앙성숙도와 자존감의 관계 연구," 「복음과 상담」 3 (서울: 한국복음주의 기독교상담학회, 2004): 178-188.
71 Josh McDowell, *Building Your Self-image* (Nashville: Thomas Nelson) quoted in Josh McDowell & Bob Hostetler, *Johsh McDowell's Handbook on Counseling Youth*, 75.

신앙 안에서 건강한 자존감을 가질 때 그들은 세상의 가치가 유혹하거나 공격해 올 때 그 가치에 정복당하지 않고 오히려 그리스도적 가치로 그것을 개혁하고 변화시킨다는 것이다. 하지만 신앙 안에서 건강한 자존감이 형성되지 못할 때 세상의 가치에 쉽게 정복당한다는 것이다. 이렇게 될 때 그들은 세상에서 패배한 인생을 살 수 밖에 없으며 그리스도적 사명을 성취해 가는 데 있어서도 힘을 발휘할 수 없게 된다.

낮은 자존감의 문제는 그리스도인들에게도 매우 만연하여 있고, 우리의 삶의 많은 영역에 부정적 영향을 많이 미친다. 이 문제를 해결하기 위해서는 교회 공동체의 역할이 매우 중요하다. 교회는 성경의 바른 인간관을 가르쳐 그리스도인들이 진정한 자존감을 가질 수 있게 하며, 세상의 가치에 영향을 받을 것이 아니라 하나님의 가치로 세상의 가치를 극복해 나갈 수 있게 할 수 있다. 교회는 또한 서로 용납하고, 서로의 가치를 인정하며, 서로 위로하는 믿음의 공동체로서 낮은 자존감을 가진 사람들을 잘 돕고, 지지하여 하나님 안에서 회복된 새로운 자존감을 가지게 할 수 있다. 그러므로 영적 훈련은 긍정적 자아형성에 도움을 줄 수 있어야 한다.[72]

교회의 영적 훈련은 성도들에게 말씀과 성령으로 그들에게 건강한 자존감을 갖도록 도와주어야 한다. 성도들에게 '예수의 가치'가 있다는 것을 끊임

---

[72] 기독교 안에서 긍정적 자아형성과 관련해서 반드시 생각해 보아야 할 주제가 있다. 그것은 '자기부인'이다. 왜냐하면 기독교 전통에서 '자기부인'이 잘못 이해되는 경우가 있었기 때문이다. '자기 부인'은 기독교인의 경건한 삶의 정수이다. 칼빈은 우리는 우리 자신의 것이 아니고 하나님의 것이므로 우리의 육을 따라 우리에게 유익한 것을 구할 것이 아니라 하나님의 뜻에 합당하게 살아야 하며(John Calvin, *Institutes of the Christian Religion* (Grand Rapids: Eerdmans, 1995), III. 7.1), 온전한 자기 부인만이 우리가 온전히 하나님께 헌신할 수 있게 한다고 했다(John Calvin, *Institutes of the Christian Religion*, III. 7.2.). 하지만 '자기 부인'은 또한 적극적이고 긍정적 의미를 내포하고 있다. 칼빈은 자기 부인은 하나님과 이웃을 향한 적극적이고 긍정적 자세-자기를 억매이게 하는 것이 아니라 자유롭게 하며, 이웃에 대한 사랑 안에서 자아를 확립 시켜가는 것이라고 보았다(John Calvin, *Institutes of the Christian Religion*, III. 7.6; 7.7). 이웃을 향한 존경과 봉사의 견지에서 본 자기 부인은 기독교인들에게 능동적인 힘이다. 자기 부정은 세상의 소리와 나의 이기적인 자아에 'No'하고 하나님과 이웃에게 'Yes'하는 것이지(Wilkie Au, *By Way of the Heart: Toward a Holistic Christian Spirituality* (New York: Paulist Press, 1989), 32), 세상을 등지거나 우리의 육체를 탄압하거나 하나님께서 우리에게 주신 재능이나 은사를 부인하는 것이 아님을 분명히 인식해야 한다(Immanuel Y. Lartey, *In Living Colour*, 118).

없이 일깨우고 그들로 하여금 이러한 가치인식을 가지고 살아가도록 도우며 격려해야 한다.

한국 사회구조는 사람들에게 자존감과 희망을 키워주는 구조이기보다는 열등감을 양산시키는 구조를 가지고 있다고 해도 무리한 지적은 아닐 것이다. 이러한 사회구조 안에서 교회의 사명은 막중하다.

특별히 한국 사회에서 청소년들은 자본주의적 가치로 인하여 고통당하고 있다. 성장해가는 시기에 있는 청소년들에게는 건강한 자존감을 갖도록 하는 것이 무엇보다도 중요하다. 그들이 자기 안에서 예수의 가치를 발견하지 못하는 것은 어떤 의미에서 현 한국교회가 안고 있는 구조적 문제일 뿐만 아니라 영적가치의 문제이기도 하다. 교회는 성도들로 하여금 건강한 자존감, 즉 예수의 가치로 자기를 인식하고 살아가도록 실제적인 영적 훈련 프로그램을 가지고 있어야 한다.[73]

3) 하나님 경험으로서 영적 훈련

하나님은 인간에게 본래부터 영원을 사모하고 갈급하는 마음을 주셨다(전 3:11). 사슴이 시냇물을 찾아 헤매이듯이 인간의 영혼은 하나님을 만나지 못하면 절망과 공허감을 견디지 못하여 하나님을 찾는 것이다(시 42:1-2).

어거스틴도 영혼 안에 내재하는 세 가지 요소, 즉 '진리', '사랑', '영원성'이 있다고 보았다. 영혼에는 진리를 사모하는 열정이 있고, 사랑하려는 의지가 있고, 영원성을 가지고 있다고 보았다. 이 세 가지가 영혼의 기능(faculty)이라고 보았다. 인간은 본래 진리, 사랑, 영원성을 가지고 있으며, 이것이 제대로 회복되면 인간은 하나님께로 돌아갈 수 있고, 진리를 깨달을 수 있다고 보았다. 어거스틴은 그의 『고백록』 첫 권 첫 장에서 "우리의 마음이 하나님 안에서 쉼을 찾을 때까지 우리의 영혼은 불안하다"라고 하였다.

---

[73] 최창국, 『해결중심 크리스천 카운셀링: 현대 기독교인이 직면한 상담문제들』(서울: CLC, 2006), 274-275.

기독교 영적 훈련의 독특성은 무엇보다도 하나님 경험이다. 이 초월적 차원이 간과되면 영적 훈련은 그 정체성을 상실한다고 할 수 있다. 이런 의미에서 영적 훈련의 가장 핵심은 하나님을 창조주로 인정하고 사랑하게 하고 그를 경험하도록 하는 것이다. 에반스(Sydney Evans)는 영적 차원의 중요성을 다음과 같이 기술하였다.

> 영성은 우리 그리스도인들이 자기 자신과의 바른 관계성을 깨닫게 할 뿐만 아니라 다른 사람들과 바른 관계성을 갖도록 한다. 그러나 중요한 것은 이 둘은 하나님과 우리 자신의 관계의 정도에 의존된다는 것이다.[74]

때문에 영적 훈련에서 그 핵심주제인 하나님 경험을 간과하거나 무시하게 될 때, 하나님과의 생동적 관계라는 맥락에서 인간 성숙 또는 성장의 복잡한 신비와 관련되어 있는 신학적 함축들을 상실하게 되는 것이다.[75] 기독교 영적 훈련은 단지 자아의 계몽에 관심하는 것이 아니라 하나님의 실재를 끊임없이 인식하고 고백하는 가운데 그와 실제적인 교제를 나누도록 돕는 것이다. 기독교 영적 훈련은 사람들로 하여금 내적으로 정신적 자기만족에 머무르도록 하는 것이 아니라 성육신하시고 우리를 위해 죽으시고 부활하신 예수 그리스도와 실제적인 교제를 나누는 삶을 살도록 이끌어야 한다.

하나님 경험으로서 영적 교육 또는 훈련과 관련하여 기도와 렉시오 디비나 등을 들 수 있으나, 여기서는 특별히 하나님 경험을 방해하는 요소이며, 현대 그리스도인들에게 좀 더 실질적이고 긴박한 문제인 돈(money)의 '우상성'을 살펴보고자 한다.

헐(John Hull)은 우리 시대는 하나님을 세일(sale)하는 시대가 되었다고 부르짖고 있다. 살아계신 하나님은 이론이나 관념 속에서는 존재하지만 실제로

---

74 Trevor Willmott, "Spirituality and Appraisal," Kevin Esatell, ed., *Appointed for Growth: A Handbook of Ministry Development and Appraisal* (London: Mowbray, 1994), 116에서 재인용.
75 Philip Sheldrake, *Spirituality and History: Questions of Interpretation and Method* (London: SPCK, 1995), 50.

는 하나님 자리에 돈이 자리하고 있다는 것이다.[76] 이 시대는 자본주의 가치에 잠식당한 지 오래다. 인간 역사에서 돈과 인간의 관계 변화로 인하여 점차적으로 하나님에 대한 믿음이 상실되고 인간과 자연에 대한 권력이 세속화되었다. 중세와 근대 세계의 감정적인 대립을 자신의 작품 속에서 자주 그려낸 셰익스피어가 돈은 '눈에 보이는 하나님'이라고 말했을 때, 그는 현대에 일어나고 있는 엄청난 사고의 변화를 내다보았던 것이다. 자본주의 하에서 인간의 가치는 돈의 힘에 종속되었고, 인간관계는 더 이상 종교적 전통, 신성한 신뢰, 가족과 공동체의 의무, 형제애 등이 아니라 오히려 상업적 계약의 형식 위에 세워졌다.

돈은 현대 세계에서 다양한 기능을 수행한다. 돈은 인간이 자기 존재의 안전을 확보하는 일차적인 수단이다. 돈은 사람들 간에 상품과 서비스의 교환을 용이하게 만드는 매체이며, 각 개인의 가치를 평가하는 편리한 도구이다. 돈은 지위와 권력을 부여해 준다. 그러나 무엇보다도 중요한 것은 모든 현대인들이 돈으로 자율성을 살 수 있다고 믿고 있으며, 자율성과 안정은 하나이며 동일한 것이라는 환상에 사로잡히게 되었다는 것이다.

이러한 현상에서 그리스도인들이 예외라고 쉽게 말할 수 없다. 헐의 주장은 '돈의 정신성'이다. 돈은 이미 매개적 도구 이상으로서 사람들의 가치와 사상을 움직이고 사로잡는 정신성을 가지고 있다. 돈 자체는 문제라 할 수 없다. 하지만 돈이 갖는 우상성은 우리들의 삶을 지배하고도 남는 시대에 우리는 살고 있다. 현대 기독교 영적 교육 또는 훈련의 사명 중 하나는 사람들에게 바른 돈 교육이 필수적이라 할 수 있겠다. 돈 교육은 예수께서 친히 하신 교육이기도 하다. 예수님은 이렇게 말씀하셨다.

---

[76] John M. Hull, "Christian Education in a Capitalist Society: Money and God", David Ford and Dennis L. Stemps eds., *Essentials of Christian Community: Essays in Honour of Daniel W. Hardy* (Edinburgh: T&T Clark, 1996), 241-252; "Bargaining with God: Religious Development and Economic Socialization", *Journal of Psychology and Theology* 27, 3 (1999): 241-249; "Competition and Spiritual Development", *International Journal of Children's Spirituality* 6, 3 (2001): 263-275; "Spiritual Development: Interpretations and Applications", *British Journal of Religious Education* 24, 3 (2002): 171-182를 참조.

한 사람이 두 주인을 섬기지 못할 것이니 혹 이를 미워하며 저를 사랑하거나 혹 이를 중히 여기며 저를 경히 여김이라. 너희가 하나님과 재물을 겸하여 섬기지 못하느니라(마 6:24).

예수께서는 하나님을 택하든가 맘몬(Mammon)을 택하든가 하라고 하셨다. 예수의 가르침은 사람의 실존은 하나님보다 돈을 더 사랑하려고 하는 속성이 있다는 것을 분명히 하신 것이라 할 수 있다. 현대 기독교인의 영적 훈련은 맘몬이란 우상의 파괴성과 지배성으로부터 정화됨 없이 불가능하다고 할 수 있다.

4) 통전적 삶의 회복으로서 영적 훈련

기독교적 인간 삶의 원리는 관계적이고 공동체적 삶 안에서 진정한 자기 정체성을 갖는다. 에드워드(Jonathan Edwards)는 기독교인들의 진정한 영적 삶에 대해 다음과 지적하였다.

> 어떤 사람들은 다른 사람들에게, 말하자면 겉 사람에게 사랑을 보여 주었다. 이들은 자신들이 세상적인 소유에 대해 초월했으며, 가난한 사람들에게 이를 나누어 주는 경우가 많았다. 그러나 이들에게는 사람들의 영혼에 대한 사랑이나 관심이 없었다. 또 다른 사람들은 사람들의 영혼에 큰 사랑을 보이는 척하지만, 그들의 몸에 대해서는 동정하지도, 귀중히 여기지도 않는다. 다른 사람에게 커다란 사랑, 연민, 영혼에 대한 고민을 보여주는 일은 아무 희생도 요구하지 않는다. 그러나 다른 사람들의 육체에 대한 자비를 보여주기 위해서는, 주머니에서 돈을 꺼내야만 한다. 그러나 우리 형제에 대한 진정한 그리스도인의 사랑은 다른 이들의 영혼과 육에 모두에 미친다.[77]

---

77 Jonathan Edwards, *Religious Affections*, Edited by John E. Smith (New Heaven, Conn.: Yale University Press, 1959), 369.

프랑스의 기독교 지성인인 자크 엘룰(Jacques Ellul)은 진리의 통전성을 잃어버린 인간의 딜레마를 여러 각도에서 잘 지적해 준다.[78] 예를 들어, 우리가 자유와 사랑을 말할 때에도, 하나님을 중심에 둘 때, 이 둘은 상충하지 않고 조화를 이루게 된다. 그러나 통전성을 잃어버릴 때 인간은 사랑 없는 자유, 곧 하나님이나 동료 인간에 대한 아무런 책임도 헌신도 없는 방종의 자유를 가지게 된다. 더 나아가 자신의 육체적 자유와 만족을 위하여 상대를 예속화하는 사디즘(sadism)적 행위를 낳기도 한다. 엘룰이 말하는 통전성은 하나님을 중심으로 한 모든 의미 있는 것들의 관계성을 말하며, 더 나아가서 하나님의 형상으로서의 한 인격성의 전인성, 또 그 각각의 인격체의 주체성을 전제로 한 책임 있는 상호성, 그 인격체가 주체로 참여하는 말과 행위의 일체성 등을 포함한다. 그에 따르면 인간을 통전적 관계성 안에서 이해할 때 우리는 오늘날의 인간에 대한 파편적 이해를 극복해 갈 수 있다. 그에 의하면 통전적 인간은 예수님을 주로 고백할 때 예수님에 대한 진술로만 그치지 않고 이 속에서 그 자신을 예수님의 종으로 보는 자기 이해와 삶의 자세를 포함한다. 엘룰이 말하는 통전성은 결국 포스트모던니즘(postmodernism)적 개인주의와 상대주의의 맹점을 지적하는 것이라 할 수 있다. 포스트모던적 인간의 특징은 자신에게 옳은 것만을 진리로 삼고 살아가는 사람이다.[79]

기독교 영적 훈련은 인간이 공동체적 존재로서 세계 속에서 삶을 살아가도록 창조되었다는 사실을 분명히 해야 한다. 때문에 영적교육 또는 훈련을 통해서 사람들에게 이러한 공동체적 가치와 질서의 중요성을 인식하도록 해야 한다. 이러한 공동체적 훈련은 사람들로 하여금 특별히 가난하고 소외된 사람들을 돌보는 일의 중요성을 놓치지 말아야 한다. 인간은 하나님의 창조적 질서를 왜곡함으로 나의 평화, 나의 기쁨, 나의 복지만을 추구하는 것이 일반적이다. 이러한 인간 실존과 상황에서 영적교육 또는 훈련은 사람들로 하여금 자신들의 가치를 공동체적 목표에 두도록 도와야 한다. 기독교 영적 훈련은 단지 사람들의 영혼뿐만이 아닌 인간 전체에 대한 관심의 중요성을

---

[78] Jacques Ellul. *What I Believe* (Grand Rapids: Eerdmans, 1989), 71-3.
[79] 이 단락은 최창국, "기독교 교육학," 한국복음주의실천학회 편, 『21세기 실천신학개론』(서울: CLC, 2006), 235-36의 내용임.

입증해야 한다.[80]

　기독교 영적교육 또는 훈련에서 우리가 주지해야 할 것은 사람들의 영적 국면이 성숙되면 윤리적 국면이 강화된다는 것이다. 이 둘의 관계는 이원론적으로 실존하지 않는다는 것이다. 즉, 영적으로 성숙한 사람이 되면 될 수록 사회로부터 이방인이 되지 아니하고 보다 더 성숙한 윤리적인 사람, 충실한 사회인이 되는 것이다. 자신의 고통에서 나와서 다른 이의 고통 속으로 들어갈 수 있게 된다(Out of one's own pain into the pain of others). 여기에 영성 훈련의 궁극적 목적이 있다.

---

[80] Dietrich Bonhoeffer, *The Cost of Discipline* (New York: Macmillan, 1959)를 참조.

제6장

영성과 구원론적 프락시스[1]

Spirituality and Soteriological Praxis

1. 하나님의 프락시스로서 영성훈련

우리 시대의 문화 양상은 영성훈련에 대한 이해를 왜곡시키는 경향이 있다. 만일 우리가 영성훈련을 통해 우리 자신을 변화시킬 수 있다고 생각한다면, 이것은 영성훈련이 아니다. 참된 영성훈련은 인간의 노력에 의존되는 것이 아니라 우리의 삶 속에서 그리고 삶을 통해 하나님께서 의도하시는 일을 위해서 우리가 사용되도록 하나님께 사랑으로 복종하는 행위이다.

영성훈련에서 스스로 모든 것을 만들고자 하는 인간의 편으로 치우치거나 하나님께서 원하시는 모든 것을 하시도록 그저 기다리는 편으로 치우치기 쉽다. 그래서 바울은 "두렵고 떨림으로 너희 구원을 이루라 너희 안에 행하시는 이는 하나님이시니"라고 말한다. 하지만 우리는 그 역설의 긴장을 깨버리기 쉽다. 영성훈련을 통해 구원을 이루는 것과 하나님께서 우리 안에서 행하시도록 하는 것의 균형을 깨지 않기 위해서는 바른 신학적 통찰이 요구된다.

그렇다면 하나님의 사역으로서 영성훈련은 어떤 신학적인 신념에서 시작되어야 하는가?

영성훈련이 인간의 삶에 작용하는 하나님의 창조적이고 구속적인 행위와 어떻게 관련되고 조화를 이루어야 하는가에 대한 신학적 이해가 부족하다. 바른

---

[1] 이 글은 『성경과 신학』 55 (2010), 91-133에 실린 필자의 글을 수정 보완한 것이다.

기독교적인 영성훈련을 위해서는 인간론과 구원론에 대한 신학적 이해가 필수적이다. 특히 영성훈련은 구원론과 밀접하게 관련되어 있다. 영성훈련은 우리를 성화시키기 위한 하나님의 은혜의 방편이다. 영성훈련은 인간의 프락시스(praxis)가 아니라 하나님의 프락시스(praxis)에 속한다.

영성훈련에 대한 혼동 중의 하나는 영성훈련을 인간의 노력과 행위의 차원과 과정으로 이해하는 것이다. 영성훈련에 대한 이러한 이해는 심각한 문제를 초래할 수 있다. 로버트 멀홀랜드(Robert Mulholland)는 영성훈련을 바르게 실천하기 위해 이렇게 고백한다.

"하나님, 영성훈련이 내 속에서 당신의 은혜의 수단이 될 수 있도록 존재의 깊은 내면으로부터 복종하게 하소서."[2]

우리의 구원이 전적으로 하나님의 은혜인 것처럼 영성훈련은 우리를 그리스도의 형상으로 변형시키시는 하나님의 은혜의 방편이다. 영성훈련의 이러한 내적 논리는 무엇보다도 중요하다. 영성훈련은 인간의 사역이아니라 하나님의 사역이기 때문이다.

2. 영성훈련 신학의 기초로서 구원론

1) 구원의 시제

신약성경은 구원을 세 시제로 묘사하고 있다.[3] 우리는 우리를 위해 십자가에서 스스로 대속의 제사를 드린 예수 그리스도를 믿음으로 말미암아 하나님으로부터 의인이라 선언되고 하나님과의 올바른 관계가 회복된다(롬 5:1, 9). 이것이 구원의 과거이다. 그러나 예수 그리스도의 재림의 날에 우리 모두는 그의 재판석 앞에 서게 된다(고후 5:10). 그때 믿는 자들은 온전한 구원을 받게 된다(롬 5:9, 8:31-38; 살전 1:9-10). 이것이 구원의 미래이다.

---

2 로버트 멀홀랜드, 『영성여행 길라잡이』, 서원교 역 (서울: 살림, 2008), 177.
3 김세윤, 『빌립보서 강해』 (서울: 두란노, 2009), 36-7.

빌립보서 1:6의 언어로 설명하면, 하나님은 우리 가운데 이미 선한 일을 '시작'하셨고(구원의 과거), 신실하신 그분은 이미 시작된 우리의 구원을 주 예수 그리스도의 날에 '완성'하실 것이다(구원의 미래). 그러므로 그리스도를 믿는 우리는 그 믿음으로 말미암아 구원의 시작을 받은 것이요 구원의 완성을 향하여 가고 있다. 우리는 구원의 '시작'과 '완성' 사이에서 구원을 받아 가고 있다고 할 수 있다. 이것이 구원의 현재이다. 하지만 반드시 기억해야 할 것은 구원의 시제개념은 시간적 순서가 아니라 논리적 순서이다.

2) 구원에서 칭의와 성화

구원의 과정에서 칭의와 성화의 관계를 이해하는 것은 구원의 시제 개념을 이해하는 것뿐만 아니라 구원의 주체를 명백하게 하는데 도움을 준다. 일반적으로 성화가 칭의 후에 발생하는 것으로 이해하는 경우가 있다. 이렇게 이해하면 성화는 인간의 행위와 직결되는 것으로 보려는 경향이 발생하고, 칭의는 하나님의 전적인 사역이지만 성화는 우리의 삶의 성화로 이해하게 될 수 있다. 성화는 칭의의 결과로 발생하는가, 아니면 이 둘의 관계는 어떻게 이해되어야 하는가?

개혁주의 신학자들은 일반적으로 하나님의 즉각적인 행위인 동시에 단번에 완성되는 칭의와 구별하여 성화를 신자의 전 생애 동안 계속되는 것이라고 주장한다. 신약성경은 성화를 전 생애의 과정으로 묘사하지만 또한 성화를 광대한 기간보다는 오히려 특별한 시점에 발생하는 즉각적인 하나님의 사역으로 서술한다.[4]

존 머레이(John Murray)는 "신약성경에서 성화에 대하여 언급하는 거의 모든 특정적인 용어들은 어떤 진행 과정이 아니라 단번에 완성되는 것으로 묘사되었다"고 주장한다.[5] 성화를 즉각적인 의미로 묘사하는 구절은 고린도전서 1:2에서 볼 수 있다. 바울은 여기서 "그리스도 안에서 거룩하여진" 고린

---

4 John Murray, *Collected Writings: Systematic Theology* V. 2 (Carlisle, PA: The Banner of Truth, 1977), 277-93.

5 John Murray, *Collected Writings: Systematic Theology* V. 2, 277.

도 성도들에게 문안한다. 여기서 기록된 헬라어 동사는 계속되는 결과로서의 완성된 행위를 묘사하는 완료시제이다. 개혁주의 신학자들은 보통 칭의를 신자를 의롭다고 선언하시는 하나님의 선언적 행위로 이해한다. 그러므로 이 선언적 행동은 계속 진행하는 과정이 아니라 단번에 완성되는 것이다.

반면, 성화는 또한 하나님의 즉각적인 행동으로서의 칭의와 대등되어 있다.

> 주 예수 그리스도의 이름과 우리 하나님의 성령 안에서 씻음과 거룩함과 의롭다 하심을 얻었느니라(고전 6:11).

헬라어 성경에서 이 세 동사는 보통 동작의 단 일회적으로 완성되는 부정과거 시제이다. 따라서 결국 바울은 여기서 이들 신자들이 어떤 시점에서 즉각적으로 의롭다 함을 얻은 것과 같이 단번에 성화된다는 뜻으로 진술한다. 그러므로 우리의 즉각적인 성화에 대한 결과로 그리스도 안에 있는 우리는 지금 스스로 "죄에 대하여는 죽은 자요 그리스도 예수 안에서 하나님을 대하여는 산 자로"(롬 6:11) 여겨야 한다.

즉각적인 성화는 그 전의 칭의로부터 분리되는 경험을 의미하지 않는다. 경험적 의미에 있어서 성화는 그리스도와 함께 연합이라는 측면과 같이 칭의와 동시에 발생한다. 즉각적인 성화는 영적 생명의 첫 번째 수여가 되는 중생과 동시에 일어난다. 비록 중생이 인과론적인 순서에서 볼 때 믿음, 칭의, 그리고 즉각적인 성화에 앞서지만 시간적으로 앞서는 것은 아니다. 왜냐하면 성화는 칭의보다 '더 높은 단계'를 의미하지 않기 때문이다.

칭의는 그리스도인의 삶을 관계적인 관점에서 보는 반면, 성화는 인격적 성숙과 발달의 관점에서 본다. 칭의는 하나님의 법적인 행위와 관련이 있다는 의미에서 즉시성을 지닌다. 존 칼빈(John Calvin)의 지적대로, 인간에게는 "그의 의를 증언하고 확정하시는 하나님이 계시는데" 그의 의는 그리스도의 전가된 의를 말한다.[6]

---

6   John Calvin, *Institutes of the Christian Religion*, Translated and Annotated by Ford Lewis Battles (Grand Rapids: Eerdmans, 1995), III, xi, 2.

그러나 "하나님이 사랑으로 우리를 의인으로 받아주신다는 용납"의 확신은 지속적인 상태이지, 두 번째 단계로 나아가기 위한 디딤돌이 아니다.[7] 칭의와 성화의 동시성과 지속성을 지닌 유기체적 실재가 아닌 단계로 이해하면, 더 높은 단계에 이르게 되면 뒤에 남는 더 낮은 차원의 영적 상태로 칭의를 인식하는 문제가 발생한다.

성화는 전통적으로 즉각적이면서 점진적인 것으로 이해된다. 즉각적인 성화는 일반적으로 하나님을 향하여 방향을 재설정한 최초의 회심을 말한다. 이것은 영혼을 변화시키고 그 행동을 거룩하게 만드는 새로운 삶의 원리로 정의되는 일상적인 은혜(habitual grace)의 주입을 의미한다.

하지만 성화는 실제로 매일 자신을 죽이고 새롭게 태어나는 지속적인 사건이다. 인간의 관점에서 보면, 그것은 회개이고, 회개란 "겸손과 신뢰 안에서 우리 자신의 더 많은 부분을 하나님께 바치면서 점점 더 깊은 차원까지 가는 계속적인 훈련이다."[8]

그러나 성화의 방편으로서 훈련은 우리의 자력으로 할 수 있는 것이 아니다. 그것은 하나님의 은혜의 사역이다. 성화에서 진정한 진보는 실제적인 은혜에 의존한다. 실제적인 은혜는 다양한 방법으로 역사한다. 그것은 선행적인 동시에 동시적으로 역사한다. 그것은 직접적인 동시에 간접적으로 역사한다.

하지만 은혜가 세상에 너무 희석되어 그 신학적 성격을 상실하지 않도록 경계해야 한다. 성화는 그리스도의 형상을 닮아가는 지속적인 과정임으로 세상과 은혜를 분별하는 기준은 바로 그리스도의 형상이다. 즉, 은혜는 반드시 그리스도인들로 하여금 그리스도를 통해 하나님과 사귐을 가지고, 그리스도를 닮고, 그리스도의 전인성으로 변형을 이끌어낸다. 우리는 그리스도의 모본에 따라서 더욱더 그리스도를 닮기 위한 훈련이 필요하다. 환언하면

---

7 John Calvin, *Institutes of the Christian Religion*, III, xi, 2.
8 Craig Dykstra, *Vision and Character: A Christian Educator's Alternative to Kohlberg* (New York: Paulist, 1981), 94. 다익스트라(Dykstra)에 의하면, 회개는 그리스도인의 인격형성을 위해 필요한 세 가지 훈련 (다른 두 가지는 기도와 봉사이다) 중 하나다(Craig Dykstra, *Vision and Character*, 89-94).

하나님의 형상(그리스도의 형상)[9]의 회복은 직설법인 동시에 명령법이다.[10]

3) 구원에서 성화의 주체

성경은 명백하게 하나님이 성화의 주체임을 밝힌다. 성화사역은 성부, 성자, 성령 삼위가 공히 담당하신다고 묘사한다. 예수님은 "저희를 진리로 거룩하게 하옵소서"(요 17:17)라고 성부께 기도하셨다. 이 구절은 성부가 성화의 주체임을 드러내고 있다.

> 성화는 우리가 우리 스스로, 우리 자신의 노력으로, 그리고 우리 자신의 능력으로 이룩되는 것이 아니라는 점을 분명하게 깨닫는 것이 우리에게 가장 중요하다. 결국 성화는 인간의 노력의 산물이 아니라 하나님의 은사이다.[11]

그럼에도 불구하고 성화는 우리의 책임 있는 참여를 포함한다. 바울은 "그리스도 예수 안에서 거룩하여진"(고전 1:2) 고린도교회 성도들에게 "그런즉 사랑하는 자들아 이 약속을 가진 우리가 하나님을 두려워하는 가운데 거룩함으로 온전히 이루어 육과 영의 온갖 더러운 것에서 자신을 깨끗케 하자"(고후 7:1)고 권면한다. 여기서 '온전히'라고 번역된 그리스어 에피텔룬(*epitelountes*)은 명사 텔로스(*telos*, 목적)에서 유래되었다. 그리고 이 낱말의 뜻은 "점진적으로 정해진 목적에 도달한다"이다.[12]
"보통 우리가 하나님의 사역으로 생각하는 것이 여기서는 명백하게 신자들의 의무로 묘사되었다."[13]

9　예수 그리스도는 하나님의 완전한 형상이시다(요 14:8-9; 고후 4:4; 골 1:15; 히 1:3). 때문에 성화의 모형이 그리스도와 같다고 할 수 있다.
10　Anthony A. Hoekema, *Created in God's Image*, 195.
11　Anthony A. Hoekema, *Created in God's Image*, 198.
12　Anthony A. Hoekema, *Created in God's Image*, 199.
13　Anthony A. Hoekema, *Created in God's Image*, 199.

바울은 로마서에서 이렇게 말한다.

> 형제들아 내가 하나님의 모든 자비하심으로 너희를 권하노니 너희 몸을 하나님이 기뻐하시는 거룩한 산 제사로 드리라 이는 너희의 드릴 영적 예배니라 너희는 이 세대를 본받지 말고 오직 마음을 새롭게 함으로 변화를 받으라(롬 12:1-2).

성경에서 성화는 근본적으로 우리 내부에서의 하나님의 역사이지만, 우리가 수동적으로 가만히 있는 상태에서 진행하는 것이 아니라 계속적으로 노력하는 가운데 이루어진다.

그러면 우리는 하나님의 역사와 우리의 노력과의 관계를 어떻게 이해해야 하는가? 성화는 성도의 협력을 포함한 하나님의 사역이라고 말할 수 있는가? 머레이는 그 상관성을 다음과 같이 설명한다.

> 우리 안에서 행하시는 하나님은 우리가 노력하기 때문에 중지하지 않으시며, 또 하나님이 역사하기 때문에 우리의 노력을 포기해서도 안 된다. 그 관계는 마치 하나님이 자기의 부분을 담당하시고 우리는 우리의 부분을 담당하는 것처럼 엄밀하게 구별되지 않는다. … 하나님은 우리 속에서 역사하신다. 그리고 우리 역시 노력한다. 그러나 그 관계는 하나님이 역사하시기 때문에 우리가 노력할 수 있다는 것이다.[14]

그리스도인의 성화는 하나님 사역이지만 하나님의 사역은 우리의 노력과 행위를 약화시키지 않는다. 오히려 우리를 통해서 하나님은 그의 은혜의 사역을 이루어 가신다. 다시 말하면, 하나님의 은혜는 그의 선택된 자들에게서 행위나 노력을 약화시키는 것이 아니라 오히려 더 강화시킨다. 하나님의 은혜는 인간의 선을 약화시키는 것이 아니라 강화시킨다.

---

[14] John Murray, *Redemption-Accomplished and Applied* (Grand Rapids: Eerdmans, 1989), 184-85.

4) 구원에서 직설법과 명령법

하나님께서 어떻게 인간의 책임을 배제하지 않으면서 인간 안에서 구원을 이루어 가시는가?

우리는 이 문제의 해결책을 바울의 성령론에서 찾을 수 있다. 바울에게 성령은 그리스도에게 속한 신자의 신분 표지다. 즉, 성령은 신자의 직설법(구원)의 보증이다. 성령 없는 신자는 있을 수 없다(롬 8:9, 11). 그런데 성령은 신자에게 주어진 종말론적 선물로서 신자 안에 계속 거주하면서 신자가 종말론적인 삶을 살아갈 수 있도록 한다.[15]

빌립보서 2장은 구원 이해에 새로운 지평을 열어준다. 바울은 "항상 복종하여 두렵고 떨림으로 너희 구원을 이루라"(빌 2:12)고 말한다. 구원은 직설법으로만이 아니라 명령법으로도 제시될 수 있음을 보여준다. 다시 말하면, 구원이 그리스도 안에 나타난 하나님의 직접적인 사역을 강조하는 직설법뿐만 아니라 인간의 순종과 삶을 요구하는 명령법으로 제시되고 있다. 하나님께서 우리 안에서 이루어 가시는 구원이 직설법과 명령법의 두 지평을 통해서 이해될 수 있다는 것은 하나님께서는 구원의 은혜를 우리에게 직접 주시기도 하시지만 구원의 은혜는 우리를 통하여 이루어 가시는 것을 깨닫게 한다.

구원이 현재형 명령법으로 제시되어 있다는 것은 우리의 현재적 삶이 구원과 연관되어 있음을 보여준다. 하지만 여기서 주의해야 할 것은, 우리의 구원이 하나님과 인간의 합작품이나, 인간의 노력이나 공로의 산물로 이해해서는 안 된다. 바울은 현재적 명령법에 이어 하나님의 직접적인 사역을 강조하는 직설법을 말하고 있기 때문이다.

하나님께서는 구원을 이루어 가는 과정에서 우리의 순종과 윤리적 삶을 요구하신다. 하지만 이러한 순종과 윤리적 삶은 하나님의 은혜와 무관한 것이 아니라 하나님의 은혜의 영역이다. 하나님의 백성으로서 순종과 윤리적

---

15 M. Parsons, "Being Precedes Act, Indicative and Imperative in Paul's Writing," in *Understanding Paul's Ethics*, ed., B. S. Rosner (Grand Rapids: Eerdmans, 1995), 238-39.

삶은 구원의 현재를 이루어 가는 구원의 과정으로 이해해야 한다.

"이루라"는 단어는 주로 바울 서신에만 나타나는 것으로서 어떤 무엇의 새로운 시작을 가리키기보다 오히려 이미 행해지고 있는 일을 계속해서 완성해 가야 하는 의미를 가진다.[16] 즉, "구원을 이루라"는 명령법은 처음부터 끝까지 구원을 완성해 가라는 의미의 명령이라기보다는 오히려 하나님의 은혜에 의해 주어진 구원이 온전하게 적용되고 완성되어야 할 것을 가리키는 명령법이다.

바울이 빌립보 교인들을 향해 두렵고 떨림으로 구원을 이루어 갈 것을 말하고 있지만, 바울은 곧 바로 "너희 안에서 행하시는 이는 하나님이시니"라는 말을 하고 있다. 따라서 바울의 "구원을 이루라"는 명령은 성령께서 너희 안에서 구원을 완성해 가도록 성령께 자신을 전적으로 맡길 것을 요구하는 명령으로 이해할 수 있다.[17] 때문에 명령법은 인간의 책임이 하나님과 동떨어져 있는 것이 아니고 오히려 하나님의 사역이라고 말함으로써 명령법과 직설법의 불가분리성을 강조한다.

3. 구원과 영성훈련의 내적 역학

1) 새로운 생명의 질서로서 구원과 영성훈련

달라스 윌라드(Dallas Willard)는 "구원은 단순히 죄 용서가 아니라 새로운 생명의 질서"라고 묘사하면서[18] 다음과 같이 주장한다.

> 예수님 자신과 초기의 제자들의 메시지는 단순히 죄사함의 메시지만이 아니라 새로운 생명에 관한 메시지였다. 물론 이 메시지는 우리 죄로 인해 주께서 돌

---

16 J. Warren, "Work Out Your Own Salvation," EQ (1994): 125-137.
17 Gorden D. Fee, *Paul's Letter to the Philippians* (Grand Rapids: Eerdmans, 1995), 238-39.
18 Dallas Willard, *The Spirit of the Disciplines* (New York: HarperSanFrancisco, 1991), 32.

아가심과 죄사함도 포함된다.[19]

　신약성경에서 구원에 대해 사용하는 가장 적절한 단어가 '생명'인 것을 볼 수 있다. 요한복음 10:10은 "내가 온 것은 양으로 생명을 얻게 하고 더 풍성히 얻게 하려는 것이라"고 기록하고 있다. 요한일서 5:12은 "아들이 있는 자에게는 생명이 있다"고 진술한다. 또 골로새서 1:13에 보면, '구원받는다'는 것은 "흑암의 권세에서 건져내사 그의 사랑의 아들의 나라로 옮기는 것"이었다. "구원받은 우리는 구원받지 못한 사람들과 다른 생명의 질서를 소유하고 있다."[20]
　우리가 구원이 갖는 이러한 의미를 간과하고 단순히 죄사함이라는 의미만을 취한다면, 구원은 결코 구체적인 인간 실존적 삶과는 무관한 것이 되어버릴 것이다. 또한 우리의 삶이 구원과 관계가 있다는 말의 의미를 정확하게 이해할 수 없을 것이다.

　　　생명의 전수자로서의 구속의 개념은 완전히 다른 이해 구조를 제공한다. 우리를 향하신 하나님의 최초의 구속 행위는, 씨앗이 딱딱한 땅에 새 생명을 심는 것처럼, 새로운 종류의 생명의 전달이다.[21]

　구원은 그리스도의 생명이 우리 속에 심겨진 것이기 때문에 그리스도의 생명을 통하여 새로운 질서와 변화를 낳게 된다. 그리스도의 성육신은 생명으로 우리 안에서 우리와 함께 우리를 통하여 계속되고 있다. 순종, 행위, 훈련은 이러한 구원, 곧 이러한 종류의 생명에 자연스럽게 속하는 것들이다. 다시 말하면, 그리스도를 통해서 하나님께 용납됨으로써 시작되는 신앙생활은 여러 가지 훈련들을 통해 하나님의 은혜 안에서 계속 성장해 나가야 한다. 이런 의미에서 구원받은 자는 하나님의 백성으로서 구원받은 삶을 위한 과정(훈련)이 주어진다.

---

[19] Dallas Willard, *The Spirit of the Disciplines*, 36.
[20] Dallas Willard, *The Spirit of the Disciplines*, 37.
[21] Dallas Willard, *The Spirit of the Disciplines*, 38.

나아가 성경에서 구원은 계속되는 영향력을 가진 완성된 행동으로 완료시제로 그리고 계속적인 현재와 미래 시제로 표현된다. 구원을 점진적인 과정으로 이해하는 방식은 구원의 방향과 목표를 제공한다. 그리고 구원을 다면적인 것으로 이해하는 방식은 그것에 풍부함과 깊이를 더해 준다. 구원에 대한 이러한 이해는 영성훈련과 교육의 조건들과 당위성을 제공한다.

그러므로 기독교 영성훈련에서 훈련은 단순한 인간의 행위나 노력의 차원으로 이해해서는 안 된다. 훈련은 하나님의 은혜에 대한 응답이요 결과이지 결코 하나님의 은혜와 사역으로부터 독립된 그 무엇이 아니다. 훈련은 세상 속에서 우리를 하나님의 백성으로 다듬어 가며 하나님의 백성으로 살게 하는 과정, 곧 하나님이 우리를 양육하시는 과정에 속하는 것이다. 때문에 훈련은 이신칭의 교리와 모순되지 않는다. 루터(Martin Luther)는 신앙의 내적 특성과 삶(선행)의 관계를 다음과 같이 설명한다.

> 신앙은 하나님의 은혜에 대한 활기 있고 근거가 충분한 확신이다. 그것은 지극히 확실한 확신이기 때문에 그 확신을 버리느니 차라리 천 번 죽는 편을 택할 것이다. 개인적으로 신적 은혜에 대한 이러한 확신과 지식을 소유한 사람은 기쁘고 담대하며 하나님과 모든 피조물을 향한 사랑으로 충만하게 되는데, 이 모든 것은 성령께서 믿음 안에서 이루시는 것이다. 따라서 이러한 사람은 자기에게 그러한 은혜를 나타내신 하나님을 기쁘시게 하고 영화롭게 하기 위하여 기꺼이 열심히 모든 사람에게 선을 행하고, 모든 사람을 섬기며, 온갖 종류의 불행을 인내하게 된다.[22]

헬무트 틸리케(Helmut Thielicke)는 『신학적 윤리』(*Theological Ethics*)에서, 윤리는 하나님과의 올바른 관계, 즉 이신칭의에 기초해야 한다고 지적한다. 그렇지 않으면 도덕성은 세속화될 수 있다고 하였다.[23]

---

22 *Great Voices of the Reformation: An Anthology Martin Luther*, Dallas Willard, The Spirit of the Disciplines, 39에서 인용.
23 Helmut Thielicke, *Theological Ethics* 1 (Grand Rapids: Eerdmans, 1981), 11-12.

그러면 의롭다고 선언되는, 즉 '밖에서 온 의'를 받는 단회적 사건과 윤리는 어떤 관련이 있는가? 즉, 칭의는 성화와 어떤 관련이 있는가?

일면으로 보면 칭의와 성화의 관계는 아주 분명하다. 즉, 성화는 칭의의 열매다. 그러나 우리가 실제적인 삶에서 경험하듯이, 칭의로 인해 관계가 변화되었다고 해서 자동적으로 삶의 변화가 일어나지는 않는다. 틸리케는 이러한 문제에 대해 논하기를, "행위로 칭의의 사실을 현실화 하고 표현해야 한다고 말해서 그리스도인의 삶의 윤리적 문제가 해결되지는 않는다."[24]

선행이 칭의의 열매라면, 선행에 대한 명령이 왜 존재하는가?

틸리케는 명령법과 직설법의 관계를 두 가지 방식으로 본다.

첫째, "명령법은 … 내가 성령과의 특별한 관계, 즉 그 관계에 의해 자동적인 과성 자제가 처음으로 시작되는 그런 관계에 있다는 사실만을 가리킨다."

둘째, "원리상, 성령이 사역하실 수 없는 상황들이 있다. … 이러한 특별한 상황과 그 상황이 해결되기 위해서는 인간이 행동해야 할 필요가 있기 때문에 그와 같은 행동을 요구하는 명령이 필요한 것이다."[25]

명령이 우리를 더 거룩하게 하기 위한 수단은 아니라는 것이 틸리케의 관점이다. 거룩은 은혜로만 가능하다. 그것은 은혜의 역사가 더 온전히 일어날 수 있는 조건을 만든다. 틸리케는 명령들에 대해, 우리를 더 나은 그리스도인으로 만들거나 영적으로 진보하도록 돕는 수단으로서가 아니라 우리 안에서 이루어지는 그리고 우리를 위한 본질적인 하나님의 사역을 위한 전제 조건으로 이해했다. 틸리케는 이러한 관점과 함께 하나님의 행동과 인간 행위자의 연관성을 주장한다. 하나님의 행동의 결과로서 생기는 열매가 인간 의지로 무효로 만들지 않고 오히려 하나님은 인간의 행동 내에서 행동하신다.[26]

인간의 행위는 하나님께 더 받아들여질 만한 존재가 되기 위함이 아니다. 새로운 토양에 심겨진 생명이 새로운 싹을 내고 자라는 것과 같이, 인간의 행위

---

24 Helmut Thielicke, *Theological Ethics* 1, 53, 61.
25 Helmut Thielicke, *Theological Ethics* 1, 84, 87.
26 Helmut Thielicke, *Theological Ethics* 1, 65-6.

는 하나님의 사역의 수단이다. 때문에 "선행을 단순히 거듭난 자아에게서 나오는 결과로 간주해서는 안 된다. 실제로 선행에도 그 나름의 역할이 있다."[27]

오히려 그리스도 안에 있는 인간의 일은 사실상 하나님의 사랑의 뒷면이다. 그것은 하나님이 행동하시는 무대이다. 비록 여기서 '일'은, 행동을 하는 사람 자신이 영향을 받고 감동을 받아 마침내 그렇게 행동하도록 이끌린다는 의미라 할지라도 사실이다.[28] 예수 그리스도 안에서 일(훈련)은 하나님이 우리 안에서 하나님이 행하고 계심에 대한 증거이기도 하다.

2) 은혜의 수단으로서 영성훈련

종교개혁자들에게 그리스도인의 실존 그 전체는 처음부터 끝까지 하나님의 은혜의 결과요 그 은혜의 표현이었다. 하나님의 은혜가 강조되면서, 중요한 시각 하나가 회복된다. 구원은 곧 하나님이 은혜로 주신 선물이며, 결코 인간의 행위로 얻는 것이 아니라는 확신이다. 그러나 그 결과, 이런 은혜의 재발견이 심각한 오해, 즉 하나님의 은혜로우심으로 인해 훈련(discipline)에 대한 어떤 필요성도 철폐되었다는 주장을 불러올 가능성이 생겼다.[29] 그리스도인의 자유는 자칫 그리스도인이 감당해야 할 의무조차도 제거해 버린 것으로 생각될 여지가 있었다.[30]

종교개혁자들의 이신칭의 교리가 확증한 주요 주장들 가운데 하나는 우리의 구원에 필요한 모든 것을 하나님이 우리에게 주신다는 것이다. 그러나 또한 그 구원은 우리의 모습을 바꾸시는 선물이다. 우리를 의롭게 하신 하나님은 우리 실존의 모습이 바뀔 길을 열어 놓으신 것이다. 우리에게는 칭의로 인해 하나님 보시기에 의로운 자라는 지위가 주어지고, 동시에 그리스도 안에서 우리의 모습을 하나님께 일치시켜 가는 과정의 시작이 된 것이다.

---

[27] Helmut Thielicke, *Theological Ethics* 1, 65.
[28] Helmut Thielicke, *Theological Ethics* 1, 66.
[29] Alister McGrath, *Roots that Refresh: A Celebration of Reformed Spirituality* (London: Hodder & Stonghton, 1992), 170-71.
[30] Alister McGrath, *Roots that Refresh*, 171.

우리의 지위에 하나님이 가져오신 변화는 우리 속에서 하나님이 일으키시는 변화와 함께한다. 의롭게 되었다는 이 외면의 선물은 성령이 우리 내면에서 펼치시는 갱신의 역사로 인해 보충된다.

나아가 종교개혁자들이 주장한 '이신칭의'는 오해를 불러올 가능성이 있다. 알리스터 맥그라스(Alister Mcgrath)는 다음과 같이 진술한다.

> 그것은 "어떤 개인이 '그의 신앙 때문에'(on account of faith) 의롭게 된다는 의미로 비춰질 여지가 있다. 다시 말하면, 신앙이라는 인간의 행위야말로 '하나님이 보시기에 의로운 자'라는 지위를 우리에게 부여하시겠다고 그분이 결정하시는 근거가 된다는 것이다. 이 말이 옳다면, 이는 공로로 인해 의롭다 여김을 받는다는 교리에 이를 것이다. 신앙은 다만 선행의 어떤 특별한 유형으로 여겨지게 된다.[31]

하지만 '이신칭의'라는 의미는 전혀 다른 의미를 갖고 있다. 종교개혁자들에 의하면, 우리는 '그리스도로 인해 신앙을 통하여' 의롭게 된다.[32] 하나님께서 우리를 당신과 올바른 관계를 갖는 자리에 두실 것을 결정하시는 근거는 예수 그리스도다. 우리가 의롭게 된 것은 그리스도께서 그의 평생 동안 하나님께 순종하셨기 때문이며, 나아가 그분이 십자가에 못 박혀 죽으셨기 때문이다. 우리가 이미 해 놓은 어떤 일 또는 앞으로 할 어떤 일 때문이 아니라, 바로 그분 때문에 우리는 하나님의 마음에 흡족하게 된 것이다.

하지만 우리가 의롭게 된 수단은 신앙이다.

"신앙은 마치 하나의 물길(channel) 같은 것이어서, 그것을 통해 그리스도가 베푸신 은혜가 우리에게 흘러 들어온다."[33]

즉, 우리는 우리의 신앙 때문에 의롭게 된 것이 아니라 도리어 우리의 신앙을 통하여 의롭게 된 것이다. 의롭게 여기는 데 기초가 된 것은 어디까지나 그리스도께서 하신 일이지, 우리의 신앙이 아니다. 신앙은 그리스도께서

31　Alister McGrath, *Roots that Refresh*, 173.
32　Alister McGrath, *Roots that Refresh*, 173.
33　Alister McGrath, *Roots that Refresh*, 173.

하신 일이 우리의 삶에 적용되는 수단이다. 이것은 결코 인간의 공로 때문에 의롭다 여기심을 받는다는 교리가 아니다.

그러나 이신칭의에 대한 이러한 관점은 자연스레 난제를 불러온다. 즉, 마치 도덕 또는 순종과는 전혀 관련이 없는 것처럼 들릴 수 있기 때문이다. 하지만 여기서 논점은 우리가 성취한 그 무엇 때문에 의롭다 여김을 받는다는 것을 배제하는 것이지 하나님의 백성으로서 순종과 바른 삶을 무시하거나 제거해 버린 것은 아니다. 우리가 그 시작에 기여한 것이 전혀 없음에도 불구하고 성령으로 인해 새롭게 되고 거듭나게 되면서, 하나님의 백성으로서 그에 부합하는 삶을 통해 우리의 새로운 본질이 갖게 된 실재(reality)를 드러내게 된다.

여기서 핵심이 되는 통찰은 인간의 행위는 의롭다 여겨 주심에 대한 하나의 응답일 뿐이지, 그 행위가 의롭다 여겨 주심의 선행 조건은 아니다. 즉, "우리는 구속을 얻기 위해서가 아니라 구속을 받았기 때문에 의롭게 행한다."[34]

기독교 전통은 은혜를 선행 은혜와 동시에 일어나는 은혜, 즉 외부에서 임하는 능력과 우리 안에 그리고 우리와 함께 역사하는 능력을 구분한다. 이 구분이 영성 훈련과 형성의 토대가 된다. 그 관계에 대해서는 어거스틴(Augustine)이 잘 요약하고 있다. 하나님은 우리가 의지를 가질 수 있도록 우리 안에 역사하심으로써 영향력을 행사하기 시작하시고, 우리가 의지를 가지면 우리와 함께 행하심으로써 자신의 영향력을 완성하신다.[35] 영성훈련에서 영적 삶의 진보는, 하나님이 인간에게 행동의 자유를 주었다는 관점에서가 아니라, 인간을 행동하도록 하는 하나님의 능력의 관점에서 이해해야 한다.

그러므로 영성훈련에서 하나님의 은혜와 능력으로 말미암는 것과 그렇지 않은 것의 차이점은, 인간의 참여와 노력의 수준 여하에 있는 것이 아니라 인간의 행위를 통해 어떠한 은혜가 생산을 하게 하는가에 전적으로 달려 있다.[36] 하지만 우리가 기억해야 할 것은 하나님의 사역에 인간의 몫도 있다는

---

34 Dallas Willard, *The Spirit of the Disciplines*, 119.
35 Augustine, *On Grace and Free Will*, 17, 33. Thomas C. Oden, *The Transforming Power of Grace* (Philadelphia: Abingdon, 1993), 52에서 인용.
36 레이 앤드슨, 『새천년을 위한 영성사역』, 강성모 역 (서울: 나눔사, 1999), 63.

것을 알게 된다.

 인간의 순종과 믿음은 하나님의 은혜에 의해 옆으로 제쳐지지 않고, 하나님의 사역에 있어 불가결한 측면으로 하나님의 은혜 속으로 끌어들여진다.[37]

 영성훈련에서 은혜의 논리는 인간의 능동적인 활동을 무시하는 것이 아니라 오히려 인간의 활동을 강화시킨다.

3) 성화의 과정으로서 영성훈련

 은혜의 수단으로서 영성훈련을 이해하는 것은 인간의 활동을 무시하는 것이 아니라 오히려 강화시킨다는 논리와 관련하여, 실제적인 의미에서, 은혜의 열매와 율법주의적 노력의 차이를 어떻게 극복할 수 있는가?
 맥그라스는 "하나님의 은혜를 엄청나게 강조하였던 한 운동이 또 마찬가지로 인간의 훈련에 상당한 비중을 부여하였다는 점은 어쩌면 16세기의 가장 커다란 역설들 가운데 하나일 것이다"라고 하였다.[38]
 그렇다면 여기에 확실히 어떤 모순이 존재하는가? 개인이나 공동체가 훈련을 받는다는 개념은 하나님의 우선성을 강조하는 것과 모순을 빚는 것인가?
 피상적으로 보면 양자가 모순되는 것처럼 보일 수 있다. 하지만 좀 더 깊이 관찰해 보면 의심스러운 부분은 사라지게 된다. 겉보기에 모순처럼 보이는 부분에 대해서는 인간의 모습을 바꾸시는 하나님의 은혜 속에 그 대답이 자리하고 있다. 은혜는 우리를 지금 여기 이곳에 그대로 놓아두지 않는다. 은혜는 우리를 앞으로 나아가도록 만든다. 더욱 활기차게 하고 역동적이게 한다.

 은혜는 단지 우리의 상황을 진단할 뿐만 아니라 그 상황을 치료한다. 은혜는 우리의 연약함을 지적할 뿐만 아니라, 우리를 행진하도록 에너지를 공급한다.[39]

---

[37] 레이 앤드슨, 『새천년을 위한 영성사역』, 64.
[38] Alister McGrath, *Roots that Refresh*, 176.
[39] Alister McGrath, *Roots that Refresh*, 177.

그리스도와 연합하는 것과 거룩하게 되는 것 사이에는 결코 뗄 수 없는 연관이 존재하듯이, 하나님의 은혜는 인간의 선행을 감소시키는 힘이 아니라 확장시키는 힘이 된다는 것을 인지해야 한다.

성화의 과정으로 영성훈련을 논할 때 성화의 주체는 하나님이시다. 그것은 우리 속에서 하나님이 하시는 하나님의 사역이다. 우리는 우리 자신의 순종으로 인해 의롭다 여김을 받지 않는다. 도리어 의롭다 여김을 받는 것이 순종을 낳는다. 그리스도인들은 '그리스도 안에' 있는 자들이며, 그의 의로움과 거룩함에 동참하고 있다(고전 1:30). 칭의는 하나님의 사역이고 성화는 하나님과 인간의 협력 사역으로 이해하거나, 성화는 칭의로부터 파생된다고 생각해서는 안 된다. 칭의와 성화는 모두 하나님의 사역이다.

인간 변화와 성장에 있어서 이러한 이해는 신학적으로만 중요한 것이 아니다. 과학적으로도 중요한 의미를 갖는다는 것을 알 수 있다. 인간의 변화와 성장을 위한 자기 인식에서 인간이 얼마나 불완전한 존재인지를 제임스 로더(James Loder)는 잘 지적해 준다. 로더는 물리학자 스티븐 호킹이 수많은 과학적 노력을 통해 하나님의 마음을 알기를 원했지만 하나님의 마음을 과학적 노력으로 이해하지 못했다고 지적하면서, 호킹의 캠브리지 동료인 열역학론자 피파드의 견해를 소개한다. 피파드가 이해했던 것은 인간의 영은 자기초월성이 심지어 수학적으로 정교하게 표현된다 하더라도, 그 자체로는 전혀 근거를 가지고 있지 않다는 것이다.[40]

> (때문에) 만일 인간의 영이 인간의 영을 알 수 없다면 그것은 자기를 뛰어 넘는 곳에 근거를 두어야 한다. 인간의 영의 유일한 근원은 하나님의 영이기 때문에, 호킹의 이해처럼 인간의 영의 논리가 "하나님의 마음을 이해한다는 것"은 본질적으로 모순이다. 인간의 마음은 인간의 영에 철저히 의존되어 있다. 이와 마찬가지로, 하나님의 마음을 이해하기 위해서는 하나님의 영을 가지고 있어야만 한다.[41]

---

40 제임스 로더, 『영의 논리: 신학적 관점에서 본 인간발달』, 유명복 역 (서울: CLC, 2006), 29.
41 제임스 로더, 『영의 논리: 신학적 관점에서 본 인간발달』, 29-30.

인간의 진정한 변화와 성장을 위해서는 오직 하나님만이 주실 수 있는 하나님의 넓고 깊은 은혜를 볼 수 있어야 한다.

4. 구원론적 프락시스로서 영성훈련의 특징

1) 구원론적 프락시스로서 영성훈련의 본질

영성훈련은 그리스도 안의 전인성과 관련하여 하나님의 영역에서의 치료적 관점과 통전적 행동 속에서 우리를 격려하고 양육한다. 우리가 그리스도의 형상 안의 전인성을 향해 성장해야 한다면, 영성훈련의 본질을 이해해야 한다. 우리는 영성훈련을 인간의 힘이나 노력을 통해 자신을 변형시키는 것이라고 생각하는 경향이 있다. 만일 영성훈련 그 자체를 통해 우리 자신을 변화시킬 수 있다고 생각한다면, 그것은 가장 큰 유혹이다.

멀홀랜드는 영성훈련의 본질을 다음과 같이 통찰력 있게 묘사한다.

> 우리는 그 훈련을 한 주, 한 달, 몇 달 동안 계속할 수 있다. 그러나 조만간 우리는 "그 마차에서 내리려고" 하고, 죽은 옛 몸이 과거에 그랬던 것과 똑같이 살아 있다는 것을 깨닫는다. 그것은 여전히 있다. 그것은 변하지 않았다. 여러 주 동안의 그 모든 훈련이 그 죽음을 그리스도 형상 안의 생명으로 바꾸지 못했다. 오히려 그 죽음은 더 강해진 것 같다. 왜냐하면 그 죽음이 오랫동안 굶주렸기 때문이다. 그래서 우리는 계속 음식을 탐하게 된다. 그 깨어짐이 무엇이든지 간에, 우리는 그것을 지독히 탐닉하게 된다. 그러면 차츰 죄책감과 후회가 들기 시작한다. 왜냐하면 그 죽음이 오랫동안 굶주렸기 때문이다. 그래서 '그 마차로' 다시 돌아가서 훈련을 마차에 태우고 말고삐를 부여잡고 몸을 다시 꼿꼿이 세워 보려고 한다. 이것은 영성훈련이 아니다.[42]

---

[42] 로버트 멀홀랜드, 『영성여행 길라잡이』, 170-71.

우리의 공적을 통한 의에 대한 유혹이 모든 영성훈련의 근저에 잠재해 있다. 하지만 영성훈련은 하나님의 성령이 우리 가운데서 우리에게 요청하시는 바를 우리가 사랑으로 반응하고 복종하는 것이다. 하나님은 이러한 방법을 통해 은혜로써 우리를 그리스도 안의 전인성으로 변형시키려고 역사하신다. 기도와 영적 독서 등은 우리 삶 속에서 하나님의 성령의 사역을 열린 가슴으로 수용하게 한다. 이것들은 영성훈련의 힘든 일을 지지하고 격려하는 구조물이다. 플로라 웰러(Flora Wuellner)는 기도와 관련하여 의미 깊은 내용을 제공한다.

> 살아계시고 능력으로 사시는 우리의 그리스도는 어디에 계시는가? 교회는 그분을 하나의 아름다운 이상으로 만들어 버렸다. 그분은 하나의 신학적 개념을 유형화하는 신화로 화했다. 그분의 객관적인 실재에 대한 증거는 크게 상실되었다. 대부분의 진보적 개신교 교회들은 주님의 이름으로 드리는 능력 있는 기도를 들어보지 못하고 있다. 교회는 그리스도의 임재와 능력과는 상관없이 그리스도를 위해 일하는 선의의 관념론자들의 기구로 전락하고 말았다."[43]

인간의 변화의 주체는 하나님이다. 훈련은 본질이 아니다. 그것은 단지 하나님께서 사용하시는 도구이다. 때문에 영성훈련을 통해서 인간 변화를 주도하시는 하나님을 볼 수 있어야 한다. 인간 주체는, 만일 그것이 하나님의 지속적 사랑에 의해 존재하는 대로의 자기 자신을 알지 못한다면, 실제로는 자기 자신을 정확히 알 수조차도 없다.

그러므로 그것 자신의 의식의 구조들 안에 있는 인간 존재가 마치 신적 존재의 약간의 변형을 상징하는 듯이 생각하는 것은 잘못이다. 신적 존재의 근본적 특성은 본래적 형태들의 관계를 확립하는 삶이다. 로완 윌리암스(Rowan Williams)는 이에 대해 중요한 지혜를 제공하고 있다.

---

[43] Flora Wuellner, *Prayer and Living Christ* (Nashville: Abingdon, 1968), 12.

정신이 스스로를 하나님에 의해 영향을 받는다는 것은, 그것이 하나님에 의해 알려지고 사랑받는다는 것을 아는 것이다. 그리고 이 지식 안에서, 그것은 지혜(sa-pientia), 즉 영원한 지식을 획득하는 것이다. 그리고 영원한 것은, 우리 자신의 일시적이고 유한한 상황 속에서 신적 행동을 현실화하기 위한, 창조주로 그리고 우리가 신적 생명을 함께 나누게 되는 통로의 정의(justitia)와 지혜(sapientia)의 수여자로서의 하나님의 자기 내주심의 활동이다. 요약하면, 하나님의 형상은, 관계의 가능성을 확립하는 신적 행동과 우리가 의식적인 관계 속에 들어서게 될 때, 즉 우리 자신이 하나님에 의해 알려지고 사랑받는 일에 의식적으로 몰두함으로써 우리가 우리 자신을 하나님의 자기 내주심의 사랑을 실행하고 있는 것으로 바라보게 될 때 실현된다. 하나님에 의해 알려지고 사랑받는 것이야말로 우리의 실재의 으뜸가는 기초임으로, 또 우리가 존재하는 것은 하나님이 그분의 사랑을 우리에게 아낌없이 베풀기를 살망하기 때문이므로, 사랑받는 피조물로서의 우리 자신을 아는 것은 우리 자신을 참되게 아는 유일한 길이다.[44]

그러므로 영성훈련에서 가장 핵심적인 차원은 인간의 행위에 있는 것이 아니라 하나님의 행위이다. 즉, 하나님의 사랑과 그 사랑의 방편들을 깨닫고 그분의 사랑 안에서 우리의 존재의 정체성을 확립하는 것이다. 데니스 터너(Denys Turner)는 인간 자아가 하나님의 형상인 것은 뭔가 순수하게 내적 주체성의 구조들 덕분이 아니라, 오직 자아가 신적 지식과 사랑의 관계성에 참여하도록 창조되었기 때문이라고 피력했다.[45] 영성훈련이 하나님이 행하시는 하나님의 사역에서, 하나님이 행시는 것을 듣고 말하고 살피기 위한 공간의 개방이라 할 수 있다. 거대한 어떤 윤리적 노력을 먼저 상상해서는 안 된다. 터너는 하나님과 인간의 관계를 어거스틴을 등장시켜 이렇게 설명했다.

---

[44] Rowan Williams, "Sapientia and the Trinity: Reflections on the De Trinitate," in *Collectanea Augustiniana: Melanges T. J. van Bavel*, ed., B. Brunning (Leuven: University Press, 1990), 320.
[45] Denys Turner, *The Darkness of God: Negativity in Christian Mysticism* (Cambridge: Cambridge University Press, 1995), 10.

어거스틴의 추구의 근본적 작인은 어거스틴이 아니라 하나님이다. 어거스틴이 하나님을 추구하는 것은 바로 하나님이 어거스틴과의 교제를 원했으며 또 지금도 원하고 있기 때문이다. 강조해서 말하지만 진정 이것만이 유일한 이유다.[46]

일반적으로 우리는 영성훈련과 관련하여 인간의 행위를 연상하게 된다. 영성훈련은 인간의 어떤 행위나 연습을 통해 성숙을 추구하는 것으로 이해하는 경향이 있다. 만약에 영성훈련을 우리의 노력이나 행위의 차원으로만 여긴다면 거기에는 근본적인 문제가 발생하게 된다. 그것은 영성훈련이 단순한 도덕주의로 축소될 위험에 노출되기 때문이다.

2) 구원론적 프락시스로서 영성훈련의 내적 증거

윌라드는 "영성훈련이란 우리의 인격과 전 존재를 신적 질서에 효과적으로 연합시키기 위해 의도적으로 정신과 몸을 연마하는 활동이다"라고 하였다.[47] 하지만 영성훈련에서 주의해야 할 것은, 우리는 종교적 의무라고 인정된 것을 성실하게 지키는 것, 개인적인 체험이나 사회적 체험, 여러 종류의 헌신이나 결정 등이 인간 자아를 근본적으로 변화시키는 수단이라는 생각이다.[48] 왜냐하면 우리는 곧바로 우리 힘으로는 이러한 훈련이 불가능하다는 것을 깨닫게 되기 때문이다.

바울은 로마서 7장에서 인간의 실상을 이렇게 묘사한다.

> 내가 원하는 바 선은 행하지 아니하고 도리어 원하지 아니하는바 악을 행하는도다(롬 7:19).

바울이 묘사한 인간의 실상은 영성훈련을 위한 중요한 원리를 시사해 준다. 우리는 영성훈련을 통해 악을 극복하고 선을 행할 수 있다는 생각에 쉽

---

[46] Denys Turner, *The Darkness of God*, 59.
[47] Dallas Willard, *The Spirit of the Disciplines*, 68.
[48] Dallas Willard, *The Spirit of the Disciplines*, 68-9.

게 사로잡힌다. 이것은 영성훈련에서 가장 큰 유혹이다. 이러한 생각과 유혹에 빠질 때 영성훈련은 오히려 종교적 거짓 자아를 양산해 낸다. 영성훈련이 하나님과 친밀하게 사랑으로 연합하여 우리의 참 생명과 정체성을 경험하기 위한 과정이 아니라 하나님 안에서의 참된 정체성을 포기한 자율적이고 자기 준거적인 존재로 나아가는 유혹에 빠질 위험성이 있다.[49] 멀홀랜드는 종교적 거짓자아의 특징을 이렇게 묘사한다.

> 우리 안에서 그리고 우리를 통한 하나님의 목적을 위해 우리 자신을 포기하고 하나님께 맡기기보다는 우리 목적을 보증하기 위해 하나님의 지지를 얻으려고 한다. 하나님이 바라시는 조건대로 하나님이 우리 삶 속에 계시기를 바라기보다는, 우리가 바라는 조건대로 하나님이 우리 삶 속에 계시기를 바란다. 이것이 바로 종교적 거짓자아의 모습이다.[50]

종교적 거짓 자아의 가장 주요한 특징은 행위와 변화의 주체를 하나님께 두지 않고 나에게 두는 것이다. 때문에 하나님도 나의 목표를 위한 도구로 만든다. 하나님만이 우리의 정체성의 무게를 감당하실 수 있음에도 불구하고 인간의 어떤 행위들로 감당할 수 있다고 여기는 경향은 영성훈련에서 범하기 쉬운 가장 큰 유혹이다.

물론 우리의 행위 그 자체가 우리의 참 자아를 파괴하는 것은 아니다. 이 행위는 우리의 참자아가 창조 질서 속에서 그 실재를 구현하는 환경이다. 문제는 하나님의 자녀로서의 우리의 정체성의 무게를 전혀 감당하지 못하는 행위에 정체성의 뿌리를 내린다는 것이다.

---

[49] 창세기의 가인의 이야기에서 종교적 거짓자아의 최초의 모습을 볼 수 있다. 가인은 자기 형제 아벨을 죽이고(창 4:1-8) 하나님과 대면한다(창 4:9-15). 그 후 성경은 이렇게 말하고 있다. "가인이 여호와의 앞을 떠나 나가 에덴 동편 놋 땅에 거하였더니"(창 4:16). '놋'은 히브리어로 '방황'을 의미한다. 가인은 자기의 참 존재의 의미를 상실하고 방황하게 된다. 가인은 그가 바라는 조건대로 하나님을 계속 유지하려고 할지라도, 그 본질은 하나님 안에서의 삶으로부터 벗어난 세상에서의 존재양식을 보여준다. 자기 나름의 정체성과 의미와 목적의 구조를 만들고 스스로 그 자신의 존재의 본질을 결정하는 존재양식을 보여준다. 이것은 종교적 거짓자아의 존재방식이다.

[50] 로버트 멀홀랜드, 『예수의 길에서 나를 만나다』 서원교 역 (서울: 살림, 2009), 87.

종교적 거짓 자아는 지위와 권력과 명성과 재산과 인기와 성과를 신성하게 여긴다. 이러한 것들에서 종교적 거짓 자아는 정체성과 의미와 가치와 목적을 찾는다. 하나님과 공적으로 친교하며 사는 것, 곧 하나님의 이름을 거룩히 하는 것은 낮아지고 … 단순하게 생활하는 것이다. 대중의 칭찬에 무관심해지고, 세상을 위해 하나님 안에 존재하는 것이다. 이러한 삶은 우리의 종교적 거짓 자아에게는 위협이 된다. 세상에서 하나님을 거룩하게 하는 삶은 결국에는 하나님의 궁극적인 계시, 곧 십자가의 사랑을 드러낸다.[51]

거짓 자아는 자기준거적인 존재 양식에 절망적으로 갇혀 있다. 우리 자신의 자원과 능력으로 도무지 그 해결할 길이 없다.
그렇다면 해결책은 무엇인가? 우리가 해야 할 일은 무엇인가?
예수님은 다음과 같이 말씀한다.

> 누구든지 나를 따라오려거든 자기를 부인하고 자기 십자가를 지고 나를 따를 것이니라(마 16:24).

이것은 금욕주의를 의미하지 않는다. 그것은 우리 존재에 완전히 스며든 자기 준거적인 가치와 구조를 포기한다는 것을 의미한다. 그리스도 안에서 하나님은 이미 우리의 거짓 자아를 사형에 처했다(고후 5:14). 우리가 할 일은 이러한 사실을 인정하는 것이다. 즉, 우리 존재 전체의 자기 준거적인 구조를 철저히 포기하는 것이다.
우리는 기독교 전통에서 이어져 내려온 분리훈련(discipline of detachment)이 도움이 될 수 있다. 분리는 단순히 어떤 활동을 삼가는 것 이상이다. 그것은 그러한 행동을 이끌어 내는 깊은 내적인 욕망을 포기하는 것이다. 그러나 이러한 포기 곧 이러한 분리는 여전히 거룩해지고자 스스로 노력하는 행위, 곧 종교적 거짓자아의 활동이 될 수 있다.
종교적 거짓자아는 우리의 정체성과 의미와 가치와 목적의 뿌리를, 하나

---

51 로버트 멀홀랜드, 『영성여행 길라잡이』, 261-262.

님과의 사랑의 연합이라는 토양에서 다른 토양으로 옮겨 심는다. 그 토양에서 우리는 우리의 정체성과 의미와 가치와 목적을 찾는다. 이러한 토양에서 거짓 자아는 복잡한 결합체의 토양을 만들어 낸다. 영성훈련은 바로 이를 깨닫게 하고 보게 하는 과정이다. 분리는 그러한 토양에서 우리 자신의 뿌리를 뽑아 하나님께 드리는 훈련이다. 우리의 정체성과 의미와 가치와 목적의 뿌리가 하나님이 아닌 다른 것에 박혀 있는 한, 우리는 하나님과 사랑으로 연합하는 삶을 살지 못한다.

그렇다면 어떻게 이러한 분리가 일어날 수 있을까?

우리는 분리를 행위의 문제로 보려는 경향이 있다. 하지만 분리의 문제는 행위의 문제이기보다는 존재의 문제이다. 하나님이 택하신 자로서의 우리의 신원은 우리와는 관계가 없다. 우리는 창세전에 하나님의 사랑에 의해 선택된 존재이다. 이 사실로부터 우리의 존재가 출현한다. 헨리 나우웬(Henri Nouwen)은 이것을 다음과 같이 표현했다.

> 당신의 영적 삶은 하나님의 음성을 들을 수 있는 곳에서 시작된다. 당신의 아버지와 어머니와 형제자매와 학교와 교회가 당신과 접촉하고 당신을 사랑하고 당신에게 상처를 입히기 오래 전, 당신이 영원한 포옹 속에 안전하게 안겼다는 것을 주장할 수 있는 곳에서 시작된다. 당신이 삶의 어두운 계곡 속으로 들어가기 훨씬 전에 당신은 완전한 사랑의 눈에 들어왔다. … 영적 삶은 당신이 모든 상처를 뛰어넘었다고, 그리고 완전한 사랑이 사람의 불완전하고 제한되고 조건적인 사랑에 반영되기 훨씬 전에 완전하고 무한한 사랑이 있었다고 주장할 수 있는 그 순간에 시작된다.[52]

우리가 선택 받았다는 것은 새장에 갇힌 새처럼 그러한 환경에 있다는 것이 아니다. 우리가 선택 받았다는 것은 우리가 하나님의 사랑을 받은 존재가 되었다는 뜻이다. 그것은 또한 하나님의 사랑의 연합 속에서 우리의 통전성

---

52 헨리 나우웬이 테네시 주 내쉬빌의 스카렛 베넷 센터(Scarret-Bennett Center)에서 1991년 2월 8일 행한 강연. 로버트 멀홀랜드, 『영성여행 길라잡이』, 196-197에서 인용.

(그리스도의 형상)을 찾을 수 있도록 은혜 안에 있다는 것이다.

우리가 얼마나 큰 사랑을 받고 있는지는 하나님의 십자가 사랑에서 나타난다. 우리가 하나님의 사랑을 깨닫지 못하고 그 사랑을 외면하고 자기 준거적인 존재, 즉 거짓자아가 될 때에도, 하나님의 사랑은 계속 우리를 감싸고, 십자가의 사랑으로 우리의 거짓 자아 중심에 거하신다.

3) 구원론적 프락시스로서 영성훈련의 사회성

우리가 하나님의 백성으로서 성숙한 삶을 위하여 훈련하는 것은 영성생활을 위한 훈련이라기보다 영성생활의 표현이다. 엄격히 말해서, 훈련은 훈련 자체가 아닌 다른 활동을 간접적으로 예비하기 위해 수행되는 활동이다. 우리가 악기를 연습하는 것은 악기 연습을 잘하기 위해서가 아니라 연주를 잘하기 위해서이다.

그렇다면 영성훈련의 목적은 무엇인가?

영성훈련의 목적은 훈련 그 자체가 아니다. 멀홀랜드는 다음과 같이 말하였다.

> 우리의 존재 깊숙이 거하시는 그리스도의 임재는 우리가 일상생활의 모든 사건 속에서 그리스도 안에서 살 때에 우리 삶의 중요한 실재가 되어야 한다. 우리는 단지 하나님의 뜻을 행하는 것이 아니라 모든 사건에서 하나님의 뜻이 되어야 한다.[53]

영성훈련은 우리를 그리스도의 형상으로 변화시키는 하나님의 은혜의 수단이 되는 균형 잡힌 영성훈련의 통전적 실천이 되어야 한다.[54] 안토니 후크마(Anthony Hoekema)는 '성화의 사회성'을 강조하면서 다음과 같이 역설했다.

---

53 로버트 멀홀랜드, 『영성여행 길라잡이』, 260.
54 최창국, "영성과 하나님의 프락시스: 영성훈련의 해석적 모델과 방향성," 『성경과 신학』 49 (2009): 142-4 참조.

성화는 단지 성도 개개인에게만 관계되는 것으로 생각된다. 그러나 이러한 생각은 심각한 착오이다. 성화는 중요한 사회적 공동체적 측면을 가진다. 무엇보다도 먼저 우리는 단순히 개체적으로 성화되는 것뿐만 아니라 그리스도의 지체의 일원으로서 성화된다는 사실을 기억해야 한다.[55]

성화는 개인이 거룩하게 되는 것 이상의 의미를 가진다. 알버트 볼터즈(Albert Wolters)는 '창조복원'을 통해서 보다 더 넓은 성화의 요구를 반영하는 성화의 정의를 내렸다. "성화는 성령이 하나님의 백성 안에서와 백성을 통해서 창조물을 죄에서 거룩하게 하시는 과정이다"라고 하였다.[56] 볼터즈는 또한 "거룩하신 성령은 내면적인 사역을 통하여 사업, 예술, 정치와 같은 여러 방면에 성질상 변화가 일어나도록 하시므로 거룩이 우리의 창조적인 생활에 침투하도록 역사하신다"고 주장하였다.[57]

성화는 개인적일 뿐만 아니라 사회적 측면을 가진다. 사회적 관심 없이 성화는 완성되지 않는다. 후크마는 성화의 사회적 측면을 다음과 같이 묘사한다.

> 성화의 성장은 환경에 대한 관심을 요구한다. 즉, 공기오염, 수질 오염, 토질의 무책임한 사용, 책임성 있는 벌목 등의 반대에 우리의 영향력을 사용해야 한다. 성화는 세계의 빈곤에 대하여 책임의식을 가지는 것이며 인류복지의 향상을 위한 사업에도 관계가 있다. 나아가 성화는 아편에 대한 투쟁, 약물중독 그리고 알코올중독자의 회복에도 연관됨을 의미한다. 또한 보다 나은 감방시설, 죄악을 감소시키는 데 목적을 둔 프로그램에 관심을 가져야 한다. 성화는 세계평화와 군비경쟁의 중지를 위한 계속적인 노력을 의미한다. 이런 모든 관심은 우리 성화의 한 양상이다.[58]

---

55 Anthony A. Hoekema, *Created in God's Image*, 228.
56 Albert M. Wolters, *Creation Regained* (Grand Rapids: Eerdmans, 1985), 74.
57 Albert M. Wolters, *Creation Regained*, 74.
58 Anthony A. Hoekema, *Created in God's Image*, 231.

후크마의 지적처럼 성화의 양상들은 그리스도인의 신앙과 삶을 위한 영성훈련과 직결된다고 할 수 있다. 영성훈련은 단지 내적인 차원으로만 제한할 수 없다. 윌라드는 "믿음이란 단지 용서만을 보장하고, 정상적인 인간의 생존의 과정인 행위의 세계와 전혀 관계가 없는 내적인 정신적 행위라고 간주하는 신앙관과 정반대"라고 지적하면서, "신약성경의 신앙은 로마서 10:17에서 보는 것처럼 하나님의 말씀이 영혼에 영향을 줌으로써 생겨나는 분명한 생명력이며 우리의 육체 및 그것의 사회적, 정치적 환경을 포함한 우리의 모든 실존의 국면들에 결정적인 영향력을 행사한다"고 하였다.[59]

아브라함 카이퍼(Abraham Kuyper)는 칼빈주의는 철저하게 그리스도와 그의 십자가의 속죄의 공로에 의한 것 외에는 구원이 없다고 선언하지만, "칼빈주의는 신자로 하여금 하나님의 직전에 세우는 것을 그 특징으로 하는 것이지만 그것은 단지 교회에서뿐만이 아니라 그의 개인, 가정, 사회 및 정치 생활에 있어서도 그러한 것이다"라고 피력하였다.[60] 카이퍼는 또한 이렇게 말한다.

> 자연법이라고 하는 용어는 자연으로부터(from Nature) 기원하는 법칙이란 뜻이 아니라 자연 위에(upon Nature) 부과된 법칙이라는 뜻으로 이해하려고 하는 것이다. 이와 같이 하나님의 계명은 위로는 궁창에도, 아래로는 대지에도 있으며 이 세계는 이에 의하여 유지되고 있다. 그리고 시편 기자가 말한 바와 같이 이 계명들은 하나님의 종이다. 따라서 우리의 신체와 동맥과 정맥을 통하여 흐르는 피와, 호흡기관인 우리의 허파에도 하나님의 계명이 주어져 있다.[61]

종교개혁자들이 추구했던 정신과 복음에 신실하다는 말은 세상으로부터 도피가 아니라 일상의 삶 속에서도 기독교 신앙을 좇아 소명을 감당하는 것이었다. 종교개혁자들의 이러한 정신은 영성훈련의 사회성을 간과해서는 안 된다는 것을 시사해 주고 있다.

---

59 Dallas Willard, *The Spirit of the Disciplines*, 41.
60 아브라함 카이퍼『칼빈주의』, 박영남 역 (서울: 세종문화사, 1988), 95.
61 아브라함 카이퍼『칼빈주의』, 96.

5. 구원론적 프락시스로서 영성훈련의 방법

영성훈련은 하나님의 형상을 구현하고 성취하도록 돕는 그리스도인들의 성화의 과정과 관련된다. 영성훈련은 인간의 계획을 촉진하는 데 목적이 있는 것이 아니라 하나님의 '일정'에 우리가 참여하는 과정이다. 즉, 영성훈련은 하나님의 은혜의 방편으로서 인간의 사역이 아니라 하나님의 사역이다. 이러한 영성훈련의 형태는 기독교 전통에서 크게 두 가지로 분류되어 설명되어 왔다.

첫째, '무념적'(apophatic) 형태로서, 이는 영적 삶을 추구하는 자들이 자아를 비움(self-emptying)으로 하나님의 충만하심을 경험하게 하는 방법이다.

둘째, '유념적'(kataphatic) 형태로 영적 삶을 추구하는 자들이 상상력을 통해 그려보는(imaginery) 방법이다.[62]

'유념적'(kataphatic) 방법과 '무념적'(apophatic) 방법이다. 'kataphatic'에서 'kata'는 영어로 'with'이고, 'phatic'은 'image'이다. 'kataphatic'(유념적)은 'with image'라는 뜻이다. 'apophatic'에서 'apo'는 'without'임으로 전체적인 의미는 'without image'이다.

기독교 역사에서 로욜라의 이그나티우스(Ignatius of Loyola), 칼빈은 유념적 방법을 선택했다. 무념적 방법은 신비가들이 선호했던 방법으로 십자가의 성 요한(St. John of the Cross), 14세기에 『무지의 구름』(*The Cloud of Unknowing*)이라는 책을 지은 익명의 인물, 마이스터 에크하르트(Meister Eckhart) 등 독일 신비가들이 이 방법을 선호했다.

유념적 방법은 이미지, 상징, 감각의 중요성을 강조하는 방식이다. 이 방법은 항상 대중적인 지위를 차지해 왔다. 무념적 방법은 모든 지각되는 지성적 표현들의 배후에, 혹은 그것들을 초월하여, 또는 그 속에 감추어져 존재

---

[62] Iris V. Cully, *Education for Spiritual Growth* (New York: Harper & Row, 1984), 50-55.

하는 하나님의 진리를 강조한다.[63]

중요한 것은 유념적 방법과 무념적 방법이 가지는 유익과 한계를 알아야 한다. 유념적 방법을 극단적으로 추구하면 생각과 심상에 끝없이 몰두할 수 있다. 마찬가지로 무념적 방법을 극단으로 추구하면 삶을 부정하는 반성육신적 왜곡에 빠져 신비적인 측면에만 몰두할 수 있다.

1) 무념적 영성훈련

무념적 형태의 영성훈련은 물질적, 육체적 욕구 충족을 지향하는 인간의 본능적 성향을 억제하고 하나님과의 합일을 위한 내적, 심리적 동기 유발에 초점을 두는 동방 기독교의 전형적인 훈련 형태이다.[64] 이 같은 영성훈련의 형태에 크게 영향력을 행사했던 그레고리(Gregory of Nyssa)의 생각에 따르면, 하나님의 활동에 관한 이해를 추구하는 인간 영혼의 각성과 하나님의 은총으로 주어지는 인간의 내적 평화(hesychia)를 통해 '상승작용'(synergy)을 얻게 되는 과정이 영성훈련의 과정이라는 것이다.

여기서 'synergy'란 하나님을 향한 인간적 사랑(eros)과 하나님의 영원한 사랑(agape)이 상호 관통됨으로써, 하나님과 인간 사이의 신비한 합일을 가능하게 하는 힘이라고 정의된다.[65] 이 같은 신비스런 합일의 경험을 통해 인간의 영혼이 상승되어 거룩하게 되는 성화의 과정으로 이어지게 된다는 것이다.[66]

이와 같은 '영혼의 상승'을 얻도록 하기 위해 영적 훈련에서 구체적으로 요구되는 훈련 형태는 지속적인 기도이다. 무념적 영성훈련은 언어기도로부터 시작하여 점차 무언의 기도로, 간구의 형태에서 경배의 형태로 그리고 자아의식으로부터 시작하지만 궁극적으로는 하나님 의식의 방향으로 나아가게 하는 경험을 획득하도록 도와주는 훈련 과정으로 요약할 수 있다.[67]

---

[63] Gerald G. May, *Care of Mind Care of Spirit: Psychiatric Dimension of Spiritual Direction* (New York: Harper & Row, 1992), 10.
[64] Iris V. Cully, *Education for Spiritual Growth*, 51-54.
[65] Iris V. Cully, *Education for Spiritual Growth*, 52-53.
[66] Urban T. Holmes, *A History of Christian Spirituality*, 48.
[67] Iris V. Cully, *Education for Spiritual Growth*, 53-54.

무념적 영성훈련의 형태는 자신을 비우는 훈련으로써 하나님과 인간, 영혼과 육체라는 이분법적 구분을 넘어서는 신비주의적 체험을 하게 되고, 그 체험을 통해 하나님과의 합일과 일치를 추구하려는 형태의 영성훈련이다. 무념적 영성훈련은 자신을 비우면서 하나님의 임재를 기다리는 수동적인 특징을 지닌 형태이다. 이 형태의 영성훈련은 동방 기독교의 전통에서 활성화 되었다.

동방 기독교에서 발전한 무념적 영성훈련 방법은 무엇보다 다양성 속에서의 일치를 추구하는 신비주의적 특성을 지닌다. 다시 말하면 하나님과 인간, 영혼과 육체 사이의 구분을 초월할 수 있는 개방적인 자세를 중요시 여긴다. 동방 기독교의 영성훈련의 특징은 다음과 같다.[68]

첫째, 영적 체험이란 역사적 예수에 관한 단순한 명상이 아니라 성령의 역사를 통해 하나님의 임재를 실제로 경험하는 것을 목표로 한다.

둘째, 하나님과 인간 그리고 영혼과 육체의 관계는 상호 대립적인 것이 아니라 서로 어우러질 수 있는 것으로서, 마음의 기도가 바로 이를 가능케 하며, 특히 주기도문을 지속적으로 반복하는 영성훈련 방법은 예수에 대한 단순한 기억이 아니라 성육신의 현재적 체험으로 이해되어야 한다.

셋째, 영성훈련을 통해 그리스도 안에서의 삶을 추구하는 결과적으로 문화의 변화를 동반하게 된다. 여기서 문화란 인간과 세상 사이에서 일어나는 상호작용을 의미한다. 영성훈련의 목적은 인간이 성령의 임재를 통해 단지 개인의 내적 변화만을 추구하는 것이 아니라 자신의 임무를 수행하게 될 때 인간과 세상간의 갈등은 화해를 변하게 되며, 결국 세상을 변화시키는 결과로 이어질 수 있다는 것이다.

넷째, 영성훈련에서 사회성이 강조된다. 그리스도인의 영성훈련의 사회성의 범례는 바로 성례전이다. 성례전은 하나님의 임재를 실제로 경험하는 통로일 뿐 아니라, 인간과 자연 사이의 올바른 관계 그리고 세상을 변화시키는 범례를 제공하는 것으로 이해한다.

---

[68] Iris V. Cully, *Education for Spiritual Growth*, 151-160.

2) 유념적 영성훈련

유념적 영성훈련은 자신을 비우면서 하나님의 충만한 임재를 침묵 속에서 기다리는 수동적 자세를 취하기보다는 하나님의 활동을 이성과 감성을 통해 상상해 보고 그려보는 적극적인 노력을 통해 하나님의 뜻을 이해하고 하나님을 경험하려는 훈련 방법이다.[69] 어거스틴과 교황 그레고리에 의해 소개된 후, 14세기경 공식화된 이 영성훈련은 흔히 명상법이라 알려져 있는데, 이는 4단계의 과정을 통해 진행된다.

첫째, 인간의 욕망을 체념하고, 정화(purgation)시키는 단계이다. 이 단계는 거룩한 하나님께 가까이 가고자 하는 사람들 모두에게 하나님에 대한 인식에서 장애가 될 수 있는 모든 것으로부터 자신을 분리시키는 단계이다.

둘째, 하나님을 바로 볼 수 있도록 하는 묵상(meditation)의 단계이다. 이 단계에서는 먼저 각자의 묵상이 하나님의 영광을 지향하며, 시각적 상상의 형태를 통해 묵상의 대상을 찾고, 묵상의 주제에 따라 기쁨, 슬픔, 수치와 같은 적절한 감정이 동반되도록 간구하는 기도 방법이다.[70]

셋째, 관상(contemplation)의 단계이다. 관상이란 묵상을 통해 얻게 된 자아 체념으로부터 하나님께 대한 경건을 수행하는 행위이다. 이 단계에서는 언어적(음성) 기도나 생각은 극소화되고, 시각적 상상(visualization)을 통해 하나님의 뜻을 추구한다.[71]

넷째, 관상의 과정을 통해 하나님의 계시적 조명을 받게 됨으로써, 하나님과의 합일이나 연합(union)에 이르게 되는 단계이다. 이는 하나님의 사랑을 이해하고 그 사랑에 응답할 수 있게 되는 단계를 의미한다.[72] 영성훈련의 최종단계로 설명되는 이 단계에서는 믿는 마음으로 기다리는 침묵 속에서 하

---

69 Iris V. Cully, *Education for Spiritual Growth*, 55-59.
70 R. H. Thouless, *An Introduction to the Psychology of Religion* (Cambridge: Cambridge University Press, 1972), 90-103.
71 R. H. Thouless, *An Introduction to the Psychology of Religion*, 90-103.
72 Iris V. Cully, *Education for Spiritual Growth*, 58.

나님의 영광을 응시하는 희열과 같은 신비스러운 감정을 경험하게 된다.

　이처럼 유념적 영성훈련의 특징은 수동적인 기다림보다는 능동적인 참여를 강조하고, 청각 중심의 사색보다는 시각 중심의 상상을 상대적으로 중시하는 훈련 방법이다. 유념적 방법은 서방 교회의 영성훈련 전통으로 종교개혁이 시작 될 때까지 전형적인 영성훈련의 형태로 이어져 왔었다.[73]
　서방 교회에서 상대적으로 중시해 온 영성훈련의 특징은 성경의 강조이다. 기독교 영성훈련의 본질은 하나님의 말씀에 대한 경청, 경외 그리고 말씀에 대한 신뢰와 믿음을 토대로, 서방 교회는 수도원적인 실천을 영성훈련의 전형적인 형태로 전수시켜 왔다.[74] 예를 들어 공동체 지향적인 영성훈련을 시도했던 서방교회의 수도원에서는 노동, 성경 연구 그리고 기도라는 세 가지 규범적 행동을 중심으로 수도사들의 영적 생활을 강조해 왔다. 서방 기독교의 영성훈련의 형태는 패닝턴(Basil Pennington)의 지적처럼, 세 가지 특징으로 묘사할 수 있다.[75]

　첫째, 하나님의 말씀인 성경과의 실존적 만남의 강조다. 즉, 성경을 신뢰와 믿음 그리고 경외하는 마음으로 읽으면서 성령의 역사를 기대할 때 하나님은 성경을 통해 인간에게 말씀하시며, 인간은 그에 응답하고 감사하는 실존적 체험을 하게 된다.
　둘째, 하나님과의 만남은 하나님에 대해서 단순히, 관념적, 개념적으로 아는 것이 아니라 인간의 생각이나 감정의 차원을 넘어선 깊은 체험을 통해서 알게 됨의 강조이다. 그러므로 영성훈련이란 단순한 사색의 과정이 아니라 하나님의 임재와 활동을 경험하게 하는 차원의 과정이다.

73　Iris V. Cully, *Education for Spiritual Growth*, 59-62.
74　M. Basil Pennington, "Western Contemplative Spirituality and the Religious Educator," in *The Spirituality of Religious Educator*, ed., James Michael Lee (Birmingham, Ala.: Religious Education Press, 1985), 109ff.
75　M. Basil Pennington, "Western Contemplative Spirituality and the Religious Educator," 116-121.

셋째, 이 같은 차원의 경험을 얻기 위해서는 무엇보다 기도의 실천이 중요하다.

지금까지 살펴본 영성훈련의 형태는 현대 기독교 영성훈련에 대한 그릇된 인식을 비판적으로 조명하는 데 유용한 시사점을 제공해 준다. 영적경험의 형태는 다양하게 표출될 수 있다는 것을 고려해 볼 때, 영적성숙의 형태를 단지 몇 가지의 언어적 서술로써 고정시켜 놓은 뒤, 그 고정된 형태에 대한 모방이나 습득을 영성훈련의 방법으로 삼는 것은 잘못이다. 또한 영성훈련에서 가장 큰 유혹은 영성훈련을 기능적으로 생각하는 것이다.

유진 피터슨(Eugene Peterson)은 "세속 문화는 '사물'과 '기능'으로 전락한 문화다"라고 지적하면서, 이러한 기능주의적 문화 속에서 사람들은 더 많은 것을 소유하고, 더 많은 활동을 하고자 한다고 하였다.[76] 기능주의적 문화는 영성훈련에도 스며들어 영적인 훈련을 더 많이 알고 행동하는 것이라고 믿게 한다. 영성훈련은 하나님의 뜻이 외적인 구조나 우리의 행위에 의해 강요되는 것이 아니라 하나님과의 사랑의 관계 안에서 하나님의 현존을 경험할 때 심오한 실체가 나타난다.

물론 영성훈련에서 기능적인 실체와 관계적인 실체가 서로 대립되는 것은 아니다.[77] 하지만 기능적인 요인들이 영성훈련에서 중요한 하나의 실체이지만 기능적인 것이 본질이 되면 영성훈련에서 본질적 특성을 상실하게 된다.[78] 물론 영성훈련은 기본적으로 기능적 성격이 내재되어 있다. 즉, 위기에 처한 사람을 돕기 위해 무엇을 행하는 것 또는 교육에서 어떤 실용적인 결과를 기대하는 것 등이다. 하지만 우리가 하는 영성훈련의 어떤 유형이든 그 훈련은 우리가 행하는 것 이상의 것임을 인지해야 한다.

영성훈련에서 경계해야 할 것은, 하나님의 실체보다는 기능적 과정과 영적 탐색, 기도의 유형에 더 집착하는 것이다. 구원론적 프락시스로서 영성훈

---

76 Eugene H. Peterson, *Subversive Spirituality* (Grands Rapids: Eerdmans, 1997), 34.
77 M. Robert Mulholland Jr. *Shaped by the Word: The Power of Scripture in Spiritual Formation* (Nashville: Upper Room Books, 2000), 93.
78 최창국,『기독교 영성신학』(서울: 대서, 2010), 61.

련은 모든 순간에 하나님의 음성을 듣는 것을 도와주기 위한 것이다. 영성훈련은 우리의 이성으로 하나님에 관해서 알고, 하나님에 대한 교리를 받아들이고, 마음으로 성경을 읽고, 원칙을 이해하는 데서 끝나서는 안 된다.

진정한 영성훈련은 하나님께서 우리를 부르고, 치료하고, 용서하는 것을 들음으로부터 시작한다. 하나님은 내가 다루어야 할 대상이나 객체가 아니라 나에게 말씀하고 나를 불러주시는 주체이기 때문이다. 카이퍼는 다음과 같이 말하였다.

> 해가 우리들의 집을 밝고 깨끗하게 비칠 때에는 전등을 끄게 마련이다. 그러나 해가 지평선 너머로 사라질 때 우리는 '인공적인 빛의 필요'(necessitas luminis artificiosi)를 느끼고 모든 집에 인공적인 빛이 켜진다. 종교의 문제에 있어서도 마찬가지이다. 하나님의 장엄한 빛을 가리는 안개가 없을 때 발밑을 밝히는 등불이나 길가 위의 빛이 무슨 필요가 있을 것인가.[79]

그렇다. 영성훈련의 실천은 우리의 영혼과 삶에 '인공적인 빛'이 아니라 '하나님의 장엄한 빛'을 비춰게 하는 것이다.

3) 영성훈련의 내적인 요소

기독교적 영성훈련에서 몇 가지 내적인 요소들을 다음과 같이 제시할 수 있겠다.

첫째, 영성훈련에서 성경의 중요성이다.

성경은 영성훈련에서 가장 중요한 자료일 뿐만 아니라 표지이다. 하지만 영성훈련에서 말씀의 중요성만큼이나 중요한 것은 말씀을 대하는 방식이다. 일반적으로 우리는 정보를 얻기 위해 독서하는 것이 습관화되어 있다. 우리는 성경을 대하는 방식에서도 정보의 대상으로 삼으려는 유혹에서 벗어나기

---

[79] 아브라함 카이퍼, 『칼빈주의』, 80.

가 쉽지 않다. 물론 우리가 성경을 읽을 때 정보 습득적 방식은 기본적으로 잘못된 것은 아니다.

하지만 성경을 이런 정보 습득적 방식으로 다가가려 할 때 문제가 발생하게 된다. 왜냐하면 성경은 정보의 대상이라기보다는 하나님의 말씀으로서 영성형성과 삶을 위한 것이기 때문이다. 현대 그리스도인에게 요구되는 영성훈련의 목적 가운데 하나는 성경을 나의 생각의 지배아래 두어, 그것이 나의 계획에 맞는지 분석하고, 나의 영적 생활에서 원하는 것을 행하는 데 이용할 수 있는지를 결정하려는 유혹으로부터 벗어나 말씀이 나를 형성하도록 하는 것이라 할 수 있다.[80] 즉, 성경을 정보(information)의 대상으로 읽지 않고 나를 새롭게 하기 위해(formation) 읽는 것이다. 내가 말씀을 해석하려하는 것이 아니라 말씀이 나를 해석하도록 말씀 앞에 열린 자세로 서는 것이다.[81]

둘째, 영성훈련에서 기도의 중요성이다.

모든 기독교 전통의 영성훈련에서 기도는 중심 요소였다. 현대인들은 인간적 가치 안에서 사는 것이 살아계신 하나님 안에서 신앙을 가지고 사는 것보다 훨씬 쉬운 시대에 처해 있다. 이 말은 우리가 가진 것이 그리스도교의 이데올로기지 그리스도교 신앙 자체는 아니라는 뜻으로 생각해 볼 수도 있다. 현대 그리스도인들에게 하나의 중요한 문제가 제기 된다.

현대 그리스도인들에게 반신앙세력들이란 도대체 누구냐는 것이다. 그것은 우리를 기도의 삶을 지켜 나가는 정원에서 피땀을 흘리지 못하게 가로막고, 우리의 영혼 속으로 깊이 들어가는 용기와 시간을 버리게 하는 것들이다. 신앙을 가로막고 있는 것들은 그 자체로는 아무 흠이 없는, 그야말로 우리에게 익숙하고 편한 수많은 평범한 것들이다.

이러한 현대의 반신앙세력들 가운데서 어떻게 살아계신 하나님 신앙을 가질 수 있을까?

기독교 초기부터 지금 시대까지 한결같이 우리에게 주는 답은 기도를 꼽고 있다. 기독교 전통의 중심 가르침에는 항상 기도가 있었다. 신앙 안에서

80　로버트 멀홀랜드 『영성여행 길라잡이』, 69.
81　최창국, 『기독교 영성신학』, 78.

자신을 지키고 지탱하기 위해서는 규칙적인 개인 기도를 해야 한다. 규칙적인 개인 기도가 없으면 영혼은 교감하지도, 균형을 유지하지도 못한다.

셋째, 영성훈련의 목적은 모든 창조와 창조물 가운데서 활동하시는 하나님의 손길을 보도록 하는데 있다.

성경은 하나님의 말씀을 듣는 사람들에게, 역사와 그들의 삶 속에서, 그들 가운데 있는 하나님 나라 안에서 활동하시는 하나님의 손길을 보라고 격려한다. 이블린 언더힐(Evelyn Underhill)은 다음과 같이 말하였다.

> 영성생활은 그것이 몸 안에서 이루어지든 몸 밖에서 이루어지든 다른 모든 영혼들과 소통하며 공유하는 삶이다. 여러분은 단테가 "영혼은 나의 것이 아니라 우리의 것"이라고 한 말을 기억할 것이다.[82]

영성생활은 유기적이고 사회적이다. 우리가 의식하든 안 하든 물리적 삶은 우리를 둘러싸고 맴도는 대기와 빛 에너지 등과 같은 물리적 환경과 끊임없이 교류하면서 의지한다. 이처럼 영성생활도 우리가 인식하든 안 하든 우리의 영적환경과 지속적으로 교류하고 있다. 영성훈련은 하나님의 말씀을 통해서뿐만 아니라 하나님께서 창조하신 세계를 더 깊이 알고 더 넓게 경험하는 것을 수반한다.

넷째, 영성훈련은 하나님의 신비에 눈뜨도록 해야 한다.

우리의 생각과 시각이 닿는 한계를 넘어서는 것은 언제나 존재한다. 언더힐은 이렇게 말하였다.

> 우리의 모든 능력을 발전시키고, 우리의 모든 가능성을 충족시키는 삶은 온전한 상태에서 우리가 볼 수 있는 끊임없이 변하는 세상만이 아니다. 우리가 볼 수 없으며 전혀 변하지 않는 환경, 곧 모든 영들 중에서 최고의 영인 하나님 - 그 안에서 우리가 살고 움직이며 존재하는 - 과도 대화할 수 있어야 한다.[83]

---

[82] 이블린 언더힐, 『영성생활』, 배덕만 역 (서울: 누멘, 2008), 33-4.
[83] 이블린 언더힐, 『영성생활』, 28.

성경은 삶 가운데 있는 하나님의 신비를 지적해주는 이야기를 하는 사람들에 의해 쓰여 졌다. 기독교는 신비로 가득 차 있다. 영성훈련의 중요한 목적 가운데 하나는 바로 하나님의 신비에 눈뜨는 것이다. 월터 마샬(Walter Marshall)은 성화의 신비를 논하면서 이렇게 썼다.

> 그리스도와 연합은 위대한 신비다. 이 경건의 신비가 얼마나 위대한지! 그 누구도 생각하지 못한 일이다. 하나님은 초자연적 계시를 통해서 그 계시를 알리셨다. 그러나 성경에 계시되어 있다 해도 그리스도인이 아닌 사람은 그 신비를 볼 수 있는 눈이 없다.[84]

"붙잡고 읽어라!"고 외치는 한 아이의 목소리는 마침내 어거스틴으로 하여금 머뭇거리던 경계선을 넘어서게 만들었으며, 탁월한 두뇌의 이기적인 젊은 교수를 교회의 거인으로 바꾸어 놓았다. 영성훈련에서 하나님의 신비에 대한 열린 자세를 갖는 것은 중요하다. 케네스 리치(Kenneth Leech)의 지적처럼, "인간이 하나님의 형상대로, 신비롭고 헤아릴 수 없는 분의 이미지대로 창조되었다고 하는 사실은, 인간이 그 신비를 공유하고 있다는 의미를 내포한다."[85]

교회가 하나님의 신비성과 초월성을 무시하는 동안 '바른 교훈'을 보존하는 데 있어 주지주의적으로 왜곡하는 죄를 범해왔던 것처럼, 진정한 영성훈련은 하나님의 음성을 듣고 순종하며, 하나님에 의해 변형되어 가는 것을 수반해야 한다.

---

[84] 월터 마샬, 『성화의 신비』, 장준호 역 (서울: 복있는사람, 2010), 64.
[85] Kenneth Leech, *Soul Friend: A Study of Spirituality* (London: Sheldon Press, 1985), 135.

제7장

영성생활의 해석학적 패러다임[1]

Hermeneutical Paradigm of Spiritual Life

1. 영성생활의 통전적 지평

그리스도인들은 더 많이 기도하고, 성경을 더 많이 읽고, 교회 일을 더 많이 하고, 예배에 더 많이 출석하는 것을 영성생활의 시금석으로 여기는 경향이 있다. 물론 이러한 요소들과 삶은 영성생활에서 중요한 역할을 한다.

하지만 영성생활은 이러한 것들을 행하는 것 자체에 있는 것이 아니라 하나님과의 생동적인 관계에서 발생하는 통전적 삶과 전인성 회복과 관계된 것이라는 것을 인식하는 것이 필요하다. 영성생활은 인간의 영적인 차원과만 관계된 것이 아니라 인간의 모든 차원과의 유기적인 관계 안에서 깊어지고 확대되기 때문이다. 인간의 영성생활은 영혼과 몸, 자신이 속한 전통과 현재 상황, 개인과 공동체, 이론과 실천, 기도와 노동, 선호하는 차원과 덜 선호하는 차원과의 순환관계를 통해 형성되고 혁신되고 발전되기 때문이다.

영성생활의 해석학적 패러다임에서 통전적 질문은 매우 중요하다. 즉, 영성생활은 성경적 신학적으로 이해되어야 하는지 경험적 과학적으로 이해해야 하는가가 아니라 성경적 신학적 이해와 경험적 과학적 이해와는 어떤 관계여야 하는가? 영성생활의 해석학적 패러다임에서 이 둘의 관계를 혼동해서도 안 되지만 양자택일의 문제로 보아서도 안 된다. 영성생활은 오직 영적

---

[1] 이 글은 「복음과 실천신학」 50 (2019), 212-245에 실린 필자의 글을 수정 보완한 것이다.

인 차원과만 관계된다고 보아서는 안 된다. 신학적 이해와 경험적 과학적 이해는 모두 영성생활에 중요한 자료를 제공해주기 때문이다.

　신학과 영성의 가장 중요한 자료는 성경이다. 하지만 신학과 영성의 자료는 성경만이 아니다. 교회 공동체를 통해 형성된 내용도 신학과 영성의 자료이고, 인간의 정신세계와 몸에 대한 임상적 연구 자료 그리고 세계에 대한 연구도 신학과 영성의 자료이다. 따라서 철학과 심리학과 사회과학과 자연과학도 신학과 영성의 자료가 될 수 있다. 일반계시와 자연계시를 인정한다면, 자연 과학적 관찰과 지혜와 지식 역시 하나님과 관계된 어떤 것이 될 수 있기 때문에 신학과 영성의 자료가 될 수 있다. 그러므로 영성생활에 대한 해석에서 성경과 신학뿐만 아니라 특히 인간에 대한 통전적 이해와 함께 인간 경험에서 발생한 임상적 자료들을 바르고 균형 있게 사용하는 능력이 있어야 한다.

　본 연구의 목적은 통전적 영성생활을 위한 해석학적 순환의 구조와 패러다임을 제시하는데 있다. 이를 위해 먼저 영성생활의 해석학적 시금석으로서 '확대된 자아'에 대해 논하고자 한다. 확대된 자아는 통전적 영성생활을 위한 해석학적 순환 구조의 기초가 되기 때문이다. 나아가 영성생활의 해석학적 패러다임으로서 동사적·관계적·경험적 이해의 중요성을 논하고자 한다. 이러한 논의를 통해 본 연구에서는 통전적 영성생활의 해석학적 패러다임의 구조와 특징들을 밝히고자 한다.

2. 영성생활의 해석학적 시금석으로서 '확대된 자아'

　통전적 영성생활을 위해서는 관계적 존재로서 인간을 해석하는 것이 무엇보다 중요하다. 인간은 하나님의 형상으로 창조된 인격체로서 본질상 관계적 존재이다. 인간은 참된 관계 안에서 삶을 실현할 수 있도록 창조되었기 때문이다. 따라서 영성생활을 위한 해석학적 패러다임에서 관계적 존재로서 인간을 이해하는 것은 중요하다.

제임스 토렌스(James Torrance)는 "우리가 인간을 이해할 때 단지 한 개체로서의 인간이 아닌 하나님과 다른 사람과의 교통 속에서 진정한 자아를 발견하는 자로 이해하는 것이며, 그것은 하나님에 대한 삼위일체 교리의 산물"이라고 하였다.[2] 그는 "인간은 관계, 사랑, 교통 속에서 자신의 진정한 자아를 발견한다"고 강조하였다.[3]

관계적 자아(relational self)로서 창조된 인간은 비록 유한한 존재이지만 하나님과 다른 피조물과 분리되지 않는 관계 안에서 살도록 창조되었다. 구체적으로 서술하면, 관계적 자아로서 인간은 하나님, 자신의 몸과 정신, 다른 피조물, 전통, 공동체뿐만 아니라 지식과 실천, 예술품, 제도 등과의 관계 안에서 자신을 형성하고 삶을 영위해 간다. 따라서 인간은 이러한 관계들 안에서 삶의 정체성, 의미, 가치, 믿음 등을 경험하며 실현해 간다.

이러한 맥락에서 관계적 자아로서 인간은 '확대된 자아'(extended self)로서 자신을 경험하게 된다. 확대된 자아란 개념은 앤디 클라크(Andy Clark)와 데이비드 찰머스(David Chalmers)가 말한 '확대된 정신'에서 제시한 개념을 발전시킨 것이다.[4] 이들은 정신이 단지 뇌와 인간의 몸 안에 제한적으로 존재하는 사물이라고 여기는 것은 오류라고 주장한다. 정신은 인격적 주체가 자신의 목적과 의도에 따라 사용하는 도구나 다른 요소들을 통하여 외부 환경으로 확대될 수 있다는 것이다.

예를 들어 치매로 인하여 기억 상실을 앓고 있는 사람이 자신의 기억을 돕기 위하여, 어느 곳에 가든지 자신의 메모장에 자신이 가고자 하는 곳의 길을 적어 놓고 사용하는 경우다. 이때 자신의 메모장은 자신의 목적에 따라 사용되고, 자신의 통제 하에 있다는 점에서 사실상 자신의 정신은 자신의 메모장과 함께 확대된 것이라고 할 수 있다는 것이다. 즉, 자신의 뇌와 자신의 메모장은 자신의 확대된 정신을 구성하는 '짝지어진 체계'라는 것이다.[5]

---

2   James B. Torrance, *Worship, Community and the Triune God of Grace* (Dowers Grave: IVP, 1996), 38.
3   James B. Torrance, *Worship, Community and the Triune God of Grace*, 39.
4   Andy Clark and David J. Chalmers, "The Extended Mind," *Analysis* 58 (1998): 10-23.
5   Andy Clark and David J. Chalmers, "The Extended Mind," 6.

신학적 맥락에서 '확대된 자아'는 인간을 '통전적 자아'로서 해석하도록 안내한다.[6] 인간은 자신과의 관계에서는 자신의 여러 차원들(aspects), 즉 정신과 몸 등이 유기적인 관계 안에서 상호작용하며 살아가도록 창조되었을 뿐 아니라 인간은 하나님과 다른 피조물과의 유기적인 관계 안에서 '확대된 자아'로 살아가도록 지음을 받았다. 또한 확대된 자아는 자신이 속한 전통과 공동체 등에 의해서도 형성된다.

나아가 확대된 자아의 개념은 그리스도와 모든 신자와의 관계에서도 발견된다.[7] 성경은 '내가 그리스도 안에 그리스도가 내 안에'라는 진술을 통해 자아의 확장성을 증명한다. 이는 그리스도와 모든 신자는 서로에게 속한 확대된 자아로서 정체성을 형성한다는 것을 보여준다. 성령을 통해 그리스도와 신자는 서로 상호 내주(內住)하는 방식으로 확대된다. 그리스도는 성령에 의해서 신자와 만물과의 관계를 통해 확장되고, 모든 신자는 성령에 의해서 그리스도 안에서 그리스도를 통해 그들의 자아가 확대된다.

확대된 자아는 통전적 관계 안에서 자란다. 하워드 클라인벨(Howard Clinebell)은 인간을 통전적(holistic)으로 이해한다. 그는 인간을 영혼과 몸으로 분리하여 이해하지 않고 전체적으로 이해하고 있을 뿐만 아니라 사회적 차원과 자연과 생물학적 차원까지 확대된 관계 안에서 인식한다. 그는 목회상담의 목적을 '전인 건강'으로 이해하고, 전인 건강을 위한 6가지 중요한 차원을 언급했다.

① 마음을 북돋아 주는 일
② 인간의 몸의 생기를 회복시키는 일

---

6 인간이 통적전인(holistic) 존재란 말의 의미는 인간의 관계나 삶에서 여러 요소들이나 차원들이 '구분은 되지만 분리되지 않는다'는 의미이다. 예를 들어 설명하면 인간은 자신과의 관계에서 자신의 정신과 몸은 구분은 되지만 분리되지 않으며, 인간의 삶에서 예배생활과 가정생활은 구분은 되지만 그 본질적 가치에서는 분리되거나 차등화 될 수 없다는 관점이다.

7 인간은 성부와 성자와의 교제를 누리지만, 우리 인간의 본성은 신적 본성과는 여전히 구별된다(Donald Fairbaim, "Grace As Sharing Divine Communion," in *Grace and Christology in the Early Church* (Oxford: Oxford University Press, 2003), 63-104).

③ 다른 사람과의 친밀 관계를 갱신하고 강화하는 일
④ 자연과 생물권과의 관계를 심화하는 일
⑤ 개인생활에 있어서 가장 중요한 조직사회 안에서의 성장
⑥ 하나님과의 관계를 깊게 하고 의미 있게 하는 일[8]

클라인벨이 언급한 6가지 차원은 인간의 전인 건강은 확대된 자아 또는 통전적 관계 안에서 발생한다는 것을 피력한 것이다. 이것은 확대된 자아가 전인적 성장을 이루어 나가기 위하여 경험되어야 하는 관계적 차원들을 의미한다.

영성생활은 인간의 영적 차원과만 관계된 것이 아니라 인간의 모든 차원과의 유기적인 관계 안에서 깊어지고 확대된다. 인간의 영성생활은 신체적 차원과 정서적 차원 안에서 확대되고 구체화된다. 인간의 영성생활은 영혼과 몸, 자신이 속한 전통과 현재 상황, 개인과 공동체, 이론과 실천 등과의 순환 관계를 통해 형성되고 혁신되고 발전된다. 따라서 확대된 자아의 개념은 영성생활의 해석학적 패러다임(paradigm)[9]에 중요한 의미를 제공하는 시금석이라고 할 수 있다.

---

[8] Howard Clinebell, *Basic Type of Pastoral Care & Counseling*, 박근원 역, 『목회상담론』 (서울: 한국장로교출판사, 2001), 56.

[9] 패러다임은 사람의 인식을 형성하는 함축적이거나 명시적인 규칙을 바탕으로 사물을 보는 방법을 의미한다. 일반적으로 패러다임의 변화는 규칙이나 경계가 변할 때 발생한다. 그 결과 우리는 더 이상 사물을 같은 시각으로 보지 않게 된다. 즉, 규칙이 변화하면 바라보는 방법도 바뀌기 때문이다. 역사에서 패러다임 변화의 가장 극적인 예는 천문학의 코페르니쿠스 혁명이다. 코페르니쿠스의 발견 이전에는 지구를 중심으로 태양과 행성들이 돌고 있다고 믿었다. 그러나 코페르니쿠스의 새 발견으로 인하여 우주의 모든 관측들이 지구 중심에서 태양 중심으로 관점이 바꿀 때 완벽하게 들어맞는다는 사실을 깨닫게 된다. 패러다임의 변화는 Marcel Proust의 진술에서 그 진정한 의미가 드러난다. 그는 "진정한 발견은 새로운 땅을 찾는 것이 아니라 새로운 눈으로 보는 것이다"라고 하였다(Kenneth D. Boa, *Conformed to His Image*, 송원준 역, 『기독교 영성, 그 열두 스펙트럼』 (서울: 디모데, 2005), 67에서 인용). 논자가 '패러다임'이란 용어를 사용한 이유는 통전적(holistic) 관점에서 영성생활을 해석하기 위한 것이다.

3. 영성생활의 해석학적 순환 구조

통전적 영성생활은 다음과 같은 해석학적 순환의 패러다임을 통해서 변증법적으로 구성되고 실현된다고 할 수 있다.[10]

영성생활을 위한 해석학적 순환은 영혼과 몸의 관계에서 일어난다. 전통적으로 영성생활은 신체적 차원이나 활동과는 구분되어 왔다. 이러한 전통은 신플라톤주의의 영향으로 인해 영성생활은 영혼이나 정신과만 관계되고 몸과는 관계가 없는 것으로 여겨왔다. 하지만 넓은 의미에서 영성생활은 몸을 포함한다. 영성생활은 영혼이나 정신과만 관련된 것이 아니라 몸과도 분리될 수 없는 유기적인 관계 안에서 순환된다. 여기서 우리는 이중의 순환관계를 인식한다.

첫째, 영혼과 몸의 순환관계이다. 이 두 차원은 효과적인 설명과 이해를 위해서 구별될 수 있지만 분리될 수 없는 유기적인 순환관계 안에 있다. 영혼은 몸을 통해 영성생활을 가시적이고 구체적으로 실행할 수 있다. 마치 한 여인이 어머니로서 자녀들을 위해 식사를 준비할 때 몸이 없이는 불가능한 것처럼 우리의 영성생활도 몸이 없이는 불가능하다. 몸의 중요한 차원인 뇌는 우리의 영성생활에서 필수적인 것이다. 물론 몸도 정신이나 영혼 없이 영성생활을 실현해 낼 수 없다는 것도 진실이다.

특히 A.D. 6세기 위-디오니시우스(Pseudo-Dionysius) 시대 때부터 기독교에 많은 영향을 준 신플라톤주의는 기독교의 구원과 영성생활에 대한 왜곡된 이해를 가지고 있었다. 영적 삶은 물질과 몸과 분리된 순전히 영적인 영역으로 도피하는 것이라고 생각했고, 개별자들로 이루어진 변화하는 세계를 떠

---

10 해석학에서 Friedrich Ast와 Friedrich Schleiermacher에서 시작된 해석학적 순환(hermeneutical circle)은 19세기 이후 해석학의 표준적인 기술적 용어의 일부가 되었다. Schleiermacher에 따르면 "완전한 지식은 언제나 명백한 순환과 관련되어 있는데 이 순환에서 모든 부분은 그것이 속해 있는 전체로부터 이해되며 그 역 또한 성립된다"(Friedrich Schleiermacher, *Hermeneutics: The Handwritten Manuscripts,* edited by Heinz Kimmerle (Missoula: Scholars Press, 1977), 113).

나서 변화하지 않는 일자(the One)의 세계로 도피하는 것이라고 여겼다.[11]

영성생활에 대한 이러한 왜곡된 이해는 성경적인 이해가 아님에도 오랜 기간 동안 그리스도인에게 영향력을 발휘해 왔다. 니콜라스 토마스 라이트(Nicholas Thomas Wright)는 "세상과 하나님, 물질계와 영계, 땅과 하늘을 영원히 분리시키려는 모든 세계관과 모든 형태의 영지주의"는 궁극적으로 성경적 관점과 배치된다고 보았다.[12]

인간의 영성생활에서 몸은 결코 간과되거나 배제될 수 없다. 몸은 영성생활에서 중요한 역할을 한다. 몸은 피부에 의해 그 어느 정도의 경계가 정해지는 인간의 독특한 자아의 원천이다. 동시에 몸은 우리를 하나님과 다른 사람과 연결해 주는 가장 중요한 수단이 된다. 스테파니 파우쉘(Stephanie Paulsell)은 우리가 몸과 함께 살아간다는 역설, 즉 몸에 의해 제한을 받으면서 몸을 통해 관계를 맺는 존재라는 역설에 대해 시술한다.

> 우리의 몸은 다른 이들의 몸과 맺고 있는 관계 안에서와 자기 몸이라는 제한된 통일성 안에서 존재한다. 가장 친밀한 관계에서도 비밀이 지켜지고 몸 안에 간직될 수 있다. 가장 친밀한 관계에 있는 사이라도, 다른 사람의 내적 삶에 대해 완전히 알지 못할 수 있고 다른 사람의 신체적 경험을 공유하지 못할 수 있다. … 그러나 비록 우리 몸이 가장 가까운 이들의 몸과 구별된다고 할지라도, 우리는 몸을 통해서만 다른 사람들과의 관계 안으로 들어갈 수 있는 것이다. … 모든 것은 그들의 관계가 어떻게 형성되는지에 달려 있다. 그래서 친절한 관계이거나 잔인한 관계가 되고, 배려하는 관계나 업신여기는 관계가 된다.[13]

---

11 신플라톤주의가 어떻게 기독교 영성 안으로 들어 왔고, 또 지배적인 영향을 미치게 되었는가에 대한 통찰력 있는 설명은 Evelyn Underhill, "A Historical Sketch of European Mysticism from the Beginning of the Christian Era to the Death of William Blake," in *Mysticism: A Study in the Nature and Development of Man's Spiritual Construction* (New York: Meridian Books, 1955), 453-73.

12 Nicholas Thomas Wright, *Surprised by Hope: Rethinking Heaven, the Resurrection, and the Mission of the Church* (New York: HarperOne, 2008), 104.

13 Elizabeth Liebert, *The Way of Discernment: Spiritual Practice for Decision Making*, 이강학 역, 『영적 분별의 길』 (서울: 좋은씨앗, 2016), 176.

비록 우리의 몸은 제한과 자유, 연약함과 거룩함의 긴장 가운데서 살아가도록 하지만, 인간의 '온전한 자아'는 몸을 포함한다. 그리고 온전함을 향해 나아가기 위해서는 몸이 간과되거나 무시당해서는 결코 안 된다. 몸은 결코 자아를 축소시키는 통로나 본능적 자아의 매개체가 아니라 온전한 자아 또는 확대된 자아를 위한 중요한 장이다.

둘째, 이해의 선구조와 실제적인 경험 사이의 순환관계이다. 우리는 세계 내 존재로서의 현존재의 주관성 안에서 영성생활을 실현해 간다. 즉, 영성생활은 이해의 선구조, 지평, 또는 영향사 안에서 이루어진다. 이는 어떤 객관적 실재에 대한 우리의 주관적 경험과 해석은 진공이나 백지 상태에서 이해되고 형성되거나 단순히 개인의 심리적인 주관성의 산물이 아니기 때문이다.[14]

기독교 전통에서 영성생활의 이해의 선구조는 일차적으로는 구약성경을 중심으로 한 유대교의 전통 안에서 형성되었으며, 이차적으로는 헬레니즘의 사상적 전통 안에서 형성되었다. 최초의 그리스도인들은 구약성경과 유대교의 영향사 안에서 영성생활을 이해하고 경험하고 표현하였다. 그리고 기독교가 헬레니즘 세계로 옮겨감에 따라 그리스도인들은 헬레니즘의 문화 사상적 지평 안에서 영성생활을 새롭게 해석하고 표현하게 되었다. 헬레니즘은 그리스도인들의 영성생활에 많은 영향력을 발휘하였다. 헬레니즘의 영향으로 몸과 노동과 분리된 영성생활이 편만하게 되었다.

물론 영성생활에서 이해의 선구조와 실제적 경험과 해석의 관계는 일방적인 것이 아니다. 역사 안에서 기독교 공동체는 자신들의 이해와 사고의 지평인 구약성경과 신약성경의 빛 안에서 영성생활을 경험하고 해석했을 뿐만 아니라 영성생활의 경험의 빛 안에서 헬레니즘의 영적 의미를 재해석하였다. 특히 기독교 공동체 안에서 노동의 영적 의미에 대한 재해석과 새로운 발견은 매우 중요한 공헌이라고 할 수 있다.

따라서 기독교의 영성생활은 헬레니즘으로부터 영향을 받아 형성된 것도 사실이지만 기독교가 헬레니즘을 재해석한 것도 사실이다. 기독교가 헬레니

---

14 조성호, "해석학적 영성이해와 21세기 목회리더십 형성," 한국복음주의실천신학회, 「복음과 실천신학」 37 (2015): 107-08.

즘화된 것과 마찬가지로 헬레니즘도 기독교화 되었다. 즉, 이 둘 사이에는 순환적이고 변증법적인 지평 융합이 이루어졌다.

영성생활에 대한 이해와 발전과정에서 이해의 선구조와 실제적인 경험과 해석 사이의 이와 같은 해석학적 순환과 변증법적 지평 융합과 확장이 기독교 안에서 일회적으로 완결된 것이 아니다. 이러한 해석학적 순환은 초기 교회 이후 고대, 중세, 근대의 시기를 거쳐 오늘에 이르는 교회의 역사 속에서 언제나 있어 왔으며, 오늘과 내일의 영성생활의 형성과 발전의 과정에 계속 이어지게 된다. 영성생활을 위한 해석학적 과제는 어떻게 순환관계로부터 벗어나느냐에 있는 것이 아니라 '어떻게 올바른 순환관계 안으로 들어가느냐', 그리고 어떻게 그 지평 융합이 변증법적이고 창조적인 지평 융합이 되도록 하느냐 하는 것이다.

셋째, 전통과 경험 사이의 순환관계이다. 전통과 새로운 상황 속에서의 영적 경험 사이의 관계는 일방적인 것이 아니라 순환적이고 변증법적인 것이다. 이 둘 사이에는 상호적인 순환관계가 존재한다. 영성생활의 과제는 전통의 지평과 현재적 경험의 지평 사이의 융합이 올바로 일어나도록 하는 데 있다.

영성생활의 올바른 해석학적 지평 융합과 확장은 무엇보다도 성령의 인도하심 가운데서 일어나는데, 그 구체적인 과정은 전통의 영향사적 구조 안에서의 동의의 해석학과 그 전통에 대한 비평적 해석학을 동시에 요구된다. 전통이 오늘날의 영적 경험의 지평을 제공함과 아울러 그 경험의 적합성을 위한 전통의 이해 가능성을 위하여 전통을 비평적으로 재해석한다.

만일 전통의 어떤 요소나 차원들이 더 이상 새로운 상황에서의 이해 가능성을 상실하고 부적절한 것으로 판명될 경우 전통은 오늘날의 경험의 빛 안에서 수정되고 재형성될 필요가 있다. 과거의 전통과 현재의 경험 사이에는 변증법적 해석학적 순환이 존재하기 때문이다. 이러한 순환 속에서 영성생활에 대한 동의의 해석학과 비평 또는 의심의 해석학을 통한 전통과 경험 사이의 상호 비평적인 상관관계를 통하여, 현재적 경험이 변혁될 뿐만 아니라 전통도 개혁될 수 있으며 새로운 모델이 형성될 수 있다. 그러므로 영성생활을 위한 해석학적 과제 중의 하나는 전통과 경험 사이의 상호 비평적 상호관계 안에서 지속적으로 올바른 해석학적 지평 융합과 확장을 이루는 데 있다.

넷째, 신앙과 지식과 실천 사이의 삼중적인 순환관계이다. 영성생활을 위한 해석학적 과제에서 실천은 단순히 이론의 적용이나 믿음의 적용화가 아니다. 실천은 신앙과 지식을 대치할 수 없지만 또한 신앙과 지식에 종속되는 단순한 실천이나 실행이 아니다. 신앙과 지식이 실천을 요구하는 것처럼 신앙과 지식은 실천을 통하여 검증되고 교정되고 확장되고 현실화된다. 실천은 그 자체로서 변혁시키는 진리의 능력이다. 우리는 믿음과 앎으로써 실천이나 행동에 옮길 뿐만 아니라 행동함으로써 진정한 믿음과 앎에 이르기 때문이다.[15] 그러므로 통전적 영성생활은 정통교리와 정통신앙과 더불어 정통실천과의 순환관계 안에서 효과적으로 실현될 수 있다.

이 세 차원은 상호교류적인 해석학적 순환관계 안에서 실천적인 지혜와 모델이 형성된다. 통전적 영성생활의 해석학적 과제는 단지 이론적이고 교리적인 정립이나 이해(what)에 있는 것이 아니라 궁극적으로 전인성 회복과 복음의 빛과 능력 안에서 현재의 삶 속에서 변혁적인 삶에 참여하며 경험(how)하는 데 있다.

다섯째, 기도와 노동과 같은 일상의 삶과의 순환계이다. 교회 역사에서 특히 중세시대에 기도와 노동의 관계를 집약하고 있는 '노동이 곧 기도다'(*laborare est orare*)라는 구호를 가지고 있었다. 그렇지만 중세시대에는 노동에 대한 부정적인 시선이 보편적이었다.[16] 종교개혁 전의 중세 서방 교회의 가르침은 종종 다른 모든 유형의 삶보다 기도와 묵상적인 삶을 더 숭고하게 보았기 때문에 "수사들과 사제들은 그리스도인들 가운데서 일급 그리스도인들 이었으며, 다른 사람들은 이급 그리스도인으로 여겨졌다. 이와는 대조적으로 종교개혁자들은 모든 신자가 제사장 곧 사제임을 강조하였다. 만인이 제사장이라는 것은 우리가 모두 하나님께 직접 나갈 수 있음을 의미할 뿐만 아니라, 모든 인간의 봉사, 모든 종류의 노동이 똑같이 하나님께 드리는 섬김이라는

---

15 김순성, "고 민영완 목사의 목회와 영성에 나타난 주변성," 한국복음주의실천신학회, 「복음과 실천신학」 23 (2011): 113.
16 Alister McGrath, *Roots that Refresh: A Celebration of Reformed Spirituality* (London: Hodder & Stoughton, 1992), 140.

것을 의미한다. 우리는 모두 제사장이며 선지자다."[17]

개혁자들은 중세가 생명처럼 여겼던 '거룩한 것'과 '세속에 속한 것' 사이의 구분을 거부했다. '신령한' 질서와 '세속의' 질서 사이에는 그 지위에 어떤 진정한 차이도 존재하지 않는다고 보았다. 모든 그리스도인들이 제사장으로 부름을 받았고, 나아가 그 부르심은 일상세계까지 확장되었다. 때문에 개혁자들은 노동과 같은 일상의 일에 대한 부정적 인식과 노동을 신앙적 삶과 무관한 것으로 여기는 현상은 성경의 가르침이 결코 아니라고 보았다.[18]

헬라 문화권에서는 특히 몸으로 하는 노동을 경시하는 현상이 있었다. 헬라 문화권에서는 정신적인 일을 하는 정치인과 철학자는 존경하였지만 노동자는 일을 해야 하기 때문에 일종의 노예 같은 존재로 여겼다. 헬라 문화권에서 가치 있는 삶은 정치와 철학 혹은 종교를 추구하는 것이었으며 필수적인 노동에서 벗어난 삶을 사는 것이었다. 진정한 자유인은 일을 할 필요가 없었다.[19] 헬라 노동관은 중세 스콜라 철학에도 많은 영향력을 발휘하였다. 중세 스콜라 철학은 일하는 행위보다 기도하는 묵상을 우선시했다. 이러한 이해 때문에 영적 가치가 노동으로부터 서서히 분리될 수밖에 없었다.

존 칼빈(John Calvin)은 스콜라 철학의 이런 태도를 비판하고 노동을 공동선을 향한 예전과 같다고 보았다. 그는 인간의 정신과 육체를 사용하는 노동과 이 노동이 지니는 영적 위엄과 가치를 중요하게 인식했다. 그는 "인간은 다양한 종류의 노동에 종사하라는 명백한 목적 아래 창조되었다. 그 어떤 희생제사도, 모든 인간의 공동선에 기여하도록 하나님의 부르심에 부지런히 몰두하며 힘껏 노력하는 것보다 하나님께 더 기쁨이 되지 않는다"고 말하였다.[20] 칼빈은 일 또는 노동이 지닌 영적 사회적 가치를 공동선의 관점에서 이해하였다.[21] 그는 노동의 영적 의미와 공동체적 기여를 중요하게 여겼다.

---

17 Paul Marshal with Lela Gilbert, *Heaven Is Not My Home: Learning to Live in God's Creation*, 김재영 역, 『천국만이 내 집은 아닙니다』 (서울: IVP, 2000), 92-3.
18 Alister McGrath, *Roots that Refresh*, 141.
19 Paul Marshal, *A Kind of Life Imposed on Man: Vocation and Social Order from Tyndale to Locke* (Toronto: University of Toronto Press, 1996), 14-8.
20 John Calvin, *Commentary on Luke* (Grand Rapids: Baker Book House, 2005), 10:38.
21 John Calvin, *Sermons on Ephesians* (Edinburgh: Banner of Truth, 1973), 4:26.

여섯째, '선호하는 차원'과 '덜 선호하는 차원,' 즉 익숙한 차원과 익숙하지 않는 차원의 순환관계이다. 선호하는 차원만 계속 발전시키고 덜 선호하는 차원을 육성하지 않는다면 영적 여정에서 전인성을 이룰 수 없다. 물론 영성생활에서 자신의 영적 성향을 아는 것은 중요하다. 자신의 자연스러운 영적 성향이나 경로(path)의 주요 활동 무대는 자신의 선호 유형에 따라 다르다.[22]

외향적인 사람의 주요 활동 무대는 세상과 다른 사람일 수 있다. 이러한 사람의 관심은 밖으로 향하는 성향이 강하기 때문에 자신의 자연스러운 영성 경로는 활동이 될 수 있다. 이런 사람은 행동으로서 자신의 영성생활을 나타내려고 한다.

내향적인 사람에게 주요 활동 무대는 생각과 성찰이 될 수 있다. 내부로 향하는 경향이 있는 사람의 자연스러운 영성생활의 경로는 사색이 될 수 있다.

감각적인 사람에게는 영성생활의 경로의 주요 활동 무대는 몸이 될 수 있다. 이러한 사람은 주변 세상과 관계하려고 작업하는 주요 정보를 얻기 위해 감각에 의존하는 경향이 많을 수 있다.

직관적인 사람은 주요 정보를 자신의 영에서 나오는 직관에 의존하는 경향이 많다. 따라서 이러한 사람의 영성생활의 주요 경로는 자각(awareness)이 될 수 있다.[23]

사고형의 사람의 영성생활의 주요 활동 무대는 머리이고 자연스러운 경로는 지식이 될 수 있다. 사고형의 사람은 통성기도보다 묵상기도를 더 선호할 수 있다.

감정형의 사람은 마음이 영성생활의 주요 활동 무대가 될 수 있고, 헌신이 자연스러운 영성생활의 경로가 될 수 있다. 감정형의 사람은 묵상기도보다 통성기도를 더 선호할 수 있다.

영성생활에서 자신이 선호하는 유형이 무엇인지를 아는 것을 또한 자신이 덜 선호하는 것이 무엇인지를 아는 길이기도 하다. 즉, 영성생활에서 자신이 덜 선호하는 유형이 무엇인지를 아는 것은 전인적인 영성생활을 위해 무엇

---

22 C. G. Jung, *Psychological Types* (Princeton: Princeton University Press, 1971)에 기초하여 정리한 것임.
23 Bruce Duncan, *Pray Your Way: Your Personality and God* (London: DLT, 1993), 55-62.

이 필요한지를 깨닫게 해준다.

예를 들어 설명하면 외향적인 사람에게 자연스러운 영성생활의 길은 행동이 될 수 있다. 내향적인 사람에게는 그 길이 성찰이 될 수 있다. 그러나 외향적인 사람에게 전인적인 영성생활을 위해 필요한 것은 성찰이기도 하다. 내향적인 사람에게 전인적인 영성생활을 위해 필요한 것은 참여나 행동이기도 하다.

영적 순례를 위해 자신이 덜 선호하고 자신에게 익숙하지 않는 차원이 어떠한 것인지를 아는 것은 중요하다. 자신의 영적 순례에서 부정적인 표출들이 무엇인지 자세히 살피는 것이 필요하다. 이러한 과정을 통해 자신의 영성생활에서 그림자(shadow)가 무엇인지를 인식할 수 있기 때문이다. 정신분석학적 관점에서 보면, 자신이 선호하는 영성생활의 유형은 의식화된 것이고, 덜 선호하거나 익숙하지 않은 유형은 아직 의식화되지 않은 무의식적 차원 또는 아직 빛을 보지 못하여 그림자의 차원으로 남아있는 것이라고 할 수 있다.

융(Jung)에 의하면, 인간의 정신에는 의식과 무의식의 두 차원이 있다. 인간의 주 기능은 의식의 영역에 있다. 인간은 기술적으로 의식을 사용하고 또한 주의를 기울이면 무엇을 하고 있는지 인식할 수 있다. 융은 인간의 열등 기능인 그림자는 대부분 무의식에 있다고 보았다. 무의식의 중요한 차원인 그림자는 삶 속에서 제쳐놓았던 정서와 기술, 욕망과 함께 실현되지 않았거나 발달되지 않은 차원이다.

토니 볼프(Toni Wolff)는 "그림자는 인간 정신의 한 부분으로서 의식의 빛 속에 있는 것이 아니다. 또한 의식의 활동 가운데 떠오르지 못하는 것이다. 왜냐하면 그것은 우리 인간의 본래적인 악성과 나태성 및 결함과 관계되는 것이기 때문이다. 그림자는 한 개인의 자아와 반대되는 요소들을 모두 포함하고 있다"고 설명하였다.[24] 그림자는 아직 발달하지 못해 미숙하고 원시적으로 남아있는 요소들로 구성된다. 이 요소들은 내면에 있는 열등하고 세련되지 못한 요소들로 인간적인 한계 때문에 생긴다.[25]

---

24 Erna Van De Winckel, *De l'inconscient a Dieu*, 김성민 역, 『융의 심리학과 기독교 영성』 (서울: 다산글방, 1996), 82.
25 C. G. Jung, *Man and His Symbols*, 이부영 외 역, 『인간과 무의식의 상징』 (서울: 집문당, 2000), 173-74.

인간의 그림자는 의식화되지 못해 열등하거나 익숙하지 않은 차원으로 남아 있기에 의식화되고 발달시켜야 할 차원이다. 따라서 영적 성장을 활성화시키기 위해서는 그림자를 의식화하는 작업이 필요하다. 즉, 인간은 아직 개발되지 않은 성격의 조각들을 발견하기 위해서 내면을 들여다봄으로써 자신의 정체성을 확장할 필요가 있다.[26] 우리의 영성생활에서도 의식화된 차원만을 선호하고 아직 의식화되지 않은 또는 발달되지 않은 그림자의 차원을 양육하지 않으면 전인적인 영적 성장을 이룰 수 없다. 따라서 전인적인 영성생활 또는 영적 성장을 위해서는 영성생활에서 덜 선호하는 또는 익숙하지 않은 차원에 관심을 가지고 양육할 필요가 있다.

영성생활에서 선호하는 차원과 덜 선호하는 차원의 순환관계는 매우 중요하다. 핵심은 영적 순례에서 자신이 선호하는 차원뿐만 아니라 덜 선호하는 차원의 양육도 필요하며, 나와 다른 사람의 영적 역학(dynamics)을 인정할 때 그리스도의 몸 안에서 전인적 영적 성장을 이룰 수 있다.

4. 영성생활의 해석학적 패러다임의 유형

영성생활에 대한 전통적 또는 고전적 패러다임은 내용, 즉 무엇(what)에 주로 관심을 가졌다. 예를 들어, '기도란 무엇인가?' '예배란 무엇인가?' '말씀 묵상이란 무엇인가?' 등 영성생활에 대한 고전적 패러다임에서는 신학적 교리적 또는 이론적 이해에 주요한 관심이 있었다.

하지만 영성생활의 통전적 패러다임에서는 영성생활에 대한 신학적 이해뿐만 아니라 동사적 관계적 경험적 이해와 특성도 중요하게 여긴다. 즉, 통전적 패러다임에서는 영성생활이 어떤 요소들과 순환관계 안에 있으며, 어떻게 실행되고, 다양한 요소들로부터 어떤 영향을 받는지도 관심을 갖는다. 예를 들어 기도와 성령, 정신세계, 무의식, 몸, 일상, 환경 등과 어떤(how) 관

---

26 Eleanor S. Corlett and Nancy B. Miller, *Navigating Midlife: Using Typology as a Guide* (California: Consulting Psychologists Press, 1993), 7.

계가 있는지도 관심한다. 영성생활의 통전적 패러다임은 동사적이고, 관계적이며, 경험적 특징을 지닌다.

1) 영성생활의 동사적 패러다임

영성생활의 고전적 또는 전통적 패러다임은 몸과 영혼 또는 몸과 혼과 영을 실체적 개념으로 이해하고 차등적 또는 단계적으로 해석하는 경향이 있었다. 버나드(Bernard of Claivaux)는 영적 초보자의 경우를 '동물적'(animal) 상태로, 영적으로 진보 중에 있는 자를 '이성적'(rational) 상태로, 영적으로 성숙한 자를 '영적'(spiritual) 상태로 구분하여 설명하였다. 영성생활을 이와 같은 3단계로 구분하여 설명하는 것은 그가 인간의 구성요소라고 이해하고 있었던 영(프뉴마), 혼(프시케), 육(소마)의 이해에 기초하고 있다.

첫 단계인 동물적 상태에는 육체적인 상태에 머물러 있는 단계로 육욕과 색욕에 의해 지배되는 단계로 이해했다.

두 번째 단계인 이성적 상태는 영과 육의 사이에 있는 단계로 어떤 경우에는 육의 지배를 받기도 하고 어떤 경우에는 영의 지배를 받기도 하는 단계인데, 육체의 번뇌에서 아직 완전히 해방되지 못한 단계로 보았다.

세 번째 단계인 영적 상태는 하나님과 완전한 교통을 하는 육체의 제약을 뛰어 넘어 시간과 공간을 초월해서 하나님과 만나는 지복의 상태라고 이해했다.[27]

하지만 영성생활에 대한 이러한 이해는 성경적 이해와 본질적으로 충돌된다.[28] 인간의 육체 또는 몸을 저급하고 죄악의 매개체나 근원으로 이해하는 것은 성경적 이해가 아니라 헬라철학의 플라톤적 사상 안에서 형성된 것이다. 한때 플라톤(Platon)은 '그리스도 이전의 그리스도인'으로 칭송될 만큼,

---

27 유해룡, 『하나님 체험과 영성수련』(서울: 장신대출판부, 1999), 61.
28 헬라적 인간 창조론과 히브리적 인간 창조론은 근본적으로 다르다. 헬라적 인간 이해는 '물리적 결합', 즉 영혼과 몸의 두 실체의 결합으로서 이원론적 존재로서 인간을 이해한다. 하지만 히브리적 인간 창조는 '화학적(신비적) 변화', 즉 한 실체로서 다양한 차원을 지닌 통전적 존재로서 창조되었다. 히브리적 인간론에 기초한 성경적 인간은 영혼과 몸을 가지고 있는 존재가 아니라 몸으로서 인간이다. 영혼으로서 인간이다(최창국, 『영혼 돌봄을 위한 해석과 분별』, 83).

이성 철학에 대단한 공헌을 한 철학자였던 것은 사실이다. 플라톤이 생각한 영적 세계에 대한 사상이 성경이 가르치고 기독교가 추구하는 영적 세계와 유사하다고 많은 교부들과 신학자들이 생각했다.

그러나 플라톤에 의하면 육체는 저급한 것이고 영혼은 고귀한 것이었다. 구원은 저급한 육체에서 고통 하는 영혼이 육체의 감옥에서 해방될 때 일어난다. 그는 인간의 육체는 끊임없이 영혼을 힘들게 하고 타락하게 하는 적이며 육체의 소욕 때문에 영혼의 번민이 발생하고 죄가 발생한다고 여겼다.

플라톤의 몸에 대한 이러한 이해는 성경적 관점이 아님에도 불구하고 기독교 신학과 영성생활에 지대한 영향을 미쳤다. 오랜 기간 동안 교회는 죄를 육체와 관계시켰고, 죄는 육체적 욕구로부터 발생하는 것으로 해석했다. 그러나 하나님은 비육체적이고 비감각적인 곳에서 경험되는 것이 아니라 인간의 감각 속에서 인식되고, 진정한 하나님 경험은 인간의 몸과 세상 속에서 체험된다. 로버트 멀홀랜드(Robert Mulholland)은 다음과 같이 기술하였다.

> 우리가 전통적으로 죄라고 불러온 그것의 기원은 몸의 감각성, 저급하다고 일컬어지는 충동과 욕구에 있는 것이 아니라 전인의 방향 상실에 있다. 그의 영혼과 의지가 악의 사망 충돌에 굴복해 버렸기 때문에, 죄의 기원은 특히 그의 영혼과 의지에 있다. … 다른 한편 참된 생명의 기원은 감정을 가진 영혼이나 이성을 지닌 정신 혹은 결단력을 지닌 의지가 아니다. 그것은 그가 체험하는 하나님의 가까움 속에서 그분의 사랑의 온기 속에서 피어나는 인간 생명의 전체성이다. 하나님의 가까움과 사랑은 감정을 지닌 영혼과 의지를 지닌 이성만이 아니라 감각을 지닌 몸도 어루만진다. 그래서 성령의 생명의 힘으로부터 참된 생명으로 거듭났다고 할 수 있다.[29]

실제로 온갖 죄의 세력은 몸으로부터 태동하기보다는 정신과 관계 안에서 발생하는 경우가 많다. 교만, 질투, 살인, 전쟁과 같은 악의 근원은 몸보다

---

29 J. Moltmann, *Die Quelle des Lebens*, 이신건 역, 『생명의 샘』 (서울: 대한기독교서회, 2000), 100-01.

인간의 정신과의 관계 안에서 자주 발생한다.

그리스도인들에게 중요한 용어인 '영적'이란 언어는 물리적인 것과 대비되는 개념이 아니라 하나님과의 관계 안에서 규정되는 생동적인 개념이다. 또한 영적이란 언어는 단지 어떤 종교적 행위 또는 영적 행위와만 관련된 것도 아니다. 하지만 그리스도인들은 종종 기도와 예배와 찬양과 같은 행위 자체를 영적인 것으로 여기는 경향이 있다. 이러한 경향은 영적 개념을 관계적이고 생동적인 '동사'가 아니라 고정된 '명사'로 이해하는 결과를 초래하였다.

그러나 영적인 것을 기도와 예배와 말씀 묵상과 같은 행위 자체에 고정된 명사적 개념이 아니라 하나님과 관계 안에서 발생하는 생동적인 동사적 개념으로 이해는 것은 바른 영성생활을 위해 중요하다. 왜냐하면 일상의 일들이 더 영적 행위가 될 수 있고, 기도가 오히려 비영적 행위가 될 수도 있기 때문이다. 기도가 기복적인 목적에만 몰두할 때는 오히려 미신적인 행위가 되어버릴 수도 있지만, 청소를 하면서도 하나님을 경험할 수 있다면 영적 행위가 될 수 있기 때문이다. 따라서 영적 삶은 하나님과의 관계의 문제이지 단지 종교적 행위와 관계된 것은 아니다.

이러한 맥락에서 건강한 영성생활로서의 기도와 일상의 삶은 순환관계 안에서 기도는 점차 일을 성화시키고 일상은 기도를 확장시킨다. 통전적 영성 생활은 기도하는 것과 일상의 삶을 이원론적으로 분리하지 않았다.

기독교 의례에서 세례와 성만찬 같은 예전(liturgy)이란 말의 뜻은 '보통 사람들의 일'이라는 뜻에서 유래되었다. 교회에서 행하는 의례는 일종의 영적인 일이다. 즉, 의례 속에서 영혼의 뭔가를 창조하는 일이지만, 그것을 '세상에서' 행하는 일과 굳이 분리시킬 필요는 없다.[30] 교회 안에서의 일과 교회 밖에서의 일은 모두 거룩한 일이다. 일의 거룩성은 장소의 문제가 아니기 때문이다. 일상적인 일들을 영적으로 의식한다면 우리는 거룩한 교회와 세계 사이에 다리를 놓는 것이다. 더욱이 일상적인 일을 거룩하게 또는 영적으로 만들기 위해서 그 위에 종교성이라는 옷을 입힐 필요는 없다. 일의 거룩성은 종교 의식적 형

---

30 Thomas Moore, *Care of the Soul: A Guide for Cultivating Depth and Sacredness in Everyday Life*, 김영운 역, 『영혼의 돌봄』(서울: 아침지도영성연구원, 2007), 268.

식에 의존하는 것은 아니라 일 자체가 거룩한 행위이기 때문이다.[31]

크리스천 스미스(Christian Smith)는 생애의 여러 변환과 이혼, 가족 구성원의 죽음, 집을 떠남, 직장을 잃음 등은 종교적 실천에 부정적으로 영향을 미친다는 것을 지적하였다.[32] 이는 일상이 영적 삶에 중요하게 작용을 할 뿐만 아니라 영적 삶과 일상적 삶은 분리되지 않는다는 것을 밝혀준다. 일상적인 것의 반대편에 영적인 것을 건설하는 것은 어리석은 것이 아니라 잘못이다.

하지만 영성생활의 고전적 또는 전통적 패러다임에서 영성생활의 주요한 요소들로 여겨 왔던 말씀 묵상과 기도와 찬송과 예배 등은 영적 삶에서 '캐피탈'(capital, 머리, 핵심, 통치)과 같은 역할을 한다. 이러한 요소들은 영적 삶에서 '머리', '핵심', '통치자'로 작용한다. 구체적으로 서술하면 이렇다.

첫째, 영성생활에서 예배와 말씀 묵상과 기도가 머리와 같다는 것은 마치 인간의 몸에서 머리가 중요한 기능을 하듯이 이러한 요소들이 중요한 역할을 한다는 의미이다.

둘째, 머리는 생명의 근원에 해당하는 핵심 부분이듯이 이러한 요소들은 영성생활에서 핵심적인 기능을 한다.

셋째, 이러한 요소들은 영성생활에 활력을 불어넣은 역할과 통치적인 기능을 한다.[33]

2) 영성생활의 관계적 패러다임

기독교 신학자들과 사역자들 중에는 종종 신학적 '이냐' 과학적 '이냐', 성경적 '이냐' 심리학적 '이냐'와 같은 패러다임을 기초로 신학적 영성적 논의를 하는 경우가 있다. 즉, '이냐'의 패러다임을 해석학적 기초 또는 출발점으로 삼기도 한다. 물론 신학과 과학 등의 기본적 특성과 정체성을 설명하기

---

31 최창국, 『영혼 돌봄을 위한 기독교 영성』 (서울: CLC, 2013), 330.
32 Christian Smith with Patricia Snell, *Souls in Transition: The Religious & Spiritual Lives of Emerging Adults* (New York: Oxford University Press, 2009), 75.
33 최창국, 『영혼 돌봄을 위한 해석과 분별』, 101-02.

위해 구분하는 것은 필요하고 중요하다.

하지만 '이냐'의 패러다임은 신학과 과학 등의 특성과 정체성에 대한 구분을 통해 '관계'를 설명하거나 밝히는 것이 아니라 이들의 관계를 왜곡 시키는 결과를 초래할 수 있다. 이러한 패러다임은 자칫 특별은총과 일반은총, 신학과 과학, 기도와 사회정의 등의 관계를 이원론적으로 대비시키는 결과를 낳을 수 있다. 따라서 신학적이냐 과학적이냐가 아니라 '신학적인 것과 과학적인 것은 어떤 관계여야 하는가?', 기도이냐 사회정의이냐가 아니라 '기도와 사회정의는 어떤 관계 안에 있는가?', 예배이냐 가정생활이냐가 아니라 '예배와 가정생활은 어떤 관계여야 하는가?' 등과 같은 패러다임적인 질문은 중요하다. 이러한 해석학적 질문은 그리스도인들의 영성생활에 중요한 해석학적 렌즈를 제공하기 때문이다.

존 칼빈(John Calvin)은 성경 연구의 중요성도 인식하였지만, 동시에 그가 살던 시대에 인문학의 르네상스에 대해 감사하였다.³⁴ 그는 자연과학도 하나님의 선물로서 인류의 유익을 위해 창조하신 것이라고 보았다. 참된 자연과학의 궁극적 원천은 성령이라고 여겼기 때문이다.³⁵ 그는 인문학이 인간가치를 계발할 수 있도록 도와준다는 점에서 존중되어야 하고, 과학은 하나님의 선한 은사라는 점에서 연마되어야 한다고 믿었다.³⁶ 그는 기독교 인문주의자들을 공격한 것이 아니라 하나님과 그분의 계시로부터 독립하여 인간성을 실현할 수 있다는 생각을 거부하였다.

관계적 패러다임의 맥락에서 신학자 프레저 왓츠(Fraser Watts)는 '영적 치유'(spiritual healing)를 세 가지 용례로 구분하여 설명할 뿐만 아니라 관계적 패러다임을 제시하였다.³⁷

---

34 W. Stanford Reid, ed., *John Calvin: His Influence in the Western World*, 홍치모 이훈영 역, 『칼빈이 서양에 끼친 영향』 (서울: 크리스챤 다이제스트, 1993), 17.
35 W. Stanford Reid, ed., 『칼빈이 서양에 끼친 영향』, 17.
36 W. Stanford Reid, ed., 『칼빈이 서양에 끼친 영향』, 18.
37 Fraser Watts, ed., *Spiritual Healing* (New York: Cambridge University Press, 2011), 1.

첫째, "인간의 영적 차원이 개입하는 것으로 여겨지는 치유"이다. 여기서 '영적 차원'은 영성의 존재론적 차원과 관계된 것이다. 즉, 하나님이 선물로 주신 존재론적 영성이 영적 치유에 작용하는 것이다. 이는 마치 하나님의 창조물인 인간의 몸에 면역체계가 있어 몸의 질병을 스스로 극복하고 치유하는 것처럼, 인간은 하나님으로부터 선물로 받은 '영적 차원'이 치유에 작용하는 것이다.

둘째, "영적 의식이 일정한 역할을 감당하는 치유"이다. 여기서 '영적 의식'은 영성의 기능론적 차원과 관계된 것이다. 즉, 영적 의식은 하나님의 임재 의식과 주권 의식과 관계된 것이다. 이는 하나님으로부터 선물로 받은 존재론적 영성을 통하여 하나님과 관계 안에서 하나님의 임재의식과 주권의식이 충만하게 작용 또는 기능할 때 발생하는 영적 치유이다.

셋째, "영적 작용의 관점에서 설명되는 치유"이다. 여기서 '영적 작용'은 하나님의 초월적 역사를 통하여 경험하는 영적 치유이다. 이러한 치유는 인간의 이성이나 과학으로 설명할 수 없는 신비한 차원에서 발생하는 치유라고 할 수 있다.

왓츠는 영적 치유에 대한 이러한 구분과 함께 핵심 질문을 덧붙인다. 즉, 그의 "핵심 질문은 '영적 치유를 과학적으로 이해해야 하는지 혹은 신학적으로 이해해야 하는가?'가 아니라 '신학적 설명과 과학적 설명이 어떤 관계여야 하는가?'이다."[38] 따라서 영적 치유나 생활에서 왓츠가 말한 세 용례의 범주를 혼동해서도 안 되지만, 이러한 용례들을 양자택일의 문제로 보아서도 안 된다.

영성생활은 오직 영적인 차원과만 관계된다고 보아서는 안 된다. 영성생활에서 신학적 설명과 과학적 설명은 중요한 자료를 제공해 주기 때문이다. 이는 인간의 영적 행동이나 경험을 연구할 때는 신학적 관점에서 철저하게 설명을 하는 것만으로는 그 행동이나 경험을 온전히 이해하게 해주는 배타적이고 유일한 설명이라고 주장할 수 없는 특징이 많기 때문이다. 그리스도

---

[38] Fraser Watts, ed., *Spiritual Healing*, 11.

인들이 인간의 마음과 뇌와 영성을 과학적으로 연구한다고 해서 인간의 존 엄이니 영적 의미가 훼손되는 것은 아니다. 그러한 설명과 이해를 잘 활용하면 보다 더 깊은 이해심을 가지고 서로를 더욱 존엄한 존재로 대할 수 있는 지혜를 얻을 수 있다.

그리스도인들이 효과적인 영적 경험과 삶을 위해서는 단지 신학적 관찰과 이해뿐만 아니라 임상적 관찰과 이해도 필요하다. 영성생활에서 기도와 말씀 묵상과 같은 요소들의 효과에 대해서도 알아야 하지만 인간의 환경과 상태와 같은 환경적 요소들과도 어떤 관계가 있는지를 알아야 한다. 즉, 인간의 내적 상태와 환경과 상처와 질병으로 인해 뇌에서 일어나는 변화가 영성생활에 어떤 영향을 주고 제한하는지에 대해서도 알아야 한다. 왜냐하면 인간의 영성생활에 기도와 말씀 묵상과 같은 요소만 중요한 역할을 하는 것이 아니라 자신의 환경적 요소도 중요한 역할을 할 수 있기 때문이다. 예를 들어, 경건하게 성경을 읽고 기도생활을 했던 그리스도인들이 알츠하이머병에 걸리면 이러한 영적 실천이 매우 어려울 수 있다. 인간의 영성생활은 자신의 내적 상태와 환경과 질병과 같은 요소들에 의해서도 크게 영향을 받을 수 있기 때문이다.

알츠하이머병은 건망증, 불안, 공격성 증가, 우울증, 의심, 편집증, 언어장애, 수면장애와 같은 현상이 동반된다. 알츠하이머병에 노출된 사람들은 영성생활에 많은 변화를 경험하게 된다. 알츠하이머병은 핵심적인 영성생활들에 대한 기억상실, 영적으로 해로운 세력에 대한 비현실적인 두려움과 영적 공허함, 예배생활, 성경 묵상, 기도와 같은 영적 활동의 감소, 하나님의 임재와 사람과 위로를 느끼지 못함, 신앙 공동체 안의 친밀한 관계 상실에 대한 비현실적인 죄책감, 오랫동안 해 오던 봉사활동을 불가능하게 한다.[39]

이러한 것들은 신실한 실천적 영성생활에 치명적인 것들이다. 인간의 영성생활은 자신의 몸이나 물리적인 것과는 전혀 관계가 없다고 생각해서는

---

[39] Nicholas Thomas Wright, *Surprised by Hope* (London: SPCK, 2007), 283-302; Glenn Weaver, "Embodied Spirituality: Experiences of Identity and Spiritual Suffering Among Persons with Alzheimer' Dementia," in *From Cells to Souls and Beyond*, ed. Malcolm Jeeves (Grand Rapids: Eerdmans, 2004), 77-101..

안 된다. 왜냐하면 알츠하이머병과 같은 질병은 영성생활에 매우 치명적인 영향을 주기 때문이다.

신경과학자인 앤드류 뉴버그(Andrew Newberg)는 그의 연구를 통해 기도와 신경적 변화의 관계를 밝혀냈다.[40] 뉴버그의 연구는 인간의 영성생활은 자신의 몸의 세계와 밀접하게 관계되어 있다는 것을 증명해 준다고 할 수 있다. 즉, 인간의 영성생활은 몸과 분리되기보다는 유기적인 관계 안에 있다는 것을 알 수 있다. 따라서 표면적으로는 영성생활을 몸과 분리된 관점으로 이해하는 것이 보다 더 영적인 것처럼 보일 수 있지만 실천적인 차원에서 인간의 영성생활은 몸을 떠나 실행될 수 없다는 것을 깨닫게 한다.

인간의 영성생활은 특히 몸의 중요한 차원인 뇌와 아주 밀접하게 관련되어 있다. 영성생활은 성경 묵상과 기도와 같은 요소들과만 관계된 것이 아니라 자신의 내적 상태와 환경에 의해서도 많은 영향을 받는다. 물론 인간의 영성생활은 상의 요소들인 성경 묵상과 기도와 하의 요소들인 자신의 내적 상태와 환경을 넘어서는 특징도 간과해서는 안 된다. 영성생활에서 하나님의 영의 역사의 중요성도 인식해야 하기 때문이다.

나아가 알츠하이머병과 같은 질병이 영성생활에 치명적인 영향을 미친다고 하여 인간의 영적 경험이 단지 인간의 물리적 차원인 뇌에 전적으로 종속되는 것으로 이해하는 것도 주의해야 한다. 인간의 영성생활은 단지 자신의 내적 상태와 환경과 질병과 같은 요소들에만 종속되는 것은 아니기 때문이다. 인간의 영성생활은 알츠하이머병으로 뇌에 생기는 변화와 인간의 영적 행동이나 경험이 어떤 관계에 있는지는 온전히 알 수 없는 것 또한 현실이기 때문이다.

---

40 Andrew Newberg and Mark Robert Waldman, *How God Change Your Brain* (New York: Ballantine Books, 2009), 48-9.

3) 영성생활의 경험적 패러다임

영성생활은 본질적으로 이론적이거나 사변적인 것이 아니라 관계적이고 경험적인 것이다. 하나님에 대한 토론과 대화에서 이해를 추구하는 신앙으로 정의될 수 있는 신학과 살아계신 하나님과의 역동적인 관계를 설명하기 위해 사용된 개념인 영성을 구분하는 것이 중요하다. 신학은 인간의 용어와 철학적인 사고들을 활용해서 하나님의 실재에 대해 말하려고 시도하는 것에 보다 더 많은 초점이 있지만, 영성의 특징은 내용적 분석에 관심이 있기보다는 경험과 실천에 무게 중심이 있다고 할 수 있다.[41]

영성생활의 경험적 패러다임에 대한 해석학적 과제는 중요하다. 영성생활의 경험적 패러다임은 본질적으로 전인성의 체험과 관계된다.[42] 진정한 전인성의 체험은 그리스도의 형상을 닮아가는 것, 즉 그리스도의 몸 안에서 충만한 삶뿐 아니라 하나님의 변혁시키시는 은혜의 대리자로서 세상 속으로 들어가는 것과 관계된다. 따라서 경험적 패러다임으로서 영성생활은 사회적 경험으로 이끈다.

존 웨슬리(John Wesley)는 영성생활의 이러한 특징을 "사회적 성결이 없으면 개인의 성결도 없다고 거듭 강조하였다."[43] 물론 영성생활에서 개인의 성결과 사회적 성결의 경험이 한쪽으로 치우치지 않도록 주의해야 한다. 로버트 멀홀랜드(Robert Mulholland) 성결에서 균형의 중요성을 이렇게 진술한다.

> 양쪽이 균형을 이루어야 한다. 사회적 성결이 없으면 개인의 성결도 없듯이, 개인의 성결이 없으면 사회적 성결도 없다. 우리는 이 둘을 나누는 잘못을 범할 때가 있다. 어떤 사람들은 개인의 성결을 강조하고, 또 어떤 사람들은 사회

---

[41] Oliver J. Morgan and Merle Jordan, eds., *Addiction and Spirituality: A Multidisciplinary Approach*, 문희경 역, Robert H. Albers, "무조건적인 내어맡김," in 『영성과 중독: 다학문적 접근』 (서울: CLC, 2017), 294.

[42] 조성호, "쓰기와 읽기를 통한 영적 성숙의 가능성 연구," 한국복음주의실천신학회, 『복음과 실천신학』 43 (2017): 115.

[43] M. Robert Mulholland, *Invitation to a Journey: A Road Map for Spiritual Formation*, 서원교 역, 『영성여행 길라잡이』 (서울: 살림, 2008), 210에서 인용.

적 성결을 강조한다. 문제는 어느 쪽도 어떤 성결도 이루지 못한다는 것이다.[44]

이러한 맥락에서 영국의 저명한 영성 신학자 케네스 리치(Kenneth Leech)는 인간의 정의와 신적인 정의의 유기적이고 순환관계를 이렇게 말한다.

> 공동체 안에서 인간의 정의를 위한 투쟁과 신적인 정의를 분리하여 생각하는 것은 성경의 말씀을 무의미하게 만드는 것이다.[45]

영성생활은 단지 내면의 성화에만 있는 것이 아니라 세상에서도 실현되어야 한다. 하지만 세상의 환경에 잠식되어서는 안 된다. 이 세상에 영성생활이 빠져들게 되면 세상적인 현상을 지지하고 옹호하게 되기 때문이다.[46] 케네스 리치는 신학이란 용어를 통해 다음과 같이 설득력 있게 진술한다.

> 신학이 그 상황에, 지배적인 문화에 빠지면 어떤 일이 벌어지는가? 신학과 그 신학적 반성이 일어나는 제도적 교회가 문화의 수단이 되어 더 이상 문화를 비판하지 못하게 된다. 신학은 사회 질서의 종이 되고, 공의의 하나님은 길들여져서 조직적인 불평등의 분부를 따르게 된다.[47]

영적 순례와 그 여정이 실현되는 세상 사이에는 창조적인 긴장이 있어야 한다. 즉, 창조적인 긴장을 상실하게 되면 세상과 무관한 '탈세상적' 영성생활에 몰입하거나 하나님과의 생명의 관계의 근본적인 요구로부터 우리를 격리시키는 인본주의적인 영성생활을 추구하게 된다.[48]

---

[44] M. Robert Mulholland, 『영성여행 길라잡이』, 210.
[45] Kenneth Leech, *Experiencing God: Theology as Spirituality* (New York: Harper & Row, 1985), 379.
[46] 박태현, "21세기 한국교회를 위한 청교도 영성," 한국복음주의실천신학회, 「복음과 실천신학」 41 (2016): 97.
[47] Kenneth Leech, *Experiencing God*, 384.
[48] 박현신, "4차 산업혁명의 도전에 대한 인문학적 질문과 실천신학적 응전," 한국복음주의실천신학회, 「복음과 실천신학」 48 (2018): 69.

영성생활은 그리스도의 정신이 빛나는 곳에서 존재한다. 영성생활은 인간의 내면과만 관련되는 것이 아니고, 역사와 세상 속에 빛나는 하나님의 의와 평화와 사랑을 위한 기도와 일과도 관계된다. 영성은 하나님의 의를 실현하기 위해 의롭고 정의로운 재판을 위해 고독한 투쟁을 하는 재판관들의 고투 속에서도 발생한다.[49]

마약 중독자들을 돌보는 사람들의 마음과 손을 통해서도 펼쳐지고, 자녀들을 헌신적으로 돌보는 어머니의 희생 속에서도 발견된다. 치매 환자들을 위한 약을 개발하기 위해 밤을 지새우는 수고 속에서도 볼 수 있다. 사탄적인 무신론의 허영을 극복하기 위한 저술 활동과 하나님의 창조하심과 그리스도의 은총의 빛 속에 세상과 인간이 존재하고 있다는 것을 알리는 사상적 노력 속에서도 영성은 꽃을 피울 수 있다.

영성생활의 목적은 세상으로부터 도망치는 것이 아니라 생명력이 넘치는 세상을 이루는 데 있다.[50] 몰트만(Moltmann)은 땅과 자연은 인간을 위한 환경일 뿐만 아니라 "하나님의 환경"이라고 하였다.[51] 창조세계는 하나님의 기쁨을 위한 환경이고 새 하늘과 새 땅은 하나님께서 거하실 환경의 완성과 관련된 것이다. 요한계시록 21:1-4은 온 세상이 하나님의 영광이 거하고 안식할 수 있는 성전이 된다는 종말론적 표상을 갖고 있다. 즉, 하나님의 영이 만물 안에 충만히 거하시고 만물이 하나님의 영광을 온전히 비추는 우주는 하나님의 사역의 궁극적인 목적이다. 그러므로 영성생활의 진정한 목적은 하나님의 영과 함께 세상의 평화와 은혜로 충만한 하나님 나라의 완성에 있다.

영성생활의 고전적 패러다임은 보편적으로 명제적' 또는 '명사적' 관점에서 해석하는 경향이 많았다. 즉, 영성생활을 기도와 예배와 같은 행위 자체로 여기고, 하나님과의 생동적인 관계 안에서 발생하는 동사적 의미로 이해하는 관점이 미흡했다. 이는 영성생활을 기도와 말씀 묵상과 예배 등과 관계

---

49 여기서의 영성은 하나님의 성품과 정신이 드러나는 영적 성품 또는 정신을 의미한다.
50 몸과 영성생활의 관계에 대한 좋은 연구를 위해서는 Gerald G. May, *Addiction & Grace: Love and Spirituality in the Healing of Addictions* (New York: HarperSanFrancisco, 1988), 64-90 참조.
51 J. Moltmann, 『생명의 샘』, 152.

된 것으로 이해하고 일상생활은 이차적인 것으로 여기는 경향이 강했다.

영성생활에 대한 이러한 관점은 '영적'이란 용어에 대한 헬라적인 이해와 밀접하게 관계되어 형성되었다고 할 수 있다. 헬라 사상에서 '영적'이란 개념은 몸과 대비되는 관점에서 이해되었기 때문이다. 하지만 성경적 관점에서 '영적'이란 언어는 하나님과의 관계 안에서 규정되는 개념이다. 영적이란 언어는 하나님과의 생동적인 관계에서 발생하는 동사적인 개념이기 때문이다.

영성생활의 목적은 몸과 일상과 세상으로부터 도피하는 것이 아니라 통전적 관계 안에서 전인성 회복에 있다. 전인성 회복을 위한 영성생활의 해석학적 시금석으로서 '확대된 자아'에 대해 설명하였다. '확대된 자아'는 인간을 '통전적 자아'로 해석하도록 돕기 때문이다. 구체적으로 서술하면, 통전적 자아는 자신의 여러 차원들(aspects)인 영혼과 몸 등이 유기적인 순환관계 안에서 형성될 뿐만 아니라 하나님과 다른 피조물과의 유기적인 관계 안에서 형성되기 때문이다. 따라서 확대된 자아는 통전적 관계 안에서 형성되고 자란다.

이러한 해석학적 맥락에서 영성생활은 단지 기도 자체나 말씀 묵상과 같은 요소들과만 관계된 것이 아니라 다양한 차원들과 순환관계를 통해 형성되고 실현되고 확장된다는 것을 밝혔다. 통전적 영성생활을 위해서는 몸과 영혼, 전통과 실제적 경험, 이론과 실천, 내용과 상황, 기도와 노동, 선호하는 차원과 덜 선호하는 차원과의 순환관계를 통해 형성되고 혁신되고 발전되기 때문이다.

나아가 영성생활의 통전적 패러다임으로서 동사적 관계적 경험적 구조와 특징에 대해서도 제시하였다. 영성생활에 대한 이해(what)뿐만 아니라 영성생활이 어떤 요소들과 순환관계 안에 있으며, 어떻게(how) 형성되고 실행되는지에 대해서도 밝혔다.

특히 그리스도인들의 효과적인 영적 경험과 삶을 위해서는 단지 신학적 이해뿐만 아니라 임상적 관찰과 이해의 필요성에 대해서도 강조하였다. 영성생활에서 기도와 말씀 묵상과 예배와 같은 요소들의 효과에 대해서도 알아야 하지만 인간의 내적 상태와 환경과 질병으로 인해 뇌에서 일어나는 변화가 영성생활에 어떤 영향을 주고 제한하는지에 대해서도 알아야 하기 때문이다. 영성생활의 경험적 패러다임에서는 전인성의 체험과 관계된다는 것을 논하였다. 진정한 전인성의 체험은 그리스도의 몸 안에서 충만한 삶뿐 아니라 하나님의 변혁시키시는 은혜의 대리자로서 세상 속으로 들어가는 것과도 관계되기 때문이다. 즉, 영성생활의 광의적인 목적은 세상 안에서 하나님 나라의 가치 실현과도 관계되기 때문이다.

제8장

영성생활과 정신
Spiritual Life and Psyche

1. 영성생활과 일반은총

우리의 영성생활이 일반은총에서 밝히는 요소들과 어떤 관계에 있는가를 아는 것이 필요하다. 왜냐하면 우리의 영성생활은 하나님과 성경뿐만 아니라 하나님이 창조하신 영역과도 관계되어 있기 때문이다. 칼빈은 만일 참다운 종교를 조금이라도 알고자 한다면 먼저 하늘의 교훈을 받아야 하며, 또한 누구든지 성경의 제자가 되지 아니하고서는 정당하고 건전한 교리의 가장 작은 조각도 가질 수 없다는 것을 원칙으로 삼아야 한다고 하였다.[1]

그러나 칼빈은 '영적 영역'과 '자연적 영역'을 완전히 둘로 나누어 버리는 이원론(dualism)의 사상을 거부하고 영적 원리와 자연적 원리를 포함하는 포괄적인 원리를 강조하였다. 그러므로 칼빈의 신학적 원리는 이것이냐 혹은 저것이냐(this or that)는 혼돈이 아니라 이것과 저것(this and that)이다. 칼빈은 하나님의 말씀은 모든 삶과 사상의 토대가 되며, 인문학은 하나님의 말씀에 대한 지식에 도움을 준다고 하였다. 이런 관점에서 칼빈은 철학자들이 가르치는 바는 "참된 것이며, 알아서 재미있을 뿐만 아니라 배워서 유익한 것이며 또한 능숙한 솜씨로 수집된 것"이라고 주장하였다.[2] 칼빈은 특히 우리가

---

1 John Calvin, *Institutes of Christian Religion*, Translated by Ford Lewis Battles (Grand Rapids: Eerdmans, 1995), I. 6. 2.
2 John Calvin, *Institutes of Christian Religion*, I. 15. 6.

"불신자들의 활동과 봉사의 도움을 통해서 자연 과학과 논리학과 수학과 그 밖의 학문의 도움을 받는 것을 하나님께서 기뻐하신다"고 믿었다.[3]

칼빈은 하나님께서 창조하신 세상을 통하여 지혜를 얻는 것을 무시하지 않고 그 가치를 인정했으며, 일반지식의 효능을 인정하고 성경을 이해하는 도구로 삼았다. 그는 또한 고전교육이 그리스도의 교훈보다는 못하지만, 인간을 보다 풍요하게 이해하는 데 필요하며, 복음을 전하는데 도움이 된다고 여겼다.[4]

수잔 슈라이너(Susan Schreiner)는 칼빈의 이러한 견해를 다음과 같이 서술하고 있다.

> 칼빈은 자연의 경이로움으로 인하여 가졌던 감격이 만물의 본성적 부패함을 간과하고 있는 것은 아니다. 칼빈의 견해에 따르면 만물은 질서로 유지되어 있지 않다. 피조물의 본성적 성격인 악과 죄는 질서에 따른 행동을 하지 않는다. 단지 하나님의 능력이 우리가 세계를 통해 인식하는 그 위대한 질서를 보존하게 된다. 만물의 유지는 하나님의 작품 속에서 하나님을 계속적으로 즐거워하는 것에 달려있다."[5]

칼빈은 타락한 인간의 죄성과 부패를 깊이 인식하고 있었지만 세상에서 발견되는 진선미(眞善美)를 어떻게 바라보고 다루어야 할지를 숙고하였다. 이에 대한 그의 견해는 다음의 서술에서 잘 드러난다.

> 우리가 세속적인 작가들 속에서 학문과 예술에 대한 귀중한 공헌들을 접할 때마다 그들 속에서 번쩍이는 진리의 빛을 통해서 인간의 마음은 비록 완전으로부터는 타락해 변절되었다 하더라도, 그럼에도 불구하고 하나님의 뛰어난 은총으로 덧입혀져 장식되어 있다는 사실을 배워야 한다. 우리가 하나님의 영을

---

[3] John Calvin, *Institutes of Christian Religion*, II. 2. 16.
[4] 칼빈의 이와 같은 사상은 서구의 교육발전에 지대한 영향을 미쳤다고 할 수 있다.
[5] Susan E. Schreiner, *The Theater of His Glory: Nature and the Natural Order in the Thought of John Calvin* (Grand Rapids: Baker Book House, 1991), 28.

진리의 유일한 원천으로 받아들인다면, 이러한 진리들이 나타나는 곳곳에서마다 그 진리들을 거부해서도 경멸해서도 안 된다. 그렇지 않으면 우리는 하나님의 영을 훼손하게 될 것이다. 하나님의 영의 은총들을 하찮게 대함으로 우리는 하나님의 영 자체를 저주하며 비난하게 되는 것이다.[6]

칼빈은 비록 하나님의 구속의 은혜를 입지 못한 사람들도 그들 속에 진리의 빛을 가지고 있을 뿐만 아니라 그들도 하나님의 위대한 은총들로 덧입혀져 있다고 생각하였다. 또한 모든 진리는 하나님의 영으로부터 나오는 것이기 때문에 그 진리가 비록 비그리스도인들에 의해 표현될 때도 그 진리를 거부하고 경멸하는 것은 하나님의 영을 모욕하는 것이라고 지적하였다.

바빙크(H. Bavinck)는 하나님의 일반은총의 교리의 중요성을 다음과 같이 역설하였다.

일반은총으로부터 우리가 타락한 인간 속에서도 여전히 볼 수 있는 참되고 옳은 모든 것들이 흘러나오는 것이다. 불빛은 어둠 속에서도 여전히 빛나고 있다. 하나님의 영은 피조 된 모든 것들 가운데 계시며 그 가운데 역사하신다. 때문에 인간 속에는 여전히 하나님의 형상의 흔적들이 남아있는 것이다. 여전히 지성과 이성이 존재하며 모든 종류의 자연의 선물들이 인간 속에 존재하며, 모든 종류의 자연의 선물들이 인간 속에 존재해 있다. 인간은 여전히 신성에 대한 느낌과 인상을 소유하고 있으며 종교의 씨앗을 지니고 있다. 이성은 귀중한 선물이요 철학은 하나님께로부터 온 존경할만한 선물이며, 음악 역시 하나님의 선물이다. 예술과 학문은 가치 있고 유익하며 선한 것이다. … 사람에게는 진리와 덕에 대한 염원이 있으며 부모 자식 사이엔 천부의 사랑에 대한 염원이 있다. 지상의 삶에 관계된 문제에 있어서도 사람은 여전히 대단히 좋은 일을 할 수 있는 능력이 있다. … 일반은총론을 통해서 한편으로 개혁주의자들은 기독교의 독특하고 절대적인 특성을 유지해 왔으나, 다른 한편으로는 모든 좋은 것들과 아름다운 것들은 여전히 하나님께로부터 죄 된 인간들에게 계속 주어지

---

6 John Calvin, *Institutes of Christian Religion*, II. 2. 15.

고 있다는 데 대한 확고한 인식에 선봉적 역할을 해왔다.[7]

바빙크가 진선미의 모든 것을 일반은총과 관련하여 진술한 것은 현대 그리스도인들에게 대단히 중요한 의미를 시사해 준다. 왜냐하면 그리스도인들로 하여금 구원의 은총을 경험하는 것에 머무르지 않고 일상 속에서 진선미를 더욱 적극적으로 추구하며 누리도록 하기 때문이다. 또한 하나님 체험의 영역을 영적인 영역에서 일상의 영역까지 확장시켜 주기 때문이다. 하나님 체험의 장은 우리의 삶 전체와 하나님의 창조의 모든 영역이라는 것을 성경의 가르침을 통해 알 수 있다.

로마서에서도 하나님의 진노가 불의로 진리를 막는 사람들의 모든 경건치 못함과 불의에 대하여 하늘로 좇아 나타난다고 말하고 있다. 그들이 진리를 억압하는 데 대해서 "하나님을 알만한 것이 저희 속에 보임이라 하나님께서 이를 저희에 보이셨기에"(롬 1:19) 그들이 핑계치 못한다고 하였다.

하나님이 그의 백성이 아닌 자들을 통해서도 죄를 억제하시는 하나의 중요한 수단은 모든 인간의 양심 위에 아로새긴 일반계시이다. 구원받지 못한 비그리스도인들이 구원에 이르는 선은 행할 수 없지만 공민적인 선, 즉 어떤 사회적 행동에 대한 외형적 규범을 만족시키는 상대적 의미의 선은 행할 수 있다.[8] 이러한 관점에서 일반 학문은 우리의 삶에 필요한 여러 정보들을 제공한다. 특히 심리학과 같이 인간의 본성과 정신구조를 다루는 학문의 가치들에 현대 기독교가 관심을 가질 필요가 있다.

일반은총의 관점에서 볼 때 순수한 심리학과 영성은 구별은 되지만 심리학은 인간의 영혼에 대한 어떤 지혜를 주고 있다. 물론 심리학은 많은 부분에서 세속적이고 자연론적인 세계관을 수용하고 있다. 분명히 비성경적이고 비기독교적인 요소들을 심리학은 가지고 있다. 때문에 심리학자들의 발견과 주장과 실천은 기독교적으로 재해석되어야 한다.

---

7 Anthony A. Hoekema, *Created in God's Image*, 190-91에서 인용.
8 Anthony A. Hoekema, *Created in God's Image*, 192에서 인용.

심리학은 분명히 인간에 대한 완전한 관점을 가지고 있지는 않다. 명백하게 이것은 인간의 죄에 의해 불완전한 상태다. 심지어 교회조차도 그렇다. 하지만 어느 정도 현재의 형태 안에서 심리학은 인간 본성의 어떤 것을 말한다.[9]

---

9 하지만 전통적으로 심리학을 기독교와 통합하는 데 많은 논란이 있어온 것이 사실이다. 이를 반대하는 입장을 가지는 사람들 사이에는 세 가지 주장이 있다.
첫째, 성경이 인간의 모든 필요를 만족시키는 데 충분하다고 스스로 선포하고 있다고 주장하는 것이다. 이 주장을 하는 이들은 딤후 3:16-17과 벧후 1:14; 3:15-18과 같은 구절을 근거 구절로 인용한다. 따라서 인간의 필요를 더 잘 채우기 위하여 성경 외의 어떤 것(예를 들어 심리학)을 연구할 수 있다거나 연구해야 한다고 주장하는 것은 성경이 하나님의 종을 준비시키는 데 불충분하다고 단언하거나 하나님의 계시를 거부하는 것과 다름없다고 본다. 그리스도인은 성경의 충족성을 인정한다. 하지만 동시에 삶과 관련된 모든 것을 제공하시며 모든 것이 충족하신 분으로 선포되는 분은 하나님이시지 성경 자체인 것은 아님을 알 필요가 있다. 성경이 성령의 영감으로 기록된 것이지만 성경이 인간의 필요와 관련된 목록들을 모두 갖추고 있거나 모든 사람을 위해서나 혹은 언제든지 유일하면서도 모든 면에서 충족한 것이라고 선포하고 있지 않음을 주목할 필요가 있다. 달리 표현하자면, 의사는 신장 수술을 하는 데 필요한 정보를 얻기 위해 성경을 보지 않는다. 과학자들이 로켓을 쏘아 올리기 위해 연구와 지침서로 성경을 사용하지 않는다. 정신분열증을 성격장애와 구별하려고 성경을 찾아서도 안 된다. 성경이 인간의 삶에서 가장 중요하고 궁극적인 대답을 제공하며 인간의 상태를 아는 지식의 출발점을 제공하지만 모든 분야에서 모든 면에 충족한 지침서는 아닌 것이다. 성경은 특별한 영역의 계시, 즉 자기 백성을 위하시는 하나님의 구속적인 계획과 신앙의 위대한 원리를 드러내는 면에서 종교적인 것을 주요 관심사로 삼는다. 성경은 인간이 알고 싶어 하는 모든 것을 계시하였다고 주장하지 않는다.
둘째, 세상에는 두 가지 원천이 있는데 하나는 하나님의 것이며, 다른 하나는 사탄의 것이라고 믿는 것이다. 더 나아가 "성경의 입장은 계시적(성경적)이 아니거나 하나님의 계시에 기초하지 않은 모든 상담은 사탄적인 것이다"라고 주장한다. 따라서 하나님이 자기 뜻을 계시하신 어떤 분야인 심리학 등의 비그리스도인에게 귀를 기울이거나 배우려고 하는 것은 "악인의 꾀를 좇는 것"(시 1:10)이라는 것이다. 우리가 알아야 할 것은 모든 진리는 위에서부터 온다는 것이다(약 1:17 참조). 이와 상응하게도 사탄은 철저한 날조에서 시작하여 진리를 교묘하게 왜곡시키며 배교하게끔 유혹하는 거짓말을 총망라 하는 거짓의 아비다. 이러한 전제를 기초로 해서 말하면, 그리스도인들만이 진리를 소유하는 것은 아니다 신학자들이 일반 은총이라고 부르는, 즉 비가 의인과 악인에게 똑같이 내리는 것처럼 진리도 그러하다. 롬 1장은 자신의 속성의 핵심적인 진리를 불신자들에게 계시하시는 하나님에 대해여 말씀하신다(19절 참조, 예를 들어 수학적 진리, 철학적 진리 등). 세상에는 두 가지 근원의 조언이 있는데 하나님께 속한 것과 사탄에게 속한 것이다. 물론 신앙인은 하나님의 조언을 따라야 한다. 그러나 하나님의 조언이 어떤 그리스도인의 조언과 항상 동일한 것은 아니며 사탄의 조언이 비그리스도인의 조언과 항상 같은 것은 아니다. 때문에 하나님의 조언과 진리를 동일시하며 사탄의 조언과 거짓을 동일시해야 더 성경적인 원리에 적합하다고 할 수 있다. 따라서 때때로 어떤 주제를 이해하는 소위 일반적 접근 방법이 어떤 그리스도인이 왜곡되게 이해한 것보다 더 진리에 가까울 수 있다.

정신분석학자인 융은 영성과 심리학의 밀접한 관계를 밝혀냈다. 융은 평생토록 전체성에 관심을 기울였다. 융은 의식적인 정신이 무의식에 의사를 전달할 수 있고 또 그것의 의사를 전달 받을 수 있는 것은 상징주의를 통해서 가능하다고 여겼다. 융이 밝힌 무의식의 영역은 영적인 건강과 돌봄에 아주 중요한 지혜를 제공하고 있다. 영적인 건강과 심리적인 건강은 무의식적인 요소들과 관계되어 있음을 그는 알았다. 그는 의식과 무의식 사이에서 우정 어린 태도를 취하고 이를 통하여 자기를 점점 더 조화롭게 만들 필요가 있다는 것을 강조하였다. 반대로 무의식과의 접촉 결여도 똑같은 재앙을 불러올 수 있다고 보았다.

융에 의하면 내면세계에 대한 두려움, 그림자나 성격의 어두운 면에 대한 공포는 인격에 아주 큰 손상을 주거나 파괴적인 영향을 줄 수 있다. 그리고 무의식을 도저히 통제할 수 없는 상태로 만들어 버릴 수 있다. 융은 조화가 이루어지는 심리적 과정을 가리켜 개성화라고 일컫는다. 그는 종교적인 문제야말로 건강추구의 결정적인 요인이라고 보았다. 그는 목사와 심리치료사들이 서로 힘을 합하는 것이 무엇보다 중요하다고 주장하였다.

그러나 심리학 곧 '영혼의 학문'은 그 자료에만 국한되어야 한다. 심리학이 신학적인 영역으로 넘어와서는 안 된다. 융의 연구가 진가를 발휘하는 영역들 가운데 하나는 바로 심리학적인 유형 분류다.

셋째, 심리학은 하찮은 과학이라는 주장이다. 만약 어떤 방면에서 진리를 받아들여야 한다면 분명히 그것은 참된 진리이자 실제 진리를 받아들이고 있다는 확신이 있어야만 한다는 것이다. 단지 인간의 헛된 사색과 철학은(고후 10:5) 신앙생활에서 하나님의 말씀과 견주어볼 때 아무런 쓸모가 없다는 것이다. 그리스도인은 두 가지 출처, 즉 권위적인 계시 혹은 과학에서만 지식을 추출할 수 있다는 근본적인 전제를 이들은 거부한다. 그리스도인들은 지식을 얻는 방법이 어떤 좁은 의미의 양질의 과학에 일치하지 않는다고 할지라도 인간의 상태를 더 잘 이해할 수 있도록 도와주는 앎의 모든 방법에 조심스럽게 주목해야 한다 (Stanton L. Jones, Richard E. Butman, *Modern Psychotherapies: A Comprehensive Christian Appraisal* (Dowers Grove, IL: InterVarsity Press, 1991), 25-8.

2. 영성생활과 인간본성

영성생활에서 인간의 본성은 어떤 역할을 할까? 이를 어떻게 이해하고 받아들여야 할까?

영성생활에 초자연적인 차원의 중요성은 우리가 잘 알고 인지하고 있다. 그럼에도 불구하고 초자연적인 생명[10]이 주어진 뒤에도 인간 본성의 구조가 여전히 지속된다는 것을 알아야 한다. 누가복음 2:40에서 보면 예수 그리스도께서는 개별적인 한 인간의 영적, 신체적, 심리적, 사회적인 요소들을 향유하셨다. 우리의 영성생활이 하나님의 은총 아래 있다는 것이 자연법칙을 무시하지 않으며 자연적 흐름을 막지도 않으며 오히려 육체적 심리적 발달은 물론 사회적 구조도 존중한다고 말할 수 있다.

물론 우리의 영성생활은 우리의 본성적 구조를 넘어선다. 영성생활이 본성적 구조에만 의존되어 있다면 우리는 하나님의 신비를 체험 할 수 없다. 만일 우리의 영성생활이 오직 본성에 따라 작용한다면 예수님께서 기적을 일으키시고 사람들의 마음을 아시고 놀라운 하늘의 지식을 지니신 것을 우리는 충분히 설명할 수 없다. 우리의 영적 체험이 우리의 구체적인 개성에 의해서만 좌우된다면 우리의 영성생활은 본성적 욕구의 산물에 불과한 것이 된다. 때문에 우리는 하나님의 은혜와 초월성을 간과해서는 안 된다.

대부분의 그리스도인들은 자연 질서를 넘어서는 하나님의 개입이 있다는

---

10 성경은 인간의 영적 움직임과 영적 활동의 원리를 의미하는 조에(zoe)를 영적 생명으로 말하고, 현세의 생명의 전개를 나타내는 비오스(bios)를 육체적 생명으로 사용한다. 조에는 모든 생명은 그 원천인 하나님과 관계를 지니기 때문에 신성의 영역에 속한다(신 30:15-20; 28:1-14; 잠 3:1-10). 믿음과 사랑으로 하나님과 관계 속에서 사는 사람은 영적인 생명을 누리게 된다. 이러한 영적인 생명의 개념은 신약성경에서 완성되었다. 그리스도인은 그리스도의 충만한 생명, 영적인 생명에 참여하도록 부름을 받았다. 영성생활의 관점에서 우리의 근본적인 관심사는 어떻게 이 영적인 생명이 전해졌는가를 이해하는 일이다. 영적인 생명은 구체적으로 말하면 그리스도의 생명이다. 성경은 그리스도 안에 생명이 있다고 말한다(요 1:4). 그리스도께서 당신의 선한 뜻에 따라 생명을 안배하시며(요 5:26) 우리에게 이 생명을 풍성하게 주시는 것이다(요 10:10). 이 생명은 자체의 에너지를 지니는 역동적인 실재로서 그 에너지는 내적이고 외적인 두 방향으로 나타난다. 한편으로는 영성생활을 위한 내적인 힘과 충만한 움직임으로 다른 한편으로는 일과 생활양식 안에서 외적으로 드러난다.

것을 받아들인다. 하나님은 그가 세우신 자연법칙을 무시하지는 않으시지만 자신이 세운 법칙에 얽매이는 분이 아니시다. 그리스도인들이 실천하는 신앙은 하나님께 치유를 위해서 기도하고 초자연적인 역사를 수용하고 기적을 인정한다. 그렇다면 하나님이 직접 개입하시는 일에서는 자연법칙들이 모두 취소되는 것은 아닌가 하는 문제는 여전히 남는다. 사실 기적을 포함하여 하나님의 활동은 자연법칙들이 재건하는 것을 목표로 한다. 우리는 인간들의 개입을 단죄하기보다는 때로는 자연법칙에 호소하는 경우가 많다. 예를 들어 하나님께 치유를 위해 기도하면서도 환자를 의사가 치료한다는 사실을 받아들인다.

사람들은 초자연적 경험을 할 때도 자신의 성격에 따라 경험하거나 반응하는 경우가 많다. 때문에 영적 체험은 어떤 형태로든 그 인식과 이해의 과정에서 인간의 의식직 역할이 수반 될 수밖에 없다. 개인의 성격, 성장과정, 생리적 상태, 사회문화적 환경 등 영적 체험에 영향을 미칠 수 있는 본성적 요인들을 검토하고 그에 대한 판단을 제시하는 것이 하나님의 권능과 선하심을 해치는 불경스러운 일이라고 생각할 필요는 없다. 뿐만 아니라 많은 자연적 요소들, 특히 심리학의 영역에 속하는 것들은 우리가 잘 알지 못해서 여전히 초자연적인 작용으로 귀속시키고 있지만, 이런 일들은 많은 주의가 요구되는 영역이기 때문에 현명하게 판단해야 한다.

그러나 우리는 자연법칙을 벗어난 체험을 지나치게 자연법칙에만 종속시키거나 심리적인 현상으로만 보려는 경향으로 흘러서는 안 된다. 올바른 식별을 위해서 그 사실 자체의 영적 가치와 이러한 현상들을 체험하였다고 주장하는 사람의 습관적인 행동을 함께 살피는 일은 중요하다. 그러나 그 판단이 너무 엄격하지 않도록 하는 것이 필요하다. 어떤 특별한 체험의 본질적인 진정성은 병적인 요소와 공존할 수도 있다. 그리고 같은 체험 구조에서 서로 다른 행동들이 나올 수 있기 때문에 체험구조 보다는 체험의 역동적인 의미를 더 유의해서 살필 필요가 있다. 가장 중요한 사항은 종교적 체험이 그 주체의 의식을 통일시키고 강화시키느냐 하는 데 있다.

3. 영성생활과 심리적 차원

인간의 영적 돌봄과 심리적 돌봄 사이에는 중요한 경계선뿐만 아니라 서로 중복되는 부분, 지식을 서로 공유하는 부분도 존재한다. 영적 발달과 심리적 발달을 동일시 할 수는 없지만 영적인 것들과 심리적인 것들을 완전히 분리된 영역으로 여기는 것 역시 잘못이다. 영적 발달은 정신(psyche)을 포함한다.

빅터 프랭클은 심리치료의 목적이 영혼을 치유하는 것인 반면 종교의 목적은 영혼을 구원하는 것이라고 하였다. 그는 종교와 심리학의 차이는 차원의 차이라고 말하고 이 둘이 서로 배타적인 것이 아니라고 설명한다.

> 높은 차원은 더욱 포괄적입니다. 낮은 차원은 더 높은 차원 안에 포함되어 있어 더 높은 차원으로 둘러싸여 있다는 뜻입니다. 따라서 생물학은 신경학의 지배를 받으며, 신경학은 심리학의 지배를 받으며, 그리고 심리학은 신학의 지배를 받습니다.[11]

때문에 심리적 건강은 종교의 필수적인 부수효과라고 할 수 있다. 구원은 건강을 전제로 하는 것이기 때문이다. 성경의 건강개념을 보면 심리적 건강과 영적건강은 분리되지 않는 관계 안에 있음을 알 수 있다. 특히 샬롬의 개념을 보면 더욱 분명해진다. 구약성경에서 '샬롬'은 육체적, 정신적, 영적, 개인적, 사회적, 그리고 국가적 차원이든 구분 없이 삶의 모든 영역에서 안녕을 의미한다.[12] 뿐만 아니라 신약성경의 복과 건강의 의미를 보면 정신적인 차원과 영적인 차원은 분리되지 않는다.

특히 산상수훈의 복과 건강은 인간이 처한 상황이 아니라 그의 마음과 관계되어 있다는 것을 말한다. 여기서 마음(heart)은 육체적 의미로서가 아니라 육체적, 정신적 그리고 영적인 인간 생명 전체의 자리를 의미한다.[13] 영적인 건강은 심리적 건강과 분리될 수 없을 뿐만 아니라 영적인 건강은 정신적 건

---

11 빅터 프랭클, 『무의식의 하나님』, 임헌만 역 (서울: 그리심, 2009), 13.
12 존 윌킨슨, 『성경과 치유』, 31.
13 존 윌킨슨, 『성경과 치유』, 55.

강을 포함한다. 데이비드 베너(David G. Benner)는 인간의 인격성이 영적인 부분과 심리적인 부분으로 구분될 수 있다는 일반적인 견해에 이의를 제기하며 다음과 같이 주장한다.

> 그러므로 인간의 죄에 대한 하나님의 용서를 받아들임에 있어서 인간이 갖는 어려움들을 단순히 영적인 문제라고 치부해 버리려는 유혹은, 상담자들을 그 문제의 정신적인 측면과 영적인 측면 모두를 다루도록 최대한 열린 상태로 터놓기 위해서 마땅히 배격되어야 한다. 그 문제의 본질적인 영적 특성만을 취하여 어떤 성경적 진리들을 단순히 제시함으로써 그 문제를 처리해 버린다는 것은 용서가 주어지든 받아들여지든 간에, 용서는 인격의 정신적인 과정들에 의해 전달된다는 사실을 망각하는 것이며, 다른 정신적인 요소들도 이런 과정 속에 포함될 수 있고, 그렇게 됨으로 거기에 적합한 다른 테크닉이 필요하게 된다는 사실을 잊어버리는 것이다.[14]

인간의 영적 돌봄과 심리적 돌봄이 구별은 되지만 완전히 분리된 차원은 아니다. 이들은 하나의 연속선상에 놓여있다. 그 연속선상 끝에 심리적 돌봄이 있다. 심리적 돌봄은 느낌과 사건들을 해석하는 방법은 물론 죄책감, 수치심, 불안, 우울증, 고독감과 같은 고통스런 정신적 징후들의 완화에 초점을 둔다. 그러면서 심리적 돌봄은 하나님 혹은 삶의 의미에 대해 감각을 상실했음을 의미하는 지표로 보이는 문제들을 다룬다. 연속선의 또 다른 끝에서 영적 돌봄은 하나님과 관계를 맺어갈 수 있도록 하는 방법들에 초점을 맞춘다.

하지만 이 두 과정은 동일하게 인간의 삶의 경험이다. 즉, 슬픔, 울음, 고독, 기쁨, 환희, 사랑받고 있거나 버림받았다는 느낌, 이미지, 관계성, 신념, 기도 안에서 나타나는 성령의 인도 등 이 모든 것들은 인간이 되어가는 부분이다. 하지만 영적 돌봄과 심리적 돌봄은 똑같은 현상을 다른 렌즈를 가지고 바라본다. 망원경으로 사물을 보는 것과 현미경으로 보는 것은 같은 것에 대

---

14 David Benner, "What God Hath Jointed: The Psychospiritual Unity of Personality," *The Bulletin: Christian Association for Psychological Studies Guides*, 5, no. 2 (1979): 11.

해 매우 다르면서도 동일하게 타당한 견해들을 가져올 것이다.

심리적 돌봄은 궁극적으로 영적 돌봄과 분리될 수 없고 영적 돌봄 또한 심리적 돌봄과 전적으로 분리되지 않고 그 국면을 수반한다. 기도하면서 자기와 인류 그리고 하나님과의 심오한 일치의 경험을 하는 사람이 심리적 돌봄 과정에서 자기응집성(self-cohesion) 단계를 경험할 수도 있다.

또한 하나님에게 사랑받고 있다는 느낌을 받지 못한 사람이 심리적으로 돌봄을 받는 공감의 거울을 경험한 후에 하나님의 사랑을 느낄 수 있다. "하나님은 창조주이시고 모든 우주를 유지하시는 분일 뿐 아니라 특정한 사건들 속에서 특별한 방법으로 일 하시는 분"이라고 여기는 사람들은 영성을 "세상에서 하나님이 일반적으로 행하시는 일들에 대해 어떤 사람들이 느끼는 특별히 민감한 감각"이라고 생각하는 사람들보다 심리학적 자료들을 보다 보조적인 개념으로 생각할 것이다.[15]

영성생활에서 초자연적인 차원과 심리적인 차원의 문제는 대단히 복잡하다. 영성생활에서 초자연적으로 나타나는 영역과 인간의 정신적인 차원의 영역 간에는 어떤 관계가 있을까? 인간의 정신현상인 의식과 무의식의 역할을 어떻게 이해해야 할까? 이 문제는 바른 영성생활을 위해 중요하게 다루어야 할 주제이기도 하다. 영성생활과 정신건강은 아주 밀접하게 관련되어 있을 뿐만 아니라 본질적으로 상호작용하고 있다는 것을 알 수 있다.

인간의 영적 돌봄을 추구함에 있어서 정신세계에 대한 깊은 이해는 결코 간과 될 수 없다. 다음 세 가지 예는 영적 발달과 심리적 발달의 상호관계를 잘 보여준다.[16]

첫째, 자기의 발견은 정서적 성장의 필수조건이다. 자기인식 없이는 결코 영적으로 성숙해질 수 없다. 기독교의 신비는 그러한 자기인식은 하나님에 대한 지식의 필수조건이라고 말해준다.

---

15 Nancey Murphy, "Nonreductive Physicalism: Philosophical Issues," in Warren S. Brown, Nancey Murphy, and H. Newton Maloney, eds., *Whatever Happened to the Soul? Scientific and Theological Portraits of Human Nature* (Minneapolis: Fortress Press, 1998), 147.
16 Kenneth Leech, *Soul Friend*, 105.

둘째, 우리는 육체가 정신적 건강에 얼마나 중요한가를 알고 있다. 우리는 몸과 마음을 함께 지켜야 한다고 말한다. 하지만 영적인 전통은 금욕주의, 곧 영적인 목적을 위하여 육체적인 기술이 사용되는 훈련을 매우 강조한다.

셋째, 많은 사람들이 경험해온 것처럼 무의식의 탐구는 하나님에 대한 인식에서 중요한 역할을 할 수 있음으로 탐구해야 한다.

기독교 복음은 인간의 인격과 사랑과 두려움에 관련된다. 그러므로 인간은 영혼과 육체로 분리될 수 없는 전인인 것처럼 인간을 또한 영적인 부분과 심리적인 부분으로 쉽사리 구분해서는 안 된다. 사랑하고, 좋아하고, 즐거워하고, 두려워하고, 하나님을 예배하는 존재는 바로 총체적인 인간인 것이다.

하나님은 초자연적인 방법만을 통해서 일하시지 않는다. 로버트 파즈미뇨(Robert Pazmino)는 그의 책 『우리의 교사이신 하나님』(*God Our Teacher*)에서 하나님의 사역을 여섯 가지 유형으로 설명하였다. '우리를 위한 하나님'(God for us), '우리의 죄악에도 도우시는 하나님'(God despite us), '우리와 함께하시는 하나님'(God with us), '우리 안에 계시는 하나님'(God in us), '우리를 사용하시는 하나님'(God through us), '초월적으로 역사하시는 하나님'(God beyond us)이다.[17]

하나님께서는 초자연적(beyond us)인 방법을 통해서만이 아니라 때로는 인간을 통해서도(through us) 우리를 양육하신다. 우리의 정신세계는 분명 하나님의 선물이다. 우리의 몸도 예외일 수 없다. 하나님은 초월적인 방법으로도 일하시지만 우리의 정신세계를 통해서도 일하시는 분임을 알아야 한다. 기독교 신학이 창조에서 구속까지 이 모든 우주적 과정을 하나님의 창조적 행위에 의한 것이라고 할 때, 인간의 정신현상도 하나님이 활동하시는 하나님의 방식이라고 이해할 수 있을 것이다.

---

17 Robert W. Pazmino, *God Our Teacher* (Grand Rapids: Baker Academic, 2001), chapter 1-6.

4. 영성생활과 성격

성격을 학문적으로 규정하면, 특정한 개인이 다양한 상황에 처하여 어떻게 행동할지를 결정하는 항구적인 기질들의 총체이다. 그렇다면 개인의 이 다양한 성격은 우리의 영성생활에도 밀접한 관련이 있음에 틀림없다. 영성형성의 관점에서 성격의 문제를 어떻게 이해해야 할까? 영성생활과 성격은 어떤 관계가 있는가?

성격에 대한 이해는 우리의 영성생활에 중요한 지혜를 제공해 준다. 모든 성격에는 긍정적인 성향과 부정적인 성향이 다 들어 있음에 유의할 필요가 있다. 더 풍요로워 보이는 성격은 사실은 더 큰 위험을 경험할 수 있으며 더 고된 영적 투쟁을 해야만 할 수 있다. 반면에 성격이 약한 사람은 유순하게 교육을 잘 받는 경향이 있는 반면, 영웅적인 단계에 도달하지는 못할지라도 일반적으로 선한 삶을 살아가는 경향이 있다.

뿐만 아니라, 긍정적인 성향이 다른 측면에서는 부정적으로 될 수도 있다. 매우 활동적인 성격을 지닌 사람은 깊은 관상 생활에 이르기가 쉽지 않을 수도 있다. 다정다감한 사람은 무질서한 강한 정서와 싸운 다음에야 비로소 하나님과 친밀한 교제를 할 수도 있다.

영성생활에서 우리의 성격의 유형들을 이해하는 것은 중요하다. 아빌라의 테레사는 자기 인식의 중요성을 기도 위에 두면서 다음과 같이 말한다.

> 수많은 노력과 비탄을 통해서 겸손하게 자기 인식에 다다른 어느 하루가 그런 것 없이 기도만 하고 지나간 여러 날보다 더 하나님의 은혜 속에서 보내진 날들이라고 할 수 있다.[18]

바울은 고린도전서 12:12-14에서 몸의 은유를 통하여 영성생활을 위한 중요한 지혜와 지침을 제시해 준다. 바울은 영성생활이 그리스도의 몸의 개별 지체인 우리 각자에게 독특한 것이라고 말한다. 그러나 이것은 고립된 순례

---

[18] 에르나 반 드 빙켈, 『융의 심리학과 기독교 영성』, 63에서 인용.

가 아니라 몸의 다양한 지체들로 구성된 여행자들의 순례라고 암시한다. 바울은 여기서 개인과 신앙 공동체에 대한 개개인의 독특한 관계와 개개인에 대한 공동체의 독특한 관계를 다루고 있다. 바울은 살아있는 유기체로서의 신앙 공동체의 생생한 실체인 몸(그리스도의 몸)과 그 공동체의 개별 지체의 독특성을 모두 강조한다.

이러한 사실에서 우리는 좀 더 나아가 우리의 독특한 창조 선물들, 즉 우리 존재와 행동의 특징인 우리의 성격적 선호를 구성하는 매우 인격적이고 개인적인 구조들을 생각하게 된다. 이 독특한 창조 선물들은 신앙 공동체를 풍성하게 하시는 하나님의 은혜의 수단이며 신앙 공동체는 하나님께서 우리의 창조 선물들을 온전하게 육성하시는 은혜의 수단이다.

인간 행동에 대한 오랜 연구를 통하여 칼 융은 인간에게 자신의 주변 세계로부터 받아들이는 데이터를 처리하는 방식을 형성하는 네 가지 본질적인 선호들(preference)이 있다는 것을 발견하였다. 네 가지 선호들은 기본적으로 짝을 이루고 있다. 외향성(extraversion)과 내향성(introversion), 감각(sensing)과 직관(intuition), 사고(thinking)와 감정(feeling), 판단(judgment)과 인식(perception)이다.[19] 각각의 짝 속에서 사람들은 대체로 저런 행동 방식보다 이런 행동 방식을 더 좋아하고, 한 행동을 더 좋아하게 되면 다른 행동은 덜 좋아하게 된다.

첫째 짝(외향성과 내향성)을 이루는 선호는 사람들이 그들이 선호하는 초점을 사람과 사건과 사물이라는 외부세계나 자아와 관념이라는 내면세계에서 찾는 것과 관련이 있다.

외향적인 사람들은 사교적인 경향이 있다. 그들은 다른 사람과 사귀기를 좋아하고 사귐을 통해 활력을 얻는다. 그들은 삶 속에서 다른 사람과 적극적으로 어울리기를 좋아한다. 내향적인 사람들은 사람들을 싫어하지는 않지만 사람을 사귀는 것보다는 혼자 있는 것을 좋아한다. 그들은 다른 사람의 이름을 잘 기억하지 못한다. 그들은 혼자서 일하고 노는 것을 더 좋아한다. 활동하는 것보다는 생각하는 것을 더 좋아한다. 사회 모임에서 외향적인 사람들은 적극적으로 다른 사람들과 어울리면서 사귀지만 내향적인 사람들은 다른

---

[19] Anthony Stevens, *Jung: A Very Short Introduction*, 85-7.

사람들이 다가올 때까지 기다리는 편이다.[20]

외향형의 사람들은 다른 사람들을 위해 기도하는 것을 좋아한다. 기도 사슬은 외향형들에게 매력적일 수 있다. 왜냐하면 그것이 그들에게 사람의 필요에 연결되어 있다고 느낄 수 있게 해 주기 때문이다. 내향형은 소수의 사람들이 있는 곳에서 조용한 곳에서 봉사하기를 좋아하는 경향이 있다. 이런 사람들은 어떤 큰 계획에 참여하여 봉사하는 것을 좋아하기보다는 보이지 않는 곳에서 도와주거나 기도하는 것을 더 선호한다.

선호의 둘째 짝인 '감각과 직관'은 삶에 필요한 정조를 받아들일 때 선호하는 수단과 관계가 있다. 정신의 내적인 촉구인 직관을 주로 의존해서 받아들이거나 육체적 감각을 통해서 받아들인다. 직관적인 사람은 복잡한 상황을 해결하는 방법을 모색한 다음에 그것을 해결하기를 좋아한다. 그들은 반복적인 활동을 싫어하고 세세한 일에 신경 쓰기를 싫어한다. 이런 사람들은 항상 새로운 문제를 찾아 나서는 경향이 있다. 감각적인 사람들은 틀에 박힌 세세한 일을 좋아하고 기존의 방식으로 일하는 것을 좋아한다. 그들은 정확성이 요구되는 일을 좋아한다.[21]

대부분의 직관형의 사람들은 그들이 비전을 수립하는 데 참여할 수 있는 상황을 즐긴다. 특히 외향적 직관형의 사람들은 집중적인 그룹 토론에서 그들의 비전을 수립하는데 중요한 역할을 하기도 한다. 반대로 내향형 직관형의 사람들은 기도하는 동안이나 혼자 있을 때 그들의 비전을 발견하곤 하지만 그들은 자신들이 생각하는 것을 설명하고 인정받을 수 있는 상황을 필요로 한다. 감각형의 사람들은 흔히 일에 대한 구체적인 지시를 중요하게 생각한다. 구체적인 과제가 주어질 때 능력을 발휘한다. 의자를 정리하고 청소를 하고 자료를 정리하는 일과 같은 봉사활동을 좋아하는 경향이 있다.

선호의 셋째 짝인 '사고와 감정'은 직관과 감각을 통하여 받아들인 자료를 처리하는 수단이다. 주로 이성의 인식 과정에 의존하거나 마음의 감동에 의존한다. 생각하는 사람들은 쉽게 감정을 드러내지 않으며 자기감정을 드러

---

20 Anthony Stevens, *Jung: A Very Short Introduction*, 90-2.
21 Anthony Stevens, *Jung: A Very Short Introduction*, 92-3.

내는 사람을 불쾌해 하는 경향이 있다. 이들은 매우 분석적이고 논리적이며 비인간적인 방식으로 결정을 내리는 경향이 있어서 때때로 부지중에 다른 사람에게 상처를 입힌다.[22] "무슨 의도로 이것을 허비하느냐? 이것을 비싼 값에 팔아 가난한 자들에게 줄 수 있겠도다"(마 26:8-9)라고 말한 제자를 선호하는 사람이다. 그러나 감정형의 사람들은 다른 사람들이 어떻게 느끼는지에 대해 매우 민감하다. 그들은 조화를 좋아한다. 그들은 다른 사람을 즐겁게 해야 하고 때때로 자신의 호불호뿐만 아니라 다른 사람의 호불호를 살펴 결정을 내린다.

사고형의 사람들은 그들 자신과 분리해서 평가할 수 있는 착상이나 계획을 원한다. 사고형의 사람들은 보통 상황과 관련된 사람들로부터 초연하다. 그들은 흔히 사람들의 감정과는 별도로 계획이나 프로그램에 초점을 두는 경향이 있다. 이러한 사람들은 사람 중심이라기보다는 일 중심의 사람들이기 때문에 하나님은 사람들에게 관심을 갖고 계시지만 사실에 대해서도 동일하게 관심을 가지고 계신다고 생각한다. 때문에 일보다는 사람 중심이 강조될 때는 사고를 선호하는 사람들도 상처를 받을 수 있다.

감정형의 사람들은 봉사와 돌보는 일을 선호하는 경향이 있다. 감정기능을 선호하는 사람들은 고맙다는 말을 듣고 칭찬을 받아야 에너지가 넘친다. 이 기능을 선호하는 사람들 중에는 소식지에 글을 올리거나 공적인 모임에서 감사장을 받는 것보다 개인적으로 만나거나 편지를 써서 일대일로 고마움을 전할 때 더 많은 격려가 된다. 감정 기능을 선호하는 사람들에게 가장 중요한 고려 사항은 그들 주변에 있는 사람들의 필요들이다. 자기 자신 보다는 다른 사람을 배려하려는 경향이 많다.

선호의 마지막 짝인 '판단과 인식'은 삶의 흐름에 대해 사람이 선호하는 관계와 관련이 있다. 이들은 삶에 대해 완성과 질서와 통제를 주로 바라보거나 근본적으로 삶에 대해 얽매임이 없이 느긋하게 접근하는 방법과 관련이 있다. 판단형의 사람들은 일을 처리할 때에 정확한 날짜를 지키거나 더 일찍 일을 처리하는 경향이 있다. 인식형의 사람들은 최종 기한 직전에 와서 연장

22　Anthony Stevens, *Jung: A Very Short Introduction*, 93-5.

해 달라고 부탁하는 경향이 있다.[23]

   판단형의 사람들은 예측 가능성과 구조를 많이 필요로 한다. 이들에게는 명확한 직무계획서가 마음을 끈다. 명확한 일정과 기대는 보통 그들이 불안 없이 봉사하는 데 도움이 된다. 인식형의 사람들은 새로운 정보를 좋아하고 추구하는 경향이 있다. 이들은 어떤 일이 결정이 이루어진 후에도 끊임없이 새로운 정보를 받아들일 수 있는 방법을 찾는 경향이 있다.

   사람들에게서 발견되는 이러한 선호들은 창조될 때 구비된 것 중에 하나이다. 각자에게 주어진 선물들이다. 이러한 선물들을 사용하는 선호 양식은 다음 내용을 고려할 때 더욱 효과적일 수 있다.

   첫째, 어떤 사람들은 외향성을 아주 선호한다. 그들은 주변에서 일어나는 일들에 능동적으로 참여하면서 다른 사람들과 함께 일하기를 간절히 원한다. 다른 사람과 함께하면서 활력을 얻는다. 활동에 참여함으로써 그들은 격려를 받는다.

   둘째, 어떤 사람들은 내향성을 아주 선호한다. 그들은 혼자 지내는 시간을 간절히 소원하고 혼자 계획하고 활동하기를 좋아한다. 다른 사람과 단조로운 사귐으로 인해 오히려 쇠약해 진다.

   셋째, 그러나 이렇게 어느 한편을 강하게 선호하는 것과는 달리 외향성과 내향성을 비슷하게 선호하는 사람이 있다. 상대적으로 쉽게, 외향적이었다가 내향적이 되거나 내향적이었다가 외향적으로 변하는 사람들도 있다.

   중요한 것은 사람들에게 나타나는 이러한 선호와 성격을 잘 이해하는 것은 바르고 효과적인 관계를 유지하기 위해서 필요하지만 주의해야 할 것은 사람들에게 나타나는 선호와 성격을 고정된 것으로 보고 규범화시키지 않도록 해야 한다.

   사람들은 자신이 선호하는 방식만을 사용하지 않는다는 것을 삶 속에서 경험한다. 내향성을 선호하는 사람이라도 어떤 상황에서 효과를 내려면 어

---

[23] Anthony Stevens, *Jung: A Very Short Introduction*, 95-7.

쩔 수 없이 외향적으로 행동해야 한다. 사고 과정을 선호하는 사람이라도 당면한 문제를 해결하려면 정열적인 방식으로 앞장서서 나서야 할 때가 있다.

또 다른 하나는 자신의 선호 유형을 표준으로 보려는 경향이 우리의 문제다. 우리는 다른 사람이 우리의 표준에 따라야 하고 우리와 같이 되어야 하고 우리 방식대로 접근해야 한다고 생각한다. 그렇지 않으면 우리가 다른 사람들과 같이 되어야 하고 그들처럼 세상에 적응해야 하고 삶에 반응해야 한다고 생각한다.

다른 선호 패턴을 비정상적인 것으로 보는 것은 어떠한 경우에도 옳지 않다. 이러한 자세를 극복하지 않으면 우리의 영성생활에서 여러 어려움을 겪을 수 있다.

5. 영성생활과 무의식

우리의 영성생활은 생리적, 정신적, 사회적 요인들과 분리되어 규정될 수 없다. 영성생활에서 구체적인 인간 조건들이 중요하게 작용할 수 있다. 우리의 정신은 우리의 영성생활에서 중요한 역할을 한다. 정신에 대한 바른 이해는 우리의 영적 삶을 바르게 누리도록 도와준다. 인간의 정신은 의식과 무의식 세계로 구성되어 있다.

일반적으로 우리는 무의식 세계보다 의식의 세계에 더 의존하고 있는 것으로 생각한다. 그러나 한 연구 결과에 따르면 사람들은 일반적으로 전체 정신의 90%를 무의식 상태로 사용하고 단지 10%만을 의식 상태에서 사용한다. 이처럼 무의식은 우리 정신세계에서 아주 많은 영역을 지배하고 있을 뿐만 아니라 아주 중요한 역할을 하고 있다. 우리는 하루의 시간 중 약 90%, 즉 하루 24시간에서 21시간 가량을 무의식 상태로 보낸다는 것이다.[24]

때문에 인간의 무의식을 이해하고 바르게 계발하는 것은 우리의 삶에서 대단히 중요한 부분이다. 무의식적으로 자신이 무엇을 느끼고, 생각하고, 말

---

24 리즈 부르보, 『몸의 지능』 이현경 역 (고양: 아시아코치센터, 2009), 23.

하고, 행동하는지를 알면, 살아가면서 자신이 원하는 것을 이루는 것이 훨씬 수월해진다. 무의식 세계의 중요성을 빙켈(Erna Winckel)은 다음과 같이 진술하였다.

> 인간의 정신은 의식과 무의식으로 이루어져 있다. 인간은 자신의 무의식적 요소에 관해서 파악하지 않고서는 그 자신의 진정한 모습을 결코 알 수 없다. 무의식에 대한 불신이나 무의식에 대한 적재적인 무지는 사람들을 합리주의자로 만들고 그들로 하여금 의식의 작용을 과대평가하게 한다. 그래서 많은 종교 속에서 내면적인 삶의 중요성을 강조하고 있지만, 우리가 그 내면적인 삶을 의식적으로 추구하기만 하면 내면적인 삶은 숨어버리고 만다. 따라서 내면적인 삶에 대한 추구는 순전히 지적인 추구로 되고 만다. 그때 사람들은 영적인 팽창을 느끼게 되거나 내면적인 삶을 대신하고 있는 규칙이나 제의 및 형식으로 포장된 거짓 영성에 도달하고 만다.[25]

무의식에 대한 이해는 인간 인식의 영역을 확장시키며 더욱더 깊고 참다운 내적 삶으로의 길을 열어놓는다. 우리의 내면적인 삶이란 어떤 지적인 삶이나 의식만의 삶이 아니다. 내면적인 삶과 무의식 사이에는 아무런 유사성도 없는 것처럼 보인다. 그러나 우리가 인간의 삶에서 더욱더 많은 것을 알아갈수록 우리의 내면적인 삶과 무의식은 깊이 관계되어 있음을 알게 된다. 무의식의 필연성과 가치에 대해 울라노프(Ann Ulanov)는 다음과 같이 설명하였다.

> 우리가 무의식을 가지고 있음을 아는 것과 이 경험의 영역이 우리의 지성에 의해서 또는 감정에 의해서 포착되는 일 없이도 기록되고 흡수된다는 사실을 아는 것은 우리의 존재에 대한 이해와 이 이해의 결과로 우리가 행동하는 방식에 새로운 배열을 가져오기 시작한다. 우리가 삶을 진행시키는 것이 외적인 규칙과 내적인 이완과 통제기제에 의해서만이 아니라 그보다도 정동감, 희망, 필요, 바람, 그리고 의도성 등의 혼합에 의해서임을 아는 것은 우리 자신을 우리에게

---

[25] 에르나 반 드 빙켈, 『융의 심리학과 기독교 영성』, 55.

열어 보여준다. 우리는 자신이 감히 바랄 수 있었던 것보다 더 복잡하고 더 흥미로우며 더 주의를 기울일 가치가 있음을 알게 되었다.[26]

무의식에 대한 이해는 개인의 내면의 깊이를 이해하는 지혜가 될 뿐 아니라 인간의 영적 현상과도 깊게 관련되어 있다. 융의 시대에 이르기까지 심리학자들은 무의식의 한 영역밖에 알지 못하였다. 무의식은 인간의 의식이 망각했거나 억압해 버린 영역과 그 밖의 그와 비슷한 영역들이었다. 프로이드는 인간 자신을 단순한 본능에 반응하는 현상적 존재로 여기고 무의식을 본능의 쓰레기통으로 여겼다. 무의식 안에서 프로이드가 본 것은 오직 본능뿐이었다. 프로이드는 개인의 무의식은 개인적 자아 또는 사회적 자아의 영역을 벗어나지 않는다고 여겼다.

한편 융은 개인의 삶의 축적인 개인 무의식 외에 인류의 정신적 유산인 집단 무의식을 발견함으로써 프로이드와 무의식에 대한 생각을 달리하였다. 집단 무의식은 개인의 과거만을 담고 있는 것이 아니라 모든 사람들의 보편적인 과거나 미래를 담고 있다. 집단 무의식 덕분에 개인은 시간과 공간을 초월해서 이 보편적인 세계와 접할 수가 있다.

집단 무의식은 원형들(archetypes)을 포함하고 있는 인류의 유산이다. 원형은 모든 인간들이 공통적으로 가지는 하나의 유형화된 경향성 혹은 기본적 인격 요소라고 볼 수 있다.[27] 원형은 유전적으로 물려받은 원초적이며 본질적인 힘이다. 원형이란 하나의 잠재능력이다. 원형은 주로 원시성을 띠는 상징들로 이루어져 있다. 단순히 지적 개념이 아니라 미증유의 에너지를 방출할 수 있는 근원이다. 시간과 공간, 지리적 조건, 인종의 차이를 넘어선 보편적 인간성의 원초적 조건들이다. 시공을 넘어 보편적이고 반복적인 체험을 항상 재생할 수 있는 인간의 내면의 가능성의 틀이다.

집단 무의식은 일종의 기억으로서 본래적이고 훼손되지 않은 기억이다. 우리의 의식이 우주의 살아 있는 힘을 찾아볼 수 있는 것은 바로 이 집단 무

26　앤, 배리 울라노프, 『종교와 무의식』, 178.
27　C. G. Jung, *Memories, Dreams, Reflections* Translated by Richard and Clara Winston (London: Fontana Press. 1995), 160.

의식 속에서다. 집단 무의식은 하나의 질서이며 내적 조직이다. 우리가 이 무의식과 원활한 관계를 맺으면 우리 삶에 위기가 찾아왔을 때 도움을 받을 수 있다.

융은 무의식이 정신적인 문제들의 원인들뿐만 아니라 병에 대한 치료방법도 보여줄 수 있다고 믿었다.[28] 무의식은 최대한으로 우리의 안녕을 추구하고, 인격발달을 목표로 한다.[29] 융에게 있어서 무의식은 단지 본능의 덩어리가 아니라 삶의 의미에 대한 비밀을 포함하는 훨씬 폭넓은 것이었다.

그래서 그는 꿈을 통해 표출된 무의식적 요소를 의식의 세계로 끌어 들여오면, 우리의 자아를 통합할 수 있다고 여겼다. 많은 정신적 문제들이 의식과 무의식을 제대로 통합하지 못하는 데서 오므로, 이들을 잘 통합할 수 있다면 정신적 문제들을 치료할 수도 있다고 믿었다. 융 심리학자 빙켈은 이러한 점을 "우리가 무의식과의 접촉을 그만둘 때, 우리의 정신은 불구가 되고, 인간 정신 가운데서 가장 중요한 부분을 상실하게 된다"고 역설하였다.[30]

꿈은 우리에게 무의식의 세계를 분명하게 보여주는 현상이다. 무의식은 꿈을 통해서 상징적인 언어를 가지고 의식과 만나려고 하며 의식을 도와주려고 한다. 꿈은 헤아릴 수 없는 가치를 가지고 있다. 꿈은 인간의 내적 안내자로서 인간이 가지고 있는 위대한 보물 가운데 하나다. 이러한 이해는 인간의 정신세계에 대한 지대한 공헌이다.

프로이드는 꿈의 이미지들을 단지 해독되어야 하는 뒤엉킨 암호들이라고 여긴 반면, 융은 꿈은 상징이라는 풍성한 언어를 통해 명백하게 말한다고 믿었다. 인간의 심리는 신체적으로도 여러 가지 다른 방식으로 자신의 의사를 표현하고 있지만 특별히 상징이라고 하는 언어를 모국어로 하고 있다. 융은 상징을 가리켜서 '영혼의 기관'이라고 불렀다.[31] 꿈이란 무의식의 표현으로서 상징의 일부를 이루고 있다.

---

[28] C. G. Jung, *Memories, Dreams, Reflections*, 238.
[29] 김성민,『융의 심리학과 종교』(파주: 동명사, 1988), 91-2.
[30] 에르나 반 드 빙켈,『융의 심리학과 기독교 영성』, 18.
[31] 에르나 반 드 빙켈,『융의 심리학과 기독교 영성』, 32

중요한 것은 꿈이 인간의 무의식의 현상이라면 인간에게는 의식의 세계만 있지 않고 의식을 넘어선 차원이 있다는 것을 증명해 준다. 하지만 인간은 자기가 의식할 수 없는 것에 대해서는 인정하지 않으려고 한다. 현대인들은 눈으로 볼 수 있는 실재 세계에 근거하지 않거나 오감으로 느끼지 못하는 것은 받아들이려 하지 않는 경향이 많다. 꿈은 우리에게 의식을 넘어선 차원이 있다는 것을 알려준다.

여기에는 많은 의미들이 내포되어 있다. 무의식의 관점에서 볼 때 우리가 하나님을 의식할 수 없다고 하여 하나님이 존재하지 않는 것은 아니다. 우리가 모든 것을 우리의 의식만을 가지고 어떤 존재를 인정하고 평가한다면 우리 스스로 우리의 존재의 중요한 차원을 부인하는 것과 같다. 이는 우리에게 영적이고 종교적인 의미를 제공해 준다.

꿈은 이성주의의 한계를 인정하고 의식 세계를 넘어선 초월적 차원으로 안내하는 역할을 해준다. 꿈을 단지 본능적인 차원으로만 간주해 버린다면 그것은 너무나 단순한 생각이다. 빅터 프랭클은 다음과 같이 말하였다.

> 영적인 현상은 무의식적이기도 하고 영적인 것이기도 하다. 그러나 인간존재의 영적 기본은 궁극적으로 무의식적이다. 따라서 인간적인 사람의 중심은 깊이 들여다보면 무의식적이다. 근원상 인간의 영혼은 무의식적 영혼이다.[32]

꿈은 하나님의 음성을 듣는 통로가 될 수 있다는 것을 우리는 인정해야 한다. 특별히 하나님이 우리에게 의식 세계만 선물로 주신 것이 아니라 무의식의 세계도 주셨다는 것을 인정한다면, 하나님은 우리의 의식세계를 통해서 우리와 소통하실 수 있지만 무의식 세계를 통해서 소통하실 수 있다.

꿈의 세계를 묵상하면 삶에 통찰을 가져다주기도 한다. 꿈은 내적 세계의 실재의 한 부분을 밝혀주기 때문에, 꿈을 제대로 이해하게 되면 그것은 우리를 내적 탐구로 이끌 수 있다. 하나님은 하나님께서 창조하신 모든 물질적, 영적 세계를 발견하는 한 방편으로 꿈을 우리에게 주신다. 꿈을 진지하게 대

---

[32] 빅터 프랭클, 『무의식의 하나님』, 38.

할 때 하나님께서는 우리가 꿈을 통해 자신의 모습을 볼 수 있도록 도우신다. 꿈을 진지하게 대할 때 우리는 영적 세계를 더 깊이 이해할 수 있다.

6. 영성생활과 정신의 구조

인간의 심리적 현상이 영의 문제로만 해석되던 시기가 있었다. 예수님 시대부터 종교개혁 이후에 이르기까지 심리적 현상과 영적 현상은 거의 구분되지 않았고, 많은 정신이상 증상들을 귀신들림이나 영적인 문제로 간주되었다. 이런 현상은 19세기에 이르기까지 기본적으로 지속되었다.[33]

중세시대의 예를 들어보면, 유럽의 각 도시마다 한 장엄한 사원과 성당이 세워지던 시기에, 교회의 지도자들은 정신분열증에 시달리던 수천 명의 사람들을 그들의 가정과 공동체로부터 추방하는 종교재판을 공식적으로 집행한 일이 있었다. 그 당시에는 정신분열증에 시달리던 자들을 귀신들린 사람들이라고 생각했으며, 그들은 교회보다는 귀신에 순종하도록 되어 있는 무리라고 생각되었다. 물론 종교 재판을 집행하였던 사람들은 모두가 가장 좋은 의도 아래서 그런 일을 행하였다.

당시의 과학의 지도를 받아 그들은 진지하게 그들을 치유하려 하였다. 따라서 그들을 위해 먼저 기도를 드렸고, 또한 그들과 함께 기도도 드렸다. 만일 그러한 기도에 응답이 없으면 그 다음에는 온갖 종류의 고문을 하였다. 병자들로 하여금 자기가 귀신 들렸다는 고백을 받아 내기 위함이었다. 그러나 그것마저 실패하면 최후의 수단으로 화형대가 남아 있었다. 화형을 통하여 그들에게 붙어 있는 파괴적인 악마의 세력을 제거할 수 있다고 믿었기 때문이다. 당시 정신분열증상을 보인 수천 명의 사람들의 대부분은 여자였으며 그들 모두가 종교 재판을 통하여 화형대에서 불타 죽었다. 심리적이고 정신적인 증상과 영적 문제를 바르게 구별하지 못함으로 교회는 많은 실수를 하여왔다.

---

[33] Gerald G. May, *Care of Mind Care of Spirit*, 2.

하지만 프로이드 학파의 정신분석이 등장하면서 극적인 변화가 일어나기 시작한다. 프로이드는 사람의 마음을 관찰과 측정을 통해 과학적으로 연구할 수 있다고 생각하였다.[34] 정신분석의 등장에 양면성이 없는 것은 아니었다. 프로이드의 업적이 알려진 후 한 세대도 못되어 심리치료는 많은 영역에서 정신 장애를 감소시키는 데 큰 공헌을 하였다. 하지만 정신분석이 주된 방법이 되면서 과거 기독교 전통의 영적 지도와 인도가 가졌던 지위를 빼앗아 버렸다. 그 결과 심리학자와 정신과 의사를 '새로운 사도'로 간주하는 시대가 도래하게 되었다.[35]

그럼에도 정신분석학의 등장은 기독교가 인간의 정신에 대해 심층적으로 알지 못하고 모든 것을 영적으로 해석하는 영적 환원주의로 기울어져 있을 때 정신분석학이 인간의 정신의 중요한 구조와 기능들을 밝혀 주었다는 면에서 의미를 가진다. 이는 인간의 심리역동을 고려하는 것이 영혼을 효과적으로 돌볼 수 있는 지혜를 준다는 면에서 기독교에 도전을 주었다.[36] 정신분

---

[34] Gerald G. May, *Care of Mind Care of Spirit*, 2.
[35] Gerald G. May, *Care of Mind Care of Spirit*, 2.
[36] 구체적인 예를 들어 살펴보면, 영혼 돌봄 사역자들이 악령빙의(*cacodemonia*)에 대한 이해를 가지고 있으면 한 영혼을 바르게 돌볼 수 있다. 악령빙의는 무엇이 씌워 있다는 망상에 대한 정신의학적 용어이다. 인간의 역사에서 악령빙의는 아주 오래된 망상 중의 하나로 가장 널리 퍼진 망상이기도하다. 세계 어느 곳에서건 악령빙의는 동일한 특징을 보인다. 그 특징은 악마, 악령 혹은 다른 외계인이 어떤 사람을 통제하면서 그 안에 머물고 있다고 믿는 것이다. 중요한 것은 망상이 어떻게 인간의 심리와 관련이 있느냐를 이해하는 것은 중요한 문제다. 보통 아동기 외상이 악령빙의와 관련이 있다는 것이 보고되고 있다. 악령빙의는 폭력적이고 충격적인 아동기의 환경에 대한 반영이다. 즉, 악령빙의는 야만적인 세상에 어떻게든 적응하려는 아동의 시도가 반영된 결과인 것이다. 아동기의 폭력과 외상이 오늘날에 일어나고 있는 악령빙의를 설명해 줄 수 있을까? 대부분의 악령빙의 사례에서 폭력적인 가족에게서 심각한 아동기 외상을 입은 경험이 있다는 결과가 보고되고 있다. 악령빙의는 반드시 어린 시절의 정신적 학대와만 관련되어 있는 것은 아니다. 이것은 우리가 처해 있는 현대의 환경과도 밀접하게 관련되어 있다. 서구에서 악령빙의에 대한 관심은 영화 "엑소시스트"를 통해 되살아났다. 사람들이 이 영화를 본 후 영화적 신경증(cinematic neurosis)이 생겼다는 사례가 보고되기도 하였다. 이 영화는 모방 신경증(copy-cat neurosis)이나 집단적인 병적 흥분(public hystery)에 영향을 주었다고 할 수 있다. 이러한 이해와 정보는 영혼을 돌보는 사역자들에게 중요한 지혜를 제공하여 준다. 영혼 돌봄 사역자들이 이러한 이해 없이 악령빙의를 귀신들림으로 알고 엑소시즘(exorcism, 귀신이나 악령을 쫓는 의식)을 행할 때 큰 문제를 초래 할 수도 있다는 것이다. 종교집단에서 실시된 엑소시즘이 정신의학적 개입을 지연시킴으로 말미암아 결국 사람을 살해하는 결과가 일어나기도 한다.

석학과 기독교가 여러 면에서 갈등을 초래하기도 하였지만 분명히 기독교가 인간의 정신에 대한 이해에 있어서는 정신분석학의 혜택을 얻을 수 있다는 사실은 부인할 수 없다.

정신분석학은 의심의 해석학을 통해 종교적 신앙과 삶에 의문을 가졌는데 그 대표적인 경우가 프로이드다. 그는 종교를 '집단적 신경증세'와 관련시켰다. 프로이드는 종교를 환상으로 취급하였다. 때문에 진정한 종교적 동기와 영적인 삶은 프로이드에게서 무시되거나 부정적으로 여겨졌다.[37]

이와는 대조적으로 종교를 긍정적으로 평가하면서 인간의 영적인 차원에 관심을 가졌던 사람이 융이다. 융의 사상을 비평하는 학자들조차도 그의 사고의 깊이와 독창성을 인정하고 있다. 융은 오늘날 신학자들과 심리학자들이 따라 갈 수 없을 정도의 깊이와 통찰로 '인간의 영혼'에 관심을 두었다.[38] 프로이드와 융은 의식세계와 무의식의 세계가 있다는 것을 밝혀냄으로 현대 인간 정신 연구에서 중요한 공헌을 하였다.

하지만 이 두 사람이 이해한 의식과 무의식에는 아주 다른 특징들이 있다. 프로이드는 의식이 인간의 본래적 요소로 이해하고, 의식에서 억압되고 소외된 요소들이 무의식을 구성한다고 생각하였다. 하지만 융은 프로이드와 다르게 인간의 본질적 요소를 무의식으로 보고, 의식은 무의식으로부터 파생된 것으로 생각하였다. 프로이드에게 있어서 무의식은 순전히 개인적인 것이며 병리적인 특성을 지니고 있지만, 융에게 있어서 무의식은 단지 개인적이거나 병리적인 것이 아니라 집단적인 요소가 있을 뿐만 아니라 아주 심

1993년 호주에서 있었던 사례는 두 남성이 엑소시즘을 하던 중 대상자였던 여성이 사망한 사건으로, 남성 중 한 명은 그녀의 남편이었다. 물론 엑소시즘이 도움이 될 수도 있다. 정신건강 전문가도 제한된 범위에 한하여 정신치료에서 다루기 힘든 악령빙의 환자에게 엑소시즘을 행하기도 한다. 가끔 중증의 정신과 환자가 의사의 허가 아래 행해진 한 사제의 엑소시즘 이후 병이 회복되었다는 사례가 보고되기도 하였다. 중요한 것은 망상 환자의 종교적 확신, 즉 악령이 씌워졌다는 믿음이 있을 때 정상적인 치료적 접근을 방해한다면, 엑소시즘과 같은 종교적 행위로 그 방해물을 제거하는 것이 치료에 부차적인 도움이 될 수도 있지만 여전히 신중해야 한다.

37 P. Viz, "Secular Personality Theories: A Critical Analysis," in T. J. Burke, ed., *Man and Mind: A Christian Theory of Personality* (Hillsdale, MI.: Hillsdale College Press, 1987), 66.
38 Stanton L. Jones, Richard E. Butman, *Modern Psychotherapies*, 139.

오하고 정신의 본질적 요소였다. 인간의 무의식은 인간 삶에서 매우 창조적이고 역동적인 영향을 끼칠 수 있다고 생각하였다.

따라서 융의 정신 이해 특히 집단 무의식 이해를 좀 더 구체적으로 살펴보는 것은 우리의 영성생활에 큰 도움을 줄 수 있을 것이다.

융은 전체로서의 인격을 정신(psyche)라고 불렀다. 이 말은 원래 헬라어로 영(spirit) 혹은 영혼(soul)을 의미한다. 융은 사람은 태어날 때부터 이미 이 전체성을 가지고 태어난다고 생각했다. 일생을 통해서 인간이 할 일은 타고난 이 전체성이 흩어져서 제멋대로 움직이거나 갈등 구조를 만들지 않도록 하여 조화 있게 잘 발전시키는 것이라고 여겼다.[39] 융은 인간의 정신은 다양한 것들로 되어 있지만 서로 상호작용을 하는 체계와 수준을 가지고 있다고 본다. 그는 인간의 정신을 의식, 개인 무의식, 집단 무의식이라는 세 가지 수준으로 구분한다.

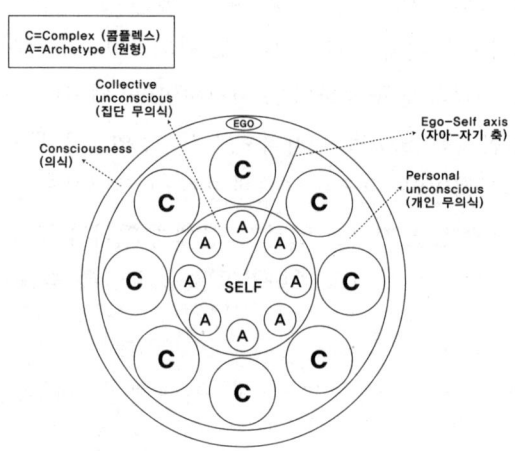

융의 정신 모델(Schematic Diagram of Jung's Model of the Psyche)[40]

---

39 캘빈 S. 홀, 버논 J. 노드비 지음, 『융 심리학 입문』, 52.
40 Anthony Stevens, *Jung: A Very Short Introduction*, 49.

1) 의식과 자아

의식(consciousness)은 인간 정신에서 유일하게 개인이 직접 알 수 있는 부분으로 나를 나로 인식하게 하는 정신기능의 중심이다. 그래서 융은 자아(ego)와 의식이라는 용어를 서로 상호 교환적으로 사용하거나 때로는 자아-의식이라고 부름으로써 이 둘을 명백하게 구분하지 않았다.[41] 의식이란 자아가 그와 관계된 것들을 지각하는 범위 안에서 무엇인가를 지각하고 파악하는 기능을 하면서 내적 실재와 외적 실재의 관계를 맺는 역할을 한다. 자아는 어린 시절의 발달 과정에서 전체 인격으로 불리는 자기(the self)에서 출현되고 이 둘은 성격의 안정성을 좌우하는 자아-자기 축(ego-self axis)을 중심으로 계속 연결되어 있다.[42] 그는 자신의 어린 시절의 경험에 빗대어 자아를 제1인격이라고 부르고 자기를 제2인격이라고 불렀다.

융의 자아-의식(ego-consciousness)의 역할을 네 가지로 이해하였다.

첫째, 자아는 한 사람이 그의 환경에 적응하게 하는 역할을 한다.
둘째, 자아의식은 행동의 주체가 사물을 인식하게 하는 작용을 한다.
셋째, 자아는 인격발달의 주체로 외부세계에 있는 대상들을 인식하고 변형시켜 가면서 내면에 통합시키는 역할을 한다.
넷째, 자아는 또한 콤플렉스나 원형 등 인간의 정신을 구성하고 있는 요소들이 의인화되어 나타날 수 있는 무대의 역할을 한다.

융은 자아가 이 정신적인 요소들을 통합하고 초월해 가는 과정을 개성화라고 불렀다. 그는 생애 전반기에 자아를 강하고 효과적으로 발달시키는 것이 중요하다고 여겼다. 자아가 자기와의 관계에서 부차적이라는 것을 깨달

---

[41] 캘빈 S. 홈, 버논 J. 노드비 지음, 『융 심리학 입문』, 52. 융은 무의식에서 일어나는 원치 않는 것에 의식적으로 대항하는 자아의 더 무의식적인 기능을 점검하지 않았다. 예를 들어 안나 프로이드(Anna Freud)에 의해 묘사된 억압, 부인, 투사, 관계형화, 반응-형성 등의 기능 등을 말한다(Anthony Stevens, *Jung: A Very Short Introduction*, 62).

[42] Anthony Stevens, *Jung: A Very Short Introduction*, 62.

는 것은 생애 후반기에 가서나 가능하다. 이것은 개성화의 과정에서 필수적인 단계이다. 이때 자아는 자기와 서로 대항하기 시작하고 초월적 기능을 통해 인격 통합과 더 높은 의식을 가져오게 된다.[43]

자아-의식에는 사고(생각), 감정, 감각, 직관의 네 가지 정신 기능이 있으며 이 기능을 통해 인간은 성장해 간다. 융은 인간이 이 각각의 기능들을 어떻게 사용하는가에 따라 인간의 성격의 특성이 다르게 나타난다고 보았다.

이 네 가지 정신적 기능들은 다시 그 기능들의 토대가 되는 바탕에 따라서 합리적인 기능과 비합리적인 기능으로 나눌 수 있다. 인간의 정신의 합리적인 기능들은 이성과 감정의 법칙에 의하여 작용하며 그 역할을 한다. 비합리적인 기능들은 직관과 감각처럼 순전히 어떤 것을 지각하는 목적을 수행하는 것들이다.

합리적인 기능에는 사고와 감정이 있는데, 사고는 지적인 활동을 통해서 이 세상을 파악하려는 정신 기능이다. 융은 사고를 어떤 대상이 무엇인지를 파악하게 해주는 정신 기능으로 이해하였다. 비합리적인 정신 기능에는 직관과 감각이 있다. 이 기능들을 비합리적인 기능이라고 하는 것은 이 기능들은 사고나 감정과 달리 판단작용이라기보다는 내적인 상황이나 외적인 상황에서 자연발생적으로 생기는 기능이기 때문이다. 융은 정신기능의 대극 현상에 대해 주목하면서 인간이 가지고 있는 모든 정신 기능을 균형 있게 발달시키는 것을 중요하게 여겼다.

융은 이 네 가지 정신 기능 외에도 의식의 방향을 결정하는 두 가지 태도를 말하고 있다. 즉, 인간의 기본적인 성격의 성향을 '외향성'과 '내향성'으로 구분하였다.[44] 외향성을 가진 사람은 외부세계와 사회세계에 관심을 두는 반면에 내향성을 가진 사람은 내부세계와 주관적 세계에 관심을 둔다.

융은 정신적인 태도에는 두 가지가 있다고 생각하였다. 하나는 외향적인 태도이고, 다른 하나는 내향적인 태도이다. 여기서 기억해야 할 것은 우리가 일반적으로 이해하고 있는 외향성과 내향성과는 다르다. 우리가 일반적으로

---

43 Anthony Stevens, *Jung: A Very Short Introduction*, 63.
44 캘빈 S. 홀, 버논 J. 노드비 지음, 『융 심리학 입문』, 53, 158-72.

생각하는 외향성은 외부 세계에 적응을 잘하고 적극적이고 활동적인 태도의 성격을 말하고, 내향성은 외부세계에 잘 적응하지 못하고 소극적인 성격으로 주로 이해하는데 비해, 융은 내향적인 사람들은 그에게 주어지는 대상보다는 자아를, 객관적인 정신 과정보다는 주관적인 정신 과정을 더 중요하게 생각하는 사람을 말한다. 내향적인 성격의 성향을 가지고 있는 사람들에게 정신적인 에너지는 언제나 행위의 대상에 주어지지 않고, 행위의 주체에 모아진다.

융은 이러한 인간의 성격의 범주를 기초로 하여 인간의 심리 유형의 틀을 여덟 가지로 분류한다. 그는 외향성과 내향성이라는 성격 범주 내에서 네 가지 성격 유형들을 설명한다.

첫째, 사고유형의 사람이다. 이 유형의 사람은 논리적이며 객관적이며 합리적이다.
둘째, 감정 유형의 사람이다. 이 유형의 사람은 감정적인 주관적인 경험을 중요시한다.
셋째, 감각 유형의 사람이다. 이 유형의 사람은 감각기관에서의 자극을 중심으로 정보를 해석하는 경향을 지닌다.
넷째, 직관 유형의 사람이다. 이 유형의 사람은 창조적이며 상상력이 풍부하며 통합적인 특징이 두드러지게 나타난다.[45]

2) 개인 무의식

융이 이해한 개인 무의식은 프로이드가 이해한 무의식과 거의 같은 것이다. 즉, 의식으로부터 무시되고 억압되어 축출된 내용들로 구성되어 있다. 융은 개인 무의식의 기원을 네 가지 이유에서 발생한다고 생각하였다.[46]

---

45 보다 구체적인 융의 성격 이론과 특별히 인간의 성격 유형에 따른 기도의 형태에 대해서는 본서의 13장을 참고하라.
46 캘빈 S. 홀, 버논 J. 노드비 지음, 『융 심리학 입문』, 55-56; 김성민, 『융의 심리학과 종교』, 79-82; Anthony Stevens, *Jung: A Very Short Introduction*, 17-8, 47-49.

첫째, 망각과 무시이다. 망각이란 지극히 정상적인 정신 작용의 한 부분이지만 인간의 의식에 있던 생각들은 인간이 다른 대상으로 관심을 돌리기 때문에 거기에 투입되었던 에너지를 잃게 되면서 어둠에 잠기면서 무의식화되는 것이다. 무시는 인간이 어떤 정신적인 내용을 그 전까지는 의식을 하고 있다가 중요하지 않다고 생각되거나 특별히 불쾌감을 자아낼 때 의식에서 쫓아내는 것이다. 이런 과정을 통해 무의식에 들어가 콤플렉스를 구성하여 의식세계로 나오려고 하고 있다가, 여러 가지 병리적인 작용을 하는 것이다.

둘째, 억압과 억제이다. 억압과 억제는 모두 어떤 정신적인 내용이 의식에서 받아들이기에는 너무 불쾌하고 충격적인 것이어서 의식과 함께 공존할 수 없기 때문에 무의식의 영역으로 추방해 버리는 것이다.

셋째, 강도의 부족이다. 이 세상에는 자극의 강도나 가치가 의식의 관심을 끌거나 감각기관에 지각되기에 너무 미약하여 무의식의 영역으로 들어가 버린 것들이 있다. 이러한 것들은 의식되지는 못했지만 언젠가는 그와 연관된 사건이 생겨날 때 의식으로 나타나게 된다.

넷째, 긴장의 부족이다. 어떤 정신적인 요소들은 그전까지 의식에 머물러 있었는데, 이제 더 이상 의식에 남아있을 만한 긴장을 유지하지 못해서 무의식으로 넘어가는 요소들이 있다. 이 요소들 역시 무의식을 구성한다.

개인 무의식의 중요한 특징은 콤플렉스와 자동성이다.[47] 먼저 무의식을 구성하는 요소들은 콤플렉스 형태로 존재한다. 콤플렉스란 어떤 충격적인 경험 때문에 어떤 정신적인 내용들이 하나의 핵을 중심으로 모여 있는 것을 말한다. 콤플렉스는 인간의 정신 속에서 에너지의 흐름을 방해하고 그와 관계되는 내용들이 생겨날 때 자연스럽지 못한 반응을 이끌어낸다.

자동성은 무의식의 가장 중요한 특징 중에 하나로서 의식이 통제하지 못할 정도로 자연적으로 생겨나서 의식의 합리적인 질서를 교란시키기도 한다. 무의식은 한 사람의 인격발달에 많은 영향을 미친다. 비록 무의식은 눈으로

---

[47] 캘빈 S. 홀, 버논 J. 노드비 지음, 『융 심리학 입문』, 57-60. Anthony Stevens, *Jung: A Very Short Introduction*, 17-8, 61.

볼 수 있는 실체로 존재 하지는 않지만 상징적인 방식으로 드러난다. 융에 의하면 무의식의 언어는 상징이다. 인간의 인격발달과 관계되는 무의식의 역할들은 억압, 투사, 상징적인 이미지의 산출 등으로 설명할 수 있다.

의식과 무의식은 상호보완적인 관계에 있다. 무의식은 의식이 소홀히 하고 있거나 의식에 부족한 것들을 여러 방식으로 알려주고 의식과 무의식을 연결시키고 있다. 특별히 융은 무의식의 활동은 의식을 보상하는 방식으로 이루어진다고 강조하였다. 여기서 보상이란 인간의 정신 작용에서 어느 부분이 일방적으로 우세하게 활동할 때 그 반대편에서 그것과 다른 부분이 생겨나 정신이 전체적으로 균형이 잡히도록 하는 것을 말한다. 때문에 의식과 무의식은 인간 정신이 전체성을 이루어 가도록 서로 보완적 기능을 할 뿐만 아니라 전체성을 이루기 위해서 정신의 모든 부분을 통합해 가도록 역할을 한다.

현대인들은 의식적 사고에 의해 교육받고 훈련되어 있기 때문에 무의식이 의식과 더불어 정신을 구성하고 있다는 사실을 망각하고 무의식의 영역을 무시하는 경향이 있다. 이런 현상으로 의식을 통한 인간 문명은 더욱 발전해 가고 있지만 균형을 상실한 인간의 정신은 더욱 병들어 가고 있다. 때문에 융이 강조한 것처럼, 인간은 전인이 되기 위해서는 무의식의 요소들을 의식과 통합시키는 것이 필요하다.

3) 집단 무의식

융은 무의식을 개인 무의식과 집단 무의식으로 구분하였다. 개인 무의식은 주로 억압의 산물이지만 집단 무의식은 인간 정신의 깊은 곳에서 생겨난 것으로서 사람들이 태어나면서부터 이미 지니고 있는 것이다. 융은 집단 무의식은 인간의 생물학적 유전처럼 생래적으로 물려받은 것으로 이해하였다. 인간에게 집단 무의식이 존재한다는 것을 알 수 있는 것은 특별히 꿈과 같은 현상을 통해서다.

인간이 경험하는 꿈에는 매우 강렬한 인상을 주는 이미지들이 종종 나타나는데, 이런 현상들 속에는 인간의 개인적 생활과 관련된 것들뿐만 아니라 개인적 생활사를 뛰어넘는 현상들이 나타나는 것을 알 수 있다. 무의식은 인간의 과거의 개인적 산물만이 아니라 인간 정신적 상황의 씨앗을 품고 있으며 미래의 에너지원과 같은 것이다. 인간의 무의식에는 한 개인이 그의 실존적인 삶을 통해 형성한 영역 이외에 그것보다 더 깊고 폭넓은 무의식의 영역이 존재한다는 것을 융은 발견하였다. 융은 이 영역을 초개인 무의식 또는 집단 무의식이라고 하였다. 융이 이해한 개인 무의식과 집단 무의식의 차이점을 다음과 같이 세 가지로 정리할 수 있다.[48]

첫째, 개인 무의식이 그림자나 콤플렉스 등으로 구성되어 있다면, 집단 무의식은 본능과 그 본능과 관계되는 요소 또는 원형 등으로 구성되어 있다. 융에 의하면 집단 무의식의 내용은 한 개인에게만 귀속되어 있지 않고 보편적인 특성까지 가지고 있다. 인간 정신의 이런 보편적인 특성은 동물과 근본적으로 다른 존재임을 드러내 준다.

어떤 한 민족에게 공통적으로 존재하는 신이나 선험적인 진리에 대한 사상은 이런 보편적인 정신현상이 존재함을 말해주는 증거라고 융은 생각하였다. 집단 무의식은 그 본성에 있어서 모든 사람들의 개인 무의식을 초월하면서 그들의 정신생활을 풍부하게 해 주는 보편적인 토대가 된다. 때문에 융은 집단 무의식이 가진 객관적인 특성을 매우 강조하였다. 집단 무의식이 한 개인의 특성과는 독립적으로 존재하는 영역이다.

둘째, 개인 무의식이 개인적인 삶의 산물로서 얻어지는 것이라면, 집단 무의식은 유전적인 방법으로 전달된다고 융은 주장하였다. 융은 이 둘 사이에 문화적인 전파의 흔적을 전혀 찾아 볼 수 없을 정도로 동떨어진 두 민족 사이에서 서로 비슷한 습관이 어디에서나 발전되며, 비슷한 신비주의적인 주제가 존재하고 있음을 발견하였다. 이런 현상들은 인간 정신이 개인의 의식과 개인 무의식을 뛰어넘은 특징이 존재한다는 증거를 보여준다고 융은 생각하였다.

하지만 여기에서 주의해야 할 것은 융이 이해한 집단 무의식이 유전적 특성을 지닌다는 의미가 무의식 자체가 유전된다고 것은 아니다. 그가 주장하는 것은 집단 무의식에 어떤 내용이 지배적으로 존재할 수 있게 하는 '가능

---

[48] 캘빈 S. 홈, 버논 J. 노드비 지음, 『융 심리학 입문』, 60-65.

성'과 어떤 표상을 재생산 하고자 하는 '욕구' 등이 유전된다는 것이다.

셋째, 개인 무의식이 인간의 자아의식에서 축출된 정신적 요소들로 형성되어 있다면, 집단 무의식은 사람들의 삶 전체를 일정한 방향으로 이끌어 가는 역할을 한다고 융은 생각하였다. 집단 무의식은 사람들이 그들의 삶 속에서 때로는 전혀 의식하지 못한다 할지라도 이 세상에 반응하는 양식의 원천이 된다는 것이다.

때문에 집단 무의식은 사람들이 생각하고 느끼고 행동하는 데 커다란 영향을 미친다. 융은 집단 무의식에는 개인 무의식에서 볼 수 없는 보물이 담겨 있다고 보았다. 집단 무의식이 없으면 인간은 더 이상 인간으로 존재 할 수 없다고 보았다.

4) 집단 무의식과 원형

개인 무의식을 구성하는 요소가 콤플렉스라면, 집단 무의식(collective consciousness)을 구성하는 요소는 원형(archetype)이라고 융은 설명하였다. 집단 무의식은 모든 인간들에게 보편적으로 나타나면서 동시에 공통적인 방식으로 존재하기 때문에 그 속에 있는 원형의 이미지들은 언제나 사람들에게 커다란 영향을 미치고 있다는 것이다. 융은 생물학적 기관이 외부적인 상황의 변화에 신체적으로 적응하기 위해서 존재하는 것처럼, 원형은 정신적인 사건에 적응하기 위해서 작동하는 정신적인 기관 또는 기능체계라고 생각하였다.[49] 집단 무의식은 인간의 육체적인 본능과 같이 인간에게 존재하는 정신적인 반응의 유형으로서 성향 또는 가능성이라고 할 수 있다. 집단 무의식이 유전적으로 전수되기 때문에 원형의 전수도 유전적이다.[50] 집단 무의식이 사람들에게 유전되는 것은 내용을 담는 틀이나 양식이다.

험버트(E. Humbert)는 원형에는 인간의 정신에 무엇인가를 알려주는 정보 기관과 같은 특성이 있다고 말하면서 원형의 작용을 세 가지로 설명하였다.[51]

---

[49] Anthony Stevens, *Jung: A Very Short Introduction*, 47-48.
[50] C. G. Jung, *Memories, Dreams, Reflections*, 380.
[51] E. G. Humbert, *Jung* (Paris: Editions Universtaires, 1983), 107; 캘빈 S. 홀, 버논 J. 노드비 지

첫째, 원형은 거기에 내장되어 있는 프로그램에 따라서 인간의 정신체계를 조건 짓고, 어느 방향으로 나아가게 하며, 유지시켜 주는 특성이 있다.
둘째, 원형은 그에게 접수된 정보를 통해서 사람들의 정신체계나 그의 환경에 어떤 문제가 생겼을 때 거기에 개입한다.
셋째, 원형은 사람들이 살고 있는 환경에 알맞은 원형적인 내용들을 이끌어 내서 정보를 교환한다.

이러한 특성을 가지고 있는 원형에는 거대한 에너지가 담겨져 있고 자동성이 내재되어 있기 때문에 때로는 매혹적인 방식으로 때로는 두려움에 가득 찬 방식으로 사람들의 의식을 사로잡곤 한다. 융이 특히 관심을 가지고 연구했던 원형은 모든 사람의 인격과 행동에 중요하게 영향을 미치는 페르소나, 아니마와 아니무스, 그림자 그리고 자기이다.

(1) 페르소나

융은 인간이 그의 외부세계와의 관계에서 발생하는 외적 인격을 페르소나(persona)라고 불렀다. 고대 로마에서 페르소나라는 말은 연극에서 배우들이 썼던 가면을 의미하였다. 그리스에서 배우들이 그 가면을 그들 자신과 동일시 않고 연극 속에서 맡은 역할과 그 자신의 본래 모습을 의식적으로 구분시켰던 가면이지만, 융이 말하는 페르소나는 모든 사람들에게 무의식적으로 나타내는 외적 인격을 말한다.

인간의 외적 인격을 상징하는 페르소나는 인간의 진정한 자아를 가리키기보다는 주어진 환경에 적응하면서 얻어진 자아의 또 다른 측면을 가리킨다. 페르소나는 한 사람의 자아가 사회와 공동체 속에서 형성하게 되는 것으로 자기에게 주어진 목적에 적응하고자 하는 일종의 가면을 의미한다. 페르소나는 한 사람이 사회 속에서 삶을 영위해 나가기 위해서 필요한 것일 뿐만 아니라 발달시켜야 할 요소이다.

융은 페르소나로 나타나는 외적 인격에 지나치게 비중을 두고 깊은 무의

융, 『융 심리학 입문』, 65-69.

식으로부터 나오는 요청들을 무시하게 될 때 두 가지 상황이 나타나게 된다고 지적한다.[52]

첫째, 우리 자신을 페르소나가 동일 시 하려고만 할 때, 페르소나는 다른 모든 무의식적 요소들과 마찬가지로 자동성을 지니고 있어서, 자아는 쉽게 페르소나가 자신의 진정한 인격이라고 믿게 된다. 이렇게 되면 자아는 점점 더 위축되고 약화되게 된다.

둘째, 페르소나의 일방적인 동일시는 더욱더 부정적인 결과를 가져와 사람들을 신경증으로 치닫게 한다. 페르소나는 어떤 형태로든 표현되어야 하지만 가능하면 적절한 형태로 표현되는 것이 중요하다.

(2) 아니마와 아니무스

아니마(anima)와 아니무스(animus)는 페르소나를 보상하는 정신적 요소이다. 아니마는 남성 속에 있는 여성의 이미지이고, 아니무스는 여성 속에 있는 남성의 이미지로 표출되는 정신적 요소들이다. 페르소나가 한 사람이 보통 그의 외부적인 상황과 맺고 있는 외적인 태도와 연관된 정신의 요소라면, 아니마와 아니무스는 그가 그의 내면세계와 맺고 있는 내적인 태도와 연관된 정신의 요소이다.

융은 아니마와 아니무스를 영혼의 이미지라고 불렀다.[53] 왜냐하면 아니마와 아니무스는 인간 정신의 원형 가운데 하나로서 유전적으로 전해져 내려오는 요소이기 때문이다. 이 이미지는 인류에게 무의식적으로 유전적으로 전해져 오는 정신적 요소로서 남성들이 여성들과 가지는 경험 그리고 남성들이 여성들로부터 받았던 모든 인상들이 유전적으로 전해져 내려와 여성들에게 정신적인 측면에서 어떻게 반응할 것인가를 결정하는 일종의 유형이다.

---

[52] 캘빈 S. 홀, 버논 J. 노드비 지음, 『융 심리학 입문』, 69-72; Anthony Stevens, *Jung: A Very Short Introduction*, 63-64.

[53] Anthony Stevens, *Jung: A Very Short Introduction*, 71.

주로 사람들의 꿈이나 환상 등을 통해서 나타나는 아니마와 아니무스의 이미지들은 현재의 인간의 영혼의 상태를 알 수 있는 중요한 역할을 한다.[54] 아니마와 아니무스는 개인적인 자아를 벗어나 역사적이며 객관적인 방식으로 전달되는 정신적 요소이기 때문에 부모의 영향이 많이 작용한다.[55] 한 인간이 성장하는 과정에서 부모의 영향은 거의 절대적이기 때문에 아니마와 아니무스는 집단 무의식의 원형으로서 우선적으로 부모와의 관계 경험 속에서 형성된다.

그러나 부모의 영향은 나이가 먹어감에 따라 점차 극복되며 특별히 사춘기 무렵이 되면, 이 시기에는 아니마를 어머니의 모습에 그리고 아니무스를 아버지의 모습에 투사한다. 이러한 시도를 하지만 불만과 적대감정이 남아 이미지를 의식적으로 지우려고 하고 부모의 이미지는 의식으로부터 점차 거부당하고 억압되기 때문에 무의식에 남아서 사람들의 아니마와 아니무스 형성에 많은 영향을 끼친다.

아니마와 아니무스는 쉽게 여성과 남성에게 투사되거나 꿈과 환상 등을 통해서 여성적인 모습이나 남성적인 모습으로 나타난다. 이러한 의미에서 융은 이 반대 성적 콤플렉스(contrasexual complex)를 '투사형성 요소'(projection-making factor)라고 불렀다.[56]

아니마와 아니무스는 페르소나와 대극의 관계에 있어서 페르소나가 지나치게 팽창되어 있으면 아니마나 아니무스가 위축되고 발달하지 못하게 되면, 아니마와 아니무스에 사로잡혀 페르소나를 억제하게 되면 사회생활에서 과민반응을 보이거나 성적 정체감에 혼동을 일으키기도 한다.[57] 아니마와 아니무스는 집단 무의식에 속한 원형의 하나로서 초개인적인 것이며, 그 자체로는 선한 것도 악한 것도 아니다. 아니마와 아니무스가 사람들에게 악하게 작용하는 것은 그것을 알지 못하여 인격의 다른 요소와 분화시키지 못했기 때문이다.

---

54 융은 자신의 꿈과 경험을 통해 왜 '아니마'라는 이름을 '영혼'과 관련시키고 있는지를 설명하고 있다(C. G. Jung, *Memories, Dreams, Reflections*, 205-211).
55 C. G. Jung, *Memories, Dreams, Reflections*, 411-12 ; 캘빈 S. 홀, 버논 J. 노드비 지음, 『융 심리학 입문』, 75.
56 Anthony Stevens, *Jung: A Very Short Introduction*, 71.
57 캘빈 S. 홀, 버논 J. 노드비 지음, 『융 심리학 입문』, 76.

따라서 아니마와 아니무스가 인간의 내면을 구성하는 정신적 요소임을 깨닫고 그 이미지들이 말하고자 하는 것을 객관적으로 살펴보는 것이 중요하다. 융은 사람들이 아니마와 아니무스의 이미지와 직면하려면 꿈이나 투사 형태를 통해 나타나는 자신의 그림자를 받아들여야 한다고 여겼다. 아니마와 아니무스가 알려주는 의미를 알게 되면 아니마와 아니무스의 억압적이고 어느 방향으로 내모는 특성은 사라지게 된다.

(3) 그림자

그림자(the shadow)는 모든 원형 중에서 가장 잠재적이고 강력하며 가장 위험한 것이다.[58] 자아의식의 반대편에 있는 정신요소로서 자아가 그 존재에 대한 인식을 거부하기 때문에 자아의 반대편이 생기게 된 정신의 한 요소이다.[59] 그림자는 사람들이 가장 쉽게 접근할 수 있는 무의식의 요소로서 보통 다른 사람들에게 투사되어 자아를 왜곡시키고 어려움에 빠지게 한다. 그림자는 우리 인격에 있는 부정적이며 열등한 측면들과 우리가 받아들이기 싫은 부분이다. 그러므로 그림자에 사로잡혀 있는 사람들은 흔히 그 안에 정동적인 특징이 짙게 배어 있는 어둡고 잔인한 성격을 드러낸다.

그림자의 이러한 성향은 그 표출 방식에서도 두 가지 형태를 띤다. 먼저는 내적인 형태로서 꿈에 나타나는 이미지를 통해서이고, 다른 하나는 외적인 형태로서 투사를 통해서다. 그림자의 내적인 표출 방식은 사람들의 꿈속에서 같은 성을 가진 이미지로 나타난다. 꿈에 나타난 동성의 이미지가 가진 상징적 의미를 해석해 보면 자신의 그림자를 인식할 수가 있다. 그림자의 외적인 표출 방식인 투사는 자기에게 있는 어떤 특성이 다른 사람에게 투사되는 것이다.

그림자는 두 가지 차원에서 투사된다. 하나는 개인적인 차원(가족적 억압)이고, 다른 하나는 집단적인 차원(혹은 문화적 주입)이다. 개인 무의식의 차원에서는 한 사람의 삶에서 어떤 정신적인 요소들이 받아들여지지 않고 거부

---

[58] Anthony Stevens, *Jung: A Very Short Introduction*, 64; 캘빈 S. 홀, 버논 J. 노드비 지음, 『융 심리학 입문』, 78.
[59] C. G. Jung, *Memories, Dreams, Reflections*, 418.

되거나 억압되어서 그에게 개인적인 어둠을 만들어 내는 것으로 주로 친밀한 인간관계에서 일어난다. 집단 무의식적의 차원에서 일어날 때는 신화적 형태를 띠는 매우 파괴적인 양상으로 나타난다.[60]

그림자는 기본적으로 부정적인 속성들을 지니고 있지만 그 그림자의 파괴적이고 부정적인 에너지는 긍정적인 에너지로 전환될 수 있다. 그림자는 한 개인의 의식적인 삶의 영역에 참여할 기회를 얻지 못했기 때문에 형성된다. 하지만 우리의 인격에 또 다른 측면이 있다는 사실을 알게 되면 우리는 그림자를 교정할 수 있다. 인간의 정신은 항상 대극의 쌍이란 구조를 가지고 있기 때문에 그림자와 반대에 놓여있는 정신적 요소를 이끌어 내는 역할을 하기도 한다. 그림자를 그 반대편에 있는 정신적 요소와 통합될 때 자아의식은 더 넓어지고 더 고상하게 된다.

때문에 우리의 삶은 더욱 안전하게 되고 더 밝아지게 된다. 우리 속에 있는 그림자를 인식할 때 좀 더 겸손해질 수 있으며, 우리 본성의 바닥 모를 심연 앞에서 두려움을 덜 느끼게 된다. 그러면 이 세상을 대하는 태도가 달라지고, 우리 자신은 물론 다른 사람들의 잘못이나 악에 대해서 좀 더 너그러운 태도를 보일 수 있게 된다.

(4) 자기

융에게 있어서 전인격의 개념은 성숙되는 데 시간이 걸리지만 어느 순간에 나타나는 것이 아니라 원래부터 시작된다. 그것은 자기(self)라고 부르는 원형이다. 자기의 목표는 개인의 삶의 상황에서 인간 존재성의 청사진에 대한 완전성 즉 통전성을 깨닫는 것이다. 개성화 혹은 자기실현이 자기의 존재 이유이다.

자기는 질서와 조직과 통일의 원형이다. 자기는 모든 원형과 콤플렉스 및 의식 속의 원형들을 조화시킨다. 자기에게는 생물학적인 목표가 있지만, 예술과 종교에 대한 영적 성취에서 그리고 영혼의 내적 삶에서 충족을 추구한다. 융은

---

60 Anthony Stevens, *Jung: A Very Short Introduction*, 65; C. G. Jung, *Memories, Dreams, Reflections*, 418.

자기의 이러한 신비성 때문에 인간이 사회 환경뿐만 아니라 하나님, 우주 그리고 영적 삶에도 개인적으로 조화된다고 보았다.[61]

따라서 인간이 자신 및 세계와 조화되고 있다고 느낀다면 자기의 원형들이 제대로 역할을 하고 있는 것을 의미한다. 이것이 달성되는 것은 오랜 시간이 걸리고 어려운 과제이기 때문에 중년이 되기까지는 잘 드러나지 않는다고 본다.

자기실현 상태를 달성하느냐 못하느냐는 자아와의 협력에 달려 있다. 즉, 자아가 자기 원형의 메시지를 무시하지 않고 의식화 시키는 것이 필요하다. 꿈을 분석하는 것은 자기 인식을 돕는 활동이며, 진실한 종교 체험은 자기 이해와 실현의 더욱 중요한 방편이 될 수 있다. 융이 자기의 원형을 발견한 것은 집단 무의식에 관한 그의 연구 중 가장 훌륭한 성과이다. 융은 이렇게 결론을 지었다.

"자기는 우리 인생의 목표다. 자기는 우리가 개성이라고 부르는 숙명적 통일체의 가장 완벽한 표현이기 때문이다."[62]

5) 대극의 통일체로서 인간

융의 정신구조 개념의 특징은 그 구조 안에 있는 여러 요소들이 서로 상호작용한다는 점이다. 융은 보상, 대립, 결합이라는 세 가지 상호작용에 대해서 말하고 있다.[63] 외향적 태도와 내향적 태도는 보상의 한 예이다. 아니마와 아니무스도 상보적 관계에 있다.

융의 정신구조에는 반대되는 성격을 지닌 대극들이 많이 있다. 페르소나와 그리자, 페르소나와 아니마, 그림자와 아니마 사이에 대립이 존재한다. 이런 대극의 특성을 가진 인간은 때로는 분열을 일으키기도 하고, 때로는 전체성

---

61 Anthony Stevens, *Jung: A Very Short Introduction*, 61-2.
62 Herbert Read, Michael Fordham, Gerhard Adler, *Collected Works of C. G.* Vol. 7, *Jung Two Essays on Analytical Psychology*, Translated by R. F. C. Hull(Princeton: Princeton University Press, 238), C. G. Jung, *Memories, Dreams, Reflections*, 416에서 재인용.
63 캘빈 S. 홀, 버논 J. 노드비 지음, 『융 심리학 입문』, 86-8.

을 이루기 위하여 결합되기도 한다. 서로 상호작용이 존재한다. 인간은 이런 정신적인 특성을 지니고 있기 때문에 내면적인 갈등과 전체성을 이루려고 하는 것을 불가피하게 경험하게 된다.[64] 개성화의 과정에서 대립에 대한 통합과 초월의 기능이 정신구조를 완성시킨다는 것이 융 사상의 핵심이다.[65]

인간 정신의 대극적인 구조는 아주 중요한 것이다. 왜냐하면 이 대극적인 구조는 마치 한 쌍의 남녀가 결혼하여 서로 사랑할 때 한 생명이 잉태되고 탄생되는 것처럼 정신적인 에너지의 소통을 위한 쌍이기 때문이다. 때문에 어떤 정신적인 성향이나 에너지를 다른 정신적인 성향이나 에너지보다 더 우월한 것으로 생각하거나 주장해서는 안 된다. 이유는 이 두 힘 또는 에너지는 모두 인간의 전체성을 이루기 위한 요소일 뿐만 아니라 인간 정신의 균형을 이루어 주는 요소들이기 때문이다.

예를 들어 외향성의 사람은 깊이 생각하며 묵상하기보다는 사람들을 만나서 에너지를 발산할 때 더 큰 에너지를 얻게 되지만, 이런 외향성의 사람들이 전체성을 이루기 위해서는 내향성을 가진 사람에게서 나타나는 깊이 사고하고 묵상하는 정신적 성향이 필요하기 때문이다. 그러므로 정신의 어떤 요소도 망각되거나 무시되어서는 안 되며 모두 존중되어야 한다.

인간은 삶 속에서 서로 다른 두 대극적인 요소들 가운데 어느 한 요소나 어느 한 기능을 일방적으로 사용하고 발달시키는 경향이 있다. 인간 정신의 모든 어려움은 정신의 일방성 때문에 발생하게 된다. 인간 정신의 어느 한 요소가 다른 요소에 비해 일반적으로 우월한 위치에 있을 경우, 그것은 인간 정신의 본래적인 통전성(wholeness)에 배치되는 것으로서 내면적인 분열을 불러오기 때문이다. 정신의 일방성에서 나오지 못하는 것은 원시성에서 아직 해방되지 못한 증거라고 융은 지적하였다.

융은 인간의 정신질환의 대부분은 어느 정도 정신의 일방성 때문에 발생한다고 보았다. 인간의 정신 요소 가운데 한 요소가 다른 요소에 비해 일방적으로 발달해 있을 때, 사람들은 무의식에 있는 원초적인 정신적 에너지의

---

[64] Stanton L. Jones and Richard E. Butman, *Modern Psychotherapies* (Downers Grove, IL.: IVP, 1991), 126.
[65] 캘빈 S. 홀, 버논 J. 노드비 지음, 『융 심리학 입문』, 132-39.

원천과 접촉하지 못하게 되어 삶의 활력을 잃게 된다.

대극의 쌍들의 균형적인 상호보완을 통한 조화는 육체적, 정신적 안정을 위해서도 중요하지만 영적인 면에서도 중요하다. 건강한 사람은 이러한 대극의 구조를 인지하고 무의식이 보내는 메시지를 귀 기울일 수 있는 사람이다. 이들은 무의식의 세계를 경험할 때 삶의 신비적이며 초인격적이며 영적인 면들의 가치를 인정하게 될 것이다.[66]

---

[66] Stanton L. Jones and Richard E. Butman, *Modern Psychotherapies*, 126.

제9장

영성생활과 몸
Spiritual Life and Body

1. 몸과 영혼의 관계

　영혼과 몸을 인간의 정신적인 측면과 물질적인 측면으로 구별하는 성향은 우리의 영성생활과 신앙생활뿐만 아니라 사고방식과 일상생활에도 깊숙이 깔려있다. 몸과 정신을 완전히 분리해서 관찰해 보면, 이 둘 사이에 공통점이 전혀 없는 것처럼 보인다. 이것이 극단화되어 영혼을 묘사할 때, 먼저 몸의 속성을 나열한 다음 그것들의 부정적으로 묘사하는 경우가 있다. 예를 들어 '영혼은 형체가 없다', '영혼은 비물질적이다' 등으로 영혼을 묘사한다.
　만일 이와 같은 방식으로 보게 되면, 영혼을 눈에 보이는 몸을 가진 인간의 내부로 묘사하는 것도 영혼을 공간적인 용어로 표현되기 때문에 잘못이다. 그러나 문제는 영혼이 눈에 띄는 몸의 '안'이 아니라면, 영혼과 몸 사이에 어떤 접촉점이 있는지, 아니면 전혀 서로 만날 수 없는 두 개의 이질적인 세계에 속해 있는가 하는 것이다. 만일 후자의 경우라면 인간 자체가 불가능한 것이 되고 말 것이다. 영혼과 몸의 관계를 상호 부정적인 관계로 보는 것은, 곧 엄격한 이원론은 인간의 본성에 대한 문제뿐만 아니라 인간의 삶에도 많은 문제를 초래하게 된다.
　몸과 영혼은 적어도 공유하는 어떤 영역이 있어야 한다. 다시 말하면 영혼이 공간을 차지하고 있는 몸과 접촉할 수 있으려면 영혼이 공간적인 요소를 가지고 있어야 하고, 몸도 영혼과 만날 수 있으려면 그 자체가 정신적인 요소를 가지고 있어야 한다. 그러나 몸의 어떤 속성을 영혼에 부여하자마자 영혼 자체가 어떤 의미에서 육체적인 것이 되어 버린다. 따라서 영혼은 어떤 면에서 육체적이고, 몸도 또한 정신적이어야 한다.

 몸과 영혼의 이원론이 어떤 배경에서 형성되었는가를 알아보는 것은 몸과 영혼에 대한 우리의 이해를 넓히기 위해 필요한 정보를 제공해 준다. 과연 그 형성배경이 성경에 가르침에서 유래되었는지 아니면 다른 배경을 가지고 있는가를 알아야 할 필요가 있다.

2. 몸과 영혼의 이원론의 기원

 원래 고대 사상에는 영혼을 몸에서 따로 분리된 실체로 생각하지 않았을 뿐만 아니라 영혼이란 개념에 대칭되는 몸이라는 개념도 존재하지 않았다. 영혼을 뜻하는 그리스어는 프쉬케(psyche)이다. 이 용어는 단지 인간이 의식을 잃을 때나 죽을 때 사라지는 것으로 생각했다.

 고대 그리스에서 영혼과 몸의 이원론의 사상이 출현한 것을 보면 흥미롭다. 인간의 몸은 여러 기관을 나타내는 말 가운데 '시체'를 뜻하는 소마(soma)와 유령을 뜻하는 프쉬케가 몸과 영혼의 새 개념을 형성하는 데 이용되었다. 그 당시 유행했던 종교, 가령 오르페우스교가 전파했던 인간 존재의 죄의식과 구원의 갈망과 밀접히 관계되어 있다. 이 종교에서는 사후의 생활이 매우 중요한 위치를 차지하였고, 그들은 내세의 삶을 믿었다. 따라서 '죽음의 혼' 프쉬케는 무력한 유령이 아니라, 진정한 자아로 인정되었다. 이와 같은 여정을 통해 프쉬케가 곧 영혼이 되고 남아 있는 시체는 몸이 되었다.

 유명한 그리스의 오르페우스교(Orphic religion)와 같은 종파의 영향으로 영혼을 신적인 기원을 가진 것으로 보게 된다. 여기서 영혼과 몸의 이원성이 대립으로까지 발전해 나갔다. 이런 과정을 거쳐 영혼과 몸의 분리 개념이 등장하게 된다. 고대 그리스 사상에는 영혼을 몸의 상대적인 것으로 보고 영혼과 몸을 구분하였다. 때문에 몸에 속하는 것과 영혼에 속하는 것을 구분하는 사고방식은 고대 그리스 사상으로부터 태동한 것이다. 간혹 몸과 영혼 그리고 정신으로 나누는 삼분론(trichotomy)이 생겨 정신을 신에게서 나온 것이나 신으로 향하는 지향성으로 보기도 했다.[1]

오르페우스교의 중요한 교리 중 하나는 마치 굴이 껍데기 속에 갇혀 있는 것처럼 영혼은 육체 안에 갇혀 있다는 것이다. 몸은 '영혼의 무덤'(*soma sema*)이라고 불렀다.[2] 영혼의 구속은 몸이 죽을 때 그것으로부터 해방을 의미했다. 이런 식으로 그리스 사람들은 영혼의 불멸을 믿었다. 원시인들은 현대인들이 이해하고 있는 인간 이해와 여러 면에서 다른 특징을 가지고 있었지만 특별히 그들은 인간의 영혼이 인간의 내면에 있는 것이 아니라 인간의 밖에 있다고 믿었다. 즉, 인간이 관계하고 있는 대상들에 있는 것으로 생각했다. 그래서 인간이 놀라게 될 때도 인간이 놀라는 것이 아니라 인간 밖에 존재하는 어떤 마술적인 힘을 가진 존재(마나)가 인간을 놀라게 하는 것이라고 생각했다.

3. 몸에 대한 영혼의 우위성

일찍이 몸과 영혼의 문제에 대해서 깊은 관심을 가졌던 대표적인 사람은 데카르트보다 2천 년 전에 살았던 플라톤이다. 플라톤은 인간의 삶을 영혼의 여행이라고 생각할 정도로 영혼의 문제에 관심을 가졌던 사람이다.

플라톤은 몸과 영혼을 분리한 대표적인 사람이다. 플라톤의 영향으로 몸은 영혼보다 훨씬 열등하다는 생각이 자리잡게 되었다. 이러한 사고는 철학, 교육, 신학 그리고 여러 부분에 큰 영향을 미쳤다. 그러나 플라톤의 진정한 의도는 몸과 영혼의 차이가 크다는 사실을 확인하는 것이 아니라 영혼이 몸보다 숭고하다는 사실을 이론과 실천에 있어서 사람들이 인정하도록 유도하는데 있었다.

---

[1] Werner W. Jaeger, *The Theology of the Early Greek Philosophers* (Oxford: Oxford University Press, 1967), 73-89.

[2] W. K. C. Guthrie, *Orpheus and Greek Religion* (Princeton: Princeton University Press, 1993), 156-57.

플라톤은 몸과 영혼을 같은 평면에 두지 않고 영혼의 우위성을 주장했다. 그는 몸과 영혼을 같은 가치로 인식하지 않았다. 영혼은 '움직이는 가운데 존재하는 것'이고, 정신적인 태도 설정과 관계가 있다고 보았다. 영혼은 몸과는 본질적으로 다른 성질을 가지는 것으로 이해했다. 플라톤은 그의 후기 사상에서도 정신적인 것이 물질적인 것보다 우월하다는 것을 반복해서 강조했다. 영혼은 몸과 전혀 그 유가 다르다는 것이다. 몸은 영혼의 도구나 매개물이 아니라 영혼을 방해하고 오염시키는 것으로 보았다.

영혼은 몸과 전혀 다른 세계에 속해 있다고 보았다. 영혼을 몸과 같은 성질을 가진 것처럼 생각하고 이 둘을 동일한 평면에 놓을 수 없다고 생각했다. 영혼은 몸과 다른 가치를 지니고 있을 뿐만 아니라 다른 세계로 향하는 기질을 갖고 있다고 주장했다. 영혼은 영원한 이데아 세계에 속해 있기 때문에 계속 된다고 믿었지만 몸은 그림자에 불과한 것이기 때문에 사라질 수 있다고 믿었다. 플라톤은 영혼 불멸설을 믿었다. 그는 영혼이 몸에 들어오기 전부터 존재했다고 생각했다.

플라톤에게 있어서 지상의 존재는 죄의식이 그 특징이다. 죄의식이 인간의 삶에 깊숙이 침투해 있다는 사상은 플라톤 당시 널려 퍼져 있던 사상이었다. 플라톤에게 영혼과 몸은 존재론적 영역에 속한다기보다는 존재방식 즉 윤리적이고 종교적 차원을 가리킨 것이었다. 플라톤은 죄의식의 근본원인을 몸에서 찾았다. 하지만 플라톤의 이러한 관점은 정당성을 가지지 못한다. 왜냐하면 육신만 죄의 짐을 지고 있고, 영혼 그 자체는 악에서 완전히 자유로울 수 있는가 하는 문제가 제기되기 때문이다.

플라톤은 불멸하는 영혼과 몸의 오염을 대립시켰다. 그러나 만일 영혼이 그 자체로 선하다면 왜 오염된 몸속으로 들어와야 하는가는 질문이 제기된다. 영혼이 몸에 들어오기 전에 벌써 선을 멀리하려는 성향을 가지고 있기 때문에 몸에 들어오는 것 자체가 선행된 타락의 결과로 볼 수 있기 때문이다.

플라톤은 영혼이 진정한 인간이고, 몸은 진정한 인간이 아니라고 생각했다. 영혼은 몸의 감옥에 갇혀 있다는 것이다. 그에게 있어서 우리가 보는 인간은 순수한 인간이 아니다. 순순한 인간은 그 뒤에 혹은 그 안 어디인가에 숨겨져 있다고 믿었다. 그는 몸은 인격을 지니지 않은 소화 기관까지도 모두 인간의 인격을 완성하는 과업에 종속시켰다. 심지어 자연 전체를 인간중심적인 관점에서 보고, 자연 세계는 인간의 생존을 위해서 존재하며, 이 목적을 위해 존재하는 것으로 보았다.

플라톤의 이와 같은 생각을 인간과 세계에 대해 너무 단순한(naive) 관점으로 쉽게 판단해 버릴 수 있지만 그렇지 않다. 플라톤의 핵심 사상으로 여겨지는 이원론에 대한 이해는 크게 두 관점에서 이해되고 있다. 한 관점은 플라톤의 이원론을 몸과 영혼을 대비적으로 이해하는 것이다. 보통 플라톤의 이원론 사상을 몸을 경멸하는 사상으로 이해했다. 즉, 영혼이 진정한 인간이고 몸은 영혼을 타락시키는 영혼의 감옥으로 보는 것이다. 이러한 관점은 오랫동안 여러 기독교 교리들뿐만 아니라 몸과 관계된 모든 것에 대한 금욕적 태도, 그리고 성을 육체적 정욕의 죄로 규정하는 결과를 낳았다. 이러한 오류는 의심의 여지 없이 플라톤의 이원론을 부정적으로 이해한 것에서 기인한 것이다.

다른 한 관점은 영혼과 몸을 대비적으로 보지 않고, 영혼과 몸으로 구분한 것은, 영혼을 원형으로 놓고, 즉 영혼을 하나의 이상적 세계로 설정하고 인간의 지상적 육체적 삶을 개혁하기 위한 것이었다고 보는 것이다.[3] 플라톤은 인간은 이 세상에서 홀로 고립되어 있지 않고 전 우주와 상호관계에 놓여 있다고 생각했다. 인간과 우주는 존재의 의미를 저 높은 현실에서 얻고, 본성적으로 그곳을 향하여 가기 때문에 이를 통하여 이 둘은 밀접한 관계를 맺고 있다. 세계뿐만 아니라 몸도 따로 떼어서 기계적으로 설명될 수 없다. 플라톤은 영혼의 정확한 위치 설정을 돕기 위해 지상의 삶을 거기에 적합하게 조직해 보려고 시도하면서, 몸과 영혼의 세계를 구분했다고 할 수 있다.

플라톤이 인간의 영혼의 우위성을 강조한 것은 인간은 자기를 넘어서 초

---

[3] 플라톤의 이와 같은 사상은 『국가』 7권의 서두에 나오는 '동굴의 비유'에서 엿볼 수 있다. 날 때부터 동굴에 묶여 암벽에 투사된 사물의 그림자만을 보고, 그것을 마치 사물 자체로 착각하는 사람들이 있다. 그중에 한 사람이 해방되어 동굴 속으로 스며드는 빛을 향해 고개를 돌린다. 그는 결국 그 동굴을 빠져 나와 참 현실과 만나게 된다. 이 이야기의 마지막 부분은 더욱 중요한 내용을 전하고 있다. 즉, 동굴에서 해방되었던 그 사람은 다시 동굴로 돌아가 그가 체득한 새로운 지식을 이야기 한다. 그러나 그는 조롱을 받고 결국 동료들의 손에 죽임을 당한다. 동굴로 되돌아오는 것이 영혼의 진보에 필요하다. 반대로 동굴에 있는 사람이 영혼이란 빛을 향해 고개를 돌리는 것은 변혁을 위해 필요하다. 플라톤은 영혼과 지상적인 현실의 삶 상호관계에 대해 깊은 관심을 가지고 있었다.

월하려는 의지가 필요함을 강조하기 위함이었다. 다시 말하면, 플라톤의 이원론은 존재론적인 성격보다는 윤리적이고 종교적인 성격을 강하게 띠고 있다. 인간의 존재에 깊이 뿌리박고 있는 죄책감에 대한 인식과 인간이 진정으로 자유롭기 위해서는 초월적인 세계를 추구해야 한다는 사상이 플라톤의 이원론에 내재되어 있다. 플라톤은 탈중심적인 지향성으로 몸과 영혼의 일체성을 통한 인간 개혁을 꿈꾸었다고 할 수 있다.

플라톤은 인간의 지상적 육체적 존재를 영혼의 여행에 필수적인 요소로 보았다. 영혼이 몸의 삶으로 내려온 것은 영혼의 여행의 한 부분에 속한다. 지상의 삶을 영혼의 삶과 한 부분으로 보았기 때문에 플라톤은 현세의 삶의 조직인 국가조직과 교육에 관해서 깊은 관심을 보였다. 플라톤은 '저 위' 그리고 '이 아래'란 단어를 이곳 외에 다른 곳에서는 결코 절대적인 의미로 사용하지 않았다. 그는 '위'와 '아래'란 말을 사물의 요소가 그 원래 장소를 향해 들어가려는 성향과 관련지어 상대적인 의미로 사용했던 것이다. 여기서 플라톤은 인간의 근본적인 성향이 위로 향하여 가려는 특성이 있다고 생각했다.

플라톤은 몸과 영혼이 어느 정도 밀접하게 상호 의존해 있다고 생각했다. 플라톤은 특히 영혼을 그 정신적인 지향성으로 묘사할 때 몸과 영혼의 구조적인 관계를 결속의 관계로 아주 명확하게 노출시켰다. 플라톤의 이러한 사상은 아주 중요한 의미를 가지고 있다. 플라톤은 몸과 영혼을 이원론으로 나누어 몸을 경멸하는 데 결코 목적이 있었던 것이 아니다. 그가 추구했던 것은 신적인 현실을 배경으로 인간을 묘사하고자 했던 것이다. 때문에 그에게 있어서 몸은 경멸의 대상이 아니라 몸은 영혼의 모형이 되고, 관심과 존경의 대상이 된다. 플라톤은 신, 영혼, 몸, 이 세 가지에 대하여 경의를 표할 의무가 있다고 생각했다.[4]

---

4 Dordthea Frede, Burkhard Reis, eds., *Body and Soul in Ancient Philosophy* (Cumberland, RI: De Gruyer, 2009), 179-204; Bertrand Russell, *History of Western Philosophy* (Oxford: Routhedge, 2004), 121-141; Bryan Magee, *The Story of Philosophy*, 24-31.

4. 몸과 영혼의 이원성

인간 이해의 이원론적 관점을 가졌던 사람은 17세기 초반에 살았던 데카르트였다. 데카르트는 철저히 몸과 영혼을 분리하였다. 그는 영혼과 몸을 각각 정신적인 것과 물질적인 것으로 대치시켰다. 데카르트는 '사유하는 본체'(res cogitans)와 '연장적인 본체'(res extensa)로 구분하고, 인간의 몸은 영혼이 결여되어 있지만 복잡하고 생동력 있는 기계로 묘사하고, 영혼은 몸과 달리 연장성과 분할 가능성이 아니라 의지와 오성, 의심과 상상력 등을 모두 포함하는 사유작용이라고 하였다.

데카르트는 영혼과 몸이 연합할 수 있는 어떤 소질을 가지고 있어야 함을 실제로 인정하였다. 그는 영혼과 몸 사이를 엄격하게 분리했으면서도 이 둘의 연합 가능성을 분명하게 의식하고 이 문제를 함축성 있게 해결해 보려고 하였다. 데카르트는 영혼에 육체성을 부여해야 한다고 하였지만, 영혼이 물질적인 본체로 구성되어 있다는 의미의 육체성으로는 이해하지 않았다. 데카르트가 말하고자 했던 것은, 비물질적인 성질이 물질을 움직인다는 이론이 우리 자신에 대해서 무엇인가를 가르쳐 준다는 것이다. 즉, 영혼이 몸을 움직일 수 있다는 사실을 우리가 일상생활에서 직접 경험함을 말하고자 했던 것이다.

때문에 데카르트의 이론을 절대적인 이원론이라 말할 수는 없다고 할 수 있다. 데카르트가 영혼의 육체성을 전적으로 부정한 것이 아니기 때문이다. 영혼은 그 자신(비물질적인 영혼)이면서 동시에 자신과 다른 차원(육체적인 영혼)이다. 때문에 영혼은 자신 안에서 자신을 떠나 밖으로 나가는 체험을 한다는 것이다.

데카르트는 '나'를 영혼이나 정신과 대체적으로 동일시했다. 그리고 몸은 대상의 차원으로 이해했다. 하지만 그가 정신이 어떻게 사물의 세계 혹은 물질적인 세계를 표상할 수 있는가를 물으면서 이것은 정신이 하나의 일정한 사물, 즉 자기 몸과 밀접한 관계를 맺음으로써 가능하다고 말하여 결국 그것을 매개로 외부 세계를 알 수 있다고 했다. 데카르트는 영혼이 몸이라는 기계를 완전히 통제할 수 없는 사실을 인정했다. 그가 그린 인간 이해의 그림은 우리가 일상생활에서 체험하는 몸과 영혼의 일체성이 들어설 수 있는 자리를 남겨두고 있다.

데카르트가 몸과 영혼 사이에 분리선을 그으려고 했던 것은 어떤 의미에서 인간의 자기반성에 깊이 깔려 있는 인간 존재의 양면성에 대한 의식이 깊이 내재되어 있다고 할 수 있다. 그를 절대적 이원론주의자라고 말할 수 없는 이유가 여기에 있다. 데카르트의 이원론적 인간관의 핵심은 몸과 영혼을 논리적으로 분리한 후, 그 본성을 각각 관찰하는 데 있었다고 할 수 있다. 때문에 데카르트는 사유의 차원에서는 몸과 영혼의 이원성을 주장하였지만, 그 일체성은 일상 경험의 실존적 차원에서 강조되었다.

그럼에도 데카르트의 인간관은 보완의 여지가 남는다. 왜냐하면 사유적인 차원에서도 인간에 대한 이원론적 이해는 충분한 검토가 필요하기 때문이다. 그리고 진정한 인간의 육체성은 벌써 영혼을 함축하고 있다고 보아야 하기 때문이다. 즉, 인간은 결코 영혼과 몸을 이원적으로 나눌 수 있는 존재가 아니라 영혼의 본질 가운데 이미 몸이 자리잡고 있다고 할 수 있기 때문이다. 데카르트는 몸과 영혼의 상호 관계는 부수적이고, 임의적인 관계에 불과하다고 생각했기 때문이다.[5]

5. 몸과 영혼의 통일성

만일 비물질적인 영혼과 공간적인 몸이 결합될 수 있다면, 어떻게든지 영혼이 몸에 바탕을 두고 있어야 하고, 그것과 본질적으로 낯선 존재가 아니어야 한다. 따라서 영혼에 어떤 육체성을 부여해야 할 필요가 있지 않을까? 또는 영혼이 물질성과 연장성을 지닌 것으로 보아야 하지 않을까?

문제는 육체성을 전혀 띠지 않는 비물질적인 존재가 어떻게 몸에 영향을 미칠 수 있느냐는 것이다. 영혼과 몸의 관계를 가지고 이러한 문제를 깊이

---

5   Tom Sorrell, *Descartes: A Very Short Introduction* (Oxford: Oxford University Press, 2000), 1-5, 30-6; Bryan Magee, *The Story of Philosophy*, 84-9.

고민했던 사람이 바로 아리스토텔레스였다.

 아리스토텔레스는 B.C. 350년경에 활동했던 그리스의 철학자요 플라톤의 제자였다. 그의 초기 저작에서는 플라톤과 같이 영혼을 독립적인 실체로 보았지만, 그의 사상이 발전해 가면서 영혼을 몸과 따로 분리해서 파악할 수 있는 실체로 보지 않고 다른 사물에 형식을 부여하고 그 존재를 가능하게 하는 것임을 강조했다. 아리스토텔레스는 몸과 영혼의 관계를 일체성으로 이해했다. 몸과 영혼의 관계를 질료와 형상의 관계로 보았다. 질료는 일정한 형상이 없이 표상할 수 없고, 형상이 독립해서 존재 할 수 없듯이 영혼과 몸도 일체성의 관계로 이해해야 한다고 강조했다. 아리스토텔레스는 영혼을 생명의 가능성을 가진 자연적인 몸의 형상이나 몸의 잠재성을 실현하는 힘으로 보았다. 몸은 처음부터 죽은 물체와 근본적으로 구별된다. 그는 몸을 유기적으로 조직된 몸이라고 했다.

 아리스토텔레스의 기본 입장은 몸과 영혼이 상관관계 속에서 존재하고, 그 어느 것도 그 자체로는 존재할 수 없다는 것이다. 그가 말하고자 하는 것은 몸을 떠나서 영혼의 활동이 있을 수가 없으며, 영혼 그 자체도 존재할 수 없다는 것이다. 영혼은 몸은 아니지만 몸을 떠나서 존재할 수 없다는 것이다. 몸도 영혼을 통해서 몸으로 존재할 수 있다는 것이다. 몸은 몸 자체로는 생명력이 있는 실체가 될 수 없다는 것이다.

 예를 들어 시체는 형상을 부여하는 생명력이 결여되어 있다. 시체의 눈은 보지 않고, 손은 만지지 못한다. 몸은 그 자체로는 그 자체의 모습을 실현하지 못한다. 왜냐하면 자기실현의 힘인 영혼이 결여되어 있기 때문이다. 영혼이 없는 몸은 몸이 아니라 시체에 불과하기 때문이다. 영혼은 몸의 생명력이요 지향성이라고도 할 수 있다. 아리스토텔레스는 인간의 통일성을 강조했다.

 몸과 영혼의 문제에 대한 아리스토텔레스의 관점이 갖는 의의는 크다고 할 수 있다. 영혼을 몸을 통해서 해석하고, 몸을 영혼을 통해 해석하는 그의 인간론은 이원론적인 인간 이해와 유심론적 인간 이해 그리고 유물론적 인간 이해로부터 야기된 문제들을 바르게 조정할 수 있는 관점을 제공해 주었

기 때문이다.⁶

6. 몸과 영성

성경적 관점에서 인간이 영적인 존재가 되는 것은 육체와 관련 없는 차원을 의미하는 것이 아니다. 성경에서 영적이란 의미는 인간의 비물질적인 국면을 뜻하는 것이 아니라 하나님의 주도에 의해 새로운 삶의 태도와 목표를 가진 전인이란 뜻이다. 몸은 단지 물질적 실체만은 아니다. 몸은 우리의 정체의 일부다. 우리 몸은 우리의 부모를 통해 하나님께로부터 왔다. 우리 몸을 우리 되게 한 사회적 영적 정황을 제공한 것은 우리의 부모이다. 우리는 몸으로 산다. 우리는 정신으로만 살지 않는다.

우리의 몸은 상상을 초월할 정도로 신비롭다. 인간의 뇌가 하는 일을 컴퓨터가 하려면 지구 크기만한 컴퓨터가 있어야 한다. 인간은 살아있는 동안에 두뇌의 전체 역량의 5%에서 10% 정도만을 활용한다. 인간이 대단한 과학적 진보를 이루었음에도 인간의 몸은 흉내도 낼 수 없을 정도로 신비롭고 엄청난 생명력을 지니고 있다. 수정란이 자궁에 착상하는 순간부터 살아남기 위해 인간의 몸은 본능적으로 무엇이 필요한지를 안다. 특별히 가르치지 않아도 잠을 자며, 목마름과 배고픔을 구별하고, 울고 웃고, 땀을 배출하고, 체온을 조절하며, 음식을 소화시키며, 노폐물을 배설하고, 상처를 스스로 치유한다.

우리 몸이 때로는 정신의 지배를 받아 행동하기도 하지만 몸이 우리를 행동하도록 하기도 한다. 예를 들어, 길을 가다가 구수한 커피 냄새를 맡고 커피를 먹고 싶은 욕망이 생겼다면, 뇌가 욕망의 지배를 받은 것이다. 그러나 어느 날 아침 책상 앞에 앉아 있는데 갑자기 파이가 먹고 싶다면, 그것은 단순한 욕구가 아니라 몸이 파이를 필요로 하고 있다는 뜻이다. 파이를 본 것도 아니고 파이 냄새를 맡은 것도 아니기 때문이다. 몸은 인간의 기본적인

---

6 H. Granger, *Aristotle's Idea of the Soul* (New York: Springer, 2010), 29-30, 44-47; Dordthea Frede, Burkhard Reis, eds., *Body and Soul in Ancient Philosophy*, 291-308; Bertrand Russell, *History of Western Philosophy*, 157-67, 188-94; Bryan Magee, *The Story of Philosophy*, 32-9.

욕구 또는 본래의 모습을 잊지 않는다.

 화학적으로 몸은 수분, 단백질, 비타민, 당질(당류와 탄수화물), 지질(필수 지방산), 무기질 등 여섯 가지 핵심 영양소로 이루어져 있다. 이 여섯 가지 성분의 균형이 깨질 때마다 몸은 뇌에게 신호를 보내 우리에게 이상이 생겼음을 알린다. 뇌는 배고픔을 느끼게 하거나 갈증을 느끼게 하여 몸이 우리에게 보낸 메시지가 도착했음을 알린다. 우리의 정신도 우리의 어떤 것도 몸과 소통하지 않으면 최상의 상태나 건강을 유지할 수 없게 된다. 몸이 내 마음대로 되지 않는다고 해서 놀랄 필요가 없다. 몸을 혹사시켰기 때문에 벌어진 일이다.

 토마스 무어는 몸과 영혼의 관계에서 볼 수 있는 다양한 형태를 다음과 같이 기술한다.

> 사람의 몸은 상상력의 무한한 자원이며, 상상력이 마음껏 노니는 마당이다. 몸이야말로 영혼이 가장 풍부하게, 가장 표현적인 형태로 나타나는 모습니다. 우리는 영혼이 수없이 많은 형태로 몸에서 나타나는 것을 본다. 예를 들어 제스처나 드레스, 움직임, 모양, 형상, 체온, 피부의 돌출, 턱, 질병 등으로 명료화되어 나타난다.[7]

 몸은 영혼의 예술성을 가장 풍성하게 드러내 주는 실체이다. 현대인들은 몸의 외형적인 현상에만 열중한 나머지 몸에 내재하는 예술에는 관심을 갖지 않는다. 몸의 영혼성에는 관심을 두지 않음으로 영혼의 바른 가치를 일구어 내지 못하고 있다.

 산드로 페렌체는 몸의 여러 부분이 나름대로 '기관 에로티즘'을 지닌 것으로 묘사하였다. 그가 말한 이 에로티즘은 각 기관이 나름대로 소유한 생명을 지니고 있는데, 사람들은 이를 두고 성격이 스스로의 활동에 즐거움을 누리고 있다고 생각한다는 것이다. '기관 에로티즘'이 암시해 주는 이야기는 몸의 부분들

---

[7] Thomas Moore, *Care of the Soul*, 155.

이 기능할 뿐 아니라, 그들 나름대로 활동하는 것을 즐긴다는 것이다.⁸

몸은 생물학적인 기능을 넘어서 생명력이 넘치는 영혼의 마당이요 자원이다. 영혼은 귀를 통하여 에너지가 들어올 수도 있고 독이 스며들 수도 있다. 때문에 몸은 단순이 영혼의 시녀나 정신의 종이 아니다. 이와 같은 맥락에서 몸이 겪는 질병은 단순히 신체적 현상으로만 이해하기보다는 몸이 자신의 권리를 주장하는 것으로 보아야 한다.⁹ 우리가 몸의 영혼성을 인정하게 될 때 우리는 몸의 아름다움과 몸이 말하는 영혼의 소리를 더 깊이 있게 인식할 수 있다. 몸은 영혼의 수많은 신호의 근원이 된다. 우리가 몸이 지닌 생명력을 새롭게 인식함으로써 영혼의 흐름이 활성화될 때 몸은 그것을 다시 느끼게 될 것이다.

신학에서는 인간을 하나님과 관계에서 이해한다. 여기서 몸은 어떤 의미를 가지고 있는가? 그것은 죄의 통로나 영혼에 거침돌인가? 혹은 하나님과 대화의 통로로 이용될 수 있는가? 이와 같은 문제는 단순히 신학뿐만 아니라 일상생활의 종교적인 성찰과 태도에도 많은 영향을 미친다. 하지만 하나의 중요한 질문을 제기할 수 있다. 나는 나의 영혼과 몸인가? 아니면 나는 나의 영혼이고 다만 몸을 가지고 있을 뿐인가?

구약성경에서 인간 존재와 관련하여 '몸'이라고 번역되는 단어는 바사르(בשר)다. 몸을 구성하는 신체적 물질(예, flesh) 중 눈에 보이는 부분을 의미하는 데 사용되는 단어가 바사르(basar)다. 그것은 단순한 몸이라기보다는 육체의 모습을 가지고 있는 인간을 의미한다. 하나의 분리된 육체적 실재로서의 몸에 대해 사용되지는 않는다. 바사르는 육, 몸, 육신을 나타내는 말로 이해되고 있다.

그러나 바사르가 네페쉬의 일부가 될 수 있다고 가르치지는 않는다. 히브리어는 인간의 신체기관을 물질적인 것과 정신적인 것으로 제시하고 있다. 인간은 바사르를 통하여 영혼을 알게 된다.¹⁰ 바사르는 네페쉬와 관련되어 그 기능을 수행한다. 바사르는 인간의 몸 전체를 표현한다. 때문에 인간이 바사르를 가지고 있다(having a body)기보다는 인간 자체가 바사르이다(being

---

8   Thomas Moore, *Care of the Soul*, 163.
9   Thomas Moore, *Care of the Soul*, 164.
10 Anthony A. Hoekema, *Created in God's Image*, 123-24.

a body)라고 말해야 더 옳다. 그러므로 나는 나의 몸/영을 가지고 있다(I have my body/spirit)라고 해서는 안 되며, 나의 몸/정신은 나 자신이다(I am my body/spirit)라고 해야 더 옳다.[11]

신약성경에서도 육체는 본질적으로 사악한 것으로 여겨지지 않는다. 바울은 고린도 성도들에게 다음과 같이 말한다.

> 너희 몸은 … 성령의 전인 줄을 알지 못하느냐 너희는 너희의 것이 아니라 값으로 산 것이 되었으니 그런즉 너희 몸으로 하나님께 영광을 돌리라(고전 6:19-20).

신약성경 다른 곳에서도, 성전이라는 말은 육체에 대한 말로 투영된다. 유사하게 예수님은 부활하실 자신의 몸을 성전으로 묘사하신다(요 2:19). 예수님이 거룩한 성전을 몸에 투영함으로써 인간의 육체에 영적 가치를 부여하신 것을 볼 수 있다. 이것은 기독교 영성의 하나의 깊은 근원이다.[12]

7. 몸과 구원

우리는 몸도 구속에 참여하는 것을 성경을 통해서 알 수 있다. 바울은 로마서 8:18-25에서 그리스도인들의 현재 고난과 미래의 영광 그리고 그들과 모든 피조물이 어떻게 몸의 최종적이고 완전한 구원을 기다리는지를 말한다(롬 8:22-23). 몸에 대한 바울의 이러한 관점은 하나님의 아들의 성육신 사건에 함축되어 있다. 속죄는 예수님의 몸을 통해 이루어졌으며(벧전 2:24), 그의 몸은 죽은 자 가운데서 일으키심을 받았다. 몸에 대한 이런 관점은 기독교 신앙에 있어서 하나의 본질적인 요소이다.

복음서에 보면 몸과 구원의 관계를 알 수 있는 내용들이 나온다. 특히 복음서에서 구원과 건강의 개념을 설명하는 소테리아(*soteria*)를 살펴볼 필요가

11　Elisabeth Moltmann-Wendel, *I Am My Body*, 1-4.
12　Ross Thompson with Gareth Williams, *Christian Spirituality* (London: SCM, 2008), 155.

있다. 신약성경에서 구원과 건강 개념을 설명하는 단어 중에 하나인 소테리아는 안전하고 건전한 상태를 의미한다. 이 단어는 이스라엘 민족에 대한 하나님의 구원을 의미하기 위해 사용되었다. 복음서에서 명사 소테리아는 5회가 등장한다. 4회는 누가복음에 나타나고(눅 1:69, 71, 77; 19:9), 1회는 요한복음 4:22에 나타난다.

동사 소조(sozo)는 복음서에서 치유와 구원 두 가지 의미 모두로 사용된다. 복음서에서 소조는 위험으로부터의 구원(마 8:25; 요 12:27), 질병으로부터 구원(마 9:21; 요 12:27), 하나님의 정죄로부터의 구원(마 10:22; 24:13), 그리고 죄로부터의 구원(마 1:21)이라는 의미로 사용된다.[13] 바울은 이 단어의 명사와 동사를 인간의 죄 때문에 구원(soteria)이 요구되는 중요한 영역으로서 하나님에 대한 인간의 관계로 신중하게 제한한다. 그렇다고 이것이 구원에 대한 바울의 견해에서 육체와 건강이 배제되지는 않는다. 바울은 로마서 8:23에서 볼 수 있는 것처럼, 전인의 구원과 갱신의 일부로서 육체의 구속을 분명히 기대하고 있기 때문이다.[14]

게다가 복음서들에서 치유를 위해 사용되는 단어들 가운데 소조는 매우 흥미로울 뿐 아니라 건강과 몸(치유)에 관한 신약성경적 개념의 이해를 위해서도 매우 중요하다. 본래 이 동사는 '안전하게 하다'라는 의미였고, 어떤 신적 혹은 인간적 간섭에 의해 발생되는 자연의 위험이나 재해로부터의 구원과 관련해 사용되었다. 이 동사는 일상생활과 종교에서 폭넓게 사용되게 되었고, 이런 폭넓은 사용법은 복음서에도 반영되었다. 복음서에서 그것은 위험, 질병, 그리고 죽음으로부터의 구원을-육체적으로 그리고 영적으로-의미하게 되었다.

포어스터(Foerster)는 "예수의 치유에 있어서 소조는 육체의 어느 한 지체가 아니라 항상 인간 전체를 언급한다"고 주장한다.[15] 그는 예수께서 "네 믿음이 너를 구원하였느니라(sosoken)"는 말씀을 혈루증 앓던 여인(막 5:34)과 죄인이었지만 육체적 치유가 필요 없었던 여인(눅 7:50)에게 똑같

---

[13] 존 윌킨슨, 『성경과 치유』, 김태수 역 (서울: UCN, 2005), 52.
[14] 존 윌킨슨, 『성경과 치유』, 52.
[15] Werner Foester, 'Sozo,' *Theological Dictionary of the New Testament*, vol. 6, 990.

이 말씀하셨다는 사실에 근거해 이런 주장을 편다. 복음서에서 소조는 인간의 모든 측면과 더불어 육체적인 것과 영적인 것 모두를 포함하는 개념이다.

동사 소조의 다른 사용법과 적용에 관한 예는 누가복음 8장에서 발견된다. 이 동사는 8장에서 4회 등장하는데, 각각의 경우 그 적용은 다른 셋과 구분된다.

첫째, 소조는 하나님의 말씀을 듣고 영접함으로써 생기는 믿음에 의한 영적 구원을 의미한다(12절).
둘째, 소조는 귀신들린 자의 귀신으로부터의 구원을 설명해 준다(36절).
셋째, 소조는 혈루증 앓던 여인이 그 질병에서 치유되는 것을 의미한다(48절).
넷째, 그것은 야이로의 딸이 죽음에서 일으킴을 받는 구원을 의미한다(50절).

각각의 경우 기본적인 개념은 원치 않는 상태로부터의 구원 및 원하는 것으로의 변화다. 이 구절들에서 볼 수 있는 것은 원치 않는 상태는 영적 죽음이나 귀신들림 그리고 육체적 질병이나 죽음으로 묘사되어 있다.[16]

소조는 포괄적 의미와 적용을 갖고 있는 단어이므로 어떤 특별한 상황에서 그것의 의미를 규정하는 것이 항상 쉽지는 않다. 그렇지만 분명한 것은 복음서에서 이 단어가 포괄적으로 적용되는 것은 기독교의 치유 개념과 구원 개념은 서로 다른 상황 속에서 다양한 정도로 중복되고, 결코 완전하게 분리될 수 없다는 사실을 지적해 준다.[17] 육체의 치유는 결코 육체적이지만은 않고 영혼의 구원은 순전하게 영적이지만은 않다는 것을 알 수 있다. 왜냐하면 육체와 영혼 모두가 인간 존재의 전인적 구원, 즉 복음서에 나오는 예수님의 치유 기적들 속에서 예시되고 예증되는 구원과 연결되어 있기 때문이다.[18]

---

16 존 윌킨슨, 『성경과 치유』, 134.
17 존 윌킨슨, 『성경과 치유』, 134.
18 존 윌킨슨, 『성경과 치유』, 134.

8. 몸과 영성생활

달라스 윌라드는 "내 몸을 감싸지 못한 평화는 나를 감싸지 못한 것이다. 평화가 몸에 이르려면 몸이 하나님의 정도와 능력에 젖어 있어야 한다"고 언급하였다.[19]

> 몸이 쉬지 못하면 몸의 초점의 중심이 된다. 몸의 존재가 더 강하게 느껴지며 각 지체의 성향들이 만족을 찾아 더 요란하게 아우성친다. 감각적 적용과 이기적 욕구는 이렇게 절박해진 몸과 지체를 통해 우리에게 더 큰 지배력을 행사한다. 뿐만 아니라 몸이 하는 일-아주 미세하다-과 내 주변에서 벌어지는 일에 대한 의식이 흐릿하고 몽롱해진다. 혼돈은 영적 감각의 적이다. 잘 쉬면 생각이 명료해진다. 반대로 피곤하면, 음식, 약물, 각종 불륜관계, 바울의 말대로 "땅에 있는" 이기적 자세 등에서 만족과 에너지를 찾으려 할 수 있다. 이런 것들이 우리를 방해해 하나님을 신뢰하지 못하고 그분의 능력 안에 살지 못하게 한다.[20]

우리 몸은 단순히 물리적 시스템이 아니다. 그리스도의 참 임재가 그 안에 거하는 곳이다. 몸 자체가 악하다는 생각은 지극히 비성경적인 것이다. 한 작가는 이렇게 썼다.

> 그는 독감, 맹장염, 파라티푸스, 다리 근육 결림, 눈 궤양, 대상포진 등으로 고생했다. 쓰라린 자기연민에 빠져 그는 절뚝거리며 걸었고 늘 한 눈에 안대를 하고 살았다. 일의 효율도 떨어졌다. 그는 패배를 받아들이지 못한 대가로 건강을 잃고 있었다. 그리스도인의 원리대로 살려는 열망이 오히려 자신을 해치는 결과를 낳았고, 그럴수록 내적긴장과 갈등은 더해 갔다. 이 시기는 목적을 상실한 채 낙심 속에 살아가던 시기였다. 그는 영혼의 전투를 벌이고 있었다.[21]

---

[19] 달라스 윌라드, 『마음의 혁신』, 296.
[20] 달라스 윌라드, 『마음의 혁신』, 297-98.
[21] Karen R. Norton, *Frank C. Laubach: One Burning Heart* (Syracuse, NY.: Laubach Literacy International, 1990), 11.

이런 현상은 영혼의 붕괴가 몸의 질병을 통해 표출된 것이라 할 수 있다. 몸의 질병은 종종 삶 전체를 파괴하고 절망에 이르게 할 수 있기 때문이다. 때문에 몸은 우리의 영성생활에서 중요한 역할을 할 뿐만 아니라 배제할 수 없는 실체이다.

우리가 영성생활을 생각하면서 반드시 기억해야 사실이 하나 있다. 그것은 영성생활은 그저 영과만 관련되는 것이 아니라는 것이다. 성은 그저 성행위에 관한 것이 아니듯이, 영성생활도 그저 영과만 관련된 것은 아니다. 우리의 성은 생식기로 무엇을 하느냐 하지 않느냐보다 그 이상의 것이다. 그것은 우리의 몸과 감각, 자아인식, 관계, 마음, 창조, 세상에서 관계 맺음과 생성적인 방식들에 관한 것이다. 이와 같이 바른 영성생활을 위해서도 큰 틀을 유지해야 한다. 우리의 영성생활에서 큰 틀을 유지한다는 것은 하나님의 현존을 바르게 경험하기 위해서는 우리에게 주어진 세계를 바르게 이해하고 누리는 것을 의미한다. 하나님이 우리에게 주신 몸의 세계는 이 큰 틀에서 결코 배제시킬 수 없다.

9. 성과 영성

기독교는 성과 관련해서 별난 역사를 가지고 있다. 사실 기독교 역사에서 성을 왜곡되게 이해 한 경우가 많았다. 지난 수 세기 동안 기독교 전통은 성욕에 대한 부정적이고도 뒤틀린 견해 때문에 심각한 손상을 당해왔다.[22]

하지만 구약성경은 성에 대한 부정적인 견해를 가지고 있지 않다. 구약성경의 창조 이야기 속에서 발견된다. 하나님께서 모든 특정한 창조 행위가 끝난 다음에 "그리고 하나님이 보시기에 좋았더라"는 반복구가 있다(창 1: 10, 12, 18, 21, 25 참조). 그러나 창조 행위가 남녀 인간의 창조에서 그 절정에 다다랐을 때, 즉 성이 나타났을 때 하나님은 한층 더 고조된 표현을 하신다.

---

22 Donald Goergen, *The Sexual Celibate* (New York: Seabury Press, 1975)를 참조.

> 그리고 하나님께서 그가 창조하신 모든 것을 보셨다. 보라 그것은 심히 좋다 (창 1:31).

그러므로 성은 죄라는 등식은 구약성경의 창조기사로부터 정당성을 인정받을 수 없다. 창조기사는 성을 오히려 하나님의 선물로 말한다. 성에 대한 부정적인 생각은 영과 몸을 둘로 갈라놓는 이원론이 지배하는 헬라 문화로부터 기독교가 영향을 받은 것이다.

게다가 리치는 다음과 같이 말한다.

> 성이 삶의 거룩함을 방해하는 장애물이라는 사실을 인정한다고 해서 인간의 전체성에 어떤 이득이 주어지는 일은 거의 없다. 하지만 이것이 지금까지 그리스도인들 사이에 널리 퍼져 있었던 신념이었다. 서구의 기독교 전통에서는 성욕과 신체에 대한 멸시의 증거가 굉장히 많이 발견된다. 그리고 그 때문에 생겨난 인간의 불행과 혼란의 끔찍한 결과들도 많았다.[23]

기독교 역사에서 성에 대한 부정적인 견해는 특히 어거스틴(354-430)이 중심적인 역할을 하였다. 그의 회심 전 성적 타락은 그가 성을 부정적으로 인식하는 데 중요한 영향을 미쳤을 것이다. 그는 회심 후 참된 그리스도인이 가질 수 있는 모든 정열을 다하여 성에 관한 부정적인 기독교 윤리관을 발전시켰다. 그는 또 죄는 아담과 하와의 성적 결합을 통해 인간의 상황 속으로 들어왔으며 그것은 그들 자신들을 파멸시켰을 뿐만 아니라 그들의 모든 자손들도 결과적으로 죄로 물들게 했다는 확신을 가졌다. 어거스틴은 성은 비록 인류의 존속 때문에 필요하다고 할지라도 결국은 악이라고 생각했다.

어거스틴은 성에 대해 다음과 같이 생각했다.

첫째, 성은 오직 결혼에만 속한 것이다.
둘째, 성은 오직 자녀를 가질 목적일 때만 타당하다.

---

[23] Kenneth Leech, *Soul Friend*, 152.

셋째, 성은 배우자가 성으로부터 아무런 즐거움을 얻지 못하는 경우에 한하여서 첫째와 둘째의 조건에서만 용납될 수 있다.

결혼한 사람은 지상에 거주하고 처녀들은 하늘에 거주하는 것이라고 어거스틴은 마지못해 인정했다. 이와 같은 결론에 기초해서 교회는 신성에 관한 참된 표시의 하나는 성적 순결이라는 것과 그리고 사제직을 위해 선별된 사람은 모두 독신주의자가 되어야 한다는 법령을 정했다.

인간을 통전적으로 이해하는 의사들과 학자들은 '사이키소마'(psychesoma)라는 말을 이미 오래 전부터 사용해 오고 있다. 헬라어 프쉬케(psyche)와 소마(soma)는 각기 영혼(soul)과 몸(body)을 의미한다. 따라서 사이키소마(psyche-soma, soul body)는 '정신신체적'이라는 의미가 된다. 이것은 인간의 영혼과 육체가 분리되어 있지 않고 일체라는 인간의 통전성을 강조하는 것이다.

영혼은 우리의 몸이라는 감옥에 갇힌 것도 아니고 몸은 악하고 영혼은 선한 것으로 보는 이원론은 전적으로 잘못된 것이다. 우리가 생각하고 기억하며 사랑하고 기도하고 성을 나누고 노래하고 상상하고 먹는 것은 몸의 실체를 통해서만 가능하다. 영성과 성은 오히려 서로 긴밀하고도 떼어놓을 수 없을 만큼 서로 관계되어 있다. 영성과 성은 두 개의 다른 실재에 대한 표현이 아니라 근본적으로 하나의 실재에 대한 두 가지 표현방식이다.

인간은 다양한 이름을 가진 신비한 존재다. 영혼, 몸, 영, 마음은 모두 인간의 이름들이다. 마치 한 인간이 아버지로 남편으로 교사로 불려지듯이 인간의 이러한 다양한 이름들 속에는 인간이 누리는 축복들이 아로 새겨져 있다. 또한 이러한 다양한 이름들 속에 깊이 내재되어 있는 것은 인간은 분리될 수 없는 특성들을 가진 존재임을 알려준다. 아버지는 영혼이나 정신으로만 자녀를 사랑할 수 없고 육체적 노동을 통하여 그들에게 사랑의 보금자리를 마련할 수 있어야 한다. 사랑받는 아버지를 위한 경험은 몸과 마음과 정신이 일체가 되어 자녀를 돌볼 때 일어난다.

이렇듯 인간도 영적인 일과 육체적인 일이 결코 분리될 수 없는 경험을 하며 살아가는 존재요 실체다. 우리의 영성도 그저 영에 관한 것만이 절대로 아니다. 하나님과 생동적인 관계 속에서 하나님의 현존을 체험하는 영적 삶은 우리의 몸, 마음, 사랑, 자아인식, 관계들과 관련되어 일어나기 때문이다.

우리가 전인으로서 창조되었다는 진술의 또 다른 표현은 우리에게 주어진 모든 것이 귀한 선물임을 알 때 삶의 통전성을 경험할 수 있는 존재라는 것이다. 우리의 이성, 감성, 공동체, 가정, 성 등은 모두 선물이다. 인간이 전인이라는 말은 이 선물들을 어느 것 하나 분리됨이 없이 누리며 통전적인 경험을 할 수 있어야 한다는 것을 의미한다.

스캇 펙(Scott Peck)은 이러한 선물들 중에 가장 영적인 부분과 밀접하게 연관되어 있는 것은 성이라고 하였다. 그는 "인간 성격의 성적이고 영적인 부분들은 아주 밀접하게 놓여 있어서 다른 하나를 자극하지 않은 채 하나만을 자극할 수 없다"고 하였다.[24]

필립 얀시(Phillip Yancey)는 이렇게 말하였다.

> 성은 사람들이 느끼는 초월에 가장 가까운 것이다. 성은 저항할 수 없어 보이는 강력한 힘이며, 다른 존재에게 그를 잡아당기는 데 성적인 매력만한 것이 없다. 내가 염려하는 것은 대부분의 사람들이 성과 하나님을 극과 극으로 본다는 것이다. 만일 그것이 대부분의 사람들이 경험한 가장 강력한 힘이라면, 나에게 힌트가 된다.[25]

우리는 성적인 존재이므로 우리의 성욕을 수용하고 성욕과 삶의 다른 부분을 통합하는 데 관심을 기울여야 한다. 영성적인 건강과 성적인 건강은 서로 밀접하게 연결되어 있다. 노르위치의 줄리안이 언급한 대로, 우리의 본질과 관능성은 하나님 안에서 하나가 되며, 그 둘이 우리의 영혼을 구성하고 있기 때문이다.[26] 린 로데스(Lynn Rhodes)는 영성과 성의 관계를 다음과 같이 표현하였다.

---

[24] 산드라 롬 메이슨, "거룩한 불 돌보기," 『영적 지도와 영적 여정』, 권희순 역 (서울: 은성, 2008), 173에서 인용.
[25] 산드라 롬 메이슨, "거룩한 불 돌보기", 178에서 인용.
[26] Julian of Norwich, *Revelation of Divine Love*, 55, 56.

우리의 사랑은 우리의 느낌, 만짐, 열정, 돌봄들을 통해 구체화된다. 만약 영성이 성에 그 뿌리를 내리지 못하면 영성은 가장 깊은 우리의 자아를 형성하고 그것을 채우는 능력을 상실하게 된다. 성이 영적 성장과 분리 될 때 그것은 우리가 조종하고 지배하며 우리가 사랑하기를 고백한 것에 해를 끼칠 수 있는 어떤 것이 되고 만다. 만약 영성이 우리의 성과 분리되면 그것은 인격적인 관계를 가능하게 하는 능력을 잃고 생명력 없는 그 무엇이 될 뿐이며 따라서 그러한 영성은 이 세상을 위해 열정적인 돌봄을 불러일으키도록 우리를 감동시킬 수 없는 것이다.[27]

성적 정체성과 성 그리고 결혼의 성적 연합은 단순한 하나님의 작품이 아니다. 그것은 하나님의 본성에 대한 가장 정확한 표현이며 자기 노출적인 표현들이다. 성경은 하나님께서 의도하신 결혼의 성적 연합의 독특함은 그분의 영적 본성에 대한 이미지를 반영하는 능력 안에 있다고 명백하게 말하고 있다. 그러나 성경은 또한 하나님께서 의도하신 결혼의 친밀감 외의 성적 연합은 우리의 몸과 영혼을 똑같이 파괴하고 손상시킬 수 있다고 경고한다(고전 6:18).[28] "성과 영성은 뗄 수 없으며, 전인으로써 우리 정체성의 핵심이라고 말해도 과장이 아니다."[29] 로날드 롤하이저(Ronald Rolheiser)가 성에 대해 표현한 아름다운 진술이다.

> 성은 아름답고, 선하고, 극도로 강력한 거룩한 에너지다. 이것은 하나님이 우리에게 주신 것이며, 우리의 불완전함을 극복하고 우리를 넘어서서 일치와 극치를 향해 나아가는 불가항력적인 욕구로서 우리 존재의 모든 세포 안에서 경험된다. 이것은 또한 축하하고, 환희를 주고받고, 달빛 아래서 성교를 할 때도 근심 걱정이나 부끄러움 없이 옷을 다 벗을 수 있는 에덴동산으로 돌아가는 방

---

27 Lynn Rhodes, *Co-Creating: A Feminist Vision of Ministry* (Philadelphia: Westminster Press, 1987), 64-5.
28 Richard R. Dunn and Jana L. Sundene, *Shaping the Journey of Emerging Adult: Life-Giving for Spiritual Transformation* (Downers Grove: InterVarsity Press, 2012), 167.
29 Richard R. Dunn and Jana L. Sundene, *Shaping the Journey of Emerging Adult*, 167.

법을 찾기 위한 움직임이다. 그러나 궁극적으로 이 모든 갈망은 그들이 완전히 성숙할 때 한 가지 목적에서 절정에 이른다. 그것들은 우리로 하여금 하나님과 공동 창조자가 되기를 원하는 것이다. 성은 단순히 사랑을 찾거나 친구를 찾는 것이 아니다. 그것은 삶을 주고 그것을 축복함으로써 분리를 극복하려는 것이다. 그러므로 그 성숙의 정점에서 성은 자신을 공동체와 우정, 가족, 봉사, 창조, 유머, 환희, 순교를 위해 주는 것이 된다. 그러므로 하나님과 함께 우리는 이 세상에 삶을 가져오도록 도울 수 있다.[30]

성의 목표는 단순한 육체적 쾌락이나 정서적 통로만이 아니다. 그것은 그리스도를 따르는 삶에 참여하는 것이다. 하나님과 함께 영원한 삶에서 궁극적으로 영적으로 정점에 달하게 되며 완성될 삶에 참여하는 것이다. 하나님의 계획 안에서 있게 되는 더 친밀한 참여이다.

성은 그 자체로 끝나는 것이 아니다. 오히려 하늘나라에서 우리를 기다리고 있는 연회의 '영적 견본품'을 경험해 보는 수단으로서 설계 되었다.[31] 하나님께서 의도하신 방식은 남성과 여성으로서의 성적 정체감과 하나님께서 완벽하게 설계하신 한 몸 된 육체적 연합 안에 있다. 남성과 여성으로서 결합된 성적 관계는 하나님께서 "이것이 나다. 나는 이러하다. 나는 이러한 특질들을 가지고 있으며 이 정도의 친밀감, 무한함, 거룩함, 열정적 친밀감을 경험한다"라고 세계를 향하여 말하는 것이다.[32]

성은 분배되는 힘인 '성스러운 힘'에 참여하는 것이다.

> 이 힘은 '거룩하다'고 불리어진다. 왜냐하면 그 본질은 힘에 의해 중재되는 다른 것에 대한 지배가 아니고, '힘을 나누는 것'(empowerment)이기 때문이다. 그것은 모두 생명의 힘에 참여하여 얻은 것이다.[33]

---

30 Ronald Rolheiser, *The Holy Longing: The Search for a Christian Spirituality* (New York: Doubleday, 1999), 196, 198.
31 Richard R. Dunn and Jana L. Sundene, *Shaping the Journey of Emerging Adult*, 172.
32 Richard R. Dunn and Jana L. Sundene, *Shaping the Journey of Emerging Adult*, 174.
33 Dorothee Solle, *The Silent Cry: Mysticism and Resistance* (Minneapolis: Fortress Press, 2001), 128.

에로스의 신비의 거룩한 힘은 능동성과 수동성, 주고받음의 상호성, 그리고 하나 됨에서 나온다. 우리가 에로틱한 힘을 나누면서 축하하는 것을 배우게 된다면, 우리는 외롭고 어두운 것을 떨쳐버릴 수 있다. 이런 의미에서 성은 하나님의 속성에 가장 가까운 것이다.

기독교는 에로틱의 에너지를 단지 육체에만 가두지 않게 하고 성적 소비와 개인적 파라다이스의 배열을 초월할 수 있는 성스러운 힘을 나누는 일에 기여할 수 있어야 한다. 그러면 기독교 없는 세상은 자비와 사랑이 없는 기능주의 속에서 질식할 것이다.

제10장

'체현된 자아'로서 몸[1]

The Body as the Embodied Self

1. 일반계시의 장으로서 몸

일반적으로 몸이 중요하다는 것에는 동의하지만 자신의 몸이 하나님의 '일반계시'의 장이라는 주장에는 불편함을 느끼는 사람들이 있다.[2] 몸이 무시를 당하고, 상처받고, 학대받을 때 몸이 반응하는 것을 단지 물리적인 반응으로만 여겨서는 안 된다. 이러한 반응은 하나님의 형상으로 지음 받은 인간이 몸을 통하여 자신의 인격과 권리를 말하고 있는 것이기 때문이다.

몸은 몸의 방식으로 자기 언어를 발산한다. 하나님의 창조 질서 안에 있는 이러한 인간의 몸과 몸의 반응은 하나님이 세우신 질서와 무관하지 않다. 몸은 하나님의 뜻과 질서가 펼쳐지는 장이요 매개체이다. 몸의 건강을 해롭게 하는 음식을 과도하게 섭취하는 것과 감각적인 쾌락들을 부적절하게 사용함으로써 몸을 무시할 때, 몸은 질병으로 자신의 권리를 발산한다. 이러한 몸의 언어를 신학적으로 규정한 것을 바로 일반계시적인 언어라고 말할 수 있다. 몸은 하나님이 창조하신 인격체이며 하나님의 뜻과 질서가 펼쳐지는 소우주이기 때문이다.

---

1   이 글은 「복음과 실천신학」 48 (2018), 174-206에 실린 필자의 글을 수정 보완한 것이다.
2   Elizabeth Liebert, *The Way of Discernment: Spiritual Practice for Decision Making*, 이강학 역, 『영적 분별의 길』 (서울: 좋은씨앗, 2016), 177.

하지만 플라톤(Platon)의 철학 사조와 밀접한 관계 안에서 형성된 기독교 신학에서 영혼은 몸 안에 있지만 그 본질상 영혼은 몸과 무관한 것으로 보는 경향이 있어왔다. 이러한 경향은 몇 까지 문제를 제기하곤 하였다.

즉, 몸은 영혼과 다른 무엇이며, 영혼은 몸속에 숨겨져 있는 것인가? 여기서 몸은 어떤 의미를 가지고 있는가? 몸은 죄의 표시거나 영혼의 방해물인가? 혹은 하나님과의 대화의 중요한 장인가? 그리스도의 육화(肉化, incarnation)의 사상은 이 문제에 어떤 의미가 있는가?

이와 같은 문제는 단순히 신학뿐만 아니라 삶의 양식에 대한 성찰과 태도와도 매우 깊게 연관되어 있다. 나아가 성경 해석과 돌봄의 양식 등에도 중요한 영향을 미친다. 그러므로 몸에 대한 이해와 몸과 영혼의 관계를 깊이 살펴보는 것은 비록 간접적이긴 하지만 매우 중요한 해석적 그리고 실천적 의미가 있다고 할 수 있다.

이번 장은 체현된 자아와 인격으로서 몸의 해석적 실천적 의미와 특성을 살피는 데 중요한 목적이 있다. 이를 위해 먼저 몸의 탈체현화의 배경과 의미를 점검한 후에, 하나님의 창조된 자아로서 몸에 대한 논의를 통하여 몸의 체현(육체성)의 의미와 기능 등을 밝히고자 한다. 마지막으로 체현된 자아로서 몸의 이해와 해석이 영혼 돌봄에 참여하는 이들에게 주는 해석적 실천적 시사점들을 제안한다.

2. 몸의 탈체현화의 배경과 의미

1) 몸의 탈체현화와 이원론

고대 세계에서 플라톤 이후로 많은 그리스 철학자들은 몸과 육체성에 대해서 성경과 전혀 다른 이해를 제고하였다. 플라톤과 그리스 철학자들은 몸과 물질세계에 대해서 대체로 부정적인 태도를 갖고 있었다. 플라톤은 자신의 초기 작품 특히 『파이돈』(*Phaedo*)에서 영혼의 임무가 몸과 몸의 요구로부

터 벗어나고 저항하는 것에 있다고 보았다.[3]

하지만 플라톤의 태도를 지나치게 과장해서는 안 된다. 몸에 대한 플라톤의 태도는 몸 자체를 무시하는 것에 있기보다는 어떤 의미를 함유하고 있다고 보아야 할 특징도 있기 때문이다. 스캄프(Scamp)는 "플라톤의 철학 속에서 몸을 끌어내리는 것은 사실 영혼의 통제에 대한 … 자기주장을 즉각 만족시키려는 시도로 해석되어야 한다."고 하였다.[4]

브라운(Brown)도 플라톤주의는 단순히 육체적인 것을 무시한 것이 아니라고 주장한다. 플라톤은 『향연』(*Symposium*)에서 인간의 몸의 아름다움을 칭송하고 있기 때문이다.[5] 플라톤도 그의 후기 작품들에서 초기의 강한 이원론을 수정하였다. 플라톤의 진정한 의도는 몸과 영혼의 차이가 크다는 사실을 확인하는 것이라기보다는 영혼이 몸보다 숭고하다는 사실을 이론과 실천에 있어서 사람들이 인정하도록 안내하는 데 있었다.[6]

그러나 플라톤은 일반적으로 몸과 물질에 대한 부정적인 관점을 여전히 견지하고 있었다. 그에게 물질세계는 영과 이데아(*idea*) 세계에 대한 저급하고 불완전한 복사판 이상의 세계가 될 수 없었다.[7] 게다가 그는 몸과 영혼을 같은 위치에 놓지 않았을 뿐 아니라 이 둘의 관계도 유기적 인격체를 위한 중요한 차원들로 보지도 않았다. 영혼은 몸과는 전혀 다른 실체로 보았다.[8] 그의 후기 사상에서도 영혼이 몸보다 더 우월하다는 것을 반복적으로 강조하였다. 그는 영혼이 진정한 인간이고, 이 인간은 몸의 감옥에 갇혀 있다고 보았다.

몸에 대한 왜곡된 이해와 사조 안에서 데카르트(Descartes)는 몸을 더욱 부정적으로 격하시켜 마음을 담는 물리적 용기로 보았다. 이러한 관점은 서구의 근대성의 많은 영역에서 깊이 스며들었다. 이러한 정신 우위의 관점을 폴

---

[3] Plato, *Phaedo* (Oxford: Oxford University Press, 2009), 66B-66C.
[4] J. B. Skemp, *The Greek and the Gospel* (London: Carey Kingsgate, 1964), 85.
[5] David Brown, *God and the Enchantment of Place: Reclaiming Human Experience* (Oxford: Oxford University Press, 2004), 58.
[6] 최창국, "해석학의 상호텍스트성의 모델로서 정서적 역학 연구", 한국복음주의실천신학회, 「복음과 실천신학」 46권 (2018): 240.
[7] Plato, *Phaedo*, 85B-99D.
[8] Plato, *Laws* (Cambridge: Cambridge University Press, 2016), x, 892AB.

데이비스(Paul Davies)는 다음과 같이 요약하였다.

> 인간은 특이하면서 여전히 분리된 육신과 영혼(혹은 마음)으로 형성된다. 몸은 마음의 주인 역할을 하거나 마음을 담는 용기 역할을 하거나, 혹은 영적 진보나 죽음을 통해 자유가 추구될 수도 있는 감옥의 역할까지도 할 것이다.[9]

데카르트의 용기 비유가 죽은 이후의 세계에 대한 영혼의 존재를 개념화하려는 목적으로 논의될 수는 있지만, 인간에 대한 이러한 용기 비유는 잘못된 인지 수단이다. 잘못된 인지적 오류 중의 하나는 마음 혹은 영혼을 본질적으로 두뇌와 다른 것으로 간주하는 것처럼 여겨질 수 있다는 것이다.[10] 나아가 용기 비유는 몸에 대한 왜곡된 이해뿐 아니라 인간의 전인적 본성에 대한 우리 이해를 제한하기 쉽다.

2) 몸의 탈체현화와 영지주의

영지주의 저술가들은 가장 급진적이고 포괄적인 이원론을 가지고 있었다. 영지주의자들 가운데 신적 말씀이 '육신'이 되었다고(요 1:14) 저술하거나 "너희 몸으로 하나님께 영광을 돌리라"(고전 6:20)고 믿으며 가르친 사람은 아무도 없었다. 2세기와 3세기 영지주의 작품들은 영의 초월적 영역과 육체나 질료의 영역 사이의 근본적인 분리를 증언한다.

영지주의 저술가들은 경쟁적인 세력들 간의 투쟁의 결과로 피조물이 생겨났다는 급진적인 이원론을 주장했다. 즉, 선과 악, 정신과 물질, 영과 육체적인 형태 간의 급진적인 이원론을 요청하는 이해의 지평 안에서 영지주의자는 악을 인간의 의지에 귀속시키지 않고 물질이나 영적 영역에 대한 단순한 무지에 귀속시켰다.[11] 영지주의자는 하나님에게 사랑받는 것에 대한 보증을

9　Paul Davies, *God and the New Physics* (London: Simon & Schuster, 1983), 79.
10　김병석, "두뇌와 예배의 연관성에 관한 연구", 한국복음주의실천신학회, 「복음과 실천신학」36권(2015): 123.
11　Hans Jonas, *The Gnostic Religion* (Boston, MA: Beacon Press, 2001), 42-99, 130-46.

동반하는 창조 개념과는 반대로 인간은 육체적 상태에 갇혀 있고 구원은 이 상태에서 벗어나고 탈출하는 문제라고 믿었다.

영지주의에 따르면 육체로 존재하는 인간의 자아는 구원받을 수 없다. 오직 영만이 그노시스(gnosis, 영지[靈智])로 말미암아 구원받을 수 있다. 영지주의에서 말하는 인간의 세 가지 요소, 즉 육체와 영혼과 영 중에서 영만이 구원을 받을 자격이 있다고 보았다.[12] 영지주의자들은 인간의 영혼의 모든 불운의 원천은 육체에서 온다고 여긴다. 영지주의에서는 구세주의 육체성을 전적으로 거부한다.

> 구세주는 인간의 구원을 위해 지상에 내려왔고, 주어진 기간 동안 인간과 운명을 같이한다. 그러나 교회에서 가르치는 그리스도론처럼 세상과 하계의 고통에 의미를 주려는 목적에서가 아니고, 이 세상에서 타락한 빛의 불꽃을 구하기 위해서다. 영지주의의 구세주는 세상에는 전적으로 낯설다. 세상에 강림할 때 입은 육체는 다만 우주의 세력-천사나 아르콘-들의 눈에 띄지 않게 영혼을 구출하려는 임시방편에 지나지 않는다. 구세주는 아르콘들의 기만을 기만으로 갚는다. 그의 수난과 십자가에 못박힘은 세력들을 속이기 위해서이며 고통은 그저 겉보기에 그럴 뿐이다. 예수께서는 십자가에서 못박힌 흔적을 보고 진짜로 죽었다고 생각하는 아르콘들의 믿음을 비웃었다.[13]

영지주의자들은 예수의 육체성을 결코 받아들이지 않았다. 그들은 몸에 대한 부정적 인식이 매우 강하다. 따라서 이성적 "인식만이 영지주의 공동체가 인정하는 유일한 권위이다."[14] 영지주의자들을 이성주의자로 생각하지 않지만 엄밀히 말하면 이성주의적인 색체가 매우 강하다.

일부 영지주의자들은 신약성경에 나오는 용어를 사용한다. 영지주의 지도자 베리타티스(Veritatis)의 명상록 『진리의 복음서』(The Gospel of Truth)는 신적

---

12 Madeleine Scopello, *Les Gnostiques*, 이수민 편역, 『영지주의자들』(경북 왜관: 분도출판사, 2005), 109.
13 Madeleine Scopello, 『영지주의자들』, 104-05.
14 Madeleine Scopello, 『영지주의자들』, 131.

지혜, 신적 영광, 신적 사랑에 대해 말한다.[15] 그는 이렇게 말한다.

> 이것은 아버지의 자비로 말미암아 전수자에게 계시된 복음으로 은밀한 비밀 곧 예수 그리스도를 통해 그들에게 조명된 것이다. 그것이 그들에게 길을 주었고, 그 길이 진리이다.[16]

『진리의 복음서』에는 복음, 아버지, 비밀, 예수 그리스도, 길, 진리라는 언어가 등장한다. 하지만 사무엘 레우치(Samuel Laeuchli)가 주장하는 것처럼 이 언어들의 의미는 신약성경의 의미와 완전히 다르다. 왜냐하면 의미를 결정하는 관점이 근본적으로 다르기 때문이다.[17] 영지주의 저술가들은 요한복음에서 많은 언어들을 가져왔다. 그러나 '지상의 예수'는 거부한다. 영지주의자들은 예수의 육체성을 인정하지 않기 때문이다.

그러나 성경은 명확히 그리스도는 '육화된'(enfleshed) 말씀(요 1:14)과 '체현된'(embodied) 그리스도로서 이 세상에 오신 것을 확증한다. 그리스도의 몸은 그분의 행위와 말씀을 삶 속에 완전히 체현시키는 매개체이다(히 5:7). 그리스도의 육화된 인격은 '체현'(embodiment)에 대한 증언이다. 하나님의 불가시적 은혜는 가시적인 것과 유형적인 것과 육체적인 것을 통해 성례적으로 매개되고 유지된다. 따라서 육체의 중요성은 은혜가 성례의 고전적 정의에 맞추어 가시적이고 체현된 형태로 나타난다는 원리를 확대시킨다.

나아가 성령은 몸이나 육체성을 약화시키는 것이 아니라 강화시킨다. 그러나 전형적인 서양의 스콜라적 관점을 대표하는 발람(Barlaam)은 영성의 개념을 오직 영혼에게만 적용시켰다.[18] 서양의 이러한 경향은 모든 육체적 수

---

15 Evangelium Veritatis 23:18-26, Kendrick Grobel, *The Gospel of Truth: A Valentinian Meditation on the Gospel*, trans. the Coptic and Commentary (Nashville: Abingdon, 1960), 88의 본문과 주석.
16 Evangelium Veritatis, 18:12-20, Grobel, *The Gospel of Truth*, 48-50.
17 Samuel Laeuchli, *The Language of Faith: An Introduction to the Semantic Dilemma of the Early Church* (London: Epworth, 1965), 15-93; Elaine H. Pagels, *The Gnostic Paul: Gnostic Exegesis of the Pauline Letters* (Philadelphia: Fortress, 1975)을 참조.
18 Robert Davis Hughes, "기독교 영성에서의 성령", in *The Blackwell Companion to Christian Spirituality*, 권택조 외 역, 『기독교 영성 연구』, Arthur Holder, ed. (서울: CLC, 2017), 319.

련은 참회적이고, 억압적이며, 놀랍게도 종종 징벌적인 것이었다.[19]

하지만 베르메조(Bermejo)는 기독교 영성에서 육체성에 관해 설득력 있는 설명을 하였다. 그가 설명한 육체성에는 두 개의 차원이 있다.

첫째, 인간과 예수와의 관계는 주로 몸과 몸의 육체적 연결이다. 즉, "십자가에 못 박히고, 변화되고, 부활하고, 영광을 받으신 예수 안에 우리가 있게 되는 것은 성령의 집중점이라고 할 수 있는 예수님의 몸을 통해서이다."[20]

둘째, "기독교 영성에 있는 육체성의 차원은, 성령의 내주가 단지 우리의 영혼 안에만 있거나 또는 인간의 영과만 관련된 것이 아니라는 점이다."[21]

기독교 전통 안에서 예수님의 육체성을 거부한 사람들은 '가현설'(docetism)을 주장하였다. 예수님의 육체성을 거부하는 "가현설에서는 구원의 경륜에서 예수님의 몸과 우리의 몸은 어떠한 역할도 하지 않으며, 우리의 몸에 성령이 내주한다는 것을" 받아들이지 않는다.[22]

그러나 성경의 가르침은 건강한 영적 삶은 신적 경륜 안에 있는 몸의 자리를 더 잘 이해하게 되고 또한 '영적'인 것을 주로 비육체적이고 비물질적인 것으로 인식하는 것을 반대하는 모든 육체화(incarnating)의 경향을 강조하게 된다.[23]

3) 몸의 탈체현화와 몸의 언어로서 춤

교회 역사에서 몸과 몸의 움직임의 전형적인 예인 춤에 반감을 갖게 된 것은 성경이 아닌 그리스의 몸 이해에서 유래된 것이라고 할 수 있다. 초대 교회 사고 패턴을 깊이 형성한 그리스 철학의 이원론적 경향은 몸에 대한 부정적인 견해를 발전시켰다. 인간의 몸은 타락성의 한 전형으로 생각하려는 경

19　Robert Davis Hughes, "기독교 영성에서의 성령", 319.
20　Robert Davis Hughes, "기독교 영성에서의 성령", 319.
21　Robert Davis Hughes, "기독교 영성에서의 성령", 320.
22　Robert Davis Hughes, "기독교 영성에서의 성령", 320.
23　Robert Davis Hughes, "기독교 영성에서의 성령", 321.

향이 강하였기 때문에 '영혼의 적'으로 여겨졌다. 이런 경향과 태도는 기독교 사상과 의식 속으로 스며들었다.

엘로추쿠 우즈쿠(Elochukwu Uzukwu)는 물질보다 정신의 우위성을 낳게 된 경향을 다음과 같이 기술하였다.

> 강조된 것은 중용이었다. 이상적인 몸짓은 물질보다 정신의 우월성을 드러낸다. … 고대에서 중세에 이르기까지, 엘리트 집단은 몸짓보다 신과 같은 부동성(immobility)의 이상을, 육체보다 정신을 점차 선호하게 되었다. 부동성은 육체의 움직임에 반대되는 정신의 몸짓으로 이해되었다.[24]

명확히 이러한 관점은 성경적이라기보다는 그리스적 개념인 '부동의 원동자'(the unmoved mover)로서의 신 개념과 밀접하게 관계되어 형성되었다고 할 수 있다.[25] 이러한 신 개념은 기독교의 신 개념 이해에도 영향을 미치게 되었다고 할 수 있다. '부동의 원동자'로서 하나님 개념은 인간의 '정적'(stillness)을 중요한 가치로 여기는 현상을 낳게 된다. 하나님의 비율동성을 개념화한 '부동의 원동자'는 움직임의 부재를 이상적인 것, 정신적인 것의 기표(signifier)가 되었다.[26]

신의 특성을 정신적인 것으로 기표화한 그리스 사상의 영향을 받은 교회는 영적인 것을 내적이거나 정신적인 것과 관련시켜 이상화하게 된다. 몸의 움직임은 '정적'보다 낮은 차원으로 여기고 '정적'을 '이상적인 것'으로 여기는 현상을 초래하게 된다.

특히 교회 역사에서 예배 형태로서 춤은 대체로 초대 교회에서 금지되었다. 이는 그리스 문화에서 춤을 관능성 유발이나 신비 의식 같은 것과 관련지어 생각했기 때문이다. 춤은 수 세기에 걸쳐 교회에서 대중 수준에서 다양하게 선보였지만, 초대교회와 교부시대 이후로 예배에서 춤은 거듭 단속의

---

24 Elochukwu Uzukwu, *Worship as Body Language* (Collegeville, MN: The Liturgical Press, 1997), 6-7.
25 Elochukwu Uzukwu, *Worship as Body Language*, 8.
26 Elochukwu Uzukwu, *Worship as Body Language*, 8.

대상이었다.[27]

3. 체현된 자아로서 몸의 해석

1) 하나님의 창조된 자아로서 몸

기독교에서 몸에 대한 부정적 이해와 긍정적인 이해는 끊임없는 논란의 대상이었다. 교회 역사에서 그리스도인들이 몸의 욕구를 죄처럼 여겼던 시기도 있었다. 몸이 영성과 신앙과는 관계가 없고 오히려 장애가 된다고까지 생각하였다.

하지만 요즈음은 몸의 중요성뿐만 아니라 몸으로 표현하는 영성에 대한 관심까지 늘어나고 있다. 하나님의 형상으로 창조된 인간은 몸으로 영성을 행하고 싶은 욕구가 있다. 인간은 몸이 없다면 신앙과 영성을 구체적이고 가시적으로 표현하고 실천하는 일들을 할 수 없는 존재이다. 인간은 몸을 통해 가시적이고 구체적이고 육체적인 양식으로 하나님과 소통하고 다른 사람들과 관계를 형성한다.

서구 철학과 신학에서 형성한 몸에 대한 부정적 이해와는 대조적으로 성경에서 몸은 매우 중요한 인격으로 나타난다. 성경에는 인간을 지칭하는 용어들이 다양하게 등장한다. 성경에서 인간 이해의 가장 중요한 내용은 창세기 1:27에 나오는 "하나님의 형상대로 사람을 창조하시되"라는 진술이다. 인간은 하나님의 '형상'(image)이다. 이 단어에 해당하는 헬라어 원어는 '에이콘'(eikon)이다. 성경에는 하나님의 '에이콘'을 묘사하는 다양한 용어들이 있다. 각각의 용어들의 의미를 이해하는 것도 중요하지만, 이 용어들이 유기적 인격의 통합을 이루기 위해서 사용하고 있다는 사실을 인식하는 것이 더 중요하다.

---

[27] John Gordon Davies, *Liturgical Dance: An Historical, Theological and Practical Handbook* (London: SCM, 1984)을 참조.

구약성경에서 유기적 인격체로서 인간을 표현하는 다양한 용어들은 바로 영혼(nepesh), 육체(basar), 영(ruach), 마음(leb) 등이다. 신약성경에 나오는 용어들은 마음(kardia), 영혼(psyche), 육체(sarx), 몸(soma), 정신(nous), 영(pneuma), 의지(thelema) 등이다. 성경에 나타난 이러한 용어들은 유기적 인격체로서 인간의 다양한 차원들(aspects)을 묘사하는 개념들이다.

이러한 용어들은 본질적으로 서로 대비되는 개념들이 아니다. 그러나 하나님의 '에이콘'으로서 인간을 두 조각으로 나누어서 좋은 쪽과 좋지 않은 쪽으로 구분하려고 하는 경향이 있다. '에이콘'의 다양한 차원들(aspects)을 두 범주, 즉 '영혼'과 '몸'이라는 범주에 각각 소속시켜 버렸다. '영혼'의 범주에는 영, 정신, 의지, 영원한 삶 등을 포함시키고, '몸'의 범주에는 육체, 육, 이 땅의 삶 등을 포함시키는 경향이 있다.

특히 이러한 구분과 함께 몸에 대한 부정적 이해는 인간에 대한 왜곡된 이해뿐만 아니라 왜곡된 성경 해석의 문제를 낳기도 했다. 예를 들어 찰스 솔로몬(Charles Solomon)은 인간은 몸을 통해서 환경과, 혼을 통해서는 다른 사람들과, 영을 통해서는 하나님과 관계를 맺는다고 주장했다.[28] 삼분설을 주장하는 사람들은 영(spirit)을 인간(그리스도인)이 하나님의 영을 만나는 곳으로 여기고, 영혼(soul)을 인간의 지, 정, 의로 구성된 인간의 정신세계 또는 인격성이 자리잡은 것으로 이해했다.

하지만 인간에 대한 이러한 삼분론은 큰 오류를 가지고 있다. 조지 레드(George Ladd)는 "몸, 영혼, 영과 같은 용어는 인간의 상이하고 분리할 수 있는 기능들이 아니라 전인을 바라보는 상이한 방법"이라고 지적했다.[29] 몸과 영혼과 영의 개념은 인간의 차원(aspect)을 의미하는 것이지 부분(part)을 의미하는 것이 아니다. 몸과 영혼과 영의 용어들을 헬라 철학적 방식으로 이해해서는 안 된다.

성경적 관점에서 이 용어들은 인간을 효과적으로 이해하고 풍성하게 설명하기 위해서 구분하여 설명하고 있는 것이지 분리될 수 있는 차원들이 아니

---

[28] Charles R. Solomon, *The Handbook of Happiness* (Denver: Heritage House of Publications, 1971), 27-58.
[29] George E. Ladd, *A Theology of New Testament Theology* (Grand Rapids: Eerdmans, 1974), 457.

다. 이러한 관점에서 몸에 대한 왜곡된 이해에서 건강한 이미지를 인식하고 형성하는 것은 매우 중요한 해석적 과제라고 할 수 있다.

2) 유기적 인격체로서 몸

성경에서 인간은 정신적인 것과 육체적인 것의 합성물이나 결합물이 아니라 유기적 인격체이다. 인간은 몸과 영혼의 결합적 존재가 아니라 화학적 변화에 의한 유기체적 인격체로 지음을 받았다(창 2:7). 인간은 영혼이고 동시에 몸(basar)이다. 그래서 인간을 영혼으로 말할 때와 마찬가지로 "몸도 하나님을 갈망한다"고 말한다(시 63:1; 84:3).

성경에서 몸과 영혼은 이원론적 인간관을 표현하기보다는 오히려 인간과 하나님과 관계를 묘사하기 위해서 영혼과 몸의 개념을 사용하고 있다고 보아야 한다. 몸과 영혼은 인간의 하나님에 대한 이중 관계, 즉 인간이 유한적으로 존재하는 피조물임과 동시에 하나님의 영으로 지음 받고 힘을 얻는 존재임을 표현하는 개념이다. 결코 몸과 영혼을 이원론적으로 대비시키거나 이 둘의 관계에서 영혼의 우위성을 강조하기 위한 개념이 아니다.

신약성경에서 몸을 말할 때 그것은 전인을 뜻한다. 바울은 "몸을 산제사로 드리라"고 말한다(롬 12:1). 명확하게 여기서 몸은 전인을 뜻한다. 그러므로 몸은 하나의 객체나 실체가 아니라 인격체로서 가시적으로 행동하고 삶을 영위할 수 있는 가능성이고, 또한 하나님께 순종하고 불순종할 수 있는 가능성이다.[30]

성경은 몸(soma)과 더불어 '육체' 또는 '육'(sarx)이란 단어도 사용하고 있다. 예를 들어 "너희는 성령 안에서 행하라. 그리하면 육체(sarx)의 욕심을 이루지 아니하리라"(갈 5:1). 여기서 육체 또는 육은 인간의 죄성을 의미한다. 또한 성경은 '모든 육체'가 '각 사람'을 뜻하기도 한다(행 2:17; 갈 2:16). 중요한 것은 바울이 사용한 이 단어는 플라톤주의나 헬레니즘보다는 오히려 구약성경의 노선에 더욱 가깝다고 할 수 있다. 왜냐하면 바울이 사용한 이 단

---

[30] J. A. T. Robinson, *The Body: A Study of Pauline Theology* (London: SCM, 2012), 14-6.

어는 하나님과 하나님의 영원성에 비추어 볼 때, 인간은 유한한 존재라는 의미로 쓰고 있기 때문이다.

바울은 육체의 개념을 영혼의 개념과 대비시키기 위해 사용하고 있지 않고 하나님과의 관계적 맥락에서 사용하고 있다. 그러므로 성경에서 육체 또는 육은 몸에만 제한된 개념이 아니라 전인의 존재 방식과 생활 방식을 표시한 것이라고 할 수 있다. 바울이 사용한 육체나 육은 몸이나 지상의 상황 그 자체가 아니라 하나님과의 관계에서 지상생활을 본 것이다. 육이나 육체란 인간의 육체성의 문제가 아니라 인간이 지상에서 살아가는 생활 방식, 곧 태도의 문제와 관련된 개념이다.

여기서 문제는 몸과 육체와 영혼이 대칭되는 죄성을 품고 있는 육신의 문제가 아니다. 이것이 바울이 "육신을 따라"라는 표현 대신에 "사람을 따라"라는 표현을 한 것을 보면 너욱 분명해진다(고전 3:3). 성경에서 사용하는 몸과 육체와 영혼이란 개념은 인간이 취해야 할 태도와 추구해야 할 목표를 중심으로 유기적 인격체로서 인간을 설명하는 개념들이라고 할 수 있다.

성경은 몸에 대해 매우 의미 있는 표현을 하고 있다. 즉, 성경은 몸으로서 전인을 자주 사용한다(사 26:19; 66:22-23; 단 12:2). 더욱 놀라운 것은 바울이 '부활의 몸'에 관해 말할 때, '영적인 몸'이라고 말한다(고전 15:44). 여기서 바울은 플라톤주의나 헬레니즘에서처럼 '영적인' 것을 물질적인 것과 대비적으로 사용하지 않고, 하나님과 관계 안에서 사용하고 있다. 바울에게 영적인 몸은 '자연적인 몸'과 마찬가지로 비물질적인 몸이 아니다. 즉, 바울은 몸을 영적인 것과 분리되는 개념으로 사용하지 않고 오히려 영적인 의미로 사용한다. 바울에게 영적이란 말은 하나님과 관계된 개념이요 하나님께 속하는 힘의 차원을 뜻한다.

성경에서 가르치는 몸과 영혼은 마치 퍼즐의 조각처럼 분리된 개념들이 아니라 인격적인 개념들이다. 인간은 유기적 인격체로서 이미 존재하는 유기적 상관관계에서 이 둘을 구별하고 있다. 몸과 영혼의 개념은 인간은 관계와 방향과 목적을 가진 지향적 존재라는 것을 뜻한다.

3) 체현된 자아로서 몸

신약성경에서 '몸'(soma)에 그리스도의 생명이 있다는 표현은 '체현된 자아'(embodied self) 개념에 결정적인 증거가 된다. 즉, 인간의 삶의 공적 영역에서 몸은 하나님께 신뢰와 순종의 반응을 보여주기 위한 무대라는 의미이다.

에른스트 케제만(Ernst Kasemann)은 이 원리를 매우 통찰력 있게 제시한다. 그는 데카르트 철학에서 인간을 영과 육의 두 요소로 분리해서 보는 이원론 개념이 일반적으로 신약성경의 내용과는 맞지 않는다고 주장한다. 케제만은 다음과 같이 말한다.

> 바울에게 '몸'은 … 우리 자신에 속해 있고, 창조주께서 우리에게 주신 최초의 선물이라는 의미에서 우리가 책임을 지고 있는 세상의 한 부분을 의미한다. '몸'은 일차적으로 개인의 관점에 따라 생각되고 해석되는 것이 아니다. 바울에게 몸은 사람이 세상의 일부가 되는 것과 의사소통 능력 속에 있음을 가리킨다.[31]

다시 서술하면, 몸으로서 인간은 세상의 공적인 상황 속에서 표현할 수 있고 소통할 수 있는 기독교적 신앙과 순종을 실현하는 매개체이자 무대이다. 케제만은 계속해서 "하나님을 섬기기 위해 수행된 일상 세계 속에서, 그리고 그리스도인의 육체적 순종 속에서 그리스도의 주되심은 가시적으로 표현되고, 오직 이 가시적 표현이 우리의 삶 속에서 인격적 형태를 취할 때만 전체 사실이 복음의 메시지로 신뢰할 수 있는 것이 된다"고 설명한다.[32]

이것이 바로 바울이 몸의 원리를 "몸은 … 오직 주를 위하여 있으며 주는 몸을 위하여 계시느니라"(고전 6:13)고 말한 것과도 일치한다. 바울이 고린도 교회에 "너희 몸으로 하나님께 영광을 돌리라"(고전 6:20)고 말할 때, 그는 통전적인 인간 이해 안에서 체현된 자아로서 몸을 가리킨 것이다. 특별히 몸으로 하나님께 영광을 돌리라는 말은 몸은 인간의 행실과 삶의 가시적인 양식

---

[31] Ernst Kasemann, "On the Subject of Primitive Christian Apocalyptic", in Ernst Kasemann, *New Testament Questions of Today*, trans. W. J. Montague (London: SCM, 1969), 135.
[32] Ernst Kasemann, "On the Subject of Primitive Christian Apocalyptic", 135.

에 매우 중요한 관건임을 언급한 것이다.

케제만은 인간의 참된 체화(embodiment)야말로 창조자 하나님이 자기 백성들의 유익을 위하여 선물로 주신 실존 양식이라는 것을 강조한다.[33] 하나님의 백성들이 하나님의 뜻을 따라 사는 것은 가시적이고 유형적이고 실제적이고 육체적인 실존 양식을 취해야 한다. 하나님의 뜻은 단지 내적이고 정신적인 양식만을 통해서 실현될 수 없다.

먹을 양식이 없어서 한 주간 굶주린 사람에게 진정한 사랑은 가시적이고 육체적인 양식인 밥을 사주는 것이지 정신의 양식이 아니다. 즉, 인간의 진정한 사랑은 가시적이고 육체적이고 체현적인 양식을 취한다. 몸은 정신과 이원론적으로 대비시키기 위해 사용된 개념이 아니라 체화된 인간의 삶의 특징과 양식을 설명하기 위한 것이다.

바울의 제자도를 위한 가르침에서도 몸의 체화의 의미가 발견된다.

'너희 몸은 그리스도의 수족과 기관이다'(고전 6:15).

'너희 몸은 성령의 전이다'(고전 6:19).

바울은 로마서에서도 이 내용을 반복한다.

'너희 몸을 하나님이 기뻐하시는 거룩한 산제사로 드리라'(롬 12:1).

여기서 바울은 공적 영역에서 가시적인 존재로서 전체 자아 또는 전인인 몸을 하나님께 드리라고 말한다.[34] 그러므로 성경에서 인간의 육체성은 하나님께 드릴 수 있는 예배와 제자도의 가시적인 전제 조건을 구성하는 개념으로 나타난다.

---

[33] Ernst Kasemann, "On the Subject of Primitive Christian Apocalyptic", 108-37.
[34] Charles E. B. Cranfield, *The Epistle to the Romans: A Critical and Exegetical Commentary*, (Edinburgh: T&T Clark, 1975), 595-601.

4. 체현된 자아로서 몸의 기능

1) 체현된 자아로서 몸의 언어

몸은 인간의 상상력의 무한한 자원이요 풍부한 언어를 가지고 있다. 몸의 언어는 가장 표현적인 형태로 나타나는 영혼의 모습이다. 수많은 형태적 언어가 몸에서 나타난다. 예를 들어 움직임, 제스처, 체온, 질병, 무릎 기도, 손 찬양, 몸의 금식 등으로 명료화되어 나타난다.

심장은 그 자체의 지성과 언어를 지니고 있다. 두뇌의 명령 없이도 심장은 무엇을 해야 할지 스스로 안다. 분노 할 때마다 심장은 고동치며 신호를 보낸다.[35] 심장의 고동치는 소리는 간과해서는 안 되는 몸의 언어의 한 유형이다.

또한 인간의 몸의 성별은 인간의 성 정체성을 형성하며, 인간의 성 정체성은 인간의 특성과 관계를 형성한다. 스테파니 파우쉘(Stephanie Paulsell)은 인간은 자신의 몸과 함께 살아간다는 역설, 즉 몸에 의해 제한을 받으면서 몸을 통해 관계를 맺는 존재라는 역설을 다음과 같이 기술하였다.

> 우리의 몸은 다른 사람들의 몸과 맺고 있는 관계 안에서와 자기 몸이라는 제한된 통일성 안에서 존재한다. 가장 친밀한 관계에서도 비밀이 지켜지고 몸 안에 간직될 수 있다. 가장 친밀한 관계에 있는 사이라도 다른 사람의 내적 삶에 대해 완전히 알지 못할 수 있고 다른 사람의 신체적 경험을 공유하지 못할 수 있다. … 그러나 비록 우리 몸이 가장 가까운 이들의 몸과 구별된다고 할지라도 우리는 몸을 통해서만 다른 사람들과의 관계 안으로 들어갈 수 있는 것이다.[36]

우리는 인간의 자아가 몸 안에서 하나가 되고 통합되는 것을 경험할 수 있다. 몸은 관계와 소통의 실제적인 장이다. 인간은 정신을 통해서만 하나님과

---

[35] Thomas Moore, *Care of the Soul: A Guide for Cultivating Depth and Sacredness in Everyday Life*, 김영운 역, 『영혼의 돌봄』 (서울: 아침영성지도연구원, 2007), 234-35.
[36] Stephanie Paulsell, *Honoring the Body: Meditations on a Christian Practice* (San Francisco: Jossey-Bass, 2002), 22-3.

소통하고 하나님의 뜻을 인식하는 것이 아니다. 몸도 하나님과 소통할 뿐만 아니라 하나님의 질서와 뜻이 펼쳐지는 장이요 매개체이다.

몸은 이처럼 인격적 자아로서 언어를 가지고 있다. 몸은 웃음소리, 박수치기, 춤추기 등과 같은 기쁨의 언어를 가지고 있다. 인간은 자신의 내적 기쁨을 신체적 춤으로 표현한다. 법궤 앞에서 춤추던 다윗의 모습에서 그 예를 볼 수 있다. 다윗은 "내 마음도 이 몸도 살아계신 하나님께 기쁨의 노래를 부릅니다"라고 고백하였다(시 84:2). 하지만 교회 역사에서 "가톨릭교회에서는 춤을 추지 못하도록 되어 있었다. 춤과 예식은 엄격히 분리되어 있었다. 1994년에야 비로소 춤은 예전적 형태의 한 가지로 긍정"되었다.[37] 인간은 소리 언어만으로는 기쁨의 힘인 환호를 표현하는 것에는 한계가 있다. 기쁨의 춤은 현재적인 몸의 언어로 구체화된 것이다.

질병은 몸으로 쓰는 시요 언어이다. 질병은 단순히 신체적인 현상이 아니고 사람과 세계의 조건으로 봐야할 뿐 아니라 몸이 즐거움을 찾지 못한 것으로도 볼 수 있다. 즐거움이 반드시 감각의 만족이나 새로운 경험을 치열하게 좇는 것이나 소유나 여흥 같은 것만을 두고 말하는 것이 아니다. 달라스 윌라드(Dallas Willard)는 "내 몸을 감싸지 못한 평화는 나를 감싸지 못한 것이다. 평화가 몸에 이르려면 몸이 하나님의 정도와 능력에 젖어 있어야 한다"고 피력하였다.[38]

몸의 질병은 종종 삶 전체를 파괴하고 절망에 이르게 할 수 있다. 만일 불안 때문에 위에 통증이 생기면, 그 때는 그 기관이 단순히 생물학적으로 기능하는 몸의 일부에 불과한 것이 아니다. 그 기관은 의식과 어떤 특정 형태의 표현과 연결고리가 있는 것이다. 몸의 여러 부분은 나름대로 '기관 에로티즘'을 지닌다. '기관 에로티즘'이란 몸의 부분들이 기능할 뿐만 아니라 고유한 생명을 가지고 그들 나름대로 활동하는 동시에 즐긴다는 의미이다.[39]

---

[37] Dorothee Solle, *The Silent Cry: Mysticism and Resistance*, trans. Barbara and Martin Rumscheidt (Minneapolis: Fortress Press, 2001), 183.
[38] Dallas Willard, *Renovation of the Heart*, 윤종석 역, 『마음의 혁신』(서울: 복있는사람, 2005), 296.
[39] Thomas Moore, 『영혼의 돌봄』, 242-43.

질병은 몸이 자신의 권리를 표출하는 언어라고 할 수 있다. 몸은 우리가 상상하는 것보다 더 풍성한 언어를 지니고 있다.

2) 체현된 자아로서 몸의 지식

인간은 어린 시절 자신의 문자적 언어를 발달시키기 전에 자신을 돌보는 이들과 몸으로 상호작용을 함으로써 지식 발전에 필요한 기초를 형성한다. 이 상호작용을 통해 인간은 사회적 존재가 된다.

성경에도 그리스도의 몸과 육체성은 신적인 사랑과 지식에서 불가피한 요소로 나타난다. 즉, 십자가에서 신적이고 인간적인 사랑의 완전한 아픔의 육체성은 불가피하다. 그 아픔의 육체성은 그리스도인이 하나님의 임재를 체험하는 하나의 통로 역할을 한다. 그리스도의 고난과 죽음의 육체적인 경험은 그의 구원사역에 매우 생생하게 구체적으로 작용하였다. 그리스도의 육체성은 그리스도인들에게 신적 실재를 경험하게 하는 체현된 의사소통의 매체이다.

허버트 멕카비(Herbert McCabe)는 육체성의 의미를 다음과 같이 기술하였다.

> 우리는 인간의 몸을 의사소통의 매체들에 의해 외부적으로 결합된 원자의 단위들로 간주하지 말아야 한다. 인간이 된다는 것, 인간의 몸을 가진다는 것은 의사소통 속에 있다는 것이다. 하나의 공통어는 인간의 몸의 외연들의 뒤섞임이다. 그러나 몸 자체가 인간의 의사소통의 기본 매체인 것은 우리가 그 몸을 갖고 태어났기 때문이 아니라 우리가 언어적 매체의 창조를 통해 그 몸을 확장하기 때문이다.[40]

그리스도의 수난의 몸 언어는 신적인 의미와 인간의 지식이 서로 교류할 수 있는 의사소통의 매개체가 된다. 그리스도의 성육신은 육체적 지식의 형태와 가시적 언어로 인류에게 전달되었다. 그리스도의 육체적 고난은 인류를 위한 가시적 언어이다. 그리스도의 십자가의 고난은 구원의 친밀성과 희

---

[40] Herbert McCabe, *God Matters* (London: Geoffrey Chapman, 1987), 121.

생적 사랑의 한 몸 언어이다. 그리스도의 십자가의 수난과 죽음은 인류를 위한 수많은 지식을 담고 있다. 이 지식은 육체적 지식의 형태로 인류에게 주어졌다. 육체적 지식은 그리스도의 구원 사역에 대한 새로운 공동체적 이해를 낳을 뿐만 아니라 인류의 영적 여정 그 자체를 바라보는 새로운 모체 또한 제공한다.

실천적 관점에서 보면 몸의 움직임이 집중되고 양식화된 춤은 그리스도의 인성에 대한 우리의 지식을 풍부하게 할 수 있다. 그러나 역사적으로 우리는 이러한 지식의 풍부함을 기피했다. 왜냐하면 그리스도의 온전한 인간됨이 퇴색되고 우리의 모든 것을 가지고 그리스도를 알아야 할 필요성에 대한 인식이 빈약했기 때문이다.

명확하게 그리스도인의 목표는 육체성으로부터 뭔가 더 고상한 것으로 도망치는 것이 아니다. 그리스도의 고난과 부활은 그를 어떤 식으로든 보다 더 순수하게 영적이고 보다 덜 육체적인 것으로 만드는 것이 아니다. 그와 반대로 그리스도는 부활로 말미암아 이전보다 더욱더 육체적이다. 다시 서술하면, 그리스도는 모든 사람들에게 이전보다 더욱더 가시적이고 구체적으로 사람들 사이의 새로운 친교의 중심이 되셨다.

5. 체현된 자아로서 몸의 해석적 실천적 의미

1) 체현된 자아로서 몸의 해석적 의미

빌헬름 딜타이(Wilhelm Dilthey)는 합리론자인 데카르트(Descartes)와 라이프니츠(Leibniz), 경험론자인 로크(Locke)와 흄(Hume), 나아가 칸트(Kant)와 헤겔(Hegel)의 비판철학 등은 지나치게 '정신 중심적인' 것을 인간생활 전체의 근거로 삼았다고 보면서, 정신적인 것만을 인간생활 전체의 근거로 삼기에는 불충분하다고 강조한다.[41] 그는 이 철학 사상가들을 언급하며 '인식 주체'

---

41 Wilhelm Dilthey, *Selected Writings*, ed. and trans. H. P. Rickman (Cambridge: Cambridge University Press, 1976), 279ff.

(knowing subject)의 정맥 속에는 참된 피가 흐르지 않는다고 주장한다. 심지어 헤겔(Hegel)이 역사와 '역사적 이성'의 중요성을 날카롭게 인정한 것도 사실은 정신 곧 영(Geist)의 이해에 특권적인 역할을 부여한 것이라고 주장한다.[42]

딜타이는 해석학적 반성의 필요성을 주장한다. 그는 '이해'의 개념은 피상적으로 보면 믿음을 내면적 정신 사건으로 보는 개념에 대해 철학적 경고를 하는 것처럼 보인다. 하지만 그는 자기 지식과 이해는 내면 상태에 대한 내적 성찰을 통해서가 아니라 삶의 역사적 흐름을 통해 온다고 주장한다.[43] 즉, 그는 '역사적 이성'의 육체적인 성격을 삶의 정황 속에서 역사적으로 조건화된 것을 포괄하는 것으로 이해한다.[44]

딜타이의 관점은 기독교의 인간 해석에도 중요한 아이디어를 제공한다. 즉, 기독교의 인간 해석에서 중요한 것은 단순한 내면성이 아니라 육체적 생활 속에서 체현된 자아로서 몸의 이해의 중요성을 일깨워 준다. 성경의 가르침은 영지주의 전통과 달리 공적 세계에 개방적이고, 육체적 세계를 무시하지 않기 때문이다. 따라서 일상 세계 속에서 육체적 삶은 그리스도의 주되심을 이해할 수 있고 신뢰할 수 있는 가시적 표현으로 이끈다. 그것은 복음을 신뢰할 수 있는 것으로 만든다.[45]

성경은 일반적으로 몸과 영혼을 이원론적 방식으로 생각하지 않는다. 대체로 '영혼'으로 번역된 히브리어 단어 '네페쉬'가 민수기 9:6, 7, 10에서는 실제로 시체를 가리키는 것을 볼 수 있다. 성경은 현대 의학에서 강조하는 통전적인 인간의 어떤 측면을 예시한다. 인간의 체현(육체성)은 하나님 보시기에 "심히 좋았던"(창 1:31) 선물 가운데 하나이다.

따라서 몸과 영혼의 관계에서 몸이 영혼에 종속되거나 이 둘의 관계는 계급적인 것이 아니라 상호지지의 관계이다. 인간을 몸과 영혼으로 표현한 것은 인간의 삶의 다양한 차원과 체현적인 특성을 드러낸 것이다. 스탠리 그랜

---

[42] Wilhelm Dilthey, *Selected Writings*, 279.
[43] 조성호, "해석학적 영성이해와 21세기 목회리더십 형성", 한국복음주의실천신학회, 「복음과 실천신학」 37권(2015): 107.
[44] Wilhelm Dilthey, *Selected Writings*, 279.
[45] Ernst Kasemann, "On the Subject of Primitive Christian Apocalyptic", 135.

츠(Stanley Grenz)는 이렇게 말하였다.

> 인간이 되는 것은 체현된(육화된) 피조물이 되는 것을 의미하고, 체현(육체성)은 남자나 여자가 되는 것을 함축한다. 그러므로 성은 남자와 여자로 체현된 사람으로서 세상 속에 존재하는 것과 세상과 관련된 다양한 차원을 포함한다.[46]

인간의 육체성은 인간됨의 '지분을 높이는 것'이라고 할 수 있다. 존 멕쿼리(John Macquarrie)는 『인간성 탐구』(In Search of Humanity)에서 '큰 지분'을 표현하는 또 다른 방법을 제시하였다. 그는 "비록 퇴행 가능성과 뗄 수 없는 관계에 있음에도 불구하고, 육체성(embodiedness)은 초월 가능성을 제공한다. … 인간은 … 지지와 위협이 동시에 존재할 수 있는 물질적 실체로 체현되다"고 하였다.[47]

인간은 육체적 삶을 통해 시각, 소리, 촉감, 맛, 냄새, 따스함, 관계 등을 체현적으로 경험한다. 다른 한편으로 인간은 육체성으로 말미암아 질병, 상처, 죽음, 비인격적 강제력에 대한 종속이나 억압에 노출된다. 구약성경에 나타난 영혼이나 영이 스올에 내려가는 배경에 보면, 육체 없는 생명은 근본적으로 쇠락한 조건 아래 있는 생명으로 생각되었다. 여기서 인간은 "거의 '살아 있다'고 말해질 수 없고", 단순히 "핏기 없고 생기 없이 자신의 이전 자아의 '그늘' 또는 그림자로만 '존재할' 수 있었다."[48] 성경의 이러한 가르침은 자아가 육체에서 해방되었을 때, 무한한 존엄성과 자유를 갖게 된다는 플라톤이나 영지주의에서 가르치는 개념과는 거리가 멀다.

히브리 단어 '바사르' 곧 몸은 공동체에 속해 있는 인간, 육체적 차원 속에 있는 인간, 관계 속에 있는 인간, 약하고 취약한 상태 속에 있는 인간을 의미한다(욥 10:4; 대하 32:8; 시 78:38-39; 사 40:6). 그러나 또한 '바사르'는 민감

---

46 Stanley J. Grenz, *The Social God and the Relational Self: A Trinitarian Theology of the Imago Dei* (Louisville: Westminster John Knox, 2001), 272.

47 John Macquarrie, *In Search of Humanity: A Theological and Philosophical Approach* (London: SCM, 1982), 47.

48 C. Ryder Smith, *The Bible Doctrine of Salvation* (London: Epworth, 1946), 92.

한 감수성과 동정심의 능력을 가리키기도 한다. 예를 들어 "내가 … 그 몸에서 돌 같은 마음을 제거하고 살(바사르)처럼 부드러운 마음을 주어"(겔 11:19; 36:26)라는 내용에서 발견된다.[49] 몸의 내부 기관, 특히 '레브' 곧 마음, '킬라요트' 곧 콩팥, '메임' 곧 창자는 감정의 심리적 기능이나 깊이를 의미할 수 있다. "내 간이 땅에 쏟아졌으니"는 "내 눈이 눈물에 상하며 내 창자가 끊어지며"와 병행 관계에 있다(애 2:11). 이 구절은 "헤아릴 수 없는 슬픔"의 의미를 전달한다.[50] "내 마음이 산란하며 내 양심이 찔렸나이다"(시 73:21)는 "의심과 정신적 고통의 시간으로 괴로워하는 … 매우 격렬한 영적 감정"의 의미를 전달한다.[51] 창자는 깊은 고뇌와 고통 또는 연민과 사랑을 의미할 수 있다.

이처럼 몸은 이원론적 철학에서 말하는 영혼보다 낮은 수준의 실체가 아니라 온전한 자아를 위한 인격이며 가시적이고 실천적 삶을 위한 체현된 자아이다.

2) 체현된 자아로서 몸의 실천적 의미

영혼과 몸은 서로 독립적인 실체가 아니다. 몸과 영혼은 유기적 상호관계 안에 있다. 이 두 차원은 유기적 관계 안에서 영혼은 몸의 생생한 지향성을 형성하고, 몸은 영혼의 가시적인 실천성을 형성한다. 몸으로서 인간은 이처럼 지향적이고 형성적 존재됨을 표시한다.[52] 몸과 영혼의 관계에 대한 문제를 종래에는 인간이 '무엇'이냐와 같은 본질의 문제로 삼게 되면서 인간의 본체는 영혼인가 혹은 몸인가 그렇지 않으면 이 둘의 합성인가와 같은 질문을 하게 되었다. 이 '무엇'은 인간을 파편화시키고 왜곡된 인간 이해를 형성하였다.

---

49 Hans Walter Wolff, *Anthropology of the Old Testament*, trans. Margaret Kohl (London: SCM, 1974), 28.
50 Hans Walter Wolff, *Anthropology of the Old Testament*, 63-6.
51 A. Weiser, *The Psalms: A Commentary*, trans. H. Hartwell (London: SCM, 1962), 512-13.
52 Augustine은 인간의 지향적인 특성을 하나님께 대한 의존성으로 보았다. 그는 인간을 묘사함에 있어서 하나님을 출발점으로 삼았다. 그는 인간은 하나님 안에서 평안을 얻을 때까지 목적지를 향해서 달음질 한다(St. Augustine, *The Confessions*, 김광채 역, 『고백록』(서울: CLC, 2004), XIII, 9. 10). 이러한 맥락에서 Augustine에게 인간은 하나님과 관계 안에서 영성과 덕성을 형성해가는 지향적이고 실천적 존재이다.

그러나 인간이 무엇이냐는 질문을 극복하고 인간이 '어떻게' 사느냐에 관해서 깨달을 때 해답을 찾을 수 있다. 왜냐하면 지향적 존재로서 인간의 가치 판단과 삶의 방식은 부수적인 것이 아니라 인간을 인간으로 만드는 본질적인 요소이기 때문이다. 몸과 영혼이라는 언어에 내재된 의미는 바로 '되어가는 존재로서 인간'의 지향성과 실천성을 내포하고 있다고 할 수 있다.

우리의 삶에서 가시적이고 체현된 삶은 매우 중요하다. 가시적이고 체현된 삶을 위해 사용된 성경의 개념이 몸이다. 그리스도인의 삶의 중요한 표지인 긍휼, 친절, 겸손, 온유, 인내 그리고 무엇보다도 사랑(골 3:5-12)의 방식은 실제적이면서 동시에 몸으로 구현된 것이다. 우리는 이것을 야고보서에서 볼 수 있다.

> 만일 형제나 자매가 헐벗고 일용할 양식이 없는데 너희 중에 누구든지 그에게 이르되 평안히 가라, 덥게 하라, 배부르게 하라 하며 그 몸에 쓸 것을 주지 아니하면 무슨 유익이 있으리요(약 2:15-16).

분명하게 하나님의 계획에서 몸, 특히 연약함에도 불구하고 몸은 중요하다. 이런 맥락에서 그리스도인이나 영적 지도자들은 단지 전통적으로 이해되어 온 영혼의 일에만 관심을 두어서는 안 된다. 이것은 설교에서도 마찬가지인데, 리처드 콕스는 다음과 같이 말한다.

> 정신을 향한 설교뿐 아니라 육체를 향한 설교도 성경적이라는 것을 인식해야 한다. 기독교계의 많은 사람들이 육체를 향한 구약의 설교를 무시함으로써 설교의 능력을 잃어버렸다. 음식에 대한 규정, 공중위생, 성행위, 개인의 위생 그리고 다른 문제들과 관련된 율법의 규정들은 결코 어리석은 말이 아니다.[53]

---

53 Richard H. Cox, *Rewiring You Preaching: How the Brain Processes Sermon*, 김창훈 역, 『뇌는 설교를 어떻게 받아들이는가』(서울: CLC, 2014), 242.

설교자들은 영혼과 마음과 관련된 설교만을 최고의 설교라고 여겨서도 안 된다. 또한 경건한 삶을 위한 설교가 육체적인 것과 무관하다고 간주해서도 안 된다.[54] 설교자들은 생명을 위협하는 시대의 이슈로부터 설교를 분리시켜서는 안 되며, 생활양식에도 관심을 가지고 설교해야 한다.[55] 구약성경은 건강한 생활에 대한 관심이 많았기 때문이다. 신약성경은 음식과 의복과 건강에 관한 법칙들을 직접적으로 강조하지는 않지만 예수님께서 율법을 폐하러 온 것이 아니라 완성하려고 왔다고 가르치고 있기 때문이다.[56]

또한 교회는 단지 하나님과 혹은 성경에 관한 지식적인 정보만을 전달하는 것은 부적합하다.[57] 교회는 사람들에게 성경과 교리에 대한 기계적인 지식 그 이상의 것을 주어야 한다. 아더 글라서(Arthur Glasser)는 그리스도인의 임무에 대하여 다음과 같이 기술하였다.

> 개인의 내적 신앙의 발전은 성경에서 포괄적으로 상술되고 있는 문화적 명령에 대한 공동의 외적 복종과 병행되어야 한다. 세계가 섬김의 대상이어야 하며 이것이 외면되어서는 안 된다. 사회정의가 증진되어야 하며 전쟁, 인종차별, 빈곤, 그리고 경제적 불균형의 문제들이 예수 그리스도를 따르기로 고백한 사람들의 적극적이고 참여적인 관심사가 되어야 한다.[58]

교회는 인간의 영적 필요뿐만 아니라 육체적 필요도 중요하게 여겨야 한다. 가난한 사람들에 대한 돌봄, 육체적으로 고통 중에 있는 사람들에 대한 관심, 건강한 일상생활과 관련된 일에도 관심을 가져야 한다.[59] 성경에서 말하는 몸의 진정한 의미는 가시적이고 체현적인 삶을 위한 지향성과 관계된

---

54 Richard H. Cox, 『뇌는 설교를 어떻게 받아들이는가』, 242.
55 Richard H. Cox, 『뇌는 설교를 어떻게 받아들이는가』, 243.
56 Richard H. Cox, 『뇌는 설교를 어떻게 받아들이는가』, 247.
57 오현철, "설교자의 정체성과 성령의 역할", 한국복음주의실천신학회, 「복음과 실천신학」 41권(2016): 160.
58 Arthur F. Glasser, "Missiology", in *Evangelical Dictionary of Theology*, Walter A. Elwell, ed. (Grand Rapids: Baker, 1984), 726.
59 임채남, "건강한 교회 성장과 사회적 책임과의 관계성에 관한 통계학적 분석연구", 한국복음주의실천신학회, 「복음과 실천신학」 34권(2015): 153.

개념이기 때문이다.

몸의 언어와 지식에 대한 이해와 해석은 심리치료와 같은 인간의 내적치유에서도 매우 중요하다. 유진 젠드린(Eugene Gendlin)은 왜 어떤 심리치료는 효과가 있고, 어떤 것은 전혀 효과가 없는지에 관해 의문을 가졌다. 그는 임상적 연구를 통하여 인간의 문제의 핵심이 실제로 어디에 놓여 있는지는 몸이 '알며' 또 사람들이 실제로 변화하면 그 변화가 몸에 기록된다고 결론지었다.[60] 그는 더 많은 실험을 한 후에 인간을 치유하고 변화시키는 과정에서 몸이 보내는 신호를 읽는 법을 아는 것이 중요하다고 보았다.[61]

젠드린은 심리치료의 성공을 결정짓는 것은 치료자의 기술이 아니라 환자가 행하는 또는 몸으로 말하는 어떤 것이라는 사실을 발견했다.[62] 거의 예외 없이 치료가 호전된 사람들은 직관적으로 자신 안에서 일어나는 매우 미묘한 내적 몸의 인식에 초점을 맞추었다. 젠드린은 이 경험을 '느낌 감각' 또는 '몸 감각'이라고 칭했다. 그는 이 몸 감각을 사람들을 치료하는 안내자로 활용했다.[63] 젠드린의 경험은 영혼 돌봄에 참여하는 사람들에게 몸에 일어나는 변화를 읽어내는 해석의 중요성을 일깨워준다고 할 수 있다.

체현된 자아로서 몸을 이해하고 해석하는 영적 지도자들은 기도와 성경 묵상, 그리고 인간의 내면의 심리적인 문제뿐만 아니라 몸과 인간이 살아가는 구체적이고 가시적이고 물리적인 환경에도 관심을 가져야 한다. 영혼(인간) 돌봄에 참여하는 자들은 영적인 건강과 육체적 건강을 완전히 구별된 것으로 여겨서는 안 된다. 인간은 전인이기 때문에 영적인 것과 육체적인 것들은 하나의 전체의 차원들이기 때문에 각각의 차원은 서로 영향을 주고받으며 또한 서로 영향을 끼친다.

일반적으로 영적인 건강은 육체적 건강 또는 정신 건강과 필수불가결한 국면이다. 인간은 유기적 인격체이기 때문에 영적 차원과 육체적 차원과 정신적인 차원으로 실제적으로 구분될 수 있다는 관념을 극복해야 한다. 영

---

60 Eugene Gendlin, *Focusing* (New York: Bantam, 1981), 10.
61 Eugene Gendlin, *Focusing* 10.
62 Eugene Gendlin, *Focusing*, 10.
63 Eugene Gendlin, *Focusing*, 177-78.

혼 돌봄에 참여하는 자들은 인간을 전인으로 다루어야 할 뿐만 아니라 삶의 표적인 전인으로 회복시키기 위한 돌봄을 해야 한다. 특히 상대적으로 간과되어왔던 '체현된 자아로서 몸'에 대한 이해와 해석은 전인적 돌봄에서 간과할 수 없는 주제라고 할 수 있다.

성경은 플라톤 철학이나 영지주의의 이원론과는 근본적으로 다르게, 인간의 몸은 하나님의 선물일 뿐 아니라 하나님의 질서가 펼쳐지는 장이다. 기독교 신학이 창조에서 구속까지 이 모든 우주적 과정을 하나님의 행위에 의한 것이라고 믿는다면, 몸의 세계와 질서도 하나님의 활동하시는 하나님의 방식이라고 이해할 수 있다. 하나님은 선택적으로 정신 혹은 영혼만을 통하여 일하시는 것이 아니라 도리어 몸을 통하여 온전하게 그 뜻하신 바를 이루신다. 하나님은 우리가 이해하고 받아들이는 것보다 훨씬 풍성하고 다양한 방식으로 몸을 통해 그의 뜻을 펼치신다.

성경에서 말하는 몸의 의미는 헬라 사상이나 영지주의에서 말하는 몸의 의미와는 매우 다르다. 예를 들어 서술하면, 한국어 성경에 있는 '귀신'이란 단어와 한국 무교에서 사용하는 '귀신'은 비록 문자적으로는 같은 단어이지만 의미는 서로 전혀 다른 것처럼, 성경에서 말하는 몸은 헬라사상에서의 몸의 의미와는 다르다. 헬라 사상이나 영지주의에서 몸은 영혼과 영과 대비 되는 개념으로 사용하지만 성경은 몸이나 육체를 전인의 개념으로 사용하기 때문이다(롬 12:1; 행 2:17). 그러므로 그리스도인들이나 영적 지도자들이 몸을 영혼의 개념과 대비시켜 이원론적으로 적용하여 인간을 파편화시켜서는 안 된다.

인간의 의식적인 생명도 육체적 생명을 떠나서는 결코 누릴 수 없다. 인간의 의식적인 언어와 지식도 몸의 언어와 지식으로부터 분리된 것이 아니다. 영혼과 몸은 서로에게 속해 있고 서로에게 환원 될 수 없는 인간 생명의 통일체의 구성 요소다. 그러므로 인간의 몸이 체현된 자아로서 중요한 인격이라는 인식은 매우 중요하다.

이러한 맥락에서 영혼 돌봄에 참여하는 이들에게 그간 상대적으로 간과되어 왔던 체현된 자아로서 몸에 대한 이해와 해석은 결코 간과할 수 없는 과제라고 할 수 있다. 왜냐하면 체현된 자아로서 몸은 영혼의 중요한 언어와 지식을 담지하고 있는 인격이기 때문이다.

제2부

영성생활의 실제

제1장	영성과 영적 여정
제2장	영성생활과 일상성
제3장	영성생활과 신비성
제4장	영성생활과 공동체성
제5장	영성생활과 기도
제6장	기도의 유형과 실제
제7장	기도의 방편과 성격 유형
제8장	기도와 치유의 지평
제9장	영성생활과 방언
제10장	영성생활과 금식
제11장	영성생활과 영적 예배
제12장	영성생활과 예배의 지평

제1장

영성과 영적 여정

Spirituality and Spiritual Journey

1. 영적 여정의 메타포

기독교에 관한 고대의 이름들 가운데 하나는 바로 '길'(행 19:23 참조, the way)이다. 초대교회에서 기독교 신앙을 따르는 사람들을 묘사하는데 사용했던 용어는 '길'(도)이라는 이미지다. 기독교인이 된다는 것은 특정한 방식으로 사는 것을 의미했다.

기독교인이 된다는 것이 하나의 새로운 길에 들어서는 것이라는 개념은 신약성경에서 찾을 수 있다. 사도행전의 여러 곳에서(행 9:2; 19:9, 23; 22:4; 24:14) '도'(길)라는 용어가 기독교인이 되는 것을 지칭하는 용어들 중 하나로 사용되었다. 때문에 초기 기독교인들은 '도를 따르는 사람들'로 불려졌다.

여기에는 기독교인의 정체성과 삶을 이해하는 데 중요한 의미가 내포되어 있다. 기독교적인 삶을 길로 묘사하는 것은 함축적으로 우리의 삶에는 방향과 목표가 있다는 것을 말한다. 기독교인을 가리켜 길을 가는 사람으로 칭한 것은 삶의 방향성과 가야할 목적지가 있다는 것이다.

기독교의 전통에서 길이라는 메타포를 영적 여정과 관계하여 성경적 지도와 지침들을 설명하기 위해 여러 용어들을 사용해 왔지만 그중 대표적인 것들은 여정, 등정, 성장 등이다. 먼저 여정으로서의 영성생활 이해이다. 기독교 전통에서는 히브리 성경 안에 있는 하나님의 구원 행동들, 즉 이스라엘 백성들을 애굽의 노예생활에서 구원하여 광야를 거쳐 약속의 땅 가나안으로 인도하시는 하나님을 기독교인의 삶을 나타내는 상징적인 지도로 해석한다.

다음은 영적 여정을 등정으로 이해했다. 성경에는 '올라감'이나 '등정'에 대해 말하기 때문에 기독교적 삶을 묘사하는 방법으로서 '등정'이라는 상징적 은유를 사용했다. 기독교 전통에서는 모세가 시내 산으로 올라가는 것이 택함을 받은 백성의 사막 경험의 중심 동기이므로, 종종 등정은 사막이라는 모티프와 함께 사용된다. 예를 들어 모세는 하나님이 토라를 계시해 줄 산에 오르기 위해서 광야로 들어간다.

모세는 시내산에 올라가 구름 속에서 하나님과 이야기를 하고 율법을 기록한 판을 받았다. 야곱은 꿈에서 하늘과 땅을 이어주는 사다리 위를 천사들이 오르락내리락하는 것을 보았다(창 28:12). 사다리가 땅 위에 서있고 그 꼭대기는 하나님이 거하시는 곳에 닿아 있었다. 기독교인들은 모세가 하나님을 뵙기 위해 시내 산에 올라간 것과 천사들이 사다리 위를 오른 것과 유사한 방식으로 하나님을 향해 올라가야 한다고 생각하게 되었다. 물론 이러한 견해는 사람이 하나님을 향해 올라가 하나님과 더 가까이 있으려면 세속적인 것들을 버려야 한다는 사상이 함축되어 있었다.

또한 성장과 발달로서 영적 여정을 이해한 부분이다. 이는 바울이 그리스도의 은혜 안에서의 성장을 어린아이가 어른으로 성장하고 발달하는 것으로 표현한 비유에서 가져온 것이다. 히브리서에서는 영적 성장에 대해 매우 훌륭한 상징을 사용한다.

> 너희가 다시 하나님의 말씀의 초보가 무엇인지 누구에게 가르침을 받아야 할 것이니 젖이나 먹고 단단한 식물을 못 먹을 자가 되었도다. 대저 젖을 먹는 자마다 어린아이니 의의 말씀을 경험하지 못한 자요 단단한 식물은 장성한 자의 것이니 저희는 지각을 사용함으로 연단을 받아 선악을 분변하는 자들이니라(히 5:12-14).

이러한 내용은 신약성경에서 자주 발견된다. 바울은 자기의 말을 듣는 사람들이 단단한 음식을 먹을 수 있을 때까지는 젖을 먹여야 했다(고전 3:1). 그는 또한 고린도 성도들에게 어린아이처럼 행동하지 말고 성장한 사람이 되라고 말한다(고전 14:20). 이러한 성장은 갑자기 이루어지는 것이라기보다는 성숙의 과정의 결과로 이루어진다(엡 4:13-14).

그렇다면 장성하여 영적으로 성숙하게 된다는 개념은 성경에 등장하는 또 다른 주제인 하나님의 은혜라는 개념과 긴장을 이룬다. 즉, 사도 바울은 영적 성장에 대해서 말하였을 뿐만 아니라 우리의 삶이 하나님의 은혜 아래 있다는 것을 말한다. 영적 자녀라는 개념과 영적 성장의 개념 사이에 존재하는 듯한 이 모순을 어떻게 설명할 것인가?

하나님의 자녀라는 개념은 근본적으로 우리가 완전히 자율적인 인간이 아니라 인간 부모와의 관계처럼 생생하고 신뢰하는 관계 안에서 하나님과 연합되어 있다는 것을 의미한다. 영적 자녀라는 개념은 미숙한 상태나 성장의 정지를 말하는 진술이 아니라 친밀한 관계라는 의식을 반영한다. 영적 자녀라는 개념에는 성장과 성숙에 대한 기대가 포함되어 있다.

예를 들어 하나님의 역사로 애굽에서 나와 광야로 들어갔던 이스라엘 자손들의 여정을 보면 알 수 있다. 광야에서 40년 동안 지내야만 했던 그들의 삶을 보면, 그들에게 기대되는 성품의 변화가 이루어질 때까지 하나님의 인도를 따라 광야에서 훈련을 받았다. 이스라엘 백성들은 아마도 그들을 부르신 뜻이 단순히 애굽으로부터 나와 젖과 꿀이 흐르는 땅으로 들어가게 하는 것이라고 생각하였을 것이다.

그러나 하나님의 구원 계획은 애굽으로부터의 구원 이상이었다. 하나님이 마음에 품으신 구원은 그들 자신으로부터 구원이었다. 하나님은 그들이 가나안 땅에 입성하기 전에 변화의 여정을 경험하게 하신 것이다. 기독교에서 의미하는 영적 여정은 단순히 존재나 행위의 여정이 아니라 '되어 가는' 여정이다.[1]

영적 여정에서 일어나는 성장에 대한 의미는 신약성경에서도 그 내용이 풍부하게 등장한다. 신약성경은 그리스도인 생활의 출발과 생활의 완전 또는 성숙을 서로 구분한다(빌 1:6; 3:12; 골 1:28; 히 6:1). 회개는 토대로서, 세례와 깨달음과 성령을 주심과 밀접하게 결합된다(히 6:2-4). 회개는 갱신과 새로운 인간성의 출발과정을 새롭게 열어준다(갈 4:23 이하). 하지만 충분히 성장한 사람의 성숙(엡 4:13), 하나님의 충만함(엡 3:19), 그리스도의 충만함(엡 4:13)

---

[1] 데이비드 베너, 『거룩한 사귐에 눈뜨다』, 노문종 역 (서울: IVP, 2007), 29.

을 향한 지속적인 발달도 있다. 그리스도를 향한 성장(엡 4:15), 신앙 안에서의 체류(골 1:23), 영적인 행복(엡 6:12 이하), 지식과 분별력의 증가(빌 1:9), 지혜와 영적 이해력의 증가(골 1:9)도 있다.

그리스도인의 생활을 발달시키는 데에는 새사람이 새로워지는 동안의 정화(골 3:5)도 있다. 조명(고전 4:6), 그리고 지식을 가져다주는 성령의 기름 부으심(요일 2:20)도 있다. 또한 합일이 있다. "그들이 그 분의 얼굴을 보게 될 때 그분의 이름이 그들의 이마에 새겨질"(계 22:4) 것이기 때문이다.

우리는 이러한 발달의 특징을 예수님에게서도 발견할 수 있다. 누가는 예수님에 대해 "그 지혜와 그 키가 자라가며 하나님과 사람에게 더 사랑스러워 가시더라"(눅 2:52)고 말한다. 예수님께서도 '더 사랑스러워 가시는' 하나님의 아들로 묘사되고 있다. 하나님의 자녀란 의미 속에서는 관계라는 속성뿐만 아니라 성장이라는 특징이 깊이 수반되어 있다. 하나님의 자녀란 의미에는 존재론적 의미뿐만 아니라 성장의 여정을 수반하는 실천적인 의미도 깊이 내재 되어 있다.

2. 영적 여정의 두 길

초기 중세 기독교의 이론적인 틀을 제시하며 영성생활에 중요한 영향력을 미친 두 사람이 있다. 어거스틴과 위-디오니시우스이다. 어거스틴은 서방교회에서 지대한 영향을 끼쳤고 위-디오니시우스(Pseudo-Dionysius)는 동방교회에서 중요한 역할을 하였다. 이 두 교부들은 중세 기독교의 영성생활에 기초를 이룬 사람들이다.

어거스틴은 엄밀한 의미에서 이론적인 신학자가 아니었다. 그는 하나님을 사랑하고 진리를 추구하는 동안에 신학자가 되었으며 그 진리를 위해서 자신을 불태운 사람이다. 그의 신학은 이런 특징을 가지고 있다.

디오니시우스는 사도행전에 등장하는 사도 바울의 제자로 알려진 사람이다. 그는 자기 이름을 밝히지 않고 저술을 하면서 디오니시우스라는 이름으로 글을 썼다. 그가 남긴 문서들을 후대의 학자들이 문서 비평을 통하여 문서를 작성한 사람이 6세기경의 동방의 수도자라는 것을 알아냈다. 그래서 진짜 디오니시우스가 아니기 때문에 위-디오니시우스라고 이름을 붙였다.

어거스틴과 위-디오니시우스는 공통적으로 그들의 영적 여정을 신플라톤주의적인 틀 안에서 해석하였다. 신플라톤주의란 프로클루스(Proclus)나 플로티누스(Plotinus)에 의해서 플라톤 철학을 재해석한 형이상학적이면서 종교철학이다. 이 형이상학의 창조론에 의하면 모든 만물은 한 분으로부터 산출된다. 그런데 이 산출은 일종의 타락이요 불완전이다. 그러므로 만물에게는 완전을 향해서 산출된 방향으로 복귀하려는 본능이 있다. 어거스틴과 위-디오니시우스는 이러한 신플라톤주의의 '산출'과 '복귀'(procession and return)라는 형이상학적인 틀을 영혼의 '내림'과 '상승'(decent and ascent)이라는 기독교의 영적 여정으로 끌어 들였다.

어거스틴은 영적 여정을 설명하기 위해서 영혼 안에 내재하는 세 가지 요소가 있다고 보았다. 이 요소는 진리와 사랑과 영원성이다. 어거스틴은 영혼은 진리를 사모하는 열정과 사랑하려는 의지와 영원성을 가지고 있다고 보았다. 이 세 가지가 영혼의 기능이라고 보았다. 그는 영혼을 더욱더 조직적으로 분석하여 영혼의 기능을 기억과 이해와 의지로 요약하여 설명하였다. 인간은 본래 진리와 사랑과 영원성을 가지고 있으며 이것이 제대로 회복되면 인간은 하나님께로 돌아갈 수 있다고 보았다.

때문에 어거스틴은 인간을 선험적인 존재로 보았다. 어거스틴은 경험 이전에 이미 우리 안에 내재하고 있는 가능성이 있음을 인정하였다. 그 이후로 어거스틴은 진리를 추구하는 방향이 바뀌었다. 이전에 그는 외적인 방향으로 진리를 추구했었다. 끊임없이 철학을 하고 사람을 만나는 등 외적인 것을 추구하던 가운데 모든 진리는 안에 있다는 것을 발견하면서 그의 영적 여정은 내면을 향한 여정으로 바뀌었다.

어거스틴에게 영적 여정에서 가장 선행되어야 할 것은 자기 자신의 영혼 안으로 돌아오는 것이었다. 어거스틴은 영혼 안으로 돌아 올 때 이미 영혼을 사랑하고 계시는 하나님을 발견하였다. 그는 우리 내면으로 내려가는 것은 하나님을 향한 상승과 같다고 생각하였다. 그러므로 어거스틴에게 하나님을 향한 여행은 자기 내면을 향하는 여행이었다. 그는 영혼 깊은 곳으로 내림이 곧 하나님에게로의 상승이며 하나님을 만나는 길이라고 여겼다.

그러나 어거스틴은 내재적인 하나님만 강조하는 것은 아니다. 역설적으로 내재적인 하나님을 발견함으로써 그 자신이 얼마나 하나님과 멀리 떨어져 있는가를 다시 인식하기 시작한다고 여겼다. 어거스틴에게 있어서 모든 피조물이 물질세계 속에만 갇혀 있을 때 존재론적이고 인식론적 차원에서 하나님과의 필연적인 거리감을 느낄 수밖에 없으며 하나님과의 유사성(likeness)보다는 비유사성(unlikeness)을 더 깊게 체험한다고 생각하였다.[2]

어거스틴은 하나님과 거리감과 비유사성 그것 자체가 불행이라고 하였다. 왜냐하면 하나님의 지혜를 얻지 못하고 무지 속에서 살고 있기 때문이다. 이러한 관점에서 그의 『고백록』 첫 권 첫 장에서 "우리의 마음이 하나님 안에서 쉼을 찾을 때까지 우리의 영혼은 불안하다"라고 말한 것이다. 그러므로 어거스틴에게 있어서 내재적인 하나님과 초월적인 하나님의 변증론적인 역동성에 의해서 영적 여정은 완성되어 간다.[3]

디오니시우스는 신플라톤주의의 영향을 받았다. 신플라톤주의에서는 죄라는 것은 하나님의 완전성의 결핍이라고 본다. 피조물 중에 인간은 하나님으로부터 가장 멀리 떨어져 있다. 결국 인간은 복귀해야 할 운명에 놓여졌다. 디오니시우스는 돌아갈 방법론을 '산출과 복귀'라는 두 가지 모형을 제시하였다. 바로 신플라톤주의의 창조론과 구원론이다. 디오니시우스는 신플라톤주의의 창조론과 구원론에서 지혜를 얻어 긍정적 신학과 부정적 신학을 만들어 냈다. 그가 말한 긍정적 신학은 위로부터의 신학이다. 모든 피조물은 위로부터 내려왔기 때문에 다 '신성'(divinity)을 가지고 있다고 긍정적으로 본 것이다. 그러나 밑으로부터 올라가는 면에서 보면 인간의 '신성'으로부터 너무나 멀고 피조물에 대해서 부정적이다. 이와 같이 하나하나 부정되면서 하나님께로 올라가는 과정이 부정신학(negative theology)이다.[4] 이 부분이 디오니시우스에게 있어서 대단히 중요한 것이었다.

---

2 유해룡, "고대와 중세시대의 영성," 정용식 외, 『기독교 영성의 역사』, (서울:은성, 1997), 104-05.
3 유해룡, "고대와 중세시대의 영성,", 105.
4 유해룡, "고대와 중세시대의 영성", 106.

긍정신학과 부정신학은 특히 실천에 관한 방법과 영적인 길로 인식되었다. 긍정신학의 영적인 길은 긍정적 또는 유념적 방법(kataphatic way)으로 그리고 부정신학의 영적인 길은 부정적 또는 무념적 방법(apophatic way)으로 인식되고 실천되었다. 아포파틱(apophatic)은 아포(*apo*, without)와 파틱(*phatic*, image)은 합성어로서 의미는 'without image'이다. 카타파틱(kataphatic)은 카타(*kata*, with)와 파틱(*phatic*, image)의 합성어로 'with image'라는 뜻으로 전체적으로는 'according to image'이다.

무념적 방법은 모든 지각되는 지성적 표현들의 배후에 혹은 그것들을 초월하여 또는 그 속에 감추어져 존재하는 하나님의 진리를 강조한다. 유념적 방법은 이미지와 상징과 감각의 중요성을 강조하는 방식이다. 이 방법은 항상 대중적인 지위를 차지해 왔다.[5] 기독교 역사 속에 나타난 영적 여정의 패턴과 특징은 크게 이 두 유형에 의해 영향을 받아 왔다.

무념적 방법은 주로 신비가들이 선호했던 방법으로 십자가의 성 요한(St. John of the Cross), 14세기에 『무지의 구름』(*The Cloud of Unknowing*)이라는 책을 지은 익명의 인물, 마이스터 에크하르트(Meister Eckhart) 등 독일 신비가들이 선호했던 방법이다. 유념적 방법은 로욜라의 이냐시오(Ignatius of Loyola)와 존 칼빈(John Calvin) 등이 채택한 방법이다.

부정신학과 긍정 신학에서 추구하는 영적 여정의 궁극적인 목표는 하나님과 일치되는 것(union with God)이다. 위-디오니시우스에 따르면 하나님과 일치하는 길에는 두 가지 길이 있다.

첫째, 긍정적 방법으로 인간이 타락하여 하나님의 비유사성을 아무리 많이 가지고 있다고 하여도 인간은 하나님과 유사성이 있다는 것을 인식하고 그 특성을 실천하는 것을 말한다. 이 방법에서는 하나님과 인간의 유사성을 강조한다. 인간이 가진 유사성은 생명, 사랑, 자비, 용성, 인내, 온유, 절제 등이다. 이러한 것들은 모두 하나님의 성품에 속하는 것들이다. 인간에게는

5　Gerald G. May, *Care of Mind Care of Spirit: Psychiatric Dimension of Spiritual Direction* (New York: Harper & Row, 1992), 10.

이러한 유사성이 있다.

그러나 인간의 생명과 하나님의 생명은 다르다. 인간의 생명은 한 경점에도 미치지 못하는 것이지만 하나님의 생명은 영원성을 지닌다. 그러므로 유사성이 분명히 있지만 비유사성이 매우 크다.[6] 인간의 인내와 하나님의 인내에도 차이점이 있다. 인간의 인내에는 한계가 있지만 하나님은 끝까지 인내하신다. 그럼에도 긍정적 신학 방법에서는 이 작은 부분의 유사성을 긍정적으로 인정하고 이것을 우리 안에서 끊임없이 내면화시키고 성숙시키는 작업을 한다.[7]

둘째, 부정신학 방법에서는 비유사성을 강조한다. 이 방법에서는 인간이 체험하는 어떠한 것이든 불안하고 한계가 있음을 강조한다. 인간이 가진 모든 부족한 성품을 거부하고 부정한다. 이렇게 부정해 가면 마지막에는 어두움을 만나게 된다. 이 어두움은 찬란한 어두움(bright darkness)이라고도 하고 무지의 구름(cloud of unknowing)이라고도 한다. 무지의 구름 속으로 들어간다는 의미는 인간의 감각이 멈추었다는 것을 말한다. 감각이 다 멈추면 순수한 영혼이 살아나기 시작하면서 하나님과 재연합(reunion)을 기다린다.[8] 여기서 어두움은 하나님의 빛이 너무나 찬란하기 때문에 인간의 감각은 하나님의 빛을 만나면 캄캄함을 경험하는 것을 말한다. 그 어두움은 관능적이고 세상적인 것에 의지하는 한 전혀 의식할 수 없다.

중요한 것은 긍정 신학의 방법과 부정신학의 방법이 가지는 유익과 한계를 알아야 한다. 긍정적 방법을 극단적으로 추구하면 생각과 심상에 끝없이 몰두할 수 있다. 마찬가지로 부정적 방법을 극단으로 추구하면 삶을 부정하는 반성육신적 왜곡에 빠져 신비적인 측면에만 몰두 할 수 있다.

---

6 Pseudo-Dionysius, *The Divine Names* (Whitefish, MT: Kessinger Publishing, 2010) 9. 916A. 8. 12.
7 유해룡, "고대와 중세시대의 영성", 108.
8 Pesudo-Dionysius, *The Mystical Theology* 3 (Whitefish, MT: Kessinger Publishing, 2006), 1033CD. 31-45.

3. 영적 여정의 과정

기독교는 초기부터 영적인 진보에 대해서 그것이 세 단계로 이루어진다고 보아왔다. 그것은 정화, 조명 그리고 하나님과의 합일이다. 유사하게 알렉산드리아의 클레멘트는 세 가지 전환에 관하여 언급했다. 우상숭배로부터 신앙으로의 전환, 신앙으로부터 지식으로의 전환, 그리고 지식으로부터 사랑으로의 전환이다.

오리겐 역시 정화, 배움, 사랑에 관하여 말한다. 위-디오니시우스는 영적 여정을 정화의 단계, 조명의 단계, 일치의 단계를 제시하였다. 정화의 단계는 죄의 정화를 끊임없이 행하는 것이다. 정화의 단계를 거침으로써 신적인 진리의 빛을 조명 받으며 하나님의 지식의 맛을 조금 보기 시작한다. 디오니시우스는 세 가지 길에 관하여 다음과 같이 설명을 한다.

> 정화의 길을 통한 능동적인 삶, 이 길을 통하여 사람들은 하나님의 진정한 종이 될 수 있다; 조명의 길, 이 길을 통하여 사람들은 하나님과 진정한 부자관계를 맺을 수 있다; 관상생활의 길, 곧 조화의 길, 이 길을 통하여 사람들은 하나님과 진정한 우정을 획득할 수 있다.[9]

이 외에도 여러 언급들이 등장하지만 기독교 전통에서 영적 여정의 지도(map)를 제시한 대표적인 사람은 13세기의 보나벤투라와 16세기의 십자가의 요한이다. 개혁주의 전통에서는 칼빈이다. 보나벤투라는 영적 여정을 정화, 조명, 일치의 단계로 설명했다. 십자의 요한은 영적 여정을 감각의 능동적인 어두운 밤, 감각의 수동적인 어두운 밤, 정신의 능동적인 어두운 밤, 정신의 수동적인 어둔 밤으로 구분하였다. 칼빈과 같은 종교개혁자들은 그 여정을 칭의, 성화, 영화의 과정으로 보았다.

보나벤투라는 정화의 길이 평화로 이어지고, 조명의 길이 진리로 이어지

---

[9] Dionysius the Areopagite, *The Mystical Theology and the Celestial Hierarchies* (Godalming: Shrine of Wisdon, 1965), 18-9.

며, 합일의 길이 사랑으로 이어진다고 말하였다. 이때부터 계속해서 수많은 작가들이 삼중 형태를 되풀이하여 주장하고 있으며, 나중에는 이것이 모든 영성학파들에게서 하나의 표준적인 부분으로 자리잡게 된다.

프란치스코 수도회 원장이었던 보나벤투라(Bonaventure, 1257-1267)의 대표작은 『하나님께 이르는 영혼의 여정』(The Soul's Journey into God) 이다. 그는 이 책에서 그리스도인의 영적 여정의 목표는 단순히 하나님께 향하는 것이 아니라 지고한 사랑의 정서(affection)를 통해서 하나님 안으로 들어가 그와 일치의 경험을 하는 데 있다고 하였다. 보나벤투라에게 있어서 신지식은 단순히 형이상학적인 추론에 있는 것이 아니고 사랑을 통한 경험적인 지식이며 참여적인 지식이다. 그러므로 보나벤투라의 영적 여정의 목표는 피조물로 하여금 창조주에게 돌아가야 한다는 인간 조건의 존재론적인 이해에 그 바탕을 두고 있다.

보나벤투라는 신학적인 지식의 과정을 설명하기 위해서 '책'이라는 은유적인 용어를 채택하였다. 즉, 인간은 어떤 '책' 안에서 하나님을 읽어 낼 때 하나님께 이른다는 의미이다. 그는 두 종류의 책을 말하였다.

첫째, 하나님 자신 안에 기록된 것으로 하나님의 영원한 아이디어이며 지혜를 의미한다.

둘째, 하나님 밖에 기록된 것으로서 지각할 수 있는 물질적인 세계를 의미한다.

전자를 '생명의 책'이라고 하고 후자를 '피조물의 책'이라고 부른다. '생명의 책'은 천상의 세계에서만 읽혀질 수 있는 가려진 책이다. 반면에 '피조물의 책'은 피조물의 세계에서 일상생활의 경험으로 부딪혀 오는 것으로 인간이 읽어낼 수 있는 책을 의미한다.

보나벤투라는 이 피조물의 책을 세 종류의 책으로 구분하였다. 물질적인 피조물인 자연, 영적인 피조물인 인간, 그리고 성경이다. 피조물의 책은 영혼이 하나님께 이르도록 길을 열어주는 역할을 하게 된다. 은유적인 이 세 책을 보나벤투라는 영적 성장의 단계로서 채택하고 영혼이 하나님과 만나는

과정을 조직적으로 설명하였다.[10]

보나벤투라는 하나님을 향한 영혼의 여정을 보다 더 구체적으로 일곱 단계로 나누어 제시하였다.[11]

제1단계는 사물 속에서 특이한 하나님의 능력과 하나님의 지혜와 하나님의 선을 발견하는 것이다.

제2단계는 우리 내면에 이 세 가지를 분별하는 감각이 있음을 발견한다. 그것은 이해(apprehension)와 판단(judgment)과 즐거움(pleasure)이다.

제3단계는 기억과 지성과 의지라는 영혼의 세 가지 기능을 발견한다.

제4단계는 이러한 영혼의 기능이 타락되었음을 발견한다. 이것은 복음의 세 가지 덕인 믿음과 소망과 사랑을 가지고 치유해야 한다. 믿음으로 기억을 치유하고, 소망으로 우리의 이해를 치유하며, 사랑으로 우리의 의지를 치유해야 한다. 이러한 역할을 전반적으로 담당하는 것이 성경이다.[12]

제5단계는 치유된 영혼은 영혼을 뛰어넘어 하나님을 직면하게 되는데 그것은 하나님의 존재성을 경험하는 것이다.

제6단계는 지고선(至高善)이신 하나님을 만난다. 하나님의 선은 자아 방출(self-diffusive)하는 능력이 있다. 여기서부터 삼위일체가 어떻게 나왔는지를 깨닫게 된다. 삼위일체는 하나님의 선의 자발적인 흐름이다. 그것은 사랑으로 연결된다. 제일의 사랑은 삼위일체간의 사랑이다.

제7단계는 삼위일체를 뛰어넘는다. 여기서는 인간 예수를 뛰어넘어 신적인 예수와 일치하는 관계를 중요시한다. 따라서 예수님의 죽음을 강조한다. 우리도 예수와 함께 죽음을 통과하면서 하나님과 연합하는 것이다.

---

10 유해룡, "고대와 중세시대의 영성", 140.
11 Bonaventure, *The Soul's Journey into God: The Tree of Life; The Life of St. Francis*, Translated by Ewert Cousins(New York: Paulist Press, 1978)를 참조.
12 십자가의 요한은 지식은 믿음으로 변화하고, 기억은 희망으로 변화하고, 의지는 사랑으로 변화한다고 하였다.

이 상태를 보나벤투라는 홍해를 건너 이집트에서 사막으로 넘어가는 것과 같은 것으로 표현했다.[13] 십자가와 무덤이 생명을 약속하듯이 사막은 만나를 내리시던 곳이다. 보나벤투라에게 있어서 이 단계는 그리스도의 죽음을 신비적으로 경험하는 것을 의미한다. 이것이 영혼과 하나님과의 신비적인 일치감을 경험하는 순간이다. 이 상태는 감성적(affective)인 활동이다. 보나벤투라는 이렇게 말하였다.

> 이 상태에 있는 영적 순례자는 이해를 구하지 않고 단지 열망하고, 부지런한 독서 대신에 신음하는 듯한 기도를, 그리스도를 인간으로서가 아니라 하나님으로, 분명한 것을 구하기보다는 신비적인 어두움을 구하며, 빛보다는 하나님을 향하여 사랑으로 불붙게 하는 불을 구한다.[14]

여기서 얻어진 지식은 지적인 활동으로 얻은 것 아니요, 사랑으로 얻어진 일체감을 이루는 지식이다.

4. 십자가의 요한과 영적 여정

영적 여정의 진보의 단계들에 대하여 가장 체계적이고 가장 상세한 내용을 제공해 준 사람은 십자가의 요한이다. 십자가의 요한의 사상을 중심적으로 이끄는 내용은 영혼의 어두운 밤이다. 그의 저서에는 이 영혼의 어두운 밤에 관한 주제가 깃들어 있다. 그는 다음과 같이 말한다.

"영혼은 하나님의 사랑과 완벽한 합일을 이루기 위하여 신적인 빛을 획득하고자 어두운 밤을 통과한다."[15]

---

13 Bonaventure, *The Soul's Journey into God*, VII. 2.
14 Bonaventure, *The Soul's Journey into God*, VII. 2.
15 St. John of the Cross, *The Ascent of Mount Carmel*, Translated by E. Allison Peers (Kent: Burns & Oates, 1983), prologue.

그가 말한 어두운 밤은 하나의 단계도 아니고 그리스도인의 생활에서 드러나는 병리학적인 특징도 아니다. 그것은 하나님을 향한 움직임의 총체적인 여정을 상징한다.

십자가의 요한이 어두움 속으로 들어가는 것을 조명의 길로 여기는 이유를 이렇게 설명한다.

> 빛이 좀 더 밝아질수록 영혼의 눈은 앞을 못보고 어두워진다. 그리고 사람이 태양을 똑바로 보면 볼수록 어둠과 박탈은 더 심해져서 앞을 볼 수 없게 된다.[16]

여기서 어두움은 영혼에게 영적 경험이다. 즉, 이 어두움은 인간이 영적 진보를 이루기 위해서 피할 수 없는 경험이다. 하지만 십자가의 요한이 말하는 어두움은 우리가 일상에서 겪는 일반적인 어두움과는 구별해야 한다. 여기서 밤은 우리가 일상적으로 생각하는 심리적인 어두움이나 고난과 같은 경험으로부터 겪는 어두움과는 다른 것이다. 십자가의 요한이 말한 밤은 무엇보다도 정화의 경험이며 영혼을 눈부시게 하는 하나님의 빛의 경험이다.

십자가의 요한은 그가 감옥에 있는 동안 경험했던 영적 체험들을 여러 편의 시로 표현했다. 그의 영적 체험의 절정을 표현해 낸 시가 '어두운 밤'이다. 시에 집약된 그의 영적 체험을 전하고 안내하기 위해서 이 시에 대한 주석서를 집필하였는데 그 저서들이 『카르멜 산의 등정』(Ascent of Mount Carmel)과 『영혼의 어두운 밤』(The Dark Night of the Soul)이다. 이 두 책은 분리될 수 없는 관계에 있다. 『카르멜 산의 등정』은 영혼이 하나님과의 일치의 여정에서 맞이하는 능동적인 밤을 다루고 있고 『영혼의 어두운 밤』은 수동적인 밤을 다루고 있다.

십자가의 요한은 영적 삶의 '능동적인' 차원과 '수동적인' 차원에 관하여 자주 언급한다. 그는 묵상을 영적 삶의 능동적인 차원으로 관상을 영적 삶의 수동적인 차원으로 말한다.[17] 여기서 주의해야 할 것은 요한이 말한 '수동적

---

[16] St. John of the Cross, *The Dark Night of the Soul*, Translated by E. Allison Peer (New York, 2003), 48.

[17] St. John of the Cross, *Ascent of Mount Carmel*, 56.

인'과 '능동적인'이라는 용어는 오해를 불러일으키기 쉽다. 왜냐하면 우리는 보편적으로 우리가 주체적으로 행동하는 것은 능동적인 것이고 하나님이 우리 안에서 주체적으로 행동하시는 것은 수동적인 것이라고 단순하게 해석할 수 있기 때문이다.

이러한 오해는 우리의 영적 삶에서 많은 혼란을 불러일으켜 왔다. 예를 들어 영성생활에서 묵상은 인간이 주체적으로 하는 것이고 관상은 하나님의 은혜로 가능하다는 식의 해석이다. 이와 비슷하게 능동적인 묵상의 수련이 개인으로 하여금 하나님이 주시는 관상의 은사를 좀 더 기꺼이 받아들일 수 있도록 해준다는 가정이다. 메이(May)는 이런 오해들은 "내 안의 하나님, 하나님 안의 나"라는 헤아릴 수 없이 신비롭고 친밀한 동참을 기억하지 못하기 때문에 발생하는 것이라고 역설한다.[18] 십자가의 요한은 '능동적인'과 '수동적인'을 인간 경험을 설명하기 위한 하나의 방편으로 사용하였다.

이런 요한의 관점에서 보면, "영성생활의 능동적인 차원은 자기 자신의 주도, 선택, 또는 노력과 같은 '느낌들'로 구성되는 반면, 수동적인 차원은 하나님에 의해 시작되고 진행되는 '것처럼 보이는 것들'이다."[19] 그러므로 우리의 영적 삶에서 '능동적인'과 '수동적인'이란 용어들은 어떤 것이 자기 자신의 노력 때문에 발생하는 '것처럼 느껴지느냐' 아니면 은혜와 은사로 주어진 '것처럼 보이느냐' 하는 우리의 감각을 반영해 주는 용어이다. 우리의 영성생활의 실제과정은 우리의 감각과 신비로운 것을 훨씬 넘어선다.

1) 감각의 능동적인 밤

영혼은 살아있는 감각을 통해서 하나님을 경험한다. 영혼이 오감을 사용하여 경험하는 것은 자연스러운 것이다. 감각적인 요소인 기억이나 이성은 영적 삶에 도움을 준다. 왜냐하면 하나님과 사귀기 위해서는 이성을 사용해야 하기 때문이다.

---

18 Gerald G. May, *The Dark Night of the Soul: A Psychiatrist Explores the Connection Between Darkness and Spiritual Growth* (New York: HarperCollins, 2004), 76.
19 Gerald G. May, *The Dark Night of the Soul*, 77.

하지만 영혼의 모든 감각은 연약하고 욕망에 쉽게 잡히기 때문에 영혼이 성장을 하기 위해서는 감각의 정화가 필요다. 그렇지 않으면 "영혼의 하부구조에 있는 감각은 하나님을 있는 그대로 느낄 수 없고 하나님께만 집중해야 할 마음은 줄어들게 된다."[20] 뿐만 아니라 "감각적인 욕망은 영혼에게 피로와 고통과 어둠과 추함과 야윔과 상처를 끼친다."[21]

영혼은 하나님을 사랑하는 것이 아니라 하나님이 주시는 선물을 사랑하게 된다. 마르틴 부버가 지적했듯이 하나님을 대상화시켜 사랑하는 것이다. 이는 마치 우리가 커피를 마실 때 커피 자체보다는 설탕의 단맛 때문에 커피를 좋아하는 것과 같다. 커피를 마시면서 커피 자체를 즐기기보다는 커피에 들어가 있는 설탕의 단맛을 즐기는 것과 같다. 이렇게 되면 커피가 우리에게 주는 유익보다는 설탕에 중독되게 된다. 단맛 중독증에 빠지게 된다.

영혼도 감각적인 단맛에 빠지기 쉽다. 우리의 영적 여정에서도 이런 단맛 중독증에 빠지면 그 단맛으로부터 정화의 과정이 필요하다. 이때 하나님은 그들의 감각의 정화를 위해 어두운 밤에 들어가게 하신다. 영혼에게 문을 닫으시고 빛을 차단하시고 샘을 막으시며 어두움 밤을 경험하게 하신다. 그것은 마치 아기에게서 엄마의 젖을 강제로 떼어 놓는 것과도 같다. 그러면 영혼은 기도에서 얻어지는 기쁨을 잃어버리고 영적 메마름을 경험하게 된다. 감각의 능동적인 밤을 맞게 된다.

감각의 능동적인 밤에 영혼이 성취해야 할 목표는 모든 감각적인 맛과 모든 자기만족에 대한 거절이 필요하다. 영혼의 진보를 방해하고 해를 끼치는 것이 이 세상의 사물들이 아니라 오히려 피조물들에 대한 욕망과 그 맛이기 때문에 이러한 것에서 정화가 필요하다. 영혼은 적극적으로 감각적인 욕구들을 부정하고 포기해야 한다. 십자가의 요한은 감각의 능동적인 밤에 참여하는 최선의 방법은 자신의 십자가를 지고 그리스도를 본받는 것이라고 말한다. 이것은 예수 그리스도의 외면적 행동을 따르는 것뿐만 아니라 자기를 비우는 예수님의 내면적 태도와 의지를 따르는 것까지 포함한다.[22]

---

20 St. John of the Cross, *Ascent of Mount Carmel*, 265.
21 St. John of the Cross, *Ascent of Mount Carmel*, 33.
22 St. John of the Cross, *Ascent of Mount Carmel*, 75-9.

2) 감각의 수동적인 밤

　감각의 수동적인 밤은 하나님께서 영혼을 소유와 관계와 감정과 행동으로부터 만들어 낸 우상들로부터 해방시키는 여정이다. 이런 해방이 영혼에게 뚜렷하게 일어나는 것은 아니다. 어떤 때는 내적인 형태로 어떤 때는 우리가 집착하고 있는 무엇인가가 우리에게서 떨어져 나가는 듯한 느낌을 통해서 일어나기도 한다. 위로와 평화로 가득 찼던 기도와 기쁨과 감사로 충만했던 찬양과 경배가 공허하고 메말라 보일 수 있다. 능동적인 활동들로부터 얻었던 충족감이 약화될 수도 있고 이런 활동들을 계속 유지하기가 힘이 들 수도 있다.

　감각의 수동적인 밤에 영혼은 자신이 지금 겪고 있는 변화가 자기를 좀 더 많은 자유와 사랑으로 이끌어 주고 있다는 사실을 이해하지 못하는 경우가 많다. 가장 일반적으로 나타나는 현상은 모든 것을 자기의 잘못으로 생각하며 불안과 혼란스러움이 뒤섞인 자기 죄책과 불신과 같은 것이다. 하지만 반드시 불안과 불신의 형태로만 나타나는 것은 아니다. 어떤 측면에서는 즐거운 형태로 나타날 수도 있다. 그러나 중요한 것은 그것이 즐거운 경험으로 나타나든 불안한 경험으로 나타나든 감각의 수동적인 밤에 나타나는 모든 경험들은 뺄셈과 연루되어 있다. 영혼이 만든 감각적인 우상들이 상실되는 경험으로 인하여 어느 정도 공허감을 느끼게 되어 있다.

　감각의 수동적인 어두운 밤에서 감각적 정화가 시작되면 몇 가지 현상들이 나타나게 된다. 먼저 예전에 경험했던 감각적인 위로나 기쁨을 누리지 못한다. 다음은 걱정과 고통 가운데 하나님께만 관심을 두지만 이때도 아무런 기쁨을 경험하지 못한다. 그리고 묵상이나 사색의 시간을 갖는 데도 어려움을 느낀다. 이것은 영혼으로 하여금 묵상에서 벗어나 관상으로 이끄시기 위한 하나님의 다루심이다.

　감각의 어두운 밤에 들어간 영혼이 취해야 할 태도는 하나님께 자신을 맡기며 고요함과 평온함에 머물도록 하는 것이다. 감각의 어두운 밤은 감각적인 단맛에 중독된 영혼을 정화하는 여정이다. 이 여정을 통하여 하나님은 우리가 연약한 존재임을 깨닫게 하고 감각적 욕구들로부터 벗어나게 한다. 감각의 어두운 밤에서는 간음의 영, 모독의 영, 혼돈의 영이 다가와 영혼을 유혹한다. 이때 영혼은 시련과 고통을 겪게 된다. 때문에 허약해지기도 하고 병이 생기기도 하며 정신적인 피로감을 경험하기도 한다. 또한 황홀경이나 탈혼과 함께 관절의 통증이 오기도 한다. 이런 현상들은 감각과 정신의 교류들이 순수하게 영적이지 않을 때 일어난다. 정신까지 정화되면 황홀경, 탈혼, 육체의 고통 같은 신비체험은 사라지게 된다. 그러므로 감각적 정화는 정신의 정화를 위한 관상기도의 시작이자 입구와 같은 것이다.

감각의 수동적인 밤에서는 영적 탐욕, 영적 탐식, 영적 질투, 교만, 분노, 나태와 같은 영적인 죄들이 다루어지고 있다. 하나님은 감각의 수동적인 밤을 통해 영혼이 하나님에 대한 존경과 순종과 이웃에 대한 사랑과 덕행 그리고 육신과 마귀와 세속을 이겨 낼 수 있는 능력을 갖도록 한다. 감각의 수동적인 밤에는 영혼이 매우 고통스런 상태와 함께 무미건조한 상태를 경험한다. 이 단계에서 영혼은 감각의 무에서 공포에 빠지고 기도생활을 포기할 만큼 견디기 어려운 과정을 겪어야 한다. 하나님과 관련된 사물이나 피조물에서도 기쁨과 위로를 찾을 수 없게 된다. 때문에 영혼은 자칫 영적인 퇴보라고 생각할 수도 있다. 이때 영혼은 심하게 세심해지고 의심과 공포 등을 느끼기도 한다.

그러나 이런 현상들은 감각적인 것에 중독되어 있는 영혼이 정화되는 과정에서 겪는 것이다. 때문에 이런 메마름의 원인은 하나님께서 영혼이 감각에서 경험할 수 있는 맛을 영적인 방향으로 바꾸시는 과정이기 때문에 영적인 퇴보는 아니다.

3) 정신의 능동적인 밤

감각적 정화가 끝났다고 하여 바로 정신의 밤으로 들어가는 것은 아니다. 하나님께서 영혼을 정신의 밤으로 이끄시는 데는 오랜 시간 혹은 몇 해가 걸리기도 한다. 정신의 어두운 밤에도 능동적인 밤과 수동적인 밤이 있다.

정신의 능동적인 밤이 지니는 특징은 지성과 기억과 의지와 같은 내면적인 것에 적용되는 규율과 인내이다. 십자가의 요한은 세 가지의 성경적 덕목인 믿음과 소망과 사랑이 정신을 해방시켜 주는 도구라고 말한다. 믿음은 지성을 공허하게 만들고, 소망은 기억을 자유롭게 하고, 사랑은 의지를 해방시켜 준다. 십자가의 요한에 의하면 이 덕목들의 실천은 단순히 신앙심을 깊게 하고, 소망을 강하게 하고, 사랑 가운데 살아가는 것보다 훨씬 깊은 것이다.

물론 이런 시도도 다분히 하게 되겠지만, 그런 시도들이 오히려 우리의 애착을 강화시키는 도구가 될 수 있기 때문에, 그것들이 아무리 심오해 보일지라도 냉정한 태도를 지녀야 한다는 것이다.[23] 예를 들어 어떤 사람이 옳은 일에만 목표를 두고 지나치게 완벽을 추구할 때, 강박감에 사로잡히는 사람이 될 수도 있다. 이런 사람은 사랑을 위한 자유보다는 자기 몰두 쪽으로 나아갈 수 있다. 그렇기 때문에 요한은 절제를 권한다. 확장하여 설명하면, 감각의 능동적인 밤과 정신의 능동적인 밤은 둘 다 인내의 훈련과 연관이 있으며, 자기 자신을 감각적, 지적, 정신적 만족이나 그 밖의 다른 만족들로 채우려는 일상적인 습관을 변화시키고자 하는 노력과도 연관이 있다.

> 두 가지의 능동적인 밤은 덧셈이 아니라 뺄셈이며, 복잡화가 아니라 단순화이며, 채우기가 아니라 비우기이며, 축적이 아니라 양도를 향한 움직임이다.[24]

십자가의 요한은 감각적인 밤보다 정신의 밤이 훨씬 힘들고 고통스럽다고 말한다. 이유는 바로 영적인 것을 끊어버려야 하기 때문이다. 감각적인 모든 욕망들이 영혼에게 장애가 된다는 것은 어렵지 않게 알 수 있지만 정신의 밤에서는 이 정도는 괜찮다고 보편적으로 생각하는 것까지 완전히 끊어야 하기 때문에 더 많은 어려움과 고통이 따를 수 있다. 예를 들어 우리가 흔히 생각하기 쉬운 기적과 방언과 환상체험 등에서 오는 즐거움과 심지어 하나님과 사귐에서 오는 기쁨까지도 포기해야 하기 때문이다.

---

23 St. John of the Cross, *Ascent of Mount Carmel*, 79-108.
24 Gerald G. May, *The Dark Night of the Soul*, 83.

4) 정신의 수동적인 밤

정신의 수동적인 밤은 영혼이 완성의 길로 접근하는 단계이다. 이 단계는 "정신 안에서 고요하고 사랑에 찬 관상과 정신의 묘미를 발견할 수 있으나 아직 영혼의 정화가 충분하지 못한 관계로 아쉬움과 메마름과 어둠과 답답함이 아주 없어지지 않고 때로는 전보다 훨씬 더 강렬함으로 비록 기다려지는 밤처럼 계속적인 것은 아닐지라도 그것들은 장차 올 정신의 전조이다."[25] 하나님은 영혼의 모든 능력과 애착과 감성과 감각적인 것들을 다 정화시키시고 지성은 어둡게 하고 의지는 메마르게 하고 기억을 텅 비게 하고 애착은 극도의 불안과 고민에 빠지게 하여 그 전에 영적 보배들에게 느끼던 맛과 감각을 없애 주신다.

이런 여정 속에서 영혼들은 심한 고통을 겪게 된다. 정신의 수동적인 밤 안에서는 하나님의 빛과 지혜가 너무 밝고 맑지만 영혼은 어둡고 불결하기 때문에 하나님의 빛에 의해서 오는 고통을 당하게 된다. 또한 이 밤에서는 신적인 것과 인간적인 것이 만나기 때문에 영혼에게는 밤일 뿐만 아니라 괴로움과 비참과 무능을 느끼게 된다. 이 단계에서 영혼은 의식적인 죄뿐만 아니라 영혼 자신도 모르는 것까지 씻어지는 경험을 하게 된다.

정신의 수동적인 밤은 우리가 하나님의 존재를 좀 더 하나님의 뜻대로 받아들일 수 있도록 도와준다. 그럼에도 이 과정은 우리의 신앙의 토대까지 뒤흔들리는 것 같은 느낌을 받을 때가 있다. 영적 여정에서 삶이 뿌리째 흔들리는 고통스런 느낌을 받을 때 진행되고 있는 일들이 사실은 해방의 은혜로운 과정이며 제한된 습관을 버리고 자유와 사랑을 향한 새로운 개방의 여지를 만들어 가는 과정임을 좀처럼 믿기 어렵다. 하지만 분명한 것은 이런 과정에서 자신이 잃은 것은 하나님이 아니라 단지 자신의 습관적인 감각의 하나님이다.

---

25 St. John of the Cross, *The Dark Night of the Soul*, 43.

우리는 자신의 하나님에 관한 느낌에 너무 집착한 나머지, 그것들을 하나님과 동일시해 버리기 쉽다. 우리는 이 느낌이 단지 신적인 존재에 관하여 우리에게 들려주는 여러 가지 이야기들 가운데 하나라는 사실을 자주 망각해 버리는 경향이 있다. 그것들은 단지 메신저일 뿐이다. 그럼에도 불구하고, 우리는 그것을 하나님인 것처럼 받아들이고, 급기야는 우리 자신의 느낌을 숭배하게 된다. 이것은 아마도 영성생활에서 가장 보편적인 우상숭배일 것이다.[26]

정신의 수동적인 밤은 신념과 이해와 꿈과 기대에 대한 완고한 집착으로부터, 그리고 습관적이고 강박적인 사랑을 베풀고 올바르게 행동하려는 집착으로부터 자유롭게 해준다. 정신의 수동적인 밤에 가장 보편적인 변화는 관계의 변화이다. 자신이 하나님으로부터 다른 사람으로부터 그리고 하나님의 창조물인 자연으로부터 분리된 존재가 아니라는 믿음이다.

정신의 수동적인 밤에서 영혼은 자기 자신에게는 죽고 하나님에 대해서는 살게 된다. 관상의 상태에 들어간다. 관상은 하나님께서 부어주시는 깨달음이다. 그것은 영혼이 능동적으로 하는 것이 아니라 하나님께서 이끌어주시는 것으로 영혼에게는 수동적인 것이다. 이런 관상의 경험은 주부적(infused) 관상 혹은 부어진 관상이다. 영혼은 감각과 정신의 정화와 하나님의 거룩한 빛에 의해 하나님과 사랑에 빠지게 된다. 오직 사랑만이 하나님과 일치시키고 합일하게 만든다. 영혼은 사랑으로 하나님과 연합되고 더 깊은 친밀함과 사귐의 여정에 들어가게 된다.

영혼의 어두운 밤에서 밤 시간은 단지 직선적이고 순서적인 발달과정이 아니라 실제 영성생활에서 밤 시간은 자주 겹치고, 뒤섞이고, 처음으로 되돌아가기도 한다. 다양한 차원의 밤이 언제나 우리 삶 속에 공존한다. 영혼의 어두운 밤은 우리의 영성생활을 특징짓는 지속적이고도 입체적이고도 심오한 신비스런 과정이다. 영혼의 어두운 밤은 우리의 자유를 확대시키는 과정이다. 우리는 하나님이 아닌 수많은 우상에 사로잡혀 있기 때문이다. 그러나 자유는 결코 그 자체가 목적이 아니다. 그것은 그저 어떤 것으로부터 자유인 소극적 자유만은

---

26 Gerald G. May, *The Dark Night of the Soul*, 93.

아니다. 그것은 동시에 어떤 것을 위한 적극적 자유이기도 하다.[27]

영혼의 어두운 밤 동안에는 영적 생활이 종종 퇴보처럼 여겨지기도 하고, 삶이 점점 더 소극적인 모습으로 변화하는 경험을 한다. 영혼의 침체를 경험하게 된다. 하지만 어두운 밤에 영혼은 퇴보처럼 느껴지지만 실은 "침체나 퇴보로 보이는 것은 사실 비밀스런 의지력, 하나님이 그 사람의 마음속에서 행하실 일에 대하여 예라고 대답하는 것의 외면적인 모습일 수가 있다."[28] 영혼의 어두운 밤은 우리의 습관적인 감각에 의해 형성된 우상들에서 벗어나 기도와 자유로 전환하는 과정이다. 때문에 우리는 어두운 밤이 점점 깊어질 수록 우리의 지식이나 인식에 의지하여 그의 경험의 본질을 결정하지 않도록 주의해야 한다.[29]

5. 영적 여정의 네 단계

기독교의 전통에 나타난 영적 여정의 단계를 종합하여 정리해보면 다음과 같이 네 단계로 요약 할 수 있다.[30]

첫 번째 단계는, 각성(awakening)이다. 각성은 살아계신 하나님과 만나는 것이며 참된 자아와 만나는 것이기도 하다. 각성을 통해 우리는 우리의 본질

---

27 마틴 루터(Martin Luther)는 『그리스도인의 자유』(*Treatise on Christian Freedom*, 1520)에서 "그리스도인은 믿음 안에서 모든 것을 지배하는 자유로운 주인이며 아무에게도 종속되지 않는다. 그리스도인은 행위의 면에서는 모든 일을 위해 봉사하는 종이며 모든 사람에게 종속된다"(The Christian is a totally free lord of all, subject to none; The Christian is a ready servant of all, fully subject to everyone. 고전 9:19)라고 하였다. 루터는 그리스도인들에게 필요한 두 종류의 자유를 말하였다. 하나는 소극적 자유다. 이 자유는 무엇으로부터 자유 (from what)다. 이것은 율법과 죄와 억압으로부터 자유다. 다른 하나는 적극적 자유다. 이 자유는 무엇을 위한 자유(for what)다. 이 자유는 율법과 죄와 억압으로부터 자유만이 아니라 하나님이 원하시는 대로 사용해야 할 자유다. 때문에 그리스도인들은 무엇으로부터 자유를 누리는 데만 그쳐서는 안 되고, 그 자유를 무엇을 위해 사용 할 줄 알아야 한다.
28 Gerald G. May, *The Dark Night of the Soul*, 172.
29 St. John of the Cross, *The Dark Night of the Soul*, 21-5.
30 M. 로버트 멀홀랜드, 『영성여행 길라잡이』, 서원교 역 (서울: 살림, 2008), 99-129.

자체에 속한 어떤 것과 하나님의 본질 자체에 속한 어떤 것을 보기 시작한다. 각성은 점진적일 수도 있고 급진적일 수도 있다. 이것은 일상생활을 통해 일어날 수도 있고 매우 특이한 경험을 통해 일어날 수도 있다.

두 번째 단계는, 정화(purgation)다. 이 단계는 우리의 행동과 태도, 소원을 그리스도적인 삶에 더욱 다가서게 하는 과정이다. 정화는 그리스도 안에서 새로운 존재 질서로 통합되는 과정이다. 이 단계에서는 차츰 하나님과의 상호 인격적인 관계를 의식하게 된다. 정화의 단계에서는 의식은 좀 더 순수하고 치밀해지면서 죄의 뿌리를 보게 된다.

이 과정에서는 그리스도 안의 전인성과 심하게 불일치하는 것들을 포기해야 한다. 기독교 영성 전통의 신조들은 이것을 '대죄' 또는 '중대한 죄들'(gross sins)이라고 했다(갈 5:19-21참조). 기독교 전통에서 7가지 대죄는 허영, 시기, 분노, 우울(*tristitia*), 탐욕, 폭식, 정욕을 말한다. 이러한 죄들은 다른 심각한 죄들의 우두머리, 뿌리와 원인이 되기 때문에 대죄라고 부른다. 이 죄들은 삶에서 개인의 기본적인 성향을 결정하는 어떤 근본적인 악의 기질들로 여겼다.[31] 이 단계의 상태에서 영혼에게 필요한 기도는 묵상이다. 여기서 묵상은 본성적 구조에 따른 모든 의식 기능들을 활용한 기도를 말한다. 사실 영혼은 아직 내적 평정에 이르지 않았고 이미지들과 본성적 판단들이 흔히 감각적인 것이기 때문에 영적인 것들로 바꾸어야 한다.

세 번째 단계는, 조명(illumination)이다. 조명은 우리 존재에 깊이 내재된 역학(dynamic)이 현저하게 바뀌고 우리와 하나님과의 관계가 심오하게 변화되는 특징이 있다. 이 상태에서는 예수 그리스도와 인격적인 사랑의 간계가 형성되기 때문에 모든 피조물들을 그 자체로 보지 않고 그리스도와의 관계 안에서 보고 이로써 하나님께 봉사와 영광을 돌리려고 한다. 조명은 사랑으로 하나님께 완전히 헌신하는 경험이다. 조명은 하나님과 나의 관계에 있어서 절대적인 통제를 하나님께 맡기는 것이다.

---

[31] 존 카시안이 원래 여덟 가지 주요 악으로 폭식, 간음, 탐욕, 분노, 우울, 태만, 허영과 교만을 성문화 시켰다. 이 7가지 대죄가 일반적으로 열거되는 순서는 교황 그레고리우스 1세(Gregory the Great, 540-604)가 정한 것이다. 그리고 그는 교만을 다른 7가지 죄에 선행하는 근원적인 죄(root sin)로 규정하였다.

조명에는 여러 특징이 있다. 조명에서 기본적인 변화는 하나님을 '거기 바깥에'에 존재하시는 분에서 내 존재 내부에 깊이 계시는 분으로 경험하는 것이다. 이 변화는 정화 단계에서 영혼에게 나타나는 깊은 차원의 절대적 신뢰와 병행한다. 하지만 조명은 단지 내적인 변화에만 머무르는 것이 아니라 내 존재 안에 깊숙이 그리고 내 주변 세상의 삶의 중심에 임재하시는 하나님께 대해 민감하게 반응하는 삶이다.

네 번째 단계는, 영적 여정의 마지막 단계로 연합(union, 일치)이다. 영적 결혼, 변형시키는 일치(transforming union), 황홀경(ecstasy) 일치의 길(unitive way), 관상(contemplation) 같은 말로도 알려져 있다. 이 단계는 하나님의 사랑이 심화되는 단계다. 결혼을 통해 두 사람이 하나가 되듯 하나님과 영혼은 하나가 된다. 바울은 이 상태를 "주와 합하는 자는 영이라"(고전 6:17)고 하였다. 하나님과 이런 교제를 경험하게 되면 영적 환희를 경험하게 된다. 하나님과 하나가 되어 누리게 되는 경험이다. 영혼은 하나님의 마음과 의지에 따라 움직인다. 연합은 하나님의 은혜의 선물이지 우리가 노력한 결과는 아니다.

6. 영적 여정에서 인간성과 신앙

그리스도인의 영적 여정은 삶의 과정과 신앙을 어떻게 이해하고 경험하느냐와 밀접한 관계에 있다. 우리의 영적 여정은 하나님의 신비에 어떻게 부응하며 살아가는 것과도 관련이 있지만 우리의 삶의 의미와 희망이라는 생명력과 역동성과도 관련이 있다. 때문에 우리의 영적 여정에서 삶의 체계들과 신앙의 유형을 이해하는 것은 중요한 영적방향의 틀을 제공해 준다.[32]

물론 그리스도인의 영적 여정은 발달심리학에서 말하는 인간여정과 동일한 것은 아니다. 왜냐하면 그리스도인의 영적 여정은 하나님의 이야기로 구

---

[32] Perry G. Downs, *Teaching for Spiritual Growth: An Introduction to Christian Education* (Grand Rapids: Zondervan Publishing House, 1994), 69-70.

성되고 인도되는 특별한 공동체에서 발생하기 때문이다.

> 그리스도인의 순례여행은 정신발달이나 지적 발달 이상의 것을 포함한다. 그 여행은 발달 단계별 연관성이 필요하다고 할지라도 에릭슨의 심리사회적 발달 이상의 것을 내포한다. 그것은 또한 하나님의 정의와 돌봄이 필요하다고 할지라도 콜버그나 길리건의 정의나 돌봄의 개념에 따른 도덕적 판단 이상의 것을 포함한다. 그리고 그것은 하나님의 은총에 의해 선물로 주어지는 믿음이 필요하다고 할지라도 파울러의 신앙 발달 이상을 내포하는 것이다.[33]

하지만 우리의 삶의 여정에서 겪는 모든 경험은 우리가 누구인가에 대한 이해를 촉진할 뿐만 아니라 우리의 모든 경험은 하나님에 관하여 그리고 우리의 삶과 영적 여정에 관하여 중요한 통찰과 지혜를 제공해 준다.

1) 영적 여정과 인간성

영적 여정은 덜 인간적이 되고 더 영적으로 되어가는 길이 아니다. 그것은 좀 더 완전한 인간이 되는 과정이다. 우리의 영적 여정은 결코 인간성으로부터 도망치기 위한 과정이 아니다. 샤르댕(Pierre Teilhard de Chardin)의 말처럼 어쩌면 우리는 영적 경험을 하는 인간이 아니라 인간 경험을 하는 영적 존재이기 때문이다.

구원은 우리를 인간성으로부터 구출해 내는 것이 아니라 우리의 인간성을 구속하는 것이다. 비극적인 일이지만 영적 여정에 대한 어떤 관점들은 사람들로 하여금 인간성의 모든 양상들을 부인하도록 만들었다. 어거스틴 추종자들은 한때 성을 거부했고 플라톤적 기독교에 잠식된 사람들은 놀이를 즐기는 성향 등을 거부했다.

---

[33] 브리트 웹 미첼, "발달심리학을 뛰어넘는 신앙적 순례," 마크 맥민, 티모디 필립스 편집, 『영혼돌봄의 상담학』 전요섭 외 공역 (서울: CLC, 2006), 48.

인간됨에 근거하지 않은 영성은 지상의 삶에 아무런 도움이 되지 못한다. 사실 도움이 되지 않을 뿐 아니라 오히려 위험하다. 좀 더 신적으로 보이게 하지만, 좀 더 참된 인간으로 빚어 내지 못하는 영성은 결국 우리의 인격을 파괴한다. 인간됨을 포용하는 것이 예수님께 충분히 바람직한 일이었다면, 우리가 어떻게 인간됨을 조롱할 수 있는가? 우리가 예수님처럼 변화되고 그의 성품을 입기 위해서는, 그와 마찬가지로 우리도 스스로의 인성을 포용하고 우리의 영성을 그 안에서 실현해야만 한다. 진정한 영적 여정은 항상 인성의 구속을 포함해야 하며, 결코 그것을 부인하거나 십자가에 못 박으려 해서는 안 된다.[34]

우리의 영적 여정에서 하나님을 아는 것과 자아를 아는 것의 상호 의존성을 인식할 필요가 있다. 칼빈이 『기독교 강요』 첫 페이지에서 진술한 대로, 자아에 대한 깊은 지식을 떠나서는 하나님에 대한 지식도 경험할 수 없으며, 하나님에 대한 깊은 지식을 떠나서는 자아에 대한 깊은 지식도 경험할 수 없다. 한쪽을 깊이 있게 알수록 다른 쪽을 더 깊이 알아가는 데 도움이 된다.

따라서 영적 성숙은 하나님과 자아의 변증법적인 관계로부터 발생한다. 이 변증법적 관계의 한 쪽에는 무수히 많은 방법으로 우리에게 말씀하시는 하나님이 있다. 그리고 다른 한쪽에는 성숙을 위한 과정의 자아가 있다. 자아는 하나님을 바라보고, 하나님께 귀 기울인다. 칼빈은 이 변증법적인 관계가 한편으로는 하나님에 관한 지식에 따라서 그리고 다른 한편으로는 자기에 대한 지식에 따라서 만들어 진다는 것을 확실히 한다. 영혼이 자신을 들여다 볼 때, 곧바로 자신의 상함과 욕구를 통해서 하나님을 보게 되며, 영혼이 하나님을 올려다 볼 때, 하나님의 거룩하시고 위대하심을 반영하는 상한 존재로서 자신을 좀 더 완전히 볼 수 있게 된다. 관심의 초점이 자기에게서 하나님께로 옮겨지는가 하면, 다시 하나님으로부터 자기에게로 옮겨지는 것이다.

때문에 영적 성숙은 하나님께 대한 진정한 개방과 자기 자신에 대한 앎을 반드시 수반하도록 한다. 성숙한 영혼은 하나님의 형상대로 창조된 자신에 대한 좀 더 심오한 통찰을 향해서 두려움 없이 자신을 개방한다. 하지만 성경 본문

---

[34] 데이비드 베너, 『거룩한 사귐에 눈뜨다』, 41-2.

과 자신의 삶에 일어난 사건들, 그리고 성찰을 통한 하나님의 계시에 개방적인 태도를 취할 때에도 그러한 통찰은 증가한다. 성숙한 영성의 지표는 하나님과 관계에서 발생하는 의식과 우리를 아는 의식과 깊이 관계되어 있다.

그러므로 우리는 성숙한 영적 여정의 길을 걷기 위해서 하나님, 성경, 그리고 인간에 대한 임상적 연구를 살피고 인간의 성장과 개발을 연구할 필요가 있다.

2) 영적 여정과 신앙의 여정

보다 더 현대적인 관점과 언어로 영적 또는 신앙적 여정을 제시한 사람들 중에는 칼 융(Karl Jung)과 제임스 파울러(James Fowler)를 들 수 있다. 파울러는 성인이 경험하는 신앙의 여정을 네 개의 영역으로 구분한다.[35] 관습적 신앙,

---

35 제임스 파울러(James Fowler)는 신앙의 6단계를 통하여 신앙의 단계별 유형과 특징을 기술하였다. 그는 신앙의 6단계 이전의 단계로 신앙발달에 토대가 되는 신뢰, 사랑, 경험, 희망을 경험하는 신앙의 이전단계(pre-stage)를 설명하였다. 이러한 영아기의 신뢰와 관계성을 기반으로 인간의 신앙은 1단계를 직관적이고 투사적 신앙이라고 하였다. 이 단계에 해당하는 7세까지의 아동들은 부모들의 신앙을 반영한다. 신앙의 2단계는 신화적이고 문자적 신앙이다. 이 단계에 해당하는 후기 아동기의 아동들은 부모 이외의 다른 사람들의 신앙을 흉내 낸다. 일부의 성인들은 2단계에 머물러 있다. 신앙의 3단계는 관습적 신앙이다. 이 단계와 관계된 초기 청소년기의 어린이들은 자신들의 동료를 따르게 된다. 신앙은 삶 속에서 증가하는 복잡성을 통합하기 위하여 시작된다. 동료들에 의해 강하게 영향을 받는 많은 성인들은 3단계에 머물러 있다. 신앙의 4단계는 개별적이고 반성적 신앙이다. 이 단계는 후기 청소년기와 초기 성년기에 나타나는 단계로써 전통적인 신앙의 개념들에 대한 질문, 의문, 거부 등과 같은 신앙적인 면과 본인 자신의 헌신에 대한 성인의 책임성에 집중된다. 이 단계는 실존적 신앙 확립의 단계로 개인의 가치관이 개발되는 시기이다. 신앙의 5단계는 결합적 신앙이다. 이는 성숙한 신앙의 단계로서 30세 이전에는 극히 드물게 나타나는 단계이다. 자기 자신의 입장보다는 다른 사람들의 입장을 종합하여 협동하는 단계로써 인종, 사회계급, 관념적 범위를 뛰어넘어 인식하고 반응한다. 이 단계는 신앙의 결실의 단계다. 신앙의 6단계는 신앙이 보편화되는 단계다. 이 단계에 속하는 사람은 극히 드물고 신앙은 개인이 느끼지는 실재로서 하나님과 함께 자아를 초월하는 단계이다. 이 단계의 신앙은 보다 보편적인 인권과 사회정의를 구현하고, 사랑을 실천하기 위해 기존 질서의 불완전한 정의를 변혁시키는데 열정을 가지고 희생적으로 헌신한다는 측면에서 성숙한 신앙이라고 평가하였다. 물론 파울러가 이해한 신앙은 기독교 공동체 속에서 살아 계시고 역사하시는 하나님과 인간과의 관계성 대신에 인간의 정신적 구조에 중점을 두고 있다는 것을 고려해야 한다.

개별적이고 반성적 신앙, 결합적 신앙, 보편화된 신앙이다. 파울러가 구분한 이러한 단계들은 우리의 삶에서 궁극적 가치와 의미를 구성하는 방식들과 관련된 것이다. 파울러는 그 단계들은 연속적으로 일어나며 한 단계에서 다음 단계로 발전한다고 한다. 각 단계의 전이과정에서 우리는 의미의 상실은 물론 그동안 우리가 가지고 있던 하나님에 대한 이미지의 상실이 일어나는 등 상당히 고통스러울 수 있다.

융은 이 여정을 개성화(individuation) 과정으로 보고 일생 동안 여러 인격 체계[36]가 점점 더 개성화되어 간다고 한다. 융에게 개성화란 사람들이 자신의 내면에 있는 자기와 이웃과 우주와 밀접한 관계 속에 있다는 사실을 깨닫고 그 깨달음을 통하여 그의 인격이 변화되는 과정이다. 중요한 것은 여러 인격 체계가 각각 분화되어가면서 그 체계 자체 안에서도 더 복잡하게 분화되어 간다는 것이다. 개성화 과정을 통해 인간은 자아의 의식적 행위의 종류가 크게 늘어난다.[37] 따라서 개성화가 진행됨에 따라 더욱 세련된 돌파구, 즉 더욱 복잡한 상징체계가 필요하다.

또한 건강한 발달을 위해서는 이 여러 인격 체계가 균등하게 개성화될 수 있는 기회가 필요하다. 만일 어떤 하나의 체계가 지나치게 팽창하면 인격은 균형을 잃게 된다. 이러한 의미에서 융의 인격 발달의 여정에서 인격의 통합과 초월의 개념이 중요하게 등장한다. 즉, 통합은 인격의 모든 면의 개성화의 과정을 말하는 것이고 이러한 각 과정을 조절하는 기능을 초월이라고 말한다.[38]

융은 인간의 삶을 크게 두 단계로 나누었다. 태어나서부터 서른다섯 무렵까지의 인생의 전반기에는 주로 주어진 환경에 적응하고 정체성을 확립하는 시기로 보았다. 인생의 후반기인 서른다섯 이후에는 주로 내면에 있는 정신적인 요소를 통합시키고 중요하게 여기는 시기로 보았다. 하지만 융은 인격의 여러 체계는 성인기에 들어서면서 세 단계를 거친다고 설명한다. 외향적 가치에 주

---

[36] 융은 인간의 인격 체계를 하나의 발전되어 가는 메트릭스(matrix)로 설명한다. 그는 이 인격 체계를 설명하면서 자아(the self), 에고(the ego), 페르소나(the persona), 그림자(the shadow), 아니마(anima)와 아니무스(animus)등 다양한 개념을 소개한다. *Anthony Stevens, Jung: A Very Short Introduction* (Oxford: Oxford University Press, 1994), 61-71.
[37] 캘빈 S. 홀과 버논 J. 노드비, 『융 심리학 입문』, 김형섭 역 (서울: 문예출판사, 2004), 132.
[38] 캘빈 S. 홀과 버논 J. 노드비, 『융 심리학 입문』, 138.

의를 기울이는 성인 초기, 정신적 가치를 인식하는 중년기, 그리고 영원한 가치를 생각하게 되는 노년기로 나누어서 보았다.

파울러와 융은 성인들의 영적 여정에서 도움이 될 만한 렌즈를 제시한다. 물론 파울러는 보다 더 인지와 의식의 세계를 통해 그 여정을 다루고 융은 정서와 무의식을 강조한다.

1단계: 외부 문화가 규명한 궁극적 의미와 실재

파울러는 이 첫 단계의 특징은 전통적이고 인습적인 방식의 사고와 경험이라고 설명한다. 이 단계에서 사람들은 외부에서 주어진 전통적인 가치와 형식을 권위를 가진 것으로 그대로 받아들인다. 그들은 그들이 속한 그룹의 가치 기준에 민감하며 거기에 순응하려고 노력한다. 즉, 그들에게 권위는 그들이 속한 그룹의 전통적 가치에 있으며 그것과 다른 것은 용납되지 않는 것이다. 그들은 살아가면서 경험하게 되는 것들을 비판적인 사고 없이 인습적으로 행하며, 그들에게 부모나 공동체로부터 받은 가치와 신념에 의존하며 의심 없이 따르는 경향이 있다. 따라서 이 단계에 있는 사람들은 신뢰가 강한 반면 자율성이 약한 면이 있다.[39]

파울러와 같이 융도 외향적인 가치에 직면하는 시기의 사람들을 설명한다. 융은 성인 초기를 '정신의 탄생기'라고 부를 만큼 이 시기에 많은 변화가 있다고 말한다. 세상에서 자신의 위치를 구축해 가면서 개인이 직면하는 직업이나 결혼과 같은 여러 외적인 일과 관련이 있다. 융은 바깥 세계에 순응하는 자아의 모습을 페르소나(*persona*)라는 용어를 사용하여 설명한다.[40] 사람의 페르소나는 사회상황과 사회관습의 요구에 응답하기 위하여 쓰는 가면이다. 이것은 사회가 사람에게 부과하는 역할 혹은 사회가 연출하도록 사람에게 기대하는 부분이다. 페르소나는 따라서 공적 자아이며, 사람이 세상에 노출시키는 자신의 일면이며, 사회적 자아다. 이 단계에서 개인이 직면하는 문제가 모두 외향적인 일과 관련된 것은 아니지만 가치 추구 면에서 외향적인

---

[39] James Fowler, *Stage of Faith: The Psychology of Human Development and the Quest for Meaning* (New York: Harper & SanFrancisco, 1995), 151-73.

[40] Murray Stein, *Jung's Map of the Soul* (Chicago: Open Court, 1998), 108-20.

가치 즉 물질적인 만족과 확보가 더 큰 관심사이다. 따라서 "나는 누구인가"라는 질문은 근본적으로 가족, 동료, 문화의 가치에 의해 결정된다.

인간은 "나는 누구인가"라는 질문에 대한 내면에 새겨진 저항이 있다. 이러한 양상으로부터 깊은 자기 인식으로 가기 위해서는 보통 극적인 사건을 필요로 한다. 예를 들어 심오한 종교적 체험이나 어떤 트라우마들이다. 이 단계에 있는 사람들은 그들의 경험을 말로 표현하고 탐구하고 확장시키도록 도와주는 것이 영적 여정에서 중요하다. 이런 과정 안에서 이들은 하나님을 경험하는 경우가 많기 때문이다.

2단계: 궁극적 의미와 실재에 대해 자기가 정의하는 세계

이 단계로의 발전은 자동적으로 일어나지 않으며, 어떤 이들은 이것을 회피하려고 한다. 하지만 만일 우리가 이 변화를 성공적으로 잘 통과하게 되면, 우리는 궁극적 의미와 실재에 대한 이해와 새로운 구조가 떠오르는 것을 보기 시작 할 수 있다. 파울러는 이 단계를 집행능력이 있는 자아(executive ego)가 지배하는 개별 성찰력(individuated reflective)단계라고 말한다.[41] 이전에 인습적으로 받아들였던 가치가 증대된 자아의 자율성에 의해 비평적으로 검토되는 과정을 거치게 된다. "나는 누구인가"와 같은 인간의 근본적 질문에 답하기 위해 외부의 권위에 의존하기보다는 개별화의 과정을 거친다. 이 단계의 장점은 독립성과 개별적 성찰능력이다. 하지만 약점은 개인주의적이다. 어떤 생각이나 사상에 흑백 논리에 빠지기 쉽고 종합적 논리가 약하다.

융은 이 단계를 의식적 자아가 지배하는 단계로 본다.[42] 이 단계에서 우리는 명백하게 의식적 자아가 정의한 이념에 의해 움직인다. 이 이념은 우리의 생활방식에 강하게 영향을 미치며 자신이 소속할 공동체를 의도적으로 선택한다. 일단 이 단계에서 견고해지면, 우리는 매우 안전하고 편안하며 충분하다고 느끼게 된다. 우리는 같은 생각을 가진 사람들의 공동체로부터 지지를 이끌어내며 때때로 우리의 가치와 세계관을 나누지 않는 이들을 용납하지 못한다. 이

---

41 James Fowler, *Stage of Faith*, 174-83.
42 Murray Stein, *Jung's Map of the Soul*, 13-30.

단계의 절정에서 우리는 현실의 이념적 구성이 모순에 부딪히게 될 때 그리고 우리의 삶에 힘을 주었던 구조들이 그 권위와 힘을 잃어가기 시작 할 때 우리는 다른 사람의 도움을 필요로 한다.

이 단계에 있는 사람들은 자아의식을 통해 형성된 이념에 기초되어 있기 때문에 그들의 이념적 헌신과 소망을 가지고 종교적 경험을 규정하는 경향이 있다. 때문에 이 단계에 있는 자들에게는 렉시오 디비나 혹은 말씀 묵상이 그들의 영적 여정에 더 효과적일 수 있다.

3단계: 거절 혹은 억압당한 경험에서의 궁극적 의미와 가치

주로 중년에 해당하는 단계로 우리는 이전의 이념적 구성의 한계를 깨닫기 시작한다. 이 새로운 자각은 인생의 초반부에 우리가 스스로 방어해 왔던 것들과는 반대되는 무의식적 세계와 만나지 않을 수 없게 된다. 이성의 한계를 느끼기 시작하면서 우리는 의식과 관계를 맺기 시작하는 기억, 꿈, 느낌들에 관심이 끌리기 시작한다.

파울러는 이 단계를 결합적(conjunctive) 신앙의 단계라고 말하였다.[43] 이 단계는 이성과 비이성, 현재와 과거, 상징과 이념을 통합한다. 이 단계의 신앙은 이전 단계의 개인화를 취하면서 이제 자신이 가진 가치와 신념의 체계가 가진 제한성을 인식한다. 다른 사람과 대립하여 자신을 규정하는 대신에 자신을 개방한다. 특히 이전 단계에서 자신의 가치와 갈등을 빚었던 다른 사람과 그룹들에 대해 개방성을 갖는다. 심지어 역설적 관점까지도 포용하려고 한다. 이 단계에 있는 사람은 '아이러니적 표상 능력'을 갖는다. 이 능력은 자신의 입장이나 자신이 속한 전통의 가치가 제한적이라는 사실을 의식하는 것이다. 하지만 위험성은 진리와 현실의 역설적 성격에 대해 냉소적으로 대할 수도 있다는 것이다.

융의 개별화 과정에서 이 단계의 활동은 우리 자신의 한 부분으로서 우리가 많은 에너지를 이것을 억누르는 데 쏟고 있는 우리의 그림자를 끌어안고

---

[43] James Fowler, *Stage of Faith*, 184-98.

동일화하게 된다.[44] 융이 말하는 그림자는 기본적인 또는 정상적인 본능을 포함하고 있으며 생존을 위해 유용한 현실적 통찰과 적절한 반응의 원천이다. 인간의 자아는 그림자가 서로 사이좋게 조화를 이루면 인간은 충만하고 활기를 느낀다. 융에게 그림자 원형은 인간의 인격에 견실하고 입체적인 특성을 부여한다. 그림자는 인간의 생명력, 창조력, 활기, 강인성을 책임지고 있다.[45] 그림자를 거부하면 인격은 평범해진다.

이 단계에 있는 사람들은 이전에 그들의 그림자 혹은 수치심을 억압하는 데에 사용되었던 에너지와 사귀며 의식적으로 통합시킬 수 있도록 도와줄 때 영적 여정에 도움이 될 수 있다. 때문에 이들의 영적 여정에서는 센터링 침묵기도 또는 집중기도(centering prayer), 꿈 해석 등이 도움이 될 수 있다. 여기서 중요한 것은 하나님의 주도권을 밝히 드러낼 많은 가능성들에 열려 있어야 한다는 것이다.

4단계: 하나님의 창조 행위 안에서의 궁극적 의미와 가치

어느 시점에서 우리는 이전의 단계 안에 포함되어 있던 어둠이 창조와 역사와 그리고 개인적 삶의 경험들 안에서의 하나님의 현존에 대한 좀 더 초월적이며 신비적인 인식 앞에 밝혀지기 시작하는 것을 깨닫게 된다.

파울러는 이 단계를 보편적 신앙 그리고 존재의 공익에의 참여로 분류한다.[46] 보편적 신앙은 이전 단계의 역설적인 복합적 관점들이 근거한 초월적 차원을 이해한다. 이 단계에 있는 사람들은 특히 보편적 가치를 추구하기 때문에 그것을 부정하며 일반 사회 공동체의 구성원들을 억압하는 사회구조에 민감하게 반응한다. 보편적 신앙을 지닌 사람들은 존재한 대한 지고한 경외심으로 무장하고 일반 사회 공동체를 위하여 비폭력적 고난 등과 같은 방식으로 기꺼이 자신을 헌신한다. 때문에 현실에 존재하지 않는 보편 공동체의 비전을 말하고 그것의 실현을 위해서 일하기 때문에 권력자들과의 갈등을 초래하기도 한다.

---

44 John A. Sanford, *Evil: The Shadow Side of Reality* (New York: Crossroad, 1981), 49-66.
45 캘빈 S. 홀과 버논 J. 노드비, 『융 심리학 입문』, 83.
46 James Fowler, *Stage of Faith*, 199-211.

융은 이 단계를 개성화 과정의 정점인 '진정한 자아로 살아가기'로 보았다.[47] 이 과정은 자신의 내면 깊숙이 숨어있는 진정한 자기에 대한 각성을 통해서 사람들은 영적으로 다시 태어나게 된다. 자신의 내면에 있는 편협한 자아에 매달리지 않고 집단 무의식 속에서 모든 것들을 통합시키는 자기를 따라서 살게 된다.[48]

이 단계에 있는 사람들은 창조와 역사 안에서 하나님의 현존과 차츰 하나가 된다. 때문에 이들에게는 침묵기도 혹은 수동적 관상을 통해 기도하게 될 때 영적 여정에 도움이 될 수 있다. 하지만 이 단계에 있는 사람들에게 과거의 기도 방법은 도움이 되지 않는 것은 아니다.

3) 영적 여정과 신앙의 유형

영적 여정에서 중요한 과제 중의 하나는 일생을 통해 끊임없이 성장하고 발달해 가는 신앙의 과정을 이해하고 성숙한 신앙인으로 성장할 수 있도록 돕고 양육하는 것이다.[49]

비록 성숙한 신앙에 대한 보편적인 이해나 신앙 발달의 보편적인 단계를 이론화하는 것에는 한계가 있지만 신앙의 다양한 형태나 유형을 이해하고

---

[47] Murray Stein, *Jung's Map of the Soul*, 151-69.
[48] 융은 집단 무의식의 원형과 본능을 우리 내부에 있는 선조들의 경험으로 정의하였다. 집단 무의식은 한 개인의 정신을 구성하는 정신적 요소이면서 동시에 그의 개인적인 정신 영역을 무한히 초월하는 개관적인 정신이다. 한 개인의 정신과 독립적으로 존재하는 요소이다.
[49] 일반적으로 발달(development)은 미숙하고 낮은 수준에서 보다 성숙하고 높은 수준으로 진행되어 가는 과정적 변화를 의미한다. (Daniel A. Helminiak, *Spiritual Development: Interdisciplinary* (Chicago: Loyola University Press, 1987), 49). 이러한 발달을 인간에게 적용하면, 전 생에 동안 연령의 증가에 따라 발생되는 신체, 인지, 정서, 영성, 행동 등에 나타나는 내적이고 외적인 변화를 의미한다. 발달과 비슷한 의미로 성숙(maturation)과 성장(growth) 등의 유사 동의어가 사용되고 있으나 보편적으로 성숙은 질적 변화를 의미하는 것으로 사람의 생리적 현상과 같이 일반적으로 나타나는 변화를 말한다. 이런 관점에서 성숙은 경험이나 학습과 같은 외적인 영향에 의한 변화라기보다는 유전적이고 생물학적인 진보와 관련된 변화이다. 하지만 성장은 단계마다 성취해야 할 발달과업을 통하여 나타난 결과로 인한 변화이다.(Jack L. Seymour and Donald E. Miller, eds., *Theological Approaches to Christian Education* [Nashville: Abingdon Press, 1990], chapter 2).

그에 따른 신앙발달과 영적발달의 역동적인 과정을 이해하는 것은 영적 여정에 중요하다.

특히 신앙 유형에 대해 주목할 만한 시도를 한 사람은 존 웨스터호프(John Westerhoff)이다. 그는 각 개인의 신앙은 점차적으로 성장하며 그 지경이 확대되어가거나 복잡해져 간다고 이해하고, 신앙의 네 가지 유형(styles)에 대해 설명하였다.

첫 번째 유형은, '경험된 신앙'(experienced faith)이다. 이 유형은 주로 유아기에게서 나타나는 신앙유형으로 신뢰, 사랑, 수용됨과 같은 정서적 경험이 중요한 유형의 신앙이다.[50]

두 번째 유형은, '관계적 신앙' 또는 '귀속적 신앙'(affinitative faith)이다. 이 유형의 신앙은 아동기부터 청소년 초기 동안에 두드러진 유형으로서 자아정체감과 더불어 자신을 받아들여주는 공동체 안에서 다른 사람과 함께 행동하고자 하는 신앙유형이다.[51]

세 번째 유형은, '탐구하는 신앙'(searching faith)이다. 이는 주로 청소년 후기에 나타나는 유형으로서, 사람들이 이전에 가졌던 신앙에 대한 이해에 대해 회의하면서, 지적이고 비판적인 성찰과 탐구를 하게 되며, 공동체의 이야기들과 가르침, 그리고 행동들의 의미와 목적에 대해 해석적 경향을 보이며 질문을 제기하는 경향을 보인다.[52]

네 번째 유형은, '고백적 신앙' 또는 '자기 자신의 신앙'(owned faith)이다. 자기 고백적 신앙으로 말과 행동이 일치하는 성숙한 신앙으로 삶 속에서 신앙을 증언한다. 믿는 것과 삶 속에서 행하는 것 사이의 불일치를 없애기 위해 힘쓰는 신앙유형이다.

---

50 John Westerhoff III, *Will Our Children Have Faith?* (San Francisco: Harper & Row, 1976), 91-93.
51 John Westerhoff III, *Will Our Children Have Faith?*, 94-96.
52 John Westerhoff III, *Will Our Children Have Faith?*, 96-97.

웨스터호프는 이러한 신앙유형을 지닌 사람들은 그들의 자아 정체감이 분명하고, 하나님에 대한 보다 넓은 이해와 세상에서 하나님의 뜻에 일치된 행동을 하도록 도울 수 있는 경험들과 다른 사람들에게 열려있는 사람이라고 하였다.[53] 그는 이러한 신앙의 네 가지 유형은 개인적인 속도의 차이는 있지만, 각 개인의 삶에서 적절한 환경과 경험과 상호작용이 있을 때 점진적으로 성장해 간다고 보았다.

또한 중요한 것은 보다 발전되고 성장한 신앙이 보다 훌륭한 신앙이라고 말할 수 없으며, 신앙의 각 유형이 쉽게 판단되어서도 안 된다고 피력하였다. 보다 더 성숙한 신앙에 도달하기 위하여 우리는 삶의 여정에서 긴 나그네 길을 가야 한다. 이 여정에서 모든 신앙인들은 보다 더 나은 신앙의 발달과 성장의 실현을 목적으로 삼아야 하겠지만, 우리가 어떤 유형의 신앙을 가지고 있더라도 그것은 하나님의 구원의 은총 밖에 있는 것이 아님을 잊어서는 안 된다.

토마스 그룸(Thomas Groome)은 웨스터호프처럼 신앙의 유형에 대한 이론을 제기하지는 않았지만, 그는 신앙에 대한 이해를 인지적인 앎이나 정서적인 신뢰와 같은 한 가지 차원으로 국한시켜 이해하는 것의 오류를 지적하면서 전인적이고 통전적인 이해를 추구하였다. 그는 기독교 신앙을 세 가지 차원에서 이해한다. 기독교 신앙은 본질적으로 세 가지 국면이 통전적 관계 속에 있다고 피력하였다. 그것은 믿는다는 인지적 차원(believing), 신뢰한다는 정서적 차원(trusting), 행한다는 행위적 차원(doing)이다.[54]

이 세 차원은 기독교 공동체의 삶 속에서 서로 분리될 수 없다. 그룸은 비록 인간의 몸의 경험이 신앙의 성장과 종교적 사고발달에 어떻게 영향을 미치는가에 대해 자세히 설명하지는 않았지만, 신앙의 인지적, 정서적, 행위적 국면을 강조함과 동시에, 특별히 신앙 발달에 있어서 몸의 경험의 중요성에 대해서 논했다. 인간은 이성, 정신, 감성을 통하여 배우고 발달하지만, 몸의 경험을 통하여 앎이 증진된다는 것을 알 수 있다. 인간의 몸의 경험은 그 경험이 제공하

---

53 John Westerhoff III, *Will Our Children Have Faith?*, 98-99.
54 Thomas H. Groome, *Christian Religious Education: Sharing Our Story and Vision* (San Francisco: Jossey-Bass Publishers 1991), 57-66.

는 지혜뿐만 아니라, 그 경험으로부터 오는 감사, 사랑, 기쁨, 성장, 고통 등 그 자체로 중요하다.[55] 때문에 몸의 경험과 신앙의 발달과 영적 발달의 관계는 결코 간과할 수 없는 국면이다.

---

[55] Elisabeth Moltmann-Wendel, I Am My Body: New Ways of Embodiment, Translated by John Bowden (London: SCM, 1994)을 참조.

제2장

영성생활과 일상성
Spiritual Life and Dailyness

1. 일상의 거룩함

현대 그리스도인들 사이에서는 기독교가 이원론적 원리에 따라 신앙을 규정하는 것을 극복하고 일상의 삶 속에서도 적실성을 가져야 한다는 확신이 증가하고 있다. 우리는 일상생활의 모든 영역이 우리의 믿음과 통합되도록 일상을 구속하는 데 돕는 신학이 필요하다.[1] 이와 같은 신학을 추구하는 것이 영성신학이다. 영성신학은 성경의 원리에 입각하여 우리의 영적 체험을 연구하고 그 체험의 구조와 법칙들을 파악하는 데 목적이 있다.

우리는 두 가지 관점에서 기독교를 생각해 볼 수 있다.

첫째, 거룩한 하나님의 현존 안에 머무는 것과 그 현존에 의하여 우리의 삶이 영향을 받도록 배우는 것과 경험하는 것을 목적으로 삼는다.

둘째, 우리가 일상생활의 거룩한 차원을 직접적으로나 상징적으로 볼 수 있도록 기독교가 우리를 인도하는 것이다.[2]

---

1 Robert Banks, *Redeeming the Routines: Bringing Theology to Life* (Wheaton, Ill.: Bridge Point, 1993)을 참조.
2 Thomas Moore, *Care of the Soul*, 214.

후자의 차원에서 기독교는 우리가 하는 모든 일 속에 내재한 기독교에 대하여 지속적으로 염두에 두고 사는 길이다. 어떤 이들에게는 기독교가 주일이나 안식일의 일이기 때문에 그들은 삶을 거룩한 안식일과 세속적인 한 주간으로 나눈다. 어떤 이들에게는 기독교란 주일 또는 안식일에 감동을 받는 것과 거기서 지탱하는 것을 한 주간 내내 지키는 것이다.[3]

우리는 가장 평범한 삶과 환경 속에서 거룩한 것을 경험할 수 있어야 한다. 부모에게 전화를 하는 일에서 거룩함을 느낄 수 있어야 하고, 일기를 쓰는 가운데서 거룩함을 경험할 수 있어야 하고, 설거지를 하면서도 하나님의 임재를 경험할 수 있어야 한다. 이런 차원들을 거룩한 삶 또는 영적인 삶과 일체화시킴이 없으면, 기독교는 인간의 상황으로부터 분리되어 버리기 때문에 그만큼 타당성을 잃게 된다.

영적인 삶을 일상의 삶으로부터 멀리 떨어지게 하는 삶을 추구하는 사람들은 형식적으로 보면 극히 영적인 데도 평범한 생활 속에서 가치관을 천명하는 것은 철저하게 세속적인 경우가 많다. 우리는 이처럼 지나치게 영적인 것으로 추구하면서 영성을 죽이는 경우가 있다.

> 순수하게 영적인 목적만을 위해 존재하는 공동체는 어떤 사소한 위반도 영적 실재에 대한 침해로 여기고 매우 무자비한 태도를 동반할 수 있는 급진적인 행동을 취하기 때문에 비영적이고 세속적인 요소들을 오히려 발전시킬 위험이 있다.[4]

일상을 떠난 영적 추구는 거룩한 것을 이상화시키거나 고귀하게 만들려는 의도와는 반대로 오히려 삶으로부터 멀리 떨어져 나가게 하기 때문에 실제로는 거룩한 것에 대하여 순전하게 느낄 감수성을 방해하는 결과를 초래한다.[5]

우리의 영적인 삶은 가장 작은 나날의 활동 속에서 싹이 나고 햇순이 돋고 꽃이 피도록 해야 한다. 그리스도 안에서 누리는 삶과 교제는 기도와 예배와 같은 행위뿐만 아니라 결혼, 가족, 일, 친구와 같은 일상적인 관계를 모두 포

---

3 Thomas Moore, *Care of the Soul*, 214-15.
4 사이몬 찬, 『영성신학』, 157.
5 Thomas Moore, *Care of the Soul*, 215.

함한다. 아빌라의 테레사는 매일의 신실한 순종이 극적인 영적 체험들만큼이나 가치 있는 것임을 강조하기 위하여 하나님이 그릇과 냄비 가운데서 발견된다고 가르쳤다.[6] 그녀는 영적인 성숙은 신비한 경험들이 아니라 실제 삶의 맥락에서 하나님의 뜻을 행하고 있는가에 따라 평가되어야 한다고 믿었다.

그리스도 안에서는 일상적인 것이 은혜의 통로가 된다. 그것을 세속에 맡기는 것은 이원론에 굴복하고 만물에 대한 그리스도의 주되심을 부정하는 것이다. 일상적인 삶의 실체를 인정하는 사람은 삶의 부차적인 것과 본질을 더 명확히 구분할 수 있고, 또한 두 가지를 모두 유지할 수 있다. 일상적인 삶은 진정한 영적인 삶과 분리되지 않는 사람들이 더 풍성한 삶을 살게 되어 있다. 왜냐하면 이런 사람들은 모든 삶에서 영적인 렌즈를 가지고 살아가기 때문이다.[7]

우리가 일상생활 속에서 성숙한 영적인 삶을 누리기 위해서는 특별히 우리가 살아가는 세상에 대한 성경적 이해가 필요하다. 성경은 세상을 세 가지 의미로 묘사한다.

---

6 Teresa of Avila, *The Collected Works*. Translated by Kieran Kavanaugh and Otilio Rocdriguez (Washington: Institue of Carmelite Studies, 1985), 3: 119-20.

7 틸든 에드워드(Tilden H. Edwards, Jr.)는 일상의 일터에서 매순간 일이 거룩한 것임을 상기시킬 수 있는 방법들을 제시하였는데 그중에 몇 가지를 소개하면 다음과 같다. (1) 특별한 성경구절이나 주기도문 같은 기도문을 반복하든지 혹은 특정한 이미지를 반복해서 떠올린다. (2) 하루를 지내며 가끔 몸에 지니고 있는 어떤 물체를 만진다. 이것은 십자가 목걸이나 팔찌 혹은 주머니 속에 간직한 물건을 만지는 일일 수도 있고 또 당신 자신의 심장에 손을 얹는 일일 수도 있다. (3) 우리의 일터에서 더 크신 하나님의 임재를 상기할 수 있도록 만드는 특별한 대상을 시간을 정해 놓고 바라본다. 이 대상은 십자가 혹은 촛불과 같이 어떤 정해진 특정한 믿음의 의미를 지닌 것일 수도 있고, 돌이나 석양 혹은 바다의 사진처럼 자연의 일부인 특별한 대상일 수 있다. 그러나 만약 당신이 실외에서 일하거나 창이 있는 곳에서 일한다면 하늘이나 나무 같은 자연을 직접 바라볼 수 있다. (4) 일터에서 만나는 특별한 사람이나 상황을 위한 중보기도이다. 여기에는 그날 자신이 하는 일을 어떤 특별한 사람들이나 상황을 위해 하나님께 헌신하는 것이 포함된다. (5) 무엇이든 더할 필요 없이 무슨 일이 벌어지든지 단순하게 그리고 즉각적으로 이 일을 하는 순간에 하나님의 사랑이 가득하고 또 우리에게 주어지는 것임을 있는 그대로 인식하는 것이다. 이는 친밀한 하나님의 임재 연습이라 할 수 있다.(틸든 에드워드, 『영혼을 돌보는 영성지도』, 이만홍, 최상미 역 (파주: 로뎀, 2010), 287-89.

첫째, 세상은 단순히 창조된 질서를 말할 수 있다. 성경은 "우주와 그 가운데 있는 만유를 지으신 신께서는 천지의 주재시니 손으로 지은 전에 계시지 아니하시고"(행 17:24)라고 말한다.

둘째, 세상은 하나님이 심판할 세상, 인류가 살고 있는 현실의 국가를 말할 수도 있다. 바울은 하나님의 분노가 어떤 경우에 정의롭지 않은가라는 의문에 대해 이렇게 말한다.

> 결코 그러하지 아니하니라 만일 그러하면 하나님께서 어찌 세상을 심판하시리요 (롬 3:6).

데이비드 웰스(David Wells)는 다음 두 가지 의미에서 교회가 세속적이 되는 것은 올바른 것이라고 말한다. 하나는 하나님의 창조질서에 충실한 청지기가 되기 위해서이고 다른 하나는 세상에 복음을 전함으로써 이웃들에게 사랑을 보여야 할 때이다. 이것은 바울의 기도에 잘 나타난다.

> 내가 비옵는 것은 저희를 세상에서 데려가시기를 위함이 아니요 오직 악에 빠지지 않게 보전하시기를 위함이니이다. 아버지께서 나를 세상에 보낸 것 같이 나도 저희를 세상에 보내었고 또 저희를 위하여 내가 나를 거룩하게 하오니 이는 저희도 진리로 거룩함을 얻게 하려함이니이다(요 17:15, 19).

셋째, 세상에 대하여 하나님을 배반한 타락한 인류 세계라고 언급한다. 웰스에 따르면 이것은 하나님 앞에 경배하는 일, 진실성을 수용하는 일, 그의 계명을 복종하는 일 그리스도 안에서 믿는 일들을 따르길 거부하는 모든 사회의 집단적 표현이다.[8] 이러한 의미의 세상은 하나님의 신성한 질서를 대체해 버린 타락한 생활방식이다.

---

8 David Wells, *God in the Wasteland: The Reality of Truth in a World of Fading Dream* (Grand Rapids: Eerdmans, 1994), 39.

그렇다면 세속성이란 무엇인가?

그리스도인들은 세속성을 윤리적인 차원 안에서 이해하는 경우가 많다. 하지만 카이퍼(R. B. Kuiper)는 세속성이란 쉽게 정의할 수 없는 특성이 있다고 강조하면서 "몇몇 그리스도인들은 세상의 타락한 죄에 대해 교회의 강한 입장을 견지한다.

그럼에도 분명히 세속적이다. 교회는 세상에 대항하는 확고한 입장에 대한 자부심이 있으나 세상이 거대함을 중시하는 것처럼 거대해지기를 바라고 있다. 그들은 영적인 집으로 건축된 신령한 돌(벧전 2:5)이라는 관점보다는 값비싼 석조 건축물의 관점에서 교회를 생각한다. 그들은 영적인 성장보다는 수적인 증가를 위해 노력한다. 이것 또한 세속성이다"라고 하였다.[9] 카이퍼의 관점은 세상처럼 생각하는 것이 세속성이다. 세속적인 것이란 세상에서 우리가 하는 어떤 일과 관련된 것이 아니라 우리가 물질적인 가치에 몰두하는 것이다.

성경이 말하는 세속성이란 영의 눈이 아니라 육의 눈으로 어떤 것을 바라보는 것이다. 메이첸은 "교회에 대한 실제적인 위협은 외부가 아니라 내부에서 온다"고 말하였다.[10] 그리스인들의 거룩성은 일상으로부터 분리가 아니라 베드로전서 2:9에서 볼 수 있는 것처럼 예수 그리스도에 의해 그의 보배로운 소유로 부름을 받은 자로서 구별된 삶으로부터 온다. 거룩하다는 것은 우리가 세상으로부터 분리된 삶이 아니라 세상 속에서 구별된 삶을 살아가는 것이다.

우리는 교회 밖의 세상 역시 매우 중요하다는 것을 알아야 한다. 이러한 고민을 깊이 있게 조직적으로 최초로 설명한 것이 아브라함 카이퍼의 영역 주권(sphere sovereignty)이다.[11] 즉, 신앙은 우리의 모든 삶에 나타나야 한다는

---

9 R. B. Kuiper, *The Glorious Body of Christ* (Edinburgh: The Banner of Truth Trust, 1967), 59-60.
10 Gresham Machen, *God Transcendent*, Edited by Ned Bernard Stonehouse (Edinburgh: The Banner of Truth Trust, 1982), 108.
11 아브라함 카이퍼(Abraham Kuyper, 1837-1920)는 화란의 개혁주의 목사요 신학자요 정치가였다. 하나님은 구속의 하나님인 동시에 창조의 하나님이다. 하나님은 만물을 그 종류대로 창조하셨다. 카이퍼는 이 '종류대로'의 창조 개념을 생물학적 영역에 그치지 않고 모든 창조 세상의 영역으로 확장했다. 우리의 소명이 모두 다르듯 세상의 다양한 국면들 속에도 각각 하나님이 창조하신 고유한 주권적 영역이 있다. 아브라함 카이퍼는 이것을 영역 주권이라 하였다. 즉, 카이퍼는 구원의 적용범위를 인간뿐 아니라 창조세계의 전 영역으로 확

사상이다. 그리스도인은 교회와 정치와 경제와 사회와 가정과 문화와 예술과 같은 세상 전 영역에서 세상 사람들보다 더 열정적으로 사는 것이다. 가정, 사회, 교회, 정부 등은 하나님이 세우신 세계질서의 기본이다. 따라서 정부 관리들은 사실상 '하나님의 일꾼'(롬 13:6)이다. 불신자라 할지라도 신자와 일반 시민에게 선을 베풀고 악한 자를 처벌하는 그들을 존중해야 한다. 우리가 숨 쉬며 살아가는 세상은 하나님의 은혜가 펼쳐지는 장이다. 우리가 하나님의 은혜를 더 넓게 충만하게 누리는 방법을 놓쳐서는 안 된다. 프란시스 휴댁(Francis Houdek)은 다음과 같이 제안한다.

> 기도생활이 건조해진 사람에게 가장 필요한 것은, 그를 기도나 교회생활 외에도 폭넓은 경험을 통해 역동적인 하나님을 경험하도록 권하는 것이다. 하나님은 보통 '쉼, 자연, 관계' 같은 것을 통해 발견된다. … 기도가 갑자기 안 되는 상황에서는, 자신의 삶에서 실제적이고 다양한 방법으로 하나님의 손길을 경험할 때, 새로운 감격과 행복이 되살아나게 될 것이다.[12]

하나님의 은혜는 우리의 기도를 통해서도 경험 할 수 있지만, 산책을 하고, 음악을 듣고, 친구를 만나고, 가족과 함께 여행을 하고, 운동을 하는 가운데에서도 경험할 수 있다.

장하였다. 그 최종목적은 원(原) 우주의 총체적 회복에 있다. 그리스도는 죄로 인해 타락된 인류 구속을 위한 중보자이실 뿐 아니라 또한 파괴되고 왜곡된 창조세계의 회복자이시라는 것이다. 세상의 모든 영역 가운데 그리스도가 주인이 아닌 영역은 단 한 부분도 없다. 왜냐하면 하나님은 이 세계의 보이는 것과 보이지 않는 모든 영역의 창조주이기 때문이다. 이 세계는 다 하나님의 것이고, 그리스도의 것이며, 우리들의 것이다. 그리고 그 모든 영역을 회복함에 있어 하나님은 우리 인간을 도구로 사용하신다. 따라서 카이퍼는 이 세계를 '거룩'과 '세속'으로 이원화시키는 것을 거부한다. 그리스도인은 거룩한 열정을 품고 삶의 모든 영역에서 하나님의 영광을 위해 살아야 한다. 이 영역은 보편적이다. 그리스도인은 교회와 정치와 경제와 사회와 학문과 문화와 예술과 같은 세상 전 영역에서 빛과 소금으로 살아야 한다는 것이다.

12 Francis J. Houdek, *Guided by the Spirit* (Chicago: Loyola, 1995), 88-9.

2. 일상과 기도

우리는 일상의 삶과 영적 삶을 이분법적으로 구분해서는 안 된다. 우리는 직접적인 사회참여 없이 기도와 같은 영적 일에 전념하는 사람을 사회를 등진 사람으로 여기려는 유혹에 유의해야 한다. 이러한 유혹에 대해 사이몬 찬은 다음과 같이 진술하였다.

> 기도와 함께 우리는 현실에 대한 더 큰 비전을 필요로 한다. 우리는 세상의 상황을 우리의 의식적인 사고와 기도 안으로 가져올 필요가 있다. 우리의 비전이 좁고, '영적인' 문제들에 지나치게 제한되어 있다면, 우리의 기도는 좁은 관심 분야 주위를 맴도는 경향이 있다. 어떤 사람들은 열심히 기도할지라도, 사회적, 정치적 세계는 그들의 기도에 등장하지 않는다. 그러나 그러한 사람들의 기도가 진실하지 않다거나 진지하지 않다고 생각해서는 안 된다. 변화가 주로 자신들과 관련되어 있기는 하지만, 그들도 자신의 작은 방식으로 변화를 초래하고 있다. 우리는 사회 참여 이론을 통해 어떤 사람의 영적 생활을 평가하는 것을 주의해야 한다. 이 사람들은 그들의 한계 내에서 하나님이 받으실 만한 제사를 드리고 있다.[13]

기독교 역사에서 영적 파수꾼의 역할을 감당 했던 수도원에 대해 개신교 전통에서는 부정적인 견해를 가지고 있는 경향이 있다. 분명 수도원은 지나치게 그리고 엄격하게 영적 삶을 일상적 영역으로부터 분리시켰던 부분이 있기도 하였다. 하지만 머튼은 이러한 관점과는 다른 견해를 피력하였다. 그는 수도사를 일상을 등진 사람으로서 보지 않고 오히려 사회적 비평가로 묘사하였다.

> (수도사는) 사회의 근본적인 가치들에 문제를 제기하는 비평가로 이해하였다. 머튼이 보기에 수도원 운동은 성육신이나 일상의 삶으로부터 도피한 것이 아

---

[13] 사이몬 찬, 『영성신학』, 268-69.

니라 오히려 세계 구원에 동참하는 특별한 방식이었다. 수도원의 기도는 인간의 소외에 대한 심원한 직면이며, 따라서 환상과 거짓의 기초를 흔들리게 하는 데는 이 기도가 필수적이다.[14]

머튼은 "수도사는 본질적으로 현대 세계가 그 구조에 대하여 비판적인 태도를 취하는 사람이다"라고 하였다.[15] 메이는 우리가 세상을 사랑하는 영적 방식을 『무지의 구름』의 저자를 통해 다음과 같이 진술하였다.

> 나는 『무지의 구름』의 저자가 정곡을 찔렀다고 생각한다. 하나님만을 향한 내 갈망은 내 친구들에게 더 많은 도움이 될 것이다. 왜냐하면 하나님을 향한 내 갈망이 그들을 진정으로 도울 수 있는 행동들을 낳을 것이기 때문이다. 그것은 도움을 주는 행동은 하지 않으면서 하나님만을 갈망하는 것이 아니라, 진정으로 도움이 될 수 있는 행동들의 근원이 되시는 하나님을 갈망하는 것이다. 이것은 그렇게 단순하다. 효율성을 우선시한다면 세상은 오늘날의 모습처럼 된다, 그러나 사랑을 우선시한다면 효율성의 전체 의미가 변할 것이다. … 사랑은 어떠한 목적에 대한 수단이 될 수 없다. 사랑은 우주의 강한 영적 에너지다. 그것은 우리가 참여하는 것이지, 이용하는 어떤 것이 아니다. 아무튼 사랑을 향한 우리의 갈망과 사랑의 과정에 참여하려는 우리의 무의식적인 반응 사이에는 충분한 공간이 있어야 한다. 그렇지 않으면 도움을 주려는 광적인 시도가 오히려 진정한 사랑을 망칠 것이다.[16]

기도는 아주 사회적인 행동이다. 예수님이 제자들에게 "주의 나라가 임하옵시며"라고 기도하라고 가르쳤을 때, 예수님은 궁극적으로 지상에서의 하나님의 통치는 기도하는 사람들을 통해서 성취된다는 것을 가르치신 것이다. 기도는 세상을 등진 행위가 아니라 하나님이 우주의 삶의 중심에 계시다는

---

14 Kenneth Leech, *Soul Friend*, 189.
15 Thomas Merton, *The Asia Journal of Thomas Merton* (1974): 329, Kenneth Leech, *Soul Friend*, 189에서 재인용.
16 제랄드 메이, 『사랑의 각성』, 330-31, 334.

것을 인정하는 것이다. 때문에 이러한 기도 행위는 세상에서의 진정한 영적 참여이다. 그러므로 기도 없이는 세상에서 진정한 영적 참여는 있을 수 없다.

요한계시록 8:3-5은 성도의 기도가 세상에 미치는 효과를 묘사한다. 성도의 기도는 천국의 향로와 함께 천사에 의해 하나님의 존전으로 올라간다. 그 후 "천사가 향로를 가지고 단 위의 불을 담아다가 땅에 쏟으며 뇌성과 음성과 번개와 지진이 난다." 이는 기도가 우주에 미치는 생생한 묘사이다. 비록 우리의 기도가 우리의 눈에 직접적인 결과로 나타나지 않을지라도 우주적인 영향력을 가지고 있는 영적 활동임을 보여주는 것이다.

확실하게 기도는 우리 자신을 넘어서는 공동체적인 활동이다. 우리가 하나님을 만물의 중심으로 믿을 때, 우리의 기도는 공동체적이고 사회적인 의미를 가진다. 우리는 하나님과 우리 자신과 다른 사람들 그리고 하나님이 창조한 세계가 유기적인 관계 안에 있다는 것을 안다. 우리가 하나님 안에서 만물의 유기적인 상호 연관성을 이해하지 못하고서는 실제로 기도할 수 없다. 만약 우리가 일상의 삶과 기도를 분리해 버린다면, 그것은 마치 돼지들이 도토리를 먹으면서 그들에게 생명을 주는 태양이나 양분을 취하게 되는 하늘에 대하여 고려지 않고, 도토리나무의 진정한 뿌리가 어디로부터 왔는지에 대하여 생각하지 않는 것과 같은 것이다.

이처럼 우리가 일상에서 누리는 모든 것에는 하나님의 손길과 수많은 사람의 수고와 자연의 재료들이 함께 어우러져 있듯이, 우리의 영적인 경험도 이러한 모든 것들과의 관계 안에서 발생되는 것이다.

유진 피터슨은 기도는 모든 사회적, 정치적인 영역으로 울려 퍼지는 '자아를 허무는'(unselfing) 과정으로 이해했다.

> 기도하는 사람들은 자신들이 우주에서 그의 규칙을 세우는 왕과 하나님 앞에서 사람들을 올바르게 세우는 제사장과 관련이 있다는 것을 발견한다. 우리는 기도를 통해 하나님의 인격적/정치적 행동의 중심에서부터 참여한다.[17]

---

17 Eugene Peterson, *Earth and Alter: The Community of Prayer in a Self-Bound Society* (Downers Grove: InterVarsity Press, 1985), 49.

기도와 일상의 삶을 이원론적으로 규정해서는 안 된다. 기도하는 삶은 우리의 일상의 일부이기 때문이다. 또한 일상의 삶도 넓은 의미에서 기도의 삶이라 할 수 있기 때문이다. 따라서 기도에 전념하는 사람들을 일상으로부터 동떨어진 사람들로 여겨서는 안 된다. 우리의 삶에서 기도하는 것과 일상의 노동은 가치의 문제나 구분할 수 있는 차원의 문제가 아니라 세상에서 영적인 삶의 방식인 것이다. 기도가 우리의 일상을 성화시키고 일상의 노동이 우리의 기도를 더욱 풍성하게 한다는 것을 알아야 한다.

이러한 원리는 기도와 일(*ora et labora*)을 가장 잘 통합시킨 베네딕트의 규칙의 실례에서 볼 수 있다. 베네딕트 공동체의 규칙은 두 가지 극단을 선회한다. 하나님의 일(*opus Dei*)로 불리는 기도와 손으로 하는 노동이 그것이다. 기도와 일의 리듬은 이 규칙 내에서 유지되어 기도가 점차 일을 성화시킨다. 때문에 기도하는 것과 노동하는 것을 이원론적으로 구분하지 않았다.

> 노동하는 것이 기도요, 기도하는 것이 노동이다.

기도라는 용어는 전통적으로 일상적인 기도(habitual prayer)와 실제적 기도(actual prayer)로 불리는 것에 상응하는 넓은 의미와 좁은 의미를 가지고 있다. 넓은 의미에서 기도는 하나님에 대한 그리스도인의 기본적인 태도와 하나님과의 관계를 가리킨다. 그리스도인의 삶은 그 자체를 기도의 삶으로 묘사할 수 있다.[18] 이러한 기도의 삶은 쉬지 말고 기도하라는 바울의 부탁에서 엿볼 수 있다. 기도가 관계라는 언어와 깊이 관련된 용어라면 하나님과 친밀한 관계를 형성하는 삶은 모두 넓은 의미의 기도에 포함된다고 할 수 있다. 하나님과의 다양한 친밀한 관계를 통해 기도의 삶이 성장한다.

좁은 의미에서의 기도는 하나님과 교제하는 영혼의 구체적인 행동을 일컫는다. 실제적인 기도는 정해진 시간 기도, 묵상적인 기도, 부르짖는 기도와 같은 기도의 다양한 방법, 고백, 청원, 감사, 찬양과 같은 기도의 다양한 종류에 의해 구별 될 수 있다.

---

[18] 사이몬 찬, 『영성신학』, 178.

실제적인 기도와 일상적 기도의 관계는 비유를 통해 가장 잘 설명할 수 있다. 친밀한 연인들의 사귐을 보면, 그들은 일상적인 사랑의 상태에서 살고 그것은 그들의 관계의 토대다. 그러나 좋은 연인들은 그들의 사랑을 표현하기 위해 특별한 시간들을 정기적으로 갖는다. 일상적인 기도와 실제적인 기도가 모두 필수적이다. 따라서 기도의 행동들은 일상적인 기도를 발달시키고, 일상의 모습이 형식주의로 흐르지 않도록 보증한다. 동시에 기도의 일상은 행동들의 규칙적인 실행을 가능하게 한다. 두 가지는 서로를 유지시키며 풍성하게 하는 역할을 한다.

스미스는 생애의 여러 변환과 이혼, 가족 구성원의 죽음, 집을 떠남, 직장을 잃음 등은 우리의 종교적 실천에 부정적으로 영향을 미친다는 것을 지적하였다.[19] 이는 우리의 일상이 우리의 영적 삶에 중요하게 작용을 할 뿐만 아니라 영적인 삶과 일상적인 삶은 결코 분리될 수 없는 것임을 밝혀준다. 일상적인 것의 반대편에 우리의 영적인 것을 건설하는 것은 어리석은 것이 아니라 잘못이다. 진정한 "기적은 물 위를 걷는 것이 아니다. 기적은 땅 위를 걷는 것이다."[20] 지금이 그 시간이며 이곳이 그 장소이다. 그리고 오늘이 바로 그 삶의 시간이다.

3. 영적 고향

우리의 영혼을 잘 돌보기 위해서는 삶의 모든 국면에 대해서 지속적으로 관심을 가져야 한다. 이는 본질적으로 평범한 일과 나날의 일들을 가꾸는 것을 의미한다. 이런 가꿈과 이런 돌봄이 없으면 영혼은 바르게 양육될 수 없다. 그러므로 우리는 어느 봄날 꽃이 만발한 가운데 하나님은 우리 안에 함께하실 수 있음을 알아야 한다. 이와 마찬가지로 우리의 일터에서도 그러하실 수 있다. 실제적으로 우리는 영적 체험의 장소의 수를 제한할 권리도 없

---

[19] Christian Smith with Patricia Snell, *Souls in Transition: The Religious & Spiritual Lives of Emerging Adults* (New York: Oxford University Press, 2009), 75.
[20] Dorothee Solle, *The Silent Cry*, 178에서 인용.

고 그럴 능력도 없다. 우리가 그러한 노력에 힘을 쏟는 것은 단지 낭비일 뿐이다. 하나님을 위하여 적합한 곳이라도 여겨지는 교회 자체도 '비장소성'의 영적 '장소'라는 것을 알아야 한다.[21] 하나님께서 자기 자신을 알리는 자리는 십자가가 아름답게 장식되어 있는 건물이나, 찬송이 큰소리로 울려 퍼지는 교회나, 금식기도원과 같은 특별한 장소나 행동이 있는 곳에서만 찾을 수 있는 것이 아니다.

우리가 기억해야 할 것은 우리의 일상의 일이 더 영적인 행위가 될 수 있고 우리가 하는 예배가 비영적인 행위가 될 수 있다는 사실이다. 예배를 마치고 물건을 팔 생각이 있다면, 우리는 예배를 드리면서 예배에 몰두할 수가 없다. 누구에게 어떻게 얼마에 팔 것인가에 몰두하여 예배는 건성으로 드려질 것이다. 그리고 예배드리는 동안 '묵상'한 일을 예배를 마치자마자 실행하려고 것이다.

그러나 그것은 예배를 진정으로 드린 것이 아니며 예배의 삶을 살지 못하고 있음을 의미할 따름이다. 예배 중에 하나님을 경험할 수 없는 사람은 영적 고아지만, 청소를 하면서도 하나님을 경험할 수 있는 사람은 영적 자녀다. 우리의 가정이나 일터가 예배당보다 더 깊은 영적 교제의 장이 될 수 있다.

그러므로 영적인 삶이란 하나님과 관계의 문제지 장소나 구역의 문제는 결코 아니다. 하나님의 사랑 안에 있는 사람은 진정한 고향을 경험을 할 수 있다. 그곳은 우리의 마음이 있는 곳이요 우리가 하나님과 함께 있는 곳이다. 그곳은 우리가 어디에서 무엇을 하든지 언제나 바로 지금 여기에 있는 우리의 영적 고향이다. 가정에서의 고향, 일터에서의 고향, 관계에서의 고향, 모든 곳에서의 고향이다. 그러나 계속적으로 새로워지는 지금 여기에서 언제나 새로운 고향이다.

---

21 Dorothee Solle, *The Silent Cry*, 97.

4. 마리아와 마르다

　복음서의 마리아와 마르다의 이야기(눅 10:38-42)는 우리의 영성생활에 중요한 지침을 제공해 준다. 예수님께서 마리아와 마르다 집에 초대받으셨을 때, 마리아는 예수님 앞에 앉아 유순하게 말씀을 경청하고 있는 동안 마르다는 저녁 식사를 준비하느라 바빴다. 마르다는 마리아가 자신을 도와주지 않는다고 불평했다. 그때 예수님은 마르다에게 너무나 많은 것을 걱정하고 있다고 지적하시면서 마리아를 옹호하는 듯한 말씀을 하셨다.

　이 일화를 겉으로 보면, 마치 예수님이 저녁 식사를 준비하고 있는 마르다를 꾸중하시고 유순하게 예수님의 말씀을 들었던 마리아는 칭찬하시는 것처럼 들릴 수 있기 때문이다. 그러나 자세히 보면, 예수님은 마르다가 하고 있는 일이 아니라 그녀가 하고 있는 걱정들을 도전하신 것이다. 그리고 마리아가 유순하게 말씀을 듣고 있는 것 때문에 칭찬하신 것이 아니라 그녀가 예수님과 함께 있는 것을 칭찬하신 것이다.

　마르다의 마음 상태를 묘사하는 데 사용한 헬라어는 '메림나오'(merimnao)이다. 이 단어는 수많은 일에 몰두하여 산만한 상태를 의미하며, 양쪽으로 잡아당겨 둘로 쪼개진다는 의미인 '메리스모스'(merismos)라는 어원에서 파생되었다. 문제는 마르다가 일하고 있다는 사실이 아니라 그녀가 일하면서 지나치게 걱정을 하고 있었다는 것이다. 그러므로 예수님께서 마르다를 지적하신 것은 그녀의 행위 자체가 아니라 그녀가 한 걱정으로 인하여 자신의 지각을 하나님의 임재로부터 빼앗아 버렸기 때문이다.

　기독교 역사에서 중세신학은 이원론적 원칙에 따라 종종 어떤 순서를 설정하였다. 영적인 삶과 세상적인 삶 혹은 이론과 실제에 상응하여 행동하는 삶보다 관조하는 삶을 더 가치 있게 여기는 것이었다.[22] 행위보다 관조하는 것에 차등적 가치를 더 두었다.

　이에 대한 한 가지 중요한 예가 마리아와 마르다 두 자매에 대한 이야기이다. 마리아는 예수님의 말씀을 조용히 경청했지만 마르다의 일상사의 물리

---

22 Dorothee Solle, *The Silent Cry*, 200.

적 욕구에 대한 걱정은 어거스틴 이래로 관조하는 삶과 행동하는 삶에 대한 표상으로 평가되어 왔다. 그리고 관조하는 삶이 더욱 가치 있고 고귀한 것이며, 영적이고 본질적인 것으로 여겼다.[23] 행위적 실천도 중요하지만 관조에 비하면 가치가 떨어지는 하위적인 것으로 분류되었다.

마르다는 필요한 일을 하였지만 마리아는 더욱 영적이고 더욱 거룩한 것으로 여겨졌다. 이러한 태도는 서구의 정신사에서 머리의 일과 손이 하는 일 사이의 관계성은 남성과 여성의 사회적 역할로 분배되어 전승되었다. 이러한 태도는 정신적인 일을 육체적인 일보다 더 성스러운 것으로 여기는 결과를 낳았다고도 할 수 있다.[24]

마이스터 에크하르트는 이러한 이해에 독특하게 이의를 제기하였다. 그는 일을 마치지 않은 마리아를 영적 생활의 초기 단계에 설정한다. 그리고 마르다를 훨씬 가치 있게 설정한다. 그는 마르다는 그 자매인 마리아가 안락감에 빠지고 달콤하게 도취되어 머무는 것이 아닌가 걱정하였다.[25]

마리아가 '좋은 몫'을 가졌다는 성경 본문을 명백하게 달리 해석하면서 에크하르트는 마르다를 행동주의자와 동일시한다.[26] 도르테 죌레는 에크하르트의 관점을 다음과 같이 이해한다.

> 이러한 의미 전환은 마르다가 분주한 행위를 긍정적으로 되살리려고 하는 관심사에서 나온 것이 아니다. 그것은 또한 일하는 사람과 꿈꾸는 사람, 행동하는 이들과 내면적인 사람들, 행위의 생산성과 경건한 감수성 등으로 인간을 분류하는 것을 없애도록 한다. 에크하르트가 마르다의 행동을 마리아의 헌신으로부터 분리하지 않고, 마리아를 마르다 안에서 생각하기 때문에, 에크하르트는 잘못된 서열 만들기와 영적인 것과 세속적인 것의 두 가지 삶의 형태 가운데 강요된 하나의 선택을 거부한다. 신비적인 것으로 말해서 이러한 위계적 또는 가치 등급적인 서열은 지킬 수 없는 것이다. 진정한 묵상이나 관상은 적합한 행위를 하게하며,

---

23 Dorothee Solle, *The Silent Cry*, 200.
24 Dorothee Solle, *The Silent Cry*, 200.
25 Dorothee Solle, *The Silent Cry*, 200에서 인용.
26 Dorothee Solle, *The Silent Cry*, 200에서 인용.

이론과 실제는 해체될 수 없는 연관 관계 속에 있는 것이다. … 내면적인 신비나 외향적인 시대 비평만으로 사는 것이 아니라, 이러한 의미에서 명상과 행위가 조화된 삶을 사는 것이다. … 관조와 행위의 연결은 주고받는 상반적인 것으로서 하나님에 대한 관계를 신비적으로 이해하는 데에 근거한다.[27]

많은 그리스도인들이 자신의 활동과 기도 사이에 선을 긋고 싶어 한다. 기도생활과 일상생활, 예배생활과 사회생활, 말씀 묵상과 자연을 감상하는 삶 등에서 선을 그으려는 유혹에 빠진다. 영성생활을 일상의 삶으로부터 구분하려는 이원론적 오류에 쉽게 빠진다. 분명히 하나님은 우리의 생활 속에서 사랑의 근원자에 대해 의식적으로 주의를 기울이거나 기울이지 않을 자유를 주셨다. 그러나 하나님이 원하시는 것과 하나님의 형상으로 창조된 우리 마음이 가장 깊이 추구하는 것은 사랑이신 그분과 함께 지금 이 순간을 의식하면서 매 일상의 순간을 호흡하며 살아가는 것이다.

5. 영혼의 작품으로서 일

일은 우리의 삶의 의미와 가치 그리고 목적과 구조에 대해 특별한 느낌을 갖도록 해준다. 그것은 임금을 받는 노동, 자원 봉사, 공부, 연구 그리고 가사 일 등과 같은 다양한 형태를 띤다. 기독교적 관점에서 일은 하나의 소명으로 이해된다. 즉, 일은 하나님의 부르심과 임재의 특별한 장이라 할 수 있다. 때문에 모든 형태의 일은 영적인 역설을 제공한다.

일은 영적인 삶과 갈라놓은 차단막이 아니다. 오히려 하나님께서는 삶의 어느 곳에서나 그렇듯이 일터에서도 함께하신다.

하나님은 우리가 하는 일 가운데 모든 가능성과 소망의 직접적 원천이 되신다. 우리는 그분께로 돌아서서 당면한 일에 대한 균형 잡힌 관점과 자유 그리고 궁

---

[27] Dorothee Solle, *The Silent Cry*, 200-01.

훌히 여기심을 즉각적으로 구할 수 있다. 그래서 일은 하나님과 사람의 공동 창작품이 될 수 있는 것이다.[28]

일은 원래 거룩한(성전의) 경내와 동떨어져 있는 것이 아니다. 일이 '세속적인'(pro-fane, 성전 앞에 있는) 것이 아니다. 예를 들어 기독교의 수도사에게는 일이 기도나 예전만큼 세심하게 마련된 삶의 일부다.

> 일은 소명이다. 우리가 그 일을 하도록 부름을 받은 것이다. 그러나 우리는 또한 일에게 사랑을 받는다. 일은 종종 애인이 그렇듯 우리를 흥분시키고, 위로하고, 성취감을 준다. 영적인 것과 에로틱한 것은 늘 함께 있다. 우리가 일을 하면서 에로틱한 느낌을 받지 못한다면 십중팔구는 영적인 차원이 부족한 것이다. 교회에서 행해지는 의례 가운데 세례나 성만찬 같은 의례의 범주에 대하여 전문적으로 붙이는 이름은 예전(liturgy)이다. 이 말은 헬라어 라오스(laos)와 에르고스(ergos)에서 왔는데, 합쳐서 번역하면 단순히 말해서 '보통 사람들의 일' 또는 '평신도의 노동'이라 할 수 있다. 교회에서 행하는 의례는 일종의 일로서, 영혼의 일이다. 의례란 일 속에서 영혼의 뭔가가 창조 된다. 그렇다 해도 그 일은 '세상에서' 행하는 일과 굳이 분리시킬 필요는 없다. 교회에서 일어나는 일이 세상에서 일어나는 일의 표본이기 된다. 교회는 세상적인 활동 속에 종종 숨겨져 있는 심오한 특성을 지적해 준다. 그래서 우리가 할 수 있는 말이 있다. 곧 우리가 하는 일이 도로를 건설하든지, 사람의 머리를 깎든지, 쓰레기를 청소하든지, 모든 일은 거룩한 것이다.[29]

그러므로 우리가 일상생활에서 경험하는 어떤 일도 세속적인 것이 아니라 거룩한 것이다. 일은 단지 기계적인 활동이 아니라 가장 인격적인 활동이다. 일은 수많은 상상의 통로요 창조성을 가장 활발하게 하는 장이다. 일은 우리에게 가장 많은 영향을 준다. 일은 우리 영혼을 향하여 여러 수준에서 말을

---

28 틸든 에드워드, 『영혼을 돌보는 영성지도』, 285.
29 Thomas Moore, *Care of The Soul*, 182.

하는 좋은 친구이다. 일은 우리로 하여금 고통의 의미를 알게 하고 눈물을 경험하게 하고 우리로 하여금 기쁨을 경험하게 하고 심지어 판타지를 경험하게도 한다. 일의 뿌리는 인간의 계획과 해석을 넘어선 하나님의 작품이다. 일은 하나님의 작품에 참여하는 창조적인 활동이다. 이런 의미에서 일은 의미와 정체성을 가장 잘 깨닫게 하는 소명이다.

연금술에서는 영혼의 물질들을 가지고 작업하는 과정을 두고 '작품'(*opus*)이라 불렀다.[30] 우리는 일을 연금술적으로 생각해 볼 수 있다. 일상적인 일은 연금술사가 생각하듯이 영혼의 일을 위한 '원자재'(*prima materia*)이다.[31] 우리의 일상적인 일은 우리의 영혼을 위한 요소이다. 그러므로 우리의 일상적인 일은 영적인 활동 속으로 진입하는 핵심적인 길이다.

일이란 단지 우리의 생존을 위한 행위가 아니라 존재의 뿌리를 일깨우고 만족시키는 연금술적인 것이다. 일이란 먹고 살기 위한 행위일 뿐만 아니라 우리의 영혼의 '작품'(*opus*)에 중심이 되기 때문이다. 일은 우리의 영혼을 돌보며 가꾸는 가장 중요한 길이다. 이는 융의 용어로 말하면, 개성화하고 있는 것이다. 개성화가 자기 인격의 발달의 과정이듯이 일은 단지 노동이 아니라 자기 성장의 과정에 참여하는 것이다. 때문에 우리가 날마다 일을 하며 빵을 만들고 식사를 준비하고 집을 짓고 아이들을 키우며 문화를 일구어 내는 것은 창조적인 작품 활동에 참여하고 있는 것이다.

6. 영혼의 경제로서 돈

아마도 우리의 일상적인 삶에 가장 영향력을 미치는 것은 돈일 것이다. 대부분의 일에서 우리가 살고 있는 세계에 대한 보살핌(ecology, 생태학)과 우리

---

[30] 연금술이란 원료를 용기에 넣은 뒤 열을 가하여 자세히 관찰하면서 다양한 작용을 거치면서 다시 한 번 관찰하는 과정이다. 과정이 끝나면 금처럼 보이는 신비한 물질이 얻어진다. 그것은 현자들의 돌이거나 강력한 연금술약액이다. 융의 관점에서 보면, 연금술은 영혼을 이롭게 하기 위하여 행해지는 영적 시술이다.
[31] Thomas Moore, *Care of the Soul*, 184.

의 생활방식의 질에 대한 보살핌(economy, 경제) 사이에는 밀접한 관련이 있다. 생태학(ecology)과 경제(economy)는 둘 다 그리스어 오이코스(*oikos*)에서 왔는데 넓은 의미에서 '집'과 상관이 있다.[32] 생태학(*oikos+logos*)은 지구를 우리의 집으로 이해하는 것과 거기서 살 수 있는 적절한 방식을 찾는 일에 관심을 둔다. 경제(*oikos+nomos*)는 우리가 세계라는 집과 사회라는 가족과 어울려 사는 방식에 관심을 둔다. 돈은 우리가 살고 있는 공동체와 환경에 대한 관계의 산물이자 표현이다. 돈은 우리가 공동체적인 삶을 살려는 여러 가지 시도와 노력에서 중심적인 것이다.

> 돈은 단지 교환의 합리적 수단이 아니고, 동시에 공동체 생활의 영혼을 지니고 있다.[33]

돈은 우리의 영혼의 경제에서 핵심적인 것이다. 이 경제는 우리를 생명으로 이끌기도 하고 파괴시키기도 한다. 돈은 우리에게 영혼의 경제에서 요청되는 교훈을 준다. 돈의 다른 이름은 '거스름돈'(change)이다. 이는 돈의 본질을 말해주는 중요한 이름이다. 돈의 본질은 교환하는데 있다는 것을 알려준다. 문화정신에서 돈의 역할을 연구한 로베르트 사르델로는 경제를 육체적인 과정에 비유하였다. 그는 이익과 소비는 숨을 들이쉬는 것과 내쉬는 것과 같아서 돈은 사회라는 몸에서 생명력 있는 행동의 매개가 된다고 하였다.[34]

성과 마찬가지로 돈도 신성한 것이다. 돈은 우리의 생명을 유지하게 하고 사랑을 베푸는 재료가 되기도 하고 삶을 즐기게 하고 울음을 그치게 하고 거룩한 공간을 얻게 한다. 거기에는 생명과 삶을 위한 판타지로 가득 차 있다. 그러나 돈은 이렇게 유익하고 우리에게 주는 것도 많지만 영혼을 늪에 빠뜨리고 비윤리적으로 치닫게 하며 정신을 잃게 할 만큼 우리의 의식과 삶을 강박관념과 충동으로 몰아넣기도 한다.

---

32 Thomas Moore, *Care of the Soul*, 189.
33 Thomas Moore, *Care of the Soul*, 190.
34 Thomas Moore, *Care of the Soul*, 192.

질적인 차원에서 영혼 충만의 일부를 이루는 돈의 그림자를, 광포해질 수 있는 돈의 증상과 구별해야 한다. 탐욕과 허욕, 시기와 횡령은 돈에게 영혼이 상실되었다는 사인이다.[35]

우리가 돈을 '영혼의 부유함'에 대한 욕구로 표출하며 행동할 때, 공동체적인 돈의 교환 상태로 진입하기보다는 오히려 돈의 물신을 통하여 영성과 도덕성을 파괴한다.

돈은 결코 인간의 갈망의 문제를 충족시키지 못한다. 어떤 사람들은 가능한 한 더 많은 돈을 가지면 가질수록 더욱 충족할 것이라고 믿는 이들이 있지만 엄청난 양의 돈이 갈망을 충족시키지는 못한다. 문제는 소유의 많고 적음에 있는 것이 아니라 돈을 문자 그대로 수단으로 보기보다는 물신(fetish)으로 받아들이는 데 있다. 돈이 물신으로 바로 전환되는 속성은 돈의 역사 속에서도 발견된다.[36] 돈의 역사에서 신과 주화는 친밀한 관계를 갖고 있다는 것을 알 수 있다. 금과 은은 태양신이나 월신의 상징 또는 표상으로 오랫동안 가치를 지녀왔다. 금화는 '경제적 유용성'을 지니고 있었다. 돈에 부여된 가치는 오늘날과 매우 달랐다. 적은 돈으로 많은 물건을 교환할 수 있었는데, 소량의 신성한 것은 많은 양의 물질적 가치가 있었기 때문이다.

돈의 가장 첫 영속적인 형태인 금은 신성한 힘을 부여 받았고, 금을 소유한 사람은 육체적 정신적으로 안전하고 안정된 상태에 있었다. 실제로 돈이 출현했던 모든 곳에서 돈은 어떤 형태로든 안정과 밀접한 관계가 있었다. 바

---

35 Thomas Moore, *Care of the Soul*, 192.
36 역사가인 엘리어트 스미스(Eliot Smith)는 고대 이집트에서 유래하는 돈의 기원에 대해 흥미로운 통찰을 보여준다. 이집트인들은 홍해에서 발견된 별보배 조개 껍질이 생명을 주는 힘을 지닌 것으로 믿고, 위험과 죽음을 물리치는 부적으로 삼아 그것을 얻으려고 애썼다. 그 껍질이 가진 초자연적인 힘은 죽은 사람들에게까지 미쳐서, 이집트인들은 그 껍질이 죽은 자의 영혼을 보호한다고 믿었고, 이러한 불멸의 상징을 신성한 암소의 여신인 하토르(Hathor)-위대한 어머니이면서 모든 피조물의 양육자-와 동일시했다. 이집트 역사의 어떤 시점에서, 사람들은 원래의 조개껍질이 갖고 있는 능력이 다른 것으로도 옮겨질 수 있다는 믿음을 가지고, 진흙과 돌로 그러한 마술적인 조개껍질의 모델을 만들기 시작했다. 실제로 그들은 누비아(Nubia) 사막에 정착해서 황금 주물로 만든 조개껍질 모델을 사용했다. 황금 부적은 원래의 갑절보다 더욱 인기를 얻었고, 마침내 황금은 생명을 수여하는 여신 하토르의 힘을 부여 받게 되었다.

로 머니(money)라는 말은 '견고하다'라는 뜻을 가진 라틴어 메네오(*meneo*)에서 나온 말이다. 로마 신화에 의하면 유피테르의 아내인 유노 레기나(Juno Regina)는 하늘의 여왕이자, 로마의 통치자들에게 장래의 위험을 경고해 주던 안전과 보호의 여신이었다. 그녀의 신전은 국가 화폐 주조소로 사용되었고, 그녀는 재정의 수호자 역할을 담당했다.

기독교 역사에서도 후기 중세시대에 돈의 활용에 대한 교회 당국과 부르주아 사이의 싸움은 서구 역사에서 결정적인 전환점을 가져왔다. 안정에 대한 서로 다른 두 개념, 즉 성스럽고 영원한 구원의 중심 한 개념과 세속적이고 물질적 풍요를 지향하는 개념, 바로 이 두 개념이 관건이 되었다. 기독교 역사에서 교회가 그 엄청난 돈과의 싸움의 결정적인 부분에서 타협하지 않았다면 교회의 권위는 근대 전체를 선도하면서 사람들을 선도했을 것이다.

교회가 통치하던 처음 천년 동안에 사후의 삶은 천국과 지옥, 두 영역으로 나뉘어져 있었다. 모범적이거나 모범에 가까운 삶을 살았던 그리스도인에게는 천국에서의 영원한 구원은 궁극적인 보상이었다. 자신을 악마의 먹이로 내어주었던 사람들에게는 지옥에서의 영원한 형벌은 최후의 심판이었다. 그러나 불행하게도 13세기에 교회는 예배와 교리에 대한 하나의 혁신을 도입함으로써 결국 상인 계층의 승리를 향한 통로를 제공해 주었다.

바티칸 궁은 연옥이라는 사후의 새로운 영역을 고안해 냈다. 그 곳은 죽기 전에 자신들의 죄를 신실하게 뉘우쳤던 모든 사람들, 심지어 명백한 참회의 행위를 하지 않았을지라도 갈 수 있는 곳이었다. 죄를 뉘우치는 사람이 지옥과 비교되는 연옥에서 처벌을 기다릴 때, 그 판결은 이미 정해져 있다. 왜냐하면 그들은 그 후에 모두 영원의 천국에 들어갈 것이기 때문이다. 연옥에 머무르는 기간은 일생 동안 저질렀던 죄질의 경중과 빈도 그리고 죽은 후에 그 죄인의 친구나 사랑하는 사람의 중재에 따라 결정된다. 기도, 연보, 중보에 의해 가족과 친구들은 형벌과 판결을 줄일 수 있다고 여겼다. 바로 여기에 교회의 권위를 위태롭게 하고 자본가 계급이 세계를 성공적으로 지배할 수 있는 엄청난 탈출구가 있었다.

고해성사를 통한 회개와 사후의 연옥을 도입하기 전까지는 그리스도인이 영원한 형벌을 피하려면 그에게는 단지 하나의 선택이 있을 뿐이었다. 그는 자신의 죄를 고백하고 참회해야 했다. 그러나 당시 교회는 상업을 통해 부를 축적한 고리대금업자와 타협을 하기 시작했다. 부당한 이익을 상환하는 문제에 대해 교회가 마침내 굴복하고 말았을 때, 그 결과는 엄청난 파장을 불러 일으켰다. 13세기가 시작되면서 고리대금업자는 단지 자신의 회개를 표시하기만 하면 연옥이라는 짧은 우회로를 지나 천국에 이를 수 있다고 교회는 말하였다. 고리대금업자들의 횡포에 의해 고통을 당하고 있는 희생자들에게 더 이상 보상할 필요가 없었다.

이러한 교회의 타협과 변화는 실로 엄청난 결과를 초래했다. 세상에서 불의한 방법으로 부를 축적하고 나서 마지막에 가서 회개하려고 마음먹은 고리대금업자에게 연옥은 희망이었다. 그것은 곧 이 땅에서는 돈을 소유하고 그리고 죽은 뒤에는 영원한 생명을 얻을 수 있다는 구원받음에 대한 사이비 확신을 갖도록 교회가 부추기는 것이었다. "만일 사람이 세상을 얻고도 제 영혼을 잃으면 과연 그것이 그에게 유익한가?"라고 한 이는 바로 예수님이었다. 13세기 이후 교회법의 수정은 폭리를 취하는 사람에게 이 세상과 내세에서 최고의 것을 가질 수 있다는 것을 보증해 주었다. 성경은 다음과 같이 말한다.

> 만일 너희 회당에 금가락지를 끼고 아름다운 옷을 입은 사람이 들어오고 또 더러운 옷을 입고 가난한 사람이 들어올 때에 너희가 아름다운 옷을 입은 사람을 돌아보아 가로되 … 너희끼리 서로 구별하며 악한 생각으로 판단하는 자가 되는 것이 아니냐(약 2:2-4).

유대문학에 나오는 이야기이다. 엘리야가 어느 마을 한복판을 걸어가고 있었다. 마을 한가운데 크고 웅장한 집으로부터 요란하게 떠드는 소리가 들려왔다. 자세히 들어 보니 큰 잔치가 벌어지고 있었다. 엘리야는 누추한 옷으로 갈아입고 거지 행색으로 그 집에 가서 문을 두드렸다. 주인이 문을 열더니 거지가 서 있는 것을 보고문을 세차게 닫아 버렸다.

엘리야는 이제 멋진 신사복을 입고 와서 문을 두드렸다. 주인이 문을 열자 멋진 신사가 서 있는 것을 보고는 집 안으로 안내해 모셨다. 모두들 먹고 마시며 흥겨워하고 있었다. 엘리야는 식탁 위에 놓인 잘 차려진 음식을 보았다. 그리고 그는 음식 앞에 가 서더니 음식을 집어서 자기 주머니에 넣기 시작한다. 옆에 있던 손님들이 한발자국 뒤로 물러서서 이상한 듯 쳐다보았다. 이젠 엘리야가 셔츠에도 넣기 시작한다. 포도주를 자기 어깨에 퍼부었다. 포도주가 멋진 신사복 위에서 아래로 흘러내렸다. 주인은 더 이상 못 참겠다는 듯이 엘리야에게 다그쳤다.

"당신 도대체 무엇을 하고 있는 거요?"

엘리야가 대답한다.

"내가 거지 옷을 입고 왔더니 당신은 나를 영접하지 않고 문을 닫아 버렸습니다. 그래서 다시 신사복으로 갈아입고 왔더니 당신은 나를 영접하였소. 결국 당신은 나를 영접한 것이 아니고, 나의 옷을 영접한 것이오. 그래서 나는 당신이 영접한 나의 옷을 기쁘게 해주려고 당신이 준비한 음식으로 옷을 채우고 있는 것이오."

역사에서 볼 수 있듯이 돈과 인간의 관계 변화로 인하여 점차적으로 하나님에 대한 믿음이 상실되고 인간과 자연에 대한 권력이 세속화되었다. 중세와 근대 세계의 감정적인 대립을 자신의 작품 속에서 자주 그려낸 셰익스피어가 돈은 '눈에 보이는 하나님'이라고 말했을 때, 그는 일어나고 있는 엄청난 사고의 변화를 내다보았던 것이다.

존 헐(John Hull)은 우리 시대는 살아계신 하나님은 이론이나 관념 속에서는 존재하지만 실제로는 하나님의 자리에 돈이 자리하고 있다고 지적하였다.[37] 헐의 주장은 '돈의 정신성'이다. 돈은 이미 매개적 도구 이상으로서 사람들의 가치와 사상을 움직이고 사로잡는 정신성을 가지고 있다. 돈 자체는 문제라 할 수 없다. 돈이 갖는 우상성이 문제이다. 우리는 돈이 우리들의 삶을 지배하고도 남는 시대에 살고 있다. 자본주의 하에서 인간의 가치는 돈의

---

[37] John M. Hull, "Christian Education in a Capitalist Society: Money and God," David Ford and Dennis L. Stemps eds., *Essentials of Christian Community: Essays in Honour of Daniel W. Hardy* (Edinburgh: T&T Clark, 1996), 241-252; "Bargaining with God: Religious Development and Economic Socialization", *Journal of Psychology and Theology* 27, 3 (1999): 241-249; "Competition and Spiritual Development", *International Journal of Children's Spirituality* 6, 3 (2001): 263-275; "Spiritual Development: Interpretations and Applications", *British Journal of Religious Education* 24, 3 (2002): 171-182를 참조.

힘에 종속되었고, 인간관계는 더 이상 종교적 전통, 신성한 신뢰, 가족과 공동체의 의무, 형제애 등이 아니라 오히려 상업적 계약의 형식 위에 세워졌다.

현대 사회에서 가장 개인적인 관계조차도 금전적 보상 위에 세워진다. 우리는 양육, 보호, 배려, 충고, 상담, 이해, 충성을 위해 돈을 지불한다. 타인과의 유대는 점점 더 그들의 시간과 노동을 사용할 수 있는 금전적 능력에 의해서 결정된다. 이런 비인격화는 인간관계의 모든 기본적인 형태와 상반된다.

물론 영혼을 위하여 돈의 유혹에서 자유로워야 한다는 의미가 빈곤을 사랑하라는 의미로 해석되어서는 안 된다. 우리가 가난이라는 언어를 말할 때 육체적 삶을 초월하는 수단으로 생각하거나 낭만적 감상에 빠져서는 안 된다. 가난도 부유와 똑같이 지나치게 문자적으로 받아들여서는 안 된다. 무조건 돈을 부정적인 것으로 생각하는 사람은 삶을 위기 가운데로 몰아넣을 수 있다. 또한 경제가 유지되도록 공조하고 있는 사회 공동체에서 고립될 수 있다.

뿐만 아니라 부에 대한 욕망은 영혼의 에로스에게 정당한 요소이기 때문에 그것에 의해 기쁨을 잃어버릴 수도 있다. 그것이 지나치게 억제되면 이상한 방식으로 슬며시 들어와서는 은밀하게 경제적 마술을 부리거나 축적에 몰두하게 한다.

> 돈의 영혼이 부정될 때 그 그림자 역시 더욱 늘어나기 때문이다.[38]

돈은 현대 세계에서 다양한 기능을 수행한다. 돈은 인간이 자기 존재의 안전을 확보하는 일차적인 수단이다. 돈은 사람들 간에 상품과 서비스의 교환을 용이하게 만드는 매체이며, 각 개인의 가치를 평가하는 편리한 도구이다. 돈은 지위와 권력을 부여해 준다. 자본의 형태로 축적된 돈은 다른 사람들의 삶을 지배할 수 있게 해준다. 그러나 무엇보다도 중요한 것은 모든 현대인들이 돈으로 자율성을 살 수 있다고 믿고 있으며, 자율성과 안정은 하나이며 동일한 것이라는 환상에 사로잡히게 되었다는 것이다. 우리가 돈을 지나치게 중요시하는 것은 단순한 불행이라기보다는 우상숭배다.

---

[38] Thomas Moore, *Care of the Soul*, 192.

제3장

영성생활과 신비성

Spiritual Life and Mysteriousness

1. 영혼의 길에서 신비성

　루미가 "하나님의 세계가 이렇게 크다면 그대는 왜 하필이면 이 감옥에서 잠들었는가?"라고 말했던 것처럼 우리는 너무 작은 하나님을 붙들고 있지 않은지 모른다. 어떤 사람은 하나님을 지식의 세계에 가두어 두고 어떤 사람은 자기 자신의 경험에 가두어 두고 어떤 사람은 영혼이라는 울타리에 가두어 두기도 한다. 우리 눈에 보이지 않는 하나님을 믿는 것 자체가 신비적 경험임에도 이성이란 우상에게 굴복된 우리는 신비적이란 말을 비정상적, 이해하기 어려운 것, 수수께끼 같은 것, 미신적인 것, 자기체면 등의 의미로 이해하는 경우가 많다.[1]

　많은 그리스도인들이 신비주의란 말에 대해 부정적인 생각을 가지고 있다. 하지만 이러한 생각은 기독교 신비주의에 대한 잘못된 이해에서 연유한 경유가 많다. 신비주의를 합리적 사고와 일상의 삶과는 무관한 환상 체험과 같은 현상에만 관련시킴으로 오는 오해이다. 이러한 신비주의는 분명히 주의가 필요하다. 신비주의 연구자들 중에는 신비를 신비주의로부터 구별하고 이러한 개념적 혼란을 피하려고 시도한다. 그러나 이러한 시도가 일리는 있을 수 있지만 참된 신비주의와 거짓 신비주의를 구별할 수 있는 방법은 아니다.

1　Dorothee Solle, *The Silent Cry*, 52.

기독교 전통에서 신비주의는 교육, 전통, 책이나 가르침을 통한 하나님 인식과 구별되는 경험적 하나님 인식과 관련된다. 신비적 인식은 개념적이고 교리적인 하나님 이해의 길을 넘어 하나님 경험을 추구한다. 신비주의자들은 아주 드물게 기존의 전승된 역사적 신앙이해와 하나님 이해의 길로부터 분리되기도 하였다. 하지만 이들은 외적으로 어떠한 교리를 변경하지 않고 깊이 있게 하나님 경험의 의미를 말하였다. 이들은 계시를 부정하지도 않았고 단지 이를 달리 적용하였을 뿐이다. 이들은 하나님 경험의 방법에서 기존의 전통적 방법과는 달랐기 때문에 종종 갈등을 초래하였다. 하지만 그것은 하나님에 대한 넘치는 사랑과 전통적으로 규정된 질서 사이에서 빚어진 것이었다. 이는 어떤 의미에서 예수님과 예루살렘의 성전 귀족들 사이에서 벌어졌던 갈등과 비슷한 것이라고도 할 수 있다.

기독교 전통에서 신비주의자들은 어떤 의미에서 주변인들이었지만 영적 생활에 새로운 지평을 열었다고 할 수 있다. 왜냐하면 교회의 제도화나 교회에 의하여 관리되는 문서에 규정된 권위를 통하여 하나님에게 이르는 제도적인 길 이외에 규정화되지 않고 경험적으로 하나님에게 다가 갈 수 있는 한 공간이 그들에 의해서 제기되고 마련되었기 때문이다. 특히 기독교 신비주의의 영역에서 다수는 여성들이었다는 것은 의미하는 바가 크다고 할 수 있다. 여성들은 주로 종교제도의 주변인들이었다. 이러한 주변인으로서 선호되던 장소가 신비주의였다. 여기서 여성들은 합리적 인식의 한계를 뛰어넘고 그들이 가진 지혜와 통찰력과 영적 감수성으로 직접적으로 하나님을 인식하였다.

기독교 전통에서 신비주의자들은 언어, 종교의식, 상징을 넘어서서 궁극적 신비자이신 하나님의 실재를 직접적으로 경험함으로써 하나님의 사랑, 자유, 초월에 참여하는 경험을 갈망하였다. 눈에 보이는 유한한 신학체계, 종교적 기구나 제도적 권위, 종교의식이나 상징을 절대시 하거나 우상화 하지 않도록 하고 매우 역동적인 변혁과 갱신의 원동력을 발휘하기도 한다. 하나님과 하나 됨의 경험인 신비주의는 인간적 가치의 근본에 뿌리내린 경험이다. 어떤 것도 열정 없이 생겨나지 않는다. 열정은 그 자체로 신비를 창출한다. 왜냐하면 가장 아름다운 열정은 보이는 가치에만 집착하는 것이 아니라 가장 경이로움에 대한 사모에서 아름답게 나오는 것이기 때문이다. 도르테 죌레는 신비적 감수성을 다음과 같이 말하였다.

> 신비주의 없이 인간의 모습은 신적인 것을 원하지도 않고 그럴 능력도 없는 소비적이고 생산적인 기계에 불과하다. 신비주의는 정통주의와는 구별된다. … 그러므로 신비주의는 우리가 하나님을 필요로 한다는 것을 굳게 지키는 이성주의적인 학문의 정통주의와 구별된다. 이러한 방법 없이 우리가 생각할 수 없다는 것은 우리를 그 공통적 속성이 삶을 이루고 보존하게 하는 다른 많은 것에 종속시키며 의존하게 한다. 하나님을 갈망하는 것은 인간의 최고의 완성으로 남는 것이다.[2]

신비주의는 또한 계몽주의로부터 태동한 이성주의에 대한 반작용의 산물이기도 하다. 계몽주의의 유산에서 태동한 소위 '의심의 해석학'은 전통의 지배를 합법화하는 모든 전승과 문헌들을 의심하여 보는 것이다. 폴 리꾀르는 계몽주의 이후 종교에 대한 진지한 접근을 시도한 세 명의 의심의 대가에 대하여 말한다. 칼 마르크스는 종교를 '민중의 아편'이라 불렀다. 프리드리히 니체는 종교를 '민중을 위한 플라톤주의'라고 불렀으며, 지그문드 프로이드는 '집단적 신경증세'라고 불렀다.[3] 이러한 의심의 해석학은 기독교주의적인 문화에서 지난 수십 여년동안 수용되기도 했다.

물론 의심의 해석학은 종교적 전승에 대하여 새롭게 묻고 전통에서 나타난 잘못된 부분들을 바로잡는 역할을 하도록 도전을 하였다. 그러나 분명히 의심이 우리의 유일한 안경은 될 수 없다. 비판적인 것만이 우리의 유일한 의식은 아니기 때문이다. 그러므로 오직 냉철한 비판적 능력으로만 종교의 진리를 모두 경험할 수 없기에 우리는 의심의 해석학을 넘어서야만 한다.

루돌프 오토는 서구 기독교 신학이 계몽주의 시대 이후 거대한 이성주의 혹은 합리주의에 자신을 적용한 결과로 인하여 종교의 본질을 합리화시킴으로써

---

2 Dorothee Solle, *The Silent Cry*, 44.
3 Dorothee Solle, *The Silent Cry*, 46-7.

종교의 생명력을 고갈시켰다고 보았다. 오토에 의하면 종교는 반이성적이거나 반지성적이어서는 안 되지만 얼마든지 비이성적일 수 있는 인간 경험이라는 것을 밝힘으로써 근대 계몽주의 시대사조가 저지른 합리주의적 오류와 독단에 도전을 하였다. 그는 종교적 경험의 비이성적 차원을 뉴미너스(numinous)라고 부르고 "거룩한 존재 앞에 설 때 자기가 초라하고 보잘 것 없는 피조물임을 느끼는 의식"이라고 하였다.[4] 그가 말한 비이성적 종교 체험인 신비감은 하나님이 인간의 지식으로는 알 수 없는 존재임을 깨달을 때 경험한다.[5] 오토는 종교체험이 비이성적일 수 있다는 의미는 종교체험은 역설, 비약, 실존적 결단, 자기초월의 감정, 황홀한 감성, 비매개적인 직관, 비인과적 동시성 체험 등을 동반하기 때문에 종교체험이 반드시 논리적, 과학적, 인과론적 설명으로 이해되어야 하는 실재의 세계가 아니라는 것을 피력하였다.[6]

기독교에서 신비의 미학은 우리의 신학과 신앙과 영적 삶을 이성의 울타리 안에 가두어버리는 과오로부터 보호할 수 있다. 하지만 신비 추구가 사회적 자아를 부정하고 기적 찾기를 연상시키는 체험에 대한 욕심에서 공동체적 삶의 사회적 가치를 사라지게 만드는 경향성을 지닐 가능성이 있기 때문에 항상 애정과 긴장을 요하는 장이라고 할 수 있다. 때문에 신비적 요소들을 수용하고 받아들이는 순수 경험에 대한 미학적 열망뿐만 아니라 긴장도 있어야 한다.

2. 신비체험의 시작의 길

기독교 전통에서는 신비라는 말을 수덕이란 말과 결합하여 사용하기도 했다. 어원학적으로 수덕(*ascesis*)이란 용어는 연습과 훈련을 뜻하며 육체적 훈련이나 정신적 성찰에 적용하여 이해되어 왔지만, 후에 이 말은 윤리 및 신앙

---

4   Rudolf Otto, *The Idea of the Holy*, Translated by John W. Harvey (Oxford: Oxford University Press, 1968), 9.
5   Rudolf Otto, *The Idea of the Holy*, 23.
6   Rudolf Otto, *The Idea of the Holy*, 1-40.

생활에서 진보하고자 하는 노력을 의미하게 되었다. 이러한 이해는 영성생활을 보통의 경우 수덕 개념과 관련시켜 왔다. 그 결과 영성생활을 영적 수덕으로 보고 육체적 고행과 엄격한 방법에 따른 기도 수련으로 여겼다.

신비라는 말은 헬라어 미스테리온(*mysterion*)에 그 기원을 두고 있다. 이 단어의 일반적 의미는 통상적 지식에서 감추어진 어떤 비밀스런 실재를 드러내는 것을 말한다. 신약에서의 미스테리온의 의미도 바로 이것을 의미한다(마 13:11; 롬 16:15; 고전 2:7; 4:1; 골 1:26-27; 엡 3:3-9 등). 기독교 신앙의 배경에는 비밀스럽고 감추어진 실재로서 모든 것을 초월하시는 하나님이 존재한다.

성경에 나오는 하나님은 분명히 초월적이고 영적인 존재다. 바울은 오직 하나님에게만 "죽지 아니함이 있고 가까이 가지 못할 빛에 거하시고 아무 사람도 보지 못하였고 또 볼 수 없는 자시니 그에게 존귀와 영원한 능력을 돌릴지어다"(딤전 6:16)라고 하였다. 욥기에 보면 "하나님은 크시니 우리가 그를 알 수 없고 그 년 수를 계산할 수 없느니라"고 말한다(욥 36:26).

하나님에 대한 지식은 항상 신비적 요소를 포함한다. 이성만으로는 하나님의 진리, 선함, 아름다움을 제대로 알 수도 경험할 수 없다. 그래서 기독교적 신비주의란 하나님을 경험하는 삶은 이성적 경험 이상임을 인정하는 자세이기도 하다. 바울은 몸소 부활하신 그리스도의 환시를 체험했다. 바울은 "내 어머니의 태로부터 나를 택정하시고 은혜로 나를 부르신 이가 그 아들을 이방에 전하기 위하여 그를 내 속에 나타내시기를 기뻐하셨다"(갈 1:15-16)고 말한다. 도널드 블로쉬(Donald Bloesch)는 "현대 개혁주의 교회들은 신비주의가 주는 보편적인 공감대와 그 속에 있는 지혜들을 너무 쉽게 거부하는 경향이 있다"고 지적하면서 바른 신비주의는 차가운 이성주의로 빠지는 경향이 있는 복음주의에 유용한 자극제가 될 수 있다고 하였다.[7]

우리의 신앙 경험과 영적 의식은 다양한 요소들을 통해 형성된다. 이 요소들을 프리드리히 폰 휘겔(Friedrich von Hugel)은 제도적(institutional/historical), 지성적(intellectual/scientific), 신비적(mystical/experiential) 요소로 표현하였다.[8] 그는

---

7 Donald G. Bloesch, *The Struggle of Prayer* (Colorado Springs: Helmers & Howard, 1988), 7.
8 Ross Thompson with Gareth Williams, *Christian Spirituality*, 114에서 인용.

역사적, 제도적 요소들은 의미와 회상을 말하는데 그것은 기독교에서 '베드로적' 영역으로 보았다. 분석적, 사변적 요소는 이성과 연관시켜 사도 바울과 관련된 것으로 분류하였다. 그리고 직관적, 감성적 요소는 의지나 사랑의 행위와 연관시켜 '요한적' 영역으로 묘사하였다. 기독교에서 베드로, 바울, 요한에 의하여 나타난 세 요소들이 함께 작용하는 것이 필요하다.

그러나 기독교 문화 안에서 이러한 요소들이 함께 작용하기보다는 분리되고 퇴색되었다. 제도는 가톨릭 전통에서 지성은 개신교 전통에서 더 빛을 발휘하여 왔다.[9] 가톨릭교회에서는 베드로와 그의 후계자들이 지배하였고, 개신교에서는 바울과 그 추종자들이 지배하여 왔지만 그에 비하여 신비적 요소들은 쫓겨나 보이지 않게 되었다. 신비주의는 고향을 상실하였다.

그러나 그것은 많은 사람들에 의하여 여전히 끊임없이 경험되었고 찾아지게 되었다. 기독교에서 '베드로적' 요소가 결핍되면 체험을 지나치게 강조하는 현상이 나타난다. '바울적' 요소가 결핍되면 지식적 명료성과 모순들을 숙고하는 것을 간과하는 현상이 발생한다.[10] 기독교 신비주의는 하나님 체험의 깊이와 넓이를 확장하기 위한 방식이다. 때문에 신비주의는 하나님을 분석해야 할 대상이 아니라 사랑, 경외, 환희, 경이감을 불러일으키는 영광스런 인격체로 본다.

하나님의 신비의 초월적 특성은 역동적이면서도 모호성을 지니고 있기에 항상 주의가 요구되는 영역이기도 하다. 신비 인식은 수동적 특성을 가지고 있기 때문에 평범한 영성생활을 무시하고 신비 인식을 중요시하려는 유혹에 빠질 수 있다. 신비적 현상에만 몰두하게 되는 현상을 초래할 수 있다. 기독교 전통에서 이러한 현상은 정적주의를 낳았다. 정적주의란 생활을 단련하여 체계적으로 기도하기 위한 인간 노력의 유익함을 부정하는 영적 경향을 말한다.[11]

이러한 경향은 정적주의자(quietist)를 낳았다. 정적주의자들은 '모든 것을

---

9 Dorothee Solle, *The Silent Cry*, 49.
10 Dorothee Solle, *The Silent Cry*, 49.
11 대표적인 정적주의자들로는 13세기 '자유정신의 형제들'과 16세기 스페인의 '계명파' 그리고 몰리노스(Molinos, 1628-1696), 페트루치(Petrucci)와 같은 17세기 정적주의자들이 있었고, 후에 페늘롱(Fenelon, 1651-1715)과 마담 기용(Madame Guyon, 1648-1717) 등이다.

내려놓고 하나님이 하시게 하라'(lets go and lets God)는 고백을 모토로 삼았다. 기독교 전통에서 17세기 이래 정적주의에 의해 야기된 신학적 논쟁이 있은 후에 수덕신학과 신비신학의 두 표현이 대립되기 시작하였다. 다시 말하면 영성생활의 수덕적이고 능동적인 형태와 신비적이고 수동적인 형태가 구분 되면서 문제가 발생하였다. 하지만 영성생활에서 이 두 길은 결코 구분되지 않고 서로 상보적이 되어야 한다.

3. 신비체험의 첫째 길: 긍정의 길

신비적 길의 첫 걸음은 긍정의 길(via positiva)이다. 이 길의 첫 걸음은 경이 로움이다. 그것은 하나님 안에서 피어나고 있는 것들을 통해서 경험하는 경 이로움이다. 우리가 자연과 역사의 경험 안에서 만나게 되는 경이로움이다. 경이로움이란 하나님이 제6일 후에 세상을 인지하고 새롭고 처음으로 이렇 게 말하실 수 있으셨던 것과 같은 것이다.

보라 모든 것이 참 좋았더라!

놀라워하거나 경이로워하는 것은 하나님을 사랑하는 한 종류이다.

기적이란 자연의 법칙들을 정지시키는 외적인 힘의 개입을 뜻한다. 자연, 몸, 시간, 이 땅의 실재에 대한 하나님의 통치는 초자연적 사건을 통하여 보이게 된다. 신비적으로 놀라워하는 것은 반면에 존재 그 자체 안에서 창조 안에서 장미가 피어나는 것 안에서 본래적 기적을 보는 것이다. 물론 절름발이가 걷게 될 때 귀머거리가 듣게 될 때 배고픈 자가 먹게 될 때도 역시 신비주의자는 보 게 된다. 그러나 지배적 개입이 결정적인 측면은 아닌 것이다. 그것은 치유와 회개에 따라 요청되는 '본성'과 '은혜'의 개입 사이에서의 상호관계성 안에 있 는 것이다.[12]

---

12 Dorothee Solle, *The Silent Cry*, 107.

신비의 첫 길은 긍정의 길이요 경험의 길이요 경탄의 길이다. 이러한 길은 우리가 보고 느낄 수 있고 감격할 수 있고 경험할 수 있는 것들에서 오는 경이로움이다. 하나님을 찬양하는 것이 여행의 첫 번째 자극이 된다. 이 길에서는 하나님을 그리워하는 것은 피할 수 없는 다른 단계가 된다. 그러나 이 길에서는 하나님과의 관계에서 발생하는 경이로움보다는 하나님에 의해서 주어진 감각적이고 현상적인 것에 의한 경이로움인 경우가 많다. 우리는 베드로의 신비체험에서 중요한 교훈을 얻을 수 있다.

변화산에서 베드로와 요한과 야고보가 빛으로 변모하신 예수님의 모습을 보는 장면이 나온다(마 17:1-9). 이 세 제자는 예수님의 영광이 드러나는 장면을 목격하고 크게 놀란다. 그들의 눈앞에서 예수님의 얼굴이 해같이 빛나고 옷이 눈이 부실 정도로 희어졌다. 그뿐만이 아니었다. 모세와 엘리야가 등장하여 예수님과 대화하는 장면을 보면서 놀란다. 황홀하고 신비스럽기 그지없는 광경이었다. 기도를 마치신 주님께서는 아무 일도 없었다는 듯 산을 내려가시려 하였다.

이 놀라운 사건을 경험한 베드로는 예수님께 그 곳에 초막을 짓고 살기를 간청하였다. 베드로는 황홀하고 신비스러운 경험에 빠져버린다. 그러나 예수님께서는 베드로의 이와 같은 간청에 미동도 하지 않으셨다. 예수님께는 더불어 살아야 할 산 아래의 사람들이 있었기 때문이다. 그 때 하나님의 음성이 다시 울려 퍼졌다.

> … 이는 내 사랑하는 아들이요 내 기뻐하는 자니 너희는 그의 말을 들으라 (마 17:5).

베드로와 예수님의 모습 속에서 우리는 중요한 교훈을 발견하게 된다. 신비체험에 대한 반응이다. 베드로는 황홀한 신비체험을 하자 그것에 빠져버렸다. 베드로에게 신비체험은 일상으로부터 멀어지게 하는 동기로 작용을 했지만 예수님은 신비한 체험 그 자체가 본질이 아님을 분명히 하셨다. 예수님은 황홀한 영적 경험이나 신비체험 자체에 목적을 두지 않으셨다. 예수님은 오히려 그러한 체험을 통해서 일상의 삶의 현장 속으로 들어가셨다.

신비주의의 한 속성인 환희는 헬라어 엑스타시스(*ekstasis*)에서 왔다. 이 용어는 '자기로부터 벗어남'을 의미한다. 우리가 신비주의적 삶을 소망하고 사랑할 때 하나님의 사랑 속에서 우리를 죽이지만 이를 통해 영적 생명은 더욱 활기를 얻게 된다. 바울은 고린도후서 12:1-7에서 직접 경험한 영적 환희를 말한다.

> 내가 그리스도 안에 있는 한 사람을 아노니 십사 년 전에 그가 셋째 하늘에 이끌려 간지라 그가 몸에 있었는지 몸 밖에 있었는지 나는 모르거니와 하나님은 아시느니라 내가 이런 사람을 아노니 그가 몸 안에 있었는지 몸 밖에 있었는지 나는 모르거니와 하나님은 아시느니라 그가 낙원으로 이끌려 가서 말할 수 없는 말을 들었으니 사람이 가히 이르지 못할 말이로다(고후 12:2-4).

이렇게 하늘나라의 영광과 환희를 특별히 경험한 바울은 엄청난 박해에 굴하지 않고 사명감을 유지할 수 있었다.

경이로움의 행복이 깊을수록 우리는 또한 부정의 길(*via negativa*)인 영혼의 밤은 더욱 깊어진다. 여기에 신비체험의 역설이 있다. 이 부정의 길에서는 무엇인가를 더 느끼고 경험하기 위한 욕구로부터 비우는 길이다. 부정의 길은 무엇인가를 얻기 위해 애쓰는 길이 아니라 내버림을 배우는 길이다. 때문에 이 길은 내버림을 배우는 것은 단순한 질문으로부터 출발한다.

나는 무엇을 진실되게 받아들이는가?

우리는 무엇인가를 느끼고 보고 만지려는 감각적인 것으로부터 정화가 필요하다. 우리가 잘못된 소원과 욕구를 내어버리게 될수록 우리의 일상에서 경이로움에 공간을 더 내어 주게 될수록 우리는 옛적 신비주의가 '은거함'이라고 부르는 것에 접근하는 것이다. 그것은 습관과 우리 문화의 당연함으로부터 활기차게 이별하는 것이다.

> 우리의 신비주의가 경이로움과 함께 시작하고 추방됨으로 시작하지 않기 때문에 기적의 파괴에 대하여 경악하게 되는 것이다.[13]

---

[13] Dorothee Solle, *The Silent Cry*, 92.

이러한 과정에서 길은 더욱 좁아져 가며 근원적 경이로움은 어두워지게 된다. 경이로움이 첫 번째 신비적 길의 상징이라면 '어두운 밤'은 두 번째 신비적 길의 상징이다. 하나님을 그리워하는 것은 전통에서 또한 하나님을 가까이 할 수 없는 고통이라고 부르던 한 모습니다. 비우게 된다는 것은 쓸모없는 것을 내버림을 의미할 뿐만 아니라 고독하게 되는 것이다.[14] 신비체험은 영혼의 변화와 영혼이 감격을 경험하는 것뿐만 아니라 변화로 나아가게 한다.

변화의 길(via transformativa)이란 경이로움을 넘어서는 길이다. 경이로움을 단지 행복의 경험으로만 부르는 것은 충분하지 않다. 소유하고 경이로워 할 수 있다는 것은 우리가 소유하지 못하고 볼 수 없는 것은 배제시킬 수 있기 때문이다.

4. 신비체험의 둘째 길: 부정의 길

신비주의는 '하나님을 향한 갈망'에서 오는 근본적인 '배고픔'과 같은 것이다. 배고픔은 근본적으로 경험적 요소를 지니고 있기 때문에 개념적 지식으로만 해결할 수 없는 특성을 가지고 있다. 이 배고픔은 개념이나 지식으로 해결 할 수 없는 배고픔일 뿐만 아니라 우리의 이성으로는 채울 수 없는 허기로 인하여 생기는 배고픔이다. 기독교 신비주의자들은 하나님 인식에 대한 여정에서 우리의 감각 혹은 언어의 한계성으로 인하여 겪게 되는 배고픔을 역설적으로 '비아 네가티바'(via negativa), 즉 무지의 길이라 불렀다. 신비체험의 두 번째 길은 경이로움과 우리의 감각세계를 넘어서는 것이다. 이 길은 그래서 부정의 길이요 변화의 길이요 사랑의 길이다.

모든 신비주의자들은 인간의 언어의 한계를 인식했다. 신비주의자들은 하나님과 성경에 계시되어 있으며 동시에 말할 수 없이 깊은 신비 안에 감추어져 계신 하나님과의 말로 표현할 수 없는 만남과 체험을 가지고 고민했다. 이 만남에 대해서 예언자 예레미야처럼 "주 여호와여 보소서 나는 아이라 말

---

14 Dorothee Solle, *The Silent Cry*, 92.

할 줄 알지 못하나이다"(렘 1:6)라고만 말할 수 있다.

　신비적 경험을 표현하기 위해서는 언어가 너무 부족하고 너무 좁으며 너무 오염되어 있다는 것이 기본적인 체험이다. 때문에 모든 신비주의자들은 개념들의 오염 아래에서 고통당하였다. 신비적 경험을 우리의 언어로 설명하는 것은 마치 사랑에 빠지지 않은 사람에게 사랑에 빠진 상태에 대해 설명하는 것과 같은 것이기 때문에 그 의미를 결코 충분히 담아낼 수 없다.

　신비주의자들은 인간의 언어의 한계성 때문에 하나님 체험에 대한 설명의 불가능성을 말하였다. 때문에 신비주자들은 하나님에 대하여 말할 수 있는 사람은 하나님을 부정하는 것과 같은 것으로 이해이다. 왜냐하면 절대적인 하나님을 인간의 언어로 설명하는 것은 하나님을 축소하는 결과를 낳기 때문이다. 신비주의자들은 하나님의 절대성의 관점에서 비인식을 통한 인식을 말한다. 바로 부정의 길이다. 이는 불가능성의 가능성이다.

　신비주의 전통에서 말하는 것의 불가능의 가능성을 위한 고전적 증언은 '무지의 구름'이다. 이것은 A.D. 500년경 시리아에서 살았던 비밀로 가득찬 수도승이었던 아레오파고스의 디오니시우스와 관련된다. 그는 모세가 시내산에 올라가 하나님으로부터 십계명 판을 받았을 때 그 산에 덮여 있는 구름과 관련시켜 무지의 구름을 말한다(출 24:12-18). 그에게 '무지의 구름'은 학문적 또는 인간적 언어가 말할 수 없는 것의 은유이다. 아레오파고스의 디오니시우스는 신비적 인식의 근본적인 부정성을 다음과 같이 진술하였다.

　　사랑하는 티모테오여! 그대는 신비적 관상들에 대해 정성스럽게 실천하여 감각적인 것과 지성적인 작업들 감각이나 지성으로 파악될 수 있는 모든 것, 긍정되는 것들과 부정되는 것들을 모두 버리십시오. 그리고 완전한 무지 상태에서 할 수 있는 한 모든 존재와 인식을 뛰어넘은 분과의 일치를 향해 나아가십시오. 그리고 완전한 무지 상태에서 할 수 있는 모든 존재와 인식을 뛰어넘은 분과의 일치를 향해 나아가십시오. 그리하여 멈출 수 없는 이 긴장을 통하여 그리고 그대 자신과 만사로부터 완전히 해방되어 앞을 가로막는 모든 것을 치우고 모든 것에서 자유로워져 신적인 어둠의 본질을 초월하는 빛을 향해 고양될 수 있

을 것입니다.¹⁵

디오니시우스가 생각한 신비적 인식은 모든 것 너머에 계시는 하나님께 이르기 위해서는 모든 인식을 포기해야만 한다. 그에게 있어서 무지의 구름 속으로 들어가는 것은 하나님의 비인식성과 관습적 언어의 불가능성의 두 가지가 더 명확해지는 경험이다. 바로 이러한 관심은 신비주의 전통에서 무념적(apophatic) 혹은 부정신학을 태동시켰다.

신비생활에서 부정신학은 하나님에 대한 우리의 인식은 '하나님은 사랑이시다', '하나님은 공의로우시다' 등의 '긍정'을 통해서 진행될 때보다는 제한 '없는', 이해할 수 '없는' 것과 같이 '부정'을 표현하는 말들을 통해서 더욱 바르게 표현된다는 것이다. 부정신학은 하나님에 대해서 긍정적으로 어떤 분인지 보다는 부정적으로 어떤 분이 아닌지를 통해 더 잘 알려진다는 것이다. 이런 생각은 위-디오니시우스에 의해 표현되었다.

> 동일한 성경에서 때로는 하나님을 '눈으로 볼 수 없는 분', '무한하신 분', '이해할 수 없는 분'이라고 부르면서 그분과 어떠한 유사성도 없는 계시들로서, 또 때로는 그분이 어떤 분인지보다는 어떤 분이 아닌지를 가리키는 표현들로서 초자연적인 방식으로 칭송하기도 한다. 내 생각에는 후자의 방식이 그분께 더 적합한 것 같다. 왜냐하면 거룩한 신비 전통에서 말하는 것처럼 우리는 하나님께서 다른 존재들과는 다른 방식으로 존재하시며 그분의 초 본질적이고 이해할 수 없고 신비스러운 무한성을 알지 못한다는 것을 진실로 인정하기 때문이다. 그러므로 '긍정들'은 감추어진 것들의 신비에 부적절한 데 반해 '부정들'은 신적인 것들에 대해서 적절하다면 ⋯.¹⁶

디오니우스는 그의 부정신학에서 '하나님은 모든 것과 모든 이들을 뛰어

---

15 샤를 앙드레 베르나르, 『영성신학』, 정제천·박일 역 (서울: 가톨릭출판사, 2008), 47에서 인용.
16 샤를 앙드레 베르나르, 『영성신학』, 239에서 인용.

넘기 때문'에 신성이나 빛과 같은 개념들을 거부한다. 이러한 언어의 급진성은 개념적 지식의 가능성을 부정하는 추상적 부정으로 이끄는 것이다. 무지에서가 아니라 앎에서 생겨나는 알지 못함은 항상 새로운 언어와 모습들을 찾고 또 그것을 불충분한 것으로 비판하는 것이다.

알렉산드리아의 클레멘트는 다음과 같이 말한다.

> 우리는 그리스도의 위대하심에 매달리게 된다. 만일 우리가 거룩함을 통하여 심연으로 나아갈 수 있다면 우리는 모든 것을 포함하고 계시는 하나님에 관한 일종의 지식을 갖게 될 것이다. 그분이 무엇인가를 아는 것이 아니라 그분이 무엇이 아닌가를 알게 되는 것이다.[17]

디오니시우스는 누군가가 "확정적인 신학의 중요한 단어들을 공포할 경우" 우리는 반드시 그 단어들을 지나서 침묵의 신학을 향해 나가야 한다.[18] 우리는 결코 알아낼 수 없는 하나님에 대한 이해를 넘어서야 한다. 하나님에 대한 지식은 불가지의 과정을 통해서만 주어진다. 니사의 그레고리에게도 하나님과 관련된 모든 개념들은 우상이었다.

"하나님을 이해할 수 없는 우리의 무능력이라는 관점만 제외하고 하나님은 결코 우리가 알 수 없는 분이다."[19]

때문에 영적인 길은 비아 네가티바(via negativa), 곧 무지의 길이다. 엘리오트(T.S. Eliot)은 '무지의 길'의 의미를 상징적으로 잘 말해준다.

> 여러분이 잘 모르는 곳에 도달하기 위하여
> 여러분은 무지의 길을 통과해야 합니다.
> 여러분이 소유하지 못한 것을 소유하기 위하여
> 여러분은 무소유의 길을 통과해야 합니다.

---

17 Clement of Alexandria, *Stromata or Miscellanies* 5 (Whitefish, MT.: Kessinger Publishing, 2010), 5, 11.
18 Kenneth Leech, *Soul Friend*, 228에서 인용.
19 Gregorius Nyssenus, *Contra Eunomium liber*, (Brill, 2002), 1. 373.

여러분이 아닌 존재에 도달하기 위하여
여러분은 자기가 속하지 않은 길을 통과해야 합니다.
그리고 여러분이 잘 모른다는 것만이
여러분이 아는 유일한 사실입니다.
그리고 여러분이 소유하고 있는 것은
여러분이 소유하지 못하는 것입니다.
그리고 여러분이 있는 곳은
여러분이 없는 곳입니다.[20]

무념 또는 부정신학의 전통은 『무지의 구름』의 저자에게도 나타난다.

끊임없이 우리 자신을 잊게 하는 망각의 구름 없이 우리는 우리의 삶에 대한 낯선 규정들에 묶여있는 것이다. 망각의 구름은 자유의 요소이다. 이 구름은 자유롭게 하며 우리가 무지의 구름에 가까이 접근하는 데 열려 있도록 만든다. 우리가 사랑하는 것, 동경하는 것, 찾는 것, 느끼는 것은 다른 구름 안으로 투입되는 것이다. 무지의 구름의 어두움 속에서 사랑의 내적 흥분을 느끼는 것이 가능하다.[21]

무지의 구름은 하나님께로 가는 길을 알려주는 무지(agnosia)의 영역이다. 이 저자가 주장하는 핵심은 하나님에 관한 지식이 생각을 통해서가 아니라 사랑을 통하여 그리고 부정의 길, 무지의 길, 어두움의 길, 망각의 길을 통하여 주어진다고 하는 사실을 강조한다. 저자는 하나님을 아는 길에 대해 말한다.

당신이 저를 당신의 문제와 함께 똑같이 어두움 속으로, 똑같이 무지의 구름 속으로 보내셨으므로, 저는 당신 안에서 당신이 될 것입니다. 다른 모든 피조

---

[20] T. S. Eliot, *Four Quartets* (London: Faber and Faber, 2001), 29.
[21] Anonymous, *The Cloud of Unknowing*, 9.

물과 그들의 임무, 그리고 하나님의 자기 업무에 대해서 한 사람이 은총으로 말미암아 엄청난 지식을 지닐 수도 있습니다. 그러나 하나님 자체에 대해서는 그 누구도 생각할 수가 없습니다. 따라서 저는 제가 생각할 수 있는 모든 것을 내버려두고, 제 사랑을 위하여 제가 생각해 낼 수 없는 것을 선택할 것입니다. 그분은 생각의 대상이 아니라 사랑의 대상이 될 것이기 때문입니다. 사랑에 따라서 그분을 얻을 수도 붙잡을 수도 있습니다. 결코 생각 때문이 아닙니다.[22]

그러므로 하나님께 가는 길은 어두움으로 통하는 길이다.

그대 위의 그 어두움을 뚫고 지나가십시오. 그리고 무지의 두터운 구름 위로 동경과 사랑의 날카로운 화살을 쏘아 올리십시오.[23]

신비신학은 온전히 하나님을 알도록 하나님께 기도하는 것이다. 여기서 기도는 하나님이 우리의 인식의 파악 대상이나 소유의 대상이 결코 아님과 하나님의 자유성을 알기 위한 것이다. 인식되고 알려진 하나님은 너무 작은 하나님이기 때문이다. 우리가 다른 객체들처럼 하나님을 인식한다는 것은 하나님을 이용가능한 객체로 만들 위험성이 있다.

이러한 하나님 인식은 하나님을 그 자체로 사랑하기보다는 하나님을 대상화시키는 것이다. 마르틴 부버의 언어를 빌리면 당신(Thou)으로서가 아니라 그것(it)으로서 사랑하는 것이다. 하나님을 사랑하는 것이 아니라 하나님이 주신 것들을 사랑하는 것이다. 마이스터 에크하르트는 하나님을 대상화시켜 사랑하는 것을 상징적으로 잘 설명해 주고 있다.

많은 사람들은 소를 바라보는 눈으로 하나님을 보려고 한다. 그리고 소를 사랑하듯이 하나님을 사랑하려 한다. 우유와 치즈와 자기가 필요한 것을 얻기 때문에 당신은 소를 사랑한다. 하나님을 외적인 부유함이나 내적인 위로 때문에 사랑하

---

22 Anonymous, *The Cloud of Unknowing*, 6.
23 Anonymous, *The Cloud of Unknowing*, 6.

려는 그러한 사람들이 있다. 이러한 사람들은 하나님을 옳게 사랑하는 것이 아니라, 자기들의 필요한 욕구를 사랑하는 것이다.[24]

신비주의자들은 대상화된 하나님을 내려놓기를 갈망한다. 신비주의자들은 하나님을 하나님 때문에 내려놓는 것이다. 다시 말하면 우리가 지금가지 알고 경험한 한 하나님의 형태, 하나님의 한 방식, 한 모습, 하나님에 대하여 한 방법으로 이야기하는 것을 포기하는 것이다. 우리의 삶에서 한 전형적인 예를 든다면, 유아기적에 생각했던 하나님을 벗어나고, 내가 경험했던 하나님을 넘어 설 수 있어야 한다. 그동안 우리에게 인식된 하나님은 필연적으로 '수정'의 과정이 요구된다.[25] 로버트 멀홀랜드는 우리에게 아주 중요한 내용을 상기시킨다.

> 하나님에 대한 진정한 경험은 항상 탈중심화(decentering)의 경험이다. 우리가 알고 이해하고 있다고 생각했던 하나님, 우리의 현상 유지를 위해 생각했던 하나님, 우리를 편안하게 했던 하나님, 우리가 하나님이라고 부르는 우상은 문제를 일으키고, 방해하고, 통제할 수 없는 하나님에 의해, 그리고 우리가 삶의 새로운 차원을 경험하게 되는 상상조차 할 수 없는 중심으로 우리를 부르시는 것을 넘어서 변두리(the margins)로부터 우리에게 다가와 우리의 삶을 탈중심화시키는 하나님"에 의해 갑작스럽게 어둡게 된다.[26]

우리의 탈중심화의 경험은 우리가 이해하고 경험한 하나님을 객체화 시키고 대상화시킬 위험성에서 비롯된 경험이다. 우리의 이성의 한계를 인정하고 우리의 하나님 경험이 그의 자유로운 역사와 미를 제한하는 경험이 되지 않도록 항상 신비적 감수성이 필요하다. 디오니시우스 이래로 오래된 주석

---

[24] Dorothee Solle, *The Silent Cry*, 60.
[25] Dorothee Solle, *The Silent Cry*, 68.
[26] M. Robert Mulholland, "Life at the Center-Life at the Edge," *Weaving* (July-August, 1998), 산드라 롬메이슨, "장막 넓히기," 수잔 버클리, 『영적 지도와 영적 여정』, 권희순 역 (서울: 은성, 2007), 262에서 인용.

의 역사를 거쳐서 이러한 부정의 길은 기독교 신비주의의 전통이 되었다.

하나님에 대한 인식 및 체험과 관련하여 부정 또는 무념(*apophaseis*)은 참된 것이며 긍정 또는 유념(*kataphaseis*)은 불충분하다는 관점을 낳았다. 우리의 신학과 신앙에서 이성적인 것을 넘어서는 인식의 추구와 방법은 부정신학과 신비신학에 참여하고 있는 것이다. 하지만 부정신학과 신비신학이 더 아름다운 신비의 미학으로 자라잡기 위해서는 긍정의 길과 부정의 길, 참되고 불충분한 것은 사실 상호 의존적인 관계성 안에서 있다는 것을 인정할 필요가 있다.

5. 신비체험의 셋째 길: 통합의 길

분명히 하나님은 머리로만 알 수 있는 존재가 아니다. 하나님은 내적인 정화와 의식의 변형 과정에서 알게 되는 감추어진 하나님이시다. 하나님은 개념을 초월하시며 지식도 초월하시며 우리의 경험도 초월하신다. 따라서 그레고리의 다음 말은 설득력이 있다.

> 그것은 추구하는 존재에 대한 참 지식은 보이는 것은 보이지 않는 것 속에 존재한다는 사실을 이해하는 것이다. 그 사람은 어두움 때문에 그리고 불가해성을 통하여 모든 부분들로부터 분리됨으로써 모든 지식을 초월하기 때문이다. 바로 그런 이유 때문에 이 '빛나는 어두움' 속으로 스며들었던 신비주의자 요한도, 신적인 본성에 대한 지식이 사람들뿐만 아니라 온갖 지성성적인 본질에도 도달할 수 있다는 사실을 부인함으로써, '아직까지 그 누구도 하나님을 본 적이 없다'고 말한다. 또한 바로 이런 이유 때문에 모세도 영지(*gnosis*)가 향상되었을 때 어두움 속에서 하나님을 본다고, 곧 하나님을 본질적으로 모든 지식을 초월하시는 분이며 결코 정신이 파악할 수 없는 분이라는 사실을 잘 알게 된다고 선언한다.[27]

---

27 Kenneth Leech, *Soul Friend*, 155에서 인용.

신비체험은 그레고리의 지적처럼 어두움의 길을 수반한다. 신비 체험의 본질이 인식에 있지 않고 오히려 하나님과의 생동감 있는 관계와 체험에 있기에 더욱 그렇다. 이 체험은 궁극적으로 인식을 넘어 사랑의 특성을 수반하기 때문이기도 하다. 십자가의 요한은 신비체험에서 인식과 사랑의 관계를 다음과 같이 설명한다.

> 먼저 지성이 파악한 것이라야 의지가 사랑할 수 있다고 혹자가 말하는 것이 대해서는 이 말을 본성적인 것으로 알아야 한다. 왜냐하면 본성적인 길에서는 사랑의 대상을 먼저 알지 않고서는 사랑할 수 없기 때문이다. 그러나 초자연적인 길에서는 인용문을 통해 이해한 것처럼 하나님께서는 특별한 인식을 소통하거나 증대시킴이 없이도 사랑을 부어 주시고 증대시킬 수 있다.[28] 이는 많은 영성가들에 의해 체험된 바로서 그 전과는 다른 인식을 갖게 된 것이 아닌데도 하나님의 사랑에 불타오르는 경우를 종종 보게 된다. 왜냐하면 그들은 아는 것이 적으면서도 많이 사랑할 수가 있고, 아는 것이 많아도 사랑은 적게 할 수가 있기 때문이다.[29]

확실히 우리는 단지 이성적 관점에 기초하여 신비체험을 설명하려는 유혹을 넘어서야 한다. 우리가 가진 하나님의 표상들은 하나님의 실재를 나타내는 데 불충분하다는 것은 정당하다. 하지만 부정신학에서 말하는 하나님 인식의 근본적인 부정성은 전적으로 타당한 것은 아니다. 왜냐하면 하나님을 향해 나아가기 위하여 인간 정신이 부정해야 하는 상징들과 표상들과 개념들이 의식 속에 항상 새롭게 생겨나기 때문이다.

하나님은 우리의 의식에 어둡게 자리잡고 있는 것은 사실이지만 우리의 하나님 인식은 어떤 형태로든 의식세계를 전적으로 벗어나서는 불가능하다. 하나님에 대한 신비적 인식은 지속적인 부정의 과정을 특징으로 하지만 이는 감각 능력과 연관된 이전의 활동을 전제한다. 하나님 인식 활동은 우리의

---

[28] St. John of the Cross, *The Spiritual Canticle* (Whitefish, Montana: Kessinger Publishing, 1998), B. 8. 2, 2. 4.
[29] St. John of the Cross, *The Spiritual Canticle*, A. 17. 6.

감각 세계를 통해 그리고 끊임없이 감각 세계의 부정의 과정이 함께 이루어지는 역설적 과정을 통해서 이루어진다. 우리의 감각 세계를 거부할 때 문제는 더 커진다. 신비체험에서 부정의 체험이 중요하다고 하여도 신앙 체험이 부정의 체험으로 축소되지 않으며 신앙 체험은 무엇보다도 그리고 더 근본적으로는 그분의 효과적인 실제와 신비스러운 현존에 대한 확신에 근거한다.

하나님 인식과 하나님의 현존을 혼동해서는 안 된다. 우리가 절대자인 하나님을 우리의 감각으로는 충분히 알 수 없다는 것을 인정하는 것은 중요하지만 하나님과의 모든 관계를 인식의 차원으로 축소하고 하나님의 현존을 지성적 증명을 통해서 파악하고자 하는 것은 또 하나의 문제를 낳는다. 하나님의 현존은 이성의 눈으로 볼 때에는 여전히 어둠에 싸여있지만 하나님은 우리의 지성적 감각에도 빛을 비추시는 분임을 인정해야 한다. 하나님은 우리의 인식의 능력을 초월해서 사랑으로 우리에게 다가오시는 그분의 현존을 인정할 때는 더욱 그렇다. 이것은 신비주의적 특성이 갖는 수동적 하나님 경험의 원리에서 보더라도 그렇다. 하나님의 신비는 인간의 조건을 분명히 넘어서기 때문이다. 부정의 길과 긍정의 길을 넘어선다. 여기에 하나님의 본질이 있다.

신비가는 하나님의 초월성을 체험하며 결코 우리의 감각적인 세계만을 통하여 온전히 체험 할 수 없다는 사실 때문에 고통을 겪는다. 하지만 이러한 고통도 우리의 감각 세계를 떠나서 결코 느낄 수 없다. 우리의 감각 세계가 하나님의 형상임을 인정한다면 우리의 감각세계는 하나님과 소통할 수 있는 중요한 통로다. 특히 예수님의 성육신 안에서 기꺼이 자신을 드러내신 하나님을 아는 것은 중요하다.

그러므로 부정신학에서만 신비생활의 지혜를 얻기보다는 우리에게 주어진 성경과 예수님의 성육신과 그 의미를 깊이 묵상함으로 우리는 하나님을 체험할 수 있다는 것을 인정해야 한다. 우리의 감각 세계를 통해 성경과 예수 그리스도를 믿으며 주로 고백하는 것 자체가 아주 중요한 신비체험의 한 유형이다.

우리의 영성생활에서는 인간 전체가 영적 체험에 참여하며 그의 삶의 여러 수준들이 신적 영역으로 이끌리고 거기에서 역동적인 참여가 가능해 진다. 인간은 자신의 전 존재로 하나님을 찾으며 하나님을 만나면 하나님에 의해 변화된다. 때문에 영성생활에서 우리의 감각적인 활동은 기본적인 영역이다. 신비체험이 반드시 우리의 감각적인 것을 초월하여 발생하는 것으로만 여겨서는 안 된다.

윌리엄 제임스는 신비체험의 특징을 네 가지로 설명하였다.[30]

첫째, 신비체험은 우리의 언어를 초월한다. 신비체험은 음악적인 귀를 가지지 않은 사람이 감상할 수 없는 아름다운 선율 또는 사랑을 해보지 않은 사람은 이해할 수 없는 심오한 사랑과도 같다.

둘째, 신비체험은 깨달음의 한 방법이다. 이 깨달음은 일종의 깊은 통찰 또는 계시로서 이후의 삶을 살아가는 지표 역할을 한다.

셋째, 신비체험은 일시적이다. 신비체험들은 오랜 기간 동안 유지되지 않고 일상적인 경험들의 와중에서 퇴색되는 경향이 많다. 하지만 신비체험들은 다시 경험할 수 없다 하더라도 기억 속에는 생생하게 살아 있다.

넷째, 신비체험은 본질적으로 수동적이며 획득하는 것이 아니라 주어진다. 때문에 신비체험은 수의적인 중추신경보다는 비수의적인 자율신경 계통과 관련되어 있는 것으로 추측되고 있다.[31]

---

[30] William James, *The Varieties of Religious Experience* (New York: Touchstone, 1997), 71-2.
[31] 의학박사 월터 판케는 실로사이빈이나 LSD 같은 의식 확장 약물들이 신비적 경험을 일으키는 효과에 관해 연구하던 중에 고전적인 신비주의 저술들에 묘사되어 있는 신비한 의식들의 진정성을 가려내야 할 필요성을 느끼고 다음과 같은 9가지 기준을 설정하였다. (1) 내적으로는 자신의 자아와 그리고 외적으로는 자신의 환경과 통일을 이룬다. (2) 세계와 우리 자신의 실존을 직접 그리고 초이성적으로 경험함으로써 주체와 객체 사이의 경계가 사라진다. (3) 신비주의자는 시간과 공간을 초월하여 무한히 깊고 넓은 관점에서 자신의 삶을 바라본다. (4) 신성한 느낌에 사로잡힌다. 거룩한 실재 앞에 조용히 그러나 떨리는 마음으로 엎드린다. 루돌프 오토는 이를 '전율'이라고 부르고 있다. (5) 기쁨, 사랑, 축복, 평화 등의 긍정적인 감정들이 마음에 가득 차 흘러넘친다. (6) 몸 안에 있으면서도 몸 밖에 있는 것처럼 느끼는 등 이성의 법칙을 역설적으로 초월한다. 사도 바울도 이와 같은 초월을 체험한 적이 있다(고후 12: 2-3). (7) 제임스도 말하고 있듯이 신비적 경험은 언어로 표현할 수 없다. 그 경험을 초라하고 불순하게 왜곡시키지 않고는 말로 설명할 수 없다. (8) 신비적인 경험은 일상적인 경험보다 일시적이며 오래 지속되지 않는다. 신비한 의식은 계속 유지할 수 없다. (9) 태도나 행동이 긍정적으로 변한다. 다른 사람에게 깊은 신뢰와 친밀감을 느낀다. 습관적인 방어기제 벽이 낮아진다(Howard Thurman, *Disciplines of the Spirit* (New York: HarperCollins, 1963),

제임스의 지적처럼 신비체험은 기본적으로 수동적인 것이다. 여기서 수동성은 정신적인 작용이 없다는 뜻이 아니고 주도권이 하나님께 있다는 것이다. 영혼은 단지 하나님의 활동에 반응하는 것이다. 상대적으로 치열한 이성적 노력과 비교하면 이 동의는 휴식이라고도 할 수 있다. 수동성의 체험은 영혼과 그런 인격적 관계를 맺게 하는 하나님의 사랑이 은혜로 주어지는 것이라는 감각을 얻는 데 도움이 된다. 신비생활은 영혼의 가장 깊은 중심을 향한 자신을 통해서 내적인 통일을 이룬다. 영혼이 내적으로 통일이 되는 그만큼 하나님의 형상인 인간의 본성을 더 발견하게 된다. 이런 통일 상태에서는 기억력과 지성과 의지 사이에 구별이 있는 것이 사실이지만 영혼은 새로운 의식인 근본적인 일치의 의식을 갖는다.

신비체험은 인식과 사랑의 대상이 되는 전인적 현존의 체험으로 다가온다. 그러므로 신비 체험은 체험자의 전적인 헌신을 요구한다. 하나님께 의탁하는 삶은 지성과 의지, 기억과 감수성에 이르기까지 자신의 전존재를 요구한다. 영혼에게 스스로를 소통하시는 하나님과 그 소통에 반응하며 사는 영혼 사이에 이루어지는 계속적인 상호 교환에서 그리스도인의 신비체험은 시작되고 발전한다.

6. 신비체험의 목적지: 사랑의 길

신비주의가 의심을 받은 17세기 말 이래로 그리스도인의 삶은 신비한 것(하나님 사역)이기보다 수덕적인 것(인간적인 노력)이 되었다.[32] 하지만 신비와 변화는 해체할 수 없는 내적 연관성을 지닌다. 인간의 실제적인 하나님을 사랑하시는 이 우주에 대한 하나님의 특별한 사랑 없이 하나님에 대한 사랑과 합일에 대한 열망은 기계적 환상에 그치기 쉬울 수 있다. 참된 신비적 여행은 우리에게 '긍정적으로 생각하는 것'을 가르치는 것과 우리의 비판력과 우

---

96).
32 Lawrence S. Cunningham and Keith J. Egan, *Christian Spirituality: Themes from the Tradition*, (New York: Paulist Press, 1996), 124.

리의 고난 감수 능력을 잠들게 하는 것보다 더 큰 목표를 지니는 것이다.

> 신비생활은 우리의 인성, 하나님의 현존 안에서 의식적으로 살 때에 완성되는 인성의 포옹이다.[33]

사랑은 언제나 신비체험의 목적지이다. 노르위치의 줄리안은 다음과 같이 주장한다. "진리의 단순한 직관"에 따른 하나님 체험이 주는 기쁨은 "우리 모두에게 공통적인 경험이다." 그것은 "누구나 다" 경험하는 것이다. 줄리안이 가장 중점적으로 강조하는 것은 하나님의 사랑이 승리한다는 것, 그리고 우주적인 낙관주의다. 줄리안은 "여러분은 이것을 통하여 우리 주님의 의미를 알 수 있을 것입니다. 잘 알아 두십시오. 주님의 의미는 바로 사랑이었습니다"[34]라고 고백하였다.

줄리안에 따르면, 그 사랑은 이제까지 단 한 번도 느슨해진 적이 없으며 앞으로도 그럴 염려가 없다. 그녀의 유명한 말이다.

> 모든 게 다 잘될 것이다.

이것은 궁극적인 화해의 신학이다. 바로 신비신학의 목적지이다. 십자가의 요한은 이렇게 말한다.

> 밤에는 그들이 사랑 안에서 그대를 점검할 것이다.[35]

아빌라의 테레사도 요한과 비슷하게 강조한다.

> 중요한 것은 얼마나 많이 생각하느냐가 아니라 얼마나 많이 사랑하느냐이다.

---

33 Lawrence S. Cunningham and Keith J. Egan, *Christian Spirituality*, 124.
34 Norwich of Julian, *Revelation of Divine Love*, 86.
35 St. John of Cross, *Spiritual Sentence and Maxims*, Translated by E. Allison Peers (Createspace Independent, 2012), 57.

그러므로 그대로 하여금 가장 사랑하게 만드는 것들을 실천하십시오.[36]

하나님 체험을 갈망했던 신비주의자들은 하나님을 사랑하는 사람은 사랑하는 그분과 연합할 때까지 결코 안식하지 않는다는 것을 알았다.

아름다움을 보는 것만으로도 큰 행운이지만 우리는 거기서 만족하지 않는다. 우리는 말로 표현하기 어려운 그 어떤 것을 원한다. 우리가 보는 아름다움과 연합하고, 그 아름다움을 소유하고 우리 안에 받아들이고 그 안에 잠기고 그것의 일부가 되기를 원한다.[37]

이러한 소망은 신비주의자들을 매혹적으로 이끌었던 실체이다. 신비적 전통에서 가장 감동적이라 할 수 있는 페넬롱의 기도문이다.

오 나의 하나님! 오 사랑이여! 내 안에 계신 당신을 사랑하소서! 당신에게 합당한 사랑은 이것뿐입니다. 등불이 당신의 제단 앞에서 끊임없이 타오르듯이 당신 앞에 나 자신을 태우며 살기만을 원합니다. 저 스스로는 전혀 존재할 수 없습니다. 스스로 존재하는 분은 오직 당신밖에 계시지 않습니다. 나를 위해서는 아무것도 없으며, 오직 당신을 위해서 모든 것이 있습니다. … 오 사랑이여! 계속 사랑하소서! 당신의 연약한 창조물 안에서 사랑하여 주십시오! 당신의 최고의 아름다움을 사랑하여 주십시오! 오 아름다운 분이시여! 오 무한히 선하신 분이시여! 오 무한한 사랑이시이여! 나의 심장을 태우시고 옮기셔서 소멸시키시고 그것을 완전한 번제로 만드소서![38]

---

36 St. Teresa of Avila, *Interior Castle*, Translated by E. Allison Peers (London: Dover, 2007), 4.1.7.
37 C. S. Lewis, "The Weight of Glory," in *Transposition and Other Addresses* (London: Geoffrey Bles, 1949), 31.
38 Francois de Salignal de La Mothe Fenelon, *Christian Perfection*, (Ada, MI.: Bethany House, 1976), 135.

신비주의자들은 하나님의 사랑에 대한 형언할 수 없는 추구와 그 사랑으로 영혼을 적셔주시는 하나님을 경험하기를 소망했다. 신비주의자들은 사랑을 "그리스도와 개인 사이의 사적인 관계로 인식한 적이 결코 없었고 그리스도를 향한 우리의 사랑의 진정한 척도는 다른 사람들에 대한 우리의 사랑에 있다"고 이해하였다.[39] 베르나르는 다음과 같이 썼다.

> 스스로 자애와 사랑을 보여주는 사람; 자신을 위해서는 아무것도 소유하지 않지만 자신이 소유한 모든 은혜를 공적인 이익을 위해 사용하며 사람들 가운데서 자비를 베풀며 사는 사람; 모든 사람, 친구와 적, 현명한 사람과 어리석은 사람들에게, 똑같이 자신을 빚진 자로 간주하는 사람이다. 이러한 부류의 사람은 언제나 겸손하며 모든 사람을 유익하게 한다.[40]

---

[39] Bernard McGinn, *The Foundations of Mysticism* (London: SCM Press, 1995), 78.
[40] St. Bernard of Clairvaux, *Meat from the Mystics: Sermons on the Song of Songs*, (Raleigh, NC.: Lulu Press, 2012), 12. 5. 베르나르는 종교개혁이 일어나기 4백 년 전에 이미 종교개혁자적인 삶을 살았다. 루터는 베르나르를 세상에서 가장 경건한 수도사이자 예수님을 가장 잘 전했던 설교자라고 평가했다. 칼빈도 베르나르에게 어거스틴 다음으로 가장 많은 관심을 보였다. 존 오웬과 리처드 백스터 같은 청교도 지도자들도 베르나르의 삶에서 우러나온 설교가 이성적, 영적, 실천적 열정이 가장 잘 조화된 예라고 격찬했다. 베르나르는 하나님만이 사랑의 원천이라고 하였다(요일 4:16). 베르나르는 하나님께서 인간에게 다가온 방법이자 인간이 하나님께 다가가는 방법은 오직 사랑뿐이라고 생각했다. 베르나르는 하나님과의 관계를 더 깊게 하기 위해 거쳐야 하는 4단계의 사랑을 설명하였다. 첫째 단계의 사랑은 '자신을 위해 자기 자신을 사랑하는 사랑'이다. 인간은 본능적으로 자신을 먼저 사랑한다. "네 이웃을 네 몸과 같이 사랑하라"(레 19:18, 마 22:39, 롬 13:9, 갈 5:14, 약 2:8). 베르나르는 자신을 먼저 사랑할 수 없는 사람은 하나님도 이웃도 사랑할 수 없다는 사실을 발견하였다. 보다 깊은 사랑을 경험하기 위해서는 먼저 자기 사랑부터 시작되어야 한다는 것이다. 이 첫 단계의 사랑은 자신을 위한 자기 사랑, 곧 미성숙한 사랑이기도 하다. 그러나 인간은 자기만을 사랑하는 것으로는 영적으로 만족할 수 없기 때문에 곧 하나님을 찾아 나서게 된다. 두 번째 단계의 사랑은 '우리 자신을 위하여 하나님을 사랑하는 사랑'이다. 선하신 하나님은 우리의 유익을 위해 매일같이 역사하신다. 하나님은 우리의 필요를 채워 주시고(시 58:11), 우리를 문제에서 건져 내시고(사 50:15), 우리의 기도를 들어주신다(시 116:10). 인간은 그리스도께 도움을 구하기 위해 그분께 눈을 돌리고 관심을 가진다. 하나님은 이런 우리를 보호하신다. 이 단계의 사랑은 이기적인 사랑이다. 자신을 위해 하나님을 사랑하는 것이다. 하지만 하나님을 이렇게 찾는 것으로는 잠시의 행복은 가능해도 우리 속에 있는 하나님에 대한 깊은 갈망은 채워지지 않는다. 보다 높은 차원의 사랑이 요구되는 것이다. 세 번째 단계의 사랑은 '하나님을 위해 하나님을 사랑하는 사랑'이다. 주님의 선하심을 경험한 사람은(시 34:8) 은혜 자체보다 은혜를 주시는 이를 더 그리워하게 된

하나님의 사랑에 붙잡힌 신비주의자들의 삶은 오늘날까지도 우리의 삶에 신선한 이해를 가능하게 하는 영적 자원들을 제공하고 있다. 이러한 신비적 감수성과 추구는 개인의 영역에 그치지 않고 하나님의 사랑을 항상 이웃에게로 흘러가게 하는 힘으로 작용한다. 신비적 연합은 우리가 그 이름을 어떻게 부르든 하나님과의 교제의 삶이 사랑의 열매로 나타난 결과이다. "종교의 미래적 형태로서 신비주의는 삶의 연합성에 관련되어 있다. 그 신비의 언어로서의 기도는 창조에 함께 내재되어 있는 연합성을 의식하게 만든다. 그러면 몇몇 생명체와 생명의 형태에 암과 같은 것이 자라나는 것 대신에 모든 것이 잘 살 수 있는 것이 들어서게 된다. 승리자의 성품 대신에 주고받는 것을 배우게 된다. 자율과 자족의 환상과 한계의 실행을 사랑으로 극복하는 것이 가능한 것인가? 이러한 신비적 꿈이 없이 우리에게는 기회가 없다. 그 꿈을 이미 여기에서 실현하는 것이 의식 있는 작은 무리의 희망이다."[41]

신비주의의 역사는 하나님 사랑의 역사다. 하나님을 깊이 알고 사랑하려는 갈망에서부터 시작된 신비가들의 삶과 지혜는 현대 그리스도인들이 등한시하는 요소들이 포함되어 있다. 신비가는 하나님의 은혜와 사랑의 빛에 감

다. 주님에 대한 이해가 깊어지면 하나님의 모든 것을 사랑할 수 있게 된다(아 5:16). 그렇게 되면 우리는 하나님의 위로보다는 위로의 하나님 자체를 사모하게 된다. 영적으로 하나님 외에 다른 것을 원하지 않게 된다는 뜻이다. 그러나 하나님만을 바라보며 하나님을 사랑하는 자는 자연스럽게 이웃들도 사랑할 수 있게 된다. 이 단계는 이타적 사랑이다. 바로 하나님만을 생각하는 하나님에 대한 사랑이다. 사랑의 네 번째 단계는 '하나님을 위해서 우리 자신을 사랑하는 사랑'이다. 사랑의 하나님께서는 우리를 사랑하신다. 이 사랑을 확신하는 사람은 자신을 하나님께 완전히 내어드리는 용기를 낼 수 있다(골 3:3). 주님께 자신을 완전히 내어드린 자는 주님과 마음, 정신, 의지와 같은 모든 면에서 하나가 될 수 있다(고전 6:17). 여기서 예수님의 명령은 실천으로 옮겨진다. "네 마음을 다하고 목숨을 다하고 뜻을 다하고 힘을 다하여 주 너의 하나님을 사랑하라"(막 12:30). 이 단계의 사랑이야말로 하나님을 위해 자신을 사랑하는 완전한 사랑이다. 이 단계의 사랑은 주님의 재림과 함께 궁극적으로 경험하게 될 하나님의 순결하고 완벽한 사랑을 미리 맛보게 해주는 단계다. 베르나르는 이런 사랑을 실현하기 위해서는 하나님만이 사랑을 받게 될 때 그 분을 위해서가 아니라면 자신을 사랑하지 않을 때만이 가능하다고 말하였다. 하나님을 사랑하는 자에게 주어지는 참된 복은 바로 하나님 자신이다. 영원히 하나님을 사랑하는 자들에게 주어지는 영원한 복이 바로 이것인 것이다(Bernard of Clairvaux: *Selected Works*, Translated by G. R. Evans (New York: Paulist Press, 1988), 199-200).

41 Dorothee Solle, *The Silent Cry*, 297.

싸이고 그 사랑의 능력에 의해 창조적으로 변화하여 자유와 사랑을 실천하는 삶으로 결실을 맺었다. 특히 하나님 체험은 지식의 길이 아니라 사랑의 길이라는 것을 통하여 지성주의 사회 안에서 몸부림하고 있는 우리에게 큰 의미를 주고 있다. 신비가란 하나님의 현존을 의식하게 해주는 하나님 사랑과 이웃 사랑을 소유한 사람이다.

제4장

영성생활과 공동체성
Spiritual Life and Communality

1. 영성과 영혼의 공동체성

영성은 기본적으로 하나님과의 생동적인 관계에서 발생하는 힘이요 능력이라 할 수 있다. 이 능력은 하나님을 우리의 머리로만이 아니라 손끝에서 발끝까지 하나님의 사랑의 실재를 경험할 수 있는 능력이다. 이 능력은 우리로 하여금 더 이상 예전의 모습, 받은 은혜를 소중히 간직하던 안전지대에 머무를 수 없게 한다. 이 능력은 하나님이 우리의 삶에서 중심이 되기 원하신다는 것을 분명하게 알게 하는 힘이다. 그것은 지금까지 우리의 공간을 차지하고 있었던 오래된 우상들을 떨쳐버리고 하나님 중심으로 모든 것을 재평가하게 한다. 이 능력은 또한 하나님에 대한 경험이 사유화되어 개인의 특권이나 개인적 비전의 영역을 넘어서게 한다.

이 영성은 영혼 구원만이 아닌 공동체성에 눈뜨게 하는 능력이다. 이 영성은 우리의 삶의 지평을 확장하고 변형시키는 능력이다. 이는 우리의 삶 안에 나타나는 하나님의 역사를 통해 우리가 점점 더 하나님이 원하시는 것을 원하면서 하나님의 눈으로 보고 하나님의 귀로 듣고 하나님이 행하시는 것을 행하기 시작하게 한다. 이것은 정확하게 말하면 예언자들이 경험했던 것이다. 성경 전체를 통해서 보면 참 예언자는 언제나 공동체의 맥락에서 그리고 사람들을 정의로 이끌 심판에 대한 메시지를 가지고 하나님의 현존과 능력을 역설했다. 그러기에 예언자적 감수성은 결국 공동체적 감수성을 키운다.

공동체적 감수성은 하나님의 현재적 파토스(*pathos*, 연민의 정을 자아내는 힘)를 발생시키기에 서로의 다름을 인정하고 함께 일하게 한다.

이러한 공동체적 감수성은 구약에 등장하는 예언자들의 모습 속에서 그 특성이 발견된다. 구약의 예언자들은 전문적으로 종교의식을 담당하는 이들도 있었고 일상의 직업인도 있었다. 왕을 돕는 예언자들도 있었고 왕에 대해 비판적인 이들도 있었다. 엘리야와 엘리사와 같은 예언자들은 병자들을 치유했지만 미리암과 같은 예언자는 공동체의 예식을 이끌었다. 예레미야와 같은 예언자들은 심판에 관한 상징적 행동을 취했다. 이사야와 호세아와 같은 이들은 저술을 했다. 순수한 예언자들은 그들의 지위에 상관없이 항상 하나님의 관점에서 그들이 사는 시대의 현실을 보았으며 그것이 심판의 메시지이든지 하나님의 위로의 메시지든지 간에 그 관점을 가지고 말씀을 전했다.

우리는 개인적 경계를 넘어 우리의 경계를 넓히시는 하나님과의 생동적인 관계를 사랑스럽게 응시하는 영적인 존재가 되어야 한다. 우리는 개인화된 삶을 넘어 공동체와 구조적 변화를 위해 깊이 있는 영적 비전을 가지고 있어야 한다. 결국 기독교 영성의 궁극적 지향성은 하나님 나라를 위한 공동체적 감수성을 키우는 능력과 깊이 관련되어 있다고 할 수 있다.

2. 공동체적 존재로서 영혼

살아있는 모든 존재는 관계성 속에서 살아간다. 삶과 관계는 동의어다. 개별 유기체도 그 자체로 세포와 기관들로 이루어진 공동체로서 전체가 각 부분들에게 의미와 형태와 목적을 부여하고 있다. 그러므로 모든 존재에게 있어서 상호필요성의 부정은 삶 그 자체의 부정이다. 그것은 바로 파괴적 원리로 작용한다. 인간의 삶과 마찬가지로 선도 고립하여 나타날 수 없다. 선한 행동과 가치들이란 풍성한 관계맺음에 기여하는 행동과 가치들이며 악한 행동과 가치들은 이 관계맺음을 파괴하는 행동과 가치들이다. 우리는 존재론적으로든 경험론적으로든 관계적 실체이다.

기독교는 인간을 본질적으로 관계적이고 공동체적인 존재로 이해한다. 케네스 리치(Kenneth Leech)는 인간존재에 대한 관계적 이해가 아닌 개인주의적 이해는 전통적인 기독교적 인간 이해가 아님을 제시하였다. 그는 그 근거로 '사적' 또는 '개인주의적'(private)이란 단어의 어원인 '프리바티오'(privatio)는 '약탈' 또는 '강도행위'(robbery)에서 왔음을 제시하였다.[1] 인간은 본질적으로 공동체적 존재이다.

우리는 세계 속에서 공동체적 존재로서 살아가도록 창조되었으므로 이러한 공동체적 가치의 중요성을 인식하는 것이 중요하다. 기독교는 사람들이 이러한 하나님의 창조적 질서를 왜곡하지 않고 그들의 가치를 공동체적 목표에 두도록 도와야 한다. 기독교는 단지 개인의 영혼뿐만 아니라 공동체적 관심을 증가시켜야 한다.[2] 우리가 주지해야 할 것은 사람들의 영적 국면이 성숙되면 윤리적이고 사회적인 국면이 강화된다는 것이다. 이 둘의 관계는 이원론적으로 존재하지 않는다. 영적으로 성숙한 사람이 되면 될수록 사회로부터 이방인이 되지 아니하고 보다 더 성숙한 윤리적인 사람 충실한 사회인이 된다.

마틴 부버(Martin Buber)는 공동체에 속한 사람들이 '그것'이라기보다는 '너'로 알고 알려질 때 그 공동체는 살아 있게 된다고 하였다. 부버는 사람들이 소외감을 느끼게 될 때 그들은 그들의 외로움을 덜어줄 무엇인가를 잡으려고 노력한다는 것을 깨달았다. 즉, 그들이 하나님을 추구하지만 찾지 못하면 아마도 그들은 자기 자신 안으로 들어갈 것이다. 이 과정에서 많은 사람들이 자기 자신을 찾지 못하고 자신에게 몰두하고 점점 외롭게 되는 개인주의자가 된다.

다른 사람들은 그룹에 몰두함으로 소외를 극복하려고 한다. 그들은 사회집단을 강조하고 개인들을 외면하는 사회적 집단주의에 참여한다. 부버는 개인주의와 집단주의는 모두 세계와 삶에 대한 두려움에서 온 것이라고 이

---

[1] Kenneth Leech, *The Eye of the Storm: Spiritual Resources for the Pursuit of Justice* (London: DLT, 1997), 5.
[2] Deittrich Bonhoeffer, *The Cost of Discipline* (New York: Macmillan, 1959)를 참조하라.

해하였다.³ 공동체가 단지 사람들이 삶에 대한 두려움에서 자신을 보호하기 위한 장으로만 여겨질 때는 집단으로서의 기능만 요구한다. 이러한 집단은 허위 공동체가 된다.

부버는 공동체에서 개인들과 공동체 자체를 돌보아야 할 뿐만 아니라 그들 간의 연관성을 깨달아야 할 필요가 있다고 하였다. 서로를 위하는 개인들과 변화에 유연한 조직적 상황 둘 다가 공동체의 생성을 위해 필요하다는 것이다. 그러나 부버는 하나님이 그 중심에 있어 공동체의 생활이 가능하게 된다는 관점으로부터 영적 통찰력을 제공하였다.

부버는 『나와 너』(*I and Thou*)에서 인간관계를 세 유형으로 진단했다. 하나는 그것과 그것의 관계이다. 생명과 인격이 없는 무인격의 관계로 전락한 관계다. 서로를 대상화시켜 물건처럼 이용하는 관계다. 또 하나의 관계를 나와 그것의 관계로 규정했다. 상대방이 나를 물건처럼 대해도 나는 상대방을 끝까지 인격으로 대할 때 나와 그것의 관계가 성립이 된다. 그러나 인간의 관계는 나와 너의 관계로 발전하지 않으면 안 된다고 했다. 서로를 대상화하지 않고 인격으로 대하는 관계다.

부버의 이야기는 여기서 끝나지 않는다. 내가 상대방을 인격으로 믿어주고 상대방이 나를 인격으로 대해 주어도 너와 나 사이에는 언제나 그 인격적인 관계가 깨질 수 있는 긴장이 있다. 바로 인간의 연약함 때문이다. 때문에 하나의 촉매자가 필요하다. 부버는 그 촉매자를 영원자 당신이라고 했다. 여기서 부버는 하나님과 우리의 관계 그리고 우리 서로의 관계에 대해서 우리의 중심에 있는 하나님과의 관계 때문에 우리는 시간과 공간에서 함께 살 수 있다고 생각하였다.

부버는 우리 중심에 있는 하나님과의 관계 때문에 우리는 서로 연결된다고 말한다. 그러나 공동체 구성원들이 서로 연결되는 것이 먼저 일어나는 것이 아니라 하나님과의 관계의 질이 먼저다. 그는 "이것 자체가 공동체의 진

---

3   Pamela Vermes, *Buber* (London: Halban, 1988), 76.

정한 존재를 보증한다"고 기술하였다.[4] 그는 하나님과의 관계를 통해 우리가 서로 연결되어 있고 시간과 공간 안에 거주할 때 지원할 공동체가 필요하다고 생각하였다. 부버는 또한 우리가 하나님을 필요로 하는 만큼 하나님도 우리를 필요로 하신다고 생각하였다.

이러한 생각은 우리의 일반적인 수준을 분명 뛰어 넘는 관점이다. 하나님이 우리를 필요로 하신다는 생각은 하나님의 전능하심에 대한 교리에 어긋나는 것처럼 보일 수도 있다. 그러나 하나님의 필요는 사랑에서 오는 것이다. 그 사랑은 하나님이 어떤 필요에 의해서 우리를 사랑하시는 것이 아니라 사랑 때문에 우리를 필요로 하시는 것이다. 그것은 절대적이며 무조건적이며 완전히 자유로운 사랑이다.

3. 본질적 우리로서 영혼

> 나무처럼 각각이 자유롭게
> 숲의 나무들처럼 우애 있게 사는 것
> 그것이 우리의 꿈
> - 나침 히크멧 -

"나무처럼 각각이 자유롭게" 살아가는 것이 인간의 소망이라는 말은 터키 시인 나침 히크멧(Nazim Hikmet, 1902-1963)이 한 말이다. 나무에서 숲으로의 관계, 자유에서 형제애로의 관계, 개별성에서 사회성으로의 관계는 항상 끊임없이 새로 설정된 과제이고, 동시에 끊임없이 꿈꾸어진 신비적 꿈이다.[5]

개개인은 무엇을 위하여 공동체성을 필요로 하는가? 어떠한 영적 의미에서 그러한가? 비록 나라는 존재가 공동체성이 없이도 완전하게 될 수 있다고 배우고 그렇게 확신할지라도 그것은 진실이 아니요 불가능한 것이다. 왜냐하면 우

---

[4] Martin Buber, *I and Thou*, Translated by R. Gregor Smith (New York: Charles Scribners Sons, 1958), 45-46.
[5] Dorothee Solle, *The Silent Cry*, 157.

리는 본질적으로 사회적 존재요 영적 사회성을 지닌 존재이기 때문이다. 공동체성은 영혼에게 필수불가결한 것이다.

> 관계성은 영혼의 신호이다.[6]

하시딤(18세기 동유럽에서 발흥한 유대교 경건주의)의 공동체에 대한 이해는 영혼의 신호인 관계성의 중요성을 깨닫게 해 준다. 그들은 '사다리' 라는 메타포를 사용하여 공동체성을 절묘하게 묘사한다. 하시딤의 창시자 랍비 엘리에제르에 대하여 설명한 것 가운데 이런 일화가 있다.[7]

한번은 그의 동료들이 이미 기도를 마친 후에 그는 침묵 기도에 심취해 있었다. 그 친구들은 그를 오랫동안 기다리다가 각자의 일을 위하여 그 기도의 장소를 떠났다. 몇 시간 후에 그들이 돌아왔을 때 그는 여전히 기도하고 있었다. 이러한 '극단적 분리' 때문에 그는 사람들에게 이전에 결코 보지 못한 아름답고 화려한 색깔의 철새에 대한 비유를 말하였다. 이 새는 가장 높은 꼭대기 가운데 살고 있었다.

조하르에 따르면 새는 메시아의 모습이다. 하나님에 대한 한 모습인 그 나라의 왕은 그 새를 둥지에서 끌러내려 오라고 명령하였다. 그리고 수천 명의 사람들을 나무 아래 모이게 해서 자신들을 사다리로 만들게 했다. 한 사람이 다른 사람의 어깨 위로 올라타서 마침내 맨 위의 사람이 그 둥지에 이르게 되었다. 하지만 가장 아래에 있는 사람들은 인내심을 잃게 되고 흔들렸다. 그러자 모두가 무너지게 되었다. 이 사다리의 그림은 공동체의 중요한 정체성과 특성을 보여준다. 공동체 안에 있는 각각의 사람들은 낮거나 높거나 힘이 있는 자나 힘이 없는 자나 위계 절서적인 힘의 분배를 주장해서는 안 되며, 각각의 영

---

6 Thomas Moore, *Care of the Soul*, 95.
7 Dorothee Solle, *The Silent Cry*, 160-61. 하시딤의 창시자 랍비 엘리에제르(Rabbi Yisroel [Israel] ben Eliezer, 1698-1760)는 우크라이나의 가난한 가정에서 태어나 일찍 부모를 여의고 고아로 자랐다. 후에 가난하고 병든 자들을 돌보다가 산속에 은둔하며 신비적 유대교 가르침에 몰두하였다. 많은 이들이 그를 바알 쉠 토브(Baal Shem Tov) 즉 '귀한 이름의 스승'이라는 의미의 별명으로 부르며 추종하였고 그리하여 하시딤, 즉 유대교 경건주의가 발흥하게 되었다.

적 교만에 맞서야 하며, 누구라도 소외시킬 수 없다. 이러한 일이 발생하는 순간 공동체는 무너지게 된다.

하나님의 공동체성이 의미하는 것은 모든 사람은 서로에게 속해 있으며 서로 분리될 수 없는 관계 안에 있을 뿐만 아니라 모두가 서로 주고받으며 가르치고 배운다는 것을 뜻한다. 공동체성에 대한 이해는 나와 너의 인격적 상대성으로부터 자라나게 되어있다. 진정한 공동체성이란 집단주의로부터 거리를 두어야 하는 '본질적 우리', '순수한 우리'를 말한다. 왜냐하면 공동체성은 서로 서로가 상대방을 부를 수 있는 능력이 있는 인간만이 참으로 서로를 우리라고 부를 수 있는 곳에 존재하기 때문이다.[8]

진정한 공동체는 모두를 살아있는 우리로 만든다. 살아있는 우리란 서로가 대화에 참여하고 그들로부터 유래하여 계속 참여하게 되는 음조를 포괄하는 것이다.[9] 다음 내용은 도르테 죌레(Dorotee Solle)가 참여한 한 평화시위대에서 당시 기자들의 질의에 답변한 것이다.

> 우리는 단지 우리일 뿐만이 아닙니다. 우리는 우리 이상입니다. 두 차례에 걸친 세계대전에서 죽은 이들이 여기 우리 가운데 있습니다. 그들은 여전히 삶을 기다립니다. 그들은 우리에게 속한 것입니다. 그들은 기념비가 된 것이 아닙니다. 그들은 여기 우리가 서있도록 우리를 돕고 있는 것입니다.[10]

참된 공동체성은 단순히 서로 다른 사람들의 모임이나 집단을 넘어선다. 공동체성은 다른 사람들, 사회, 자연 그리고 세상 전체에 대한 관계성의 인식에서 가능한 것이다. 죌레의 지적처럼 공동체는 죽은 사람과도 연결되어 있다. 기독교에서 말하는 '성도의 교제 공동체'는 현재와 과거의 모든 사람들을 의미한다.[11] "영혼의 관점에서 보면 죽은 사람들도 산 사람들 만큼 공동

---

8   Dorothee Solle, *The Silent Cry*, 165.
9   Dorothee Solle, *The Silent Cry*, 165.
10 Dorothee Solle, *The Silent Cry*, 165.
11 Thomas Moore, *Care of the Soul*, 95.

체의 일부이다."¹²

4. 외적 공동체와 내적 공동체

우리가 공동체를 단순히 사람들의 집단으로만 이해할 수 없는 것은 공동체는 하나의 유기체로서 영혼을 지니기 때문이다. 영혼의 시각에서 보면 공동체는 단순한 사회적 그룹이나 집단과는 다른 것이다. 파커 팔머(Parker Palmer)는 공적 삶의 영성에 관한 그의 글에서 외적으로 자신들을 사회적 구조로 보는 세속적 공동체에도 내적 실재가 있다고 말한다. 그는 공동체의 내적 실재의 특성을 아니 딜라드(Annie Dillard)의 견해를 통해 소개한다. 딜라드는 만일 우리가 공동의 삶, 즉 우리의 '숨겨진 통전성'을 만회하려면 활동으로 시작하기보다는 묵상으로 시작해야 한다고 믿는다.¹³

참된 공동체는 외적으로 나타나는 행동에 의해서만 결코 유지 될 수 없다. 거기에는 서로가 함께하는 이야기의 양만큼이나 서로가 홀로 독거하는 생활과 묵상적인 삶이 반드시 필요하다. 공동체는 단지 많은 교제를 통해서만이 아니고 오히려 구성원들 각자의 영혼을 풍성하게 할 때 계속해서 융성한다. 하나님께서 우리 영혼 안에서 일하시고 계시다는 것을 믿지 않는 공동체는 참된 공동체로 자라날 수 없다. 이것은 연습이 필요하다. 이것은 하나님의 임재를 경험하는 연습이다. 공동체 구성원들 각자의 묵상적인 삶과 기도는 특별한 힘을 생성케 한다. 존 콥(John Cobb)은 다음과 같이 말하였다.

다른 사람들과 함께 살아갈 때 거기에는 다양한 형태의 간접이 있지만 하나님 앞에서 홀로 자신을 조명하는 삶은 우리로 하여금 보다 깊은 우리 자신들의 책

---

12 Thomas Moore, *Care of the Soul*, 95.
13 Parker J. Palmer, "All the Way Down: A Spirituality of Public Life," in Parker J. Palmer, Barbara G. Wheeler, and James Fowler, eds., *Caring for the Commonweal: Education for Religious and Public Life* (macon, GA.: Mercer University, 1990), 149.

임을 통감케 하는 원인이 되기 때문이다.[14]

공동체의 구성원들이 자기 자신과 하나님을 경청하고 있다고 진정으로 믿을 때 그 구성원들은 보다 더 성숙한 공동체적 삶을 경험할 수 있다. 외적 공동체의 진정한 번성은 구성원들이 내적 인격들로 가득 채우는 것과 비례하여 일어난다. 성숙한 공동체는 구성원들 각자의 작은 행동들이 전체 유기체에 큰 변화를 가져올 수 있다는 것을 안다. 공동체의 뿌리는 헤아릴 수 없을 만큼 깊고 다양하기 때문에 먼저 영혼의 심층에서 시작하지 않으면 안 된다.[15]

내적 공동체는 자기 지식, 독거, 묵상, 기도, 사랑, 친밀성을 기초로 해서 성숙되어 간다. 진정으로 함께하기 위해서는 진정한 나 자신이 되어야 한다. 자신과 함께할 용기가 있을 때에만 다른 사람과도 함께할 수 있다. 그리고 하나님과 함께할 때에만 나 자신과 함께할 수 있다. 이는 공동체의 여정에서 근본적인 부분이다. 시드니 에반스(Sydney Evans)는 공동체 안에서 영적 차원이 갖는 의미를 기술하였다.

> 영성은 우리 그리스도인들이 자기 자신과의 바른 관계성을 깨닫게 할 뿐만 아니라 다른 사람들과 바른 관계성을 갖도록 한다. 그러나 중요한 것은 이 둘은 하나님과 우리 자신의 관계의 정도에 의존된다.[16]

때문에 공동체 안에서 영적차원을 간과하거나 무시하게 될 때 하나님과의 생동적 관계 안에서 발생하는 힘과 에너지를 놓치게 된다.[17]

파커 팔머(Parker Palmer)는 공동체와 기도의 관계를 아주 역설적으로 제시하였다.

14　John Cobb, *To Pray or Not to Pray* (Nashville: Abingdon Press, 1974), 24.
15　Thomas Moore, *Care of the Soul*, 95.
16　Trevor Willmott, "Spirituality and Appraisal," Kevin Esatell, ed., *Appointed for Growth: A Handbook of Ministry Development and Appraisal* (London: Mowbray, 1994), 116에서 인용.
17　Philip Sheldrake, *Spirituality and History: Questions of Interpretation and Method* (London: SPCK, 1995), 50.

창조 세계의 공동체와의 언약을 깨뜨려 버리는 인식 방식과 행위와 존재의 결과들로 인해 오늘날의 인류는 더 많은 고통을 겪고 있고 더 많은 탄식을 하고 있다. 그러나 바울의 말에 따르면 이러한 탄식 자체가 바로 기도이다. … 깊은 기도 속으로 들어갈 때에야 비로소 우리는 '그가 나를 아시듯 아는 것'을 시작할 수 있다. 우리의 교만한 지식과 세계를 분열시키고 정복하고 파괴해 온 그 지식이 겸손히 낮추어진다. 이제 그 지식은 우리의 삶의 모든 것과 충실한 관계를 맺도록 하는 지식이 된다. 기도 속에서 우리는 진리에 대한 순종을 실천할 수 있는 궁극적 공간, 즉 우리 모두와의 언약을 지키시는 성령에 의해 창조되는 공간을 발견하게 된다.[18]

공동체 안에서 "행동은 관계의 틀로서 도움을 준다. 그러나 관계는 나의 진정한 자아를 주는 것이어야만 한다."[19] 바실 패닝턴(Basil Pennington)은 거짓 자아는 자기가 가진 것, 행하는 것, 그리고 사람들이 자기에 대해 생각하는 것으로 만들어진다고 하였다.[20] 그러므로 사람들이 자기가 가진 것과 행하는 것을 통해 자기를 보게 하도록 애쓰는 것도 거짓된 자아에서 나오는 것이다. 패닝턴은 예수님께서 광야에서 받은 유혹이 이러한 거짓된 중심과 가치를 가지고 살라는 유혹이었다고 말한다.

첫째, 사탄은 예수님에게 돌을 떡으로 만들라고 말한다. 그러나 예수님은 자신이 행하는 일을 기반으로 정체성을 세우라는 부추김을 받아들이지 않는다.

둘째, 사탄은 성전의 꼭대기에서 군중들에게로 뛰어내리라고 말한다. 이때도 예수님은 유혹을 거부한다. 예수님은 자신의 정체성을 다른 사람의 칭찬에 두지 않았다.

---

18 Parker J. Palmer, *To Know As We Are Known*, 125.
19 데이비드 베너, 『거룩한 사귐에 눈뜨다』, 65.
20 Basil Pennington, *True Self/False Self: Unmasking the Spirit Within* (New York: Crossroad, 2000)를 참조.

셋째, 사탄은 그에게 세상의 모든 나라들을 주겠다고 제안했다. 그러나 이때도 그 제안을 거절하심으로써 자신의 정체성을 소유와 권력에서 찾지 않으셨다. 참 자아의 정체성을 포기하지 않으신 것이다.

케네스 리치(Kenneth Leech)는 "행동주의자로서 사회운동에 몸 바친 내 인생과 평화실현과 정의구현을 위해 최소한 평균점 이상으로 노력한 사람들의 인생을 비교하면 공통점이 있었는데 그것은 바로 고요함이 깃든 중심 공간에 내면세계가 자리하고 있다"라고 고백하였다.[21] 때문에 숨겨진 통전성을 회복하는 공동체가 되기 위해서는 거기에는 반드시 내적 공간이 있어야 하고 영적 성찰이 있어야 한다.

디트리히 본회퍼(Dietrich Bonhoeffer)는 공동체에 대한 저술에서 그중 한 장의 제목을 "하루를 홀로"라고 붙였다. 그는 거기에서 '홀로 있음'에 대해 다음과 같이 표현하였다. "홀로 있음이 없이 교제를 원하는 사람은 공허한 말과 감정에 뛰어들며, 교제가 없는 홀로 있음을 구하는 사람은 허무와 절망과 자기도취 속에서 멸망한다"고 말하면서 "홀로 지낼 수 없는 사람은 공동체를 조심하게 하라"고 하였다.[22] 자기 자신을 사랑하는 것을 배움으로 다른 이들을 사랑할 수 있어야 한다. 공동체에서 일어나는 서로의 다름을 인정하고 서로의 성장의 기회로 삼을 수 있어야 한다. 그리고 서로의 다름 안에서 서로 세워주는 배려와 미덕을 위해서 묵상의 삶을 놓치지 말아야 한다.

5. 공동체성과 코이노니아

영적인 삶의 사실성(factuality)을 인정하는 것은 공동체적 본질을 인정하는 것과 같다. 영성은 분명 내면화(internalization)의 과정을 수반한다. 하지만 이 의미가 영성은 단지 개인의 영역으로 축소될 수 있다는 의미는 결코 아니다.

---

21 Kenneth Leech, *The Eye of the Storm*, 201.
22 Dietrich Bonhoeffer, *Life Together* (London: SCM Press, 1954), 67.

신약성경은 공동체의 삶에 대한 가르침으로 가득하다. 신앙 공동체가 살아 있는 유기체의 개념으로 인식되는 것은 새로운 것이 아니다. 초대교회 그리스도인들은 그리스도를 머리로 하여 그 안에서 각 구성원들이 '서로 협력하는' 한 지체로 묘사되었다(롬 12:3-8). 사도행전도 공동체의 관점에서 초기 그리스도인들의 삶을 설명한다. 그것은 예배와 떡을 나누는 행위를 통해 그리스도가 현존하는 공동체였지만 또한 서로를 돌보고 공유하는 공동체이다(행 2: 42-47; 4:32). 좋은 그리스도인이 된다는 것은 개인적인 인격 발달의 문제 이상이다. 그것은 공동체에 소속된 다른 지체들과 함께 성장하는 것이다.

16세기 종교개혁자들이 부패한 로마 가톨릭교회에 대항하여 내건 교회개혁의 구호는 라틴어 '콤뮤니오 상토룸'(communio sanctorum)이다. 즉, '성도의 교제(교통)'이란 뜻이다. 초대교회 교부들이 교회의 본질에 대하여 고백했던 용어로서 "교회란 성도의 교제이다"라는 정의를 사용하였다. 성도의 교제에서 성도는 그리스도를 주로 고백하는 사람들이며, 교제는 공동체를 의미한다. 교회의 본질로서 성도의 교제는 그리스도를 주로 믿고 고백하는 하나님의 백성인 성도들이 수직적으로는 하나님과 교제하고 수평적으로는 성도들이 서로 하나 되어 교제하는 모임을 말한다.

1) 수직적 수평적 코이노니아

사도행전 2장의 첫 부분은 성령강림으로 하나님과 사람 사이의 수직적 코이노니아를 묘사하고 있으며 2장 마지막 부분은 코이노니아의 수평적 차원을 묘사하고 있다. 수직적 코이노니아는 성령께서 성도들이 하나님과 교제하게 하는 것을 말한다. 신약성경에서 수직적 코이노니아의 대표적인 예는 성찬이다. 성찬은 그리스도와 수직적인 교제이다. 성령으로 거듭나는 중생, 성령의 세례를 받고, 성찬에 참여하고, 기도, 성령의 은사를 받는 일 등은 모두 수직적 코이노니아이다.[23]

사도행전 2:42-47은 초대교회의 공동체적인 삶의 모습을 보여준다. 여기

---

23 김현진,『공동체 신학』(서울: 예영커뮤니케이션, 1999), 60-76의 내용을 참조함.

서 코이노니아란 용어가 본격적으로 등장하면서 코이노니아의 수평적 차원이 전개된다. 성도들 간의 수평적 코이노니아에는 영적 교제, 정신적 교제 그리고 물질적 교제의 세 차원이 있다. 영적 코이노니아는 성도들이 서로 말씀을 나누고 서로 중보기도함으로 발생하는 영적 교제이다. 영적 코이노니아는 성도들 간에 하나님의 말씀으로 지체들을 영적으로 세워주고 서로를 위해 중보기도를 함으로써 서로를 돕는 행위이다.

정신적 코이노니아는 지체가 어려움에 처해 있을 때 서로 위로, 격려, 긍휼히 여기는 태도로서 고통과 기쁨을 함께 나누어 지체를 세워 주는 정신적 차원의 교제를 말한다. 정신적 코이노니아는 특히 지체가 어려울 때 그 괴로움에 함께 참여하는 것이다. 그리고 정신적 코이노니아는 사역과 사상의 코이노니아를 뜻하기도 한다.

그러므로 정신적 코이노니아는 성도 간에 지체의 고통에 동참하여 서로 위로하고 권면하며 격려함으로써 어려움에 처한 지체를 일으켜 세워주는 행위이다. 성도 간의 상대방에 대한 깊은 관심, 어렵고 외로울 때 함께 있어 주는 것, 그를 돌보아 주는 것, 자신의 고민을 털어놓을 수 있는 관계, 자신을 위탁할 수 있는 깊은 신뢰의 관계 속에서의 사역 등은 교회 공동체 안에서 필요한 정신적 코이노니아의 실제적 내용들이다.

물질적 코이노니아는 지체가 경제적으로 어려움에 처했을 때 물질적 필요를 공급해 주는 것이다. 코이노니아는 기본적으로 물질의 나눔의 의미로 가장 많이 쓰였다. 공동체로서 교회는 예수 안에서 실제적인 코이노니아를 실천하는 확대 가족이다. 진정한 코이노니아는 영적이고 정신적인 교제와 함께 물질까지도 함께 나누는 교제를 말한다. 물질의 나눔은 영적 교제의 실체이기도 하다.

2) 대사회적 코이노니아

성경에서 가르치는 코이노니아는 결코 예수 믿는 자들끼리만 삶을 나누는 집단 이기주의적인 교제가 아니다. 온전한 코이노니아는 그리스도인들의 울타리를 벗어나 지역 사회 속에 있는 고통당하는 이웃과 더불어 삶을 같이하는 차원을 포함한다. 초대교회는 이러한 대사회적 코이노니아를 실천하므로 온 백성들에게 칭송을 받았다. 사도행전 2:47에 "초대교회 공동체의 성도들이 온 백성에게 칭송을 받았다"는 진술의 의미는 믿는 자와 믿지 않는 자들을 모두 포함하는 말이다. 그러므로 대사회적 코이노니아는 교회 밖에 있는 가난한 이웃들을 물질로 돕고 그들을 위해 봉사하며 그들의 고통에 동참하는 삶과 동시에 복음을 그들과 나눔으로써 그리스도를 증거 하는 삶이다.

기독교적 공동체성은 바로 이러한 특징을 갖는다. 그 특징은 교회 내적으로는 성령의 역사로 영적이고 정신적 교제만이 아니라 물질까지 나누며 주위의 필요를 채워주면서 고통당하는 이웃과 더불어 살았다. 이러한 삶은 '오이코스'(oikos)적 관점에서 삶을 이해한 결과였다. 오이코스는 70인역과 신약성경에서 자주 사용되는 단어이다.

오이코스는 여러 가지 의미로 사용된다. 구약성경에서 오이코스는 '집' 그리고 '하나님의 집'으로 이해했다. 예수님과 복음서 기자들은 오이코스를 '하나님의 집'이라는 뜻으로 사용했다. 영지주의자들과 필로(Philo)는 천상의 '아버지 집'이라고 가르쳤다. 초대 기독교에서는 그것을 세상에 있는 '성전'으로 보았다. 오이코스는 초대 기독교가 회중을 상징하는 의미로 사용한 '하나님의 집'에 해당된다. 오이코스는 가족과 친척이라는 의미에서 '집'이라고 불렀다. 기독교 회중을 '집'이라고 이해하기도 하였다.

특히 신약성경에서 오이코스는 그리스도인의 기초 생활 공동체와 깊은 관계가 있다. 신약성경의 기자들은 '집'이라는 뜻을 가진 일반적인 명사를 기독교인들의 공동체를 묘사하는데 사용하였다. 신약성경에서 오이코스인 공동체는 하나님의 사랑 안에 뿌리를 내린 한 가족이며 인격적인 공동체였다.

실제로 초대교회의 오이코스에는 '오이코노모스'(oikonomos)와 '오이코도메오'(oikodomeo)라는 두 종류의 구성원이 있었다. 오이코노모스는 물질적인 필요를 감독하는 책임을 맡았다. 그는 재산을 관리하고 사람들에게 때에 따라 필요한 물질을 공급하는 일을 담당하였다. 오이코도메오는 영적인 필요를 돌보는 일을 하였다. 영적으로 연약한 사람을 돌보는 이 직책은 반드시 신령한 은사가 있어야 했다. 오이코스를 중심으로 생활하는 교회는 이처럼 물질적 영적 필요가 발생하면 자신의 소유를 나누어주면서 서로의 약함을 돌보았다. 초기 기독교 공동체는 서로에 대한 존경과 사랑으로 충만했다. 때문에 인종이나 관습이 서로 달랐던 사람들도 이 공동체에 들어와서 영적 안식을 얻을 수 있었다.

모티머 아리아스(Mortimer Arias)는 초기 기독교가 갖고 있던 이 매력적인 특성을 "구심적인 선교"(centripetal mission) 또는 "환대를 통한 복음화"(evangelization by hospitality)라고 불렀다.[24] 초기 기독교 공동체는 친구는 물론 낯선 사람들에게도 그리스도를 대하는 것처럼 환대를 베풀었다. 이러한 환대로 인하여 수많은 사람들이 기독교 공동체에 커다란 매력을 느끼며 이 공동체 안으로 들어오게 되었다.

대사회적 코이노니아가 인간과 인간의 관계로만 이해되어서는 안 된다. 진정한 공동체성은 우리로 하여금 하나님이 창조하신 자연세계로까지 우리의 의식을 확장시키고 자연을 우리의 동료로 보는 인식이 수반될 때 가능한 것이다. 인간을 영혼이라고 할 때에 거기에는 중요한 의미들이 담겨 있다. 그중에 하나가 영혼으로서 인간은 바른 관계와 인식을 통하여 세계와 인간을 바라보는 존재라는 의미가 내재되어 있다. 때문에 깊은 영적 감수성과 우주적 감수성은 깊은 영혼에게 필수적이다. 이런 깊은 영혼은 하나님이 창조한 자연을 오이코스의 중요한 구성원으로 여긴다. 이러한 점에서 자연세계인 지구는 우리에게 깊은 영적 의미를 시사해 준다. 과학적이고 이성적 관점에서 보면 생태학(ecology)은 지구의 환경에 대한 과학적 분석을 하는 학문이지만 영혼의 관점에서 보면 생태학은 지구(earth)과학이 아니다. '집'(home)과학이다.

우리가 생태학을 영성과 관련이 없는 다른 분야로 보는 것은 생태학을 단지 지구과학이라는 관점에서만 이해하는 습성 때문이다. 그러나 지구를 오이코스의 관점에서 보면 생태학은 영적 과학을 가장 잘 볼 수 있는 장이다. 영적 과학이란 영적 관점에서 지구를 해석하는 것이다.[25] 알리스터 맥그라스(Alister McGrath)는 "자연세계에 대한 지식과 조망이 깊어질수록 그것을 지으

---

24 Mortimer Arias, "Centripetal Mission or Evangelization by Hospitality," in Missiology: *An International Review 10*, no. 1(1982): 69-81.
25 Thomas Moore, *Care of the Soul*, 271.

신 창조주에 대한 지식과 경외심이 깊어지게 된다"고 하였다.[26]

우리가 어디에 있든지 간에 오이코스에 대한 감각을 가꾸어 내는 것은 영적인 것과 관련이 있다. 그래서 영혼 충만한 생태학은 세계가 우리 집이라는 이해가 그 집에 대한 책임이 의무나 논리에서 비롯되는 것이 아니라 진정한 애정에서 나온다는 느낌에 뿌리를 둔다.[27] 사물에 대한 관계를 느끼지 못하면 우리는 세계에 대하여 무감각해지고 따라서 그토록 중요한 가정이자 가족인 세계를 잃는다.[28]

6. 허위 공동체와 참된 공동체

우리는 홀로 살 수 없는 공동체적 존재이다. 우리는 공동체적 존재로서 살아가면서 다양한 공동체의 모습을 경험하게 된다. 어떤 공동체는 사람을 바르게 세워주고 개성을 인정해주고 서로에게 힘이 되어주는 배려와 미덕이 있지만 어떤 공동체는 사람의 개성과 인격을 파괴하기도 한다.

마가렛 콘펠드(Margaret Kornfeld)는 공동체를 두 종류로 구분하였다. 하나는 허위 공동체(pseudo community)이고, 다른 하나는 참된 공동체(real community)이다.[29] 허위 공동체는 공동체 안에 사람들보다는 그룹의 정체성과 참여에 더 주안점을 두는 공동체다. 하지만 참된 공동체는 공동체의 주체들인 사람들에게 가장 관심을 두는 공동체다. 허위 공동체는 진정한 공동체처럼 보이지만 그룹 정체성과 참여를 강조함으로 친절해 보인다. 하지만 종종 그 구성원들은 그 그룹의 가치를 반영하도록 압박감을 경험한다.

허위 공동체는 구성원들이 그 그룹에 다른 모습을 보이거나 동의하지 않거나 혹은 그 그룹의 프로그램이나 지도력에 의문을 제기하면 때로 미묘한

---

26 Alister E. McGrath, *Christian Spirituality*, 115.
27 Thomas Moore, *Care of the Soul*, 271.
28 Thomas Moore, *Care of the Soul*, 271.
29 Margaret Kornfeld, *Cultivating Wholeness: A Guide to Care and Counseling in Faith Communities* (New York: Continuum, 1998), 18-9.

방식으로 외면당한다. 이러한 공동체에서의 갈등은 부정적으로 인식되는 경향이 있고 효과적인 해결의지도 빈약하다. 이러한 공동체 안에서는 공동체의 구성원으로서 서로 다름이나 고유성을 인정받지 못한다. 때문에 포용적이기보다는 배타적이다.

그러나 참된 공동체는 우리의 마음을 편하게 하고, 우리의 본연의 모습을 취할 수 있게 하고, 서로의 결점까지도 용납이 되는 공동체이다. 이런 공동체는 우리로 하여금 안전을 느끼게 하고, 때때로 겪게 되는 갈등도 서로를 위한 성숙의 기회로 작용하기도 한다. 서로 다름을 인정하고 서로에게 동의하지 않아도 받아들이는 미덕이 존재한다. 구성원들이 서로 깊은 애정과 관심 속에서 성숙을 이루어 간다. 때문에 서로에게 열린 자세로 경청하며 다가가기 때문에 관용과 열린 공동체로 세워지게 된다. 이러한 공동체 안에서는 압박감을 느끼지 않고 자연스러움이 느껴지고 은혜를 경험한다. 콘펠드는 참된 공동체의 특성에 대해 다음과 같이 진술하였다.

> 참된 공동체에서 구성원들은 진정으로 소통할 수 있고, 갈등을 해소할 수 있으며, 자신과 다른 이들을 사랑하고 수용하는 것을 배울 수 있고, 그들의 사랑을 낯선 사람에게 베풀 수 있다. 참된 공동체는 신약성경에서 이해하고 있는 온전함을 반영하면서 사역을 진행해 간다. 온전함(*teleiosis*)은 바른 길을 가며 잘 진행해 가고 있는 것을 말한다. 공동체는 항상 변화하며, 결코 완전히 '도달하지'(arrive) 않는다. 참된 공동체는 항상 '되어가는'(becoming) 공동체다. 예를 들어, 이러한 공동체는 포괄적 그룹일 수 있는데, 그 구성원들은 어떤 갈등을 해결하는 데 어려움이 있을지라도 자기 자신의 모습을 유지할 수 있을 만큼 다른 이를 신뢰한다. 그러나 그 그룹은 이 어려움을 의식하고 그것을 가지고 분투한다. 그 공동체는 '바른 길 위에' 있다.[30]

공동체는 단지 개인들의 집합이 아니라 정신과 인격을 가진 유기체라는 것을 알 수 있다. 때문에 공동체에는 근본적으로 내적인 실재인 정신적인 요

---

[30] Margaret Kornfeld, *Cultivating Wholeness*, 20-1.

소와 영적인 요소를 가지고 있다. 이러한 요소들이 간과될 때 공동체는 오히려 이기적인 집단으로 남게 된다.

7. '나-너'로 소통하는 공동체

우리 각자는 우리의 성별, 나이, 직업, 문화, 기호 그리고 언어 스타일에 의해 형성된 렌즈를 통해 세상을 다르게 본다. 때문에 우리가 속해있는 공동체에서 서로 다름을 발견하며 살아간다. 나아가 소통에서 어려움을 겪기도 한다. 하지만 우리가 성숙한 공동체를 꿈꾼다면 서로에 대한 사랑과 돌봄을 기반으로 하여 상대를 이해하려고 노력하기 위해 헌신해야 한다.

공동체에서 오해를 일으키는 것은 '다름'을 경청하지 않고 '유사함'의 관점으로 행동하는데 있다. 공동체는 다른 사람에 대해 '그는 이러할 거야'라고 추정하기보다는, 다음과 같은 질문을 한다면 도움이 될 수 있을 것이다. "우리의 종교 전통에서 그녀가 어떤 의미를 찾을까? 내가 그것을 보고 경험하는 것과 어떻게 다를까? 그녀의 신학적 입장이 내 것과 다르더라도 그녀가 무엇을 의미하는지 내가 이해할 수 있을까?" 서로의 다른 점을 보고 인정할 때까지 우리는 서로를 진정으로 알지 못한다. 구성원들이 서로의 다른 점을 인식할 때 일어나는 불안을 용인하지 못하는 신앙 공동체는 소통에 심각한 문제를 키우게 된다. 그리고 이러한 문제가 만성적이 되면, 실패감을 경험하기 시작한다.[31]

그러므로 우리는 먼저 이해받기보다는 다른 사람을 이해하는 데 초점을 맞추어야 한다. 서로의 다른 점에 주의를 기울이고 고유성을 인정하며 비판적으로 대하지 않아야 한다. 서로 다름에도 서로를 존중할 수 있어야 한다.

참된 공동체는 소통이 있는 공동체다. 공동체는 대화에서 시작하고 대화를 통해 서로를 이해하고 대화를 통해 성숙해지는 장이다. 때문에 공동체에

---

[31] Margaret Kornfeld, *Cultivating Wholeness*, 22.

서 우리의 이야기를 할 수 있어야 한다. 공동체의 다른 표현은 의사소통과 교감이라고 할 수 있다. 실제로 공동체(community)와 의사소통(communication)과 교감(communion)은 비슷한 의미를 가지고 있다.[32] 우리가 의사를 소통할 때 다른 이들과 교감한다. 깊은 관계 안에서 의사를 주고받는다. 우리는 몸과 마음과 정신을 포괄하는 통전적인 존재로서 이것을 한다. 신앙 공동체는 우리의 효과적 소통에 의해 크게 도움을 받을 수 있다. 바로 성숙한 대화가 있는 곳에 성숙한 공동체가 있다.

대화는 단순히 이야기를 나누는 것이나 충고하거나 의사소통보다 더 풍성한 것이다. 참된 대화는 서로의 인식과 이해를 깊게 하고 넓어지게 한다. 참된 대화는 서로를 대상이 아닌 인격으로 만난다. 대화에서 사람들을 대상화하는 것은 다른 사람을 돕는 관계를 전문화하는 문화로부터 물려받은 유산이다. 이러한 대화는 아무리 선의에 의한 것이라 할지라도 바른 것이 아니다. 왜냐하면 다른 사람을 대상으로 다룰 때 우리는 그들의 인간성을 빼앗는 것이기 때문이다. 특히 이러한 대화는 기독교적인 영혼의 돌봄에 대립하는 것이다.

마틴 부버(Martin Buber)는 대화를 '나-그것'의 만남과 대조되는 '나-너' 만남으로 정의했다. 참된 대화에 대한 가장 경건한 감각은 인간과 하나님의 신성한 차이를 유지하면서 동시에 존경과 사랑의 친밀한 관계를 허용하는 '나-너'라는 인식이다. 그것은 그 어느 쪽도 대상으로 만들지 않는다. 그것은 자유롭지만 헌신하고, 존경하지만 친밀함으로 깊어지는 것이다. 진정한 대화는 다른 사람을 '너'로 존경하고 알아갈 만한 가치가 있는 사람으로 만난다.

그리스도인들의 대화의 기준은 다른 사람들을 하나님의 형상으로 창조된 인격으로 보는 것이다. 이런 관점을 가지면 우리는 아무리 선한 목적이라 할지라도 다른 사람을 대상으로 여기지 못한다. 누구든지 인격적으로 대접을 받아야 하는 이유는 인간이 하나님의 형상으로 창조되었다는 데 그 원천이 있다. 그러므로 상대방을 인격적으로 존중하는 것이야말로 참된 대화의 토대가 된다. 존경이 없는 대화나 호의는 인간을 파괴한다. 왜냐하면 그것이

---

[32] Margaret Kornfeld, *Cultivating Wholeness*, 21.

사람을 대상으로 전락시키기 때문이다. 사람들을 대상으로 다루는 것은 언제나 그들의 인간성을 빼앗는 일이다.

참된 대화는 거룩한 행위다. 왜냐하면 다른 사람을 이런 깊고 안전하고 친밀한 방식으로 만날 수 있는 것은 하나님의 임재를 낳기 때문이다. 예수님은 두세 사람이 그의 이름으로 모인 곳에 있겠다고 약속하셨다 (마 18:20). 다른 사람과의 진정한 영혼의 대화는 하나님을 체험할 수 있는 장이 된다. 거룩한 대화는 하나님의 은혜를 중재하며 다른 사람들이 그 은혜를 인식하고 그와 교제하도록 돕는다.

8. 영혼 돌봄의 장으로서 공동체

어떤 공동체도 나눔과 돌봄뿐만 아니라 갈등과 불완전함이 공존한다. 공동체에는 그 본질상 다른 인격들이 모인 유기체이기 때문에 갈등이 있기 마련이다. 그러나 건강한 공동체가 갈등의 잠재성이 더 있다는 것을 알아야 한다. 갈등을 정의하자면, '다르다'라는 의미이다. 갈등은 종종 '상충하다', '특이하여 맞지 않다', '다투다'와 같은 부정적 의미가 있다. 그러나 갈등을 이러한 부정적 방식으로 볼 필요가 없다. 그것을 창조적 과정의 일부로 볼 수 있기 때문이다.[33] 성숙한 공동체는 갈등이 없는 공동체가 아니라 그 갈등을 성숙하게 해결할 줄 아는 공동체다. 성숙한 공동체는 갈등을 다툼으로 여기기보다는 다름이라고 이해하기 때문에 갈등이 싸움으로 가지 않는다. 콘펠드는 갈등을 잘 다루는 공동체는 다음과 같은 특징을 가지고 있다고 말한다.[34]

- 갈등에 대해 긍정적 이해를 하고 있다. 갈등을 창조적 과정의 일부라고 여긴다.
- 다르다는 것에 동의하고 사랑으로 해결한다.

---

[33] Margaret Kornfeld, *Cultivating Wholeness*, 23.
[34] Margaret Kornfeld, *Cultivating Wholeness*, 23-4.

- 서로의 다른 점들을 이해하기 위해 노력한다.
- 갈등 자체를 문제라고 보는 것이 아니라, 적응해 나가야 할 어려운 과정으로 본다.
- 갈등이 일어나면 분노를 수용한다. 역설적으로, 수용의 태도를 보이는 공동체는 노여움이 일어날 수 있는 경우를 축소시킨다.
- 명료하지 않음에 너그러울 수 있다. 다른 입장이 허용되기 때문에, 융통성 없는 접근을 할 필요가 적다.
- 서로를 경청하고 하나님을 경청하는 데 있어 적극적이다. 그들은 다른 점에 적응하고 서로를 긍정하기 위한 공식적인 방법과 비공식적인 방법들을 가지고 있다.

콘펠드는 또한 갈등으로 어려움이 있는 공동체의 특징들을 다음과 같은 진술하였다.[35]

- 갈등에 부정적 태도를 가지고 있다. 그들은 '갈등'과 '다툼'이 같은 것이라고 믿는다.
- 창조적 과정에서 갈등 혹은 다름의 역할을 이해하지 못한다.
- 다른 점 때문에 두려움을 느낀다. 사람들이 다름 보다는 유사함에 가치를 둔다. 다름이 변화를 위협하는 것이라고 여긴다.
- 갈등을 문제로 본다. 가능하면 갈등의 잠재성은 제거되어야 할 필요가 있다고 본다.
- 노여움을 수용할 수 없다. 노여움을 온전히 표현할 수 없기 때문에, 그것은 분함이 되고, 은밀하게 숨겨진 여러 방식들로 표출된다.
- 명백하지 않은 것을 수용할 수 없다. 공동체의 사명과 삶을 이해하는데 오직 한 가지 방식만 수용되기 때문에, 그 공동체는 '옳음'과 '옳지 않음' 혹은 '우리 방식'과 '그들의 방식'으로 편을 가르는 것이 더 편하다고 느낀다.
- 그들이 서로 유사하다는 믿음에 근거하여 가정을 하고 있으면서 서로 경청하

---

35 Margaret Kornfeld, *Cultivating Wholeness*, 24.

고 있다고 믿는다. 하나님을 향한 그들의 헌신이 진지하지만, 그들은 하나님의 뜻을 해석하기 위해 그들의 종교 지도자에게 의지한다. 갈등은 공동체 밖에 있는 권력기관에 의해 안정되는 경향이 있다.

많은 공동체들이 갈등에 직면할 때 공동체를 갈등을 위한 성숙한 장으로 여기기보다는 회피하려고 하기 때문에 많은 구성원들이 그들의 노여움을 적절하게 표현하는 데 어려움을 겪을 뿐만 아니라 갈등 해소가 쉽지 않음을 발견한다.

어떤 사람들은 그들의 노여움을 두려워하여 그것을 억누르거나 부인함으로 극복한다. 어떤 이들은 다니엘 골만(Daniel Goleman)이 말한 것처럼 노여움에 의해 습격당한다. 그러면 그들은 분노에 휩싸여 통제 불능 상태가 된다. 그들은 이성적으로 생각하거나 적절하게 행동하는 능력을 상실한다. 그들은 마치 생명을 걸고 싸우듯이 행동한다. 그리고 사실은 그들의 두뇌가 신경 화학적 신호를 보내서 그들에게 생명을 걸고 싸우라고 말하고 있다. 그들은 신경 화학적으로 불균형 상태이기 때문에 그들의 분노를 적절하게 표현하는 데 어려움이 있다.[36]

모든 살아있는 유기체는 움직이듯이 모든 살아있는 건강한 공동체는 수많은 활동과 움직임 속에서 성숙해 간다. 특별히 갈등을 하나의 부정적인 것으로 보기보다는 공동체의 중요한 한 요소로 보아야 한다. 이러한 공동체는 문제나 갈등을 투쟁의 요소로 여기기보다는 성숙의 기회로 여긴다. 왜냐하면 인정되지 않은 갈등 요소들은 문제가 되어 눈에 띄는 다툼을 일으키거나 보이지 않게 숨어들어 간접적으로 다투도록 이끈다는 것을 알기 때문이다. 비록 갈등하는 문제가 다루기 어려운 문제라 할지라도 공동체가 그것을 함께 대처하기로 동의하기 때문에 그 갈등 요소가 두려운 것은 아니다.

신앙 공동체가 구성원들의 갈등과 문제들을 다루는 방법은 그 공동체의

---

36 Margaret Kornfeld, *Cultivating Wholeness*, 25-6.

영성과 돌봄의 수준을 보여주는 가장 중요한 표지이기도 하다. 공동체는 소속감에 의하여 함께 뭉쳐 있는 사람들이다. 여기서 소속은 능동적인 동사다. 때문에 공동체의 또 다른 동사는 사랑이다. 공동체의 보호자는 사랑이다. 공동체가 갈등까지도 사랑할 수 있어야 품위 있게 된다.

제5장

영성생활과 기도

Spiritual Life and Prayer

1. 기도와 영혼

현대 그리스도인들의 영성생활에서 가장 파괴적인 세력들은 우리 안과 주변의 좋고 나쁜 모든 것들일 수 있다. 그것은 우리로 하여금 기도의 삶을 가로막고 우리의 영혼 속으로 깊이 들어가는 용기와 시간을 버리게 하는 것들이다. 우리의 영성생활을 가로막고 있는 것들은 그 자체로는 아무 흠이 없는 그야말로 우리에게 익숙하고 편한 수많은 평범한 것들이다.

이러한 사회에서 우리는 어떻게 영성생활을 바르게 향유할 수 있을까?

기독교 초기부터 지금까지 우리에게 한결같이 제시해 주는 답은 기도이다. 기독교 전통의 중심 가르침에는 항상 기도가 있었다. 기독교의 영적 광맥을 지탱해 온 것은 바로 기도다. 기독교 역사에서 감동적인 삶을 살았던 사람들은 규칙적인 기도생활을 하였다. 규칙적인 기도가 없으면 영혼은 교감하지도 균형을 유지하지도 못한다.

기독교 역사에서 특별히 눈여겨보아야 할 하나의 중요한 사실이 있다. 기독교 역사의 두 번째 천년이 시작되면서 기독교적 지혜전통은 대학을 근거로 한 더 합리적인 스콜라철학에 그 자리를 내 주고 말았지만 그 이전의 기독교적 인식론은 '하나님에 대해 말하는 것'(*theos logia*, 신학)의 그 출처가 '하

나님과의 대화'인 기도여야 한다고 확신했다.[1]

스콜라철학 이전에 신학을 하는 방법은 본질적으로 지성과 감성 그리고 의지의 전인을 다하여 생명과 '사크라 파기나'(*sacra pagina*, 성경의 성스런 페이지)에 대해 읽고 묵상하며 기도하는 것이었다. 성경에 대한 이와 같은 '영적 독서' (*lectio divina*)는 영적 지혜, 거룩한 생활, 그리고 하나님과 항상 깊어지는 관계를 목적으로 하였다.[2] 스콜라 학파의 철학과 신학의 출현 이후 이성적이고 합리적인 방법은 현재까지 신학의 지배적인 관념체계가 되었다.

첫 대학들의 설립과 함께(약 12세기) 신학은 수도원을 벗어나 학교(*schola*)로 향했다. 이 새로운 상황에 대한 반응으로 신학은 영적 지혜를 구하는 기도와 묵상 대신 합리적 지식을 추구하는 하나의 학문이 되었다.[3] 케네스 리치(Kenneth Leech)는 신학은 본질적으로 기도와 묵상에 뿌리를 두고 있다고 피력하였다.[4] 이안 램지(Ian Ramsey)는 이렇게 말하였다.

> 다른 학문 분야는 그들의 논지의 질에 의해 일차적으로 평가 받을 것이다. 반면 신학은 신비를 얼마나 잘 지적하는가에 의해 일차적으로 평가받을 것이다. 신학이 주장할 수 있거나 주장할 필요가 있는 자신의 두드러진 역할은 통찰과 신비의 대변인과 수호자로서의 역할이다.[5]

기도를 신학과 무관한 것으로 여기고 단지 경건생활의 한 차원으로만 생각해서는 안 된다. 신학이 기도의 가치를 간과해 버린다면 그 신학은 바른 신학이 될 수 없음은 자명한 것이다. 아브라함 헤셸은 기도가 없는 영혼은 가정이 없는 영혼과 같다고 했다.[6]

기도하는 사람은 뛰는 사람보다 더 멀리 갈 수 있고, 기도하려고 모은 손이 불끈 쥔 두 주먹보다도 더 강하고, 무릎을 꿇고 있는 동안에는 결코 넘어

---

1 토마스 그룸, 『생명을 위한 교육』, 김도일 역 (서울: 한국장로교출판사, 2001), 377.
2 토마스 그룸, 『생명을 위한 교육』, 377-378.
3 토마스 그룸, 『생명을 위한 교육』, 378.
4 Kenneth Leech, *Spirituality and Pastoral Care*, 78.
5 Ian T. Ramsey, *Models and Mystery* (Oxford: Oxford University Press, 1964), 61.
6 루벤 좁, 『영성 수련』, 이세형 역 (서울: KMC, 2009), 103에서 인용.

지지 않는다. 그러므로 기도는 영혼의 가장 소중한 에너지이며 가장 아름다운 소명이다.

2. 기도의 본질

영적인 삶을 위한 동사가 있다면 '기도하는 것이다.' 그리스도인의 삶에서 기도는 핵심적 가치를 가진다. 울라노프(Ann Ulanov)가 기도를 인간의 일차적 언어(primary speech)라고 지칭한 것은 인간은 기도 속에서 자기의 실존적 본능과 감정과 이미지들의 언어를 가장 잘 들어내기 때문이다.[7] 기도가 인간의 욕구로부터 출발한다는 말은 정당하다. 인간의 욕구가 기도생활의 가장 원초적인 동기가 된다.

그러나 기도에서 욕구를 위한 청원이란 필수적이고 기초적이지만 모든 것은 아니다.

> 기도란 하나님에 대한 지식을 얻기 위해서 그리고 그 안에서 성장하기 위해서 하나님과 함께 교제의 기쁨을 나누기 위해서 하나님과 대화하고 교제할 수 있는 관계 속으로 들어가는 것이다.[8]

성경은 기도가 인간의 자연적 욕구와 필요에 의하여 발생한다는 것을 무시하지 않는다. 성경에서 기도의 본질은 다양하게 가르쳐지고 있지만 기도는 궁극적으로 하나님과의 관계이다. 우리가 기도할 때 잊지 말아야 할 것은 기도를 순전히 실용적인 것으로 삼으려는 유혹이다. 우리의 기도가 구하는 것을 하나님께 요구하며 하나님이 우리의 간청을 들어주시도록 만들려고 애쓰는 수단으로 변질되기 쉽다.

---

[7] Ann & Barry Ulanov, *Primary Speech: A Psychology of Prayer* (Atlanta: John Knox Press, 1982), 1-2.

[8] Marjorie J. Thomson, *Soul Feast: An Invitation to the Christian Spiritual Life* (Louisville, Kentucky: Westminster John Knox Press, 1995), 32.

우리가 기도할 때 기억해야 할 또 다른 하나는 하나님을 매매 상대자로 여기려는 유혹이다. 이런 기도는 결과 지향적인 형태로 전락할 위험성이 있다. 이런 기도는 결과로 기도의 가치를 평가한다. 우리는 결과에 의해 모든 것을 가치 평가하는 시대에 살고 있다. 따라서 이 시대에 우리가 기도를 구체적인 결과를 얻어내는 방법으로 보고 싶은 유혹을 강하게 느낄 수 있다. 하지만 마르틴 부버는 다음과 같이 말한다.

> 영혼은 끊임없이 그의 기억을 흥분시킬 수 있는 무엇인가를 선사하도록 하나님에게 간청한다. 이에 대하여 영혼은 하나님으로부터 이러한 답변을 듣는다. '보라, 나는 너에게 내 눈을 준다. 그 눈으로 너는 모든 것을 보게 된다. 그리고 나의 귀를 준다. 그 귀로 너는 모든 것을 인지할 수 있다. 그리고 나의 입을 준다. 그 입으로 너는 말하고, 기도하고 노래할 때 입을 통하여 네가 표현해야만 하는 모든 것을 할 수 있다. 나는 너에게 나의 마음을 준다. 그 마음을 통하여 모든 것을 생각하며 나와 그리고 나 때문에 모든 것을 사랑 할 수 있게 된다.' 이러한 말에서 하나님은 이 영혼을 완전히 자기 것으로 삼으시고 그 안에 드러난 하나님의 눈으로 보고, 하나님의 귀로 들으며, 하나님의 입으로 말하고, 하나님의 마음 이외의 다른 마음으로 느끼지 않는 것이다. 이렇게 자주 느끼도록 영혼에게 주어진 것이다.[9]

하나님은 자신의 눈과 귀와 입을 버리고 하나님의 눈과 귀와 입을 가지고 사는 영혼을 부르신다. 기도는 바로 이러한 하나님의 음성을 듣는 것이다. 하나님의 시각과 하나 됨을 연습하는 것은 하나님과 대화하는 데에서 시작하는 것이다. 하나님의 마음을 갖는 것 하나님의 눈을 갖는 것 이것이 기도의 본질적인 목표다.

기도는 우리의 목적으로부터 자유로워지는 것이다. 역으로 말하면 기도는 우리의 목적을 이루기 위한 수단이 아니라 하나님의 마음을 갖는데 있다. 로

---

9   Martin Buber, *Ecstatic Confessions*, Edited by Paul Mendes-Flohr, Translated by Esther Cameron (San Francisco: Harper & Row, 1985), 63.

버트 멀홀랜드(Robert Mulholland)는 기도의 본질을 저버리는 것은 목적과 수단을 뒤바꾸는 것이며 그것은 결국 종교적 거짓자아의 모습이라고 말한다.

> 우리의 기도는 우리 안에서 그리고 우리를 통한 하나님의 목적을 위해 우리 자신을 포기하고 하나님께 맡기기보다는 우리 목적을 보증하기 위해 하나님의 지지를 얻으려고 한다. 하나님이 바라시는 조건대로 하나님이 우리 삶 속에 계시기를 바라기보다는, 우리가 바라는 조건대로 하나님이 우리 삶 속에 계시기를 바란다. 이것이 바로 종교적 거짓자아의 모습이다.[10]

기도의 본질은 우리가 무엇을 얻는데 있기보다는 영혼의 자리와 존재의 가치를 찾는데 있다. 인간의 가장 큰 죄는 우리가 하나님의 자녀라는 것을 망각하는데 있다. 우리의 기도는 무엇을 얻기 위한 방편에서 하나님과의 사귐을 통해 하나님과 세계에 대한 바른 관계를 위한 것이 되어야 한다. 예수님께서 광야에서 40일 금식기도 직후에 받은 유혹은 하나님과 예수님 자신을 감각적인 것들로 대체시키도록 하는 유혹이었다. 기도 후에 첫 번째로 다가오는 유혹이었다. 우리의 기도가 감각적인 것에 목적을 둔다면 우리를 너무 작게 만드는 것이다. 마이스터 에크하르트가 말하듯이 우리는 작은 존재로 창조된 것이 아니다.

> 우리가 원하는 대로 하나님에게 강요할 수 없다. 두 가지 측면에서 그러하다. 그것은 마음으로부터의 겸허와 성급한 요청이다. 나는 내 삶을 두고 맹세한다. 하나님은 모든 것을 그의 신적인 힘에서 만드신다. 그러나 이 두 가지를 지니고 있는 인간에게 거부하게 할 수는 없다. 때문에 작은 일로 인하여 혼란스러워하지 말라. 왜냐하면 너희들은 작은 존재로 창조된 것이 아니기 때문이다.[11]

---

10 M. Robert Mulholland Jr., *The Deeper Journey*, 서원교 역, 『예수의 길에서 나를 만나다』(서울: 살림, 2009), 87.
11 Dorothee Solle, *The Silent Cry*, 43에서 인용.

기도는 우리가 하나님의 능력을 선언하는 것이다. 그러나 이 능력은 감각주의적인 사고를 넘어선 것이다. 하나님을 갈망하는 것은 영혼이 보다 더 큰 존재로 서는 것이다. 바로 그리스도의 형상을 이루는 것이다. 이를 위해 우리는 그리스도의 영인 성령의 초대에 응답하려는 개방적이고 자원하는 마음을 구해야 한다.

보프(Leonardo Boff)가 어느 날 그를 설레게 했던 한 부인과의 만남에 대하여 이렇게 설명한다. 그가 만난 부인에게는 15살 된 아들 하나가 있었는데 도시의 쓰레기 집하장에서 두 사람이 살아가는데 필요한 물품들을 수집하며 살아가고 있었다. 그녀의 남편은 경찰에 의하여 살해당했다. 그 여인은 말할 수 없는 고통으로 경직되어 웅크리고 있었고 울지도 못할 정도가 되었다. 보프는 그녀에게 물었다.

"그 지경에도 하나님을 믿을 수 있다는 말입니까?"

보프는 그 때 그가 보고 들었던 것에 대하여 다음과 같이 말한다.

> 그 안에서 하나님의 부드러움을 느꼈기 때문에 결코 잊을 수 없는 그 눈으로 그녀는 나를 바라다보았다. '저요?' '어떻게 제가 하나님을 믿지 않을 수 있단 말입니까? 하나님이 제 아버지가 아니었던가요? 하나님을 믿지 않는다면, 제가 그의 손에 있음을 느낄 수 없다면, 그 누구에게 제가 의지할 수 있겠습니까?'[12]

보프는 이 만남에 대하여 이렇게 적고 있다.

> 마르크스는 잘못 생각하였다. 이러한 극단적 상황에서 신앙은 마약이 아니다. 그것은 오히려 빛을 발하는 해방이다. 어두움을 몰아내는 빛이고 죽음을 넘어서는 삶이다.[13]

---

12 Dorothee Solle, *The Silent Cry*, 294에서 인용.
13 Dorothee Solle, *The Silent Cry*, 294에서 인용.

우리는 여기서 기도는 말이 아니며 기도는 생산품도 아니며 신비적 행위임을 알 수 있다. 왜냐하면 기도는 하나님의 사랑을 아는 것이기 때문이다. 세상은 이 부인에게서 가장 소중한 것을 빼앗아 갔다. 그러나 죽음도 그녀가 지닌 사랑은 빼앗을 수 없었다. 하나님이 그 안에 있었다. 누구도 그녀를 사랑의 관계에서 떼어 놓을 수 없었다. 기도의 이러한 신비는 하나님과 인간 사이의 통치관계를 사랑의 관계로 변화시킨다. 방향이 잘못된 기도는 하나님과 우리의 관계를 통치의 관계로 만들지만 진정한 기도는 하나님과 우리의 관계를 사랑의 관계로 만든다. 죌레는 이렇게 말한다.

> 사랑이 통치를 무너뜨리고 사랑이 드러남을 알게 되는 바로 이 점에서 기도 또한 작용한다. 그것은 사랑의 한 언어다. 그리고 기도가 사랑의 언어가 아닌 곳에서는 그것을 생략할 수 있다.[14]

여기서 사랑은 '나는 너 없이 살 수 없어'라고 말하는 종속성과 같은 것이다. 이 종속성은 나의 자유를 높여주는 것이다. 나는 당신과의 관계에서 무엇인가 다르고 나의 한계를 없애주는 것에 대한 욕구 안에서 자라는 종속성이다. 종속성의 다른 이름은 수동성이다. 기도가 대화라는 말 속에는 수동성이 강하게 자리잡고 있다.

사랑스런 대화의 비결은 경청에 있다. 기도는 거룩한 경청이다. 우리의 기도는 무엇인가를 얻기 위한 능동성에서 수동성으로 전환이 필요하다. 깊이 경청할 때 우리는 하나님께서 우리에게 말씀하시도록 기다린다. 기다림, 인내, 비움, 침묵, 내어줌과 같은 수동성의 덕을 알지 못하는 능동성은 기도에서 오히려 허무함을 느끼게 한다.

한 교수가 지혜롭기로 유명한 수도사를 찾아갔다. 그 수도사는 교수를 반갑게 맞이하며 자신의 거처로 안내한 후 그에게 방석을 권하였다. 교수는 방석에 앉자마자 자신의 업적과 자신의 지식과 이론과 주장을 장황하게 늘어놓기 시작하였다. 잠시 말없이 듣고 있던 수도사는 정중하게 물었다.

---

[14] Dorothee Solle, *The Silent Cry*, 296.

"차 한 잔 하시겠소?"

교수는 고개를 끄덕이며 미소를 지은 후 다시 이야기를 계속 하였다. 수도사는 잔을 건네며 차를 따랐다. 차가 잔에 가득 차서 넘쳐 흘렀지만 수도사는 계속해서 부었다. 교수도 이야기를 계속하였다. 결국 무엇인가 잘못되었음을 안 교수는 벌떡 일어서며 화를 내었다.

"지금 무엇 하시는 겁니까? 잔이 넘치는 것이 보이지 않습니까?"

수도사는 대답했다.

"이 잔은 당신의 마음과 같습니다. 잔이 가득 차 있어서 더 이상 받아들일 수 없습니다."[15]

말을 멈추어야 다른 것이 들어온다. 그것은 인식하지도 못하는 사이에 조금씩 들어온다. 우리는 자신이 기도 가운데 쉬고 있다는 것을 안다. 우리는 모든 것을 말 속에 담아내기보다 오늘날 문명의 특징인 온갖 소음과 자극에서 쉼을 얻고 있는 것이다. 모든 것을 말로 바꾸려는 노력을 그만두어야 한다. 모든 것을 설명해야 한다는 강박관념에서 벗어나야 한다. 가장 자연스러운 상태인 하나님 안으로 영혼이 들어가야 한다.[16]

한 부자가 아시시의 프란시스(Francis of Assisi)를 초대하여 그의 기도 비밀을 배우고 싶어서 자신의 집에서 하루 밤을 머물게 했을 때 그 부자가 밤이 새도록 들었던 것은 그 성자의 단순한 고백이었다고 한다.

"나의 하나님, 나의 모든 것 되시는 당신!"(My God my all).[17]

부자가 배운 것은 단순하고 수사가 없는 성실한 기도였다. 기도는 수학이 아니기 때문에 그 횟수가 중요하지 않고, 수사학이 아니기 때문에 멋진 웅변이 필요치 않고, 기하학이 아니기 때문에 그 길이의 장단에 관계가 없고, 음악이 아니기 때문에 아름다운 목소리가 아니어도 되고, 기도는 논리학이 아니기 때문에 조리에 맞지 않아도 되고, 신학이 아니기 때문에 교리적으로 정확하지 않아도 괜찮다. 다만 믿음과 사랑이 있으면 되는 것이다.

---

15 루스 헤일리 바턴, 『영적 성장을 위한 발돋움』, 황의무 역 (서울: 살림, 2007), 112-113.
16 루스 헤일리 바턴, 『영적 성장을 위한 발돋움』, 113.
17 사이몬 찬, 『영성신학』, 184에서 인용.

3. 기도의 지평

신학자 램버트는 기도가 성격적으로 두 가지 의미를 지니고 있다고 했다. 좁은 의미에서 기도는 무언가를 위해 하나님께 요구하는 청원이다. 넓은 의미에서 기도는 하나님의 인격에 대해 생각하는 경배이다. 기도는 우리가 그리스도와 연합되었다는 사실로부터 말미암는다. 그것은 항상 하나님의 주도권에 대한 반응이다. 기도의 이 기본적인 신학은 청원기도의 본질이 검토될 때 핵심에 도달한다. 청원기도는 믿음이 불필요한 부속물이 아니라 기도생활의 중심적인 토대가 된다.

영적으로 새로 거듭난 사람의 최초의 부르짖음은 자연스러운 것이다. 이는 막 태어난 아이가 어머니의 젖을 찾는 것과 같이 아름다운 행위요 생명을 위한 길이다. 때문에 청원기도는 하나님이 기뻐하시는 기도이다. 모든 기도는 청원기도로 시작한다. 기도의 중심부에 "오늘날 우리에게 일용할 양식을 주옵소서"라고 구하는 단순하고 자발적인 믿음이 있다. 루터는 이 사실을 이렇게 말하였다.

> 인간은 자신이 원하는 것을 말한다. … 불행에서 빠져나오고 싶다고, 악한 것들에서 자유로워지고 싶다고 말한다. 그는 그것을 구한다. 그는 대주재 앞에서 부끄러워하지 않고, '하나님이여! 나를 도와주십시오.'[18]

기도는 악으로부터 구원과 선물과 호의를 베풀어 달라는 단순한 요청으로부터 시작한다.

기도란 '간청하다', '빌다'라는 뜻인 라틴어 동사 프레카리(*precari*)에서 유래되었다. 이 말은 우리가 의도적으로 간구하지 않을 때조차도 하나님 앞에서 언제나 가난한 존재일 수밖에 없다는 사실을 나타내는 말이다.[19] 우리는

---

18 Fredrick Heiler, *Prayer: A Study in the History and Psychology of Religion*(Oxford: Oneworld Publications, 1997), 241.
19 Gerrit Scott Dawson, Adele V. Gonzalez, E. Glenn Hinson, Rueben P. Job, Marjorie J. Thomson, Wendy M. Wright, *Companions in Christ*, 113.

연약하고 가난한 존재이기 때문에 우리가 가장 필요로 하는 것들을 위해 하나님께 기도하는 것은 우리 모두에게 지극히 자연스러운 것이다.

우리는 하나님이 우리의 필요들을 보시고 우리의 요구를 자상하게 들어주시도록 하려고 애를 쓰는 기도를 많이 한다. 우리는 이러한 종류의 기도를 피할 수 없다. 염려 가운데 있을 때, 우리는 자연적으로 어떤 문제의 위험으로부터 구조를 위해 하나님께 울부짖는다.

성경에는 한 사람이나 공동체가 필요로 하는 일을 하나님께서 하시도록 하려는 노력으로서의 기도를 보여주는 예들을 많이 볼 수 있다. 비를 위한 기도, 전염병이 그치길 간구하는 기도, 건강과 장수를 위한 기도, 병 고침을 위한 기도 등이다. 인간의 필요를 위한 기도가 이기적이라고 생각하면서 하나님께 아무것도 구하지 않는 것은 하나님 앞에 가식 된 것이다. 칼빈(John Calvin)은 다음과 같이 말하였다.

> 하나님께서는 어린 아이들이 어려운 근심 걱정이 있을 때마다 부모님께 달려가 피난처를 구하듯이, 우리도 어려운 일이 있을 때마다 당신을 찾도록 경고하고 촉구하신다.[20]

예수님도 약속하였다.

> 구하라 그러면 너희에게 주실 것이요 찾으라 그러면 찾을 것이요 문을 두드리라 그러면 너희에게 열릴 것이니라 구하는 이마다 얻을 것이요 찾는 이가 찾을 것이요 두드리는 이에게 열릴 것이니라(마 7:7-8).

우리는 이 본문을 통하여 기도는 우리가 구한대로 이루어진다는 믿음을 가지고 있다. 이러한 믿음은 기본적으로 기도의 중요한 차원이다. 하지만 청원기도를 우리가 필요한 것을 받는 응답으로만 이해하게 될 때 어려움에 직

---

[20] John Calvin, *Institutes of the Christian Religion*, trans. Ford Lewis Battles (Grand Rapids: Eerdmans, 1995), iii, 20, 34.

면하게 된다. 예를 들어 하나님이 비를 구하는 그리스도인 농부의 기도에 응답하신다면 매일 어업을 위해 햇빛을 구하는 그리스도인 어부의 기도에 응답하는 하시는 것을 보류해야 하는가?

우리가 기억해야 할 것은 하나님과 하나님이 주시는 것 사이에서 우리의 모습이다. 하나님보다 하나님이 주시는 것을 우리가 더 기대한다면 우리는 하나님을 대상화시키고 있는 것이다. 바로 하나님을 비인격화시키고 있는 것이다. 마르틴 부버의 용어로 표현하면 하나님을 당신(Thou)으로가 아니라 이것(it)으로 대상화시키는 것이다. 하나님은 단순히 충분하거나 우리의 욕구를 위한 개인적인 존재가 아니다. 기도가 본질적으로 하나님과의 인격적인 관계에서 발생하는 것이라면 청원기도도 예외가 될 수 없다. 욕구는 기도의 동기를 부여해 주지만 욕구의 실현여부가 응답여부를 가름하는 기준은 될 수 없다.

모든 기도의 본질적 목적은 욕구실현이 아니고 하나님과의 관계형성에 있다. 청원기도를 단지 우리의 소원을 이루는 방편으로 여겨서는 안 된다. 청원기도를 표층적으로 하나님과 우리 사이의 주고받는 것으로 이해하는 것을 넘어 청원기도에 내재되어 되어있는 심층적인 의미를 볼 수 있어야 한다. 사이몬 찬(Simon Chan)은 청원기도의 목적을 이렇게 말한다.

> 청원은 물질적이고 감각적인 원인과 결과의 맥락에서가 아니라 우정의 맥락에서 이해될 때 의미가 통한다. 청원은 하나님이 우리와 나누신 은사이고 창조의 선물이며 하나님은 그것 안에서 우리를 제쳐놓지 않고 우리를 통해 역사하신다. 하나님은 그분의 자녀들로 하여금 구하도록 격려하심으로써 우리의 기도를 통해 역사하시기로 선택하신다. 하나님은 우리의 기도를 제쳐놓기보다는 오히려 우리의 기도를 통해서 우리에게 만물을 주신다. 하나님이 우리가 구하는 것을 주실 때 우리는 그분과의 사귐을 더 잘 이해하게 된다. 진정으로 구하는 것, 주는 것과 받는 것은 사업상의 거래가 아니라 친구들 사이의 깊은 상호교류이다.[21]

---

21 사이몬 찬, 『영성신학』, 197.

청원기도에 대한 논의에서 또 하나의 문제가 남는다. 그것은 우리가 기도할 때마다 기도한 대로 다 이루어지는 것은 아니라는 것이다. 병든 사람을 위해서 기도할 때 오히려 악화되는 경우도 있다. 이때 우리는 이에 대해 '충분한 믿음이 없기 때문이다', '우리가 옳지 않은 것을 구했기 때문이다', '하나님은 우리가 구한 것을 다른 방법으로 이미 주셨는지도 모른다', '하나님은 부모처럼 우리에게 무엇이 더 좋은지를 우리보다 더 잘 아신다'라고 나름대로 해석하려는 경향이 있다.

마태복음에서 말하는 청원기도를 이런 이유들과 관련하여 답을 제시하는 것은 기도를 나타난 결과로만 판단하려는 무리한 시도일 수 있다. 그러나 마태복음을 더욱 깊이 살펴보면 마태가 말하는 청원기도는 신앙의 공동체 안에서 구체적인 행위에 깊이 관련되어 있을 뿐만 아니라 공동체의 행위 또한 청원기도와 밀접하게 연결되어 있음을 알 수 있다. 그리스도인들은 예수 그리스도를 통해 하나님께 기도하고, 하나님은 그 기도에 그리스도를 통하여 응답하신다.

우리에겐 기도를 마치는 일정한 방식이 있다. 바로 '예수님의 이름으로 기도합니다'이다. 이 내용은 우리의 기도에서 기도가 끝났다는 의미 이상을 지닌다. '예수 그리스도를 통하여'라는 말은 그리스도의 몸을 통하여 기도할 뿐만 아니라 그리스도의 몸인 예수님 자신과, 믿는 이들의 몸(우리 자신)을 통해서도 기도한다는 뜻이 된다. 왜냐하면 예수 그리스도를 믿는 우리는 그리스도의 몸의 한 부분으로서 그리스도와 분리될 수 없는 관계에 있기 때문이다.

그렇기 때문에 우리도 그리스도의 몸의 한 부분으로서 자신의 기도에 응답할 책임을 가지고 있다. '예수 그리스도를 통하여'라고 기도할 때 하나님께서 그 기도에 개입해 주시도록 간청하는 것 이상으로 우리도 그 기도에 개입되고 있는 것이다. 따라서 우리가 기도할 때 우리는 그리스도의 몸(공동체)인 우리 자신은 간청에만 관련되어 있는 것이 아니라, 간청한 바를 성취하려는 참여와도 관련되어 있다. 그러므로 아내가 아팠을 때 병의 회복을 위한 간구와 함께 아내를 의사에게 데리고 가야 한다.

세계 평화를 위해 간구하면서 내게 상처를 준 사람을 용서하지 않는다면 그것은 바른 기도가 될 수 없다. 진정한 기도는 우리의 몸을 필요로 한다. 우리는 기도할 때 하나님의 뜻을 알아내고 실행함에 있어서 동역자가 된다. 여기서 말하는 동역자란 존재론적 동역자가 아니라 실천적 동역자다. 청원기도는 말하는 기도와 행위적 기도가 함께 어우러지게 한다. 진정한 청원기도는 언어와 행동을 분리시키지 않고 통합한다.

4. 기도의 묵상과 관상의 지평

묵상과 관상은 기독교 영성생활에서 서로 밀접하게 연결되어 있는 기도의 두 가지 형태이다. 많은 현대 그리스도인들이 묵상과 관상을 구분하지 않거나 동일시하는 경향도 있지만 기독교 전통에서는 의미와 기능을 구분하는 가운데 그 관련성을 발견하고 있다.

묵상은 더 인격적으로 하나님을 사랑하고 하나님이 우리에게 원하시는 대로 살기 위하여 우리의 의지로 성경과 하나님의 진리들을 숙고하는 것을 의미한다.[22] 어떤 의미에서 묵상기도는 이성보다는 감성과 더 연관된 기도이다.[23] 제임스 휴스톤(James Houston)은 "우리의 모든 묵상은 하나님의 임재에 접근할 수 있는 길을 제공하시기 위하여 예수님이 행하신 사역에 의존한다. 시편 1편의 기자가 여호와의 율법을 즐거워하여 주야로 그것을 묵상하듯이, 모든 참된 묵상은 성경과 예수 그리스도를 통한 하나님의 계시에 초점을 맞춘다"라고 하였다.[24]

기독교 전통에서는 성경을 통한 묵상을 강조해 왔다. 예를 들어 로욜라의 이냐시오(Ignatius of Loyola)와 리처드 백스터(Richard Baxter)는 거룩한 삶의 열쇠로서 성경을 묵상하는 방법과 묵상을 통한 기도를 중요하게 여겼다. 하지만 이 두 사람은 묵상의 목적은 달랐다. 이냐시오는 영혼이 과도한 집착에서 벗어나 자신의 삶에서 하나님의 뜻을 발견하는데 목적이 있음을 강조했지만,

---

22　James Houston, *The Transforming Power of Prayer* (Colorado Springs: NavPress, 1996), 255.
23　James Houston, *The Transforming Power of Prayer*, 248.
24　James Houston, *The Transforming Power of Prayer*, 257.

백스터는 성도들의 영원한 안식을 얻는데 목적이 있다고 하였다.[25]

묵상이 하나님 사랑과 이웃 사랑을 일깨워주는 사려 깊은 기도라면 관상은 우리의 하나님 현존에 대한 경험을 변화시켜주는 기도라고 말할 수 있다. 관상은 자신의 전 존재를 하나님께로 향하고 그분이 주시는 은혜의 향연에 참여하게 되는 일치단계가 되는 것이다. 관상에 대해서 유진 피터슨은 관상이 우리의 읽기와 묵상하기와 기도하기에 또 한 가지 덧붙이는 무엇이 아니라 하나님의 계시와 우리의 반응이 한 자리에 모이는 것, 무의식적으로 예수를 따르는 것, 즉 예수와 일치하는 삶이라고 말한다.[26]

관상기도를 통한 하나님에 대한 경험적인 지식은 내 영혼이 "하나님 안에서 쉼"을 얻는 것뿐만 아니라, "하나님과 친밀"을 지향한다. 마치 천재지변의 상황에서도 어머니의 품에 안겨 있는 아이가 매우 고요하고 평온한 것처럼 하나님에 대한 직접적인 경험을 통해 하나님과 친밀한 관계를 지닌 관상가의 영혼도 이와 같은 것이다.

전통적으로 그리스도인들은 묵상이 은혜를 입은 인간이 노력하여 행할 수 있는 것이라면, 관상은 하나님만이 행하실 수 있는 것임을 발견하고 있다. 묵상과 관상의 관계는 기본적으로 능동성과 수동성, 노력과 안식 사이 등으로 구분하여 왔다. 그러나 기도 행위에서 도달하는 영적인 내용을 생각하면 우리는 묵상과 관상의 관계가 오히려 연속성이 있음을 인정해야 한다. 묵상과 관상의 기능적 관계를 인정하지만 이 둘을 엄격하게 분리하기보다는 연속성 상에서 이해하는 것이 필요하다. 묵상의 습관을 갖게 되면 지성과 감성의 움직임이 단순해진다. 이 단순한 움직임은 묵상의 고유한 정신 활동을 전제함에도 불구하고 이를 관상의 한 가지 유형이라고 할 수도 있다.

---

25 Ignatius of Loyola, *The Spiritual Exercises of St. Ignatius*, Translated by Anthony Mottola (New York: Doubleday, 1964); Richard Baxter, *The Saints's Everlasting Rest*, ed., E. Glenn Hinson, The Doubleday Devotional Classics, vol. 1 (New York: Doubleday, 1978), quoted in Gerrit Scott Dawson, Adele V. Gonzalez, E. Glenn Hinson, Rueben P. Job, Marjorie J. Thomson, Wendy M. Wright, *Companions in Christ: A Small_Group Experience in Spiritual Formation* (Nashville: Upper Room Books, 2001), 96.
26 유진 피터슨, 『이 책을 먹으라』, 양혜원 역 (서울: IVP, 2006), 196.

묵상과 관상의 의미와 기능을 연속성 상에서 이해해야 하는 것은 기독교 역사에서도 그 유래를 살펴볼 수 있다. 하나님에 대한 경험적 지식을 강조하기 위하여 그리스 성경은 히브리어 다아트(דעת)를 그노시스(gnosis)로 번역했는데, 다아트는 인간의 지력뿐 아니라 전 인격으로 아는 지식을 뜻한다(예를 들어 시 139: 1-6). 사도 바울도 하나님을 사랑하는 사람들에게 쓰일 하나님에 대한 지식을 적절하게 나타내는 말로써 그노시스라는 말을 사용하였다.

자신들의 영적인 뿌리를 찾는 데 관심이 있었던 그리스 교부들(특히 알렉산드리아 클레멘스[Clemens, Alexandrinus, 150?-215?], 오리겐[Origenes, 185?-254?], 니사의 그레고리오[St. Gregory of Nyssa, 330-95])은 영적인 진리에 대한 시각을 표현하기 위해 신플라톤주의 학파에서 테오리아(theoria)라는 말을 빌려왔다. 테오리아는 원래 "진리에 대한 지적인 시각"을 뜻하는 것으로서, 그리스 철학자들은 이것을 인간의 최고의 활동으로 간주하였다. 교부들은 테오리아에 히브리어 다아트라는 말뜻을 첨가하여 그 의미를 "사랑을 통하여 얻어지는 경험적 지식"으로 확대하여 이해하였다. 이렇게 확대된 뜻을 가지게 된 테오리아가 후에 라틴어 컨템플라티오(contemplatio)라는 말로 번역되게 되었으며, 그리하여 이 컨템플라티오는 그리스도인들의 전통으로 자리잡게 되었다.

6세기 말에 그레고리오(St. Gregory the Great)는 관상(contemplation)을 "사랑으로 충만한 하나님에 대한 지식"이라고 설명하였다. 그레고리오는 관상을 성경의 하나님 말씀에 대한 묵상의 열매이면서 동시에 하나님께서 주신 고귀한 선물로 이해했다. 그는 이것을 "하나님 안에서 쉼"이라고 불렀다. 하나님이 현존하신다는 친밀한 체험에 바탕을 둔 하나님에 대한 지식이라는 뜻으로 관상을 이해하는 것은 중세까지 계속되었다.

관상을 가장 잘 설명하고 실천했던 사람은 아빌라의 테레사라고 볼 수 있다. 관상에 관하여 조던 오먼은 기도의 단계를 수덕적인 것과 신비적인 것으로 구분하면서 관상의 단계로의 나아가는 과정을 아빌라의 테레사의 이해를 통하여 그 과정을 설명한다.

첫째, 구송기도이다. 구송기도는 공적 전례기도인 공동체의 기도로서 내적인 신심을 불러일으켜 영혼을 기도의 분위기로 몰아넣는 영적 정감을 표현한다. 이 기도에는 경배, 감사, 통회 및 하나님과의 관계에서 체험하는 다른 모든 감정이 포함 된다.

둘째, 묵상기도이다. 묵상기도는 초자연적 진리가 지닌 의미를 꿰뚫어보고 그것을 사랑하며 은총의 도움으로 그것을 실천하기위해 그것에로 마음을 돌려 추리하는 기도이다.

셋째, 정감기도이다. 이 기도는 의지작용이 지성의 추리작용보다 우세한 기도형태이다.

넷째, 단순성의 기도는 하나님 또는 그리스도나 그분의 신비 또는 진리의 말씀을 단순히 사랑하는 마음으로 응시하는 것이다.

이러한 네 가지 기도 단계는 영적수련 통해 이루는 단계의 관상으로써 성령이 은사를 통해 영혼 안에 작용하기 전의 최종적 단계라고 설명한다. 그리고 다음 단계는 초자연적 또는 주부적인(infused) 관상의 신비적 기도 단계라고 설명한다.[27] 앞의 네 단계는 능동적 관상이라 할 수 있고 주부적인 관상은 수동적 관상이라 할 수 있다. 능동적 관상은 영적수련을 통해 하나님과의 일치를 추구하는 차원이라면 수동적 관상은 하나님의 은혜로 하나님을 사랑하게 되는 하나님의 은총의 단계이다.

기독교 전통에서 의미하는 관상은 하나님 품에서 사랑과 안식하는 것이다. 깔멜 수도원의 부엌에서 일하던 평신도 수도자였던 로렌스(Lawrence of the Resurrection)는 이렇게 말하였다.

> 내 삶의 내용은 바로 하나님의 거룩하신 존재와 함께하고 경험하는 것이다. 나는 오직 하나님만을 바라보고 사랑의 마음을 간직한 채 내 자리를 지킬 것이다. 나는 이것을 실제적으로 함께하시는 하나님이라고 부르고 싶다.[28]

---

[27] 조던 오먼, 『영성신학』, 이홍근 역 (왜관: 분도출판사, 2012), 366-79.
[28] Brother Lawrence, *The Practice of the Presence of God*, edited by Donald E. Demaray (New York: Alva House, 1997), 52.

그는 계속해서 말한다.

> 나는 엄마의 젖을 먹는 아이보다 더 행복하게 하나님 품에 안겨 있는 나를 발견한다. 이런 표현을 감히 써도 되는지 모르겠지만 하나님께 가까이 간다는 것은 하나님의 가슴에서 젖을 먹는 것과 같다. 왜냐하면 이를 통해 나는 말로 표현할 수 없는 달콤함을 경험하기 때문이다.[29]

하나님을 향한 관상적인 바라봄은 성경의 여러 곳에서 발견되지만 시편에서 그 예를 볼 수 있다.

> 하나님이여 주는 나의 하나님이시라 내가 간절히 주를 찾되 물이 없어 마르고 곤핍한 땅에서 내 영혼이 주를 갈망하며 내 육체가 주를 앙모하나이다 내가 주의 권능과 영광을 보려 하여 이와 같이 성소에서 주를 바라보았나이다(시 63:1-2).

관상기도는 변함없이 우리를 사랑해 주시는 분을 바라보는 것이다. 관상기도는 하나님 안에서 안식하는 것이기 때문에 영혼의 안식일이라 할 수 있다. 묵상과 관상은 우리의 영적 식단에서 반드시 필요한 메뉴이다. 기도는 대화이기 때문이다. 묵상은 기본적으로 우리의 마음과 생각으로 하나님께 말하는 시간이지만 관상은 하나님의 사랑에 초대에 응하는 것이기 때문이다. 빅터의 리처드는 "묵상이 탐구의 시간이라면 관상은 탄성의 시간이다"라고 하였다.[30]
관상적인 기도는 말을 넘어 하나님의 사랑에 젖어 탄성의 상태를 말한다. 때문에 관상은 언어적 기도라기보다는 마음의 기도라고 할 수 있다. 칼빈도 "최상의 기도는 말로 표현하지 않는 기도다"라고 하였다.[31]

묵상은 우리의 관심을 세상적인 것에서 하나님의 것으로 옮기는 행동이다. 이에

---

[29] Brother Lawrence, *The Practice of the Presence of God*, 54.
[30] Avery Brooke, "What is Contemplation?," *Weaving*, 7/4 (1992): 10.
[31] John Calvin, *Institutes of the Christian Religion*, III. 20. 33.

반해 관상은 우리의 관심을 하나님의 것에서 하나님 자신으로 옮기는 과정이다.[32]

아빌라의 테레사와 십자가의 요한은 묵상은 우리가 행할 수 있는 것이며 관상은 하나님이 우리 안에서 행하시는 것이라고 보았다.[33] 하지만 이냐시오는 묵상과 관상을 크게 구분하지 않고 사용한다. 이냐시오는 관상과 행동도 이분법적으로 구분하지 않았다. 그는 행동하는 관상가였다.

하나님을 알고 사랑하는 인간의 능력은 관상 안에서 결실을 맺는다. 그러나 관상 자체가 목적이 아니라 하나님과 사랑 안에 있는 인간에 대한 묘사이다. 하나님을 사랑하는 사람은 사랑하는 능력을 소유하며 삶의 상황은 어떤 행동을 통해서든지 이웃을 사랑하라는 명령을 요구한다. 행동과 관상은 결국 하나의 실체 안에 결합 된다.[34]

테레사는 이웃 사랑이 묵상의 결과라고 생각했다.
"묵상을 통해서 진리가 당신의 마음속에 거하게 하십시오. 그리하면 우리가 이웃을 향해 소유해야 하는 사랑을 분명히 보게 될 것입니다."[35]
이는 "만일 우리가 서로 사랑하면 하나님이 우리 안에 거하시고 그의 사랑이 우리 안에 온전히 이루느니라"(요일 4:12)는 성경의 말씀을 다르게 표현한 것이다.

관상은 하나님께서 인간과 인간 공동체 안에서 기뻐하시는 것이다.[36]

---

32 R. Rpaul Stevens, "Poems for People Under Pressure: The Apocalypse of the John and Contemplative Life," in J. I. Packer & Loren Wilkinson, eds., *Alive to God: Studies in Spirituality* (Dowers Grove: InterVarsity Press, 1992), 87.
33 Lawrence S. Cunningham and Keith J. Egan, *Christian Spirituality: Themes from the Tradition*, (New York: Paulist Press, 1996), 154.
34 Lawrence S. Cunningham and Keith J. Egan, *Christian Spirituality*, 151.
35 St. Teresa of Avila, *The Way of Perfection* (London: Baronius Press, 2006), 20. 4.
36 Lawrence S. Cunningham and Keith J. Egan, *Christian Spirituality*, 161.

테레사와 이냐시오가 묵상과 관상의 관계 그리고 그리스도인으로서의 행동과 이 둘의 관계를 비록 조금 다르게 보았을지라도, 이들은 묵상과 관상이 우리가 그리스도인으로서 행하는 모든 행동과 관련이 있다고 말하고 있다. 묵상과 관상은 우리의 영성생활에서 호흡과 같이 항상 우리와 함께 한다. 결국 묵상과 관상은 그리스도인의 실재 안에서 하나님 사랑과 이웃 사랑으로 나타나야 한다.

5. 규칙적인 기도

기도를 배우는 유일한 방법은 기도하는 것이라는 말이 있다. 기도의 습관을 갖는 것은 대단히 중요하다. 우리가 기도를 규칙적으로 하지 않고 우리의 영적 삶을 지탱하겠다고 하는 것은 마치 화가가 마음에서만 그림을 그리는 것과 같은 것이다. 화가의 아름다운 작품은 머리와 마음과 손이 하나 되어 수고를 할 때 탄생하는 것처럼 우리가 규칙적으로 기도를 하지 않는 것은 머리나 지식으로만 하나님을 믿는 것과 같은 것이다. 넬슨 타이어(Nelson Thayer)는 삶이 기도라고 말하면서 실제로 기도하지 않는 현대 지성주의적인 경향을 다음과 진술하였다.

> 오늘날 가장 영향력 있는 개신교 목회자의 다수는 니버와 폴 틸리히 그리고 그들 동료들의 이성적 예언주의의 영향아래서 훈련받은 자들이다. 이러한 신학자들의 초점은 사회 정의에 두고 있는데 성경의 역사적-비평적 해석의 토대 위에서 사회적 역동성에 관한 해석을 완성하였으며 영성의 경계와 정의구현을 위한 의지를 하나로 규합하였다. 그들에게 기도는 사적인 것이며 도피적인 것이다. 그리고 기도는 자아에 탐닉하는 것이며 한쪽으로 치우치는 것이다. 이러한 영향을 받았던 사람들 중의 한 사람이 그를 지도하는 교수에게 질문하기를 "왜 교수님은 다른 교수님들이 하시는 것처럼 수업시간마다 기도를 하지 않습니까?" 했다. 그때 교수가 대답했다. "형제여, 만일 당신의 전 생애가 기도의 삶이 아니라면 그때 당신은 처음부터 이곳에 있을 필요가 없지 않는가!" 그의

모든 생애가 기도에 헌신되어졌다는 함축적인 주장의 오만 한 점을 제외하고 이 교수의 외적 세계의 활동과 생각에 대한 강조점은 고독과 더불어 싸우는 기도생활을 철저히 배제하고 있다.[37]

케네스 리치(Kenneth Leech)는 그리스도인의 기도생활에 기도환경의 중요성을 지적하면서, "기도는 정해진 매일의 집중된 시간에 기반을 두지 않고는 생존하기가 어려운 것 같다. 또한 많은 사람들에게는 기도의 육성을 위해 따로 구별되어진 장소가 확보되지 않고는 기도생활의 시작이 불가능할지 모른다"고 하였다.[38]

6. 중보기도

중보기도는 가장 아름다운 기도요 성경적인 기도이다. 사도 바울은 "모든 기도와 간구로 하되 무시로 성령 안에서 기도하고 이를 위하여 깨어 구하기를 항상 힘쓰며 여러 성도를 위하여 구하라"(엡 6:18)라고 하였다. 그는 로마서에서도 골로새서에서도 한결같이 중보기도를 강조한다. 바울은 "항상 내 기도 중에 쉬지 않고 너희를 말하며"(롬 1:9하)라고 하였고 "이로써 우리도 듣던 날부터 너희를 위하여 기도하기를 그치지 아니하고"(골 1: 9상)라고 고백한다. 바울이 예수님을 만나기 전에는 법으로 살고 힘으로 살았지만 예수님을 만나고 나서는 '꿇은 무릎 젖은 눈'의 사람이 되었다.

존 스토트(John Stott)는 다음과 같이 말하였다.

사람들은 하나님 앞에서 기도하며 무릎을 꿇을 때 가장 고귀하고 훌륭한 상태가 된다. 기도하는 것은 진정으로 하나님을 닮는 일일 뿐 아니라 진정으로 사

---

[37] Nelson S. T. Thayer, *Spirituality and Pastoral Care*, 이윤복 역, 『영성과 현대목회』(서울: 성광문화사, 1992), 95-96.
[38] Kenneth Leech, *Spirituality and Pastoral Care* (Cambridge: Cowley Publications, 1989), 81.

람이 되는 일이기도 하다.[39]

그렇다면 하나님이 가장 기뻐하시는 기도는 무슨 기도일까? 가장 아름다운 기도는 어떤 기도일까? 하나님께서 가장 기뻐하시는 기도는 중보기도다. 더글라스 스티어(Douglas V. Steere)는 "중보기도는 인간이 할 수 있는 가장 진실된 사회적 행동이라고 할 수 있다. 다른 사람들을 위해서 드러나게 행동하면 그 동기가 불순해지기 쉬운데 반해 중보기도를 은밀히 행할 때 이런 위험은 오지 않는다"라고 말한다.[40] 존 커드리(John Currid)는 출애굽기 32장과 모세의 중보기도를 해설하고 적용하면서 다음과 같이 기술하였다.

> 웨스트민스터 신앙고백서(1645)는 목사직의 여덟 가지 기본적인 임무를 열거한다. 그중에 첫 번째 의무가 중보기도 문제를 다루고 있다는 것은 매우 중요하다. 첫째, 하나님에 대한 백성의 입으로서 자신의 양떼를 위해 그리고 더불어 기도하는 것은 그의 직분에 속한다. 사도행전 6:2-4과 20:36에서 설교와 기도는 동일한 직분의 여러 가지 부분으로서 연결되어 있다. 장로, 즉 목사의 직분은 사적으로라도 병든 자를 위해 기도하는 것이다. 이런 기도에 축복이 특별하게 약속되어 있다. 그러므로 더욱이 목사는 자신의 직분의 일부분으로서 그의 직분의 공적인 수행에 있어서 이것을 실행해야 한다.[41]

목사 그리고 다스리는 장로들에게 자신의 양떼를 위해서 기도하는 것보다 더 커다란 일은 없다. 불행하게도 교단들, 신학교들, 개별적인 교회들은 이 주제에 대해서 관심을 거의 전적으로 보이지 않고 있다. 그리고 많은 목사는 중보기도를 근본적인 것으로 여기기보다는 부수적인 것으로 여기는 것 같다. 물질주의와 세속주의의 부패함이 오늘날 교회를 부패시킨다는 것은 놀라운 일이 아니다.

---

39 애들 알버그 칼훈, 『영성훈련 핸드북』, 양혜원, 노문종 역 (서울: IVP, 2008), 355에서 인용.
40 Marjorie J. Thomson, *Soul Feast*, 37.
41 John Currid, *A Study Commentary on Exodus* (Darlington: Evangelical Press, 2001), 2:277.

중보기도는 성경과 교회 역사에서도 중요한 사역이었다. 성도를 위한 중보기도는 목사의 핵심적인 사역이기도 하다. 성경에 보면 믿음의 조상이라 칭함을 받았던 아브라함도 중보기도의 사람이었다. 이스라엘 백성들을 애굽의 노예에서 출애굽시켰던 모세도 중보기도의 사람이었다. 세계를 복음으로 흔들어 놓은 복음의 사람 바울 사도도 중보기도의 사람이었다.

바울은 예수님을 제외하고 신약에서 가장 위대한 중보기도의 사람이었다. 그는 "나의 형제 곧 골육의 친척을 위하여 내 자신이 저주를 받아 그리스도에게서 끊어질지라도 원하는 바로라"(롬 9:3)라고까지 하였다. 생명을 걸고 자기 민족의 구원을 위하여 주님께 기도하였다.

예수님은 중보자 중에 중보자이다. 진정한 중보자이셨던 예수님도 '꿇은 무릎 젖은 눈'으로 사셨다. 인류를 위하여 십자가에 죽으시기 직전까지 겟세마네 동산에서 눈물로 기도하였다.

기독교 역사에서 중요한 역할을 한 어거스틴을 아름답게 변화시킨 원동력도 바로 어머니 모니카의 중보기도였다. 아들을 위해 흐느끼며 기도하는 모니카에게 암브로우시스가 했던 "기도하는 자식은 망하지 않습니다"라는 말은 지금도 우리에게 감동을 주는 말이다. 평생 동안 4만 2천 번의 설교를 하고, 말을 타고 무려 40만 킬로미터나 다니며 전도를 하고, 50년 동안 매일 새벽 4시에 일어나 기도했던 요한 웨슬레도 그의 어머니의 중보기도가 없었다면 불가능 했을 것이다.

중보기도자는 축복기도의 중요성을 알아야 한다. 성경에 수많은 언어들이 있지만, '복 있는', '복 받을', '복 주며', '복 주실', '축복하라', '축복하시고', 복과 관련된 구절들이 오백 번 이상이나 등장한다. 이는 '거듭남'에 관한 가르침보다 더 많이 다루어지는 주제이다. 예수님께서 제자들을 파송하시면서 "너희는 어느 집에 가든지 먼저 평안을 빌라(축복을 하라)" 하였다.

너희가 가장 먼저 해야 할 일은 어느 집에 가든지 평안을 빌고 축복부터 하라고 주님이 명하셨다. 축복은 하나님의 명령이다. 축복하는 것이 얼마나 중요한지를 우리는 유대인들을 통해서 깨달을 수 있다. 유대인들은 범죄율이 가장 적고 탁월한 학문적 업적을 이루어 낸 민족이다.

이런 업적은 여러 면에서 기인한 측면이 있겠지만 그중 가장 중요한 비결은 '축복기도'이다. 이스라엘 백성들은 축복하는 삶이 문화화 되어 있다. 그들은 안식일 날도 축복하며 보낸다. 중보기도의 다른 언어는 축복기도다. 중보기도의 다른 이름은 함께함이다. 우리는 서로 함께할 때 더 아름다워진다. 우리는 그런 존재로 창조되었다. 말 한 마리가 홀로 수레를 끌면 2톤을 끌 수 있지만 두 마리의 말이 협력하여 수레를 끌면 23톤을 끌 수 있다고 한다. 무려 11배 반이나 더 끌 수 있다.

중보기도는 공동체를 살피는 기도이다. 우리가 공동체의 일원이고 공동체가 우리를 지원하듯이 공동체의 건강을 하나님께 간구하는 기도이다. 공동체의 필요를 살피고 공동체의 아픔을 함께 아파하며 기쁨을 함께 찬양하는 기도이다. 마가렛 콘펠드는 공동체를 돌보는 것은 "하나님께서 이 세상 안에 계시므로 공동체의 활동을 이 세상의 필요에 집중"하는 것임을 강조한다.[42]

공동체의 활동에서 공동체를 살피는 기도는 핵심이라고 할 수 있다. 축복기도가 유대인들에게 삶이었고 그 민족을 위대하게 한 중요한 중보기도의 한 요소였다면, 다른 한 요소는 그들의 공동체를 살피는 '쩨다카' 개념이라고 볼 수 있다. 공동체를 살피는 활동을 강조하면서 콘펠드는 유대인의 쩨다카(Tzedakah)를 예로 든다. 쩨다카는 문자적으로는 정의라는 의미이나 유대인들에게 보통 자선의 의미로 사용된다. 그들은 구제를 인식하고 사회 정의에 협력하는 쩨다카를 가치 있게 여기고 어릴 때부터 자녀들에게 가르쳐 왔다. 쩨다카는 그들의 문화 속에 배어 있다. 이렇게 자란 유대인들은 구제와 사회 정의가 그들의 기도이고 삶인 것이다. 공동체를 살피는 중보기도는 공동체의 구성원들을 사랑의 구슬로 꿰어 하나님의 전에 드리는 가장 고귀한 신앙 행위라고 할 수 있다.

중보기도의 중요성은 초대교회부터 지금까지 교회 공동체의 본질적인 사명으로 중요한 요소이다. 초대교회에 의해 사용되고 종교개혁자들이 실천하고 성경에서 발견되는 중보기도의 네 가지 영역은 다음과 같다.

---

[42] Margaret Z. Kornfeld, *Cultivating Wholeness: A Guide to Care and Counselling in Faith Community* (New York, Continuum, 1998), 37.

첫째, 국가 관헌들(롬 13:1-7; 딤전 2:2)을 위해서이다.
둘째, 기독교 목회 사역(마 9:36-38; 딤전 2:1-2)을 위해서이다.
셋째, 모든 사람의 구원(딤전 2:1, 3, 4)을 위해서이다.
넷째, 고난 받는 자들(고후 1:3-4, 11; 약 5:13-18)을 위해서 하는 기도였다.[43]

공적인 예배나 모임에서 중보기도를 할 때는 이 네 가지 내용을 포함하는 것이 좋다. 공적인 예배에서 설교 전에 드리는 '대표기도' 혹은 '공중기도'는 원래 세계교회사적 전통에서 보면 설교 후에 드리는 중보기도의 성격을 띠는 기도이다. 장로교회 예배에 들어 있는 중보기도의 내용을 보면, 보편적 교회, 세계와 우리나라, 통치자들, 공동체, 어려운 상황에 처한 사람들, 특별한 도움이 필요한 사람들을 위한 기도이다. 일반적으로 중보기의 순서는 보편적 교회를 위한 기도로 시작해서 특별한 도움이 필요한 개인을 위한 기도로 마친다.

공적인 예배나 모임에서 공중기도나 중보기도를 할 때는 즉흥적인 기도보다는 청교도들이 칭했던 것과 같이 '연구된 기도'(studied prayer) 혹은 왓츠의 용어인 '생각된 기도'(conceived prayer)를 하여야 한다. 공적인 예배나 모임에서 하는 중보기도나 공중기도는 준비 없이 하여서는 안 된다. 셰드(William Shedd)는 공중기도의 중요성을 다음과 같이 말한다.

> 기록되고 읽히는 기도의 형식주의에 대한 반동으로 개신교도들은 질서 정연하고 균형 잡힌 간구들에 대한 충분한 주의를 기울이지 않았다. 준비 없는 즉흥적인 기도는 경건한 반성과 미리 생각하는 것 대신에 한 순간의 즉흥적인 산물일 경우가 왕왕 있다. 미리 생각하는 것과 탄원을 얼핏 보기에 조화를 이루지 못하는 개념들인 것처럼 보인다. 기도는 명백히 심사숙고함 없는 감정의 분출이어야만 하는 것처럼 보인다. 이런 생각은 잘못이다. 어떤 사람 어떤 피조물도 자신이 무엇을 위해서 기도하는 것과 자신이 기도하는 대상에 대해서 모르고서는 기도를 잘 할 수 없다. 기도, 특별히 공중기도에 들어 있는 모든 것은

---

[43] Terry Johnson, *Leading in Worship* (Oak Ridge, Tenn: Covenant Foundation, 1996), 10

심사숙고 되어야만 한다.[44]

다브니(Dabney)는 "목사는 설교를 위한 것만큼 공적인 기도를 위해서 자신을 준비해야 한다. 많은 설교자가 자신의 설교에는 온 힘을 기울이면서도 자신의 기도는 우연에 맡기는 태만함은 하나님에 대한 불신앙"과 같은 것이라고 하였다.[45] 설교자가 준비 없이 설교할 수 없듯이 공중기도는 반드시 준비가 필요하다. 설교자가 설교를 준비하지 않고 강단에 올라가 즉흥적인 설교를 해서는 안 되는 것과 같이 공적인 예배에서 기도자도 즉흥적인 기도를 해서는 안 된다. 공적인 기도나 중보기도는 성경적인 언어와 내용들로 이루어져야 하며 그 기도가 하나님의 영광이 나타나도록 해야 한다.

중보기도의 아름다움은 과학자들에 의해서도 증거 되고 있다. 과학자들도 다른 사람들을 위해 기도하고, 다른 사람들에게 영적인 도움을 주기 위해 노력하는 사람들은 실제적으로 더욱 건강해진다는 사실을 보여준다.[46] 한 연구에서 조사자들은 90명의 성인(이들을 '능동자'라 부른다)을 선택해 다른 406명의 사람들(이들은 '피동자'라 부른다)을 위해 기도하도록 시켰다.

능동자들은 피동자들을 위해 12주 동안 하루 15분씩 기도했다. 각각의 피동자들은 세 명의 능동자들로부터 기도를 받았다. 기도를 시작하기 전에 능동자를 포함해 실험의 참가자들은 우울감과 불안, 자신감에 대한 검사를 마쳤다. 12주 동안에 걸친 실험이 완료되었을 때 능동자나 피동자나 모두 내적인 상태가 호전된 것으로 나타났다. 500명의 환자들을 대상으로 한 또 다른 실험에서는 규칙적으로 기도를 받은 환자들은 우울의 정도가 낮았고, 정서적으로나 영적으로 좀 더 많은 성장을 보였다.[47]

---

[44] William Greenough Thayer Shedd, *Homiletics and Pastoral Theology*, (Edinburgh: The Banner of Truth Trust, 1965), 27.
[45] 테리 존슨, 리곤 던컨 3세, "공동 예배에서 성경 읽기와 성경의 내용으로 기도하기," 필립 그레이엄 라이콘, 데릭 토마스, 리곤 던컨 3세 편집, 『개혁주의 예배학』(서울: 개혁주의신학사, 2012), 279에서 인용.
[46] O' Laoire, "An Experimental Study of the Effects of Distant, Intercessory Prayer on Self-esteem, Anxiety, and Depression," *Alternative Therapies in Health and Medicine* 3, no. 6(1997): 38-53.
[47] H. G. Koenig, K. I. Pargament, and J. Nielsen, "Religious Coping and Health Outcomes in

중보기도는 그 기도를 받는 사람에게 치유의 힘을 가져다준다. 이것은 특히 우리가 기도하고 있는 것을 그 상대방이 알고 있었을 때 특별한 효과를 나타낸다. 이것에 대해서는 과학적인 근거가 있다. 조지타운대학교의 데일 매튜 박사와 그의 연구진들은 류마티스성 관절염을 앓고 있는 40명의 환자들에게 있어 중보기도가 병세에 어떤 영향을 미치는가를 조사했다.[48] 중보기도를 받은 환자는 12달의 실험기간 동안 관절의 부기, 자각증상, 피로, 기능 회복 등의 측면에서 지속적으로 현저하게 증세가 호전되는 모습을 보였다. 이 실험에서는 자신이 중보기도를 받고 있다는 사실을 알고 있는 환자들에게서만 호전되는 현상이 나타났다.

때문에 가능하다면 우리가 기도하고 있는 상대방이 그 사실을 알게 하는 것이 필요하다. 중보기도는 마음에서 마음으로 연결되는 수평적인 것이 아니다. 중보기도는 삼각형적인 구도를 지닌다. 우리가 다른 사람을 위해 중보기도를 드릴 때 우리는 상대방의 치유를 확신하며 우리의 믿음은 상대방의 필요와 연결되어 있다. 중보기도에서 그러한 요청을 받아들이고 다시 보내는 방송탑 역할을 하는 이는 바로 하나님이다.

7. 기도와 어두운 밤

케네스 리치(Kenneth Leech)는 위대한 기도의 스승들의 전통으로부터 배울 수 있는 세 가지 지혜를 제시하였다.[49]

첫째, 영성적 지혜이다.

그들은 하나님에 대한 지식은 정신적으로 알아 낼 수 있는 실재의 개념적인 파악이 아니며 또 그런 것이 될 수도 없다는 것을 알았다.

Medically Ill Hospitalized Older Adults," *Journal of Nervous and Mental Disorders* 186 (1998): 513-21.

[48] D. A. Mattews, S. M. Marlowe, and F. S. MacNutt, "Effects of Intercessory Prayer on Patient with Rtheumatoid Arthritis," *Southern Medical Journal* 93 (2000): 1177-86.

[49] Kenneth Leech, *Soul Friend*, 243-48.

둘째, 초기 교부들은 성육신 신앙의 정통성을 가장 강조하였다.

영성의 물질주의적 기초에 대한 강조다. "살과 몸과 물질을 사악한 것, 또는 열등한 것으로 간주하는 사람은 이미 그리스도교의 진리로부터 탈선하기 시작한 것이다."[50]

셋째, 기도생활을 진보의 길로 본 그들의 시각이다.

리치는 기도에 대한 이러한 전통적 관점을 통하여 다음과 같이 말한다.

> 진보는 언제나 위험을 내포한다. 그리고 기도생활을 하는 제자들은 그 길에 많은 위험이 도사리고 있다는 사실을 잘 알아야만 한다. 그 길을 걷기 시작할 때에는 종종 기쁨과 온정과 흥분이 가득하고 '영혼에게 가장 편안한 순간'처럼 여겨지기도 하지만, 이 단계에서 가장 필요한 것은 바로 내면적 규율의 형성이다. 만일 이것이 형성되지 않을 경우, 오직 감정과 '영성적인 높이'에만 지나칠 정도로 의존하게 될 위험성이 크다. 그리고 이것들은 자칫 낙담과 절망으로 이어질 가능성이 크다. 기도의 길은 변화와 이동이라는 특징을 지니고 있기 때문에 영성지도에서 매우 중요한 것은 그것과 연관되는 규칙들을 잘 이해하는 것이다.[51]

교회 전통에서 기도의 진보에 관한 내용은 세 가지 길로 보았다. 기도의 목적은 정화, 조명, 합일이었다. 정화, 조명, 합일은 기도의 신비의 길에서 근본적인 경험이다. 고전적인 이 세 걸음은 정화나 조명으로부터 시작한다. 정화는 영혼에게 평화를 주는 묵상이다. 그 다음에는 영혼을 조명하고 지혜의 빛을 인지할 수 있는 기도이다. 정화는 하나님의 모습에 비추어 자기를 닦는 것을 의미한다. 정화는 영혼이 자신의 의지와 인식과 지식에 대하여 단념하는 자발적인 가난에서 비롯된다. 정화는 자기를 하나님의 거울로 보는 것이다. 하나님 안에서 자기의 정체성을 보는 것이다. 조명은 우리를 형성하는 그리스도에 의해 규정되는 길이다. 조명은 종종 변화로 규정되었다. 감각적 선물을 단념하는 것과 이기적 삶의 죽음

---

50 T. Paul, Verghese, *The Freedom of Man*, 35.
51 Kenneth Leech, *Soul Friend*, 247-48.

은 조명됨에서 지속된다. 진리 안으로 들어가는 것이다. 합일은 사랑 안에서 하나님과 하나가 되는 것이다. 보나벤투라는 정화의 길이 평화로 이어지고 조명의 길이 진리로 이어지며 합일의 길이 사랑으로 이어진다고 말한다.[52]

기도에서 어두운 밤의 경험은 오늘날 잘 이해되지 않는 내용이다. 현대 그리스도들은 어두운 밤을 영적진보의 실패로 보는 경우가 많다. 이유는 무엇이든지 잘 되고 좋게 느껴져야 한다는 감각적 문화에 영향을 받은 이유 때문이다. 어두운 밤은 기독교 고전에서 표현한 정화, 조명, 합일의 과정을 십자가의 요한이 그의 경험과 방식으로 설명한 것이다.

십자가의 요한이 말하는 어두운 밤은 사람들이 한때 믿음의 실천과 기도를 통해 누렸던 기쁨을 잃어버리는 시기를 말한다. 그는 하나님이 영혼을 정결케 하여 더 깊은 신앙으로 이끌기 원하시기 때문에 어두운 밤으로 들어가게 하신다는 것이다. 십자가의 요한은 빛 되신 하나님께서 어떻게 어두움이 생기는지를 다음과 같이 설명한다.

영혼이 하나님과 합일하기 위하여 나아가는 탐구의 과정을 우리가 '밤'이라고 부르는 데에는 세 가지 사연이 있다.

첫째, 영혼이 출발하는 바로 그 순간에는 영혼의 욕구 때문에 그 동안 그 욕구를 부인함으로써 누려 왔던 온갖 세상적인 것들의 기쁨은 박탈당하고 말 것이다. 이러한 부정과 박탈은 본질적으로 인간의 온갖 자연스런 감각에 비추어 볼 때 밤에 해당한다.
둘째, 영혼이 이와 같은 합일 곧 신앙의 경지에 이르기 위하여 사용하게 될 탐구방법이나 수단에 관한 것이다. 이것 역시 이해의 차원에서 들여다보면 어둠이고 마치 밤과도 같은 것이다.
셋째, 영혼이 탐구하고 있는 목표 곧 하나님에 관한 것이다. 하나님 역시 영혼의 일생에 비추어 볼 때 어두운 밤, 그 이상도 그 이하도 아니다. 이 세 가지 종

---

52 Kenneth Leech, *Soul Friend*, 248에서 인용.

류의 밤은 반드시 영혼을 통과해야 한다. 아니면 영혼이 이 밤들을 통과하여, 하나님과 신적인 합일에 도달해야 한다.[53]

십자가의 요한이 분석한 어두운 밤은 기도생활에 중요한 의미를 준다. 그는 어두운 밤은 초보 단계에서 숙련 단계로 진보하는 영혼에게 시작된다고 설명한다. 어두운 밤은 하나님과 연합을 향해 나아가면서 깊어진다고 하였다. 십자가의 요한은 어두운 밤을 감각의 밤과 정신의 밤으로 구분한다. 감각의 밤에는 영혼은 무미건조함을 경험한다. 이 건조함은 묵상과 영적 성찰을 가져온 이전의 활동에 의존하도록 유혹한다. 하지만 이전의 활동은 지금 소용이 없다. 영혼은 이제 조용하고 평온해지는 것과 기도를 통해 인내하며 견디는 법을 배워야 한다. 그리고 고요히 사랑스럽게 하나님을 향해 주의를 기울이는 법을 배워야 한다.

이 첫 번째 밤을 통과한 영혼은 숙련자가 된다. 영혼은 이제 순화된 감각으로부터 나오는 풍부한 달콤함과 내적인 기쁨을 경험한다.[54] 영혼의 정화는 아직도 불완전한 채로 남아 있다. 그것은 더 깊은 밤, 정신의 밤을 통과해야 한다.[55] 여기서 영혼은 벌거벗음을 경험한다. 하나님은 정신의 모든 기능인 감정과 느낌들, 감각적인 것들과 영적인 것들, 외부적인 것과 내부적인 것을 고통스러울 정도로 드러내신다.

> 지각은 어두움 속에 내버려두시고, 의지는 메마르게 하시고, 기억은 공허하게 하시고, 영혼의 감각들은 가장 깊은 고통과 비통과 곤경 안에 두시며, 사랑의 감정을 저버리고, 영혼이 영적인 것들을 통해 누렸던 이전의 달콤함은 멀리 두신다.[56]

---

[53] St. John of the Cross, *The Ascent of Mount Carmel*, 1, 2.
[54] St. John of the Cross, *The Dark Night of the Soul*, Translated by E. Allison Peer (New York, 2003), 42.
[55] St. John of the Cross, *The Dark Night of the Soul*, 42.
[56] St. John of the Cross, *The Dark Night of the Soul*, 46.

단맛에 중독되어 있는 영혼을 정화시키신다. 왜냐하면 영혼은 감각적인 단맛 중독증에 빠져 있을 뿐만 아니라 영적 단맛에도 중독되어 있기 때문이다. 그러나 어두운 밤을 견딘 영혼에게는 새날의 새벽이 온다. 더 깊고 더 성숙한 사랑이 나타나는 것이다. 그는 기도 안에서 결혼의 황금기와 같은 친밀감을 향유한다. 가끔 메마른 기간들이 지속되지만 이제는 보이고 느껴지는 감각적인 것이나 하나님을 대상화시켜 우상처럼 만들어 놓았던 하나님을 좋아하기보다는 하나님과 더 깊은 우정과 사랑을 경험한다.

십자가의 요한에게 밤은 가장 근원적이고 본질적인 창조를 위한 밤이다. 십자가의 요한은 빛과 어두움, 성취와 박탈, 자기를 비우는 것과 자기를 찾는 것을 분리하지 않았다. 두 측면이 분리됨 없이 합하여 있다. 왜냐하면 하나님이 스스로 그의 영광의 어두운 측면을 원하시기 때문이다. 하나님은 항상 그 자신의 다른 측면이다. 십자가의 요한에게 밤은 항상 정화, 감각의 발가벗김의 상징이었다. 감각적인 맛에 중독되어 있는 우리가 필요로 하는 박탈이었다.

십자가의 요한은 우리 자신에 의하여 성취된 능동적인 단계와 하나님에 의하여 비롯된 정화의 능동적인 단계를 구분하였다. 하나님에 의하여 비롯된 정화의 능동성은 우리로 하여금 능동성으로부터 수동성으로 전환하게 한다. 이러한 수동성에서 나라는 존재는 분석하고 출구를 찾는 것을 그만두게 된다. 그것은 공허감에 빠지게 한다. 묵상은 무방비하게 만들고 그것은 우리를 어두운 밤으로부터 나오게 한다. 이것은 영혼에게 사랑의 경험이다. 십자가의 요한에 의하면 사랑의 경험, 하나님과 그의 사랑의 역사는 건조함과 신비적 약혼의 변화에 의해 수반되며 필연적으로 고통을 포함하는 하나님에게 향한 자기 전달의 변화이다.

머튼(Thomas Merton)이 말하였듯이 우리에게 어두운 밤이 필요한 것은 우리의 거짓자아에 직면하여 그 거짓자아를 정화해야 하기 때문이다. 그는 "난공불락의 자기도취에 의한 안정감을 설정하는 일은 도저히 있을 수 없다. 우리는 기도를 통해서 수치스러움과 거짓된 자아의 모욕감을 직면해야 한다"고 하였다.[57]

---

[57] Thomas Merton, *Contemplative Prayer* (New York: Image Books, 1971), 24.

진정한 기도란 우리가 애써서 하고 있는 모든 것에 대한 것이 아니라 하나님이 우리를 위해 하시는 것에 대해 기도하는 것이다. 우리가 더 많이 하나님을 바라볼수록 우리의 시야는 점점 더 어두워지게 된다. 왜냐하면 우리는 우리가 경배하는 하나님의 순결하심에 눈이 멀기 때문이다. 우리는 지금 영혼의 어두운 밤에 있다.

그러나 이 어두움은 실패와 거리감의 자리가 아니라 하나님과 더 깊은 친밀감을 누리는 자리다. 이는 우리가 하나님의 순결함의 빛을 보게 되면 우리는 더 많이 보는 것이 아니라 더 적게 보게 되는 것과 같은 것이다. 찬란한 빛은 어두워진 시력을 초래한다. 어두우면 어두울수록 성장의 가능성은 더 크다. 어두운 밤에는 하나님의 역설이 숨겨져 있다. 왜냐하면 이 영혼의 어두운 밤이 우리 자신이 가지고 있는 영적 능력의 어두움을 우리에게 열어 보이기 때문이다.

모세가 불타는 가시 떨기에 가까이 갔을 때 모세는 돌아서서 그의 얼굴을 가렸다. 왜냐하면 두려웠기 때문이다. 모세는 하나님을 더욱 가까이 알게 될수록 더욱더 어두움을 경험했다. 그는 두려움, 혼란, 불안한 방황의 어두움을 경험했다. 이것이 어두운 밤의 역설이다. 더욱 큰 친밀함은 어두운 밤의 정화를 통해 태어난다.

영혼의 어두운 밤은 우리의 기도에서 하나님을 조우하지 못하고 하나님이 주신 것에 붙들려 있는 우리를 해방시키시는 밤이다. 우리는 하나님이 아니라 우리의 감각도 우리의 선한 행위도 우리가 심지어 하나님이라고 부르는 그 이름조차도 우리에게 우상화되어 있기에 하나님은 어두운 밤을 통해서 우리를 정화하시는 것이다. 독일의 한 익명의 신비주의 작가는 '내버려둠'이라는 편지에서 다음과 같이 썼다.

하나님을 내버려두는 것을 배우라. 감추어진 하나님을! 작은 동전 한 닢을 잃어버리도록 하라. 그래야 큰 동전을 찾으리라. 물을 버리라. 그래야 너는 포도주를 길을 수 있으리라. 피조물은 강하지 못하여 너에게서 하나님을 빼앗거나

네가 원한다면, 가장 최소한의 자비도 빼앗을 것이다.[58]

저자가 의미하는 것은 나와 세계와 하나님에 관련한 내버려둠이다. 세계를 내버려둔다는 것은 재산과 돈과 삶의 안전함에 도움이 되지만 쉽게 삶의 주인이 되는 모든 것을 버린다는 것이다. 나를 내버려둔다는 것은 업적, 성공, 외모를 뒤로하는 것뿐 아니라 자신의 감정과 기분들, 무엇보다 우울한 기분도 버리는 것을 말한다. 하나님을 내버려두는 것은 일정한 방법으로 나타나시는 하나님을 내버려두고 우리에게 사용되도록 주어진 동전이나 물건처럼 그렇게 익숙한 하나님을 내버려두는 것이다.[59]

욥의 '어두운 밤'은 영혼의 등불이었던 것처럼, 하나님의 침묵은 우리에게는 '어두운 밤'이지만, 영적 여정에서 '어두운 밤'은 우리를 변형시키기고 더 깨끗하게 하기 위한 하나님의 '커리큘럼'이다. 에르나 반 드 빙껠(Erna Van Ed Winckel)이 '어두운 밤'의 의미를 설명하면서, "빛이 숨어 있는 곳은 언제나 어둠이 가장 짙게 깔려 있는 그곳이다. 우리는 우리 삶 어느 곳에서나 대극의 역설을 발견한다"고 했다.[60] 데이비드 베너(David Benner)는 '어두운 밤'에 대해 깊이 있게 통찰하고 있다.

> 때로 우리는 하나님이 침묵하시는 것처럼 보이는 '영혼의 어두운 밤'을 경험하게 된다. 그러나 그 때에도 우리가 하나님의 임재를 확신할 수만 있다면, 우리는 하나님의 인도를 따라 더 깊은 성장과 하나님과의 친밀함의 자리로 나아갈 수 있다. 종종 하나님의 임재가 감추어져 있는 이유는 우리가 그분을 잘못된 장소에서 찾기 때문이다. 세상 끝 날까지 우리와 함께 있기로 약속하신(마 28:20) 하나님은 때로는 우리가 인식하지 못하는 방식으로 우리와 함께하신다.[61]

---

58 Dorothee Solle, *The Silent Cry*, 83.
59 Dorothee Solle, *The Silent Cry*, 83.
60 Erna Van Ed Winckel, *De l'inconscient a Dieu: Ascese Chretienne et Psychologie de C. G. Jung*, 김성민 역, 『융의 심리학과 기독교영성』(서울: 다산글방, 1997), 135.
61 David G. Benner, *Sacred Companions*, 137.

어두움이 빛에서 분리될 수 없듯이 때로는 침묵도 사랑에서 분리될 수 없다.[62] 진정한 기도의 의미는 어떤 결과에 하나님을 종속시키거나 기도의 본질을 어떤 결과에 종속시키려는 유혹을 극복함으로 누리게 되는 하나님 체험이라 할 수 있다. 결과에 상관없이 하나님과 바른 관계를 회복하는 것이 기도의 핵심이다. 기도는 하나님을 우리의 왜곡된 표상 안에 가두어 놓는 것을 그치는 것으로부터 시작된다. 하나님과의 관계 회복으로 참된 하나님 표상을 회복하는 것이 진정한 기도라고 말할 수 있다. 기도의 결과에 종속되는 것을 극복하고 파수꾼이 새벽을 기다림같이 어두운 밤에도 하나님 안에서 안식을 경험하는 것이다.

---

62 Kenneth Leech, *True Prayer*, 노진준 역, 『마음으로 드리는 기도』(서울: 은성, 1992), 176.

제6장

기도의 유형과 실제
Type and Practice of Prayer

1. 기도의 차원과 방법

역사적으로 살펴 볼 때, 기독교적 영성훈련은 크게 두 가지 차원으로 분류되어 설명되어 왔다. 그중에 하나는 '무념적'(apophatic) 차원으로 '자아를 비우게 하는 훈련' 방법이고, 다른 하나는 '유념적'(kataphatic) 차원으로 '종교적 상상훈련' 방법이다. 무념적 차원은 하나님의 충만하심이 영성생활에 흘러 들어 올 수 있게 하는(self-emptying)의 방법을 의미한다. 유념적 차원은 영성 훈련에서 머리(생각) 속에서 정신적 이미지와 언어들을 상상력을 통해 그려 보는(imaginery) 방법이다.[1]

유념적 방법은 하나님에 대한 이미지를 가지고 능동성으로 하나님과 관계를 추구해 가는 방법이고, 무념적 방법은 주로 침묵, 비움과 같은 수동성을 강조하는 방법이다. 또한 기도의 장르는 묵상(meditation)과 관상(contemplation)의 형태로 형성되었다고 할 수 있다. 물론 묵상과 관상은 여러 유형으로 나타나지만 일반적으로 묵상은 인간과 하나님 사이의 순향적 종류의 대화이며, 이 대화에서 인간은 성경 본문 혹은 삶의 경험과 문제를 놓고 하나님께 말을 하고 하나님의 응답을 구하는 마음의 움직임을 식별하는 것이다.

---

1   Iris V. Cully, *Education for Spiritual Growth* (San Francisco: HarperCollins, 1984), 50-55.

관상은 더 평화로운 하나님과의 대면이다. 마치 사랑하는 연인들이 말은 없으나 함께 있는 것을 즐기듯이, 대화는 없지만 조용히 함께 있는 것을 즐거워하는 것이다. 그러나 관상기도를 잘못 이해하는 사람은 관상기도를 하려면 환상을 보고 신비한 현상들을 경험하는 것으로 생각한다. 하지만 관상기도란 항상 계시는 하나님의 현존을 깨닫는 방법이다. 관상은 추론과 언어와 이미지들을 사용하는 묵상과는 다르다. 관상은 사고보다는 직관과 인식이 중심이 되기 때문에, 이 기도는 합일적인 기도이다.

하지만 기도는 사람 수만큼이나 많은 방법으로 이루어질 수 있다. 기도의 유형은 다양하고 풍성하지만 특별히 구송기도, 묵상기도, 관상기도를 의미를 살펴보고, 관상기도의 유형인 예수기도와 향심기도의 의미, 목표, 방법 등을 살펴보고자 한다.

2. 구송기도

구송기도(verbal prayer)는 우리의 이성을 활발하게 사용하고 언어를 상징적으로 사용함으로써 하나님 앞에서 자신을 표현하는 것이다.[2] 이러한 종류의 기도는 종교개혁 전통에서 가장 활발하게 행해온 기도이다. 성경에는 구송기도의 예가 풍부하다. 구약성경의 많은 인물들은 긴 구송기도를 드렸다. 시편은 하나님께 표현된 온갖 종류의 기도로 가득 차 있지만 구송기도가 많다. 신약성경에도 구송기도가 풍부하다. 구송기도는 그리스도인의 영적 생활에서 중추적인 역할을 해왔음에 틀림없다. 구송기도는 우리가 가장 어렵고 힘들 때 하는 가장 일반적인 기도다.

> 기도는 간청에 의해 활발해지고, 간구에 의해 절박해지며, 감사에 의해 만족스럽고 마음에 드는 것이 된다. 그리고 효력과 용납이 결합하여 간청을 효과 있

---

2 James Houston, *The Transforming Power of Prayer* (Colorado Springs: NavPress, 1996), 248.

게 만들고 보증한다.³

구송기도는 우리를 돌보시며 우리를 치유하시는 하나님에 대한 믿음과 우리들의 소망을 연결시켜 준다. 시편 기자는 하나님의 전지하심을 알고 있었지만 이렇게 구했다.

> 내가 여호와께 말하기를 주는 나의 하나님이시니 여호와여 나의 간구하는 소리에 귀를 기울이소서 하였나이다(시 140:1).

> 여호와여 나는 곤고하고 궁핍하오니 귀를 기울여 내게 응답하소서(시 86:1).

우리는 시편 기자처럼 우리들의 궁핍함을 도와주신다는 하나님의 약속을 믿기 때문에 기도한다.
그렇다면 질문은 '우리에게 정말 필요한 것은 무엇인가?'라는 것이다.
무엇을 구할 것인가?
우리는 흔히 구송기도 또는 청원기도에서 간과해서는 안 되는 세 가지 요소가 있다. 비록 우리의 기도가 우리의 필요와 치유를 간구할 때라도 필수적인 세 가지 요소를 간과하지 말아야 한다. 그것은 사랑과 용서와 평화이다.⁴

첫째, 우리는 하나님 앞에 설 때, 우리 자신이 얼마나 상처가 많은 존재인지를 깨닫게 된다. 하나님의 사랑에 응답하기에는 우리가 얼마나 죄 많고 부족한 존재인지를 깨닫게 된다. 이때 우리가 기억해야 할 것은 우리의 기도가 우리의 상태에 의존되어진 것이 아니라 하나님의 사랑에 의존되어 있다는 것을 분명히 해야 한다. 기도의 출발은 하나님의 사랑이다. 어떤 사람은 우리는 예수님께 가까이 갈 자격이 없으며, 하나님의 사랑을 받을 만큼 선하지 않다고 말할 것이다.

3　James Houston, *The Transforming Power of Prayer*, 253.
4　Gerrit Scott Dawson, Adele V. Gonzalez, E. Glenn Hinson, Rueben P. Job, Marjorie J. Thomson, Wendy M. Wright, *Companions in Christ*, 137-138.

예수님은 이런 자세를 가진 사람들에게 탕자의 비유를 들어 설명하신다 (눅 15: 11-32). 이 비유를 통해서, 예수님은 우리가 아버지 집으로 돌아올 때 하나님은 우리들의 죄를 진심으로 뉘우쳤기 때문이 아니라 무한하신 사랑으로 인하여 우리들을 기쁘게 맞아주시는 하나님의 무조건적인 사랑을 계시하셨다. 우리는 기도 할 때, 이런 사랑에 마음을 열게 해달라고 구하고, 우리들의 삶 속에 자비를 구해야 한다.

둘째, 우리는 자신과 이웃의 용서, 그리고 그것을 받아들이는 은혜를 구해야 한다. 우리들은 과거로부터 쉽게 벗어나지 못하는 성향이 있다. 하나님은 이미 기억하지 않음에도 불구하고 우리는 죄와 죄책감에 매달려 있는 경우가 많다. 이런 말이 있다.

> 하나님은 우리들의 죄를 호수에 던져버리시고, 그곳에 '낚시 금지'라는 푯말을 세워두셨다.

완전하지 못한 내 자신을 용서하기 위해서 다른 사람을 용서하는 열린 마음이 필요하다. 그래서 구송기도 또는 청원기도에 용서를 구하는 것이 포함되며 우리들에게 해를 끼친 사람들을 용서하는 은혜까지 구하는 것이 포함된다.

셋째, 우리는 기도할 때 평화를 구해야 한다. 우리는 하나님께 우리의 삶을 다른 사람을 위한 평화의 선물이 되게 해 달라고 구해야 한다. 엄밀한 의미에서 기도는 개인적(personal)인 관계이지 사사로운(private)것이 아니다. 'personal'은 상호 인격적인 관계에 있는 것을 의미하며, 'private'는 타자와 엄격히 분리된 사적인 관계를 의미한다.[5] 기도할 때 우리는 항상 그리스도의 몸, 교회, 성도들의 공동체와 교제를 갖는다. 기도는 평화를 위한 행동이다.

---

5   Gerrit Scott Dawson, Adele V. Gonzalez, E. Glenn Hinson, Rueben P. Job, Marjorie J. Thomson, Wendy M. Wright, *Companions in Christ*, 139.

3. 묵상기도

묵상은 더 인격적으로 하나님을 사랑하고 하나님이 우리에게 원하시는 대로 살기 위하여 우리의 의지로 성경과 하나님의 진리들을 숙고하는 것을 의미한다.[6] 어떤 의미에서 묵상기도는 이성보다는 감성과 더 연관된 기도이다.[7] 묵상기도는 구송기도보다는 더 작은 말을 하게 된다. 그러나 구송기도와 묵상기도는 두 가지 모두 하나님의 임재를 기다리는데 주의를 기울이는 또는 서술적인 측면에 속한다.

묵상기도에서 주의해야 할 것은 하나님과 상관없는 묵상은 진정한 기독교적 묵상이 아니다. 기독교에서 의미하는 묵상은 오늘날 여러 형태의 묵상들처럼 스트레스를 완화하기 위하여 묵상을 하는 것과는 다르다. 기독교적 묵상기도의 목적은 하나님의 사랑과 은혜를 경험하고 하나님께 복종하는 가운데 하나님과 인격적인 관계를 갖는 것을 목적으로 한다. 때문에 기독교적 묵상기도는 하나님을 묵상하는 것이지 단지 우리의 정신적 사색이 아니다. 제임스 휴스톤(James Houston)은 다음과 같이 말하였다.

> 우리의 모든 묵상은 하나님의 임재에 접근할 수 있는 길을 제공하시기 위하여 예수님이 행하신 사역에 의존한다. 시편 1편의 기자가 여호와의 율법을 즐거워하여 주야로 그것을 묵상하듯이, 모든 참된 묵상은 성경과 예수 그리스도를 통한 하나님의 계시에 초점을 맞춘다.[8]

기독교 전통에서는 성경을 통한 묵상을 강조해왔다. 예를 들어 로욜라의 이냐시오(Ignatius of Loyola)와 리처드 백스터(Richard Baxter)는 거룩한 삶의 열쇠로서 성경을 묵상하는 방법과 묵상을 통한 기도를 중요하게 여겼다. 하지만 이 두 사람은 묵상의 목적은 달랐다. 이냐시오는 영혼이 과도한 집착에서 벗어나 자신의 삶에서 하나님의 뜻을 발견하는 데 목적이 있음을 강조했지

---

6 James Houston, *The Transforming Power of Prayer*, 255.
7 James Houston, *The Transforming Power of Prayer*, 248.
8 James Houston, *The Transforming Power of Prayer*, 257.

만, 백스터는 성도들의 영원한 안식을 얻는데 목적이 있다고 하였다.[9]

묵상은 기본적으로 관상과 다르다. 묵상을 관상과 혼동해서는 안 된다. 묵상은 이성이 생각과 감성을 동시에 의식하면서 활발하게 움직이는 언어적이고 상징적인 대화 속으로 우리를 끌어들인다. 하지만 관상기도에서는 하나님의 임재에 대한 순수한 의식의 자리를 내주는 수동적인 기도이다. 물론 관상기도에서 유념적 관상기도는 이성을 통한 상상력 중요하게 여긴다.

4. 관상기도

관상(contemplation)이라는 용어는 라틴어 컨템플라리(*contemplari*)에서 비롯된 것으로서, 템플룸(*templum*)의 성스러운 울타리 안에서 하나님의 뜻을 추구하는 업무를 가리키는 것이었다.[10]

묵상기도에서는 일반적으로 어떤 주제에 대한 이성적인 추리를 강조하면서 하나님과의 대화를 추구한다. 반면에 관상기도는 이성적인 사고보다는 사랑에 의해 하나님의 임재를 경험하는 그 자체를 말한다. 관상이란 사고에 의한 분석적인 하나님 경험이 아니라, 주체와 객체가 하나가 되는 하나님의 임재 체험과 관련된 말이다.[11] 관상기도는 기도의 주체가 내가 되는 것이 아니라 하나님의 영이 역사하는 기도를 하고자 하는 열망을 추구하는 기도이다.

윌리엄 맥나마라(C. William McNamara)는 관상을 실재와의 즉자적 연합에 이르는 길인 '실재에 대한 경험적 인식'이라 불렀다.

9　Ignatius of Loyola, *The Spiritual Exercises of St. Ignatius*, trans. Anthony Mottola (New York: Doubleday, 1964); Richard Baxter, *The Saints's Everlasting Rest*, ed., E. Glenn Hinson, The Doubleday Devotional Classics, vol. 1 (New York: Doubleday, 1978), quoted in Gerrit Scott Dawson, Adele V. Gonzalez, E. Glenn Hinson, Rueben P. Job, Marjorie J. Thomson, Wendy M. Wright, *Companions in Christ*, 96.
10　Kenneth Leech, *Soul Friend*, 177.
11　유해룡, 『하나님 체험과 영성수련』(서울: 장로회신학대학교출판부, 2007), 90.

우리는 사물을 연구할 수 있다. 그러나 이 사물들과 직관적인 연합에 들어갈 수 없다면 사물에 대한 어떤 것을 아는 것일 뿐 사물을 아는 것이 아니다. 어린 아이든 포도주잔이든 아름다운 식탁이든 무엇인가 사랑의 마음으로 긴 시간을 두고 바라보라. 그 바라봄이 바로 자연스런 관상의 행위이고 사랑으로 존중하는 행위이다.[12]

관상(contemplation)기도에서는 하나님에 대한 추상적 개념이나 신학으로써 하나님을 인식하는 것이 아니라 신학이 말하는 보다 신비하고 전능한 하나님을 경험하는 것을 추구한다. 나아가 하나님이든 인간이든 그 무엇이든 우리를 기쁘게 하는 대상을 소유하려 하지 않고, 그 자체를 긍정하고 사랑하고 경험하는데 목적이 있다.

관상기도란 "항상 계시는 하나님의 현존을 깨닫는 방법"이다. 관상기도는 추론과 언어와 이미지들을 사용하는 묵상과는 다르다. 관상기도의 목표는 하나님의 신비 안에 머물고, 하나님의 방법으로 우리를 사랑으로 이끄시도록 우리를 내어 맡기는 것이다. 하나님을 경험하는 두 가지 방법은 우리가 관상기도를 이해하는 데 도움이 된다. 관상기도는 크게 '부정의 방법'과 '긍정의 방법'으로 생각해 볼 수 있다.

첫째, 긍정의 방법은 상상과 생각과 이미지를 사용하는 방법이다.
둘째, 부정의 방법은 상상과 생각과 이미지를 초월하여 하나님의 신비에 열린 기도 방법이다.

긍정의 방법에 많은 영향을 끼친 사람은 로욜라의 이냐시오이다. 그의 저서 『영신수련』(Spiritual Exercise)에서 그는 묵상하는 것을 직접 경험하기 위해서 상상과 감정, 감각, 이성, 의지, 기억 등을 사용하라고 권한다. 부정의 방법은 사상, 생각, 상징으로는 하나님께 충분히 다가갈 수 없다는 사실을 강조한다. 『무지의 구름』(The Cloud of Unknowing, 14세기 영국)의 저자와 십자가

---

12 루벤 좁, 『영성 수련』, 134에서 인용.

의 요한(16세기 스페인) 등은 이 방법을 강조하였다. 『무지의 구름』은 부정의 기도의 특성을 설명하는 책으로서, 그리스도인의 기도생활에서 모든 생각과 이미지들을 초월한 '어두운 구름' 속에서의 안식을 경험하는 것을 강조한다. 그러나 이런 경험을 가능하게 해 주는 기술을 하나님이 주시는 은혜라고 말한다.

현대의 기능(행동)주의적 사고를 가지고 관상을 이해해서도 안 되고 시행해서도 안 된다. 관상은 관계(존재)적인 차원에서 이해해야 한다. 관상 체험은 우리의 노력이나 공덕의 결과가 아니라, 하나님의 은혜에 대한 우리의 신실한 응답의 결과이기 때문이다.[13] 때문에 관상기도에 이르면 노력의 양이 점점 관상기도의 목적은 하나님의 사랑의 품에 안겨서 평안과 안식을 누리는 것이다. 리치는 과학적 객관주의와 물질만능주의적인 현대 문화와 환경으로 지쳐있는 현대인들은 영적으로 갈망하고 있다고 지적했다.[14] 관상기도는 하나님의 품에 안겨 안식을 경험하게 하는 데 목표가 있기 때문에 어두운 밤과 같은 현실의 삶 속에서 살아가는 현대 그리스도인들에게 영적 풍요를 누리는 길이 될 수 있다.

하지만 현대인들은 기능적 문화에 젖어있다. 기능주의 "문화는 세상을 자신의 목적을 위해 움켜쥐고 통제해야 하는 '거기 바깥에 있는'(out there) 대상으로 간주하는 문화다. 우리는 세상의 대상들을 적절히 이용하여 자신의 뜻을 세상에 강요하는 역할을 하는 주체다."[15] 이러한 문화는 우리로 하여금 관계(존재)지향적인 사람이 되게 하기보다는 기능(행동)지향적인 사람이 되게 한다. 기능지향적인 사람은 가만히 기다리면서 하나님께서 그분이 원하시는 시간에 일을 하시는 것을 받아들이지 못하는 경향이 있다.[16] 이러한 문화

---

13 Gerrit Scott Dawson, Adele V. Gonzalez, E. Glenn Hinson, Rueben P. Job, Marjorie J. Thomson, Wendy M. Wright, *Companions in Christ*, 170.
14 Kenneth Leech, *Soul Friend*, 7.
15 M. 로버트 멀홀랜드, 『영성여행 길라잡이』, 서원교 역 (서울: 살림, 2008), 31.
16 권명수 교수는 대학원 수업을 통해 학생들에게 관상기도를 소개하고 집에서 주기적으로 관상기도를 직접 실천 하게 한 후 보고서를 작성하여 제출하도록 하였는데, 그 보고의 한 부분을 그의 논문 "관상기도"에서 소개하고 있다. 관상기도를 처음 대하는 사람들의 일반적 반응과 관상기도가 현대 그리스도인들의 영적 삶에 어떻게 작용할 수 있는가를 실제적으로 말해주는 내용으로 생각되어 소개한다.

에 길들여진 우리는 '수동적 닮아감'은 우리 존재 양식과 생활 방식에 방해가 되고 낭비가 되는 것처럼 여겨지기 때문에 관상적 기도에 어려움을 느끼게 된다.[17] 그러나 제임스 휴스턴(James Houston)은 관상기도가 현대 그리스도인들에게 주는 의미를 다음과 같이 쓰고 있다.

> 현대 도시 생활의 물질적인 황량함보다 더 행복하고 위대한 어떤 것 안에서 자신의 전 존재를 통합하고자 하는 사람들의 욕구를 이해할 수 있다. 우리는 또한 하나님을 거의 지각하지 못하는 그리스도인들의 행동주의(activism)로 피로해져서 무미건조함을 느끼는 것을 이해할 수 있다. 관상기도는 하나님에 관한

---

* "처음 관상기도를 배울 때 솔직한 마음은 엄청나게 부정적이었다. 도저히 받아들일 수 없었다. 지금까지 배운 개신교 신학적 전통을 비추어 볼 때 그것은 로마 가톨릭적인 전통으로 개혁교회가 마치 퇴보하는 느낌을 받았다. 그러나 솔직한 마음은 숙제이고 과제이니 하는 마음으로 시작하였다. 처음의 순간은 졸음과 무의미한 시간들의 연속이었다. 그때 다시 한 번 실망하게 되었다. 과제를 제출하기 위한 반복적인 실시는 점점 관상기도를 통한 자신의 내면을 보는 작은 기쁨을 얻기 시작했다. 그러나 그것 역시 의심의 눈으로 바라본다. 관상기도가 몇 번 진행되면서 관상기도에 점점 마음이 열렸다. 이젠 어려움이 생기면 먼저 관상기도에 들어간다. 내 속에 나타나는 욕심을 하나하나 걷어내면서 참 내 모습을 들여다 보고 나면 자신이 정화된 기분이다. 새로운 임지의 문제로 여러 날 동안 고민하였다. 과연 내가 그곳으로 옮겨야 하는가? 왜 가려고 하는가? 고민한 결과는 답이 없다. 새로운 답을 찾기 위한 방법이 관상기도였다. 내 속에서 나타나는 욕심, 자신에게 일어나는 많은 생각들을 하나하나 걷어내기 시작하면서 그 내면 속에 감추어진 나를 솔직하게 만나게 되었다. 그때 주님은 내 마음에 부드럽게 찾아오셨다. 그리고 마음에 참 평안을 주신다. 그것은 내가 처음 주님께 부름 받은 그 처음의 소명에 충만함의 시간이었다. "오, 주여! 이만하면 족합니다"라고 소리치며 일어섰다. 주님 안에서 얻어진 평강은 참으로 놀랍다. 이제는 어려움이 생길 때면 먼저 관상기도에 시간을 보낸다. 그때 나를 찾아오시는 주님을 발견한다" (권명수, "관상기도: 깊은 사귐의 기도," 정원범 엮음, 『영성목회 21세기』(서울: 한들출판사, 2007), 373-374).

* 다음 내용은 필자가 담당한 대학원 영성형성 수업 후에 한 학생이 제출한 보고서의 일부분이다.
"이번 2010년 Th.D. 과정 중 "기독교 영성" 과목을 통하여 주님만 바라볼 수 있는 관상의 비밀을 새롭게 체험하게 된 감동과 감격에 감사함을 금할 길이 없습니다. 배운바 조금이나마 실천하고자 섬기고 있는 교회 주일학교 기관에서 15명의 교사들과 "렉시오 디비나"를 해나가고 있는데 너무나 놀라운 은혜가 있음을 매 주마다 체험하고 있습니다. 다시 한 번 감사를 드리며 영적인 주의 종, 관상의 능력을 경험하는 목회자가 될 수 있도록 최선을 다 하겠습니다."

17 최창국, 『기독교 영성신학』(서울: 대서, 2010), 60-67.

간접적인 묘사에 만족하지 못하는 사람들과 직접 하나님의 친밀한 임재를 체험하기를 원하는 사람들을 위한 것이다.[18]

관상기도란 하나님께서 예비하신 영적 순례에 동참하며 하나님의 사랑을 경험하는 것이다. 허버트 맥카비(Herbert McCabe)의 진술이다.

> 만일 우리가 하나님의 신비로 들어서고자 한다면, 우리가 필요로 하는 것은 정보가 아니다. 그리고 외적으로 우리는 정보를 갖고 있지도 못하다. 하나님 앞에서 우리의 언어와 개념들은 무너져 내린다. 우리가 필요로 하는 것은 하나님 자신에 의해 사로잡히는 것, 하나님 자신에 대한 그분의 지식을 함께 나누는 것이며, 그 나눔은 우리에게 어둠처럼 보일게 틀림없다. 그러므로 우리의 믿음은 지식의 어떤 증가가 아니라, 어느 편인가 하면 무지의 증거처럼 보인다. 우리가 하나님의 신비에 더 가까이 이끌리면 이끌릴수록, 그 신비 앞에서의 우리가 불완전함을 보다 날카롭게 인식하게 된다. 그럼으로 우리에게 필요한 한 것은 바로 하나님의 주도권이다. 우리가 그분에 관해 보다 많이 말해야만 하는 것이 아니라, 그분이 우리에게 말씀하지 않으시면 안 된다.[19]

관상기도의 궁극적 목적은 하나님께서 우리에게 말씀하시는 바를 경청하기 위해 굳게 닫혀 있는 창문들로 온통 장식된 나의 자아의 건축물을 허무는 것이다.

5. 예수기도

예수기도는 저자가 밝혀지지 않은 『이름 없는 순례자』로 소개되어 있다. 1885-1861년 사이에 쓰인 것으로 추정되는 이 책의 저자인 러시아의 한 순

---

18 James Houston, *The Transforming Power of Prayer*, 195.
19 Herbert McCabe, OP, *God Matters* (London: Geoffrey Chapman, 1987), 20.

례자는 "쉬지 말고 기도하라"(살전 5:17)는 말씀을 듣고 그 방법을 배우기 위해 순례의 길을 떠난다. 그는 어느 날 늙은 은수자를 만나 예수기도를 드리는 방법을 배운다. 이 기도는 예수의 이름을 부르는 호칭기도로 시작되기 때문에 "예수 이름을 부르는 기도", "예수 이름 기도", "예수의 기도", "예수기도" 등으로 불린다. 호흡에 맞추어 끊임없이 예수의 이름을 부르며 드리는 기도이기 때문에 붙여진 이름이다.

예수기도는 본래 동방 교회의 은둔자들에 의해 이루어진 전통적 기도다. 동방교회에서 시작된 예수기도는 서방교회로 전파되었고, 12세기에 성 베르나르도에 의해 널리 전파되었다. 수도원 안에서만 사용되던 이 기도는 점차 일반 신자들에게까지 전파되어, 가톨릭, 정교회, 성공회, 개신교의 그리스도인들에 의해서까지 행해지는 기도가 되었다.

예수의 이름을 부르는 이 기도는 여러 형식으로 되어 있다. 그중에서 가장 널리 사용되는 내용은 "주 예수 그리스도여! 하나님의 아들이여! 이 죄인에게 자비를 베푸소서!"다. 예수기도는 두 부분으로 이루어져 있다. "주 예수 그리스도여!" 하고 예수의 이름을 부르는 호칭 부분과 "우리(죄인)에게 자비를 베푸소서!" 하고 자비를 구하는 청원 부분으로 되어 있다. 예수기도의 특징은 단순하고, 짧은 기도를 반복하는 데 있다. 때문에 이 기도는 어디서나 지속적으로 드릴 수 있는 기도이다. 예수기도는 단순히 거듭 암송하는 차원을 넘어서 몸과 마음과 생각을 넘어 영적 안정을 찾을 수 있는 좋은 기도 방법이다.

예수기도를 드리는 자세를 살펴보면 다음과 같다. 예수의 이름을 부르기 전에 마음속에 평화와 잠심을 유지해야 한다. 단순한 마음으로 기도를 시작해야 한다. 열정적으로 크게 부르는 것보다 마음속으로 낮게 부르는 것이 좋다. 평안한 마음으로 침묵 속에서 마음을 모아서 부른다. 예수의 이름을 부르며 실제적인 것을 청하는 기도를 함께 할 수 있다. 기분에 치우치지 않고 성령의 도우심을 바라며 은혜를 사모하는 마음으로 드려야 한다. 예수의 이름을 부르는 이 기도를 사랑하는 중에도 다른 형식의 기도를 무시하거나 거부하지 않도록 해야 한다.

예수기도의 효과는, 분주한 삶과 여러 가지 생각들로 가득 차 있는 자신의 자아를 안정되게 할 수 있다. 예수의 현존 안에서 살도록 돕는다. 일상사에서 일어나는 희노애락과 고통을 이길 수 있게 해주며, 근심, 걱정과 불안으로부터 안정을 갖도록 도와준다.

6. 향심기도

향심기도는 초대교회 때부터 있어 왔던 관상기도의 전통에 뿌리를 두고 있다. 이것은 성경 묵상과 기도를 결합한 하나의 오래된 기도 방식이다. 향심기도는 우리 삶의 중심을 하나님의 임재에 맞추도록 돕는 단순한 방법이다. 이 기도는 초대교회부터 16세기에 이르는 동안, 그리스도인들의 영성생활에서 중요한 역할을 해왔다. 그러나 이 기도는 문예부흥 사조가 형성된 이후에 그리스도인들에게서 관심이 쇠퇴하였다. 1970년대에 시토회 수도사들이었던 토마스 키팅(Thomas Keating), 바실 페닝턴(Basil Pennington), 윌리엄 메닝거(William Meninger)를 중심으로 '센터링 기도'(향심기도)라는 이름을 붙인 뒤 관상적 기도 전통을 회복하려는 운동이 일어나게 되었다.[20]

향심기도란 우리 존재 중심을 향하여 간다는 의미다. 또한 향심기도는 마음에서 모든 것을 제거하려는 동방정교식 무념적 또는 부정적(apophatic) 방법과는 특징상 차이가 있다. 향심기도는 사고의 인식을 허용하며, 그 내용들을 부드럽게 하나님의 손에 맡긴다. 향심기도는 언어를 거의 사용하지 않고 하나님께서 내 안에 현존하시고 활동하심에 인식하며 순종한다는 지향의 상징으로서 거룩한 단어를 선택하여 기도한다. 향심기도에서는 우리의 필요를 말하는 기도가 아니라, 하나님의 임재 안에 머물기를 소망하며 하나님께 우리의 온전한 사랑과 시선을 드린다.

일반적으로 향심기도 중에 말하는 단어는, 세상에서 수많은 소리와 사상과 생각들과 근심으로부터 산만해진 우리를 하나님께 모을 수 있는 기도 단

---

20 Thomas Keating, *Open Mind and Heart: The Contemplative Dimension of Gospel* (New York: Continuum, 1997)을 참조.

어다. 예를 들어 기도 단어는 아버지, 예수님, 성령님, 사랑, 긍휼, 은혜처럼 단순한 단어이거나 짧은 성경구절이다. 향심기도의 목표는 그리스도 안에 머묾으로써 그 머무름의 열매가 삶 속에 나타나게 하는 것이다. 향심기도는 단지 주의를 집중(attention)하는 것이 아니라 우리 마음과 영혼을 하나님께 맡기려고 지향(intention)하는 기도이다. 이 기도는 우리의 행동(doing)을 중심에 두는 기도이기보다 하나님 곁에 머물러 함께 존재(being)하려는 기도이다. 향심기도를 행하는 것은 그리스도와 함께 머무르는 것이 변화와 치유의 기초이자 힘이라고 믿기 때문이다.

향심기도는 우리 안에 저장된 정서적 잡초들이 제거되는 은혜를 경험할 수 있다. 향심기도를 통해 나타날 수 있는 열매들은, 하나님이 주시는 열매는 자신과 그리스도와 연합을 일상생활 속에서 좀 더 의식하면서 살게 된다. 하나님께 귀 기울이는 법을 배우게 된다. 모든 일에서 하나님의 임재와 도우심을 구한다. 바쁜 일상생활 속에서 고요함을 누리게 된다.

현대인들은 물질적 풍요 속에서도 강한 소외감과 외로운 자기 모습을 발견하게 된다. 우리 시대의 정신은 이기주의적이고 합리적이며 실용적이다. 이런 시대 안에서 우리의 영혼은 사랑과 온기에 굶주려 있다. 그러나 기도의 필요성을 단지 이런 관점에서만 이해하는 것은 너무나 단순한(naive) 것이다. 기도에 대한 관심을 우리 시대의 문화적인 황량함과 우리 시대의 인간의 모습과 조건에 근거해서만 설명할 수는 없다.

모든 사람의 내면 깊숙한 곳에는 영원을 사모하는 마음(전 3:11)뿐만 아니라 영혼에 대한 갈망(시 42: 1-2)이 자리잡고 있다. 인간은 하나님으로 영원한 교제를 나누시는 하나님에 의해 그런 식으로 지음 받았다. 그러나 우리 사회는 도덕적으로 영적으로 난쟁이들이지만 기술적으로는 거인인 사람들로 가득 차 있다. 우리 시대는 엄청난 과학문명의 진보 속에서도 영혼은 갈수록 피폐해져 가고 있다. 이러한 사회는 문명이란 이름으로 수많은 현대적 우상을 우리에게 강요하고 있다. 휴스턴은 "하나님을 향한 좌절된 갈망은 다른 사물이나 사람들에 대한 갈망과 숭배로 변한다. 방향이 잘못된 사랑은 선물을 주는 사람 대신 선물을 붙들게 된다. 그 결과 우리는 현대적인 형태의 온갖 우상, 물질주의, 자아 성취, 명예욕 등에 빠진다. 그러나 기도는 우리의 애정의 방향을 다시 붙잡아 준다. 기도는 사물에 대한 사랑으로부터 하나님에 대한 사랑으로 우리를 되돌려 주는 것이다"라고 하였다.[21]

물론 제랄드 메이가 지적했듯이 중독적으로 행하는 기도의 역기능적 측면도 있지만, 바른 기도를 회복할 수 있다면, 기도는 그리스도인으로서 하나님께 향하는, 하나님과 진정한 관계를 회복하는 중요한 길이 될 수 있다. 존 스토트(John Stott)는 "사람들은 하나님 앞에서 기도하며 무릎을 꿇을 때 가장 고귀하고 훌륭한 상태가 된다. … 기도하는 것은 진정으로 하나님을 닮는 일일 뿐 아니라, 진정으로 사람이 되는 일이기도 하다"라고 하였다.[22]

영성지도의 목적은 하나님께서 인간을 창조하신 목적에 부응하도록 하나님의 형상을 따라 지음 받은 인간의 정체성을 회복하는 것이다. 따라서 영성지도는 인간의 당면한 문제에 초점을 맞추기보다는 하나님과의 관계회복에 초점을 맞추고 있다. 이러한 점에서 기도는 영성지도를 위한 매우 중요하고 필요한 방법이다. 기도를 통하여 인간은 자신을 통찰하고 하나님의 형상을 회복해 나갈 수 있는 것이다.

기도의 궁극적 목표는 현실의 문제를 회피하거나, 바꾸는 것이 아니라, 하나님의 주권과 섭리를 발견하고, 하나님의 계시를 삶속에서 경험하는 것이다. 이러한 과정은 인간의 본래 창조된 목적에 다가가는 것이며, 동시에 진정한 회복을 가져다주는 치유의 과정이기도 하다.

---

21 James Houston, *The Transforming Power of Prayer*, 270.
22 애들 알버그 칼훈, 『영성훈련 핸드북』, 양혜원, 노문종 역 (서울: IVP, 2008), 355에서 인용.

제7장

기도의 방편과 성격 유형
Method and Type of Character

1. 기도의 방편

대부분의 그리스도인들은 기도를 하나님과의 대화라고 생각한다. 우리는 기도를 통해서 하나님과 깊은 대화를 나눌 수 있다. 하지만 우리는 기도를 하나님과의 대화라고 생각은 하면서도 실제적으로는 하나님 앞에서 혼자 이야기하고 있을 때가 많다. 대화란 쌍방향 길을 의미한다. 성숙한 대화란 말을 많이 하는 것보다 성숙한 경청에 있다. 그러나 대부분의 개신교 그리스도인들은 기도에서 듣는 것의 중요성을 간과하는 경우가 많다. 게다가 어떻게 들을 것인가에 대한 방법도 많이 결핍되어 있다.

하나님과 대화에서 우리가 취해야 할 첫 번째 자세는 듣는 것이다. 우리는 듣는 것이 말하는 것보다 앞선다는 사실을 아이들의 언어발달과정을 통해서도 알고 있다. 기도의 본질은 하나님에게 귀 기울이는 것이다. 키르케고르(Soren Kierkegaard)는 "어떤 사람이 기도를 하였는데 그는 처음에는 기도를 말하는 것이라고 생각하였다. 그러나 그는 점점 더 조용하게 되면서 결국 기도는 듣는 것이라는 사실을 깨달았다"고 하였다.[1] 기도는 하나님으로부터 듣는 것이다.

그렇다면 우리는 하나님의 말씀을 어떻게 잘 들을 수 있을까?

---

1 Soren Kierkegaard, *Christian Discourses*, Translated by Walter Lowie (Oxford: Oxford University Press, 1961), 324.

기도는 인간이 하나님의 초대에 인격적으로 응답할 때 시작된다고 할 수 있다. 하나님과 인격적인 대화인 기도는 여러 방식으로 나타날 수 있다. 하나님과 인간의 대화는 순수하게 내적인 것으로만 축소될 수 없다. 인간의 역사적 감각적 상황 때문에 인간의 기도생활은 매개물을 통해서도 이루어질 수 있다.

하나님과 대화할 수 있는 가장 중요한 매개물은 성경이다. 성경은 하나님의 말씀이기 때문에 성경을 통해서 우리는 그의 음성을 듣게 된다. 하나님과 대화할 수 있는 매개물은 또한 자연세계, 사회 환경, 이웃, 예술품 등도 중요한 통로와 도구가 될 수 있다. 기도가 단지 내적 성숙만을 추구하는 것에 머무를 수 없다는 것을 인정한다면 하나님의 현존을 발견하고 하나님의 사랑에 응답하고자 한다면 구체적인 생활 속에서 객관적인 세계와의 접촉을 통해서 하나님을 찾고 만날 수 있어야 한다. 자연, 이웃, 일상용품, 예술품 등과 같은 매개물들을 통해서도 하나님의 활동을 묵상할 수 있어야 한다. 실제로 우리는 이런 매개물들을 통하여 하나님을 향하여 나아가고 있다. 우리가 기도 중에 그분의 현존을 체험하는 것도 우리의 생각과 정서와 의지의 활동이라는 매개물을 통해서 이루어진다.

하지만 이러한 내적 매개물들을 통해서 우리가 하나님께 이르는 것이 사실이지만 이 방식은 불완전하다. 우리는 항상 삶의 전체성 안에서 하나님을 찾아야 한다. 우리가 하나님을 만물의 중심으로 섬길 때 우리의 기도는 원대한 사회적 의미를 가지기 시작한다. 우리는 만물이 궁극적으로 하나님에게 연관되어 있다는 것을 깨닫는다. 나무들과 새들과 땅의 흙과 꽃과 강물과 바다의 고기들과 집들과 음식점 등 모든 것이 하나님의 세계에서 제 위치를 가지고 있다. 때문에 우리가 만물의 상호 연관성을 더 풍성하게 이해하게 될 때 우리의 기도는 더 깊어 질 수 있다. 이러한 모든 것들은 우리의 기도의 여정에서 중요한 매개물들이 또한 될 수 있다.

2. 기도와 성경

하나님께서 자신을 우리에게 알리시는 가장 중요한 방법은 성경이다. 성경을 통해서 우리에게 말씀하시는 하나님의 음성을 들을 수 있다. 교회의 오랜 역사 속에서 성경을 통해서 하나님의 음성을 듣는 기도는 가장 중요한 방법이었다. 기독교 전통 안에는 성경을 읽는 대표적인 두 가지 방식이 있다. 하나는 정보를 얻기 위해서 읽는 방식(information)이고, 다른 하나는 우리 자신을 새롭게 하기 위하여 읽는 형성적 방식(formation)이다. 우리가 성경을 올바르게 이해하기 위해서는 두 가지 단계의 이해가 필요하다.

첫째, 성경본문의 의미를 해석하기 위한 준비의 단계인 학문적 연구를 통해서 얻을 수 있는 지식의 단계이다. 이 단계는 영적 독서로 들어갈 때 거쳐 가야 하는 현관문과 같은 것이다.
둘째, 더 깊은 차원의 단계로 성경을 통하여 영적인 체험을 하는 단계이다.[2]

영적 독서를 할 때 이 현관문을 통해서 들어가면 더 깊고 풍성한 영적 체험을 할 수 있지만 이 두 단계를 혼동해서는 안 된다. 성경을 대하는 궁극적 목적은 첫 번째 단계가 아니라 하나님을 만나고 그분의 음성을 듣는 데 있기 때문이다. 영적 독서를 간단하게 "성경 묵상"이라고 부른 디트리히 본회퍼도 "성경을 묵상하지 않고 학문적으로만 연구하는 것이 얼마나 위험한 일"인지를 지적하였다.[3]

기독교 전통에서 하나님의 말씀인 성경을 머리가 아닌 마음으로 읽고, 그 말씀을 통하여 하나님을 만나고, 또 그분과의 만남을 통하여 그리스도와의 우정을 깊게 하고, 우리의 존재의 변화를 추구하는 독서방식이 렉시오 디비

2　Thomas Merton, *Opening the Bible* (Collegeville, Minn.: Liturgical Press, 1970), 61-2.
3　Dietrich Bonhoeffer, *Collected Works of Dietrich Bonhoeffer*, Vol. II, Edited by Edwin H. Robertson, Translated by Edwin H. Robertson and John Bowden (London: William Collins Sons & Co., 1966), 57-61.

나(*lectio divina*)이다.[4] 말씀을 통해 하나님을 만나고, 그분과 대화하고, 그분의 임재 안에 머무르는 독서와 기도의 전 과정을 '렉시오 디비나'라고 부른다. 단, 렉시오 디비나에서 주의해야 할 것은, "먼저 알 것은 성경의 모든 예언은 사사로이 풀 것이 아니니"(벧후 1:20)라는 말씀처럼 말씀을 너무 자의적으로 해석하거나 적용하는 것을 주의해야 한다.

한국교회 안에는 말씀을 통하여 기도하는 문화가 자리잡지 못하고 있다. 개인의 문제나 소원을 가지고 자기 생각이나 감정에 의존하여 기도하는 경우가 많다. 우리가 지금까지 형성해온 기도 문화를 소중하게 여기고 실천하는 것은 중요하다. 하지만 한국교회 성도들이 기도할 때 말씀을 통해 기도하는 훈련 또한 필요하다. 교회 역사에서 약 1300년대까지 그리스도인들의 기도체험의 직접적이고도 일차적인 젖줄은 바로 성경이었다. 말씀뿐만 아니라 영적인 기도문, 영적인 칼럼, 영적인 서적, 설교문 등을 가지고 기도하는 것도 유익하다.

1) 기도와 개인 렉시오 디비나

(1) 준비

우선 몸과 마음을 바르게 한다. 자신에게 가장 알맞은 자세를 취한다. 조용히 눈을 감고 호흡을 가다듬고 편안한 마음을 가진다.

(2) 초청

먼저 성경말씀이 하나님이 주신 편지임을 상기한다. 동시에 고요한 묵상 속에 성령을 향하여 집중한다. 그리고 하나님의 현존과 그분의 의지와 부드러운 사랑에 주의를 깊이 집중하며 성령의 도우심을 구한다.

---

4 "렉시오 디비나"라는 말은 알렉산드리아 학파의 대표적 인물 중 한 사람인 교부 오리겐(185-251)이 처음으로 "테이아 아나그노시스"(*theia anagnosis*)라는 그리스어로 표현했다. 이 단어를 라틴어로 표현하면 "렉시오 디비나"이다.

(3) 읽기

손으로 성경책을 들고 읽을 곳을 편다. 성경말씀을 보면서 입으로 작은 소리를 내어 천천히 읽는다. 말씀의 내용을 정리하여 파악한다. 읽은 곳을 두 번째 작게 소리 내어 읽는다. 이때 소리 내어 읽는 독서가 마음으로 듣는 독서가 되어야 한다. 동시에 신학적 지식을 동원하여 말씀의 배경이나 인물과 말씀의 정황 등을 스케치 한다. 같은 곳을 세 번째 읽는다. 이번에는 눈으로 읽으면서 귀로 듣는 독서를 한다. 이 독서의 단계에서는 하나님과 영적인 교감을 사모한다.

(4) 기록

말씀을 읽을 때 울려오는 메시지, 떠오르는 생각, 느낌, 회개 등을 기록한다. 기록을 미루고 다음단계로 들어가면 기억하려는 의지가 작용하여 거추장스럽게 된다. 기록 시에 영적인 흐름이 끊길 수가 있으므로 메모지를 사용하여 신속하게 적는다. 특히 마음에 와 닿은 구절을 기록하여 렉시오 디비나가 끝난 이후 시간에도 되새겨 읽어 본다.

(5) 묵상

조용히 눈을 감고 마음에 다가오는 말씀을 마음의 소리로 성령님을 향하여 조용히 외친다. 그리고 잠시 귀 기울여 듣는 시간을 갖는다. 반복해서 5분 정도의 시간을 계속한다. 이때 자기 마음의 느낌의 소리를 잡으려고 하면 안 된다. 모든 의지를 되도록 잠재우고 성령의 음성에만 집중한다. 음성이 들려올 때도 있고 그렇지 않을 때도 있다. 이러한 결과에 집착해서도 안 된다. 마음이 흐트러져서 성령님께 집중을 하지 못하면 자칫 환청이나 다른 소리를 들을 수가 있다. 때문에 고요함 속에서 묵상이 이루어지도록 외부의 소음이나 간섭을 받지 않도록 해야 한다.

(6) 기도

기도는 성경을 통해서 말씀하시는 하나님께 나의 생각과 결심과 뜻과 느낌의 온몸을 동원해서 하나님께 전인으로 응답하며 기도하는 단계이다. 기도제목은 묵상 시에 받아 기록한 것을 제목으로 한다. 묵상 중에 받은 말씀이나 말씀 속에서 회개한 것, 결단한 것, 새로운 비전을 발견한 것 등을 놓고 기도한다. 이때의 기도는 자신의 개인 문제보다는 말씀을 통해서 주신 내용과 그 말씀을 통해서 깨닫게 하신 것들을 가지고 성령님의 인도를 구하며 기도해야 한다.

(7) 관상

받은 말씀을 가지고 기도가 끝나갈 즈음에 아뢰기를 그치고 하나님을 향하여 고요하게 응시하는 마음 자세를 가진다. 고요히 하나님만을 바라본다. 하나님의 사랑과 은혜를 사모하며 하나님의 품을 사모한다. 오직 하나님의 사랑만을 사모한다. 이때 억지로 애정과 의지작용을 심령에 가하지 않아야 한다. 성령님을 인격적으로 생각하며 자연스럽게 응시하는 자세를 가져야 한다. 관상은 하나님의 사랑의 신비의 문 앞에서 기다리는 것이다. 이 단계를 오해하여 본성으로 신비를 체험하려고 하면 자아의 이성과 목적이 발동하여 자신의 의지의 소리를 들을 수 있음으로 주의해야 한다. 이 단계에서 특별히 어떤 음성을 들으려고 해서는 안 된다. 관상이란 하나님의 사랑의 품에 안기는 것이기 때문이다.

(8) 마무리

관상의 느낌을 기록할 수 있으면 기록한다. 메모지에 적었던 기록들도 노트에 옮겨 적는다. 응답이나 전체적인 소감을 적는다. 조용히 주기도문 등으로 마무리 한다.

2) 기도와 소그룹 렉시오 디비나

그룹 렉시오 디비나는 다양하게 적용할 수 있다. 참여인원에 따라 렉시오 디비나 실행방법과 순서는 다르게 할 수 있다. 아래에 제시된 내용은 필자가 직접 10여명 내외의 학생들과 실천한 내용을 중심으로 구성한 것이다.

렉시오 디비나는 예배의 형태로도 수행할 수도 있다. 새벽기도회 시간을 렉시오 디비나 형태로 할 수 있다. 이때에는 인도자가 대표적인 본문을 정해서 봉독한 다음 말씀에 대한 배경, 정황, 단어해석 등을 간단하게 설명하고 각자 말씀에 대한 조명, 묵상, 기도, 관상의 단계를 경험하도록 자유롭게 진행할 수 있다.

다음은 간단하게 할 수 있는 소그룹 렉시오 디비나이다.

첫째, 찬송이나 복음송 중에 한 장을 함께 한다.
둘째, 한 사람이 되도록 짧게 대표기도를 한다.
셋째, 인도자가 본문 성경본문을 선택하여 온다. 너무 긴 본문을 선택하기 보다는 10절 이내가 좋다.
넷째, 한 절씩 돌아가면서 읽은 후 3분 정도 묵상을 한다.
다섯째, 다시 한 번 돌아가면서 한절씩 읽은 후 5분 정도 묵상을 한 후 각자의 마음에 다가오는 내용이나 도전되는 단어나 구절 등을 설명 없이 말한다. 특별히 다가오는 내용이 없는 사람은 말을 하지 않아도 된다.
여섯째, 다시 한 번 돌아가면서 한절씩 읽고 5분정도 묵상한 후에 마음에 다가오는 말씀을 함께 나눈다. 이때 말씀을 통해 깨닫게 하신 내용이나 말씀을 통해 회개하게 하신 내용이나 말씀을 통해 결단하게 하신 내용 등을 자유롭게 나눈다.
일곱째, 함께 기도한다. 기도 내용은 오늘 나에게 주신 말씀과 함께 참여자들에게 주신 말씀을 통해 깨달은 내용이나 받은 은혜를 감사함으로 기도한다. 참여자들 중에 특별한 기도제목이 있으면 말하게 하고 함께 기도한다. 기도하는 방법은 때로는 자유롭게 때로는 통성기도로 때로는 묵상기도를 한다.

참고로 성도들의 가정을 방문하여 예배를 드릴 때에도 한국교회에서 주로 행하고 있는 찬송, 기도, 설교 등의 순서로만 하기보다는 위의 형태로 하는 것도 좋은 방법이 될 수 있다. 물론 초신자의 가정을 심방했을 때는 전통적인 방법이 더 좋을 수 있다.

3) 기도와 그룹 렉시오 디비나

(1) 준비

줄을 맞추어 앉을 수도 있겠지만 둥그렇게 둘러앉아서 몸과 마음을 바르게 한 다음 수행 하도록 한다. 각자의 자세는 대열을 흐트러뜨리지 않는 범위에서 각자가 편안한 자세를 취하도록 한다.

(2) 초청

인도자가 "성령님께서 우리의 수행을 도와주소서!"라고 선포한다. 그리고 수행자들에게 조용히 눈을 감고 내적 고요를 가지게 한다. 이때 조용한 음악을 사용하여 내적 고요함을 갖는 데 도움이 되게 할 수도 있다.

(3) 읽기

인도자가 본문 말씀을 정하여 온다.

① 첫 번째 읽기

한 사람이 본문을 천천히 소리 내어 읽는다. 이때 발음을 또렷이 하고, 여러 사람이 듣도록 약간 큰소리로 읽는다. 그리고 가능한대로 일정한 봉독 속도를 유지한다. 봉독이 끝난 다음 적당한 침묵의 시간을 갖게 하여 수행원들이 말씀을 되새겨 볼 수 있게 한다.

② 두 번째 읽기

같은 본문을 첫 번째 독서 방법과 동일하게 다시 한 번 진행한다. 이때 처음 봉독했던 사람이 그대로 하는 것이 좋다. 수행 진행과정의 변화는 집중도를 떨어뜨린다. 봉독이 끝난 다음 적당한 침묵의 시간을 갖게 하여 말씀에서 각자에게 다가온 단어, 숙어, 구절을 기록하게 한다.

③ 세 번째 읽기

같은 본문을 이번에는 각자가 눈으로 읽도록 한다. 각자는 본문 말씀을 반추하면서 성령님과의 교감을 나눈다. 본문 묵독이 끝난 다음 침묵의 시간을 가지면서 자연스럽게 묵상의 순서로 넘어간다.

(4) 기록
말씀을 들을 때 다가오는 메시지, 떠오르는 생각, 느낌, 회개 등을 기록한다.

(5) 묵상
별도의 인도 없이 독서에서 자연스럽게 묵상으로 연결 되도록 한다.

(6) 나눔
서로 나누며 영적인 도전과 교제를 한다. 인도자가 수행원들이 서먹하게 생각하지 않도록 몇 마디 부연 설명을 한 후 자율적으로 자신이 느낀 것, 받은 말씀 등을 말하게 한다. 또한 특별히 기도 부탁할 것이 있으면 함께 기도 할 수 있도록 말하게 한다.

(7) 마무리
나눔 시간에 말한 개인의 기도제목에 대해서 수행원 전체가 합심기도를 한다. 이후 인도자가 그룹을 위해서 감사기도를 한 후에 함께 주기도문을 한다. 마지막으로 인도자는 "오늘 받은 말씀을 간직 하십시오!" 라고 말한다.

3. 기도와 언어

우리의 대부분의 기도는 언어를 통해 이루어진다. 우리는 언어를 통해 기도하고 찬양하고 예배하고 사랑한다. 하나님께서 우리에게 주신 으뜸이 되는 복 가운데 하나는 단연 언어이다. 인간의 역사는 언어의 역사라고 해도 지나친 말은 아니다. 인간의 사랑도 언어로부터 시작하고 싸움도 언어로부터 시작한다. 인간의 삶도 언어로부터 시작하고 죽음도 언어로 끝난다. 언어가 사람을 행복하게도 하고 불행하게도 하는 것을 우리는 성경을 통해 더욱 분명하게 알 수 있다. 최초의 인간인 아담과 하와에게 다가온 유혹도 언어의 유혹이었다. 뱀은 언어로 유혹 하였다. 아담과 하와는 뱀의 언어를 따라 선악과를 따먹었다. 사탄의 언어에 따라 말하고 사탄의 언어를 따라 행동하였다. 그 결과는 비극이었다.

예수님도 사탄의 유혹의 언어를 받았지만 하나님의 언어인 말씀으로 물리치셨다. 성경처럼 언어를 통한 말의 중요성을 강조하는 책도 없다.

> 죽고 사는 것이 혀의 권세에 달렸나니 혀를 쓰기 좋아하는 자는 그 열매를 먹으리라(잠 18:21).
> 사람은 입에서 나오는 열매로 하여 배가 부르게 되나니 곧 그 입술에서 나는 것으로 하여 만족하게 되느니라(잠 18:20).
> 미련한 자의 입은 그의 멸망이 되고 그 입술은 그의 영혼의 그물이 되느니라(잠 18:7).
> 입술의 열매를 짓는 나 여호와가 말하노라 먼 데 있는 자에게든지 가까운 데 있는 자에게든지 평강이 있을지어다 평강이 있을지어다 내가 그를 고치리라 하셨느니라(사 57:19).

하나님은 전능자이시기 때문에 모든 것을 원하시는 대로 행하실 수 있다. 그럼에도 불구하고 하나님은 일정한 법칙을 정하시고 그 법칙을 따라 행하신다. 그 법칙 중 하나가 우리의 언어로 표현된 말을 따라 역사하시는 법칙이다. "너희 말이 내 귀에 들린 대로 내가 너희에게 행하리니"(민 14:28)라고 하였다. 우리의 언어는 하나님과 교제에서 중요한 매개체이다.

민수기에 보면 정탐꾼 12명 중 10명은 힘들고 어려운 현실 앞에서 부정의 언어를 쏟아냈지만 여호수아와 갈렙은 긍정의 언어를 쏟아냈다. 중요한 것은 여호수아와 갈렙의 언어는 하나님의 마음을 기쁘게 하였다. 그들의 언어는 하나님의 역사를 경험하는 언어가 되었다. 그들의 언어는 기도의 언어가 되었다. 우리의 언어는 사회생활의 중요한 매개체이기도 하지만 하나님과의 관계에서도 대단히 중요하게 역할을 한다. 우리가 또한 잘 아는 솔로몬이 지혜를 구한 꿈속에서 기도도 언어를 통한 기도였다. 열왕기상에 보면 솔로몬이 일천 번제를 드렸을 때 하나님은 솔로몬에게 무엇을 해 주면 좋을지 질문하신다.

기브온에서 밤에 여호와께서 솔로몬의 꿈에 나타나시니라 하나님이 이르시되 내가 네게 무엇을 줄꼬 너는 구하라(왕상 3:5).

하나님의 질문에 솔로몬이 지혜로운 마음을 달라고 간구한다.

누가 주의 이 많은 백성을 재판 할 수 있사오리이까 지혜로운 마음을 종에게 주사 주의 백성을 재판하여 선악을 분별하게 하옵소서(왕상 3:9).

하나님은 솔로몬의 소원을 들으시고 이렇게 말씀하신다.

내가 네 말대로 하여 네게 지혜롭고 총명한 마음을 주노니 너의 전에도 너와 같은 자가 없었거니와 너의 후에도 너와 같은 자가 일어남이 없으리라(왕상 3:12).

하나님께서 "내가 네 말대로 하여"라고 말씀하신다. 우리의 기도생활에서 이처럼 언어는 대단히 중요하다. 우리는 언어를 통해서 하나님과 대화한다.
한편 우리는 말이라는 수단을 사용하지 않고 우리의 의사를 소통하기도 한다. 그것을 우리는 비언어적 언어(nonverbal language)라고 말한다. 비언어적 소통은 언어적 소통의 결점들을 보완한다. 언어적 표현은 거짓을 말할 수 있어도 비언어적 표현은 진실만을 말한다. 비언어적 소통은 때로 언어적 소통보다 더 진실할 수 있다. 웨인 오츠(Wayne Oates)는 우리가 신앙생활에서 비언어적 의사전달의 세계로 들어가는 것은 신대륙을 발견한 것만큼이나 가치 있는 일이라고 하였다.[5] 왜냐하면 말에 지나치게 의존하는 언어 중심 사회에서 살고 있는 우리는 상대적으로 비언어적 표현에 대해서 의미를 갖지 못하는 경향이 있기 때문이다.
이러한 경향은 우리의 기도생활에도 영향을 주고 있다. 우리는 언어적 기도에 대해서는 긍정한다. 하지만 우리는 언어를 통해서만 하나님과 대화하는 것은 아니다. 우리가 기도를 하나님과 대화라고 확신한다면 성숙한 대화

---

5 Wayne E. Oates, *The Psychology of Religion* (Waco, Texas: Word Books, 1984), 141.

의 기초는 경청에 있다는 것을 또한 알아야 한다. 우리는 실제로 기도를 하나님께 간구를 하는 것으로 이해하고 있기 때문에 언어적 기도에 의존하는 경향이 있다. 그러나 성숙한 기도는 경청에 기초한다. 때문에 우리는 말하는 기도보다 듣는 기도를 연구할 필요가 있다.

4. 기도와 무의식

인간의 정신에서 제일 먼저 발견되는 대극의 쌍은 의식과 무의식이다. 의식이란 인간이 그의 자아를 통해서 지금 체험하고 있는 모든 정신적인 내용들로 이루어지고 있다. 생각하고 느끼고 있는 것들은 모두 인간의 의식 세계를 형성하고 있다. 그러나 인간은 의식만을 지닌 존재가 아니라 무의식의 세계를 경험한다. 현대 정신분석학에서 정설로 받아들여지고 있는 사실 하나는 우리의 전체 삶 중에서 막대한 기간을 인식하지 않는 상태인 무의식적으로 살고 있다.

기독교의 경우 인간의 무의식적인 정신의 국면을 인정하는 것에 대해 긍정적이지 않은 경향이 있다. 정신분석학의 창시자였던 지그문트 프로이드는 무의식은 욕망과 증오와 탐욕과 같이 받아들이기 어렵고 노골적인 생각과 감정의 비밀스런 창고와도 같다고 생각하였다.

프로이드는 무의식을 신뢰할 수 없는 것이라고 믿었다. 그는 무의식이 이드(id)의 영역이라는 주장을 견지하였다. 이드는 우리가 어떤 행동을 하도록 강제하는 정신적인 힘이다. 이런 행동들 중에는 어머니나 아버지에 대한 증오와 용인되기 힘든 환상과 소망의 탐닉에서 기인하는 것으로 믿었다.

하지만 모두 프로이드처럼 생각한 것은 아니다. 정신세계에 관한 다른 탐험자들은 매우 다른 방식으로 무의식의 세계를 이해하였다. 특별히 융은 무의식 속에 다양성이 존재한다는 사실을 깨달았다. 무의식에는 여러 겹의 층이 존재하는데, 이들 중 인식의 경계와 가장 가까운 층들은 어느 정도 인지가 가능하지만, 가장 멀리 떨어져 있는 것들은 원칙적으로 인식이 불가능하며, 이들은 스스로 작동한다는 것이다. 융은 무의식 속에는 모든 정신적인 힘과 반대되는 성질의 것들이 들어 있다고 생각하였다. 빛은 어둠과, 선은 악과, 사랑은 미움과, 생명은 죽음과 대치되듯이 언제나 한 방향의 무엇과 대치되는 개념들이 존재한다는 것이다. 융은 어떤 정신적 에너지라도 과도해지면 균형을 깨뜨릴 수 있다고 믿었다. 모든 종류의 반대되는 특성들 간에 균형을 맞추기 위해 애쓰는 원형이 있다고 생각하였다. 무의식은 우리의 정신세계에서 중요한 역할을 한다. 인간은 의식적인 존재일 뿐만 아니라 무의식 세계를 향유한 존재다. 인간의 무의식 세계를 가장 잘 반영하는 것은 꿈이다.

모든 인간은 꿈을 꾼다. 현대 뇌신경학자들에 따르면, 사람은 하루에 잠속에서 보통 작게는 15분에서 길게는 90분가량 꿈을 꾼다고 한다. 하룻밤 사이에 5-7번 가량의 꿈을 꾸게 된다고 한다.[6] 우리가 꿈을 꾸지 않았다고 생각하는 것은 꿈을 기억하지 못하기 때문이다. 인간은 꿈을 피할 수 없는 존재다. 성경에는 무의식이란 용어가 등장하지 않지만 무의식 세계를 여러 곳에서 이야기 하고 있다. 바로 꿈 이야기다. 인간의 무의식적 현상을 성경에서는 꿈으로 정신분석학에서는 무의식의 세계의 가장 핵심적인 현상으로 꿈을 이야기 하고 있다. 성경은 무의식의 세계를 꿈이라는 현상을 통해서 이야기 하고 있다.

성경에서도 인간의 꿈 이야기는 자주 등장한다. 복음서는 예수님의 생애와 관련된 꿈을 기록하고 있다. 요셉의 꿈에 주의 천사가 나타나 그와 정혼한 마리아가 성령으로 잉태됨을 알리며 마리아를 아내로 데려오기를 두려워하지 말라(마 1:20)고 하고 예수님의 탄생을 경배하러 온 박사들은 꿈에 헤롯왕에게 돌아가지 말라는 지시를 받는다(마 2:12). 성경에서 꿈과 관련해서 발견되는 중요한 사실은 요셉과 다니엘처럼 하나님을 경외하고 영적 세계에 열려 있는 사람들에게 꿈 해석 능력을 주셨다는 것이다. 요셉의 이야기는 꿈과 꿈의 해석을 빼고는 이해하기 어려울 정도이다. 꿈 때문에 애굽의 종으로 팔려가기도 하고 꿈 때문에 감옥에서 나오기도 한다. 다니엘은 낯선 땅에서 왕의 꿈을 해석함으로써 높임을 받게 된다. 성경에서 꿈은 비전, 환상, 천사의 출연 등과 크게 구분 없이 하나님께서 인간에게 자신의 뜻을 알리는 방법

---

[6] Morton Kelsey, *Dreams: A Way to Listen to God* (New York: Paulist Press, 1987), 32-3.

들 중의 하나로 나타나고 있다. 성경에서 꿈은 인간을 돌보시는 하나님의 은혜의 방편으로 등장한다.

인간은 의식으로만 기도하지 않고 무의식 세계를 통해서도 기도하는 것을 알 수 있다. 성경에서 기도와 꿈의 관계를 밝혀주는 결정적인 증거가 있다. 바로 솔로몬의 기도다. 열왕기상 3:5에 "기브온에서 밤에 여호와께서 솔로몬의 꿈에 나타나시니라 하나님이 이르시되 내가 네게 무엇을 줄꼬 너는 구하라"(왕상 3:5)라는 내용이다. 기도를 가르칠 때 중요하게 기억되고 있는 솔로몬의 기도는 무의식 세계에서 행해졌던 기도다.

오늘날 많은 사람들은 기도를 깨어있는 의식 세계와 관련하여만 생각한다. 이런 경향은 언어라는 매개물을 통해서 의식적으로 만들어진다. 기도가 보이지 않는 곳, 무의식의 깊은 곳이나 꿈꾸는 사이에도 일어날 수 있다는 사실은 터무니없게 느껴지기도 한다. 그리고 무의식이 의식보다 기도를 더 잘 하고 있을지도 모른다는 생각도 환영받지 못한다.

그런데 왜 기도가 무의식의 레퍼토리 중 하나가 되면 안 되는가? 무의식은 우리의 정신적 삶의 대부분을 이루고 있다. 기도가 가치 있는 행위라면, 정신의 대부분을 이루는 어떤 것이 기도에 동참하지 못하게 하는 것이 옳은 것인가?

융은 모든 사람의 정신 안에는 전체성과 통합을 향한 본능적 욕구가 존재한다고 생각했다. 전체성을 향하는 이런 욕구는 기도와 충만함의 가장 기본적인 특성이다. 그것은 보다 높고 위대하고 깊은 것으로 끌려들어가는 느낌이다. 만약 전체성, 통일성을 향하는 소망이 기도의 정신에 존재한다면, 이런 소망이 무의식이 주도권을 잡고 있는 꿈속에서 지속적으로 발생한다면, 기도와 꿈이 매우 밀접하게 연관되어 있으며, 매일 밤 꿈을 꾸면서 기도드리고 있다는 사실을 알아야 한다. 꿈속의 기도는 의식적인 방어가 완화되는 틈을 타서 발생하는 것이기 때문에 오히려 효율적인 기도 방식이 될 수 있다. 방해를 받지 않기 때문에 잠자고 꿈꾸는 동안 무의식은 하나님과 보다 더 솔직한 기도를 할 수 있다고도 할 수 있다.

모턴 캘시(Morton Kelsey)[7]와 존 샌포드(John Sanford)[8]는 우리들의 내면에서 볼 수 있는 상징들이 영적인 의미를 가지고 있다고 믿었다. 성경을 보면 하나님께서는 종종 상징과 심상을 통해서 인간에게 말씀하신다. 그리고 우리들의 꿈은 이러한 상징과 심상을 나타내는 수단이 된다. 때문에 수많은 신자들이 자신의 꿈에 귀를 기울일 가치가 있다는 사실을 알게 되었다. 꿈속의 언어를 해독하는 방법, 즉 꿈이 무엇을 말하고 있는지 알아내는 방법을 배우기 위해서 훈련이 필요하다. 그러면 꿈속에서 본 형상이나 상징물들로부터 영적 진리를 알아내는 통찰력을 얻을 수 있을 것이다.

5. 기도와 몸

교회의 전통에서는 기도의 행위나 의도가 몸의 자세나 위치, 혹은 움직임과 결합하여 하나의 상징적인 기도의 '언어'를 형성해 왔다. 기도할 때 고개를 숙이거나 두 손을 맞잡거나 팔을 펼 수 있다. 이러한 몸짓들은 모두 '기도의 언어'의 일부이다. 기도할 때 무릎을 꿇고, 고개를 숙이거나 하늘을 향해 쳐들고, 눈을 감거나 위를 쳐다보고, 두 손을 꼭 쥐고, 얼굴을 땅에 대고 엎드리는 것, 옆 사람과 손을 잡는 등 다양한 자세는 기도의 만국 공용어다. 즉, 기도에서 몸은 만국공용의 신체어이기도 하다.

우리가 언어로 하나님께 예배할 수 있다면 몸을 통해서도 예배할 수 있다. 우리가 말을 통하여 기도할 수 있다면 몸을 통해서도 기도할 수 있다. 이런 구전이 있다. 한 사람이 자신의 불안한 삶을 포기하고 수도원에 들어갔다. 수도사들의 삶은 낯설었다. 그는 기도를 할 수도 노래를 부를 수도 없었다. 그는 주님에게 자신의 고통을 호소하였다. 주님은 그에게 춤추고 뛰어 오르며 예배하라고 하였다. 이후에 그는 춤을 추다가 함께 기도드리는 시간을 모두 놓쳐 버렸다. 수도원장이 그를 부르자 이제 쫓겨나게 될 것이라고 생각하였다. 그러나

---

7 Morton Kelsey, *Dreams: A Way to Listen to God*을 참조.
8 John A. Sanford, *Dreams: God's Forgotten Language* (New York: Crossroad, 1982)를 참조.

그 수도원장은 단지 이렇게 말할 뿐이었다.

> 춤을 통하여 당신은 하나님을 몸과 영혼으로 예배하는 것입니다. 하나님이 우리의 마음을 담지 않은 입술을 통한 기도의 모든 천박한 말들을 오히려 용서하여 주시길 빕니다.[9]

몸을 통한 웃음과 노래와 춤은 우리의 영적 삶에서 중요한 역할을 한다. 웃음, 박수치기, 춤추기 등과 같은 기쁨에 대한 육체적으로 드러나는 우리의 행위는 하나님과 전인적으로 교제하기 위하여 필수적인 것들이다. 다윗은 하나님 앞에서 내적 기쁨을 신체적 춤으로 표현하지 않을 수 없었다. 법궤 앞에서 춤추던 다윗의 시편에서 그 성경적 예를 볼 수 있다.

> 내 영혼이 여호와의 궁정을 사모하여 쇠약함이여 내 마음과 육체가 생존하시는 하나님께 부르짖나이다(시 84:2).

불행하게도 기독교 역사는 춤에 대한 부정적인 견해를 가지고 있었다. 예를 들어 가톨릭의 교회에서는 원래 춤을 추지 못하도록 되어 있었다. 춤과 예식은 엄격히 분리되어 있었다. 1994년에야 비로소 춤은 예전적인 형태의 한가지로 언급되었다. 우리는 결코 언어만으로 기쁨의 힘인 환호를 표현할 수 없다. 환호는 현재적인 몸의 언어에서 구체화되기 때문이다. 단지 언어만을 가지고는 하나님 앞에서 우리의 아픔과 눈물과 고통과 기쁨과 환희를 다 담아낼 수 없다. 아프리카계 사람들이 많이 모이는 교회에서의 예배는 생동적이다. 그들은 몸으로 찬양하고 몸으로 기도한다.

몸으로 표현된 그들의 아픔과 기쁨이야 말로 진정한 찬양이고 기도이다. 소록도의 나환자 성도들은 온전하지 못한 몸이지만 그 몸으로 찬양하고 기도한다. 그러나 그들의 찬양과 기도는 내가 지금까지 보고 들은 것들 중에 가장 아름다웠다. 하나님의 사랑도 단지 언어에만 그칠 수 없어 그의 아들에

---

[9] Dorothee Solle, *The Silent Cry*, 182에서 인용.

게 몸을 갖게 하셨다. 하나님의 아들의 수난과 고통과 부활은 그의 몸을 통하여 우리에게 전해지게 하였다.

> 기독교의 묵상에서는 정신만이 아니라 전인이 하나님을 찾는데 참여하게 하기 위하여 항상 감정들, 가장 심오한 인간의 느낌들, 그리고 인간의 마음의 갈망들을 일깨웠다. 안타깝게도 마치 지성이 하나님을 찾는 일에 개입된 유일한 능력인 듯이 묵상은 종종 정신적인 기도라고 불려왔다. 기도할 때에는 하나님을 찾는 일에 전인이 개입된다.[10]

기도는 정신 활동만이 아니다. 하나님은 우리의 언어나 머릿속에 있는 분이 아니기 때문이다. 기도는 총체적인 인간의 활동이다. 기도를 할 때 신체적인 고요함은 중요하다. 기도에 몸을 사용한다는 사상의 신학적 토대는 성육신이다. 안디옥의 성 이냐시오는 다음과 같이 말하였다.

> 당신이 육체적으로 행하는 것들도 모두 영적이다. 당신은 모든 일을 예수 그리스도 안에서 하기 때문이다."[11]

기도의 삶은 확실히 균형이 잘 잡힌 몸 조건을 전제로 한다. 몸을 무시하는 행위는 기도를 방해할 수도 있기 때문이다.

> 우리는 몸으로부터 거리감을 갖고 몸을 무시하며 혹은 가능한 한 육체성을 거부함으로써 하나님과 교통하는 것이 아니다. 오히려 우리는 창조를 거룩한 것으로써 지금 여기에서 경험되는 하나님의 현존으로 축하함으로써 하나님과 교통하는 것이다.[12]

---

10 Lawrence S. Cunningham and Keith J. Egan, *Christian Spirituality*, 102.
11 Kenneth Leech, *Soul Friend*, 173에서 인용.
12 Dorothee Solle, *The Silent Cry*, 111.

사람들은 기도하는 동안에 몸의 다양한 부분들을 사용하도록 권유 받아야 한다. 이것이 특별히 중요한 것은 우리 문화와 교회가 정신적인 집중만을 지나치게 강조하기 때문이다.[13] 물론 집중은 기도의 결정적인 부분이다. 하지만 지속적인 정신의 집중은 가능하지도 않을 뿐만아니라 바람직하지도 않다. 우리는 하나님의 임재를 몸을 통해서도 알게 되도록 권장될 필요가 있다. 우리는 육체적 감각을 통해서 하나님과 하나님의 나라를 경험하도록 만들어졌기 때문이다.

우리는 듣고 보고 만지고 맛보고 냄새 맡는 오감을 통해서 우리는 하나님의 임재를 느낄 수 있다. 달라스 윌라드는 "인간의 영적인 삶은 언제나 우리의 몸을 사용하는 것과 관련되어 있다. 우리에게 이것들 외에 영적인 삶의 다른 도구나 수단은 없다"[14]고 하였다.

6. 기도와 감각매체

종교개혁자들은 기본적으로 성상과 성화에 대해 긍정적이지 않았다. 그들은 그리스도를 가르치는 성경 말씀을 통해서만이 하나님을 만날 수 있으며 캔버스 위에 그려진 그림이나 돌조각은 같은 역할을 할 수 없다고 강조하였다. 일부 종교개혁자들은 중세 말에 나타난 오류들이 다시 등장하는 것을 예방하기 위해 극단적으로 대처하기도 하였다. 그 대표적인 예가 츠빙글리이다. 그는 스위스 쮜리히 시내에 있던 모든 교회 장식을 없애버리고 교회 벽을 하얗게 칠해 버렸다.

물론 성상은 미신의 대상이 될 수 있다. 성경은 분명히 모든 형상을 숭배하는 것을 금하고 있다(출 20:3-4). 그러나 종교 예술 작품이나 성상은 확실히 역사적 예술적 가치를 지닌다. 종교 예술품이나 성상은 성경 이야기를 전달하고 영적 감동을 일으키는 도구로 그리고 성경의 이야기를 기억하게 하는

13　Kenneth Leech, *Soul Friend*, 174.
14　Dallas Willard, *The Spirit of the Disciplines*, 31.

역할을 할 수 있다. 카타콤의 벽화그림, 고대 그리스도인들의 석관 조각예술에는 옛날부터 기독교인들은 성경 이야기를 그림으로 표현해 왔다.

시편 기자는 하나님을 경험하는 데 있어서 인간의 감각이 가지는 중요성을 언급한다. 우상들은 "입이 있어도 말하지 못하며 눈이 있어도 보지 못하며, 귀가 있어도 듣지 못하며 그 입에는 아무 가식도 없나니"라고 하였다(시 135:16-17). 리처드 러블레스(Richard Lovelace)는 "복음주의 교회들이 시각적 혹은 상징적 도구를 배척하는 바람에 지금까지 교회사적으로 지속되어 온 성육화적 관점을 잃어버렸다"고 말한다.[15] 그는 이렇게 설명한다.

> 성육화적 관점이란 피조세계가 단순히 선하게 창조된 누림의 대상일 뿐만 아니라 영적인 세계를 상징적으로 보여주는 도구로 이해하는 관점을 가르친다. 복음주의자들은 감각과 시각을 이용한 것이면 어떤 것이라도 '영적'인 것으로부터 우리를 멀어지게 만드는 것으로 보는 일종의 마니교적 방향으로 치닫고 있다.[16]

감각적으로 더 풍성한 감수성을 지닌 사람은 영적으로 하나님과 더 깊이 관계를 형성할 수 있다. 우리는 예수님께서 인자하게 양을 안고 있는 그림을 보면 우리의 영적인 감각에 방해물이 되기보다는 하나님을 향해 우리의 마음이 더 끌리게 되는 경험을 하는 경우가 많다.

언어의 세계는 광활하고 풍부하다. 하지만 비언어적 행위인 어조, 얼굴 표정, 몸 언어 그리고 각 단어들에 내포되어 있는 암시적인 내용들 또한 많은 의미를 전달해 준다. 우리의 기도생활에서도 비언어적 요소는 다양하고 풍부하다.[17] 비언어적인 감각을 매체로 하는 하나님과의 의사소통은 상징, 음

---

15 Richard Lovelace, *Dynamics of Spiritual Life* (Downers Grove: InterVasity, 1979), 345.
16 Richard Lovelace, *Dynamics of Spiritual Life*, 345. 마니교는 페르시아인 마니(Many, 216-276년 경)에 의하여 형성된 이원론주의적 사상이다. 마니교는 특별히 영성과 물질을 투쟁의 관계로 보았다.
17 돌레이프 보만은 히브리와 그리스의 정서생활을 대조하면서 유대인들은 청각을 중요시했다고 말하였다. 그들은 하나님 앞에서 인간이 취할 수 있는 가장 숭고한 행동을 하나님의 말씀에 귀를 기울이고 그 말씀대로 따르는 순종으로 보았다. 이에 비해 그리스는 시각의 역할을 강조하였기 때문에 통찰을 중요시하게 되었다. 그리스인들은 가시적인 세계를 초월하여 불가시적 세계를 보는 능력이 인간의 영을 새롭게 해 준다고 보았다. 그리고 모든 사

악, 미술, 건축, 의복, 몸 등을 통해서 이루어질 수 있다.

먼저 상징은 상징에 사용되는 물체와는 전혀 다른 어떤 실체를 나타낸다. 예를 들어 기독교에서 십자가는 중요한 상징 중의 하나이다. 십자가는 문화에 따라 약간씩 달라지긴 했지만 기독교 역사를 통해 그리스도의 십자가의 죽음이 인간을 구원한 핵심적인 사건임을 상징해 왔다. 또한 안식일 제도는 창조주 하나님이 휴식을 취하신 제7일 뿐 아니라 이집트의 예속으로부터 그의 백성을 해방하신 하나님의 구원 행동을 매주 기념하기 위한 상징적 의식이다.

초기 기독교 시대에 암호로 그렸던 물고기 그림 익투스(icthus)는 "하나님의 아들 예수 그리스도"에 대한 헌신을 나타내는 상징이었다.[18] 양은 돌봄을 받아야 할 성도들을 상징하기도 한다. 우리는 십자가를 통해서 하나님과 대화할 수 있다. 양들의 특성을 생각하면서 나약하고 돌봄이 필요한 우리의 모습을 하나님 앞에 비추면서 묵상할 수 있다.

언어를 사용하지 않고도 의미를 전달 할 수 있는 또 다른 수단은 음악이다. 음악은 주로 언어를 초월하는 감각 기능에 의지한다. 음악은 청각 예술일 뿐 아니라 마음의 예술이다. 음악은 그 무엇보다도 우리의 마음을 움직이는 기능을 가지고 있다.[19] 다윗은 하나님 앞에서 몸과 마음을 다해 춤을 추었다(삼하 6:14). 예수님도 거리에서 노는 어린이들의 유희를 관심 있게 보았기 때문에 바리새인들의 비난을 반박하면서 아이들의 춤 놀이에 관해 이야기하고 있다(눅 7:32). 셈 킨은 신앙생활이 지적인 이론으로 흐르게 되면 리듬과 율동에 따라 활기차게 움직여야 할 종교적 감성들이 깊이 잠들어 결국 퇴화하고 만다고 하였다.[20]

물의 형상과 형태에서 영원한 존재를 보는 것 자체가 기도라고 생각했다(Wayne E. Oates, *The Psychology of Religion*, 143에서 인용).

18 헬라어로 물고기는 익투스('ixthus' or 'icthus')라고 한다. 익투스는 그리스도인들이 서로를 알아차리기 위해 암호로 사용한 상징으로 5개의 알파벳은 각각 의미를 지닌다. 'i'는 예수님, 'c'는 그리스도, 다음의 두 자인 'th'는 하나님, 'u'는 아들 그리고 마지막 자인 's'는 구세주라는 의미로, 전체를 합하여 '하나님의 아들 구세주 예수 그리스도'라는 의미가 된다.

19 Wayne E. Oates, *The Psychology of Religion*, 145-46.

20 Sam Keen, *To a Dancing God* (New York: HarperSanFrancisco, 1991), 5.

미술은 비언어적 의사전달 수단의 하나로서 널리 그리고 다양하게 응용되어 왔다. 그림이나 사진, 조각 또는 고안품은 인간이 하나님과 소통하는 중요한 자료와 수단이 될 수 있다. '천지 창조'와 '최후의 만찬'을 통해서 우리는 영적 감수성을 더욱 풍성하게 느낄 수 있다. 이런 그림을 통해 우리는 하나님을 더 깊이 묵상을 할 수 있다. 하나의 사진이나 그림이 한권의 책보다 더 많은 것을 말해 줄 수 있다.[21]

우리는 말로만 기도하는 것이 아니라 건축물을 통해서도 기도 할 수 있다. 윈스턴 처칠은 "우리는 건물을 만들고 건물은 우리를 만든다"라고 말한 적이 있다. 건물을 지을 때 사용하는 빛, 색깔, 선, 공간, 기온, 그리고 돌, 나무, 진흙, 시멘트, 천과 같은 재료들이 시각, 청각 등 우리의 감각을 자극한다. 이러한 것들은 우리의 기도생활에 중요한 영향을 끼친다. 부흥회를 중심으로 발전한 대각성운동 교회들의 예배당은 중앙 통로가 크게 강조되어 있어서 새 신자들로 하여금 그 통로를 따라 걸어 나와 그리스도의 구원에 대한 믿음을 공적으로 선포하도록 이끄는 교회의 권유를 상징하고 있다.[22]

우리는 음악을 통해서 찬양기도를 할 수 있고, 율동을 통해서 몸기도를 할 수 있고, 그림이나 건축물을 통해서도 기도할 수 있다. 실제로 기독교인들은 이러한 방식을 중요하게 사용해 왔다. 교회 안에 있는 십자가와 비둘기 등은 하나의 우상이 아니라 중요한 영적 표현들이다.

하나님과의 관계에서 의복도 중요한 역할을 할 수 있다. 창세기 3장의 타락 이야기에 따르면 아담과 하와는 선과 악을 알게 되자 눈이 열려 벌거벗은 것을 알게 된 후 무화과 잎을 엮어서 치마를 만들어 입었다(창 3:7). 그리고 하나님은 아담과 그의 아내가 에덴동산에서 쫓겨나 인생의 새로운 장을 맞이할 때 가죽 옷을 만들어 입혔다. 성경에서 하나님과 남자, 하나님과 여자, 그리고 남자와 여자가 나누는 대화는 몸과 의복에 대한 이스라엘인들의 태도를 엿보게 한다.

---

21 Wayne E. Oates, *The Psychology of Religion*, 146.
22 Wayne E. Oates, *The Psychology of Religion*, 147.

성경에 보면 고백하고 싶은 욕구 또는 자아를 개방하고 싶은 욕구는 옷을 입거나 벌거벗은 것으로 나타난다. 그것은 상징적인 것뿐 아니라 문자적으로 밀접히 관련되어 있다.[23] 술 취한 노아와 벌거벗은 노아에게서 그의 자녀들이 취한 태도는 하나님과 관계에도 중요한 영향을 주었다. 또한 욥은 "벌거벗고 세상에 태어난 몸 알몸으로 돌아가리라 여호와께서 주셨던 것 여호와께서 도로 가져가시니 다만 여호와의 이름을 찬양할지라"(욥 1:21)고 하였다.

의복은 저항을 비언어적으로 표현하는 수단이기도 하다.[24] 이사야는 아스돗이 B.C. 711년에 앗시리아에 의해 포위되자 예루살렘 거리를 벌거벗은 몸으로 걸어 다녔다. 그는 굵은 베옷을 벗고 신발도 신지 않은 채 3년 동안을 돌아다녔다. 이 예언행동은 노예의 모습을 나타냄으로써 예루살렘 성에 애굽 지지파가 늘어나고 있다는 것을 경고하기 위한 것이었다. 그는 애굽와 이스라엘 사람들이 모두 다 발가벗겨져 앗시리아의 노예가 될 것이라는 사실을 알리려고 하였다.

기독교 역사에서도 수도사와 수녀들의 복장은 다양한 의미를 담고 있을 뿐만 아니라 다양하게 해석될 수 있다. 기독교 전통에서 의복은 하나님과 인간과의 관계를 말해주는 중요한 매개체로 이해하였다. 기독교에서 의복이 하나님과 관계에서 비언어적인 수단으로 사용되는 경우로서 의복 자체가 하나님과 소통을 피하고 하나님의 자리를 차지하려는 욕망을 나타내기도 하였다.[25] 예수님은 부드러운 비단옷을 입고 궁전에서 사는 사람들을 날카롭게 비판하였다(마 11:8). 야고보서는 그리스도인들이 집회 장소에 금가락지와 화려한 옷으로 단장하고 나와서 사람들의 관심을 집중하는 사람들과 허름한 옷을 입었기 때문에 푸대접을 받는 사람들을 대조시키고 있다(약 2:1-7).

23　Wayne E. Oates, *The Psychology of Religion*, 148.
24　Wayne E. Oates, *The Psychology of Religion*, 149.
25　Wayne E. Oates, *The Psychology of Religion*, 148.

7. 기도와 창조세계

우리는 하나님이 창조한 세계를 통해서 하나님의 음성을 들을 수 있다. 피조세계는 하나님의 최고의 걸작품들이다.

> 모든 피조물은 눈부신 진리를 나타내고 있는 그림자들이다. 해와 바다 그리고 공기 이 모든 피조물들은 전능한 유일자에게로 우리들을 인도해 줄 수 있는 실마리를 가지고 있다.[26]

하나님이 창조하신 자연과 그 안에 있는 모든 것을 보며 찬양하는 것으로부터 시작하지 않는 기도는 메마른 기도가 되기 쉽다. 자연을 관찰하고 이용하는 사람에서 사랑할 줄 아는 사람의 기도는 더욱 풍성한 기도생활을 경험할 수 있기 때문이다. 토마스 머튼은 트라피스트 수도원의 조용함 가운데 빗소리를 들으며 다음과 같이 묵상하였다.

> 그 밤은 매우 어두웠다. 비는 원초적 숫녀의 신비로움으로 오두막 전체를 덮었다. 의미 있는 온 세상과 고요함과 소문들을 감싸 안았다. 이것을 한 번 생각하여보라. 말해진 모든 것이 내려놓아졌으며, 아무것도 판매되지 않고, 아무도 심판하지 않았다. 죽은 낙엽의 묵직한 더미도 물에 흠뻑 젖으며, 나무들이 비를 빨아들이고, 숲의 도랑과 틈새로 물이 채워졌으며 사람들이 벗겨놓은 언덕을 씻어 내리고 있었다. 이렇게 숲 속에 한밤에 완전히 홀로 되어 경이롭고 이해할 수 없으며 완전히 순수한 말이며 이 세상에서 가장 위로적인 말에 감싸며 있다는 것은 얼마나 소중한 경험인가! 그것은 비 그 자체가 만들어 내는 말이었다.[27]

창조세계는 하나님이 쓰신 책이다. 그 책을 읽는다는 것은 놀라움과 인식을 함께 결합하는 것이다. 노르위치의 줄리안은 말하기를 "내 손바닥 안의

---

26 Marjorie J. Thompson, *Soul Feast*, 34.
27 Thomas Merton, *Raids on the Unspeakable* (New York: New Directions, 1966), 89.

이 개암 열매와 같은 아주 작은 것 안에서도 하나님은 내게 보여주신다." 그
래서 그 안에서 그 분이 창조자, 보존자, 연인임을 인식할 수 있다고 했다.[28]
칼빈은 우주는 눈에 보이지 않는 하나님에 대해 관상할 수 있는 거울과도 같
다고 하였다.

> 당신이 어디에 눈길을 주든지 조금이라도 그분의 영광의 빛을 분별할 수 없는
> 곳은 우주에 그 어디에도 없다. 당신이 한 번이라도 넓게 퍼져있는 우주의 가
> 장 방대하고 아름다운 체계를 측량해 본다면 그 찬란함의 무한한 힘에 완전히
> 압도당할 것이다.[29]

창조세계에 대한 프란시스적인 견해는 보나벤투라에게 많은 영향을 끼쳤
다. 보나벤투라는 창조세계에 대한 묵상의 실천을 다음과 같이 진술했다.

> 창조 세계의 장엄함을 깨닫지 못하는 사람은 눈이 멀어 있는 것이다. 그 외침에
> 깨어 있지 않은 사람은 귀가 먼 것이다. 이 모든 것들로 인해 하나님을 찬양하지
> 않는 사람은 벙어리가 된 것이다. 이렇게 분명한 표시들로부터 제 일 원리를 발
> 견하지 못하는 사람은 바보다. 그러므로 당신의 눈을 열라. 당신의 심령의 귀를
> 깨우라. 당신의 입술을 열고 당신의 마음을 작동시키라. 그러면 온 세상이 당신
> 을 향해 맞서지 않고, 당신은 모든 창조물 안에서 당신의 하나님을 보고, 듣고,
> 찬양하고 사랑하고, 경배하고, 영화롭게 하고, 영광을 돌리게 될 것이다.[30]

때문에 자연을 향하여 귀를 기울이는 것도 하나님의 말씀을 들을 수 있는
좋은 방법이다. 기독교 전통에서 켈틱 그리스도인들은 자연 속에서 하나님
의 음성을 듣는 데 탁월한 영성생활을 하였다.[31] 자연을 사랑하고 감성이 풍
부했던 켈트인들은 지극히 일상적인 삶에 깊이 관여하는 기도문을 지어서

---

28 F. C. Happold, *Mysticism: A Study and an Anthology* (Harmondsworth: Penguin, 1963), 93.
29 John Calvin, *Institutes of the Christian Religion*, 1.5.1.
30 Bonaventure, *The Soul's Journey into God* (New York: Paulist Press, 1978), 1.15.
31 Ian Bradly, *The Celtic Way* (London: DLT, 1993), 53-4.

함께 낭송하며 영적인 성장을 서로 장려했다. 켈틱 기도는 자연과 일상을 소재로 삼았지만 그 기반은 철저하게 기독교의 핵심 신앙인 삼위일체 교리에 자리하고 있다.[32]

켈틱 그리스도인들은 자연과 더불어 가까이 살면서 자연을 음미하고 연구함으로 창조의 선함에 대한 감각을 계발하였다. 그들은 자연을 통해 하나님을 음성을 듣는 데 탁월한 삶을 살았다. 그들은 창세기에서 하나님께서 인간뿐 아니라 자연 만물을 창조하시고 "참 좋았더라"고 긍정하시는 말씀과 시편에서 해와 달과 산과 강 등의 자연 만물이 하나님을 경배하는 데 동참하고 있다는 데서 지혜를 얻었다.

8. 기도와 예술 작품

계몽주의 시대 이후에 이성을 중심으로 살아온 우리는 묵상을 위해 예술 작품들을 이용하기란 쉽지가 않다. 교리가 논리적이고 언어 기능을 담당하는 좌뇌에서 나온다면, 예술 작품은 직관적이고 비언어적인 우뇌를 이용한다. 보다 더 풍성한 기도생활을 위해 종교 예술을 제대로 사용하는 방법을 알 필요가 있다.

어떤 이들은 예술 작품을 가지고 묵상하는 것을 십계명의 제2계명을 범하는 일이라고 반대할 수 있다. 그러나 이 계명은 보이지 않으신 하나님을 삼차원적인 모습으로 재구성하고 예배하는 것을 금지하는 규정이다. 예수님의 초상화가 보이지 않는 하나님을 보이는 대상으로 전락시켜 버렸다며 강하게 반발했던 알렉산드리아의 클레멘트 같은 교부들의 말을 빌어 반대하는 사람도 있다. 기독교 신학의 기초를 놓은 터툴리안은 예술품이 사탄의 영가라고 주장하였다. 그러나 이러한 반응은 당시 예술 활동이 주로 이방 종교와 관련되어 나온 사실 때문에 생긴 것이다.

---

[32] 다음의 한 기도문을 예로 보자. "나를 지으신 성부의 눈 앞에서, 나를 대속하신 성자의 눈 앞에서, 나를 정결케 하신 성령의 눈 앞에서, 친밀함과 사랑 가운데 내 무릎을 꿇습니다."

교부시대 이후에도 스위스의 개혁자 츠빙글리 같은 이는 그림, 조각, 벽화 같은 시각 예술을 교회에서 끄집어냈다. 일부 청교도들도 비슷한 반응을 보였다. 그러나 이들을 제외한 대부분의 신앙 선배들은 기독교 예술품을 통한 묵상은 영적으로 도움이 된다고 생각하였다. 로마제국이 기독교를 박해했던 시절에 물고기, 닻, 비둘기, 종려나무 같은 기독교적 상징과 구약의 이야기와 신앙 영웅들의 그림이 성도들이 숨어 지내던 지하 동굴 벽에서 발견된다. 칼빈도 건전한 종교적 예술 작품이 가진 영적 가치를 인정했다. 칼빈은 "조각과 그림은 모두 하나님의 선물이다. 주님께서는 하나님의 영광과 우리의 덕을 위해 이들을 사용하신다"고 하였다.[33]

기독교 예술품을 가지고 묵상하는 행위는 창조신학적으로도 지지를 받는다. 하나님께서는 물질세계를 창조하신 후 "아주 좋았다"라고 하였다. 예술 작품은 상징을 사용한 강력한 대화 도구다. 그림은 시각적 이미지, 명암, 색깔, 감촉을 통해 인간이 경험하는 아픔과 환희를 묘사한다.

> 예술 작품은 자신과 세상을 보는 안경, 창, 망 같은 것이다.[34]

건전한 예술 작품들을 묵상하다 보면 하나님의 진리와 위대하심에 대해 보다 깊이 이해하게 된다. 물론 퇴폐적이고 허무한 예술 작품은 묵상에 도움이 되지 않는다(출 32:1-20, 롬1: 21-23). 그러나 기독교인들이 창조적으로 만든 예술 작품은 좋으신 하나님을 새로운 각도에서 드러낸다. 칼빈은 하나님께서 창조하신 세상을 통하여 지혜를 얻는 것을 무시하지 않고 그 가치를 인정했으며, 일반지식의 효능을 인정하고 성경을 이해하는 도구로 삼았다. 칼빈은 세계작가의 아름다운 작품을 볼 때마다 그 작품 속에 빛나고 있는 놀라운 빛을 통하여, 비록 타락하였으나 인간의 정신은 아직도 하나님의 뛰어나신 은사로 옷 입혀져 있고 장식되어 있다는 것을 배울 수 있다고 하였다.[35]

인간의 상태나 하나님의 손길을 다루는 예술 작품을 묵상함으로써 우리는

---

[33] John Calvin, *Institutes of the Christian Religion*, I. 11. 2.
[34] Leland Ryken, *Culture in Christian Perspective* (Portland: Multnomah, 1986), 33.
[35] John Calvin, *Institute of the Christian Religion*, II. 2. 15.

보다 더 깊은 영적 의미들을 묵상해 낼 수 있다. 주의해야 할 것은 예술 작품 자체가 비밀을 드러내는 열쇠와 같은 것은 아니라는 점이다. 그것들은 하나님의 권능을 보다 더 쉽게 이해하도록 표현하는 도구다. 아시시의 프란시스는 그리스도의 고난 형상을 묵상하면서 예수님을 만났다. 그의 영향력은 당시 온 유럽뿐만 아니라 오늘날까지 미치고 있다.

러시아 상트 페테르부르크의 에르미타주 박물관에는 렘브란트의 가장 유명한 걸작인 '탕자의 귀환'(1666)이 전시되어 있다. 렘브란트는 그림에 그의 정서적 통찰과 영적 지각을 나타내는 능력이 뛰어난 화가였으며, 탕자의 귀환은 그의 그림들 중에서도 기념비적 작품으로 알려진다. 그 그림에는 탕자가 무릎을 꿇고 회개의 눈빛으로 아버지의 품을 바라보는 장면이 묘사되어 있다. 아들은 누더기가 된 옷과 찢어진 신발을 신고 있으며 아버지는 자신의 적색 겉옷을 아들에게 감싸주고 있다.

거기에서 하나님으로부터 분리된 고통과 절망 중에 있는 인간을 긍휼히 여기시는 아버지의 모습을 볼 수 있다. 그 광경을 불만으로 가득 찬 눈길로 바라보는 형의 모습이 그 아버지의 뒤 쪽에 위치하고 있다. 아버지는 돌아온 탕자를 향해 구부정하게 몸을 기울이며 쫙 편 그의 두 손을 탕자의 어깨에 올려놓고 있다. 우리를 조건 없이 우리를 받으시는 하나님의 넓은 사랑과 위로를 느낄 수 있다.

헨리 나우웬은 박물관에서 오랜 시간동안 홀로 그 그림을 묵상하면서 얻은 영감으로 책을 저술 하였다.[36] 그 그림은 나우웬에게 하늘의 영광을 떠나 죽음의 괴로운 자리로 내려오신 그리스도와 이후 부활하셔서 하나님 아버지와 다시 기쁘게 상봉하는 장면을 떠올리게 했다. 그 그림을 묵상함으로 얻은 감동은 그가 그 동안의 받았던 상처를 치유하고 하나님 아버지의 사랑 받는 자녀로서의 정체성을 되찾는 데 큰 도움을 주었다. 그는 그 탕자뿐 아니라 자기 의에 취해 불만이 가득했던 큰아들의 모습에서도 자신의 일면을 발견하고 긍휼하신 아버지는 두 아들 모두를 치유하고 회복하시기를 원한다는

---

[36] Henri J. M. Nouwen, *The Return of the Prodigal Son: A Story of Homecoming*, (London: DLT, 1994)을 참조.

사실을 깨달았다. 이를 통해 나우웬은 자기 아버지와의 관계를 회복하는 계기로 삼았다. 그는 렘브란트의 그림을 통해 설교를 통한 말씀처럼 자신에게 도전하시는 하나님을 발견한 것이다.

9. 기도와 성격 유형

인간의 성격만큼이나 기도를 통한 하나님 경험은 다양할 수 있다. 어떤 사람은 묵상기도를 선호하고 어떤 사람은 통성기도를 선호하고 어떤 사람은 삶이 기도라고 말하고 어떤 사람은 심지어 방언기도 외에는 모두 인간적인 기도라고 하기도 한다. 어떤 사람은 지적인 형태를 띠고 어떤 사람의 기도는 감성적이다. 어떤 사람은 내향적인 기도를 선호하고 어떤 사람은 기도를 외적으로 표출하며 하기를 선호한다. 어떤 사람은 사회의 영역에서 정의를 위한 운동에서 하나님의 역사하심을 예리하게 감지하지만 꿈과 상상과 같은 내면의 세계에서 하나님이 어떻게 역사하시는지에 대해서는 거의 느끼지 못한다.

이와 같은 사람들의 현상은 인간 경험의 의미 있는 영역에서 하나님의 현존을 보지 못하도록 눈을 가리는 가정들과 정신적 여과들이 무엇인지 알게 되면 도움이 된다. 하나님을 경험하는 것을 깨닫지 못하도록 막을 수 있는 무의식의 가정들, 문화적 조건, 개인적 편견에 대한 성찰은 중요한 배움의 요소가 될 수 있다.

융은 인간을 내성적인 태도와 외향적인 태도의 두 가지 유형으로 분류하였다. 외향적인 사람은 외부세계로 향하는 사람이고, 반대로 내성적인 사람은 쉽사리 내면세계로 향하는 사람이다. 외향적인 사람은 자기 외부세계에 속하는 사람이나 사물을 가장 중요한 존재로 간주하는 반면, 내성적인 사람은 그들에 대하여 좀 더 방어적인 태도를 취한다.

융은 더 나아가 내성적인 사람과 외향적인 사람을 다시 네 가지 방식으로 세밀하게 분류하였다. 감각, 생각, 감정, 그리고 직관이다.[37] 융이 말한 네 가지 성격의 변수들은 우리의 기도생활에 영향을 미칠 수 있다.

첫째, 감각을 자신의 가장 강력한 기능으로 사용하는 외향적인 사람은 외부의 세밀한 것들을 소중하게 여기며 기도할 때에도 감각적인 매체의 활용을 귀하게 여길 것이다. 이런 사람에게는 함께 기도하는 모임이나 공동체의 후원이 대단히 중요하다. 감각을 중요하게 여기는 내성적인 사람 역시 외부적인 요인들을 강조할 것이다.

둘째, 생각의 기능에 지배되는 사람은 교리를 평가하고 신학적인 내용을 명료화해야 할 필요성을 느낄 것이다. 신학적인 성찰은 기도를 위한 긍정적인 서곡이 될 것이다.

셋째, 감정을 중요하게 여기는 사람은 감정적인 형태의 기도에 좀 더 쉽게 매력을 느끼게 될 것이다. 사색적인 기도에는 매력을 느끼지 못할 것이다.

넷째, 직관적인 사람들은 기도를 통해 도우심을 인식하거나 하나님과의 신비로운 합일을 깨닫게 될 것이다.

물론 이런 식의 구분은 지나치게 단순화한 것이다. 하지만 우리는 사람들이 다양한 방식으로 하나님을 만나도록 하기 위해서 기도에 대한 우리의 생각의 지평을 넓힐 필요가 있다.

기도에는 여러 유형이 있고 여러 방법이 있다. 여러 가지 방법 가운데 어떤 한 가지 방법만이 모든 사람에게 도움이 된다고 할 수 없다. 한 개인이 모든 기도 방법을 소화할 필요는 없다. 그러나 우리는 서로 다른 기도 방법을 포용할 수 있어야 한다. 내가 선호하는 기도 유형을 가지고 다른 사람을 쉽게 판단해서는 안 된다. 우리의 성격이 서로 다르듯 우리 각자가 선호하는 기도 유형도 다르게 나타날 수 있다.[38]

---

[37] C. G. Jung, *Psychological Types* (Princeton, N.J.: Princeton University Press, 1971), 333-37, 342, 373-78.

[38] Buruce Duncan, *Pray Your Way: Your Personality and God* (London: DLT, 1993); Reginald Johnson, *Your Personalty and God* (Wheaton, Ill.: Voctor Books, 1988); Charles J. Keating,

1) 외향적인 감각유형

외향적인 감각유형의 사람들은 추상적으로 부르짖거나 막연하게 어떤 희망을 가지고 기도하기보다는 실제로 느낄 수 있고 경험할 수 있는 것들을 통해서 하나님을 더 느끼며 경험하기를 더 선호한다. 예를 들어 실제적인 봉사활동 등을 통해 하나님을 경험하고 그런 것에 더 의미를 두는 유형이기 때문에 기도를 실제적인 삶과 분리해서 이해하지 않는다. 때문에 이런 유형의 사람들은 기도를 의자에 앉아서 단지 말로 기도하는 것에만 가치를 두지 않는다. 이러한 사람들은 의자에 앉아서 드리는 형식적인 기도를 하기 어려워할 수 있다. 이들이 선호하는 기도는 물리적인 창조 세계의 아름다움 속에서 창조주의 손을 경험하면서 찬양의 형태로 노숙자들에게 따뜻한 밥 한 그릇을 대접하면서 봉사와 사랑의 실천 속에서 하나님과 소통하며 경험된다.

2) 내향적 감각유형

내향적 감각유형의 사람들이 선호하는 기도는 우리의 내적인 감각과 기억에 뿌리를 내리고 있는 하나님에 대한 조용하고 숙고하는 기도이다. 이 유형의 사람들에게 기도는 하나님께서 우리의 삶 속에서 역사하셨던 때와 시기를 기억함으로 하나님과 소통하는 것이다. 때문에 이 유형의 사람들은 기도를 통해 하나님과 우리가 소통할 수 있도록 해준 유산과 전통에 대해서 감사하면서 하나님을 경험한다. 기도에서 내향적 감각을 사용할 때는 구조화된 기도가 마음에 더 끌릴 수 있다. 따라서 이 유형의 사람들은 주기도문, 기도서, 예배 기도문, 시편을 암송하고 각 절마다 묵상하는 것에 더 끌릴 수 있다. 내향적인 감각유형의 사람들은 주기도문을 암송하는 것이나 성경을 묵상하고 성경을 통하여 자신의 삶을 상상하는 것을 더 선호할 수 있다.

Who We are is How We Pray: Matching Personality and Spirituality (New London: Twenty-Third Publications, 2008); Lynne Baab, *Personality Type in Congregations* (Herndon, AV.:: Alban Institute, 1998), chapter 4를 참조.

3) 외향적 직관유형

외향적 직관유형의 사람들에게 기도는 세상에 하나님의 나라를 확장하기 위한 목적으로 비전과 영감과 지혜를 적용하는 것을 포함한다. 이러한 기도를 선호하는 사람들은 미봉책이나 타협하는 방식의 문제 해결에 만족하지 않고 통찰력과 창조성과 미래지향성을 기도를 통해 발산해 내는 경향이 있다. 이러한 유형의 사람들은 기도생활에서 외향적 직관을 주로 사용하며 자유와 자발성을 소중하게 생각한다. 이러한 사람들은 구조와 제도에 매이기보다는 온 세상을 위해 주어진 복음의 핵심을 바로 볼 수 있도록 하는 데 에너지를 쏟는 경향이 있다. 외향적 직관은 우리의 영성생활에서 가장 낙관적인 기능으로 작용하기도 한다. 따라서 외향적 직관유형의 사람들은 그들의 기도를 통하여 하나님께서 상황에 개입하실 것을 믿고 사람들과 주어진 일 속에서 가능성들과 비전을 보며 하나님께서 그 상황에서 가장 좋은 방식으로 역사하실 것을 확신하면서 소망과 기대를 가진다.

4) 내향적 직관유형

내향적 직관유형의 사람들은 기도를 통해 통찰과 영감과 비전을 주는 패턴과 열쇠를 찾으려고 그 마음에 여러 생각들을 자유롭게 발산시킨다. 이러한 유형의 사람들이 선호하는 기도는 하나님의 임재에 대해 깊이 생각하거나 묵상하는 과정을 수반한다. 이들에게 기도는 통찰을 불러일으키는 자유연상과 같은 전형적인 형태로 나타난다. 예를 들어 이러한 유형의 사람들에게 전형적으로 일어나는 통찰은 공동체나 그룹 안에서 어떤 사람들은 성경을 매우 자세히 공부하는 데서 영적 에너지를 얻고, 어떤 사람들은 개인적인 나눔에서 영적 에너지를 얻는다. 내향적 직관유형의 사람들에게 기도는 미래의 관점에서 현재에 대해 기도하는 특징이 있기 때문에 미래지향적인 방향성을 위한 에너지원을 제공해줄 수 있다.

5) 외향적 사고유형

외향적 사고유형의 사람들은 논리에 기초하여 분석하고 결정한 후 그것을 외부세계에 적용하는 과정을 중요하게 여긴다. 외향적 사고는 매우 목표 지향적이다. 외향적 사고를 기독교적으로 사용하기 위해서는 목표들이 하나님의 진리에 대한 이해로부터 나와야 한다. 외향적 사고유형의 사람들은 적용을 위한 시각을 가지고 하나님의 진리를 분석하는 성경공부가 도움이 될 수 있다. 따라서 이러한 유형의 사람들이 선호하는 기도는 직면의 형태로 나타난다. 이런 유형의 사람에게 기도는 하나님의 진리를 연구하고 그것을 적용하려고 하는 과정의 한 형식이다. 우리는 하나님의 진리에 비추어서 분석하는 과정이 기도가 될 수 있음을 인정해야 한다. 따라서 이 유형의 사람들의 영성생활을 위해서는 문자로 된 기도문과 같은 구조화된 형식들이 도움이 될 수 있다. 다른 사람에 의해 기록된 기도문의 구조를 활용하는 것은 이들에게 좋을 수 있다.

6) 내향적 사고유형

내향적 사고유형의 사람들은 질문이 많다는 것이 그들의 특징이다. 많은 사람들은 기도가 질문들로 가득 찰 수 있다는 사실을 인정하지 못한다. 이러한 경향 때문에 내향적 사고유형을 가진 사람들은 교회에서 환영받지 못하는 경우가 있다. 이러한 성향의 사람들은 종종 영성생활에서 이방인으로 취급을 당하기도 한다. 이러한 유형의 사람들에게 기도는 직면의 형식을 종종 띤다. 기도의 형태가 질문의 형태를 띠는 경향이 있기 때문에 모든 대답으로부터 더 많은 질문들이 생겨날 수도 있다. 우리의 기도생활에서 질문이 갖는 가치를 축소시키지 않도록 주의할 필요가 있다. 왜냐하면 기도는 결코 청원이나 간구나 감사의 형태만을 가지지 않고 질문의 요소를 포함하기 때문이다. 시편의 많은 부분은 하나님에 대한 불평의 호소와 질문을 담고 있다. 내향적 사고유형의 사람들에게 기도는 진리와 정의와 밀접한 관련을 갖는 경향이 있다. 기도에 대한 이러한 접근은 우리의 기도가 표면적인 경향으로 흐르지 않도록 도움을 줄 뿐만 아니라 깊은 영적 생활의 의미가 어떤 것인가에 항상 열려 있도록 에너지를 제공한다.

7) 외향적 감정유형

외향적 감정유형의 사람들은 지지, 격려, 동정, 따뜻함, 성실함으로 다른 사람들과 관계를 형성하는 특징이 있다. 외향적 감정유형의 사람들에게 기도는 격려와 돌봄의 행위와 같은 형태로 나타날 수 있다. 우리가 외향적 감정유형의 사람들의 말과 행위를 기도의 한 형식으로 볼 수 있다면 우리의 영성생활을 다양하고 풍성하게 하는 데 도움이 될 수 있을 것이다. 외향적 감정형의 사람들은 전통적인 방식으로 기도를 드리며 특히 그룹 기도나 둘이 함께 기도하는 것을 선호한다. 외향적 감정형의 사람들은 다른 사람들에게 일어나는 일에 대해 깊은 관심을 갖고 기도하는 경향이 많다.

8) 내향적 감정유형

내향적 감정유형의 사람들은 내적인 가치에서 의미를 찾는다. 내향적 감정과 관련된 가치들은 평화, 정의, 사랑, 긍휼, 온전함, 양선과 같은 것들이다. 이러한 유형의 사람들은 기도에서 하나님에 대한 친밀한 의존과 인격적인 관계를 중요시한다. 내향적 감정형의 사람들은 짧은 성경 구절을 가지고 묵상하는 기도를 더 선호하는 경향이 있다. 묵상의 목표는 성경 구절을 개인적으로 적용해서 자신의 것으로 만드는 것이다. 내향적인 감정형의 사람들에게는 관상적인 유형의 기도와 수련회가 매력적일 수 있다.

제8장

기도와 치유의 지평
Prayer and Horizon of Healing

1. 성경과 치유

   예수님의 사역에는 설교와 치유가 포함되어 있었으며 예수님은 자신의 선교 사역 내내 이 두 가지 활동을 병행하셨다. 이것은 마태복음 43:23에 "예수께서 온 갈릴리에 두루 다니사 저희 회당에서 가르치시며, 천국 복음을 전파하시며 백성 중에 모든 병과 모든 약한 것을 고치시니"라고 언급하고 있다. 치유는 예수님의 주요 사역 중에 하나였다. 복음서의 20%는 예수님의 치유 사역을 다루고 있다.

   신약의 3,779절 중에 727절이 치유 사역과 관련된 구절들이다. 영적 심리적 치유를 위한 기도는 건강한 성경적 사역이다. 치유의 기도는 죄나 심리적 상처로 인해 영혼이 어그러지고 하나님 앞에서 제자리를 찾지 못할 때 큰 힘을 발휘한다. 어거스틴은 처음에는 신약에 나오는 치유 이야기의 목적이 교회의 기초를 제공하기 위한 것이라고 생각하였다. 그러나 그는 교회에서 여러 번 치유의 역사를 목격하면서 생각을 바꾸게 된다.

   복음서에 보면 예수께서만 치유 사역을 하셨던 것은 아니다. 12제자의 선교(막 6:13)와 70인의 선교(눅 10:9)를 통해 알 수 있는 것처럼 예수님의 제자들도 치유를 행하였다. 사도행전에서도 치유 사역이 행해졌다. 성전 미문의 앉은뱅이(행 3:3)를 치유한 사건은 복음증거가 주어졌을 때 사도들이 어떻게 치유사건을 백성들과 종교 당국 모두에게 복음 증거의 수단으로 활용했는지를 보여주는 가장 잘 알려진 경우다. 서신에서는 하나의 새로운 강조점이 나타난다.

치유는 기독교 공동체나 회중들 속에서 일어나며 교회의 구성원들에 의하여 수행된다. 이것은 두 가지 방식으로 일어난다. 하나는 교회의 개별적인 구성원들에게 주어진 치유의 은사를 사용함으로써 시행되고(고전 12:9), 다른 하나는 교인들 중 몸이 아픈 사람이 교회의 장로들을 청하여 자신들을 치유하게 하는 것이다(약 5:14).

성경에 나타난 치유 사역은 특별히 기도를 통해 행하여졌다. 복음서에서 예수님은 제자들의 질문에 "집에 들어가시매 제자들이 조용히 묻자오되 우리는 어찌하여 능히 그 귀신을 쫓아내지 못하였나이까 이르시되 기도 외에 다른 것으로는 이런 종류가 나갈 수 없느니라 하시니라"(막 9: 28-29)라고 하셨다. 성경의 사도행전(28:8; 9:40)과 서신서(고전 12:9; 약 5:13-16)에 기록되어 있는 치유의 내용들과 복음서를 종합하여 보면 치유의 은사는 기도하는 상황 속에서 사용되었다.

2. 치유의 두 유형

성경에서 치유는 먼저 창조의 기초에 의지하는 치유가 있다. 이 치유는 하나님께서 인간을 창조하실 때 포함시키셨던 몸과 마음의 회복이라는 치유 과정의 결과로서 그리고 그분이 자연 속에 위치시키신 치유의 약제에 대한 발견과 이용을 통해서 일어난다. 이것은 우리가 보통 민간요법이라 부르는 것의 기초가 된다. 그러나 그것은 또한 전문적인 의학적 치유의 기초가 되기도 한다.

모든 전문적인 건강관리자들은 자연 치유의 원리들에 대한 훈련을 받는다. 이러한 전문가들의 기능은 이런 과정과 그 과정들을 돕는 자연의 창조로부터 나온 외적인 치유의 약제들에 대한 그들의 지식과 경험에 기초한 방법들의 적용을 통해 몸의 이 자연적 치유 과정을 고무하는 것이다.[1]

---

1   존 윌킨슨, 『성경과 치유』, 17.

자연적 치유의 방법은 성경적인 창조론에 근거를 두고 있다. 하나님은 인간을 창조하실 때 인간의 존재와 그 구조 안에 이미 수많은 자연적 치유의 과정들과 자산들을 포함시키셨다. 하나님은 인간에게 질병의 감염에 대항할 수 있는 면역체계와 세포 조직들이 손상되거나 파괴되었을 때 그것을 재생시켜주는 재생시스템을 주셨다. 자연적 치유 방법들을 실행하는 데 있어서 두 가지 유형으로 나타난다.

첫째, 민간요법이라 부르는 것이 있다. 이에 대한 성경의 예로는 열왕기하 20:7에서 이사야가 히스기야 왕의 종기에 무화가 나뭇잎을 반죽하여 습포제로 사용한 것을 들 수 있다.

둘째, 의사들이나 전문적으로 훈련받은 건강관리자들에 의해서 실행되는 것이다.[2]

초자연적 치유에 관해서는 복음서에 많이 나와 있다. 보통 초자연적인 치유는 기도치료(prayer-cure)라고 이해되어 왔다. 이 용어는 1887년 프린스턴 신학자 하지(A. A. Hodge)가 행한 대중적인 신학강연에서 사용되었다. 이는 비의학적 치유 운동의 존재에 대한 최초로 공표된 학문적이며 신학적인 인정으로 보인다.[3]

초자연적 치유 방법들에 대한 두 가지 극단적인 태도가 있다.

첫째, 신학적인 바탕 위에서 자연적 치유를 거부하는 것이다. 이는 기독교의 창조론의 적합성을 거부하는 것이다.

둘째, 과학적이며 의학적인 기초 위에서 초자연적 치유를 거부하는 것이다. 이러한 거부는 우리의 지식과 경험의 현재 상태에서 정당화되지 않는 어떤 가정을 정죄하는 것이다.

---

2 존 윌킨슨, 『성경과 치유』, 17-8.
3 A. A. Hodge, *Popular Lectures on Theological Themes* (Philadelphia: Presbyterian Board of Publication, 1887), 107-116, 존 윌킨슨, 『성경과 치유』, 18에서 재인용.

두 가지 치유 형태 모두 하나님 안에 그 근거를 두고 있으므로, 균형 잡힌 견해를 가질 필요가 있으며 두 방법의 적절성과 유효성을 인정할 필요가 있다.[4]

3. 치유의 주도권

예수께서 환자들을 치유하셨던 대부분의 경우, 복음서는 그 치유의 주도권을 누가 갖고 있는가에 대해 기록하고 있다. 예수께서 개인 환자들을 치유하셨던 26회 가운데 4회만이 누가 그 치유의 주도권을 갖고 있는지가 확실치 않거나 알려지지 않았다. 이 26회의 경우들은 누가 주도권을 행사했는가에 따라 다음과 같이 분류된다.

예수께서 주도권을 행사하신 경우는 4회이다. 귀신의 영에 사로잡혔던 여인(눅 13:12), 베데스다의 장애인(요 5:6), 말고의 귀(눅 22:51), 나인성 과부의 아들(눅 7:14)이다. 제자들이 주도권을 행사한 경우는 2회가 나온다. 베드로의 장모(막 1:30)와 선천성 소경(요 9:2)이다.

환자들이 주도권을 행사한 경우 7회이다. 2명의 맹인(마 9:27), 10명의 문둥병자(눅 17:13), 전신에 문둥병이 걸린 사람(눅 5:12), 혈루증 앓던 여인(막 5:27), 소경 바디매오(막 10:47), 회당의 귀신들린 사람(막 1:24), 가라사 지역의 귀신들린 사람(막 5:6)이다. 친척들이 주도권을 행사한 경우는 5회이다. 귀족의 아들(요 4:47)과 그의 부친, 야이로의 딸(막 5:23)과 그의 모친, 수로보니게 소녀(막 7:26)와 그녀의 모친, 간질에 걸린 소년(막 9:17)과 그의 부친, 나사로(요 11:3)와 그의 누이들이다. 친구들이나 주인이 주도권을 행사한 경우는 2회이다.

중풍병자(막 2:3)와 그의 친구들과 백부장의 하인(마 8:5)과 백부장이다. 예수님의 반대자들이 주도권을 행사한 경우도 2회가 있다. 손이 마비된 사람(눅 6:6-7)과 부종(고창병)에 걸린 사람(눅 14:1-3)의 경우이다. 미지의 사람들이 주도권을 행사한 경우도 무려 4회가 있다. 벙어리 귀신들린 사람(마 9:32),

---

4 존 윌킨슨, 『성경과 치유』, 19.

눈멀고 벙어리 귀신들린 사람(마 12:22), 귀먹고 어눌한 사람(막 7:32), 벳새다의 소경(막 8:22)이다.

4. 치유의 동기

복음서에 기록된 개인 혹은 집단의 치유 사건들의 동기로 보이는 것들을 항목별로 분류하면 다음과 같다.

첫 번째 경우, 연민의 표시로서 치유된 사례가 4회로 문둥병 걸린 남자(막 1:41), 나인성에 사는 과부의 죽은 아들(눅 7:13), 소경 바디매오와 그의 친구(마 20:34), 12명의 제자들을 보내신 후의 치유(마 14:4)이다.

두 번째 경우, 자비(긍휼)를 구한 것에 대한 응답으로 치유된 사례가 5회로 두 명의 소경(마 9:27), 가나안 소녀(마 15:22), 간질병에 걸린 소년(마 17:15), 소경 바디매오(마 20:30), 10명의 문둥병자들(눅 17:13)이다.

세 번째 경우, 믿음에 대한 응답으로 치유된 사례가 8회로 백부장의 하인(마 8:10; 눅 7:9), 중풍병자(막 2:5), 두 명의 소경(마 9:28-29), 혈루증 앓던 여인(막 5:34), 가나안 소녀(마 15:28), 간질병에 걸린 소년(막 9:24), 사마리아 지역의 문둥병자(눅 17:19), 소경 바디매오(막 10:52; 눅 18:42)이다.

네 번째 경우, 하나님의 영광을 드러내기 위하여 치유된 사례가 3로 귀족의 아들(요 4:54, 참조, 요 2:11), 선천성 소경(요 9:3), 나사로를 살린 것(요 11:4)이다.

다섯 번째 경우, 성경의 성취를 예시하는 증거로 치유된 사례가 3회로 가버나움에서의 치유(마 8:16-17), 세례 요한의 제자들에게 보여주기 위함(마 11:2-6; 눅 7:18-23), 해변에서의 치유(마 12:15-21)이다.

5. 치유의 방법

복음서에서 우리는 예수님의 여섯 가지 치유 방법들을 볼 수 있다.[5]

첫째, 말씀(word)을 통한 치유이다.
먼저 말씀으로 귀신을 축출하는 경우이다.
회당의 귀신들린 사람이다.
"잠잠하고 그 사람에게서 나오라"(막 1:12의 더러운 영혼, 눅 4:35의 귀신).
거라사의 귀신들인 사람이다.
"더러운 귀신아 그 사람에게서 나오라"(막 5:8의 더러운 영혼, 눅 8:29의 귀신, 마 8:32의 귀신들).
간질에 걸린 소년이다.
"그 아이에게서 나오고 다시 들어가지 말라"(막 9:25의 영혼, 마 17:18의 귀신, 눅 9:42의 귀신과 더러운 영혼).
다음은 말씀으로 육체를 치유한 경우다.
중풍병자이다.
"일어나 네 침상을 가지고 집으로 가라"(마 9:6; 막 2:11; 눅 5:24).
베데스다 연못의 장애인이다.
"일어나 네 자리를 들고 걸어가라"(요 5:8).
손 마른 사람이다.
"네 손을 내밀어라"(마 12:13; 막 3:5; 눅 6:10).
10명의 문둥병자이다.
"가서 제사장에게 몸을 보이라"(눅 17:14).
그리고 말씀으로 죽은 자를 일으키신 경우다.
나인성 과부의 아들이다.
"젊은이여 너에게 말하노니 일어나라"(눅 7:14).
나사로이다.

---

5 존 윌킨슨, 『성경과 치유』, 169-193.

"나사로야 밖으로 나오라"(요 11:43).

둘째, 안수(touch)를 통한 치유이다.

예수께서 안수로 병을 치유하신 경우는 7번 나온다.

고창병 걸린 사람이다.

"예수께서 그를 데려다가 고치시니"(눅 14:1).

말고의 귀이다.

"예수께서 그의 귀를 만지시고 치료하시니"(눅 22:51).

나사렛에서의 치유이다.

"예수께서 소수의 환자에게 안수하여 고치시니"(막 6:5).

저녁 시간에 행하신 치유이다.

"예수께서 그들 모두에게 안수하시고 치유하시니"(눅 4:40).

나머지 3가지 경우는 환자 자신들이 주도권을 갖고 있었다.

혈루증 걸린 여인이다.

"여인이 예수의 옷자락의 만지니 즉시 혈루증이 멈추니라"(눅 8:44).

해변에서의 치유이다.

"예수께서 많은 사람들을 해변에서 치유하셨음으로 질병으로 고생하는 자들이 예수를 만지려고 몰려드니라"(막 3:10).

게네사렛에서의 치유이다.

"예수의 옷자락이라도 만진 많은 자들이 나음을 얻으니라"(마 14:36).

안수는 예수께서 환자들을 치유하셨던 중요한 방법이었다. 안수에 의한 치유는 신약시대에는 하나의 효과적인 방법으로 잘 알려져 있다. 이것은 다른 이들의 치유를 바라는 사람들이 예수께 간구하는 다음의 본문들에서 드러난다. 먼저 딸의 소생을 원한 야이로이다.

"오셔서 그 위에 손을 얹으사 구원을 얻어(*sozo*) 살게 하소서"(막 5:23).

다음은 귀먹고 어눌한 자의 친구들이다.

"그들이 예수께 나아와 안수하여 주기를 간구했다"(막 7:32).

그리고 벳새다의 맹인의 친구들이다.

"그들이 소경 친구에게 안수하시기를 간구했다"(막 8:22).

셋째, 말씀과 안수를 통한 치유이다.

베드로의 장모의 경우다.

"예수께서 여인의 손을 만지시니 열병이 떠났다"(마 8:15, 막 1:31).

"예수께서 열병을 꾸짖으신대 병이 떠났다"(눅 4:39).

나병환자의 경우이다.

"예수께서 손을 내밀어 저에게 대시며 가라사대 '내가 원하노니 깨끗함을 받으라' 하셨다"(마 8:3, 막 1:41과 눅 5:13).

야이로의 딸의 경우이다.

"소녀의 손을 잡으시고 가라사대 '아이야 일어나라' 하셨다"(막 5:41, 눅 8:54).

두 사람의 소경의 경우이다.

"예수께서 그들의 눈을 만지시며 가라사대 '너희 믿음대로 대라' 하셨다"(마 9:29).

뼈가 꼬부라진 여인의 경우이다.

"예수께서 보시고 불러 이르시되 '여자여 네가 네 병에서 놓였다' 하시고 안수하셨다"(눅 13:12-13).

맹인 바디매오의 경우이다.

마태복음 20:34의 경우에는 안수에 대한 기록은 있지만 말씀은 없다. 반면에 마가복음 10:52에는 말씀에 대한 기록은 있지만 안수는 없던 것으로 나온다.

넷째, 타액(침, saliva)의 사용을 포함한 치유이다.

먼저 귀먹고 어눌한 자의 경우이다.

"예수께서 그 사람을 따로 데리고 무리를 떠나사 손가락을 그의 양 귀에 넣고 침을 뱉어 그의 혀에 손을 대시며"(막 7:33-34).

벳새다의 소경의 경우이다.

"예수께서 맹인의 손을 붙잡으시고 마을 밖으로 데리고 나가사 눈에 침을 뱉으시며 그에게 안수하시고 무엇이 보이느냐 물으시니 쳐다보며 이르되 사람들이 보이나이다 나무 같은 것들이 걸어가는 것을 보나이다 하거늘 이에 그 눈에 다시 안수하시매 그가 주목하여 보더니 나아서 모든 것을 밝히 보는

지라 하늘을 우러러 탄식하시며 그에게 이르시되 에바다 하시니 이는 열리라는 뜻이라"(막 8:23-25).

선천성 소경의 경우다.

"이 말씀을 하시고 땅에 침을 뱉어 진흙을 이겨 그의 눈에 바르시고 이르시되 실로암 못에 가서 씻으라 하시니 (실로암은 번역하면 보냄을 받았다는 뜻이라) 이에 가서 씻고 밝은 눈으로 왔더라"(요 9:6-7).

치유 사역에서 타액을 사용하는 것은 교회의 치유 관행에서 계속되지 않았다. 이것은 비록 예수께서 몸소 타액을 사용하셨을지라도 그것이 어떤 치유 절차에 필수적인 것으로 간주되지는 않았음을 의미한다.

다섯째, 원거리(distance) 치유다.

귀족의 아들의 경우다.

"가라, 네 아들이 살았다"(요 4:50).

백부장의 아들의 경우다.

"가라, 네 믿음대로 될찌어다"(마 8:13).

수로보니게 소녀의 경우다.

"이 말을 하였으니 돌아가라 귀신이 네 딸에게서 나갔느니라"(막 7:29).

왜 원거리 치유를 하셨는지는 분명하지 않다. 왜냐하면 예수께서 원거리 치유를 하실 수 있었음에도 불구하고 그렇게 하지 않으셨던 경우들도 있기 때문이다. 예를 들어 야이로가 자기 딸을 고쳐달라고 요청했을 때 예수께서는 그녀를 살려내기 위해 그와 함께 그의 집으로 가셨다(눅 8: 41-42). 아마도 예수께서 환자들을 방문하지 않았던 위의 3경우는 공간적 거리가 야이로의 딸의 경우보다 멀었을 수도 있다. 한편 누가복음 7:6은 예수께서 백부장의 집에서 멀지 않은 곳에 계셨음을 알려준다.

여섯째, 절단(excision)에 의한 치유다.

예수께서 결코 이런 방법은 몸소 행하지 않았지만 두 가지 경우에 예수께서는 절단에 의한 치유를 권고 하셨다. 산상수훈에서 예수께서는 욕망에 대한 치유책으로 오른쪽 눈이나 오른쪽 손의 절단을 권고하셨다(마 6:29-30). 다른 하나의 경우에서는 예수께서 만일 그것들이 유혹이나 죄의 근원이 된다면 그것들을 잘라버리라고 권고하셨다. 그 이유는 온전한 지체를 가지고 영원한 지옥 불에 들어가는 것보다 불구의 몸이라도 천국에 들어가는 것이 더 낫기 때문이다 (마 18:8-9; 막 43-49). 하지만 이 경우는 실제적인 의미라기보다는 삶의 자세를 바르게 권유하는 경우라고 할 수 있다.

선한 사마리아인의 비유에서 알 수 있는 것처럼, 확실히 예수께서는 상처를 치료하는 데 올리브기름과 희석시킨 알코올을 외과적으로 사용하는 것에 대해 알고 계셨다(눅 10:34). 또한 우리는 마가복음 6:13을 통하여 예수님의 제자들이 "많은 환자들에게 기름을 발라 고쳤다"는 것을 안다. 하지만 예수께서 이런 치유법을 사용하셨는지는 분명한 기록이 없음으로 알 수 없다.[6]

6. 치유와 기도

교회역사에서 치유 사역의 중심적 역할을 하는 것은 기도였다. 그것은 오늘날의 교회에도 여전히 적용된다. 예수께서는 제자들에게 그들이 자신이 행한 것과 같은 일을 하리라고 약속하신 후에 "너희가 내 이름으로 무엇을 구하든지 내가 시행하리니 이는 아버지로 하여금 아들을 인하여 영광을 얻으시게 하려 함이라"고 말씀하셨다(요 14:13). 사도행전에서도 베드로가 다비다를 일으킨 경우(행 9:40)와 바울이 보블리오의 부친을 치유한 경우(행 28:8)를 보면, 기도가 치유에 선행되었음을 알 수 있다. 야고보는 그의 서신서 5장에서 기도치유를 권한다 (약 5:14-18).

기도는 오늘날 교회의 치유 사역에서도 기본적인 방법이다. 기도는 의학적이든 비의학적이든 모든 기독교적 치유 사역의 근간이라 할 수 있다. 치유에 있어서 기도가 갖는 위치에 대해서는 예수께서 직접 말씀하셨다. 마가복음에서 간질병에 걸린 소년이 치유를 받은 후 제자들이 예수께 자신들이 퇴치하지 못한 귀신을 어떻게 몰아내셨는지에 대해 묻자 예수께서는 "기도 외에 다른 것으로는 이런 유가 나갈 수 없느니라"고 하셨다(막 9:29). 환자를 위한 기도는 사

---

6   존 윌킨슨, 『성경과 치유』, 170.

도행전 9:40과 28:8에서와 같이 환자의 면전에서 행해지기도 하고, 백부장의 하인의 치유(막 7:24-30)와 수로보니게 소녀의 치유(눅 7:1-10)에서처럼 병든 자가 현장에 없는 가운데 행해지기도 했다.

물론 성경에는 치유에서 기도뿐만 아니라 의학적 매개물이 사용된 사례들도 등장한다. 구약성경에서 이에 대한 가장 명백한 사례는 열왕기하 20:7과 이사야 38:21에서 이사야 선지자가 히스기야 왕의 종기를 치유하기 위해 무화과 반죽을 처방한 경우다. 신약성경에서는 예수께서 세 가지 치유 기적을 행하시면서 타액을 사용하였던 것을 볼 수 있다. 마가복음 7:33에서 귀먹고 벙어리인 사람을 치유하실 때 그리고 마가복음 8:23과 요한복음 9:6에서 맹인들을 고치실 때이다. 또한 마가복음 6:13에는 예수께서 환자에게 올리브 기름을 발라 병을 치유한 것에 대한 언급이 나온다.

기도는 오늘날에도 여전히 교회의 치유 사역의 기본이 된다. 하지만 성경에서의 치유 방법은 영적인 방법과 함께 의학적 방법들도 사용되었다는 것을 또한 기억해야 한다. 모든 참된 치유는 하나님께로부터 오기 때문이다.[7]

레지널드 체리(Reginald Cherry)는 성경에 나타난 기도치유 연구와 그의 임상에서 얻은 경험으로 지금도 하나님께서는 치유하신다고 하면서 다음과 같은 기도치유의 방법을 제시하고 있다.[8] 우선 성경에 나타난 치유 사례들을 통해 정리해 보면 다음과 같다.

첫째, 하나님께서 온전히 치유해주실 것임을 적극적으로 믿는다.
둘째, 예수님이 치유하시기 위해 이미 희생하셨음을 깨닫는다.
셋째, 하나님이 치유해 주실 것에 대해 포기하지 않는 태도가 필요하다.
넷째, 치유를 받기 위한 자기 자신만의 개인적 길을 발견하고 그것을 따른다(요 9:7).
다섯째, 회복의 여정에 자연적, 초자연적 역할 모두를 인정한다.
여섯째, 치유 받기 위해 할 수 있는 모든 것을 하겠다는 의지가 필요하다

---

7 존 윌킨슨, 『성경과 치유』, 449.
8 Reginald Cherry, *Healing Prayer: God' Divine Intervention in the Medicine, Faith, and Prayer* (Nashville: Thomas Nelson Publications, 1999), 127-128.

(잠 18:9).⁹ 하나님이 치유하심을 따르면서, 자신이 해야 할 것을 해야 한다는 것이다. 예를 들어 적절한 식이요법을 하고 있는지, 알맞은 운동을 하는지, 충분한 휴식을 취하는지, 스트레스가 쌓이지 않도록 하는지, 또한 지금 치유가 되었다 하더라도 이러한 것들을 하지 않는다면 재발하는 데 얼마나 걸릴 지 등에 대한 것을 알고, 무엇을 하고 무엇을 하지 말아야 할지를 알아야 한다.

일곱째, 우리가 할 수 있는 것은 하고 우리가 할 수 없는 것은 하나님께서 하실 수 있음을 기대하고 긍정적으로 하나님께 구한다. "치유 받기 위해 어떤 노력을 해야 할까요? 지혜를 주세요"라고 기도한다.

여덟째, 믿음으로 받고 행한다. 마태복음 11:23에 의하면, 예수님이 일반적으로 하나님의 뜻이 어디에 있는지를 물으라고 한 것이 아니라, "바다에 던지우라"고 "이 산을 향하여 말하라"고 하셨다. 넘어야 할 '산'이 어떤 것인지를 구체적으로 구하는 것이 필요하다.

7. 치유와 믿음의 기도

야고보서에 보면 병든 사람은 교회의 장로들을 청하도록 되어 있고 그들이 도착하면 해야 할 일이 두 가지 있었다. 병든 사람을 위하여 기도하여야 하고 주님의 이름으로 올리브기름을 발라주도록 되어 있다(약 5: 14 후반부). 이 두 가지 행동은 모두 치유의 근원이 바로 하나님이시라는 인식에 근거를 둔 것이다. 그런데 두 가지 절차 가운데, 기도의 행위가 더 중요하다. 이것은 '기도하다'라는 것이 이 구절에서 중요한 동사이고, '기름을 바른다'라는 구절은 종속적 분사라는 사실에서 분명히 알 수 있다.

---

9 잠언 18:9은 NIV에서 "One who is slack in his work is brother to one who destroys"(한글 개역성경은 "자기의 일을 게을리 하는 자는 패가하는 자의 형제니라"로 번역함)로 기록되어 있으나, Amplified Bible은 "He who does not use his endeavors to heal himself is brother to him who commits suicide"("자기 자신을 치유하기 위해 노력을 기울이지 않는 사람은 자살하는 자와 형제니라"로 번역될 수 있음)로 기록됨.

이 두 가지 행위들 간의 시간적 관계성을 명확히 하는 것은 어려운 일이다. 기름으로 병든 자에게 바르는 규례는 부정과거 분사로 표시되어 있는데, 이것은 일반적으로 기름으로 병든 자를 바르는 것을 묘사하는 행위가 이 경우에는 기도와 관계된 중요 동사의 행위보다 선행한다는 것을 의미한다. 그러나 기도와 기름 바르는 행위가 동시에 일어나는 것으로 이해하는 것이 훨씬 더 자연스럽다고 할 수 있다.

장로들은 병든 자에게 손을 얹어서 그들이 침대에 누워 있는 대로 치료를 위해 기도해야 한다. 이때 효과적인 기도의 유형은 약 5:15에 '믿음의 기도'라고 규정되어 있는데, 이 믿음의 기도는 병든 자를 구원하게 되고(sozo), 주께서 일으키시게 하며, 자신들이 범한 모든 죄를 사함 받게 한다. 야고보서는 병든 자가 장로들에게 죄를 고백하도록 가르치지 않고 있다. 믿음의 기도가 병든 자에 대한 치유를 불러일으킬 것이라는 사실은 죽음을 예견하는 것이 아니라 회복의 기대를 반영하는 것이다.[10]

야고보서 5:16에서 야고보는 교회의 회중 전체가 치유에 참여할 수 있다고 말한다. 성도들은 서로 자신들의 죄를 고백하며 서로 기도해야 한다. 상호간의 고백과 서로를 위한 기도에 대한 이러한 권면은 초기 기독교 공동체의 구성원들 사이에 존재했던 친근한 애정과 친교를 언급해 주고 있는 것이다.[11]

야고보서 5:15-16에는 기도치유가 언급되어 있다. 야고보가 여기서 어떤 종류의 기도를 의도했는지 이해하는 것은 중요한 일이다. 야고보는 다음의 세 가지 표현들 속에서 이것을 밝히고 있다. '믿음의 기도'(15절), '의인의 기도'(16절), '그는 열렬하게 기도하였다'(17절). 이 구절들을 통해 치유에 효과적이라고 간주하는 기도의 유형을 유추해 볼 수 있다.

---

10 존 윌킨슨, 『성경과 치유』, 373-72.
11 존 윌킨슨, 『성경과 치유』, 374.

첫째, 믿음에 근거한 기도이어야 할 뿐만 아니라 의심 없이 믿음으로 하여야 한다.

둘째, 기도하는 장로들의 믿음의 기도이다. 여기서 믿음은 환자의 믿음이 아니라 장로들의 믿음이다. 치유를 위해 기도하는 자는 의인이어야 한다. 여기서 의인은 하나님과 올바른 관계를 유지하여야 하며 엘리야처럼 하나님의 현존 앞에 설 수 있는 사람이어야 한다.

셋째, 환자를 위한 기도는 온전한 기도를 해야 한다. 여기서 온전한 기도란 집중적으로 열렬한 기도를 하는 것을 말한다.[12]

그러므로 우리는 야고보가 치유에 효과적이라고 간주하는 기도의 유형을 요약할 수 있다. 그것은 진지한 믿음의 기도이어야 하며, 기도하는 사람이 믿음을 가지고 기도의 대상에게 특별히 방향이 맞추어져야 하는 기도이고, 하나님과 친밀한 관계가 있는 사람이 드리는 기도이어야 한다.[13] 여기서 기도할 때 장로들의 믿음이 강조되고 있음을 특별히 기억해야 한다. 치유 사역자들이 환자들의 믿음을 강조하는 경우가 많지만 여기서는 환자의 믿음이 아니라 기도하는 자의 믿음이다. 때문에 치유가 일어나지 않을 때 환자의 믿음 때문이라고 단정하는 것은 지극히 단순한 생각이다. 기도하는 자가 믿음 없이 형식적으로 기도할 때 환자는 하나님의 치유를 경험할 수 없다는 사실을 치유 사역에서 잊지 않아야 한다.

또한 기억해야 할 것은 야고보서 5:15-16에서 믿음의 기도가 무조건 치유를 가져올 것이라고 생각하지 않는 것이 필요하다. 치유가 발생하지 않으면 기도가 믿음이 없거나 진실하지 못했기 때문이라고 생각할 수 있으므로 치유의 조건을 무조건 믿음의 기도에만 두지 않는 것이 필요하다. 믿음의 기도는 치유를 위해 필요조건이지 절대조건은 아니다. 고린도후서 12:8에서 바울은 육체의 가시를 치유받기 위해 3번씩이나 기도했지만 그에게 치유가 허락되지 않았다. 하나님께서는 바울의 고통이 지속되어야 할 이유를 갖고 계

---

12 존 윌킨슨, 『성경과 치유』, 383.
13 존 윌킨슨, 『성경과 치유』, 383.

셨다. 그러므로 바울의 경우에 있어서 치유는 그의 질병의 제거가 아니라 하나님과 자신의 동료들 사이에서 만들어지는 바울의 관계성 속에서 나오는 질병의 새로운 용도가 곧 치유였던 것이다.

8. 기도는 플라시보인가?

기도의 효과에 대해 불신하는 회의론자들은 기도는 절대 효과적이지 않고, 만약 어떤 효과를 목격했을지라도, 결국 그것은 암시에 의해 발생하는 것으로 이해한다. 즉, 기도는 이미 잘 알려져 있는 플라시보(placebo) 효과라는 것이다. 플라시보라는 용어는 "나는 만족할 것이다"라는 뜻의 라틴어에서 유래된 말로, 무해하고 약물이 섞여 있지 않지만, 단지 환자를 달래기 위해 약품인 것처럼 속여 환자에게 주어지는 가짜 약을 뜻한다. 기도가 플라시보일까? 이 의문에 몇 가지 답변이 있을 수 있다.

첫째, 기도는 플라시보로 작용할 수 있다. 자신을 위해 누군가 기도해주고 있다는 사실을 아는 것만으로도 그 사람은 굉장히 강력한 치유 에너지를 결집시킬 수 있다. 이런 일이 벌어질 때, 기도의 효과는 환자 밖이 아니라 환자 안에서 기원한 것이다.[14] 정신신경면역학을 연구하고 있는 과학자들은 생각과 감정, 신경계와 면역계와 관련된 두뇌의 여러 부분들 간에 밀접한 연결이 존재한다는 사실을 밝혀냈다. 이런 발견에 기초해 우리는 기도의 신적 역사를 포함해서, 생각이 생물학적 현상이 될 수 있다는 사실을 받아들이고 있다.[15]

둘째, 만일 기도가 플라시보로 작용한다면 노시보로도 작용할 수 있다. 플라시보의 반대 개념으로 노시보(nocebo)가 있다. 이것은 의사가 이것이 몸에 어떤 해가 되는 것이 들어 있다고 하면서 약을 줄 때 그 약에 실제로 그런 성

---

14 Larry Dossey, *Healing Words* (New York: HarperOne, 1995), 166.
15 Harris Dienstfrey, *Where the Mind Meets the Body* (New York: HarperCollinsr, 1991); Steven Locke & Douglas Colligan, *The Healer Within: The New Science of Mind and Body* (New York: E. P. Dutton, 1986)를 참조.

분이 없음에도 환자는 실제로 몸에서 그런 반응을 느끼는 경우를 말한다. 만약 기도에 있어서 암시의 효과가 실재한다면, 즉 플라시보 반응이 나타난다면 우리는 자동적으로 기도에 노시보 효과가 있을지도 모른다는 생각을 할 수 있다. 예를 들어 어떤 한 사람이 자기와 좋지 않은 관계에 있는 사람이 자기를 향해 부정적인 기도를 하고 있다고 생각한다면 건강하던 사람이 시름시름 앓게 될 수도 있다는 것이다. 이 경우 역시 상대방이 실제로 그렇게 기도하지 않았음에도 그런 일이 일어난 것은 그 사람 안에서 일어난 심리적 효과일 뿐이다.[16]

셋째, 기도는 원래 본질적으로 유익한 것일 수 있다. 이는 기도가 자연적으로 긍정적 효과를 주며, 기도의 유익한 힘이 암시나 플라시보 반응에 전적으로 기인한 것은 아니라는 설명 방식이다. 이는 플라시보나 암시효과가 기도와 전혀 연관되지 않았음을 뜻하는 것은 아니다. 이런 플라시보 효과는 어떤 사람이 스스로를 위해서 기도할 때, 또는 다른 이가 자신을 도우려 한다는 사실을 그 사람이 깨달았을 때 언제나 치유의 한 요인이 될 수 있다. 도움을 주려는 이가 약품, 기도, 또는 그 어떤 다른 것들 중에서 무엇을 사용하던지 상관없이 치유의 요인이다.[17]

기도의 긍정적인 영향에 대한 증거는 매우 풍부하다. 기도가 긍정적인 영향을 끼친 대상은, 인간뿐만 아니라 동물, 효소, 곰팡이 효모균, 박테리아, 다양한 종류의 세포들에 이르기까지 다양하다. 기도의 이런 긍정적인 결과가 플라시보 효과에 기인했다고 여기는 것은 지극히 단순한 논리이다. 왜냐하면 하등 생명체들은 기존 관점에서 볼 때 사고 능력을 가지고 있지 않다. 따라서 암시에 대한 민감성 역시 가지고 있지 않을 것으로 여겨지기 때문이다.[18]

---

16 Larry Dossey, *Healing Words*, 166.
17 Larry Dossey, *Healing Words*, 167.
18 Larry Dossey, *Healing Words*, 167.

9. 레드랜즈 실험

기도의 치유효과에 대한 과학적 연구 중 하나는 캘리포니아의 레드랜즈대학교(Redlands University)에서 행해진 기도실험이다. 이 실험은 William R. Parker와 Elaine St. Johns의 *Prayer Can Change Your Life: Experiments and Techniques in Prayer Therapy*를 통해 알려졌다.[19] 이 실험에서 피실험자들은 22세에서 60세까지 45명의 지원자로 이루어졌다. 그들 중 3분의 1은 대학생, 3분의 2는 지역사회의 주부, 교사, 사업가, 그 밖의 직업군들로 이루어져 있었다. 이들 지원자들은 연구에 참여했을 당시 우울증 등의 문제점을 가지고 있었다. 나머지 50-75%의 사람들은 신체적으로 아무 이상이 없을 때도 의학적 치료를 받기 원하는 사람들이었다.

환자들은 15명으로 이루어진 세 개의 그룹으로 나눠졌다.

A 그룹은, 평범한 심리요법을 받았다. 이들은 치료를 받는 동안 어떤 종교적 언급도 받지 않았다. 그들 각자는 이런 형식의 치료를 선호한다고 고백했거나 의사들로부터 이런 심리요법을 받을 것을 권유받은 적이 있는 사람들이었다.

B 그룹은, 평범한 기도만 하는 그룹이었다. 이들은 9개월에 걸친 실험 내내 매일 밤마다 자신을 위해 기도를 했다. 그들은 충실하게 종교의 가르침을 실천하고 있는 기독교인이었으며, 기도에 대한 한없는 확신을 가지고 있었다. 그들은 심리학적 상담은 불필요하다고 믿었다. 그들은 자신이 기도를 잘하는 방법에 통달해 있다고 믿고 있었다. 따라서 기도에 대한 어떤 다른 방식도 그들에게 제공되지 않았다. 그들의 기도 목적은 감정적인 것이건 육체적 질병이건 상관없이 지금 가지고 있는 문제를 없애는 것이었다.

C 그룹은, 자신들의 대한 심리적인 검사를 제공 받으며 매주 2시간 동안 기도 모임을 통해 만남을 가졌다.

---

19 William R. Parker & Elaine St. Johns, *Prayer Can Change Your Life: Experiments and Techniques in Prayer Therapy* (New York: Prentice Hall Press, 1986).

이들 세 그룹은 다른 그룹과 서로 어떤 접촉이나 의사소통도 하지 못했다. 그들은 실험 전후에 몇 개의 심리학적 검사를 받았다. 모든 검사는 숙련된 통계 심리학자에 의해 집행됐고, 그들은 실험에 직접적으로 연관되지 않은 인물이었다. 검사에는 개인의 내면 깊숙한 곳에 자리잡고 있는 역동적인 움직임을 표면 밖으로 드러내게 만드는 검사인 로르샤흐테스트, 특정한 성격에 대한 깊은 통찰을 제공하는 손디테스트, 한 개인의 내면적인 태도와 감정을 자유롭게 표현하는 과정을 통해 태도와 감정을 평가하는 TAT, 문장 완결과 단어 연관 테스트까지 다양한 도구가 사용됐다.

검사결과는 A 그룹의 심리상담자들에게 제공됐으며, 이들은 이런 결과를 치료 전반에 걸쳐서 환자에게 조언을 제공할 목적으로 사용했다. C 그룹 참가자들은 매주 봉인된 봉투를 받았는데, 이 안에는 한 주 동안의 검사에서 밝혀진 본인 성격에 내재된 해로운 측면들이 적혀있었다. 이런 방식은 그 참가자가 이런 부정적 특성들에 집중하고 구체적인 기도를 통해 이를 제거할 수 있게 해줬다. 기도모임 그룹의 만남이 지속되면서 참가자들은 그들의 테스트 결과와, 이를 토대로 스스로의 문제점을 고쳤던 성공담뿐만 아니라, 이런 문제점을 다루면서 장벽에 부딪혔던 경험까지 서로 공유하기 시작했다. 테스트 결과는 실험 전반을 진행하고 있는 심리학자들과 그들의 조교들에게도 역시 전해졌다.

9개월 후, 환자들은 다른 중립적인 심리학자들에 의해 다시 한 번 검사를 받았다. 연구 결과, 심리요법을 받은 A 그룹은 65%의 향상을 보였다. 스스로 기도했던 B 그룹은 어떤 향상도 보이지 못했고, C 그룹은 72%의 향상을 보였다. 연구자들은 C 그룹, 즉 기도모임 그룹 내에서 몇몇 참가자들이 총체적 치유가 일어났다고 확신했다. 이들 참가자들은 초기에 편두통, 말더듬 증상, 궤양증상, 간질 증상을 보였다. 이 레즈랜드 실험을 통하여 몇 가지 중요한 문제를 생각해 볼 수 있다.

첫째, 심리학적 상담은 불필요하다고 믿고 오직 기도만 한 그룹의 치유가 0%로 나타났다는 결과에 대해 몇 가지 해석이 가능하다. 오직 기도만 한 그룹을 하나님을 전적으로 신뢰하는 것으로 평가 할 수도 있겠지만, 그 반대의 평가도 가능하다. 심리 상담을 무시하고 기도만 하는 것은 오히려 하나님의 주권을 제한하는 것이 될 수도 있기 때문이다. 하나님께서 인간을 치료하시는 방편들은 다양할 수 있다. 하나님의 치유 방법들 가운데는 기도가 될 수도 있고, 의료적인 것이 될 수도 있고, 상담 치료적인 것이 될 수도 있다.

하나님께서는 이러한 다양한 방편들을 통해서 우리를 만나시고 치유하신다. 심리 상담이 필요한 사람에게는 기도보다는 심리 상담이 더 효과적일 수 있다는 전제는 지극히 성경적이다. 심리 상담이 요구되는 사람을 기도 치유에만 매달리게 하는 것은 오히려 하나님의 주권에 저촉되는 것이 될 수 있다. 기도 치유와 상담을 사역으로 하는 사람들은 그들의 사역이 늘 하나님의 주권 아래 있음을 의식하는 것이 필요하다.

한편 니일 헤밀턴(Neill Hamilton)이 심리적 성숙(psychological maturity)과 기독교적 성숙(Christian maturing)은 동일한 것이 아니라고 지적했듯이,[20] 심리학적 접근의 한계점을 인식하는 것이 필요할 것이다. 이 둘이 갈등을 일으킬 때는 분명한 기독교적 정체성을 가지고 신학과 영적 가치에 우선권을 두는 것이 필요하다. 미국의 텍사스 의과대학의 래리 도시(Larry Dossy)는 "거의 대부분의 사람들이 알고 있듯이 심리검사는 기껏해야 정신 속에서 작동하고 있는 영향력들에 대한 일반적인 지표들에 불과하다. 병세 호전에 대한 정확한 수치를 증명하는 데 이런 검사를 사용하는 것은 지나친 일이다"라고 지적하였다.[21] 인간의 지혜는 한계가 있음을 지적한 것이다. 인간의 지혜는 겸손을 필요로 한다.

체리(Reginald Cherry)는 스스로 기도의 능력을 체험하고는 임상 현장에서 기도치유를 실시하는 의사이다. 수많은 실례들을 통해 그는 균형적 접근, 즉 자연적 치유와 초자연적 치유가 함께 작용할 때 놀라운 효과를 보게 된다고 고백하였다. 치유는 약물치료에 의해서 나타나기도 하고, 영적인 기적으로 나타날 수도 있고, 두 방법이 함께 작용해서 일어날 수도 있다는 것을 피력 하였다.[22]

---

20 Neill Hamilton, *Maturing in the Christian Life: A Pastor's Guide* (Philadelphia: Geneva Press, 1984), 148.
21 Larry Dossy, *Healing Words*, 175.
22 Reginald Cherry, *Healing Prayer*, 127-128.

둘째, 나타난 결과로만 하나님의 역사를 판단할 수 있느냐는 문제이다. 만약에 외형적으로 나타난 결과만을 가지고 기도의 가치를 평가할 때는 문제가 된다. 우리는 기도를 우리가 필요하다고 믿는 결과를 내놓게 하는 것으로 생각하는 경향이 있다. 우리는 효과가 있는 방법을 아는 것과 기도가 효과가 있다는 것을 보장할 기술을 개발하는 것에 관심이 있다. 기도를 통해 하나님과의 깊고 생명력 있고 변형적인 관계 속으로 들어감 없이, 기도를 우리의 삶의 증상을 조작하는 시도로 사용하기 쉽다. 기도는 기능적이 아니라 관계적이다. 기도의 본질적 특성은 하나님과의 대화이지 하나님을 통해서 어떤 것을 얻기 위한 수단이 아니다.

10. 기도와 건강

신앙 행위는 치유와 회복을 위해 몸에서 일어나는 자연적인 치유과정(면역체계, 호르몬체계, 순환체계)을 촉진시킨다. 하나님이 기적적이고 신비로운, 설명이 불가능한 방식으로 치유를 일으키는 것에 관해서는 그동안 많은 이야기를 해왔지만, 어떻게 하나님이 과학적으로 이해가 가능한 방식을 통해 좀 더 빠른 치유가 일어나도록 하는지에 관해서는 상대적으로 논의가 부족했다. 신학자들과 목회자들뿐만 아니라 의학자들에 의하여 영적 생활의 가치가 임상적으로도 보고되고 있다.

『종교와 건강』(Handbook of Religion and Health)은 종교적, 영적 활동과 감정적, 사회적, 신체적 건강 상태의 관계를 조사한 1,600개 이상의 연구 결과와 의학 평론 기사를 증거로 종교와 건강의 관계를 보고했다. 연구 결과 대부분 환자의 종교적 신념과 영적 신념이 임상적으로 유익하며, 질병에 대처하고 질병에서 회복하는데 중요한 역할을 한다고 보고했다.[23]

---

23 Harold G. Koenig, Michael E. McCullough, David B. Larson, *Handbook of Religion and Health* (New York: Oxford University Press, 2001)을 참조.

우리의 신체가 스트레스나 부정적인 생각에 의해 영향을 받는다는 사실은 더 이상의 의문의 여지가 없다. 히포크라테스(Hippocrates)가 지적한 "질병이 사람을 선택한다기보다는 사람이 질병을 선택한다"는 말은 질병의 근본적 원인이 무엇인지를 말해준다. 질병을 예방하는 가장 중요한 방법은 자신의 생각이나 감정을 부정적인 방향에서 긍정적인 방향으로 바꾸는 노력이다. 이런 일을 위해서 많은 노력들이 시도되어 왔다. 명상, 바이오피드백(뇌파 계에 의지하여 알파파를 조절, 안정된 정신 상태를 얻는 방법), 스트레스 완화제, 심리치료와 같은 방법들이 시도되어 왔다.

그러나 체스터 톨슨(Chester Tolson)과 헤롤드 커니그(Harold G. Koenig)의 보고에 의하면 가장 효과가 뛰어난 스트레스 감소요법은 기도라고 하였다.[24] 우리가 생각하고 느끼는 방식이 면역체계의 기능과 심장의 박동수, 혈압, 질병으로부터의 회복속도에 현저하게 영향을 미친다는 것을 알고 있다. 여기에 더해 여러 연구 결과들에 의하면, 예배에 참석하고, 성경을 읽고, 기도를 하고, 그의 여러 가지 형태의 종교적인 활동들이 개인의 삶과 건강에 많은 영향을 미친다는 사실을 보고하였다.

듀크대학교의 최근 연구 결과에 따르면, 혈액 속의 인터루킨-6(interleukin-6, 림프구. 단핵 백혈구에서 생산, 분비되어 면역응답에 관여하는 물질적 총칭. 특히, 인터루킨-2는 암세포를 공격하는 킬러세포를 증식시키므로 항암제로 사용되고 있음)이라고 불리는 시토킨은 예배에 정기적으로 참석하는 사람들에게서는 특히 적게 나타나는 것으로 드러났다.[25] 인터루킨-6의 수치가 높은 것은 면역체계가 약화된 것을 의미하며 면역체계를 공격하는 질병에 걸린 환자에게서 흔히 나타난다. 아이오와대학교의 또 다른 연구결과에서도 인터루킨-6의 수치가 낮은 사람들은 영적으로 안정된 노인들인 것으로 나타났다.[26]

---

24 Chester L. Tolson and Harold G. Koenig, *The Healing Power of Prayer* (Grand Rapids: Baker Book House, 2003), 48.
25 H. G. Koening, Cohen, L K. Hays, D. B. Larson, D. G. Blazer, "Attendance at Religious Services, Interleukin-6, and Other Biological Indicators of Immune Function in Older Adults," *International Journal of Psychiatry in Medicine* 27(1997), 233-250.
26 S. Lutgendorf, "IL-6 Level, Stress, and Spiritual Support in Older Adults," Psychology Department, University of Iowa, Iowa City, Personal Communication of May 1997, cited in Har-

이와 유사하게 마이애미대학교의 연구팀이 만성적인 질병을 앓고 있는 환자들을 대상으로 조사한 결과에서도 정기적으로 예배에 참석하고, 성경을 읽고, 기도하며, 묵상하는 사람들에게서는 질병에 대항해 싸우는 주요 면역 세포들의 숫자가 더 많은 것으로 나타났다. 스탠포드대학교가 100여명의 여성 유방암 환자들을 대상으로 한 연구결과에서도 종교적 활동수치가 높을수록 백혈구나 림프구 같은 면역세포의 수치가 높은 것으로 드러났다.[27]

기도와 묵상은 중요한 영적 삶의 방편이기도 하지만 건강한 삶을 영위하는 데 있어서도 중요한 역할을 하는 것을 알 수 있다. 카슨(V. Carson)과 휴스(K. Huss)는 날마다 기도하는 사람과 기도 대상이 된 사람 사이에 일어나는 기도의 효과를 보고 하였다.[28] 묵상과 기도에 사용한 시간은 자아에 병적으로 함몰될 수도 있는 한 사람의 초점을 다른 곳으로 돌릴 수 있다.[29]

11. 치유기도의 양면성

기도가 건강에 미치는 긍정적이며 치유적인 면이 많이 있음에도 불구하고 정신 건강과 신체 건강 양쪽에 악영향을 끼치는 활동이 될 수도 있다. 어떤 형태의 신앙이나 종교는 우리의 삶의 질을 높이고 때로 여러 억눌림으로부터 우리를 자유롭게 하지만 어떤 것들은 반대로 우리를 구속할 수도 있다. 기도와 성경 읽기 같은 영적 생활과 삶의 만족도 사이에 긍정적인 상관성이 있듯이 기도가 인간의 건강에 미치는 영향은 매우 긍정적이다. 한편 이러한 종교적 활동이 불행하게도 때때로 위선, 독선, 편견을 합리화시키는 데 이용

---

old G. Koenig, Michael E. McCullough, David B. Larson, *Handbook of Religion and Health*, 278.
27 T. E. Woods, M. H. Antoni, G. H. Ironson, and D. W. Kling, "Religiosity is Associated with Affective and Immune Status in Symptomatic HIV-Infected Gay Men," *Journal of Psychosomatic Researches* 45(1999), 165-176.
28 V. Carson, K. Huss, "Prayer," *Journal of Psychiatric Nursing and Mental Health Services* 17/3 (1979), 34-37.
29 월트 래리모어, 트레이시 멀린스, 『하나님이 창조하신 건강한 사람』, 정지훈 역(서울: 조이선교회, 2007), 258-259.

되기도 한다. 제랄드 메이(Gerald May)는 그의 경험을 통해 기도가 잘못된 중독의 형태로 대치될 수 있음을 지적한다.

> 나는 거의 무의식적으로, 어떤 모임이나 대화석상에서 빈정거리고 싶어질 때마다 대신 기도를 하기로 결심했다. 겉으로 보기에는 아주 좋은 대안인 것 같았고, 정말로 그랬을지도 모른다. 그러나 내 기도는 단순하고 정직하게 하나님을 향하는 기도가 아니었다. 중독이 빠져 나간 공간을 견뎌 내기 위해 하나님의 도우심을 구하는 기도가 아니었다. 대신 기도 자체가 대체 중독이 되었다. 그 기도는 진실하지 않았기 때문에, 이런 기도를 할 때 나는 알아차릴 수 있었다. 진심으로 하는 기도가 아니었다. 습관적이고 자동적인 기도였다. 기도를 하려고 하면, 내 헌신은 왜곡되었다. 영적인 방법을 사용했음에도 불구하고, 나는 그것을 개인적인 요령으로, 즉 하나님과 다른 사람들을 속이는 기술로 만든 것이다. 중독에 대항하는 나 자신밖에는 보이는 것이 없었고, 은혜는 이제 내 시야에서 사라져 버렸다.[30]

메이의 지적처럼 기도가 '대체 중독'으로 흐를 수 있는 여지가 언제든지 그리고 누구에게든지 있을 수 있다. 메이가 정직하게 고백했듯이 이러한 '대체 중독'의 잠재성은 영적으로 늘 깨어 있는 사람에게도 늘 찾아 올 수 있다. 치유 사역에서 기도는 매우 중요한 방편이지만 이를 사용함에 있어서 늘 주의를 기울여야 하는 이유가 여기에 있다.

우리가 기억해야 할 또 다른 하나는 톨슨과 커니그가 강조했던 것처럼 기도가 가장 뛰어난 스트레스 감소 효과를 가지고 있다고 하더라도, 기도 그 자체는 스트레스 완화제나 정신적 텔레파시(정신감응)나 자기암시가 아니라는 것이다. 더구나 기도만이 오직 만병통치약인 듯이 접근하는 것은 기도의 치유 효과를 전혀 인정하지 않는 것만큼이나 주의해야 할 일이다. 기도의 힘과 중요성에도 불구하고 그것을 치유에서 사용하는 것은 간단한 일이 아니다. 기도가 가장 아름다운 일이 될 수도 있지만 잠재적 위험으로 작용할 될

---

[30] Gerald G. May, *Addiction and Grace*, 167.

수 있기 때문이다. 기도가 인간이 지닌 다양한 요소들을 간과하게 만들거나 회피하는 수단으로 작용할 수도 있다.

우리가 아는 모든 종류의 의사들은 가끔 환자에게 중대한 위해를 끼치는 경우가 있다. 예를 들어 침술에서 사용되는 침은 때대로 혈관감염이라든가 심장판막에 감염이 생기는 심장내막염과 같은 문제를 일으켜 왔다. 엄청나게 다양한 종류의 허브들은 부작용을 전혀 가지고 있지 않다고 여겨져 왔었는데, 그것은 허브가 '자연산'이기 때문이다. 하지만 허브는 종종 피부발진에서 과민성 쇼크에 이르는 다양한 부작용을 야기해 왔다. 기도도 마찬가지일 것이다. 비록 기도가 엄청난 하나님과 관계에서 생동적인 작용을 하는 중요한 차원이지만 기도에는 어두운 측면이 존재할 수 있는 것이다. 아무리 기도가 성스러운 존재와 연결되어 있다 하더라도 이런 측면이 항상 내재해 있음을 기억할 필요가 있다.

우리는 특히 치유 사역에서 기도를 할 때 잠재적으로 위해를 끼칠 만한 요인은 없는가를 질문 할 수 있어야 한다. 우리는 자주 기도의 긍정적인 영향에 대해 대대적인 환영을 하는 것이 큰 문제는 아닐지 모르지만 그 영향에 대해 극단적으로 낙천적인 자세를 가지는 것에 대해 주의를 해야 한다. 기도를 하나님과의 깊고 생명력 있고 변형적인 관계 속으로 들어감 없이, 우리의 삶의 증상을 조작하는 시도가 되기 쉽다. 기도는 기능적이 아니라 관계적이다.

12. 치유기도의 방법

프랜시스 맥너트(Francis MacNutt)는 치유연구에서 질병의 네 가지 기본적인 종류에 대해서 설명한다. 개인적인 죄 때문에 생기는 영의 질병, 과거의 정서적인 상처와 손상 때문에 생기는 정서적 질병, 질환이나 사건 때문에 생기는 육체적 질병, 그리고 앞의 세 가지 질병 때문에 생기는 악마적인 압박감이다. 맥너트는 계속해서 주장하기를, 이러한 네 가지 유형의 질병에는 상응하는 기본적인 기도방법으로 회개를 위한 기도, 내면세계의 치유를 위한 기도, 신체적 치유를 위한 기도, 구원을 위한 기도로 나누었다. 그리고 이 욕구를 해소해 줄 수 있는 성례전적인 의례도 제시하였다. 참회를 통한 회개와 내면세계의 치유, 기름부음을 통한 신체적 치유, 그리고 귀신 축출을 통한 구원이다.[31]

맥너트는 질병에 맞는 치유기도를 위해서 보다 더 구체적으로 세분화하여 제시한다. 영과 관련된 질병은 종종 정서적인 질병을 가져다주기도 하고 육체적인 질병을 가져다준다. 질병의 원인은 개인적인 죄이기 때문에 효과적인 기도는 회개이다. 기도하면서 개인 죄를 인정 하고, 죄를 실토하고, 상처를 준 사람들로부터 용서를 구하면서 기도할 때 더 효과적이다. 정서와 관련된 질병은 종종 영적인 질병을 가져다주기도 하고 육체적인 질병을 가져다주기도 한다.

질병의 원인은 주로 관계 속에서 받은 상처이기 때문에 효과적인 기도는 내면세계의 치유를 위한 기도이다. 정서적인 질병을 위해서는 상담과 기도가 병행될 때 더 효과적이다. 육체와 관련되는 질병은 종종 정서적인 질병이 가져다주기도 하고 영적인 무력감을 가져다주기도 한다. 질병의 원인은 질병과 사고와 심리적인 스트레스이다. 이 질병에서 유익한 기도는 육체적인 치유를 위한 믿음의 기도이다. 이 질병은 의학적인 돌봄과 규칙적인 식사와 알맞은 운동과 함께 기도하는 것이 바람직하다. 상황에 따라 귀신이 위의 질병 또는 모든 질병의 원인이 될 수 있다. 귀신에 의한 질병은 귀신 축출 기도만이 효과적이다. 이 질병은 인간적인 처방은 효과가 없다.[32]

---

31 프랜시스 맥너트, 『치유의 목회』, 신현복 역 (서울: 아침영성지도연구원, 2010), 20-1.
32 프랜시스 맥너트, 『치유의 목회』, 26-7.

제9장

영성생활과 방언

Spiritual Life and Tongue Speaking

1. 방언의 지평

　성경의 현대 독자들의 영성생활을 바르게 이해하기 위해서는 성경에 나타난 요소들에 대한 깊은 이해뿐 아니라 영성생활을 발생시키는 다양한 상황적 문화적 정신적 요소들을 고려하여 해석할 필요가 있다. 성경 텍스트에 나타난 영성생활의 요소들에 대한 주석적 분석만을 통하여 성경의 현대 독자들의 영성생활을 해석하면 영성생활에 나타난 치료적이고 돌봄적 의미를 놓치기 쉽기 때문이다. 예를 들어 방언 또는 방언기도는 성령의 은사로 주어지는 선물이기도 하지만 사람들의 상처와 영적 체험의 여정과 무의식 세계 등과도 관계되어 있다고 할 수 있다.

　일반적으로 방언기도가 성경적으로 옳은가 그렇지 않은가 또는 방언기도가 사도시대뿐만 아니라 현대에도 지속될 수 있는가 아닌가라는 논의에만 머무는 경향이 많다. 하지만 방언기도가 인간의 무의식적 차원과 언어 그리고 영적 환경과는 어떤 관계가 있는지에 대한 상황적 논의는 매우 미흡한 편이다. 보편적으로 여러 성경신학자들과 조직신학자들은 방언기도의 상황적 패러다임에 대한 관심과 이해의 부족으로 인하여 신학적이고 교리적 관점에서 연역적 방식으로 방언기도를 해석하는 수준에 머무는 경향이 많다. 뿐만 아니라 방언기도를 실행하는 사람들의 심리적 상처와 삶과 상황과 방언기도는 어떤 관계가 있는지 그리고 방언기도를 하는 사람들로부터 발견되는 다양한 영적 의미들을 간과하는 경향이 많다.

김재성은 그의 저서 『개혁주의 성령론』에서 성령과 성령의 사역에 대한 다양한 이론적 논의를 하고 있지만, 그의 방언에 대한 진술은 고전적 해석학적 패러다임에 머물고 있다. 그는 방언에 대한 성경적 교리적인 연구를 통하여 방언을 매우 부정적으로 평가한다.

> 방언이란 무엇이며, 왜 방언이 필요했던가? 방언 시작은 기원은 바벨탑의 오만에 대해서 하나님의 심판이었다. 그런데 이제 성령의 역사로 인해서 다시 방언이 주어진 것은 하나님을 저버린 자들에게 언어로 복음을 들려주시는 자비하신 은혜에서 나온 것이다. 물론 방언이란 마치 어린 아이의 언어와 유사하다. 사도 바울은 우리가 어린 아이일 때에는 생각하는 것이나 깨닫는 것이나 말하는 것이 어린 아이와 같았다고 했다. 방언은 그런 초보적인 단계에서 필요한 기적이었다. 마치 어린 아이가 말을 배울 때에 분명치 못한 소리를 내다가 점차 성장하면서 분명한 목소리를 발하게 된다. 어린 아이의 일을 버리고 어른다운 인격자가 되는 것이다. 어른이 되었는데도 아직 아이와 같은 생각과 행동을 하고 있다면, 발달 장애인이다. 안타깝지만 책임 있는 어른 노릇을 할 수 없다. 방언은 어린 아이의 말과 같다고 생각하면 된다. 이제 어른인데 말 더듬는 사람처럼 계속 그런 소리를 하고 있어야 하는가?[1]

방언하는 자들을 영적 '발달장애인'처럼 평가하는 것은 방언 또는 방언기도를 지나치게 단순하게(naive) 이해하는 것일 뿐만 아니라 왜곡된 해석이라고 할 수 있다. 방언기도에 대한 이러한 해석은 방언기도의 심층적 의미, 즉 방언기도가 무의식적 차원과 환경적 상황 등과 어떤 관계가 있는가에 대한 이해를 간과함으로서 방언기도 자들의 심리적 환경적 상황을 놓쳐버리게 된다. 따라서 방언기도와 그 의미를 바르게 이해하고 해석하기 위해서는 단지 성경과 신학에서 말하는 이론적 내용뿐만 아니라 상황적 해석도 요구된다.

방언(고전 12:10, 28, 30; 14:1-40)은 배운 경험이 없는 새로운 언어로 영적인

---

1 김재성, 『개혁주의 성령론』 (서울: CLC, 2012), 271-72.

메시지를 전하는 능력과 관계된 것이기 때문에 다른 지체들의 유익을 위해 이 메시지는 말씀을 받는 자(고전 14:13) 혹은 통역의 은사가 있는 자에 의해 통역되어야 한다고 바울은 말한다(고전 14:26-28). 논의의 여지가 있지만 방언은 성경에서 다음과 같이 언급된다.

첫째, 바울은 방언의 은사를 공적으로 사용하는 것을 인정하지만 교회의 덕을 세우는데 사용되어야 한다고 말한다(고전 14:26-28).

둘째, 오순절의 방언(행 2:1-13)과 고린도에서의 방언의 사용(고전 14장)에는 많은 차이가 있다. 고린도에서의 방언은 회중을 향한 메시지가 아닌 교회의 덕을 세우는 하나님께 드려지는 찬양(고전 14:2)과 관계된 은사이다. 따라서 고린도에서의 방언은 예언적이기보다는 예배에 가깝다. 그러나 바울은 고린도전서 12:10과 28에 나타난 영적 은사에 대한 진술에서 다양한 '각종 방언'이 있음을 언급한다.

셋째, 바울은 고린도전서 14:2, 4, 14, 15, 28에서 각종 다른 방언에 대해 인정하는 것을 볼 때, 소위 방언 기도(고전 14:14-15)라 불리는 개인적 방언의 사용과 반드시 통역되어야 하는 공적인 방언의 사용이 구분될 필요가 있다. 기도 방언은 경배나 중보를 돕기 위해 많이 사용하지만, 방언의 은사의 주요한 목적은 상호 간에 덕을 세우기 위한 것이다.

넷째, 방언의 은사는 쉽게 남용되고 가장될 수 있다. 즉, 방언은 영적 교만, 과도한 심취, 분열의 요인이 될 수 있다. 따라서 교회에 분별과 통역의 은사가 필요하다.

다섯째, 방언의 은사는 그것이 마치 성령 받은 자의 필수 능력인 것처럼 가정되어 많은 폐해가 있었기 때문에 바른 해석도 중요하다. 특히 방언이 성령 세례의 유일한 표적은 아니라는 것과 모든 신자들이 이 은사를 가진 것은 아니라는 것을 인정해야 한다(고전 12:17-19, 30).[2]

---

2   Kenneth D. Boa, 『기독교 영성, 그 열두 스펙트럼』, 352-53.

앤서니 티슬턴(Anthony Thiselton)은 고린도전서의 방언의 은사에 대한 다양한 해석적 관점들을 다섯 가지로 정리하여 기술하였다.[3]

첫째, 천사의 말로서의 방언이다(E. Earle Ellis, G. Dautzenberg).[4]

둘째, 다른 나라의 언어를 말하는 기적적인 능력으로서의 방언이다(Chrysostom, Thomas Aquinas, Robert Gundy, Christopher Forbes).[5]

셋째, 전례적이거나 고풍스럽거나 율동적인 말의 형식으로서의 방언이다 (F. Bleek, C. F. G. Heinrici, L. T. Johnson).[6]

넷째, 황홀경(무아경)에서 하는 말로서 방언이다(Tertullian, S. D. Currie, L. T. Johnson, H. Kleinknecht).[7]

다섯째, 과도하게 통제된 정신에서 나온 예지적인 지각이나 경험을 잠재의식적으로 또는 무의식적으로 폭발시키는 해방으로서의 방언이다(K. Stendahl, G. Theissen, F. D. Machia, Max Turner, J. Motmann).[8]

티슬턴은 고린도전서 그리스어 본문의 주석을 통하여 위의 다섯 가지 견해 가운데 처음 네 가지 견해에 반대하고 다섯 번째의 입장을 취한다. 그가 다섯 번째 견해를 취하게 된 배경과 이유를 이렇게 밝힌다.[9] 즉, 필로(Philo)와 요세푸스(Josephus)의 글에 나타난 '헤르메뉴오'와 '디에르메뉴오'란 용어에 대한 연구를 통하여 고린도전서에 나타난 방언은 '통역하다'라는 의미보다 '분명히 말하다' 또는 '말로 나타내다'라는 의미로 더 빈번하게 나타나고

---

[3] Anthony C. Thiselton, *The Hermeneutics of Doctrine* (Grand Rapids: Eerdmans, 2007), 444-45.
[4] E. Earle Ellis, *Prophecy and Hermeneutics in Early Christianity* (Grand Rapids: Eerdmans, 1978), 6-71.
[5] C. Forbes, *Prophecy and Inspired Speech in Early Christianity and Its Hellenistic Environment*, QUNT II, 75 (Tubingen: Mohr, 1995), 57-65.
[6] C. F. G. Heinrich, *Der erste Sendschreiben des Apostel Paulus an die Korinther* (Gottingen: Vandenhoeck & Ruprecht, 1989), 376-94.
[7] S. D. Currie, "Speaking in Tongues," *Interpretation* (1965): 274-94.
[8] Krister Stendahl, "Glossolalia- The NT Evidence," in Krister Stendahl, *Paul among Jesus and Gentiles* (London: SCM, 1977), 109-24; Gerd Theissen, *Psychological Aspects of Pauline Theology*, trans. J. P. Galvin (Edinburgh: T&T Clark, 1987), 74-114.
[9] Anthony C. Thiselton, *The Hermeneutics of Doctrine*, 445.

있었기 때문이다. 그는 이러한 증거를 통하여 고린도전서 12:10에 나타난 방언은 로마서 8:26에서 '말할 수 없는 탄식'이라는 어구와 병행을 이루고 있다고 보았다.[10]

티슬턴은 이러한 이해 안에서 방언은 형언할 수 없는 고통이나 기쁨, 울음이나 웃음의 분출과 관련된 것으로 이해한다. 즉, 방언에서 울음과 웃음은 의식과 개념, 그리고 인지적인 정신 이전에 터져 나오고, 순수한 명제적 진술로는 도저히 표현할 수 없는 소리나 몸짓으로 분출된다는 것이다.[11] 그는 바울은 억누르지 않고 "다 털어놓게 하는" 성령의 해방하는 은사로 방언을 이해했다고 보았다.[12] 이렇게 분출시키는 것이 속에 쌓아두거나 못 박아 두는 것보다 더 건강하기 때문이라는 것이다. 방언은 이처럼 심리적이고 무의식적 특징이 있다는 것이다. 때문에 방언기도와 같은 영성생활을 단지 성경에서 진술하고 있는 내용만을 연역적으로 분석하거나 해석하는 데 머물러서는 안 되고 방언기도를 하는 사람들의 심리적 환경적 상황을 고려한 또는 포함된 해석이 필요하다고 할 수 있다.

2. 방언의 성격

오순절 이후로 방언은 기독교인의 영성생활에서 성령의 직접적인 활동에 대한 최상의 기준으로 여겨지기도 하였지만[13] 신앙적 열광주의에서 비롯된 것으로 간주되기도 하였다.[14] 신앙 체험이나 영적 체험의 표준으로서 방언의 진정성 여부에 대한 의견이 다양하다. 켈시(Morton Kelsey)는 방언이 어떤 사

---

10 Anthony C. Thiselton, *The Hermeneutics of Doctrine*, 445.
11 Anthony C. Thiselton, *The Hermeneutics of Doctrine*, 445.
12 Anthony C. Thiselton, *The Hermeneutics of Doctrine*, 445.
13 F. D Bruner, *A Theology of the Holy Spirit: The Pentecostal Experience and the New Testament Witness* (Grand Rapids: Eerdmans, 1970), 19-149.
14 낙스(R. A. Knox)는 그의 연구에서 방언 현상들의 전부가 아닌 일부가 열광주의라 칭하는 종교적 충동을 어떻게 명시하였는가를 보여준다(R. A. Knox, *Enthusiasm: A Chapter in the History of Religion with Special Reference to the XVII and XVII Centuries* (Oxford: Oxford University Press, 1973), 360-66.

람들에게는 그들의 삶이 하나님의 능력에 사로잡힌 가장 귀하고 확실한 표시로 받아들여진다고 하였다.[15] 이들은 자기들의 방언은 신약성경에서 초기 그리스도인의 방언 체험과 같은 것이라고 주장한다.[16]

방언의 성격을 규정하기는 쉽지 않다. 방언(glossolalia)이란 용어는 말하는 것(glossais lalein)에서 유래한다(고전 14:6). 헬라어 글로사(*glossa*)는 신약성경의 다른 곳에서 육체의 혀(눅 16:24), 일반 언어(요 13:18), 혹은 인간 언어(계 5:9)를 언급하는데, 어떤 구절에서는 성령의 임재와 관련된 황홀경적인 언사를 지칭하는데 사용한다(막 16:17, 행 2:3, 4, 11, 10:46, 19:6, 고전 12-14). 신약성경에 나타난 방언은 실제 언어로 취급된다. 갈릴리아인들은 '다른 방언'을 말하였다(행 2:6-8). 즉, 전혀 배우지 못한 외국어로 말하였다. 또한 예언의 한 유형(행 2:16-18)으로 나타난다. 이와 대조적으로 바울은 방언의 불명료함을 지적한다(고전 14:6-11). 방언의 행위를 예언의 행위와 대조시킨다(고전 14:3-5).

방언에 대한 이러한 모호성 때문에 현상학적으로 서로 다른 견해를 낳았다.

첫째, 방언이 심리적 현상에서 기인한다는 환원주의적 견해이다. 이러한 견해는 방언을 황홀상태에서 말하는 구술적인 표현으로써 심리적 분열의 관점에서 이해한다.[17]

둘째, 방언은 직접적인 하나님의 영감의 결과라는 변증주의적인 관점이다.

그러나 그 둘 중에 어느 것도 방언 체험을 이해하는 데 도움을 주지 못한다. 방언을 무조건 하나님의 직접적인 영감으로만 보는 견해가 때로는 비성경적일 수 있다. 왜냐하면 어떤 종교적 행위와 마찬가지로 방언도 영적인 현상일 수도 있지만 허위일 수 있기 때문이다. 다른 신앙 체험과 마찬가지로

---

15 Morton T. Kelsey, *Speaking with Tongues: An Experiment in Spiritual Experience* (London: Hodder and Stoughton, 1968), 17, 78.

16 W. G. MacDonald, "The Place of Glossolia in Neo-Pentecostalism," in *Speaking in Tongues*, 81-93.

17 F. Goodman, *Speaking in Tongues: A Cross-Cultural Study of Glossolalia* (Chicago: University of Chicago, 58-86.

방언 체험도 인간적 요인과 초월적 요인에 동시에 연관될 수 있다. 방언에 대한 환원주의적 관점은 너무나 단순한 견해이다. 분명히 초기 성도들의 방언은 그저 단순한 기쁨의 경험만이 아니었다. 방언은 신적 영감을 받아 실재로 언어를 말하는 능력이었다. 그들은 방언기도를 통해 결코 배운 적이 없는 다른 언어로 말할 수 있는 기적의 능력을 부여받았다. 때문에 방언을 이성적 관점에서 심리적인 현상으로만 보는 것도 설득력이 약하다.

방언에 대한 두 가지 표준적인 정의가 있다.

첫째, 방언은 신적 영감을 받아 실재로 언어를 말하는 능력이라는 관점이다. 그러나 여기서 언어란 학습된 인간의 언어가 아니라 전문적으로 낯선 언어이다. 사도행전 2:4-11은 이런 이해를 위해 결정적 단서를 가지고 있다. 성령 받은 제자들이 '다른 언어'로 말한다. 그리고 디아스포라 순례자들이 알아들을 수 있었다. 또한 순례자들 역시 그런 언어를 말하게 된다. 마가복음 16:17 역시 설득력 있다. 여기에서 제자들에게 따를 표적으로 '새 방언' 혹은 '새 언어'가 언급된다. 고린도전서 14장에서 바울이 거론한 어떤 양상들 역시 이런 가설을 뒷받침하기 위해 분류될 수 있다. 예를 들어 바울은 방언을 지상의 인간 언어라 알려진 언어와 대조시킨다(고전 14:10-11).[18]

켈시는 현존하는 구전 증거를 보면 그 언어가 외국 지역에서 온 방문자에게 자연히 모국어로 인지되고 인식되었다는 것이다.[19] 그런데 성경본문의 중점은 방언이 인간의 언어라는 관점을 뒷받침 하지 않는다는 것을 알 수 있다. 왜냐하면 말하는 방식에서 기적이 일어난 것이 아니기 때문이다. 오히려 청취하는 데서 발생했다는 암시를 받게 된다. 방문객들은 "그들 모두가 어떻게 우리의 본토 언어를 말할 수 있는가?"라고 묻지 않는다. "말하는 그들 모두가 갈릴리인인데 우리가 우리 자신이 언어로 듣게 됨은 어떤 이유인가?"(행 2:8)라고 놀란다. 하지만 거기에 있는 모든 이들이 같은 방식으로 듣지 않는다. 어떤 이들은 소리의 비일관성 때문에 방언 말하는 자들을 술에 취했다고

---

[18] J. M. Ford, "Toward a Theology of Speaking in Tongues," *Theological Studies* 32 (1971): 2-29.
[19] Morton T. Kelsey, *Speaking with Tongues*, 160-63.

하였다(행 2:13).

둘째, 방언은 실재 언어가 아니라는 것이다. 방언은 어떤 규정된 재잘거림(babbling)의 양태를 띤 황홀경적 말이라는 주장이다.[20] 이러한 주장은 바울이 방언을 이해 할 수 없는 말로 간주하였다는 것을 근거로 삼는다. 그리하여 '영 안에서'이나 정신을 사용하지 않는 언변과 정신을 사용하여 공동체를 유익하게 하는 언변(고전 14:14-15, 19)을 상호 대조시킨다. 방언은 개인적이고 의사소통이 불가능하다. 그러므로 하나님을 찬양할 수 있고 기도하는 개인은 교화될 수 있겠다. 그러나 정신이나 공동체에는 아무 유익도 줄 수 없다(고전 14:2, 3, 14, 17, 28).

3. 방언의 목적

문제는 방언에 대해 누가와 바울이 방언 현상을 상이하게 이해하고 있다는 것이다. 때문에 방언에 대한 이해는 한층 더 복잡해진다. 누가는 완전히 방언을 긍정적으로 평가한다. 누가는 "저희가 다 성령의 충만함을 받고 성령이 말하게 하심을 따라 다른 방언으로 말하기를 시작한지라"(행 2:4)라고 말한다. 오순절 사건의 보도에서 방언 체험과 처음으로 관계된 것은 찬사적인 표현이다. 제자들이 "각 방언으로 하나님의 큰일을" 말한다(행 2:11). 사도행전에서 누가는 방언은 성령의 임재에 대한 명확한 상징으로 말한다. 또한 성공적인 선교의 표시로서 묘사한다.

누가가 보고하고 있는 것처럼 분명히 오순절의 역사에서 체험한 방언기도는 그저 단순한 기쁨의 경험만이 아니었다. 그들은 방언기도를 통해 결코 배운 적이 없는 다른 언어를 이해할 수 있는 기적의 능력을 경험하였다. 사도행전에서 방언은 성령의 임재에 대한 상징이다. 그리고 성공적인 선교의 표시로 묘사된다.[21]

---

20 C. G. William, "Glossolalia in the New Testament," *Tongues of the Spirit: A Study of Pentecostal Glossolalia and Related Phenomena* (Cardiff: University of Wales Press, 1981), 24-45.

21 P. E. Esler, "Glossolalia and the Admission of Gentiles into the Early Christian Community,"

이와 대조적으로 바울은 그의 서신에서 방언에 대한 태도는 한층 복잡하고 상반적이다.

바울은 어떤 종류의 '영적 현상'이든지 언급할 수 있는 영적은사와 성령이 주는 은사를 언급할 때 사용하는 용어(고전 1:7, 12:4, 9, 28, 30, 31) 사이에 차이가 있음을 상기시킴으로 시작한다.[22] 바울은 영적인 것의 실재를 부인하지 않는다. 그것의 모호성을 강조하였다. 이는 부분적으로 그의 생각에 방언이 고린도교회에 야기하는 문제들 때문이기도 하다.

모임에서 어떤 사람이 모든 성령의 은사(고전 12:1)를 자기 과시의 수단으로 간주하는 엘리트적 경향이 있었다.[23] 그들 중에 어떤 사람이 자유와 지식을 공동체 교회와 무관한 방식으로 사용하였다(롬 8:1-2, 10:23). 사람들의 시선을 끄는 방언의 은사 역시 어떤 이들에게 특출한 '영적 표시'로 주장한 것이다. 어떤 사람은 오직 방언만이 영적 인간의 참된 확증이라 주장하였다.[24]

바울의 안목에서 방언이 심히 애매한 현상이었음을 제시한다. 방언을 말하는 것이 고린도교인들에게 긍정적인 은사였음을 추측할 수 있다. 그것은 그런 황홀경의 응얼거림은 그들에게 그 유별난 특징 때문에 한층 드라마틱한 신앙 체험으로 보았다. 그리하여 그들의 느낌을 환희와 해방 상태로 고조시킬 뿐만 아니라 그들이 말하는 비형식적인 말도 자유로 고조시킨다. 방언을 말하는 자들에게 그 은사는(고전 12:10, 28) 정말로 순전히 영적 은사의 표현이었다(고전 12:1, 14:1). 그리고 그 안에서 "영을 마시고"(고전 12:13), 영이 행동하게 하고 지시하는 은사임에 틀림없는 듯 보였다. 성령 자신이 그들을 말하도록 하는 것이었다(고전 12:6, 11).

바울 자신의 주장대로 그도 방언을 말하는 자였다고 하였다(고전 14:18). 바울은 방언을 성령의 은사라 칭한다(고전 12:10, 30). 그리고 어느 누구보다 그 자신이 방언을 말할 수 있는 것에 대해 하나님께 감사한다(고전 14:18). 그러나 바울

---

in *The First Christians in Their Social Worlds: Social-Scientific Approaches to New Testament Interpretation* (London: Routledge, 1994), 37-51.
22 Ernst Kasemann, "Ministry and Community in the New Testament," in *Essays on New Testament Themes* (London: SCM, 1981), 66.
23 Morton T. Kelsey, *Tongue Speaking*, 223, 231.
24 B. C. Johnson, "Tongues: A Sign for Believers?," *New Testament Studies* 25 (1979): 186-90.

의 방언에 대한 평가는 현실적인 우려로 인해 동일하게 침묵한다. 바울이 우려한 것은 방언을 말함이 회중에게 질서문란을 야기할 수 있는 방식과 관계된다. 황홀경에 있는 자들은 "예언자의 영이 예언자에게 복종하는"(고전 14:32) 방식과 같은 자기 통제를 할 수 없음을 암시한다. 그러므로 하나님은 평화의 하나님이요 혼돈의 하나님이 아니라는 확신으로부터(고전 14:32) 바울 자신이 방언의 한계선을 규정한다.

대부분의 경우 방언 체험이 개인에게 중요한 영향을 미친다. 그러나 방언을 말하는 자들 중에나 공동체 내에 분파적 충성심을 보인 것도 아마 이런 관점에서 조명될 수 있을 것이다(고전 1:10-12). 틀림없이 게바는 명성 있는 방언가였다(행 2:4-11). 바울도 자신이 인정한 대로 방언을 말하는 자였다(14:18). 고린도교인들은 몇 분파로 나뉘어져 각각 "나는 바울에게 속한다" 혹은 "나는 게바에게 속한다"(고전 1:12)고 했다. 방언이 공동체의 분열과 같은 현상을 초래하는 데 영향을 미칠 수 있다는 점을 고려해 보아야 한다.

바울이 방언에 대해 염려했던 다른 하나는 방언의 유형이 그리스-로마 문화에서 유행하던 점술 예언으로 오해 될 수 있으리라는 것이었다. 고린도전서 12:1에서 고린도교인들이 이교도이었을 때 영적인 우상 숭배로 끌려갔다고 경고한다. 그리고 고린도전서 14:23에서 외부인이 볼 때 방언 말하는 자의 모임을 "점술 예언자가 거칠게 하는 것처럼 광적으로 예언한다"고 결론 짓는다. 여기서 바울의 관심은 요한일서 4:1에서처럼 "만일 그들이 하나님으로부터 온 영인가를 시험해 보라는" 것이다. 특히 우리는 여기서 바울을 통해 한 가지 사실을 배울 수 있다. 그리스도인들은 믿지 않는 사람들이나 방언의 은사가 없는 새신자들 앞에서는 방언하는 것을 주의할 필요가 있다는 것이다.

바울은 고린도전서 13:1에서 "사람의 방언과 천사의 말"에 관해 언급한다. 그는 "사람의 방언과 천사의 방언"도 사랑 없이는 무의미하다고 선언한다(고전 13:1). 이 구절들은 사도 바울이 여러 형태의 방언 기도에 대해 경고를 한 부분이다. 사도 바울은 고린도 교회 교인들이 방언기도를 지나치게 강조한다고 생각하였다. 바울이 말한 사랑은 개인의 유익보다 타인에게 공헌하는 관점에서 정의된다. 바울은 방언과 통역을 성령의 은사로 인식하였다.

하지만 공동체의 정체성을 세우는 근본적인 은사들의 뒤에 언급하고 개인적인 체험은 전체의 선보다 중요하지 않음을 강조함으로써 방언을 상대화한다(고전 12:12-31). 성령이 주는 각양 은사는 "그리스도의 마음"(고전 2:16)에 따라 메시아 공동체를 세우는 데 기여해야 한다고 강조한다(고전 8:12, 10:31-33). 그리스도의 몸의 각 지체는 각 개인의 이익보다 공동의 선을 위해 일해야 한다고 하였다(고전 12:7).

바울은 공동체가 추구해야 할 "더 큰 은사"를 거론한다(고전 12:31). 그때 방언을 예언에 비해 미흡한 것으로 간주한다. 그리고 예언을 모든 면에 월등한 것으로 주장한다(고전 14:5). 예언은 정신력을 이용한다. 반면에 황홀경의 응얼거림은 정신력과 무관하다(고전 14:14-15). 예언이 공동체의 정체성을 함양시킨다. 반면에 방언이란 알아들을 수 없다(고전 14:6-10).

방언은 또한 공동체 전체가 분별할 수 없다. 공동체의 분별력은 건전한 영적 은사 표현에 필수적이다. 바울은 방언을 기도의 한 선택의 유형으로 보지만 큰 손실 없이 포기할 수 있는 것으로 간주한다. 공동체의 유익을 위해서라면 자신의 방언도 기꺼이 포기할 것임을 말한다(고전 14:18-19). 바울은 결국 "방언 말하는 것을 금하지 말라, 그러나 모든 일에 질서 있고 단정히 행하라"(고전 14:39-40)고 마지막 결론을 내린다.

4. 방언과 성령세례

현대 그리스도인들 중에는 방언기도가 성령세례라고 확고부동하게 믿는 사람들이 많다. 그들은 만일 방언기도를 한다면 그 사람은 성령세례를 받은 것이고 그렇지 못하다면 성령의 세례를 받지 못한 것이라는 신념을 가지고 있다. 이러한 주장을 하는 사람들은 사도행전에 나오는 '방언'에 대한 언급과 고린도전서 12장과 14장에 나오는 언급을 구분한다. 이들은 전자는 모든 사람이 받아야 하는 '표지'로서의 방언이고 후자는 일부 사람들이 받는 '은사'로서의 방언이라고 주장한다. 그것은 이들이 사도행전의 방언을 성령세례로 보기 때문이다. 그러나 성령을 받은 후에는 반드시 '방언'이 따라온다는 이들의 견해는 성경의 지지를 받는다고 볼 수 없다. 사도행전에는 성령을 받은 모든 그룹 중 오직 그들만이 '방언을 했다'고 기록되어 있을 뿐(행 2:1-4; 10:44-46; 19:1-6), 성령을 받은 사람들과 그룹들이 모두 방언을 했다는 기록은 없다. 따라서 이 성경구절들을 가지고 성령 받은 사람들은 모두 방언을 한다는 신념을 뒷받침하기에는 빈약한 면이 있다.

또한 사도행전 2장은 오순절에 서로 다른 두 그룹의 사람들이 성령의 세례 또는 선물을 받았다고 기록하고 있다. 한 그룹은 2장 처음에 나오는 120명이며, 다른 그룹은 마지막 부분에 나오는 3,000명이다. 처음 그룹의 120명은 급하고 강한 바람, 불의 혀, 방언으로 말하는 것 등을 경험하였으나 나중 그룹의 3,000명은 이러한 기적적인 현상을 경험하지는 않은 것 같다.[25] 적어도 그러한 현상에 대한 언급은 없다.

하지만 사도행전 2:33, 39을 보면 베드로의 설교를 듣고 회개한 3000명도 같은 약속을 받았고 같은 선물을 받았음에 틀림없다.[26] 그럼에도 불구하고 이 두 그룹 사이에는 차이가 있다. 120명은 이미 중생한 사람들로서 열흘 동안 하나님을 기다린 끝에 성령의 세례를 받았지만 3,000명은 불신자들이었지만 죄 사함과 성령의 선물을 동시에 받았다. 그리고 그 일은 전혀 기다릴 필요 없이 그들이 회개하고 믿은 즉시 일어났다.

이렇게 120명과 3,000명의 두 그룹을 구별하는 것이 필요하다. 왜냐하면 오늘날의 그리스도인들이 경험하는 것은 첫째 그룹이 아니라 둘째 그룹인 3,000명의 경험과 관련된다고 보아야 하기 때문이다.[27] 120명은 이미 거듭난 신자들이었고 후에 성령의 세례를 받고 방언을 체험하였다. 거듭남과 오순절의 선물이 두 단계에 걸쳐 이루어진 것은 특수한 역사적 상황에서 일어난 단회적인 사건이며 더 이상 존재하지 않는다.

우리는 3,000명처럼 오순절 사건 이후에 살고 있다. 따라서 그들처럼 우리도 죄 사함과 성령의 선물 또는 세례를 동시에 받았다. 그렇다고 해서 오순절의 두 번째 그룹과 관련된 모든 것이 오늘날 그리스도인의 경험의 표준이

---

25 John Stott, *Baptism and Fullness: The Work of the Holy Spirit Today* (Downers Grove, IL.: InterVarsity Press, 2006), 37.
26 John Stott, *Baptism and Fullness*, 37.
27 John Stott, *Baptism and Fullness*, 37-8.

된다고 말하는 것은 아니다.²⁸ 중요한 것은 오순절 사건은 적어도 두 가지의 구별되는 의미를 갖고 있기 때문에 이 둘 사이의 차이점을 구별하여 혼란을 일으키지 않도록 하는 것이다.

예수님의 죽음, 부활, 승천에 이어서 발생한 오래 전부터 약속되어 온 성령의 부어 주심은 예수님이 행하신 구속 사역 중 마지막 사건이었다. 따라서 그 일은, 그에 앞선 구세주의 죽음, 부활, 승천이 반복될 수 없는 것처럼 반복될 수 없는 사건이다. 그러나 그 축복은 그리스도에게 속한 모든 자들을 위한 것이다. 그 날 이후 모든 그리스도인은 예외 없이 이 새 시대에 참여한 자들이 되었으며, 그리스도께서 자신의 죽음, 부활, 승천 그리고 성령을 부어 주심으로써 마련해 주신 죄 사함과 성령의 선물을 받았다. 이런 의미에서 베드로의 설교의 결과로 오순절에 회심한 자들은 그 이후의 모든 신자의 전형이다.²⁹

그러나 오순절은 또 다른 좀 더 특별한 의미를 지니고 있다. 그 사건은 성령의 오심에 대한 구약성경의 일반적인 기대의 성취일 뿐 아니라, 예수님이 다락방에서 일차적으로 사도들에게 주신 특별한 약속의 성취였다. 그 약속의 성취는 하나님의 영감을 받은 권위 있는 자들로서 사도들에게 맡겨진 특별한 사역을 감당할 수 있도록 사도들을 준비시키기 위한 것이었다.

또한 오순절 사건의 또 다른 의미는 성령께서 최초로 그분의 능력을 풍성히 나타내서서 3,000명이 일제히 죄에 대해 찔림을 받고 거듭남을 체험하고 그리스도인 공동체에 일원이 되었다. 그러한 부흥 또는 성령의 능력의 이례적인 나타남은 교회의 역사에서 때때로 이어져 왔다. 그러나 우리는 그러한 현상들을 표준적인 것으로 볼 수 없다.³⁰ 하지만 베드로의 설교의 결론 부분에서 하나님이 부르셨고 따라서 참회하는 믿음으로 반응한 모든 자에게 특별히 주어진 약속은 표준적인 것으로서 그 내용은 그들이 죄 사함과 성령을 둘 다 받게 된다는 것이다. 이 두 가지 선물은 과거에도 그리고 지금도 여전히 함께 주어지며 받게 된다.³¹

---

28 John Stott, *Baptism and Fullness*, 38.
29 John Stott, *Baptism and Fullness*, 38-9.
30 John Stott, *Baptism and Fullness*, 39.
31 John Stott, *Baptism and Fullness*, 40.

어떤 사람들은 사도행전 8:5-17; 19: 1-7에 나오는 사마리아인 신자들과 세례 요한의 제자들의 경험 역시 두 단계로 이루어져 있다는 점을 지적하면서, 120명의 경험이 유일한 경우는 아니었다고 말한다. 중요한 것은 성령에 대한 이해는 사도행전에 나오는 내용만을 근거로 형성될 수 없다는 것이다. 우리가 성경을 통해 성령의 사역을 이해할 때 성경해석의 기본원리가 특수한 것이 아닌 일반적인 것에서 시작하는 것이 기본적이듯이 우리가 해야 할 본질적인 질문은 성령을 받는 일과 관련해서 신약성경 저자들의 일반적인 가르침은 무엇인가 하는 것이다. 그렇게 할 때 우리는 이러한 일반적인 가르침의 조명 하에 그러한 표준에서 분명히 벗어난 것들과 사도행전의 본문들을 둘 다 숙고 할 수 있는 자리에 서게 된다.[32] 신약성경 전체의 가르침에서 특별히 사도행전 2장에 있는 베드로의 설교와 고린도전서 12:13에 나오는 바울의 가르침에서 알 수 있는 것은, 성령의 세례는 성령의 선물과 같은 것으로서, 그것은 새 언약의 독특한 축복 중의 하나이며 또한 시초적인 축복이기 때문에 그 언약에 참여하는 모든 자에게 주어지는 보편적인 축복이다.

5. 방언과 영적 체험

방언기도가 사도 바울도 할 정도로 초대교회에서 중요한 것이었다면 왜 그것이 2-3세기 뒤 기독교교 교회에서 사라졌는가?

이 질문에 대한 성령운동 교인들에게 답은 간단한 것이었다. 그것은 교회가 하나님으로부터 점차 멀어져 타락해 갔고 그에 따라 하나님이 다른 은사들과 함께 방언의 은사를 거두셨기 때문이라는 것이었다. 그러나 마지막 때가 다가오고 세상에 상처받은 영혼들이 그들의 고유 언어와 관계없이 마지막 때의 말씀에 귀를 기울였기 때문에 하나님이 방언 기도의 은사를 다시 내리시고 그들을 구원했다고 말한다.[33] 초대교회 당시 넘쳤던 방언 은사의 물결이 오랜 역사

---

[32] John Stott, *Baptism and Fullness*, 40.
[33] 하비 콕스, 『영성 음악 여성: 21세기 종교와 성령론』, 유지황 역 (서울: 동연, 1998), 140-41.

동안 메말라 있었으나 이제 선지자 요엘이 예견했던 마지막 늦은 비가 내리는 때가 이르렀다(욜 2:23)는 것이 성령운동 교인들이 방언기도의 은사의 정당성에 관하여 말하는 주요한 설명이다. 그러나 오늘날의 대부분의 그리스도인들은 방언의 은사를 성령의 여러 은사 중 하나라고 생각한다.[34]

반대로 대다수의 심리학자나 사회학자들은 방언기도를 정신 이탈의 현상으로 간주하거나 거짓으로 꾸며대는 사기극 또는 히스테리 현상으로 해석한다. 좀 온건한 사람들은 그것을 단순한 심리적 현상으로 보거나 아니면 사회적으로 인정받지 못하는 것에 좌절한 사람들이 방어적인 보상 심리로 드러내는 현상으로 이해한다. 그리고 신학자와 목사들은 방언 기도를 비이성적이며 무질서하고 종교 혼합주의적 현상이라고 비난한다. 또 그들과 성령운동 교인들 사이의 커다란 괴리가 만들어 내는 현상을 아예 무시해 버린다.[35]

그러나 방언 경험에 대한 이러한 상이한 신학적 해석들 사이의 대조적 차이는 꼭 인지해야 할 중요한 사항이다. 성령의 실재가 우리의 이성적이고 감성적 표현 능력을 초월한다는 냉철한 자각을 통해 가능하다. 이것이 바로 사도 바울이 확신을 가지고 로마서에 다음과 같이 말을 남긴 원인이 아닌가 생각한다.

> 깊도다 하나님의 지혜와 지식의 부요함이요 그의 판단은 측량치 못할 것이며 그의 길을 찾지 못할 것이로다(롬 11:33).

우리의 방언 경험은 우리가 이전에 주어지고 형성된 경계로부터 벗어나는 것을 의미한다. 그것은 기존의 경험을 넘어서고 동시에 이 경험으로 인하여 기존에 규정되고 형성된 자신의 신앙 체험을 넘어서는 것이다. 에밀리 디킨슨(Emily Dickinson, 1830-1886)은 "모든 것을 내게서 가져가시오. 그러나 황홀경은 내게 남겨 주십시오"라고 하였다. 이 말 가운데에서 '모든' 것에는 우리 자신 자신마저도 포함된 것이다. 우리는 우리가 소유할 수 있는 것과 경험할 수 있는 모든 것보다 우리를 부유하게 만드는 흥분됨이 있는 것이다. 그것은

---

34 하비 콕스, 『영성 음악 여성: 21세기 종교와 성령론』, 141.
35 하비 콕스, 『영성 음악 여성: 21세기 종교와 성령론』, 143.

주변의 평범함에 비추어 볼 때 기쁨, 감격, 새로움 등으로 보이는 것이다.

우리는 사변적인 형태 안에서 신앙을 포장하는 경우가 많다. 신앙을 우리의 감각적인 세계에만 묶어두는 것은 메마름만을 체험할 뿐이다. 신앙은 사랑, 은혜, 감사, 신비, 봉사, 경험 등과 관련된 것이다. 신앙은 기존의 사고방식에 따라 형성된 지적이고 계몽적 세계에서 때로는 감각의 세계로 때로는 신비의 세계로 때로는 모순적 관계성 안으로 들어가게 한다. 신앙은 반이성적인 삶을 허용치 않지만 비이성적 경험의 세계를 수용하게 한다.

누가의 관점에서 방언은 확실하게 하나님의 영에 사로잡힌 경험이었다. 하나님에 취한 자들이었다. 이러한 사람들은 자신의 힘과 물질 안에 머물거나 그 안에 스스로가 사로잡혀 있는 사람들보다 풍요로웠다. 분명 이들의 경험은 신비적 감수성과 연관되어 있다. 이러한 능력 없이 그들은 하나님의 능력을 확신할 수 없는 상황이었기 때문에 역사적 사건이었다.

방언은 우리가 우리의 일상적 경험을 벗어나기 때문에 우리의 한계를 경험하는 데에서 살아있는 것이다. 방언은 영적 한계를 발견하고 주어진 한계를 뛰어넘는 것을 시사해준다. 우리가 새롭게 볼 때에야 비로소 우리는 장님이었다는 것을 알게 된다. 그것은 우리 스스로 넘어서고 나올 수 있는 것이 아니다. 굳어진 우리 자신을 넘어서는 것이다. 영적 체험 때문에 생동감 있는 일상성과 우리의 내면성을 포기하는 것은 아니다. 초월과 내면의 새로운 관계성을 찾는 것이다. 그곳에서 하나님의 역사와 은혜가 자리 할 수 있도록 초월을 위하여 자신을 여는 것이다. 잘 알려진 것으로부터 벗어남 없이 익숙한 것으로부터 떠남 없이 우리는 발전할 수도 성숙해 질 수도 없기 때문이다.

루이스(I. Lewis)가 지적한 대로 "종교적 권위가 보다 확고히 수립되면 될수록 우발적 영감에 대해서는 더욱 대적하게 된다."[36] 그것은 아마 카리스마적 행위를 의심의 눈을 가지고 고도의 합리성의 기준을 충족시키지 못하는 자기도취적 현시로 방언을 점점 무시하는 것을 암시할지 모른다. 그러나 사이먼 터그웰(Simon Tugwell)은 아마도 가장 고요하게 은사를 받은 사람들이 그 은사로부터 영적인 이익을 얻을 수 있을 것이라고 주장한다.

---

[36] I. M. Lewis, *Ecstatic Religion* (Baltmore: Penguin Books, 1975), 34.

물론 그들은 어느 정도 기도의 자유를 만끽할 수 있으며, 어느 정도 마음이 고양되는 것을 경험할 수 있다. 하지만 본질적으로 그들이 발견하게 되는 것은 하나님에 대한 믿음의 새로운 깊이이며, 그리스도의 평화가 정말로 자신의 마음속에 존재한다고 하는 좀 더 큰 확신이다. 그리고 이것은 심리적인 성장뿐만 아니라 영적인 성장에도 매우 중요한 요소다. 이러한 은사를 받고 사용한 결과 그들이 기도하는 동안이나 총체적인 삶 속에서 하나님의 은총에 응답하는 범위도 점점 더 때로는 극적으로 확대된다. 그리하여 그들은 하나님의 영이 자아내는 온갖 분위기 – 가장 강렬한 기쁨과 넘칠 듯한 찬양으로부터 시작하여 하나님 앞에서 철저히 침묵하는 것 그리고 때로는 그리스도의 수난과 합일을 이룸으로써 극심한 고통을 느끼는 것에 이르기까지 – 속에 훨씬 더 깊숙이 빠져들게 된다.[37]

방언은 비록 누구에게나 다 주어지는 것은 아니지만 하나님을 찬미할 때 사용할 수 있는 은사로서 아주 광범위하게 확산되어 있는 은사다. 방언을 하는 것과 하나님을 찬미하는 것(행 10:26)의 결합은 대단히 중요하다. 찬미는 마음의 억제를 초월하는 것을 의미하기 때문이다. 따라서 방언은 하나님께 영광을 돌리기 위하여 정신적인 개념들의 폭정으로부터 인격을 자유로이 해방시키는 수단과 성령의 능력 안에서 자유를 누리게 되는 수단이라고 할 수 있다.

---

[37] Simon Tugwell, "The Gift of Tongues in the New Testament," *Expository Times* 84/5 (1973): 137.

제10장

영성생활과 금식

Spiritual Life and The Fast

1. 성경과 금식

우리나라 그리스도인들 중에 금식을 영적으로 중요하게 여기는 사람들이 많이 있다. 금식을 의미 있게 생각하며 실천하는 이유가 다양하지만 아마도 금식은 하나님께서 기뻐하신다는 생각을 하고 있기 때문일 것이다. 금식을 하나님께서 기뻐하신다는 생각을 갖게 된 것은 이사야 58:6에 "내가 기뻐하는 금식은 흉악의 결박을 풀어 주며, 멍에의 줄을 끌러 주며 압제 당하는 자를 자유하게 하며 모든 멍에를 꺾는 것이 아니겠느냐"는 말씀 때문이다. 한국교회 안에서는 이 본문의 전후 문맥을 무시하고 하나님께서 "나의 기뻐하는 금식은" 하고 말씀하셨으니 하나님께서 금식을 기뻐하신다는 것으로 이해하였기 때문이다.

하나님께서는 정말 금식을 기뻐하시는 것일까?

본문을 살펴보면 오히려 그 반대이다. 금식은 이스라엘 사람들이 매주 일상적으로 하는 종교 활동의 일부였다. 금식을 함으로 자신의 육신의 욕망을 제어하여 보다 영적인 사람이 될 수 있다고 생각하였다. 그러나 이스라엘 사람들은 사람에게 보이려고 금식했다. 금식을 하면서도 이웃을 압제하며 위선적인 일을 했다. 그래서 하나님께서는 이 본문에서 참 경건이 어떤 것인가를 가르치시는 것이다. 하나님께서 원하시는 경건 생활은 금식보다는 "흉악의 결박을 풀어주며, 멍에의 줄을 끌러주며, 압제 당하는 자를 자유하게 하며, 모든 멍에를 꺾는 것이 아니겠느냐?"고 반문하신다. 손석태는 이 본문에 대한 깊이 있는 통찰을 통하여 다음과 같이 진술하고 있다.

> 하나님으로부터 마음이 멀고, 하나님의 뜻을 외면한 체, 아무리 거룩하고 경건한 생활을 한다 해도 하나님을 기쁘시게 할 수 없다는 것이다. 금식보다 사회 정의나 인권이 더 중요하다는 말씀이다. 따라서 본문은 그 문맥의 전후를 살펴볼 때 하나님께서 금식을 장려하거나 금식을 격려하는 말씀이 아니다. 오히려 외식적인 금식을 책망하는 말씀이다. 그런데 그 보다 중요한 문제는 히브리어 본문에는 "나의 기뻐하는 금식"이라는 구절이 없다는 것이다. 마소라 사본은 기뻐하다는 말이 아니라 "선택하다"는 뜻의 히브리어 "바하르"(*bachar*)를 사용하고 있다. 따라서 이 구절은 "내가 선택한 금식은 … "이라고 번역해야 옳다. 모든 영역본은 "the fast that I choose"라고 번역하고 있다. KJV, ESV, NIV, NASB, RSV, JPS 등 거의 모든 영역본은 마소라 사본에 따라 "내가 선택한 금식"이라고 번역하고 있으며, 오직 TNK만 "내가 바라는 금식"(the fast I desire)이라고 번역하고 있다. 심지어 중국어 성경도 "선택한 금식"이라고 번역하고 있다.[1]

한글 성경은 개역 성경을 비롯하여 최근에 번역된 거의 모든 성경이 한결같이 "내가 기뻐하는 금식"이라고 번역하고 있다. 하지만 이는 분명 오역이다. 성경에서는 금식을 근본적으로 금하지는 않는다. 금식은 영성생활에 많은 유익을 줄 수 있다. 그러나 진정한 의미의 경건은 은밀한 가운데 그의 이웃을 배려하는 것이다. 산상수훈에서는 금식을 하되 외식하는 사람들처럼 하지 말고 "사람에게 보이지 않고 오직 은밀한 중에 계신 네 아버지께 보이게 하라"(마 6:18)고 말씀하신다. 왜냐하면 하나님께서는 은밀한 가운데 보시는 분이시기 때문이다.

---

[1] 손석태, 『성경을 바로 알자』(서울: CLC, 2012),

2. 금식의 목적

성경에는 금식의 이유와 목적이 다양하게 언급되고 있다. 먼저 극한 슬픔을 표현하는 형태로써 금식이 시행되었다. 다윗은 사울의 죽음을 애도하며 금식하였다(삼상 31:11-13; 삼하 1:11-12). 다윗은 사울이 자기의 원수였지만 그가 하나님이 기름 부으시고 세우신 하나님의 종이였다는 것 때문에 사울이 죽었을 때 슬퍼하며 울며 금식하였다. 예수님은 제자들이 신랑이신 예수님을 빼앗기고 난 후에 금식할 것이라고 하였다(마 9:14-15). 이처럼 극한 슬픔을 표현하는 형태로써 금식이 실천되었다.

다음은 개인의 죄나 민족의 죄를 회개하기 위하여 금식을 행하였다. 니느웨 성의 왕과 백성들은 요나를 통해 선포된 하나님의 심판을 믿고 금식하며 회개하였다(욘 3:3-10). 안디옥 교회는 금식하며 기도함으로 하나님을 섬기다가 세계 선교에 대한 성령님의 계시를 받게 된다(행 13:2-3). "주를 섬겨 금식할 때에 성령이 가라사대 내가 불러 시키는 일을 위하여 바나바와 사울을 따로 세우라 하시니"라고 하였다.

또 다른 금식의 목적은 하나님의 이름으로 충실한 봉사를 하고자 할 때에 그 일에 필요한 힘과 은사를 받기 위해서 내적으로 자신을 준비시키기 위해서 금식을 행하였다. 모세와 엘리야 그리고 예수님께서 40일 동안 광야에서 금식을 행했던 것도 바로 이러한 목적을 이루기 위해서였다(출 24, 34장; 왕상 19장; 마 4장). 예수님은 사십일 금식 후에 공생애 사역을 시작하셨다.

예수님 시대의 유대인들은 자신이 경건하다는 사실을 나타내기 위해서 정기적으로 금식을 행하였다(눅 18:12; 마 6:16). 개신교 전통에서의 루터, 칼빈, 웨슬리, 에드워드 같은 지도자들이 금식을 권하였다.

하지만 성경에 나타난 금식의 목적은 개인의 차원뿐만 아니라 공동체적 차원에서 금식이 선포되고 있음을 주목할 필요가 있다. 성경에서뿐만 아니라 기독교 역사에서도 볼 때 국가와 교회 공동체 차원에 위기가 있을 때 혹은 중요한 결정을 해야 할 때 금식은 하나님을 경청하는 주요한 방편으로 사용되어왔다. 이러한 면에서 금식을 동반한 중보기도는 공동체에 치유와 돌봄을 제공하는 유익을 줄 수 있다.

성경에 나타난 금식은 개인과 공동체의 치유와 돌봄이라는 면으로 축약된다. 이러한 의미에서 금식은 하나님께서 우리들의 육체와 마음을 치유하시고 이끌어 가시도록 우리 자신을 내어드리는 영적 훈련이다. 또한 공동체를 치유하시고 그 안에서 하나님의 사역이 드러나게 하시는 일에 사용되는 공동체의 영혼 돌봄이라고 할 수 있다. 이와 같은 유익들은 하나님께서 그를 열심히 찾는 개인들과 공동체에게 주시는 상급이라고 볼 수 있다.

금식은 이와 같이 우리 자신을 경청하고 다른 사람을 경청하며 우리 사이에서 일하시는 하나님을 경청할 수 있도록 공간을 만든다. 금식은 우리 안에 그리고 우리 공동체 안에 하나님께서 활동하실 수 있는 공간을 더 많이 만들게 한다. 영적인 의미에서 볼 때 금식을 통해 우리는 "본래의 삶"(the natural life)을 살 수 있다. 이 삶은 바울의 고백처럼 "그런즉 이제는 내가 산 것이 아니요 오직 내 안에 그리스도께서 사신 것이라"(갈 2:20) 그리스도께서 우리 안에 그리고 우리 공동체 안에 사시는 삶이다.

금식의 성경적 가르침에서 특별히 이사야는 이스라엘 백성을 향해 하나님께 온전히 헌신하도록 권고하면서 금식의 의미를 재정의하고 있다(사 58:6). 이사야는 금식하는 사람들에게 참된 금식은 이 땅에 존재하는 불의에 대응하는 것이어야 한다고 권고한다. 불의에 대한 가장 온당한 반응은 하나님을 알아가는 것뿐만 아니라 가난한 사람에게 연민을 가지고 이 땅에 정의를 실현하고 하나님의 백성들 가운데 평화를 이루기 위해 열정적으로 노력하는 것이다. 이사야 58장이 말하는 금식의 목적은 정의와 연대이며, 다른 하나는 거룩이다.

금식은 다른 사람의 유익과 세상 속에서의 보다 더 도덕적인 삶을 위해 스스로 고통 속으로 들어가는 것이다.

금식에 동반되는 첫 번째 요소는 가난한 사람에게 베푸는 것이다. 다르게 표현하면 정의를 추구하는 것이다. 가난한 사람들을 돌보고 그들에게 베푸는 것은 가장 가치 있는 정의로운 행위이기 때문이다. 금식하면서 먹지 않은 음식을 가난한 사람들에게 베풀고, 금식함으로써 절약된 돈을 가난한 사람에게 주는 것은 거룩한 행위이다.

현재까지 남아있는 초기 기독교 문헌 중에 『헤르마스의 목자』(The Shepherd of Hermas)에서 속죄를 위해서 금식할 뿐만 아니라 금식을 자선의 기회로 삼으라는 내용이 나온다.

> (초대 그리스도인들은) 그날 먹었을 음식을 돈으로 계산해서 과부와 고아, 가난한 자들에게 나누어야 한다. 그대가 이런 방법으로 스스로 가난에 처하면, 그대의 겸손한 행위로 도움을 받는 사람이 마음의 감동을 받고 그대를 위해 주께 간구할지도 모른다.[2]

몇 백 년 후에 지나 후에 어거스틴도 금식에 대해 초대교회 성도들과 비슷한 제안을 하였다.

> 금식은 자신을 단련하는 일이지 다른 사람을 유쾌하게 하는 일이 아니다. 만약 우리가 금식함으로써 다른 사람에게 위로를 줄 수 있다면 금식의 괴로움은 결국 우리에게 유익을 줄 것이다.[3]

이러한 자료들이 보여주는 증거는 교회 역사에서 그리스도인들의 금식의 목적은 금식을 통해 하나님께로부터 어떤 것을 얻는데 목적이 있기보다는 가난한 사람들을 돕고 그들에게 자선을 베풀기 위한 목적이었다고 할 수 있다. 특별히 초대교회 그리스도인들의 금식의 자세와 목적을 현대 그리스도인들이 배울 필요가 있다.

오늘날 가난하고 외롭게 살아가는 사람들을 위해 금식하는 것은 어떤 의미에서 그들과 연대를 이루려는 방편이다. 금식을 통해 가난한 사람과 나누는 행위는 사랑과 순전함이 담긴 연대이다.

음식을 나누고 함께 먹는 행동은 사람과 사람을 이어준다. 따라서 음식을 먹지

---

2 *The Shepherd of Hermas 56:*3, trans. Bart Ehman (Cambridge, MA: Harvard, 2005), 25.
3 Augustine, *Expositions on the Book of Psalms, Nicene and Post-Nicene Fathers*, series 1, vol. 8 (Grand Rapids: Eerdmans, 1974), 43. 7.

않을 때는 사람과의 관계를 단절하겠다는 의미가 된다. 공동체의 사람들이 단체로 금식하며 저항하는 것은, 하나의 관계(가진 자와의 관계)를 단절하고 또 다른 관계(갖지 못한 자와의 관계)를 지지하겠다는 표현이다.[4]

그러므로 금식에는 관계적 역설이 깊이 내재되어 있다고 할 수 있다.

금식의 관계적이고 공동체적 이해에 한 가지 의문이 생길 수 있다. 예수님께서 산상수훈에서 다른 사람이 알지 못하도록 조용히 금식하라고 하였기 때문이다(마 6:16-18). 하지만 우리가 기억해야 할 것은 예수님도 공생애를 시작하기 전에 광야에서 시험 받기 전에 자신이 금식하신 것을 사람들에게 알리는 것을 막지는 않으셨다. 예수님께서 금식을 조용한 가운데 하라고 하신 것은 금식 행위 자체보다 자신의 경건을 과시하려는 잘못된 동기를 지적하신 것이다.

금식의 중요한 다른 하나의 요소는 죄와 나쁜 습관을 끊는 것이다. 초기 기독교의 교부였던 존 크리소스톰은 다음과 같이 말하였다.

> 금식의 위대한 점은 음식을 먹지 않는 것에 있는 것이 아니라 죄악 된 행동에서 돌아서는 것이다. ⋯ 가난한 사람을 보면 불쌍히 여기라! 원수를 보면 화해하라! 친구가 명예를 얻으면 질투하지 말라! ⋯ 입만 금식하게 하지 말고 눈과 귀와 발과 손과 우리 몸에 붙어 있는 모든 것들이 금식하게 하라. 손은 도적질과 탐욕에서 정결해짐으로써 금식할 수 있다. 발은 죄악 된 곳으로 달려가는 것을 그침으로써 금식할 수 있다. ⋯ 입도 부끄러운 말들과 언어와 욕설을 금함으로써 금식할 수 있다.[5]

이처럼 금식의 중요한 목적 중에 하나는 거룩한 삶을 위한 것이었다. 금식은 자신의 거룩한 삶과 스스로 가난해져 다른 사람의 가난에 반응하는 몸의

---

[4] Scot McKnight, *Fasting*, 안정임 역 『금식: 가장 아름답고 거룩한 몸의 언어』 (서울: IVP, 2011), 151.

[5] ST. Chrisostom, *Concerning the Statues, Nicene and Post-Nicene Fathers*, series 1, vol. 9 (Grand Rapids: Eerdmans, 1989), 3.11-2; 16,13.

빈곤을 경험하는 것이라고 할 수 있다.

3. 금식의 유형과 방법

한국교회 안에서 많은 그리스도인들은 일반적으로 금식을 물만 먹고 하는 것으로 생각하는 경향이 있다. 하지만 기독교 역사에서 금식은 반드시 절식으로만 하는 것은 아니었다. 기독교 역사에서 부분금식도 행해졌다는 것을 알 수 한 예이다.

> (어느 날) 교부(abba) 요셉이 교부 포에멘에게 물었다.
> "금식은 어떻게 행해야 합니까?"
> 이에 대해서 포에멘이 대답하였다.
> "내 경험으로는 매일 먹는 것이 더 좋다고 생각한다. 그러나 만족하지 않기 위해서 단지 조금씩만 먹는 것이 좋다."[6]

교부들은 음식을 전혀 먹지 않는 금식보다는 평상시보다 음식의 양을 주려서 조금씩만 먹는 '금욕적인 금식'이나 어떤 특정한 음식을 먹지 않는 '부분 금식'을 하였다는 것을 알 수 있다.

리처드 포스터(Richard Foster)는 일반적인 금식과 부분적인 금식 그리고 절대적인 금식을 구별하여 설명하였다. 일반적인 금식은 모든 종류의 음식, 그것이 고체 상태이든지 액체 상태이든지 간에 물을 제외한 모든 종류의 음식을 절식하는 것이다. 부분적인 금식은 모든 음식을 절식하는 것이 아니라 특정 음식만을 절식하는 것이다. 절대적인 금식은 음식과 물을 모두 먹지 않는 것이다.[7]

성경에 나타난 금식의 유형은 주로 부분 금식과 절대 금식이 소개되고 있

---

6   Benedicta Ward, ed., *The Sayings of the Desert Fathers* (Kalamanzoo, Mich.: Cistercian Publications, 1975), 144.

7   Richard J. Foster, *Celebration of Disciplines* (San Francisco: Harper & Row, 1988), 49.

다. 성경에는 단지 물만 먹고 하는 절식 형태의 일반 금식보다는 어떤 특정한 음식을 먹지 않고 하는 부분 금식과 큰 위기 가운데 주로 했던 절대 금식이 있었다. 먼저 고기 등과 같은 음식을 먹지 않고 한 부분 금식이다. 대표적인 예가 다니엘이다.

> 바사 왕 고레스 제삼년에 한 일이 벨드사살이라 이름한 다니엘에게 나타났는데 그 일이 참되니 곧 큰 전쟁에 관한 것이라 다니엘이 그 일을 분명히 알았고 그 환상을 깨달으니라 그 때에 나 다니엘이 세 이레 동안을 슬퍼하며 세 이레가 차기까지 좋은 떡을 먹지 아니하며 고기와 포도주를 입에 대지 아니하며 또 기름을 바르지 아니하니라(단 10:1-3).

천사가 다니엘을 방문했을 때 그는 3주 내내 채소만 먹는 부분 금식을 하였다. 다니엘은 부분 금식을 하면서 자신이 보았던 환상에 대한 주님의 뜻을 구하는 기도를 하였다. 다니엘은 이전부터 세 명의 히브리 친구들과 함께 바벨론 왕국의 기름진 음식을 거절하고 금식을 자주했다(단 1장). 다니엘의 부분 금식을 주로 하였고 고기를 먹지 않고 채소만 먹는 금식을 주로 하였다. 다니엘이 고기를 먹지 않고 부분 금식을 주로 하게 된 이유는 바벨론의 우상을 섬기지 않고 하나님 신앙을 지키고자 하는 믿음의 표시이기도 했다. 왜냐하면 그 당시 그에게 제공된 고기는 바벨론의 우상에게 제물로 바쳐졌던 것이었기 때문이다.

성경에는 절대 금식도 있다. 대표적인 예가 에스더의 경우이다. 에스더는 페르시아의 아하수에로 왕 때 하만에 의해 유대 민족이 말살될 위기가 왔을 때 유대인으로서 왕후가 된 그녀는 민족적인 수난과 위기를 극복하기 위해 수산에 있던 유대인들에게 3일간 금식기도를 하였다.

> 에스더가 모르드개에게 회답하여 이르되 당신은 가서 수산에 있는 유다인을 다 모으고 나를 위하여 금식하되 밤낮 삼 일을 먹지도 말고 마시지도 마소서 나도 나의 시녀와 더불어 이렇게 금식한 후에 규례를 어기고 왕에게 나아가리니 죽으면 죽으리이다 하니라 모르드개가 가서 에스더가 명령한 대로 다 행하니라 (에 4:15-17).

에스더는 민족적 위기 앞에서 모든 음식을 먹지 않고 생명을 걸고 절대 금식을 하였다. 하나님께서는 에스더와 함께 절대금식을 한 유대 백성에게 응답하셔서 모든 위기와 상황을 바꾸어 유대 민족이 생존하도록 반전의 역사를 이루셨다. 에스더는 민족적인 위기와 같은 절체절명의 순간에 하나님의 도우심을 구하며 절대금식을 할 때 하나님의 큰 역사를 경험할 수 있었다.

현대 사회에서의 금식은 보다 더 넓은 의미에서 이해되고 실천할 수 있다. 다시 서술하면, 금식은 단지 음식을 먹지 않는 것뿐만 아니라 그 밖의 다른 것까지도 모두 절제하는 의미에서 금식을 실천할 수 있다.[8] 절제란 인생의 즐거움을 모두 거부한다는 뜻은 아니다. 달라스 윌라드(Dallas Willard)가 지적한 것처럼 "우리가 세상적인 것을 즐거워하고 그것에 빠져 있으면서 하나님을 욕되게 하는 것만큼이나 그 즐거움을 피하고 두려워하는 것도 하나님을 욕되게 하는 것이기 때문이다."[9]

절제의 진정한 목적은 하나님께서 주신 선물을 올바르게 즐기는 방법을 배우는 것이다. 이런 종류의 금식은 텔레비전을 시청하는 대신 자연의 소리를 듣거나 침묵을 지키는 것도 현대적인 의미에서 금식의 형태가 될 수 있다. 또한 육체적 건강에 열중하며 지나치게 매달리는 것도 자제해야 한다. 즉, 강박관념에 시달리면서 먹지 않는 것뿐만 아니라 그렇게 먹는 것까지도 절제하는 것이 금식이다. 이 밖에도 절제를 통해서 금식을 실천할 수 있는 방법은 다양하다. 때로 창조적으로 접근하는 것도 필요하며, 자신의 성격과 환경에 맞는 금식방법을 선택할 필요가 있다.

---

8 Marjorie J. Thomson, *Soul Feast: An Invitation to the Christian Spiritual Life* (Louisville: Westminster John Knox Press, 1995), 75-7.
9 Dallas Willard, *The Spirit of the Discipline* (New York: Harper SanFrancisco, 1988), 180.

4. 교회력에 따른 금식의 실천

영국에서 필자가 공부할 때 출석하던 교회에서 성탄절에 뜻있는 경험을 하고 배운 것이 있다. 그것은 성탄일 예배 후에 교회 담임목사가 우리 온 가족을 초청하여 만찬을 베풀어 주었던 일이다. 영국의 성탄절은 우리나라의 명절과 같은 날이다. 영국 사람들은 성탄절에 온 가족이 함께 모여 서로 선물을 주고받으며 축복하며 보내는 기간이다. 이러한 기간임에도 불구하고 영국교회에서는 많은 목회자들이 성탄일 예배 후에 교회 성도들 가운데 가장 외롭고 힘들게 사는 성도에게 예수님의 성육신과 사랑을 기억하며 실천하는 모습을 자주 볼 수 있다.

이와 같은 필자의 경험은 성탄절을 더욱 의미 있게 여기고 구체적으로 실천하려는 자세를 갖도록 해주었다. 특별히 교회가 성탄절을 성탄전야의 행사와 성탄일에 예배를 드리는 것으로 만족해서는 안 된다. 성탄절은 예수님이 이 땅에 오신 것을 기억하고 축하하는 것을 넘어 성육신의 정신과 사랑의 삶을 구체적으로 실천하는 시간이 되어야 한다.

현대 성탄절은 너무나 상업화 되어 있을 뿐만 아니라 그 정신이 약화되어 가고 있다. 이런 흐름 속에서 교회는 성탄절의 본질인 예수님의 희생과 사랑을 삶 속에서 구체적으로 실천하는 방법을 가지고 있어야 한다. 그 실천 방법은 교회 공동체의 성도들이 성탄일 1주나 2주 전부터 '부분 금식'을 실천하여 외롭고 가난하게 지내는 성도들에게 사랑을 베푸는 것이다.

성탄절에 성도들의 부분 금식이 시작되기 전에 교회는 구체적인 실천 계획과 방법과 목적을 제시해야 한다. 이를 위해 담임목회자는 당회와 의논하여 성탄절 금식준비위원회를 구성하여 금식의 목적과 방법과 실천 계획을 만들도록 하면 좋다. 성탄절 금식은 되도록 모든 성도들의 참여를 위하여 '부분 금식'을 2주 정도 하면 좋다. 이때 성도들 중에 금식을 해서는 안 되는 상황 가운데 있는 성도들은 금식을 하지 않도록 지도해야 한다.

부분 금식 기간에는 평소의 음식비용의 절반 정도를 절약하는 데 목표를 둔다. 예를 들어 평소에 2주에 약 50 만 원 정도의 음식비용이 들어갔다면 20-25만 원 정도를 절약한다. 부분 금식 기간 동안에는 고기와 기호식품을 먹지 않거나 평소 먹던 것의 반절만 먹으며 하는 것이 좋을 수 있다. 금식의 목적은 예수님이 친히 이 땅에 오신 성육신의 정신과 사랑을 기억하며 부분 금식을 하여 절약한 돈으로 교회 안에서 가장 외롭게 살아가는 할아버지와 할머니, 그리고 소년 소녀 가장에게 사랑을 베푸는데 목적을 두면 좋을 수 있다. 금식준비위원회에서는 도움과 사랑이 필요한 성도들을 조사를 하거나 추천을 받아 명단 목록을 익명으로 작성하여 부분 금식이 시작되기 전에 성도들에게 나누어 주면 좋다. 도움과 사랑이 필요한 성도들의 익명과 함께 어느 정도 구체적인 내용을 작성하여 성도들에게 주고 그 내용을 보고 부분 금식을 하며 기도하도록 하면 좋다.

부분 금식은 성탄일 전야에 끝내고 성도들이 기도하면서 돕고 싶거나 사랑을 베풀고자 하는 마음이 생긴 성도의 익명을 헌금 봉투에 써서 절약한 돈과 함께 성탄일에 헌금함에 넣도록 한다. 익명을 쓸 때는 한 사람만 써서는 안 되고 최소한 세 명 이상을 쓰도록 해야 한다. 한 사람에게 많은 사람이 몰릴 수 있기 때문이다. 또는 성탄일 예배 후나 저녁에 사랑을 베풀고 싶은 마음이 생긴 성도에게 부분 금식을 통해 절약한 돈으로 식사를 대접하는 것도 좋은 방법이 될 수 있다. 식사를 대접할 때는 대접을 받는 당사자만 알게 하게 조용히 실천하도록 해야 한다.

기독교 전통에서 수난절에는 금식을 중요하게 여기고 실천하여 왔기 때문에 금식과 함께 이 절기를 보내면 보다 더 의미 있게 보낼 수 있다. 수난절에도 교회 공동체가 물만 먹고 하는 일반 금식보다는 부분 금식을 하는 게 더 좋다. 왜냐하면 물만 먹고 하는 일반 금식은 모든 성도들이 참여하기 어렵고 특별히 직장 생활을 하는 사람들은 많은 부담을 느낄 수 있기 때문이다. 일반 금식은 고난 주간의 금요일 하루 정도 하면 좋을 수 있다. 수난절에도 성탄절과 거의 같은 방법으로 부분 금식을 4주 정도 하면 좋을 수 있다.

하지만 수난절의 부분 금식의 목적은 예수님이 친히 몸의 고난을 겪으셨던 것처럼 우리도 몸의 고난으로 실천적으로 경험하는데 있다. 뿐만 아니라 인류의 죄와 고통을 감당하기 위해 고난을 당하시고 죽으셨던 것처럼 우리도 다른 사람들의 고통에 동참하는 실천적인 방법으로 부분 금식을 하고, 그 금식을 통해 절약한 물질을 교회 안과 밖의 가난하고 소외된 사람들에게 베풀면 좋다. 교회 공동체가 교회력의 절기를 이렇게 부분 금식과 함께 사랑을 실천하며 지키면 보다 더 건강한 공동체가 될 수 있을 뿐만 아니라 성도들도 많은 유익과 기쁨을 얻는 기회가 될 수 있다.

중요한 한 가지는 재정적으로 자립한 교회가 성도들로 하여금 형식적으로 절기 헌금을 하게 하기보다는 이렇게 의미 있게 부분 금식을 통해서 절약한 물질을 드리도록 하면 성도의 아름다운 영적인 삶뿐만 아니라 유기체적 공동체의 삶을 경험하는 기회가 될 수 있다.

한 가지를 추가하면, 추수감사절도 부분 금식을 하며 지키면 더 의미 있는 절기가 될 수 있다는 것이다. 대부분의 한국교회들이 추수감사절에 감사에 대한 설교와 헌금 그리고 과일과 곡식을 드리는 것으로 마친다. 그러나 추수감사절의 성경적 역사적 의미와 목적은 다음과 같다.

첫째, 과거를 기억하는 것이다. 애굽에서 종 되었던 삶을 기억하는 것이다. "너는 애굽에서 종 되었던 것을 기억하고 이 규례를 지켜 행할지니라"(신 16:12).

둘째, 즐거워하는 것이다. 하나님의 은혜를 기억하며 모든 사람들과 함께 즐거워하는 것이다. "너와 네 자녀와 노비와 네 성중에 있는 레위인과 및 너희 중에 있는 객과 고아와 과부가 함께 네 하나님 여호와께서 자기의 이름을 두시려고 택하신 곳에서 네 하나님 여호와 앞에서 즐거워할지니라"(신 16:11). 추수감사절은 축제의 절기이다.

셋째, 하나님께서 주신 복을 생각하며 감사하는 것이다(신 16:10).

넷째, 교육적인 의미가 내포되어 있다. 특별히 자녀들을 위한 실물교육적인 의미가 있다.

다섯째, 물질을 드려서 나누는 것이다. 하나님께서 주신 물질을 드려서 그 물질을 특별히 고아와 과부와 나그네와 함께 나누는 것이다(신 16:11).

추수감사절의 네 번째 의미는 성경에 직접적으로 기록되어 있지는 않지만 교육적 의미가 깊이 내재되어 있다고 할 수 있다. 게다가 이스라엘의 고대교육

사상에 보면 이런 의미가 잘 설명되어 있다.[10]

한국교회가 추수감사절의 성경적인 가르침과 의미를 되살리기 위해서는 단지 설교와 헌금만을 하는 절기로 지키기보다는 실천적인 방법을 고민할 필요가 있다. 추수감사절의 성경적인 가르침을 실천하기 위한 방편으로 부분 금식이 하나의 중요한 방편이 될 수 있다. 성도들이 추수감사절 약 2두 전에 부분 금식을 시작하여 절약한 물질을 헌금으로 드려서 그 헌금을 특별히 가난한자와 과부와 고아들과 함께 나누면 보다 더 성경적인 절기가 될 수 있다.

물론 추수감사절에 하나님께서 주신 물질의 복을 기억하며 감사함으로 드리는 것도 중요하다. 하지만 물질적으로 자립한 교회가 추수감사절 헌금을 일반재정으로 사용하는 것은 바람직한 것이 아니다. 추수감사절 헌금은 가난한 자에게 나누어 주고, 성도들과 이웃을 위한 축제에 쓰는 것이 더욱 좋다.

---

10 Fletcher Harper Swift, *Education in Ancient Israel: From Earliest Times to 70 A.D.*, 유재덕 역, 『고대 이스라엘의 종교교육 발생부터 AD 70년까지』 (서울: 소망, 2012)를 참조.

제11장

영성생활과 영적 예배
Spiritual Life and Spiritual Worship

1. 영적 예배

바른 예배는 우리의 의식을 고양시키고 삶의 변화를 경험하게 한다. 하지만 형식적인 예배는 우리의 마음과 의식을 위축시키는 힘으로 작용한다. 바울은 다음과 같이 말한다.

> 그러므로 형제들아 내가 하나님의 모든 자비하심으로 너희를 권하노니 너희 몸을 하나님이 기뻐하시는 거룩한 산 제물로 드리라 이는 너희가 드릴 영적 예배니라 너희는 이 세대를 본받지 말고 오직 마음을 새롭게 함으로 변화를 받아 하나님의 선하시고 기뻐하시고 온전하신 뜻이 무엇인지 분별하도록 하라 (롬 12:1-2).

바울은 여기서 '영적 예배'(spiritual worship)를 말한다. 바울은 영적 예배를 말하면서 중요한 개념들을 언급한다. 바로 몸과 마음과 변화 등이다. 바울이 말한 몸은 단지 보이는 몸이 아니라 전인(全人)이다. 바로 머리와 가슴과 장을 담고 있는 몸이다. 몸은 우리가 자신과 이웃과 창조물과 하나님과 관계 속에서 그토록 간절히 바라는 조화를 이루고 있는지 들을 수 있는 실체다. 우리의 몸은 하나님께서 주신 선물이며 우리가 성장할 수 있는 법에 대한 정보를 담은 보물 상자이다. 몸은 우리의 사고와 인간관계와 경외심을 가지고 주의를 기울이며 소통할 수 있는 실체다.

바울이 말하는 영적 예배는 전인으로 드리는 예배다(롬 12:1). 전인으로 드리는 예배는 마음의 변화를 목적으로 한다(롬 12:2). 영적 예배는 마음 또는 의식의 변화(renewing of the mind)와 관련이 있다. 영적 예배는 의식의 변화가 일어나는 예배이다. 여기서 마음 또는 의식의 변화는 사고(thinking), 가치(values), 동기(motives), 삶의 방법(methods)과 관련이 있다. 바울이 말하는 마음 또는 의식의 변화는 단지 우리의 사고뿐만 아니라 우리의 행동이 바뀌는 것을 말한다.

그러므로 영적 예배는 우리의 마음의 변화이며 우리의 사고와 가치와 동기와 삶의 방법이 바뀌는 것과 관련이 있다. 단지 하나님의 이름만을 부르는 것이 아니다. 영적 예배는 우리의 의식이 하나님의 영역으로 변화되는 예배이다. 영적 예배는 우리의 의식의 고양과 삶의 고양을 지향하는 예배다.

바울이 언급한 '변화'를 현대적 용어로 보면 토마스 쿤(Thomas S. Kuhn)이 말한 '패러다임 전환'(paradigmatic shift)과 비견될 수 있다. '패러다임 변화'라는 용어는 토마스 쿤이 만들었는데, 그는 패러다임을 '믿음, 가치, 기술 그리고 주어진 공동체 구성원에 의해 공유되는 전반적 인식체계'라고 정의한다.[1] 몸과 마음이 일체라는 것을 인정하고 받아들이는 것은 인식체계에서의 패러다임 변화이다.

우리는 단지 드리는 예배에서 변화를 수반하는 예배를 추구할 필요가 있다. 성경적 예배는 하나님의 영광을 위한 것이지만 동시에 우리의 의식과 삶의 변화를 추구한다. 성경적 예배를 위해서는 패러다임 변화가 필요하다. 예배의 패러다임이 변한다는 것은 새로운 이론이나 프로그램에 관한 것이 아니라 의식의 변형에 관한 것이다. 우리의 예배는 하나님을 향한 의식과 삶을 위한 의식이 수반될 때 영적 예배를 드릴 수 있다. 예배는 단지 정신을 드리는 행위가 아니다. 예배는 단지 마음을 드리는 것이 아니다. 예배는 하나님의 영광과 의식의 변화와 삶의 변화를 위한 것이다.

---

1 Thomas S. Kuhn, *The Structure of Scientific Revolutions* (Chicago: University of Chicago, 1962), 175.

예수님이 세리와 죄인들과 함께 먹기 위해 앉은 것을 비판하는 것에 대한 응답으로 예수님은 새 포도주는 새 부대에 넣어야 할 필요에 대해 말씀하셨다.

> 새 포도주를 낡은 가죽 부대에 넣는 자가 없나니 만일 그렇게 하면 새 포도주가 부대를 터뜨려 포도주와 부대를 버리게 되리라 오직 새 포도주는 새 부대에 넣느니라 하시니라(막 2:22).

예수님의 복음과 가르침은 믿음의 체계의 변화에 있었다. 예수님의 복음은 새 포도주와 같은 것이었다. 사람들은 자신의 마음과 행동의 변화 없이 예수님의 메시지를 받아들일 수 없었다. 예수님은 다양한 사람들로 구성된 새 공동체, 즉 새 부대를 만들고 계셨다. 이 새 공동체는 하나님의 뜻을 행하는 사람들로 구성된 새 가족이 되어야 했다(막 3:35). 새 공동체를 위한 의식의 전환을 하고 계셨던 것이다. 주님이 원하는 예배는 새로운 공동체를 위한 의식의 전환이 있는 예배다.

캘리포니아 팔로 알토에 있는 정신연구소의 폴 와츨라위크(Paul Watzlawick)와 그의 동료 존 위크랜드(John Weakland)와 리처드 피시(Richard Fisch)는 사람들이 어떻게 변화하는가를 연구했다. 그들은 사람들이 두 가지 변화를 한다는 것을 발견했다. 그들은 그것을 일차변화(first order change)와 이차변화(second order change)라고 말한다.

일차변화에서 사람들은 현 상황에 맞게 조정한다. 더 잘 기능하는 것을 배우지만 그들의 기본 상황은 변화하지 않는다.

이차변화는 패러다임 변화로서 현실에 대한 새로운 지각으로 인해 믿음과 태도와 행동 전체가 바뀌는 것을 말한다. 이차변화에서는 전체 체계가 바뀐다.[2]

우리의 예배생활을 변화라는 관점에서 본다면 예배를 통해 우리가 감동을 받고 은혜를 받고 기쁨을 누리는 것은 일차변화에 머무는 것이 될 수 있다. 예배를 통해 우리의 믿음과 의식과 태도와 행동의 변화가 일어나야 한다. 예

---

2   Paul Watzlawick, John Weakland, and Richard Fisch, *Change: Principles of Problem Formation and Problem Resolution*(London: W. W. Norton & Co, 1974), 10.

배의 목적은 일차변화에만 있지 않다.

진정한 예배는 이차변화를 가져온다. 예배생활에서 일차변화는 예배를 정기적으로 드리고 예배를 통하여 삶의 기쁨을 누리는 것이다. 예배의 환경에 적응하고 누리는 것이다. 예배를 단지 드리는 것이다. 그러나 예배생활의 이차변화는 우리의 의식과 가치와 행동이 바뀌는 것이다. 삶의 예배로 이어지는 것이다. 예배를 통해서 받은 힘과 에너지를 삶 속에서 경험하며 누리는 것이다.

2. 영적 예배와 의식

우리의 의식은 일련의 견해나 정보 또는 가치관이 아니라 인생관을 이루는 개인적인 모든 관점과 태도의 결정체다. 라이히는 의식을 세 유형으로 분류하고 있다.[3]

첫 번째 유형인 의식 I은 19세기에 형성된 사회적 태도로서 성공을 위해서는 물불을 가리지 않는 사고방식이다. 의식 I의 특징은 사랑이나 관심보다는 성공과 승리를 더 중요하게 여긴다. 라이히에 따르면 자기 중심적인 의식 I은 사회를 부패시키고 경쟁의식을 조장함으로써 결국 자기 파멸로 이끌 뿐이다.

두 번째 유형인 의식 II는 제 2차 세계대전 이래 급속도로 발달한 과학기술과 대량생산 체제와 함께 등장하였다. 의식 II는 의식 I의 후유증인 부정과 부패 그리고 극단적인 개인주의에 대한 반발로 일어났다. 더 큰 조직과 더 잘 정비된 체제의 사회적 이익이 개인적인 이익보다 우선하게 되었고 조직체를 위해서라면 자신의 모든 것을 기꺼이 희생하도록 교육되었다. 의식 II는 제도나 조직이 개인보다 우선하며 개인의 의지는 조직의 의지에 종속된다.

때문에 의식 II는 한편으로 인간을 조직의 일부로 전락시킴으로써 위축된

---

3   Charles Reich, *The Greening of America* (New York: Random House, 1972)을 참조.

인간을 만들어 내고, 다른 한편으로는 기술과 큰 조직으로 구성된 집단적인 조직을 발달시킨다. 이처럼 의식 II는 획일적인 인간을 대량으로 생산해 낸다. 이와 같은 인간은 생산지향적인 사회에서 그가 생산해 내는 상품 이상의 가치를 지니고 있지 않다.

세 번째 유형인 의식 III은 의식 II을 극복하기 위한 개혁적 또는 혁명적 의식이다. 의식을 확장시키기 위해서는 의식 II와 같은 제한적인 역할을 벗어나 자아를 보다 실존적인 관점에서 보는 것이다. 어떤 것을 결정함에 있어서도 의식 III은 의식 II와 다르다. 즉, 사람들은 획일적인 결정을 거부하며 언제라도 변화하고 성장할 수 있는 가능성을 믿는다.

따라서 의식은 미래에 대해 닫혀 있지 않고 항상 열려 있다. 의식 II에서 조직을 우선하는 특징은 힘을 결집하고 효율적으로 목적을 추구하는 이점은 있지만 집단의 이상이 개인적인 성공의 기준은 될 수 없다. 집단은 친밀한 관계와 상호협조와 민주주의적인 결정과정을 제공하는 것으로 만족해야지 개인의 삶을 지배하려고 해서는 안 된다. 지위와 안정과 권력과 돈 등의 목표는 잘못일 뿐만 아니라 허구이다. 따라서 의식 III에서 가장 중요한 과제는 이러한 이기적인 목표를 극복하는 것이다. 의식 III에 있는 사람들은 의미 없는 일은 하지 않는다. 무미건조한 과제를 의무감 때문에 하지 않는다. 하지만 그렇다고 해서 게으르다는 것은 아니다.

그렇다면 라이히가 말하는 의식 I, II, III은 기독교적으로 어떤 의미를 지니고 있는가?

특히 기독교 예배의 의미와 방향에 어떤 지혜를 제공할 수 있는가?

첫째, 라이히가 강조하고 있는 의식 III은 집합적 인격에 관한 히브리 개념을 도입하여 발전시킨 것이라고 할 수 있다. 의식 II가 개인보다 조직체를 더 우선으로 한다는 점에서 집합적 인격의 의식을 반영하고 있기는 하지만 의식 III은 이러한 의식을 더욱 확장시켜 모든 나라와 모든 사람을 포함하는 우주적인 대가족을 강조한다.

이러한 의식은 하나님 나라의 의식과 관련하여 볼 수도 있다. 우리의 예배에서 의식 III은 대단히 중요한 요소라고 할 수 있다. 예배는 하나님 나라의 구원 이야기에 참여하는 행위이기 때문이다. 로버트 웨버(Robert Webber)가 말한 '창조의 예전'(the creation liturgy)에서 분명히 드러난다.[4] 웨버는 기독교 예배는 하나님 나라의 계획을 반영해야 한다고 말한다. 다시 말하면 기독교 예배는 예배의 몇 가지 요소를 실천하는 것에 근본적인 목적이 있기보다는 세상을 향한 하나님의 내러티브를 실행해야 하며 장차 모든 만물이 그 죄로부터 구속받아 하나님께서 작정하신 본래의 계획대로 회복될 미래를 추구해야 한다. 웨버는 이렇게 말한다.

> 예배는 인류 역사와 온 세상을 향한 하나님의 미래를 미리 소망하고 실행해야 한다는 사실을 아는 것만으로도 우리가 매주 드리는 예배를 어떻게 새롭게 갱신시켜야 하는지에 관한 새로운 창문을 열어준다. 예배는 하나의 세상을 건설하는 것(world-building)이다. 왜냐하면 예배는 성육신하신 말씀과 성령 하나님이라는 하나님의 두 손으로 완수하신 재창조의 사역을 나타내 보여주기 때문이다.[5]

둘째, 라이히는 의식 III을 언급하면서 인류가 다른 모든 피조물들과 한 가족임을 강조하고 있다. 하나님은 인간과 땅을 모두 구원하시며 창조의 일부를 구원하기 위해 다른 일부를 무시하거나 파괴하지 않는다. 이러한 관점에서 예배의식은 과거에 있었던 하나님의 구원 사역을 기억하고 온 피조세계를 다스릴 하나님의 통치를 소망하며 사람과 공동체 그리고 온 세계를 그분의 이야기로 변화시키도록 현재 이 순간 예수 그리스도의 이름으로 모인 자리에서 하나님의 과거와 하나님의 미래를 그대로 실행하는 것이다.

기독교 예배에서 사람들은 하나님을 주로 구세주로 경배하며, 예배 전체의 초점이 독생자의 죽음에 집중한다. 물론 예수 그리스도의 구속사건은 성경이 지속적으로 강조하고 있다. 하지만 하나님의 창조에 관한 주제들과 균형을 이루지 못하거나 하나님의 성육신으로서 온 피조물의 재창조를 위한

---

[4] 로버트 E. 웨버, 『예배학』, 이승진 역 (서울: CLC, 2012), 74.
[5] 로버트 E. 웨버, 『예배학』, 74.

것임을 강조하지 못하면 하나님의 구원 이야기가 한 개인의 구원만을 강조하는 개인주의로 축소되고 만다.

때문에 기독교 예배는 역사 속에서의 하나님의 일하심이라는 내용이 선포되는 '말씀의 예전'(the service of the Word)과 하나님의 이야기가 다시 들려지고 재현되며 구원의 드라마로 실행되는 '성만찬의 예전'(the service of the Eucharist)을 통해서 하나님의 구원 이야기에 대한 기억과 예상이 올바로 회복되어야 한다.[6] 이 두 예전은 피조물의 재창조를 위한 하나님 나라 건설을 위한 '창조의 예전'으로 이어져야 한다.

셋째, 라이히는 의식 II와 의식 III을 뚜렷하게 구분함으로써 율법과 은혜의 문제를 새로운 관점에서 다루고 있다고 할 수 있다. 예를 들어 회심 전의 바울은 조직적인 유대교의 지도자로서 기독교로 인해 일어나는 혼란과 위협을 근절시키기 위해 분투했으며, 라이히의 분류에 따르면 그는 의식 II에 속한 사람이었다. 하지만 기독교로 개종함으로써 그는 의식 III으로 돌아섰다. 당시 기독교는 비조직이었으나 창조력을 지닌 신비한 집단으로서 동굴 안에 숨어서 하나님께 예배드렸으며 자연과도 매우 친밀한 교제를 나누며 살았다. 그들은 율법보다는 성령의 은사를 따라 살기를 원하였다.

이런 관점에서 보면 예배가 지나치게 형식과 프로그램 중심으로 흐르는 것을 지양할 필요가 있다. 예배의 형식의 유무에 따라 예배를 평가하는 것은 지나치게 엄격한 것이다. 즉, 예배의 전통적 형식을 따르지 않고 예배를 드리면 예배가 세속화되어 있다고 말하는 것과 또한 반대로 전통적인 예배를 추구하면 역동성과 성령의 역사가 없는 것처럼 말하는 것은 지나치게 단순화시키는 것이다.

형식이 갖추어진 형식적 예배(formal worship)와 비형식적 예배(informal worship)는 서로 보완적으로 시행될 필요가 있다. 하지만 비형식적 예배의 목적이 소비자 지향적 예배를 위한 것이라면 예배의 본질적 특성에 맞지 않다. 현대 예배는 지나치게 프로그램에 치중한 예배로부터 말씀과 성만찬이 바르

---

[6] 로버트 E. 웨버, 『예배학』, 22.

게 시행되는 예배로 나아가야 한다. 특별히 현대 예배 속에서 잊혀져가는 예전들을 새롭게 복원하여 하나님을 향한 진지한 마음과 자세와 말씀 묵상 그리고 구심기도(centering prayer)를 위한 적절한 환경을 조성함으로써 하나님의 구원 이야기의 의미를 깊이 묵상하고 성찰할 수 있도록 해야 한다.

잊혀져 가는 예전을 복원하는 목적은 단지 옛것을 복원하는 데 있기보다는 우리의 영적 삶을 그리스도를 닮아가도록 안내할 하나님의 진리를 추구하는 데 도움이 되는 요소로 재적용할 필요성 때문이다. 그래서 사람들로 하여금 보는 예배에서 의식의 변화가 일어나게 하는 예배로 구성할 필요가 있다.

3. 영적 예배의 차원

예배에 대한 이해는 크게 두 가지 관점이 있다.

첫째, 예배를 하나님과 대화의 관점에서 수직적 차원을 강조하고 예배의 목적은 하나님의 영광과 존경에 둔다.

둘째, 예배의 수직적 차원과 수평적 차원 모두를 강조하고 예배의 목적은 하나님께 영광과 존경을 드리는 것뿐만 아니라 하나님의 백성들을 교화(edifying)하는 데 있다고 이해한다.

참된 예배란 하나님을 향한 수직적 요소와 수평적 요소의 통합을 통하여 이루어진다고 본다. 그러나 하트(D. Hart)와 뮤터(John Muether)는 예배의 성경적 형태인 대화적 예배 원리는 예배의 모든 것이 수직적이라는 사실을 강조함으로써 이러한 구분에 대해 이의를 제기한다.

예배는 하나님과 그의 백성들 사이에 이루어지는 거룩한 교류와 대화이다. 예배란 하나님의 백성들끼리 상호간의 이루어지는 대화가 아니다. 우리는 가까운 좌석에 앉아 있는 이웃들과 인사하거나 간증하는 것을 듣고 있을 때 하나님을 예배하는 것이 아니다. 이러한 활동들이 사람들을 교화하고 적절한 환경에 용기를 북돋워 주는 것처럼 공 예배는 하나님과 그의 백성들 사이에 여기저기에서 이루어지는 대화의 시간이다. 그것은-바쁜 한 주간 동안에 마련된 귀한 시간 중의 하나이며-하나님께서 신실하시며 계속적으로 우리의 하나님이 되신다는 사실을 들어야만 하는 시간이다. 그러나 이 말의 의미는 바른 예전(liturgy)이란 예배자들에게 축복하지 않는다는 것을 암시하지 않는다. 참된 예배는 분명히 교회의 기능을 수행한다. 그러나 보다 더 정확하게 말하면 우리가 축복받는 것은 바로 예배의 수직적 특성에서 오는 것이다. 우리는 예전의 수평적 차원을 추가함으로써 교화적 기능을 강화할 필요가 없다. 하나님은 예배에서 우리를 만나 주시며 여러 방법으로 복을 주신다.[7]

하트와 뮤터는 나아가 "하나님의 백성들 상호간에 축복, 격려, 깨달은 것들을 청취할 필요가 없다. 하나님의 백성들이 경험할 수 있는 최상의 교화는 살아계신 하나님이 우리의 하나님이시라는 사실을 듣는 것이다"라고 강조한다. 그러나 이들의 견해로부터 제기되는 것은 예배에 대한 정의다. 예배는 하나님을 영화롭게 하고 그를 즐거워하는 것이다. 하나님은 그의 택하신 백성인 교회를 통해서 영광을 받으신다. 교회는 "택하신 족속이요 왕 같은 제사장들이요 거룩한 나라요 그의 소유된 백성이니 이는 너희를 어두운 데서 불러내어 그의 기이한 빛에 들어가게 하신 자의 아름다운 덕을 선전하기 위해"(벧전 2:9) 구성된다.

여기서 예배는 가장 포괄적인 의미로 이해 할 수 있다. 다시 말하면 하나님을 영화롭게 하고 그를 즐거워함으로써 하나님이 진정 어떤 분이신가가 선포된다. 이 행동은 항상 겸손과 경외감과 사랑과 같은 창조물들의 태도를 동반한다. 하나님을 영화롭게 하는 것은 교회에 국한되지 않고 먹고 마시는 행위를 포함한 삶의 모든 영역으로 확대된다(고전 10:31). 물론 하나님 없는 예배는 그것이 아무리 감동적이라 할지라도 우상숭배다.

예배의 수직적 차원을 강조하기 위해서 교화적 차원은 오직 수직적 차원을 통해서만 발생한다는 관점은 단순한 견해라 할 수 있다. 하나님은 분명히

---

7 D. G. 하트, John R. 뮤터, 『개혁주의 예배학』, 김상구 외 역 (서울: R&R, 2009), 110-11.

예배 중에 세미한 음성으로 우리를 교화하시지만 함께 모여 예배하는 자녀들에게 아름다운 마음과 사랑스런 손길을 통해서도 분명히 역사하실 수 있는 크고 넓은 하나님이다. 우리가 그리스도 안에서 함께 예배하는 삶은 그리스도의 몸과 분리된 상태가 아니다. 예배에서 수평적 차원의 중요성은 결코 간과할 수 없다. 예수님은 예배의 조건으로 수평적 차원을 언급하신다.

> 나는 너희에게 이르노니 형제에게 노하는 자마다 심판을 받게 되고 형제를 대하여 라가라 하는 자는 공회에 잡혀가게 되고 미련한 놈이라 하는 자는 지옥 불에 들어가게 되리라 그러므로 예물을 제단에 드리려다가 거기서 네 형제에게 원망들을 만한 일이 있는 것이 생각나거든 예물을 제단 앞에 두고 먼저 가서 형제와 화목하고 그 후에 와서 예물을 드리라(마 5:22-24).

바울이 그의 서신서들에서 성령 충만의 결과들을 묘시한 유일한 본문이 에베소서 5:18-21이다.

> 술 취하지 말라 이는 방탕한 것이니 오직 성령의 충만을 받으라 시와 찬미와 신령한 노래들로 서로 화답하며 너희의 마음으로 주께 노래하며 찬송하며 범사에 우리 주 예수 그리스도의 이름으로 항상 아버지 하나님께 감사하며 그리스도를 경외함으로 피차 복종하라(엡 5:18-21).

헬라어 원문에는 이 본문이 명령형으로 된 두 개의 동사, 즉 "술 취하지 말라"와 "오직 성령의 충만을 받으라"와 그것들을 수식하는 현재분사로 된 네 개의 동사, 즉 문자적으로는 '말하는 것', '노래하고 찬송하는 것', '감사를 드리는 것', '복종하는 것'으로 되어 있다. 즉, 성령의 충만을 받으라는 명령 다음에 성령 충만의 결과들을 보여 주는 네 가지 내용이 묘사되고 있다.

성령 충만의 첫 번째 표지는 교제이다. 여기에서 교제는 영적 교제이다. 이는 우리가 하나님과 나누는 교제가 아무리 깊고 친밀하게 보인다 할지라도 만일 다른 동료들과 바른 관계를 형성하지 못하고 있다면 성령으로 충만하다고 말할 수 없다는 것을 시사한다.[8] 바울은 여기서 수평적 차원의 교제와 수직적 차원의 교제를 분리하지 않고 있다. 그는 "시와 찬미와 신령한 노래들로 서로 화답하며 너희 마음으로 주께 노래하며 찬송하며"(엡 5:19)라고 말한다.

여기서 지체들 상호간의 교제인 서로 화답하는 것과 하나님과 교제인 노래하며 찬송하는 것은 분리되지 않는다. 이 둘의 관계는 어느 한쪽 없이 불가능한 것이다. 이 본문을 통해 본 예배자의 모습은 서로 화답하며 하나님께 마음으로 노래하며 찬송하는 사람이다. 때문에 진정한 예배자의 모습은 수평적 차원의 교제와 수직적 차원의 교제를 분리하지 않고 통합을 이룬다. 진정한 예배자의 모습은 예배와 삶속에서 동일한 모습이다.

성경에 보면 이스라엘 백성들은 그들의 영적 건강을 나타내는 지수를 민족 안에 있는 가난하고 힘없는 자들을 어떻게 다루고 돌보는 것에 따라 평가하였다. 이스라엘은 여호와를 잊어버리고 배신하고 다른 국가의 신을 좇을 때마다 약하고 힘없는 자들을 잊어버리고 말았다. 그러나 여호와 신앙이 충만할 때는 고아와 과부와 가난한 자를 돌보는 일에 열심이었다.

칼빈은 "하나님은 우리를 훈련시키기 위해서 명령한 형제 사랑으로 자신에 대한 우리의 사랑을 시험하시는 방법을 선택하셨다"라고 하였다. 칼빈도 이처럼 형제 사랑과 하나님 사랑과 경배를 분리시키지 않았다. 그는 이 둘의 관계를 분리될 수 없는 관계로 보았다. 인간의 제일 된 목적인 영원히 하나님을 즐거워하는 것이 무엇을 의미하는지 진정으로 이해할 수 없는 사람은 바른 예배의 의미를 알 수가 없다.

예배는 항상 이중적이다. 다음은 어거스틴의 문장이다.

> 하나님 없이 우리는 할 수 없다. 우리 없이 하나님은 하지 않으실 것이다.[9]

하나님의 구원의 은총 경험은 우리의 구체적이고 사회적인 관계들이 변화되기 전까지는 실재한다고 할 수 없으며 강하게 힘을 발휘할 수도 없다. 돈

---

8 John Stott, *Baptism and Fullness*, 74-5.
9 돈 E. 샐리어스, 『예배와 영성』, 이필은 역 (서울: 은성, 2010), 79.

샐리어스(Don Saliers)는 예배의 심층적 의미를 잘 드러내주고 있다.

> 이스라엘은 하나님을 기억하고 하나님은 이스라엘을 기억했다. 여호와를 잊는다는 것은 단순한 영적인 게으름이나 감정적인 둔감함을 의미하는 것이 아니며, 이것은 거짓 하나님께 예배를 드리는 것이다. 하나님의 계명을 잊는다는 것은 하나님의 현존을 경험하며 살아가는 사람들에게 나타나는 태도들, 감정들 그리고 기질들로 우리 자신이 변화되지 않기 때문에 하나님과 이웃에 대한 사랑이라는 계명을 파기시키는 결과를 가져온다. 예를 들어, 고아와 과부처럼 도움을 필요로 하는 사람을 보살피는 일을 잊는 것은 하나님을 잊는 것과 관련이 있다. 정의를 무시하고 온유를 사랑하지 않는 것, 하나님과 함께 겸손하게 살아가지 않는 것은 그 자체가 하나님을 잊는 것이다. 이것은 하나님을 사랑하고 하나님이 우리를 사랑하는 것처럼 이웃을 사랑하라는 이중적인 계명 안에서 예수 그리스도가 율법과 선지자의 예언을 완성했다는 것이 무엇을 의미하는지 보여준다. '다른 사람'을 기억하는 것에 실패하는 것은 하나님을 적극적으로 잊는 것과 같다. 이는 예배와 윤리 사이에 내적인 관련이 있음을 밝혀주는 데 중요한 요소가 된다. 이웃을 사랑하고 돕는 일과 성스럽고 신령한 것을 분리하는 것은 성경이 제시해주는 예배와 역사 속에서 하나님을 기억하라는 말씀에 위배된다.[10]

예배는 결코 수직적 차원만을 통해서 형성되는 것이 아니다. 예배 행위는 하나님 나라의 백성으로서 하나님 나라의 수많은 차원과 결코 분리될 수 없다. 예배는 결코 세상으로부터 도피가 아니다. 표층적으로 보면 예배는 비록 수직적 형태로 나타나지만 심층적으로 보면 예배는 수평적 차원을 이미 내포하고 있다. 예배의 특성상 형제사랑과 서로 다른 이야기를 한다고 해도 예배와 형제사랑 혹은 윤리는 서로 속해 있다. 예배는 하나님 중심적이지만 또한 인간 삶에 기초를 두고 있다. 예배는 직접적으로 하나님을 향해 있고 예배에 사용되는 어투는 선포적이기 때문에 세속에서 분리된 특정한 의식이나

---

10 돈 E. 샐리어스, 『예배와 영성』, 23-4.

생각의 전환이 포함되어 있다.

하나님께 전적으로 우리의 삶을 드리는 것은 일상적인 삶에 대한 불연속성과 연속성을 요구한다.[11] 예배는 하나님을 영화롭게 하는 동시에 하나님 앞에 있는 인간의 성화를 의미한다. 하나님을 영화롭게 하고 그분께 찬양을 돌리는 행위는 그 자체가 하나님이 원하시는 신적인 삶을 터득해 가는 것이다. 예배는 인간의 삶을 충만하게 하며 자신의 실존을 깨닫게 해준다. 그리고 예배는 창조의 섭리를 발견하도록 도와주고 은총을 받아들이게 하며 생이 이루어지는 시간과 장소와 모든 관계들을 성화시킨다. 고통의 울부짖음과 고난의 기억이 찬양과 함께 하나님께 드려지는 것이다.[12]

예배는 하나님 앞에 함께 모인 지체들이 서로 화답하며 감사와 찬양으로 나아가는 공동의 행위이면서 예수 그리스도 안에서 우리를 위해 행하신 하나님의 행동에 우리가 함께 동참하는 것이고 하나님이 우리에게 주신 선물을 함께 받아들이며 나누는 행위이다.

4. 영적 예배의 의미

예배가 우리의 실존과 직접적으로 관련이 없을 때 예배의 중요성과 본질에 대한 질문이 필요하다. 특별히 의례들을 실천하는 것이 진실로 기독교 예전인지에 대한 질문을 해야 한다. 왜냐하면 현대 예배가 시대적 문화적 가치관들을 강화시켜주는 기능을 할 수 있기 때문이다. 우리가 신령한 예배를 드리지 못하는 원인들에 대한 성찰이 필요하다.

문화적인 격동의 시대에 무엇이 신령하고 적절한 기독교 예배인지를 결정한다는 것은 단순한 문제가 아니다. 개인주의적이고 물질주의적 문화 속에서 모든 창조물이 하나님을 기억하고 찬양하고 간청하는 법을 배우는 것은 진실로 반문화적인 것이다. 고통의 신비와 의식 없이 예배를 드리는 것은 성

---

11 돈 E. 샐리어스, 『예배와 영성』, 38.
12 돈 E. 샐리어스, 『예배와 영성』, 38.

경적이지 않다. 예수님께서 사마리아의 우물가 여인에게 "영과 진리"(요 4:24)로 예배드려야 한다는 말씀에 대해서 보이스는 다음과 같이 진술하였다.

> 많은 사람들이 몸으로 예배를 드린다. 이것이 의미하는 바는 만약 그들이 바른 시간에 바른 일을 하면서 바른 장소에 있다고 하면, 자신들이 예배를 드리고 있다고 생각한다는 것이다. 그리스도 당시에 이 여인은 이것을 성전이 있는 예루살렘 혹은 사마리아 성전이 있는 그리심 산을 의미한다고 생각했다. 우리 시대에 이것이 의미하는 것은 다음과 같은 생각을 가지고 있는 사람들을 가리키는 것 같다. 즉, 주일 아침에 교회 의자에 앉아 있거나, 찬송을 부르거나, 촛불을 밝히거나, 십자가를 목에 걸고 있거나, 교회에서 무릎을 꿇는 것으로 인해 자신들이 하나님을 예배한다고 생각하는 바로 그런 사람들을 가리키는 것 같다. 이런 것은 예배가 아니라고 예수님은 말씀하신다. 이런 관례들은 예배를 위한 수단이 될 수는 있다. 어떤 경우에는 그 수단이 예배를 방해할 수도 있다. 그러나 그런 것 자체는 예배가 아니다. 그러므로 우리는 예배와 주일 아침에 우리가 하는 특별한 일과 혼동해서는 안 된다. 더욱이 우리는 예배를 감정과 혼돈해서는 안 된다. 참된 예배는 하나님의 본성은 영이시기 때문에 그의 본성과 유사한 사람의 일부분인 영혼이 실제적으로 하나님을 만나고 그분의 사랑, 지혜, 아름다움, 진리, 거룩, 긍휼, 자비, 은혜, 권능 그리고 그분의 다른 모든 속성으로 인해서 그분을 찬양하는 것을 발견할 때만 이루어지는 것이다.[13]

현대 예배에서 가장 큰 위기는 '의미에 대한 위기'라고 할 수 있다. 예배의 진정한 의미에 대한 성찰이 부족한 것이다. 현대의 예배의 의미를 발견하기 위해서 가장 적실한 방법 중에 하나는 기독교 예배의 뿌리를 되찾아가는 것이다. 초대교회의 성도들은 예배를 하나님 나라로 받아들였고 그곳에 참여하는 방법으로 이해했다. 우리는 순교자 저스틴(Justin Martyr)의 『제일 변증서』(The First Apology)를 통해 초대교회 예배의 의미와 특성들을 발견 수 있다.

---

13 James Montgomery Boice, *The Gospel of John, vol 1: The Coming of the Light: John 1-4* (Grand Rapids: Baker, 1999), 296-97.

이 변증서는 A.D. 150년에 작성된 것으로 기독교 역사에서 예배에 대한 최초의 설명이다.

당시 기독교인들은 예배를 드리기 위해 모여서 유아를 희생 제물로 바치고 그 피와 살을 먹는다는 잘못된 소문으로 인하여 고소를 당했을 뿐만 아니라 박해까지 받았다. 이러한 잘못된 소문과 오해를 해명하기 위해 그리스도인들의 신앙과 믿음과 예배와 생활에 대해서 로마황제에게 설명하고 변호할 목적으로 변증서가 작성되었다. 여기에는 초대교회 기독교인들의 신앙과 실천에 관한 중요한 내용을 담고 있기 때문에 초대교회의 중요한 문서 중의 하나로 오늘날까지 그 가치를 인정받고 있다. 이 변증서에는 초대교회의 예배 모습이 잘 묘사되어 있다.

> 주일에 도시나 도시 주변의 농촌에 사는 사람들이 한 장소에 함께 모인다. 그들은 시간이 허락하는 대로 사도들의 글이나 선지자들의 글을 읽는다. 그 다음에 낭독자가 읽기를 마치면 사회자는 강론을 통해서 그 선한 교훈들을 따라 지킬 것을 권면한다. 그 다음에 우리는 모두 함께 일어나 기도를 올린다. 그리고 난 후 앞에서 말한 바와 같이 우리의 기도가 끝나면 빵과 포도주와 물을 가져오고 사회자는 그의 능력을 가지고 최선을 다하여 기도와 감사를 올린다. 그때 회중은 아멘으로 화답한다. 그 다음에는 감사로 성별된 빵과 음료가 모두에게 분배되고 각 사람은 이를 받아먹는다. 참석하지 못한 이들을 위해서는 집사를 통해서 음식 일부를 그들에게 보낸다. 그리고 이것을 잘 행한 이들은 각자에게 적합한 말을 하고 거둬진 헌물은 사회자에게 맡겨져서 고와와 과부들을 돌보게 하고 질병이나 다른 이유로 물질이 필요한 이들을 돕는다. 그리고 감옥에 갇힌 이들과 우리 중에 여행 중인 낯선 이들을 도우며, 간단히 말해서 궁핍한 모든 이들을 돕는다.[14]

---

14 *The First Apology of Justin, the Martyr in Early Christian Father*, ed., Cyril C. Richardson (Philadelphia: Westminster Press, 1953), 67, 287.

우리는 저스틴의 기록에 나타난 초대교회 예배의 모습에서 몇 가지 내용을 주목할 필요가 있다.

첫째, 초대교회의 예배는 말씀을 읽고 권면한 후 기도하고 성만찬을 행하였다. 초대교회는 낭독된 말씀과 설교된 말씀과 그리고 보이는 말씀인 성만찬을 행하였다.

둘째, 예배를 통해 선한 것을 사모하며 실천하도록 교훈하고 권면하였다. 초대교회 예배는 그리스도인들이 예수님을 삶의 힘의 근원임을 깨닫게 하고 그러한 깨달음 가운데 자신의 영적 삶도 예수님의 죽음과 부활을 따라가는 삶의 패턴으로 재구성되도록 하는 것에 본질적 목표를 두었다.

셋째, 예배에 참여한 회중은 함께 기도하였다.

넷째, 빵과 음료를 앞에 놓고 기도하며 감사한 다음에 성찬에 참여한 사람들에게 나누어 주었다. 여기서 주목할 만한 것은 사회자가 "그의 능력대로" 힘을 다하여 성만찬 기도를 인도하였다는 것이다.

다섯째, 성만찬에 참여하지 못한 사람들을 위해서 빵과 음료를 남겨 보냈다. 초대교회 그리스도인들은 예배를 통해서 사랑을 실천하였다. 초대교회 예배는 하나님의 영광을 위한 수직적 차원만을 위한 예배가 아니라 형제사랑인 수평적 차원을 중요하게 여기고 실천하였다. 예배에서 형제와 자매사랑도 중요한 요소였다.

여섯째, 헌금은 고아와 과부, 환자들, 감옥에 갇힌 자들, 이방인 그리고 물질적 궁핍에 있는 사람들에게 나누어 주었다. 초대교회의 예배는 이 땅과 관련이 없는 예배가 아니라 '이 땅의 예배'(earthed worship)였다.

> '이 땅의 예배'라는 표현은 초대교회의 예배는 결코 이 세상으로부터 도피하지 않았음을 강조하기 위함이다. 기독교 예배는 이 세상의 모든 피조물들이 하나님에게 구원받았음을 선포하기 위하여-물과 기름, 빵, 포도주, 움직임 그리고 상징과 같은-자연의 재료들을 활용한다.[15]

---

15 로버트 E. 웨버, 『예배학』, 126.

초대교회 그리스도인들은 봉사에 많은 관심을 가지고 실천하였다. 특별히 가난한 사람들을 돕기 위한 헌금을 많이 하였다. 만일 가난한 자를 위한 헌금을 할 형편이 안 되면 금식을 하여 절약한 양식을 헌물로 드렸다.

초대교회는 헌금을 어떻게 사용했는가?

헨리 채드윅(Henry Chadwick)에 의하면 초대교회에서는 헌금의 4분의 1 정도는 감독 또는 담임 교역자 생활비로 사용하고, 4분의 1은 기타 교역자들을 위하여 사용하고, 4분의 1은 교회 관리비로, 그리고 4분의 1은 가난한 자와 도움이 필요한 자들을 위하여 사용하였다.[16]

초대교회 그리스도인들은 나눔의 실천과 공동체적 삶을 중요시 했다. 로마 황제 줄리안을 두고 배교자 줄리안이라고 할 정도로 이방 종교를 부흥시키려 힘썼던 사람이었다. 줄리안 황제가 이방 종교를 부흥시키려고 노력하였지만 기독교가 강하게 뿌리를 내렸기 때문에 제대로 안되었다고 한다. 줄리안 황제가 친구에게 했던 말은 지금까지 우리에게 전해 내려오고 있다.

'왜 우리는 무신론자들이 낯선 사람에게 자비를 베풀고 죽은 자를 묻어 주고 거룩하게 사는 척하여 그 세력을 확장시켜 나가는 것을 보지 못하는가? 사악한 갈릴리인들이 자기들의 가난한 사람들뿐만 아니라 우리의 가난한 사람들도 도와주는 것을 볼 때 부끄러울 뿐이다.'

초기 그리스도인들은 '갈릴리인' 또는 '나사렛당'이라고 불려졌다. 그러다가 처음으로 그리스도인이라 칭함을 받은 곳이 안디옥이었다(행 11:26). 줄리안 황제 편지에 "갈릴리인들이 가난한 사람들을 돕는데 자기들뿐만 아니라 우리들까지도 도와주는 것을 볼 때 참 부끄럽다"라고 할 정도로 그리스도인들은 이웃을 돌보는 삶을 실천하는 데 열심이었다.

칼빈은 다음과 같이 말하였다.

> 그리스도께서 선한 사마리아 사람의 비유에서 '이웃'이라는 말에 가장 먼 사람도 포함되는 것으로 말씀하셨으므로(눅 10:36), 우리는 사랑의 교훈을 가까운 사람에게 국한시켜서는 안 된다. 우리는 사랑이라는 유일한 감정으로 인류 전체

---

[16] 헨리 채드윅, 『초대교회사』, 서영교 역 (서울: CLC, 1983), 59.

를 예외 없이 포용해야 한다. 여기에는 야만인과 문명인, 가치 있는 사람과 그렇지 못한 사람, 친구와 원수 등의 구별이 있을 수 없다. 왜냐하면 모든 인간은 그 자체로가 아니라 하나님 안에서 보아야 하기 때문이다.[17]

칼빈의 추구했던 목표는 예배자들의 궁극적 목표이기도 하다. 예배란 단지 감정을 뜨겁게 하기 위한 방편이 아니라 하나님의 나라 건설에 참여하는 행위이기 때문이다. 칼빈에게 있어서 하나님께 대한 예배와 봉사는 하나님의 영광뿐만 아니라 인간 삶의 기초이며 이웃에 대한 봉사와 섬김을 위한 통로였다.

5. 영적 예배와 일상성

우리는 우리의 삶에서 익숙하지 않은 것들을 만나면 먼저 불안감부터 느낀다. 우리는 우리에게 주어지는 새로운 도전이나 상황들을 통해서만 영적 성장이 이루어진다는 사실에도 우리는 이런 경험을 별로 좋아하지 않는다. 우리가 성경, 기도, 예배, 거룩한 삶, 영적 삶의 구체적인 방법을 다룰 때도 상황은 마찬가지이다. 기존의 사고방식에 지배되는 상황에서 우리는 새로운 것에 대해 거부 반응부터 보이는 경향이 있다.

제랄드 메이는 우리가 영성생활에서 취해야 할 자세에 대해 유용한 관점을 제공한다.

> 창조의 위대한 춤은 정착이 아니라 무언가를 향하여 움직여 가는 것을 의미한다. 그것은 계속적인 변화이지 최종적인 성취가 아니다. 그 속에서 인간은, 우리 안에 너무나 깊이 자리잡고 있어서 우리 본연의 존재와 분리할 수 없는 갈망으로 인해 더 위대한 사랑과 확장해 가는 자유를 향하여 끌리게 된다. 확장하고, 마음을 열고, 다가가고, 뻗으며, 창조하고, 재결합하고, 묶였다가 다시 풀려나고 연합 안에서 자신을 잃었다가 다시 새로운 창조 속에서 고통스럽게 다시 분리되는 것,

---

17 John Calvin, *Institutes of Christian Religion*, II. 8. 55.

그것이 사랑의 본질이며 따라서 우리가 지닌 영의 본질이다.[18]

우리의 영적 삶이 성숙해지기 위해서는 항상 익숙한 것에만 머물면 안 된다. 우리는 이러한 문제를 인식조차도 못하는 경우가 허다하다. 건강한 육체를 위해 다양하고 균형 있는 영양분을 섭취해야 하듯이 우리의 영적 건강도 그러하다. 아무리 좋은 음식도 지나치게 섭취하면 오히려 문제가 되듯이 우리의 영적 삶도 비슷하다. 예배와 기도가 귀하고 아름다운 행위이지만 다른 삶을 상대적으로 등한히 여기도록 작용할 때는 문제를 낳을 수 있다. 우리의 영성생활에서 가장 큰 유혹은 익숙한 것만을 사랑하는 것이다. 브루스 디마레스트(Bruce Demarest)는 이렇게 말한다.

> 익숙하지 않은 것들에 대해 마음의 문을 열지 않는 사람은 하나님을 자신의 관점과 방법으로 가두어 버리는 실수에 빠지게 된다. 이것은 하나님께서 자신의 형상대로 우리를 만드시는 작업을 방해하고 반대로 하나님을 내 형상대로 만드는 데로 나가게 만든다.[19]

우리에게 익숙해져 있는 예배와 기도와 성경공부가 우리의 영성생활에 중요한 요소들이지만 자칫 이러한 익숙한 요소들이나 영역에만 지나치게 매이게 되면 다른 것들을 보지 못하게 되는 결과를 가져올 수 있다. 왜냐하면 우리의 영성생활은 어떤 특수한 요소나 영역에만 제한 될 수 없을 정도로 다양하고 신비한 요소들로 가득하기 때문이다.

나아가 우리가 영적인 차원에서만 편안함을 느끼게 되면 자칫 이원론적 삶을 부추기는 동기로 작용할 수 있다. 예배생활과 기도생활은 거룩한 것으로 여기지만 일상적인 삶은 영적인 삶과는 무관한 것으로 자기도 모르게 취급해버리는 현상이 발생할 수 있다. 우리의 헌신적인 예배생활과 기도생활이 우리의 일상생활을 속된 것으로 여기게 만드는 동기가 되어버린다면 우

---

18 제랄드 메이, 『사랑의 각성』, 63-4.
19 브루스 디마레스트, 『영혼을 생기나게 하는 영성』, 63.

리의 예배와 기도는 일상의 거룩함을 속된 것으로 여기게 만드는 동인으로 작용할 수 있다.

초대교회 교부들은 삶을 거룩한 것과 속된 것으로 구분하여 이해하지 않았다. 그들에게는 삶을 포함한 모든 것이 다 거룩하였다. 하지만 헬라인들의 사고방식에 의하면 기도와 같은 영적인 일은 거룩한 삶의 영역에 해당하는 것으로 여기고, 일이나 놀이와 성 또는 몸의 일은 거룩한 삶의 영역에서 분리하여 세속적인 삶의 영역에 속한다고 생각하였다. 당연히 세속적인 삶의 영역에서 '하나님과 동행'도 잠시 유보되기 마련이다.

하지만 초대교회의 성경적인 사고방식에서는 주일뿐만 아니라 모든 날과 삶의 전 영역, 즉 일과 놀이, 몸의 일 모두가 거룩한 영역에 포함된다. 예배와 기도와 성경 묵상이 우리의 영적인 삶에서 엔진과 같은 역할을 하지만 마치 차가 엔진의 기능으로만 움직일 수 없듯이 우리의 영적 삶에서 예배와 기도가 다른 요소들을 누리지 못하게 한다면 이는 통전적인 성장에 부정적으로 작용할 수도 있다.

우리는 익숙한 것에 중독되기 쉽다. 우리의 영성생활에서도 익숙한 것에만 치중하게 될 때 자칫 중독이란 덫에 빠지는 결과를 초래 할 수 있다. 우리의 영성생활이 우리에게 아름다움을 가져다주지만 자칫 어떤 부분에만 익숙해지도록 하는 기능으로 축소되어 버릴 수 있다. 이러한 현상은 제랄드 메이가 지적했듯이 우리의 영적 확장성을 제한하는 중독으로 기능할 수 있다.

"중독은 자유를 향한 우리의 확장성을 구속하고 제한한다."[20]

우리의 영성생활에서 내적 묵상을 깊이 하다 보면 그로 인한 유익을 얻기도 하지만 자칫 개인주의적 삶을 위한 에너지로 작용할 수도 있다. 우리의 영성생활이 하나님과의 관계에서 발생하는 성장보다는 영적 중독의 도피처가 될 수 있다. 이러한 영적 현상은 우리를 퇴보하게 할 뿐만 아니라 우리의 영적 확장성을 구속하고 제한할 수 있다. 그러기에 바울은 지혜롭게 몸이 소외된 예배가 아니라 너의 몸을 거룩한 산 제사로 드리라고 했던 것 같다.

---

20 제랄드 메이, 『사랑의 각성』, 64.

제12장

영성생활과 예배의 지평

Spiritual Life and Horizon of Worship

1. 예배의 요소

　진정한 예배는 하나님의 나라가 최종적으로 나타날 때까지 언제나 하나님과 천국을 지향할 뿐만 아니라 사람들을 영적으로 성숙하게 한다. 예배는 하나님의 영광을 위한 것이지만 또한 예배를 통해서 하나님의 백성들을 영적으로 성숙시키는 은혜의 방편이기도 하다.
　예배는 찬송(엡 5:19; 골 3:16), 기도(마 18:19), 말씀봉독(딤전 4:13), 설교(롬 10:17; 16:25; 고전 2:4; 골 3:16), 성만찬(마 26:26-28; 막 14:22-25; 눅 22:14-20; 고전 11:23-26)과 같은 구별된 행위를 포함한다. 다른 예전적인 전통들은 이 행위들을 여러 가지로 형상화한다. 그러나 다섯 가지 행동, 즉 회중찬송, 공동체적 기도, 성경봉독, 설교, 성만찬은 모든 전통에서 공적 예배의 기본요소이다. 따라서 그것에 대한 신학적 중요성을 고찰할 가치가 있다.
　기독교 예배의 기본은 성경이다. 성경은 예배의 기본이 되고 공통적으로 갖고 있는 모든 기독교 전통을 제공한다. 예배의 규정적인 원리는 우리의 공동예배가 성경으로 채워지고 성경으로 인도를 받는, 즉 본질과 구조가 성경적이며 내용과 순서가 성경적인 것이 되도록 확신하는 데 도움을 준다. 웨스터민스터 신앙고백서는 규정적인 원리의 구성요소를 다음과 같이 개괄적으로 말한다.

경건한 경외심을 가지고 성경을 읽어야 한다. 건전한 설교와 이해 및 신앙과 존경심을 가지고 하나님께 순종할 마음으로 말씀을 경청하는 것과 마음에 감사함으로 시를 부르는 것과 그리스도께서 세우신 성례를 바로 거행하며 합당하게 받는 것은 모두 하나님께 드리는 일반적 예배의 부분이다. 이외에 종교적 맹세와 서원과 엄숙한 금식과 특별한 때를 따라 드리는 감사 등이 있으니 이것은 여러 때와 절기에 따라 거룩하고 신령한 태도로 해야 한다(21.5).[1]

규정적 원리가 갖고 있는 사람들을 위한 적절한 표어는 **"성경을 읽어라, 성경을 전하라, 성경의 내용으로 기도하라, 성경의 내용을 노래하라"**이다.[2] 개혁주의 전통에서 예배의 중요한 원리는 **봉독된 말씀과 설교된 말씀과 기도된 말씀과 노래된 말씀과 보이는 말씀**을 서로 지속적으로 실행하는 것이다. 예배에서 단지 말씀을 통한 설교만이 메시지가 아니라 기도와 찬송과 모든 것이 메시지이다.

2. 기도된 말씀

기독교 예배는 예수님이 말씀하신 것처럼 영과 진리로 예배한다. 기독교 예배는 진리를 실행한다. 초대교회에서 진리를 실행하다는 사실을 "기도의 법이 곧 신앙의 법이다"(*lex orandi; lex credendi est*)라는 경구를 담았다. 예수님은 아버지의 집은 "기도하는 집"(마 21:13)이라고 말씀하셨다. 기도는 초대교회부터 기독교 예배의 중요한 한 요소였다. 개혁교회 전통에서 기도는 중요한 특징을 가지고 있다.

---

1 리곤 던컨 3세, "성경적인 지침을 따르는 예배를 위한 토대," 필립 그레이엄 라이큰, 데릭 토마스, 리곤 던컨 3세 편집, 『개혁주의 예배학』, 김병하·김상구 역 (서울: 개혁주의신학사, 2012), 130-31.
2 리곤 던컨 3세, "성경적인 지침을 따르는 예배를 위한 토대," 131.

첫째, 기도는 하나님께 간구하는 것 이상이었다.

둘째, 개혁교회 전통에서 예배의 공적인 기도는 성경의 내용으로 기도하는 것을 가장 바람직하게 여겼다.

예배에서 공적으로 하는 기도는 주의를 기울여야 할 중요한 하나의 요소이다. 공적인 기도의 목적은 하나님을 찬양하고 회중을 축복하는 것이어야 한다. 기도는 우선 하늘에 계신 하나님이 들으실 뿐만 아니라 땅에 있는 회중이 듣는다. 이것은 고린도전서 14:14-19에서 사도 바울이 지적한 바로 그 내용이다. 만약에 누군가가 "영으로" 기도해서 다른 사람이 이해할 수 없다고 한다면, 그 기도는 신실한 감사의 표현일 수 있지만 "다른 사람은 덕 세움을 받지 못한다"(고전 14:17). "일만 마디 방언"보다 "남을 가르치기 위하여" 깨달은 마음으로 다섯 마디 말을 하는 것이 더 낫다(고전 14:19).

예배에서 공적인 기도는 하나님을 찬양, 공적인 교화, 회중 축복의 세 요소를 기본적으로 포함해야 한다. 공적인 기도는 하나님께 말하는 것과 함께 공적인 교화와 지침을 위한 것이다. 공적인 기도는 설교와 밀접하게 관련된 일종의 또 다른 설교이다. 공적인 기도에 대한 이런 이해는 초기 개신교주의와 이어지는 자유교회인 장로교, 회중교회, 침례교, 감리교 전통이 가지는 전형적인 이해였다.[3] 공적으로 기도하는 사람은 기도훈련과 성경의 경건 언어에 대한 주의 깊은 연구를 통해서 성경적인 내용이 풍부하고 감동이 넘치는 기도를 해야 한다. 이런 기도는 예배에서 회중을 교화시킨다. 부처(Bucer), 파렐(Farel), 칼빈(Calvin), 녹스(Knox)가 예배순서와 자유기도를 장려하는 가운데 성경에 토대를 둔 기도의 강조가 그들의 교회 예전적인 개혁들 근저에 깔려 있다.[4]

매튜 헨리(Matthew Henry)는 공적으로 기도하는 사람은 그가 기도할 때 자신을 돌아보아야 할 뿐만 아니라 "그와 함께하는 사람들의 교회를 추구해야

---

[3] 테리 존슨, 리콘 던컨, "공동 예배에서 성경 읽기와 성경의 내용으로 기도하기," 필립 그레이엄 라이콘, 데릭 토마스, 리콘 던컨 3세 편집, 『개혁주의 예배학』, 김병하·김상구 역 (서울: 개혁주의신학사, 2012), 254.

[4] Bard Thompson, *Liturgies of the Western Church* (Philadelphia: Fortress, 1961), 159-225.

만 하며 내용과 말씀 모두에서 교화에 대해서 주목해야만 한다"고 하였다.[5] 대부분의 개신교 전통에서는 공적인 설교와 같이 공적인 기도는 회중 전체를 교화해야만 하고 그렇게 하기 위해서 공적인 기도는 성경적 언어와 암시로 풍부해야만 한다는데 동의한다.[6] 페어베른(Fairbairn), 머피(Murphy), 포터(Potter), 셰드(Dhedd), 스펄전(Spuegeon) 등은 설교 혹은 설교학이라는 제목 아래 공적인 기도에 대한 부분을 포함시켰다.[7]

공적인 기도는 성경의 언어와 정신으로 가득해야 한다. 성경의 언어로 기도하는 것이 좋다. 우리가 공적인 예배에서 기도할 때는 성경의 언어로 기도해야 한다. 사무엘 밀러(Samuel Miller)는 다음과 같이 말하였다.

> 공적인 기도에서 가장 본질적으로 뛰어난 것 중의 하나이고 내가 첫 번째로 강요되는 느낌을 가지고 다른 무엇보다도 추천하고자 하는 것이 있다. 그것은 바로 공적인 기도는 하나님의 언어로 풍성해야 한다는 것이다.[8]

수 세기 동안 교회는 시편을 기도문으로 사용했다. 시편은 진정한 의미에서 예수님의 기도문이었다. 초대교회는 이 기도를 예수님의 기도로 이해했다. 교회가 시편들을 기도로 사용할 때 그것은 예수님의 기도로 기도한 것이다. 더 정확히 말하면 모든 시대 동안 교회를 통해 예수님이 기도를 하신 것이다. 이는 공동체적 기도에 대한 중요한 관점을 제공한다.

공동체적 기도는 함께 모인 개인들이 드리는 기도의 총합이 아니다. 교회가 함께 기도할 때 그것은 기도하시는 그리스도와 함께 그리스도의 몸을 이루는 것이다. 두세 사람이 예수님의 이름으로 모여 함께 기도할 때, 예수님도 그들 중에 머리로서 함께 계신다.

---

5 Matthew Henry, *A Method for Prayer*, Edited by J. Ligon Duncan (Greenville: Reformed Academic Press, 1994), xii.
6 테리 존슨, 리콘 던컨, "공동 예배에서 성경 읽기와 성경의 내용으로 기도하기," 256.
7 테리 존슨, 리콘 던컨, "공동 예배에서 성경 읽기와 성경의 내용으로 기도하기," 257.
8 Samuel Miller, *Thoughts on Public Prayer* (Harrisonburg: Sprinkle, 1985), 217.

성경적인 기도는 특별한 위로가 있다. 우리가 공동체적 기도를 할 때는 "주님, 우리와 함께하여 주소서!"라고 기도하기보다는 "주님, '내가 과연 너희를 버리지 아니하고 과연 너희를 떠나지 아니하리라'(히 13:5)고 하신 당신의 약속을 믿습니다"라고 기도하는 것은 다르다. 공동체적 기도를 시작할 때 "우리에게 기도할 수 있는 특권을 주신 하나님께 감사드립니다"라고 하는 것은 다음의 기도와 다르다.

"우리는 당신의 초청으로 이 자리에 모였습니다. 오 주님이시여! 당신께서 '구하라 그러면 너희에게 주실 것이요 찾으라 그러면 찾을 것이요 문을 두드리라 그러면 너희에게 열릴 것이니'(마 7:7-8)라고 약속하신 주님! 우리가 주님의 약속을 믿고 구하고 찾고 두드리기 위해 왔나이다."

우리가 공적인 기도에서 성경의 약속들을 따라 기도하는 것은 우리가 사람들의 마음을 더욱 효과적으로 위로하게 된다. 공적인 예배를 시작하는 기도도 머릿속에서 갑작스럽게 생각나는 대로 기도하기보다는 "오라 우리가 굽혀 경배하며 우리를 지으신 여호와 앞에 무릎을 꿇자 대저 저는 우리 하나님이시요 우리는 그의 기르시는 백성이며 그 손의 양이라"(시 95:6-7)라고 기도하는 것이 좋다. 공적 예배에서 준비 없이 설교해서는 안 되듯이 준비 없이 기도를 해서는 안 된다.

공적인 기도는 5분에서 길게는 8분 정도 되어야 한다고 머피(Murphy)는 권한다. 특별히 자주 쓰는 언어, 반복적인 언어 사용, 형식적인 어휘들을 자주 그리고 기계적으로 반복하는 것을 피해야 한다. 다브니(Dabney)는 다음과 같이 말한다.

> 이런 기계적인 어구는 우리가 변화가 없는 예전에 대해서 제기하는 형식주의, 단조로움, 그리고 적절한 다양성의 결여에 대한 비난을 받기 쉽다. 이 기계적인 어구는 그 문학적인 장점 그리고 위엄 있고 부드러운 결합성의 그 어떤 것도 가지고 있지 않다.[9]

---

9 Robert Dabney, *Sacred Rhetoric* (Edinburgh: The Banner of Truth Trust, 1979), 348.

하지만 공적인 기도가 결코 설교는 아니다. 공적인 기도에서 기도하는 대신에 하나님께 설교하려는 어리석음을 반드시 피해야 한다. 머피(Murphy)는 "공적인 기도를 청중에게 설교하기 위해서 혹은 그들을 꾸짖기 위해서 혹은 심지어 종종 이루어지는 일로 주님께 정보를 드리기 위해서 사용하는 것을 공적인 기도에 대한 커다란 남용"이라고 하였다.[10]

예배에서 공적인 기도는 기도된 말씀이다. 공적인 기도가 기도된 말씀의 특성을 가지기 위해서는 성경의 내용으로 기도해야 한다. 공적인 기도는 성경의 어법과 사고로 젖어 있어야만 한다. 이것이 개혁교회 예배의 중요한 특징 중 하나였다. 아마도 개혁교회 안에서 가장 멀리 떠나 있는 면은 실제 기도에서 바로 이 부분이 약화된 것이다.

제임스 드 종(James De Jong)은 현대의 개혁주의 예배에서 주로 실천하고 있는 기도의 형태들을 제시하였다.[11]

첫째, 기원기도(invocation)다. 이 기도는 하나님의 임재와 축복을 초대하는 기도이다. 장로교 예배에서 기본적인 형태로서 종종 하나님의 인사(God's greeting)나 묵도 혹은 두 가지 모두에 의해 개혁주의 교회들에서는 대체된다.

둘째, 고백기도(confession)다. 고백기도는 사람들의 죄를 인정하고 그리스도의 희생에 근거하여 용서를 구하고 화목을 구한다. 이것은 노래로 불러지고 말로 표현되거나 보통 목사에 의해 말로 표현되기도 한다.

셋째, 목회기도나 회중기도(pastoral or congregational prayer)다. 이 기도는 세계와 나라와 세계교회의 선교사역과 지역사회와 회중 등에 초점을 맞춘다. 이 기도는 특별한 상황들 속에 있는 성도들을 위해 중보기도를 하고 모든 사람들과 세계문제들에 대해 살피고 기도하는 것을 포함한다. 이 기도는 보통 긴 편이다. 기도는 일반적으로 세계문제로 시작해서 특별한 상황 속에 놓여있는 사람들의 문제를 기도하는 것으로 마친다. 보통 교회에서는 이 기도를 중보기도(prayer of intersession)라고 칭하기도 한다.

---

10 Thomas Murphy, *Pastoral Theology: The Pastor and the Various Duties of His Office* (Audubon: Old Paths, 1996), 211-12.
11 제임스 드 종,『개혁주의 예배』, 황규일 역 (서울: CLC, 2009), 134.

넷째, 조명기도(illumination)이다. 조명기도는 말씀강독과 설교 앞에 나오는 것이다. 이것은 성령의 역사를 구하는 기도로 명료한 두뇌와 열린 마음과 효과적인 선포를 구하는 기도다.

3. 봉독된 말씀

예배의 중요한 요소 가운데 하나는 성경을 읽는 것이다. 예배에서 성경을 실질적으로 견실하게 읽는 것을 포함해야 한다. 현대 예배 중에 잘못된 내용 중의 하나는 예배 중에 성경을 읽는 것을 설교를 위한 본문으로만 읽는다는 것이다. 바울은 디모데에게 말한다.

> 내가 이를 때까지 읽는 것과 권하는 것과 가르치는 것에 전념하라(딤전 4:13).

바울은 말씀을 읽는 것과 권하는 것을 동등한 위치에 놓는다. 예배에서 성경을 읽는 것은 단지 설교를 위한 수단으로 읽어서는 안 된다. 교회 전체 역사에서 기독교 예배의 본질적인 구성요소로서 하나님의 말씀을 읽는 것은 핵심적인 요소 중의 하나였다. 성경을 공식적으로 읽는 것은 구약시대 이후로 하나님을 예배하는 데 있어서 핵심이 되는 일이었다. 하나님의 말씀을 읽을 때 하나님은 그분의 백성에게 가장 직접적으로 말씀하시게 되는 것이다.

그러므로 하나님의 말씀이 예배자의 마음에 편집되지 않고 전해지는 예배의 이런 모습은 결코 무시되거나 간과되거나 폐쇄되어서는 안 된다. 하나님의 말씀을 읽는 것은 결코 설교를 위한 과정이 아니라 예배에서 하나의 고유의 요소이어야 한다. 하나님의 말씀을 읽는 것은 공적인 기도와 설교와 같이 예배의식에서 동등한 가치와 중요성을 가진다. 성경을 읽는 것은 훌륭하게 구성된 설교를 전하기 위한 목적에만 있지 않다. 그것은 전통을 형성하는 과정이다. 읽는 것의 이면에는 듣는 행위가 있고 듣는 행위는 다름 아닌 공동체적 행위이다. 나우웬은 이렇게 말한다.

함께 말씀에 귀 기울이면 경쟁과 라이벌 의식에서 자유로워지고, 동일한 사랑의 하나님의 아들과 딸로서 우리 주 예수 그리스도의 형제와 자매로서 그리고 서로 형제들과 자매로서 우리의 진정한 정체성을 깨닫게 해준다.[12]

읽는 것과 듣는 행위를 통해 말씀이 우리를 새롭게 하고 하나님과 우리 상호간에 살아있는 관계를 가지도록 인도한다. 이것이 성경 읽기의 기본적인 신학이다.

테리 존슨(Terry Johnson)과 리곤 던컨(Ligon Duncan III)은 예배에서 성경 읽기의 중요성과 그 의미들을 기술하였다. 그 가운데 몇 가지를 보면 다음과 같다.[13]

첫째, 성경을 공적으로 읽는 것은 공동예배의 한 부분이다. 엄밀히 말하면 한 요소이다. 그것은 선택사항이 아니라 공적으로 성경을 읽는 것이 무시될 때 기독교 예배에 본질적으로 중요한 하나의 국면이 상실된다.

둘째, 성경을 공적으로 읽는 것은 은총의 수단이다. 공적으로 성경을 읽는 것은 우리가 공개적으로 그리고 공동으로 그분의 말씀 아래 앉는 기회로서 역할을 할 뿐만 아니라 그것은 또한 우리가 강해지는 그리고 그분의 은총을 받는 하나님이 지정하신 수단이다.

셋째, 성경은 편중되게 읽어서는 안 된다. 잘 알려진 부분과 신약과 시편뿐만 아니라 구약 전체와 요한계시록도 읽도록 해야 한다. 종교개혁자들은 오직 성경(*sola scriptura*)교리의 필요성을 믿었을 뿐만 아니라 모든 성경(*tota scriptura*)교리의 필요성도 믿었다. 성경을 읽는 양은 너무 길어서는 안 된다. 장의 본문이 긴 경우에는 나누어서 읽도록 해야 한다. 장을 나눌 때는 단락 안에서 문맥에 따라 자연스럽게 해야 한다. 쉽고 잘 알려진 부분을 가지고 시작해야 한다. 복음서부터 읽고 그중에서도 마가복음부터 읽으면 좋다.

넷째, 성경 읽기는 구약과 신약을 균형 있게 읽어야 한다. 만약에 예배에

---

12 Henri J. M. Nouwen, *Making All Things New: An Invitation to the Spiritual Life* (San Francisco: Harper & Row, 1981), 86.
13 테리 존슨, 리콘 던컨, "공동 예배에서 성경 읽기와 성경의 내용으로 기도하기," 246-53.

서 신약을 가지고 설교를 한다면 구약에서 읽는 것이 좋다. 구약 본문을 가지고 설교 할 때는 신약에서 읽는 것이 좋다. 웨스트민스터 예배모범(Westminster Directory)은 설교 본문과 메시지 이외의 구약에서 한 장 신약에서 한 장을 매 예배 때 읽는 것을 권하고 있다.

다섯째, 성경을 읽을 때는 계획을 세워 연대기적으로 혹은 문학 유형을 번갈아 가면서 혹은 정경적 순서에 따라 읽어갈 수 있다.

여섯째, 성경을 읽을 때 시편과 같은 성경의 특별히 교훈적인 부분을 규칙적으로 사용하면 좋다. 시편은 삶 실체를 다루고 있고 살아계신 하나님께 쏟아 부어진 영혼의 상태, 즉 불평, 마음의 애통함, 공허감들을 드러내 준다. 종교개혁자들은 예배에서 시편으로 노래하고 읽어야만 한다고 생각했다. 종교개혁자들은 시편을 전반적인 기독교적 경험의 핵심으로 보았다.

일곱째, 목사는 읽은 성경에 대한 간략한 설명을 곁들이면 좋다. 그러나 그 말이 말씀을 읽는 것보다 훨씬 길거나 더 중요하게 여겨지지 않도록 해야만 한다.

존슨과 던컨은 그러나 성경을 공식적으로 읽는 것은 말씀을 전하는 책임이 있는 사람들에 의해서 이루어져야만 한다고 강조한다. 존슨과 던칸은 교회 예배에서 목사가 아닌 사람들이 성경을 공적으로 읽는 관행을 따르는 것은 많은 그리스도인은 그들이 성경적으로 행하는 것이라는 분명한 의식을 가지고 그렇게 한다는 것을 의심하지 않는다.

그러나 존슨과 던컨은 웨스트민스터회의(Westminster Assembly)에서 채택된 대요리문답과 성경은 말씀을 일반성도가 읽는 것은 성경적이지 않다는 견해를 가지고 반박한다.

대요리문답 156번에서 성직자들은 "누구나 다 공적으로 회중에게 말씀을 봉독하도록 허락되어 있지 않다"(구약 제사장직의 예를 토대로)라고 말하였다. 교회 정치 형태는 이 주장을 상세히 설명한다. 그러나 근본적인 이유는 하나님의 말씀을 읽는 것에 있어서 하나님은 그분의 백성에게 가장 직접적으로 말씀하신다는 것이었다. 하나님의 말씀을 선포하는 것은 목사들의 독특한 책임이어야 하기 때문에 그 동일한 말씀을 읽는 것 역시도 그런 것이라 보는 것이다. 그것은 읽힌 말씀과 선포된 말씀 사이의 동등성에 관한 것이다. 읽힌 말씀은 선포된 말씀보다 중요성이 좀 낮은 그 어떤 것이 아니다. 그러나 만약에 교회에서의 설교가 목사들과 장로들에게 국한되고 말씀을 읽는 것은 그렇지 않다고 한다면, 읽힌 말씀과 선포된 말씀은 동일하다는 생각은 전해진 중요한 메시지인 것이다.[14]

문제는 읽힌 말씀과 선포된 말씀의 권위의 동등성이 사람의 직분에 따라 달라질 수 있다는 관점은 성경적 관점이라 할 수 없다는 것이다. 하나님의 말씀의 권위는 인간에 의해 그 가치의 높고 낮음이 결정되지 않기 때문이다. 하나님의 말씀은 그 자체로 권위를 가지고 있다. 설교자가 성경을 읽을 때와 똑같이 일반 성도가 성경을 읽을 때도 성경은 동등한 권위와 가치를 지닌다. 제임스 드 종은 예배에서 성경 봉독자에 대해서 다음과 같이 분명한 어조로 말한다.

> 누가 봉독할 것인가? 대부분의 그리스도인들은 누가 성경을 개혁주의적 예배에서 공적으로 봉독할 수 있는가에 대해 잘못된 생각을 가지고 있다. 검증되지 않은 관점 때문에 오직 목회자들만이 그렇게 할 수 있다는 태도가 생겼다. 이것은 실수다. 회당과 많은 기독교 교회에서처럼 안수 받지 않은 사람들도 예배에서 성경을 봉독할 수 있다. 남성, 여성, 젊은이 혹은 심지어 노인이나 유창한 언어능력을 가진 아이들이 성도들을 위해 성경을 봉독하는 것을 금지하는 어떤 의례적이거나 신학적 이유도 존재하지 않는다. 예배가 하나님의 백성들에게 속해 있다는 사실이 다양한 회원들이 예배에서 봉독자로 설 수 있음을 지지해 준다. 그들의 능력이 봉독자 선별에 있어 기본적 기준이 되어야 할 것이다.[15]

공적인 성경 읽기(public reading)의 신학적 통합성을 유지하려면 먼저 현대 복음주의 교회 안에 주로 정보 제공적인 설교가 우위를 차지하는 현상을 염두에 두고 설교와 성경봉독의 관계를 생각해보아야 한다. 우리는 공적인 성

---

14 테리 존슨, 리콘 던컨, "공동 예배에서 성경 읽기와 성경의 내용으로 기도하기", 247-48.
15 제임스 드 종, 『개혁주의 예배』, 117-18.

경봉독에 우선권을 둘 필요가 있다. 성경봉독이 설교 주제들을 중심으로 이루어질 때가 너무 잦기 때문에 지나치게 선택적이며 작위적인 측면이 있다.

전체적인 과정은 거꾸로 되어야 한다. 즉, 설교는 순서에 따른 지속적 성경봉독에서 나와야 한다. 설교가 종교개혁자들이 선호했던 렉시오 콘티누아(lectio continua)의 형식을 따른다면 자신이 선호하는 방식으로 성경을 선택적으로 읽는 습관과 좋아하는 본문만 설교하는 습관을 피하기가 쉬울 것이다. 설교는 본질적으로 현대 청중의 언어로 이야기를 전개해야 한다. 소위 성경강해는 우리가 더 집중해서 성경 이야기를 듣고 더 완전하게 그 사건들과 관계를 맺을 수 있도록 이야기를 명료하게 해야 한다.

개혁주의 교회들은 성경봉독을 하는 데 여러 접근 방법을 사용하였다. 16세기 교회에서 선호된 것은 렉시오 콘티누아(lectio continua)로 성경을 연속적으로 읽는 것이다. 매주일 목회자는 그 전주에 읽은 본문 다음부터 시작했다. 설교자들의 설교는 책 속에 있는 순서를 따르는 일련의 메시지들이었다. 이런 유형에 따라 말씀을 봉독하고 설교하는 유익은 하나님의 말씀의 일부분에 대해 일관성 있게 전할 수 있다는 것이다. 그것은 또한 매주 의례적인 연속성을 제공한다. 그러나 분명한 것은 계절적인 융통성이 결여되어 있다. 또한 목회적인 설교가 약화될 수도 있다. 현대교회는 또한 봉독되는 성경을 듣는 법을 배워야 한다.

유진 피터슨은 그러한 성경의 기능을 다음과 같이 잘 요약한다.

> 책의 일차적인 존재 이유는 우리가 저자의 이야기를 들으면서 그 속에서 우리 자신을 발견하고, 저자의 노래를 들으면서 그들과 함께 노래 부르고, 그들의 주장들을 들으면서 그들과 함께 논의하고 그들의 답변을 들으면서 그들에게 질문을 할 수 있도록 저자와 독자들이 관계를 맺도록 하는 것이다. 성경이야말로 바로 이러한 책이다. 정보 수집을 목적으로 이야기들을 비인격적으로 읽으면 우리는 그것들을 왜곡하게 된다.[16]

---

16 Eugene H. Peterson, *Working the Angels: The Shape of Pastoral Integrity* (Grand Rapids: Eerdmans, 1987), 99.

성경은 도움이 되는 삶의 지혜나 조언을 얻기 위해서가 아니라 듣는 사람들로 하여금 공동체적으로 그 이야기에 참여할 수 있도록 하기 위해 들려져야 한다. 영국 국교회 회중은 항상 복음서를 읽을 때 일제히 기립하는 데 그것은 암시하는 메시지를 담고 있다.

> 천국의 자녀 여러분, 지금 그 이야기에 특별히 주목하십시오.

성경을 통하여 듣는 귀를 훈련하기 위해서는 먼저 교회 안에서 성경봉독의 적절한 지위가 회복되어야 한다.

4. 선포된 말씀

공적인 예배에서 성경을 전해야 한다. 설교는 하나님의 교회를 세우기 위해 하나님이 제일 중요한 방편으로 정하신 도구다. 바울이 "믿음은 들음에서 나며"(롬 10:14, 17)라고 말한 바와 같다. 신실하게 성경적으로 설교하는 것은 모인 무리에게 성경을 동일하게 설명하고 적용하는 것이다. 바울은 디모데에게 "말씀을 전파하라"(딤후 4:2)고 말한다. 설교는 설교자가 지나치게 자의적이고 호감이 가는 본문만을 선택하여 설교하는 것을 재고할 필요가 있다.

> 책 별로 한 절 한 절 성경 전체를 연속적으로 강해하여 '하나님의 뜻을 다'(행 20:27) 전하는 설교는 많은 교부들(크리소스톰, 어거스틴)과 모든 종교개혁자 그리고 이후로 후손의 대부분이 행했던 것이다. 설교로 전해진 말씀은 개혁적 예배가 가진 핵심적인 특성이다.[17]

---

17 Terry Johnson, *Reformed Worship: Worship That Is According to Scripture* (Greenville: Reformed Academic Press, 2000), 35.

한국교회에서 설교자에게 독립적인 권위를 주는 설교를 어느 정도는 재고할 필요가 있다. 설교자들은 그것이 성경에 기초한 것이고 자신들이 바라거나 혹은 적절하다고 생각하는 주제를 자의적으로 판단할 수 있는 권한이 있다고 하더라도 성도들과 장로들의 의견을 수렴하여 교회 앞에 설교계획과 방향과 목표를 미리 준비해서 알릴 필요가 있다. 그리고 설교계획과 목적에 따라 설교를 시행할 필요가 있다. 설교자들의 주된 임무는 기독교 이야기를 충실하게 전해서 공동체를 꾸준히 격려하는 것이다.

한국교회 예배는 설교 중심성이 지나치게 강하기 때문에 설교문화가 변화지 않으면 한국교회의 예배는 설교예배가 될 수밖에 없다. 이는 예배의 바른 모습이 아니다. 한국교회 예배 모습이 바뀌기 위해서는 특별히 담임목사 중심의 설교가 재고될 필요가 있다. 주일 오전 예배의 설교는 담임목사가 하고 주일 오후나 저녁 예배의 설교와 수요일 밤 예배의 설교는 부교역자들이 담당하는 설교 문화는 성숙한 한국교회 모습으로 나아가기 위해서 재고될 필요가 있다. 주일 오전 설교도 담임목사만 하기보다는 한 달에 한 번은 부교역자들도 설교할 수 있는 문화가 형성되어야 한다.

이러한 문화가 형성되려면 성도들이 설교를 듣는 자세와 설교 중심의 예배에서 예배의 모든 요소들을 중요하게 여기는 것을 회복할 필요가 있다.[18]

---

18 설교의 용어를 통해 설교의 역사와 특징을 간략하게 살펴보면 다음과 같다.
첫째, 설교의 내용과 관련하여 신약성경에 나오는 단어로는 케리그마(*kerygma*)를 들 수 있다(롬 10:17; 16:25; 고전 2:4; 골 3:16). '복음'으로 번역되는 이 단어는 설교의 가장 근본적인 그리고 원형적인 개념으로 '예수의 생애, 고난, 죽음 그리고 부활로 인해 인간에게 가능하게 된 부활에의 기쁜 소식'을 말한다. 이 단어와 함께 선포의 핵심 요소로 등장하는 단어가 디다케(*didache*)이다. 이 단어는 케리그마와 함께 예수의 마지막 부분을 포괄하는 것으로 예수의 제자들에게 내리신 명령은 이중적인 것으로 "너는 가서 하나님의 나라를 전파하라"(눅 9:60)는 것과 모든 족속으로 제자를 삼아 "내가 너희에게 분부한 모든 것을 가르쳐 지키게 하라"(마 28:20)는 것이다. 회당적 의미에서의 교육(마 4:23), 선교(행 4:2) 그리고 기독교 교리의 요약(딤후 4:3) 등의 의미로 사용되었다. 특히 이 용어는 설교가 추상적인 내용이 아니라 하나님과 교리에 대한 지식 그리고 인간의 삶의 깊은 연관을 갖는 차원이어야 함을 의미한다. 또 다른 용어로는 세례 받은 회중 가운데서 행해지는 말씀을 지칭하는 파라칼레오(*parakaleo*, 고후 5:20)를 들 수 있다. 이 용어는 신약에서 두 가지 의미로 사용되고 있는데, 삶의 실천과 관련한 의지와 행동으로서 '권고'(롬 12:1)와 신앙의 토대로서의 확신을 근거한 '위로'의 의미가 있다(고전 1:6). 이 용어들은 처음 설교가 어떤 내용들을 주된 메시지로 취급해 왔는지를 보여주는 것이다. 하지만 이 용어들은 '설교 자체'를

1) 성경적 설교

성경은 설교의 필수 내용이다.[19] 그러면서도 성경은 또한 설교의 원리들의 근원이며 권위이다. 성경의 내용이 중요한 이유는 그것이 인간에 대한 하나님의 뜻을 알려주기 때문이다. 성경은 "교훈과 책망과 바르게 함과 의로 교육하기에 유익하니 이는 하나님의 사람으로 온전케 하며 모든 선한 일을 행하기에 온전케" 한다(딤후 3:16-17). 성경은 또한 신앙공동체로서의 교회의 기원과 본질, 생활과 사명에 대해 알려 준다. 뿐만 아니라 하나님께서는 성경을 통해서 계속 우리를 새롭게 하신다. 성경은 설교의 가장 중요한 자료이다.

가리키는 명칭이라기보다는 '설교되어지는 내용'을 가리킨다고 볼 수 있다. 따라서 이 용어들을 통해 설교의 주된 방향과 기능이 무엇이었는가를 유추해 볼 수 있다.

둘째, 설교를 지칭하는 최초의 용어는 '호밀리아'(*homilia*)이다. 이 단어는 '서로 서로 이야기 하다'는 뜻을 가진 '호밀리엔'(*homilein*)에서 파생된 명사로 2세기경 폴리캅(Polycarp)에게 보내는 이그나티우스(Ignatius)의 서신에서 처음 발견된다. 호밀리아로서의 설교는 '회중예배에서 선포되는 말씀을 지칭하는 전문어'로 형식적으로는 성경본문을 순서대로 주석하는 주석 설교에 해당한다. 호밀리아로서의 설교는 주로 교훈적 연설 혹은 훈계의 말씀이 주된 내용을 이루고 있는데 이것은 초대교회 당시 이단의 발호로 인해 참 예언자와 거짓 예언자를 구별해야 할 필요성이 대두되었기 때문이다. 4세기에 이르러 라틴어가 예배의 공식 언어로 확정되면서 호밀리아 역시 락탄티우스(*Lactantius*)에 의해 '프래디카치오'(*praedicatio*)라는 라틴어로 번역되었는데 이 용어는 '공적으로 알린다'는 의미를 갖고 있었다. 이때부터 예배 가운데 행해지는 회중설교를 지칭할 때는 이 용어가 사용되었다. 오늘날 영어권에서 설교를 가리키는 단어로 쓰이는 프리칭(preaching)은 '프래디카치오'로부터 연유되었다.

셋째, 한편 중세에 이르러서는 설교가 예배에서 중요한 위치를 상실한 채 정체성의 위기를 맞게 된다. 설교가 예배에서 행해진다 하더라도 그것이 성경말씀과의 접맥에서 행해지기보다는 설교자의 관심과 회중의 흥미에 초점을 맞추게 되었고 자연 '주제설교'의 범람을 초래하고 말았다. 이 결과로 설교를 지칭하는 또 다른 용어가 생겨났는데 오늘날 '설교'(*sermon*)의 어원을 이루는 '세르모'(*sermo*)가 그것이다.

넷째, 종교개혁에 이르러 설교를 지칭하는 용어가 종교개혁자들의 말씀이해에 근거해 새롭게 제시되었는데 그것이 바로 '콘치오'(*contio*)이다. 이 용어는 '성경본문을 바탕으로 공중 예배에서 행해지는 설교'라는 중요한 의미를 지니고 있다. 즉, 중세교회에서 공 예배의 '한 순서'로 성찬예식에 비해 열등한 위치를 차지하던 말씀의 예전이 다시 본래의 위치를 되찾게 되었고, 설교자들의 관심과 회중을 만족시키는 데로 흘러갔던 설교를 다시 성경말씀에 근거하게 만들었다는 점에서 그 의미를 찾을 수 있다.

19 '성경적 설교'의 이 단락은 필자의 저서 『영성과 설교』, 85-6의 내용이다.

설교란 성경에 기초하여 사람들로 하여금 하나님의 뜻을 듣고 응답하고 명령을 수행할 수 있도록 성경을 해석하고 적용하는 행위이다. 성경을 떠나서는 궁극적으로 설교가 성립되지 않는다. 그러므로 설교는 본질적으로 성경적이어야 한다.

그러면 성경과 설교의 관계로서 성경적인 설교란 어떤 것인가? 성경적 설교가 성경에 관해서 전하는 설교인가? 아니면 성경이 전하고자하는 의미와 사상을 전하는 것인가?

토마스 롱(Thomas Long)은 이렇게 답한다.

> 성경적 설교란 단순히 성경에 관해 말하고 교리 논쟁을 위해 성경을 사용하거나 또 성경적인 원리들을 우리 일상생활에 적용시킨다는 것만이 아니다. 성경적 설교란 설교자가 사람들을 위해서 기도하는 마음으로 성경의 음성을 들을 때 일어나는 것이며 그리스도가 제대로 증거될 때만이 가능한 것이다. 성경적 설교는 설교에서 성경본문을 얼마나 많이 인용하느냐에 달려 있는 것이 아니다.[20]

데이비드 버트릭(David Butrick)은 "성경적인 설교는 메시지 자체에 충실할 뿐만 아니라 그 메시지의 의도에도 충실하려고 하는 것이다"라고 하였다.[21] 때문에 "설교란 사상에 관한 것이 아니라 삶에 변화를 가져오는 사상에 관한 것이다."[22] 성경적 설교란 성경의 음성을 잘 듣는 귀, 인간의 필요를 잘 알고 신앙과 삶을 연결해서 볼 수 있는 눈, 불타는 열정과 자비 그리고 늘 자라나는 신앙과 진리를 말하고자 하는 용기가 절대적으로 필요하다.[23]

---

20 토마스 G. 롱, 『설교자는 증인이다』, 서병채 역 (서울: CLC, 2005), 71-2.
21 David G. Buttrick, "Interpretation and Preaching," *Interpretation*, 25/1 (1981): 58.
22 O. C. Edwards, *Elements of Homiletic: A Method for Preaching to Preach* (New York: Pueblo Publishing, 1992), 63.
23 토마스 G. 롱, 『설교자는 증인이다』, 29.

2) 성경과 설교자

우리가 피상적으로 보면 여호수아 1장의 주인공은 여호수아처럼 보인다.[24] 하지만 하나님께서 공급하시는 은혜가 아니면 여호수아는 아무것도 할 수 없었음을 설교자는 기억해야 한다. 이 점은 성경에서 만나는 모든 인물들을 대할 때에도 동일하게 해당된다. 요셉처럼 되려면 주께서 요셉에게 허락하셨던 은혜가 필요하며 바울처럼 되려면 바울이 누렸던 것과 동일한 하나님의 은혜가 필요하다. 때문에 설교자는 성경인물이 주는 교훈에서 본질적인 목표를 드러낼 수 있어야 한다. 즉, 인물의 이야기를 하나님의 이야기로 전환시키는 방법을 알아야 한다. 설교자는 모든 본문에서 하나님을 만나야 한다. 주인공을 만나야 한다.

하나님이 모든 본문의 주인공이시라는 의미는 설교에서 설교자가 하나님의 주권을 높여야 하고 그분의 말씀의 진실성을 드높이며 우리 인간의 기쁨과 지혜의 원천으로서의 그분의 공급하시는 은혜를 탐구하며 그분의 말씀이 요구하는 것을 그대로 요청해야 한다는 뜻이다.[25] 때문에 모든 본문의 주인공으로서 하나님을 드러내는 설교는 본문의 의미를 명확하게 아는 것이다. 즉, 저자의 의도를 바르게 아는 것과 깊이 관련되어 있다. 브라이언 채플은 설교자들이 빠질 수 있는 유혹을 이렇게 진술한다.

> 설교자는 청중이 하나님의 요구를 실천하는 데 도움을 준다고 생각되는 여러 가지를 제안할 수 있다. 하지만 이런 제안들이 곧 성경의 요구사항이라고 생각하거나 믿는 것은 큰 잘못이다. 매일 20분 정도 경건의 시간을 가지라고 권면하거나 또는 가족들끼리 저녁식사 시간에 성경을 읽거나 성경공부 반에 가입하라고 하거나 성경암송 과정에 등록하라고 권면하는 것은 좋은 제안이다. 하지만 성경은 이런 구체적인 실천사항들을 전혀 요구하지 않는다.[26]

---

[24] '성경과 설교자'의 이 단락은 필자의 저서 『영성과 설교』, 86-9의 내용이다.
[25] Zack Eswine, *Preaching to a Post-Everything World: Crafting Biblical Sermons That Connect with Our Culture* (Grand Rapids: Baker Books, 2008), 236.
[26] Bryan Chapell, *Christ-Centered Preaching: Redeeming the Expository Sermon* (Grand Rapid:

루이스(C. S. Lewis)는 다음과 같이 지적하였다.

> 우리 각자는 자기 나름대로 중요하게 강조하는 것이 있다. 각자는 신앙 이외에 진리라 생각되고 중요하다고 여겨지는 여러 견해들도 갖고 있다. … 그러면서도 우리는 나의 개인적인 종교가 아니라 기독교를 주장한다. 그래서 개인적인 견해를 피력하고자 할 때 우리는 개인적인 견해들과 신앙 그 자체의 차이점을 항상 분명히 해야 한다.[27]

설교자가 성경의 주인공과 그 주인공의 관심과 생각을 잘 드러내지 못하면 설교는 왜곡되기 쉽다.

때문에 설교자가 자신의 주관적인 생각이나 가치를 가지고 본문의 저자의 생각이나 의도를 왜곡시킬 수 있음을 주의해야 한다. 설교자는 본문의 저자가 말하고자 하는 의미와 전혀 다른 의미를 주입하는 것을 주의해야 한다. 예를 들어 설명하면, 요셉이 형제들에 의해 구덩이에 던져진 내용을 가지고 설교하면서 구덩이란 단어를 설교자가 지나치게 자기 주관적으로 설명하거나 적용하는 경우다.

"여러분의 인생에서 어떤 구덩이가 있습니까?"

그리고 인생의 구덩이를 재정문제, 성에 관한 문제, 심리적인 문제 등으로 제시하는 경우다. 하지만 성경본문에서 말하는 구덩이라는 단어는 은유가 아니다. 요셉이 들어간 구덩이는 재정문제와 관계가 없다. 요셉은 실제 구덩이에 던져졌다. 실제 구덩이였다.

설교자가 본문의 의미와 개념들을 바르게 읽어내는 일은 기초적인 부분이다. 하지만 설교자는 결코 이 기초적인 작업으로만 충분하지 않음을 알아야 한다. 성경 본문에서 발견되는 인물들의 모습과 상태와 상황들 그리고 오늘날 우리가 사는 세상과의 긴밀한 공감대를 찾아내는 것은 기초적인 과정보다도 더 중요하다. 본문의 저자의 의도가 파악되면 그 다음에 본문의 의미와

Baker Books, 2005), 232.

[27] C. S. Lewis, "Christian Apologetics," in Walter Hooper, ed., *God in the Dock: Essays on Theology and Ethics* (Grand Rapids: Eerdmans, 1994), 90.

청중 또는 청중의 삶 사이를 조절하는 연결 고리를 붙잡아야 한다.

설교자가 이런 능력을 길러야 생명력 있는 설교를 할 수 있다. 그래야 설교가 청중들에게 설명(explanation)을 넘어 이해(understanding)를 이끌어 낼 수 있다.[28] 설교자는 문학적, 역사적, 문화적, 정치적, 경제적 혹은 신학적 분석 도구를 이용하여 본문을 검토하게 된다. 이것은 설명의 차원이다. 하지만 이해의 차원은 설명을 포괄하는 반면 설명은 분석적으로 이해를 발전시킨다.[29] 다시 말하면, 자기이해는 해석의 시작점이지만, 그것은 잠정적으로 설명적 방법에 의해 제한된다. 설교가 이러한 설명적 방법에만 제한되면, 본문 해석이 우리 삶의 진정한 필요와 가능성을 말하는 것으로부터 동떨어진 것이 되고 만다. 설교는 본문이 말하는 우리 삶을 위한 필요와 가능성들을 전해 주어야 한다.

설교자들은 설교 준비를 위해 성경을 읽는 방법을 여러 과정을 통해 훈련 받는다. 성경 연구 과정들에서는 안목 있는 본문 비평가들로부터 성경을 읽는 법을 배운다. 신학 과정들은 성경을 신학적으로 연구하는 방법을 이해하도록 돕는다. 문화 사회 비평 과정들은 성경의 세계와 현대 사회공동체 모두에 존재하는 상황을 이해하도록 돕는다. 하지만 이것은 죽어가는 한 여인이 요구하는 것은 아니다. 이 여인은 설교자의 숙련된 분석을 듣고자 하는 것이 아니라, 삶을 마감하고 있는 자신에게 설교자가 생의 진리가 닮긴 설교를 하고 있는지를 듣고자 하는 것이다.

3) 성경과 강해설교

한국교회에서는 강해설교가 가장 성경적인 설교로 인식되는 경향이 있다.[30] 하지만 강해설교는 설교자에 따라 다르게 이해되기도 한다. 어떤 사람

---

[28] W. Dow Edgerton, *Speak to Me That I May Speak: A Spirituality of Preaching* (Cleveland, Ohio: The Pilgrim Press, 2006), 165.
[29] Paul Ricoeur, "Explanation and Understanding," in Chares E. Reagan and David Stewart, eds., *The Philosophy of Paul Ricoeur: An Anthology of His Work* (Boston: Beacon Press, 1978), 163.
[30] '성경과 강해설교'의 이 단락은 필자의 저서 『영성과 설교』, 103-07의 내용이다.

은 강해설교를 강의식으로 하는 설교로 이해하기도 하고, 어떤 사람은 성경의 본문 한 절 한절 풀어서 설명해 주고 적용하는 설교로 이해하기도 하고, 어떤 사람은 모든 설교는 강해적이여야 하기 때문에 모든 설교는 결국 강해설교라고 말하기도 한다.[31]

물론 이러한 관점들이 중요한 의미를 갖고 있지만, 강해설교의 핵심적인 원리는 설교자가 성경의 가르침과 권위에 우선순위를 두는 것이다. 설교자가 성경에 의미를 부여하는 것이 아니라 성경이 설교자의 메시지에 의미를 부여해야 한다는 것이다. 이것은 설교학적으로 중요한 의미를 갖는다.

첫째, 설교자는 자신의 개인적이고 교리적인 관점에서 벗어나서 성경 본문을 본래의 관점에서 이해하려고 노력해야만 한다. 성경의 저자가 의도하는 본래적인 개념 또는 의미를 찾아내야 한다.

둘째, 설교자는 파악된 성경의 개념 또는 의미를 자신의 주관적인 생각이나 경험을 가지고 적용하려는 유혹이 있는지를 점검해야 한다. 설교자는 본문의 사상과 목적에 부합하게 적용을 이끌어 내도록 모든 노력을 기울여야 한다.

셋째, 설교자는 계속적으로 자신의 편견과 선입관과 전제를 점검해 보아야 한다. 설교자는 자신의 정신과 사상이 성경의 정신과 사상에 의해 형성되도록 훈련해야 한다.

핵심은 강해설교란 성경이 말하고자 하는 핵심 개념 또는 중심 사상을 파악하여 현대 청중들에게 효과적인 적용을 이끌어 내는 설교라고 할 수 있다. 이러한 정의에 가장 가까운 정의를 제공해준 설교학자가 해돈 로빈슨(Haddon Robinson)이 아닌가 싶다. 로빈슨은 다음과 같이 말하였다.

---

31 카이퍼는 강해설교의 의미를 이렇게 말한다. "강해설교를 설교의 여러 방식 중 하나로 이야기하는 것은 심각한 오류다. 혹은 많은 보수주의자들이 하고 있듯이, 강해설교가 설교 방식 중 가장 좋은 유형이라고 말하는 것도 만족스럽지 못하다. 모든 설교는 강해적이어야 한다. 강해설교만이 성경적 설교가 될 수 있다"(R. B. Kuiper, "Scriptural Preaching," *The Infallible Word* (Phillipsburg, NJ: Presbyterian and Reformed, 1967), 253).

강해설교란 성경 본문의 배경에 관련하여 역사적, 문법적, 문자적, 신학적으로 연구하여 발굴하고 알아낸 성경적 개념, 즉 하나님의 생각을 전달하는 것으로서, 성령께서 그 개념을 우선 설교자의 인격과 경험에 적용하시며, 설교자를 통하여 다시 회중들에게 적용하시는 것이다.[32]

그는 강해설교의 특징을 다섯 가지로 설명한다.[33]

첫째, 성경본문이 설교를 좌우한다.
둘째, 강해설교는 개념을 전달한다. 비록 설교자들은 설교 본문 내의 특수한 단어를 다루기도 하고 이에 대해 조사하기도 하지만, 단어와 구절이 그 자체로서 목적이 되어서는 안 된다. 의미를 전달하기 위하여 다른 단어들과 연결되기 이전의 단어들은 자체로서는 우둔한 것이다. 따라서 우리는 성경을 읽을 때에 각 단어의 의미 하나하나에 주된 관심을 갖기보다는, 성경 기자가 이러한 단어들을 사용하여 의미한 바가 무엇인가를 찾아내도록 노력하여야 한다. 즉, 각 단어들을 개별적으로 분석해서는 문장 전체의 개념을 파악할 수 없다.
셋째, 개념은 본문으로부터 나온다. 강해설교에서의 사상은 성경 본문의 배경에 관련하여 역사적, 문법적, 문자적으로 연구하여 발굴하고 알아낸 것이다. 이는 설교자가 어떻게 그의 메시지에 도달하는가 하는 것과 어떻게 이를 전달할 것인가 하는 문제에 관한 것이다. 이 두 가지 기능은 모두 문법, 역사, 문자적 양식 등에 대한 검토를 포함하고 있다.

강해설교자는 그의 연구 속에서 언어, 배경, 주위상황 등에 관한 이해를 통하여 해당 성경 구절의 객관적인 의미를 탐구하는 것이다. 그 후 강단에서 그의 연구결과를 회중들에게 전달하여 듣는 그 자신이 이것의 해석을 시도할 수 있도록 만들어 주는 것이다. 궁극적으로 설교 배후의 권위는 설교자가 아니라 본문에 달려 있다. 이러한 이유 때문에 강해설교자는 성경 해석에 많

---

32 해돈 로빈슨,『강해설교』, 박영호 역 (서울: CLC, 1999), 23.
33 해돈 로빈슨,『강해설교』, 23-34.

은 부분을 할애하여 듣는 이들이 성경에 주의를 집중할 수 있게 만들어 주는 것이다.

넷째, 얻어진 개념은 강해설교자에게 적용된다. 진리는 설교자의 인격과 경험에 적용되어야 한다. 하나님께서는 궁극적으로 메시지 자체보다는 이를 전하는 이들을 개발하시는 데 보다 관심을 갖고 계시며, 성령님께서는 주로 성경을 통하여 인간들과 만나시므로, 설교자들은 하나님을 대신하여 말씀을 전하기 이전에 우선 하나님의 말씀에 귀를 기울이는 것이 필요하다.

다섯째, 얻어진 개념은 듣는 사람들에게 적용된다. 성령께서 그의 진리를 설교자의 인격과 경험에 적용하실 뿐만 아니라, 이 진리를 설교자를 통하여 그의 회중들에게 적용하신다. 설교자는 적어도 세 가지 방면에서 생각해야 한다.

① 그는 우선 주석가로서 성경기자가 뜻한 의미를 파악하기 위해 노력해야 한다.
② 하나님의 사람으로서 어떻게 하나님께서 그를 개인적으로 변화시키시길 원하시는가를 알기 위해 애쓰도록 해야 한다.
③ 그는 설교자로서 하나님께서 과연 회중들에게 무슨 말씀을 전하기를 원하고 계시는가를 심사숙고해야 한다.

강해설교의 이러한 특징에도 강해설교에서 약점이 발생할 수 있다. 강해설교에서 설교자가 청중의 문화와 인간의 경험에 깊숙이 파고들어가지 못하는 약점이 있을 수 있다. 강해설교에서 설교자가 일상의 삶을 설교에서 고려하더라도 단지 성경의 메시지가 적용되어야 할 일방적인 대상으로만 간주하는 경향이 있기 때문에 설교자는 성경에 대한 기능주의적 접근방식을 발달시킬 오류의 가능성이 있다.

강해설교의 또 다른 잠재적인 약점은 권위주의적 성향에서 비롯될 수 있다. 즉, 성경의 권위와 설교자의 권위를 무의식적으로 동일시하는 결과를 초래할 수 있다. 하지만 이러한 문제는 성경의 개념이나 의미가 무엇인지를 결정함에 있어서 설교자 개인의 교리적인 전제가 영향을 미칠 수 있다는 점을 인정함으로써 극복될 수 있다. 이러한 잠재적 약점이 있을 수 있음에도 강해설교의 장점은 교회와 성도의 삶 속에서 성경의 권위와 가치를 강화시켜 준다는 것이다. 때문에 강해설교는 세속화 된 세계 속에서 성경적인 삶의 의미와 가치를 추구하도록 사람들을 이끌어 줄 수 있는 효과적인 설교 방식이라 할 수 있다.

하지만 중요한 하나의 질문이 남는다.

강해설교 외의 다른 설교는 비성경적인 설교인가?

그렇지 않다. 수많은 설교자들이 성경의 어느 부분에 기초하지 않고 한 설교들도 효과가 있었던 것이 사실이다. 우리가 알고 있는 주제설교가 바로 이런 유형의 설교다. 주제설교는 어느 특정한 본문에서 개념이나 사상을 끌어오기보다는 먼저 삶의 중요한 문제나 신학의 일반적인 주제, 교리들을 가지고 성경으로 들어가는 유형의 설교다.

이런 유형의 설교도 성경적 설교가 될 수 있다. 롱은 이런 유형의 설교를 '복음 설교'라고 말한다. 그는 다음과 같이 말한다.

> 성경이 아닌 다른 곳에서 아이디어를 빼냈다 하더라도 복음의 이해에 도움을 주고 또한 그 나름대로 신학적인 구성도 가능하기 때문이다. 그러므로 비록 성경 해석의 배경이 근본적인 것에서부터 벗어났다 할지라도 어떻게 보면 모든 복음 설교는 성경적 설교라고 할 수 있다.[34]

성경적 설교에 대한 롱의 이러한 이해는 중요한 의미를 제공해 준다. 왜냐하면 성경적 설교란 한 단락이나 본문의 중심 개념을 드러내는 설교만으로 제한될 수 없기 때문이다. 성경의 정신이나 복음을 드러내는 설교도 성경적 설교라고 할 수 있기 때문이다. 물론 복음 설교 또는 주제설교를 할 때도 설교자가 성경 본문을 아무렇게 선택하거나 선택된 본문을 주관적으로 해석해도 된다는 의미는 아니다. 설교자가 복음 설교 또는 주제설교를 할 때도 성경연구의 성실성으로부터 자유로울 수 없다. 강해설교와 주제설교는 성경을

---

[34] 토마스 G. 롱, 『설교자는 증인이다』, 73.

향해 다가가는 방법의 차이이지 주제설교가 성경과 무관한 설교는 아니기 때문이다.

5. 노래된 말씀

성경은 우리에게 "너희의 마음으로 주께 노래하며 찬송하라"(엡 6:19)고 권한다. 찬송은 다른 예배 행위에 비해 그리스도 안에 있는 우리의 공동체적 생활에서 강조한다. 기독교 찬송의 특징은 성경으로 노래하는 것이었다. 찬송은 성경의 언어로 가득한 노래여야 한다(시 98:1; 느 12:27, 46; 마 25:30; 행 16:25; 엡 5:19; 골 3:16; 계 5:9).

이것은 단지 시편 혹은 성경의 언어만을 노래할 수 있다는 것을 의미하는 것은 아니다. 비록 교회의 엄청나게 많은 이런 송영 자원을 간과해서는 안 된다고 할지라도 그런 것들만을 의미하는 것은 아니다. '성경으로 노래한다'는 것은 우리의 찬송은 성경적이어야 하며 성경의 어법, 범주 그리고 신학을 통해서 이루어져야만 한다는 것을 의미한다.

> 개혁 개신교인은 한 때 전적으로 시편만을 노래했다. 비록 어떤 사람의 회개가 아니라 할지라도 우리는 여전히 그 시편 자체는 노래되어야만 하며, 그 시편은 기독교 찬송가를 위한 모델을 제공해준다는 것을 고백해야만 한다.[35]

기독교 초기에는 시편을 찬송으로 많이 불렀다. 그러다가 서서히 유대교에서 벗어나면서 찬송가 가사가 등장했다(빌 2:6-11; 딤전 3:13; 엡 5:14; 골 1:15-20; 계 4:11 등). 찬송가 형식을 최초로 만든 사람은 밀란의 암브로스(Ambrose)이다. 그는 한절을 네 줄씩 해서 여덟 줄의 찬송가 형식을 만들었다. 최초의 찬송가 모음은 시리아어로 보존된 "솔로몬의 송가"(*Odes of Solomon*)였다.

종교개혁자들 중에 루터는 교회음악에 대해 매우 긍정적인 자세를 가졌을

---

[35] Terry Johnson, *Reformed Worship*, 36.

뿐만 아니라 음악을 하나님의 선물 중 신학 다음으로 보았다. 그는 설교 이외의 모든 것은 노래로 되는 예배를 소망하기도 하였다. 루터는 음악은 하나님이 받으실만 한 영적인 제사라고 보았다.

그러나 츠빙글리는 뛰어난 음악가였지만 그는 성경에서 음악을 허용하지 않는다고 믿었다. 때문에 1523년에 취리히 교회에서 노래가 중단되고 1527년에는 시의회가 파이프 오르간 파괴를 명하기까지 하였다. 성경을 따른다는 것이 츠빙글리의 동기였다. 이때 교회음악은 고통을 겪게 된다. 그는 그의 생애 동안에 모든 음악을 취리히에서 금지하였다.

칼빈은 음악은 하나님의 말씀에 봉사하며 사람들로 하여금 기도하도록 고무시켜 준다고 믿었다. 하지만 칼빈은 찬양대, 예전음악, 그리고 찬송가를 금지시켰다. 대신 회중이 시편을 부르도록 하였다. 시편은 성경에서 나온 것이기 때문에 영감되지 않은 인간의 작사인 일반 찬송보다 더 우위에 있다고 보았다. 분명히 시편은 우리에게 예배하는 방법을 가르쳐 주고, 시편은 하나님께 감사하고 찬양하며 간구하고 영화롭게 하는 적절한 내용과 언어이다. 시편은 또한 고백과 탄식을 보여준다. 많은 시편은 메시아를 가리킨다.

찬송은 예배와 우리의 영성생활에 아주 중요한 역할을 한다.

첫째, 찬송은 찬양으로서 역할을 한다. 시편과 찬송이 가장 보편적인 주제로서 하나님을 찬양하는 주제이다. 찬송은 하나님의 말씀과 행위와 속성을 위해 가장 보편적으로 하나님을 찬양하는 주제이다. 그리스도에 대한 찬송과 송가 또한 대부분의 찬양의 찬송이다. 시편에는 특별히 찬양을 지향하는 시편의 마지막 다섯 장은 모든 피조물에게 하나님을 찬양할 것, 노래, 춤, 음악, 악기를 가지고 찬양할 것을 호소한다. 찬양 지향적인 찬송의 세 가지 예는, "내 영혼아 하늘의 왕을 찬양하라", "모두 위에서 다스리시는 하나님께 찬양하세" 그리고 "이제 우리 모두 우리의 하나님께 감사하세"이다.

둘째, 찬송은 선포적인 역할을 한다. 루터는 기독교인의 영적 성장에 음악이 중요한 역할을 한다고 믿었다. 루터는 음악의 역할에 대해서 다음과 같이 언급하였다.

> 우리는 하나님의 말씀을 노래하고 찬양하고 존중하기 위해서 이 음악을 하나님의 살아있고 거룩한 말씀에 덧붙인다. 우리는 음악의 이 아름다운 예술이 그 음악의 창조주이며 그 창조주의 그리스도인을 섬기는 데 바르게 사용되기를 원한다. 창조주는 음악을 통해서 찬양을 받으시며 영광을 거두신다. 그리고 그분의 거룩한 말씀이 감미로운 음악을 통해서 우리 마음에 감동 될 때 우리는 믿음 안에서 더욱 좋아지고 더욱 강해진다.[36]

분명히 음악으로 하나님의 말씀을 노래할 때 우리의 믿음은 강해질 수 있을 뿐만 아니라 음악은 영성생활에 큰 에너지로 작용할 수 있다. 성경은 음악과 연관된 구절이 600개 이상 등장할 정도로 음악이 중요하게 다루어지고 있다. 보이스는 교회사에 나타난 음악의 역할에 대해 이렇게 말한다.

> 교회사의 위대한 시기는 항상 노래하는 것과 전하는 것 두 가지 모두로 특징된다는 것을 기억하는 것은 흥미로운 일이다. 종교개혁시기에 마틴 루터의 찬송은 루터의 말씀이 독일 사람들의 마음에 있는 만큼 그들의 입술에 머물고 있었다. 영국 웨슬리 부흥시기에 복음의 회복은 그와 동일하게 복음을 노래하는 것이 활발하게 회복된 사실을 동반한다.[37]

셋째, 예배에서 찬송가의 역할은 찬양과 선포에 국한되지 않고 기도로서의 역할을 한다. 기도로서 찬송은 가장 중요한 특징 중에 하나이다. 시편의 많은 부분이 노래의 형식을 띤 기도로 되어 있다. 칼빈은 시편을 노래하는 것이 기도가 되어야 한다고 생각하였다. 신약성경의 본문 또한 노래하는 것과 기도하는 것이 연결되어 나타난다.

---

36 Martin Luther, "Preface to the Burial Hymns(1542)," in *Luther's Works: Liturgy and Hymns V 53*, Edited and Translated by Ulrich S. Leupold (Philadelphia: Augsburg Fortress, 1970), 328.
37 James Montgomery Boice, *Psalms: An Expositional Commentary* 1 (Grand Rapids: Baker, 1994), 79.

너희 중에 고난당하는 자가 있느냐 저는 기도할 것이요 즐거워하는 자가 있느냐 저는 찬송할지니라(약 5:13).
내가 영으로 기도하고 또 마음으로 기도하며 내가 영으로 찬미하고 또 마음으로 찬미하리라(고전 14:15).

기도와 노래하는 것은 이 성경구절에서 밀접하게 연관되어 있다. 이처럼 찬송은 찬양의 형태로 선포의 형태로 그리고 기도의 형태로 나타나는 것을 성경을 통해서 알 수 있다. 예배에서 찬송의 역할은 결코 빼 놓을 수 없는 요소이다. 예배에서 찬송이 성경의 언어와 정신으로 가득할 때 찬송은 노래된 말씀으로서 역할을 한다. 많은 예배자들이 나약하게 선포된 말씀에서보다는 능동적으로 노래된 말씀을 통해서 감동을 받고 변화를 경험하는 경우가 있다.

현대 예배에서 음악은 중요한 역할을 하고 있지만 재고되어야 할 부분도 발견된다. 다시 말하면 기독교 음악에서 노래의 대상이 하나님이 아니라 감정이 될 수 있다. 음악에 의해 사람들의 감정이 조장될 수 있다. 예배에서 음악에 의해 조장된 감정은 하나님을 예배하는 것이 아니라 감정을 예배하는 행위가 될 수 있다. 시편 찬양에서 감정은 하나님께서 우리의 찬양을 위해 주신 말씀을 통해 마음이 하나님과 합치된 결과이다. 로버트 갓프리(Robert Godfrey)는 예배에서 감정의 역할에 대해 다음과 같이 지적한다.

전통적 예배 형식에는 자발성과 성령이 없다고 비난하는 자들이 가장 세심한 감정의 조장자라는 것은 아이러니한 사실이 아닐 수 없다. 그들은 성령과 자신들이 세심하게 계획한 예배 연출 사이에 일관성이 결여된 사실은 모르고 오히려 전통적 예배의 계획된 예전과 설교는 성령이 없는 죽은 예배라고 주장한다. 그들은 성령이 성경에 계시된 예배형식들을 통해 임재 하신다는 사실에 대해서는 회의적이다. 로버트 다브니(Robert Dabney)의 탁월한 경고에 귀를 기울여야 한다. "소경은 우연히 접한 종교적 장소나 말씀 또는 광경을 통해 감각적인 동물적 감정을 느꼈기 때문에 자신의 종교적 감정을 가졌다고 상상하기 쉽다. 그러나 이것은 수백만의 자기 기만적 영혼을 지옥의 나락으로 떨어지게 했던 치명적인 실수이다."[38]

분명히 하나님을 예배할 때 감정은 이성보다도 중요한 역할을 한다. 칼빈은 "그리스도인의 삶은 입술의 교리가 아니라 삶의 교리이다. 이러한 삶은 다른 교훈과 다른 훈련과 달리 이해와 기억만으로는 불가능하며 오직 온 마음을 사로잡아 마음의 가장 깊숙한 정서에 안착할 때에 비로소 가능하다"고 말하였다.[39] 하지만 귀한 것일수록 주의가 요구되듯이 특히 감정은 더욱 그렇다. 감정은 쉽게 조작되거나 남용될 수 있다는 사실을 인정하고 예배를 통해 바른 감정이 표현되도록 해야 한다. 그렇지 않으면 "교회는 참 믿음 대신 감정과 카타르시스가 있는 극장이 되기 쉽다."[40]

6. 보이는 말씀

성만찬은 예수께서 잡히시던 날 밤에 다락방에서 예수님이 직접 제정하셨다. 성경은 주의 만찬에 대해 여러 곳에서 언급하고 있다(마 26:26-28; 막 14:22-25; 눅 22:14-20; 고전 11:23-26). 성만찬의 의미는 여러 가지다.

① 성만찬은 주의 죽으심을 기념하는 것이다.
② 성만찬은 교제의 음식이다.
③ 성만찬은 감사의 잔치이다.
④ 성만찬은 증거와 증언이다(고전 11:26).

성경의 모든 곳에서 이와 같은 의미가 강조되고 있는 것은 아니지만 주의 만찬에 이러한 4가지의 의미가 있는 것은 사실이다.

---

[38] 로버트 갓프리, "예배와 감정," 필립 그레이엄 라이큰, 데릭 토마스, 리곤 던컨 3세 편집, 『개혁주의 예배학』, 김병하·김상구 역 (서울: 개혁주의신학사, 2012), 577-78.
[39] John Calvin, *Institutes of Christian Religion*, III. 6. 4.
[40] 로버트 갓프리, "예배와 감정," 575.

기독교 예배의 가장 중심에 놓여 있는 것은 성례이다. 성례는 보이는 말씀이다. 하나님의 성례는 어거스틴의 용어인 '볼 수 있는 말씀'이기 때문이다. 세례와 주님의 만찬은 기독교 예배에서 명령된 유일한 두 가지 의무이다(마 28:19; 행 2:38-39; 골 2:11-12; 눅 22:14-20; 고전 11:23-26). 성례를 통해 우리는 하나님의 약속을 본다. 그러나 또한 성례를 통해 우리는 말씀을 보고 냄새를 맡으며 만지고 맛본다. 은총의 다른 방편으로 하나님은 듣는 것을 통해서 우리 마음과 양심에 말씀하신다.

초대교회에서는 예배를 드릴 때마다 성만찬을 행하였다. 성찬에 참여 할 수 있는 자들은 세례 받은 자들에게만 제한하였다. 그리고 불화나 다툼이 있었을 때는 성찬 전에 화해해야 했다. 12세기까지 떡과 포도주가 그리스도의 몸과 피로 변한다는 화체설이 공식적으로 주장되지는 않았다. 그것에는 두 가지 개념이 내포되어 있었다. 하나는 성찬식은 그리스도의 희생을 새롭게 한다는 것과 다른 하나는 교회는 하나님의 은혜의 전달자라는 것이다.

기독교 전통 안에서 성찬에 대한 이해는 상징론(symbolism)과 실재론(realism)이다. 상징론은 성만찬은 그리스도의 죽음을 회상하는 것이라고 이해했다. 실재론에서는 성찬만을 통해서 실제로 그리스도가 임한다고, 심지어 더 나아가서 떡과 포도주가 실제로 그리스도의 몸과 피로 바뀐다고 하였다. 초대교회는 이 두 가지 견해를 둘 다 받아 들였다. 그러다가 중세에 들어와서 가톨릭에서는 화체설이 등장하여 떡과 포도주가 실제로 그리스도의 몸과 피로 변한다고 주장하였다.

종교개혁자인 루터는 그리스도의 실제적인 몸이 성찬의 떡과 포도주와 함께 임한다는 임재설 또는 공재설을 주장하였다. 이에 비해 츠빙글리는 성찬만은 단지 그리스도의 죽음을 기억 또는 기념하는 것이라는 기념설을 주장하였다. 칼빈은 성만찬을 영적 임재로 하나님의 구원활동을 보여주는 표지와 증거와 증언으로 이해하였다. 종교개혁자 중의 한 사람이었던 츠빙글리는 성만찬에 임재하시는 그리스도에 관한 이해와 관련하여 기념설을 제시함으로써 성만찬의 초자연적인 성격을 크게 약화시키면서 성만찬을 단지 인간편에서 무엇을 하는 것으로만 이해하도록 유도하였다. 이것은 성만찬은 단지 표지라는 입장이다. 그리스도의 속죄를 기념하며 그리스도에 대한 믿는 자의 표지인 것이다.

이런 입장에 강하게 반대한 사람은 칼빈이다. 칼빈은 이런 견해는 성령을 통해서 이루어지는 그리스도의 현재 영적인 사역에 대항해서 그리스도의 과거 사역을 지나치게 강조하는 것뿐만 아니라 하나님의 행하심에 대항해서 인간 행위를 지나치게 강조한다고 보았다.[41] 성만찬 행위는 예수 그리스도의 죽으심을 기념하는 것 이상의 의미가 있다. 사도 바울은 성만찬에 참여하는 것은 진정한 영적 실체를 포함하는 것임을 분명히 밝힌다. 성례에 참여한 사람은 그리스도의 몸과 피에 참여하는 것이며(고전 10:16), 부당하게 참여하는 사람은 그리스도의 몸을 범할 뿐 아니라 "자기 죄를 먹고 마시는 것"이다(고전 11:29).

그리스도는 성령을 통해서 성례에 임재하신다. 그러므로 "성례는 그리스도의 과거 사역인 죽으신 그리스도와 연결되어 있을 뿐만 아니라 그리스도의 현재 영적인 사역인 영광 중에 살아계신 그리스도와 연결되어 있다."[42] 로버트 웨버(Robert Webber)성만찬은 하나님의 구원이야기를 가장 실제적으로 보고 듣고 경험할 수 있는 사건임을 다음과 같이 묘사한다.

> 합리주의로는 도저히 성만찬 사건의 신비를 이해할 수 없다. 왜냐하면 합리주의는 성만찬의 빵과 음료를 단순히 입으로 삼킨 음식으로만 이해하기 때문이다. 그러나 신앙의 눈으로 성만찬 식탁으로 다가갈 때, 우리는 하나님의 초자연적인 세계에 살고 있다는 강한 확신을 경험할 수 있다. 그 자리에서 우리는 빵과 음료를 단순히 이 땅의 물질로 보지 않고 온 세상을 위한 하나님의 구원이야기를 드러내는 상징으로 경험한다. 바로 그 빵과 음료를 통해서 우리는 창조로부터 시작하여 인간의 타락과 그리스도의 성육신, 죽음, 부활, 승천, 교회의 탄생과 주님의 통치 그리고 새 하늘과 새 땅에 대한 약속에 관한 하나님의 전체 구원 이야기를 들을 수 있으며, 성령의 능력으로 예수 그리스도 안에서 성부 하나님과 연합한 우리 자신의 거룩한 변화를 경험할 수 있다.[43]

---

41 John Calvin, *Institutes of the Christian Religion*, II. 2. 3.
42 Louis Berkhof, *Systematic Theology* (Grand Rapids: Eerdmans,), 53.
43 로버트 E. 웨버, 『예배학』, 192.

성만찬의 빵과 포도주는 단순한 음식의 차원이 아니다. 하나님은 성만찬의 빵과 포도주를 통해서 하나님과 인간의 만남을 중재하시며 보이는 것과 보이지 않는 것과의 연합을 이루신다. 이 진리는 하나님의 임재는 이 피조물 가운데 인간의 눈으로 볼 수 있는 구체적인 사물을 통해서 소통된다는 확신과 결코 모순되지 않는다(롬 1:20). 하나님께서는 빵과 포도주를 통해서 우리와 연합한다는 사실을 보여주셨기 때문에 우리를 변화시켜 달라고 봉헌해야 한다. 이것은 성만찬의 신비다.

성찬의 횟수는 한국교회 예배에서 특별히 재고되어야 할 부분이다. 대부분의 한국교회는 성만찬을 일 년에 두 번 정도 시행하고 있다. 이는 신개신교인들(New Protestants)의 영향과도 무관치 않다. 신개신교인들은 로마 가톨릭의 남용적인 성만찬에 반대하면서 회의적인 반응을 보였다. 그들은 성만찬을 연 4회로 제한하고 성만찬에 대한 정확한 개념을 상세하게 문서화하였다.[44] 하지만 대부분의 서구 개신교회도 한 달에 한번은 반드시 성만찬을 실시한다. 칼빈은 성찬의 중요성을 강조했다. 칼빈은 성찬식의 매주 실시를 주장했지만 성공을 거두지 못했다. 칼빈은 적어도 일 년에 네 번은 행해야 한다고 하였다. 그러나 가능하다면 매달 행하라고 하였다. 다음은 로버트 웨버(Robert Webber)가 예배학 수업 후에 한 학생과 성만찬에 대해 나눈 대화이다.

"교수님 강의를 잘 들었습니다. 그런데 우리 교회에서는 신년 예배 때 딱 한 번 성만찬을 갖습니다만, 성만찬 예배 횟수를 더 늘린다면 우리 교인들이 그것을 너그럽게 참아줄지 의문입니다. 교수님! 혹시 성만찬을 지금보다 더 자주 갖지 않으면서도 같은 효과가 있는 좋은 대안이 없을까요?" 내 생각에 이런 질문은 꼭 이렇게 묻는 것이나 다름없다. "저는 일 년에 한 번 설교합니다만, 설교횟수를 지금보다 더 늘린다면 교인들이 너그럽게 참아줄지 의문입니다. 혹시 좋은 대안이 없을까요?" 예수께서 말씀하시기를 "나를 기억하는 방법이 하나 있는데 그것은 성만찬의 빵과 음료"라고 하셨다. 왜 우리는 예수께서 말씀하신 분

---

[44] 제임스 드 종, 『개혁주의 예배』, 170.

명한 교훈을 따르려고 하지 않는가?[45]

성찬은 그리스도인의 영적 훈련을 위하여 새롭게 인식되고 있다. 교회가 성찬의 의미를 바르게 인식하고 잘 행하면 성도들의 영적 성장에 귀중한 요소가 될 수 있다. 성만찬은 보이는 말씀이다. 성만찬에서 보이는 말씀을 응시하는 시선을 가지고 그 이야기를 묵상하며 그 이야기 속으로 들어가서 그리스도의 생명에 실제적으로 참여하도록 초청받았다.

성만찬은 하나님의 은혜의 방편이다. 성만찬을 통해서 성도들은 하나님의 구속의 은혜를 깨달으며 구원하시는 하나님의 능력을 전수받게 된다. 따라서 성만찬은 우리의 믿음을 강화한다. 한국교회 성도들은 예배드리는 것은 곧 설교 말씀 듣는 것으로 생각할 정도로 설교를 중요하게 생각하고 있다. 예전의 순서는 말씀을 듣기 위한 준비 행위처럼 생각하는 경향이 강하다.

그래서 예배드림으로 갖게 되는 기쁨과 은혜를 받았다는 충족감은 그 날의 설교에 의해 좌우된다. 성도들은 교회공동체의 지체 의식을 가지기보다는 좋은 설교를 찾아서 쉽게 교회를 옮기는 이기적인 교인들이 되었다. 이런 부정적인 현상을 해결하기 위해서는 말씀과 성만찬이 조화를 이룰 수 있도록 노력해야 한다. 성만찬은 무엇보다도 교제와 선교와 봉사의 소중한 의미를 지니고 있기 때문이다.

첫째, 성만찬은 교제적인 의미를 갖는다. 성만찬 상에서 나누는 교제는 그리스도와의 교제일 뿐 아니라 그의 피로 한 식구가 된 형제와 자매들과의 교제이다. 성만찬을 컴뮤니온(communion)이라고 부르는 것은 성찬의 교제적인 차원을 강조하는 표현이다.

둘째, 성만찬은 선교적인 의미를 갖는다.

> 너희가 이 떡을 먹으며 이 잔을 마실 때마다 주의 죽으심을 오실 때까지 전파하는 것이니라(고전 11:26).

---

[45] 로버트 E. 웨버, 『예배학』, 203.

셋째, 성만찬은 봉사적 의미를 갖는다. 그리스도의 만찬은 분배의 모본이었다. 초대교회 성도들은 성만찬 후에 예배에 참석하지 못한 이들을 위해서는 집사를 통해서 음식 일부를 그들에게 보냈을 뿐만 아니라 예배를 통해 거둬진 헌물은 고와와 과부들을 돌보는데 사용하였다.[46]

더구나 그리스도께서 "이것을 행하여 나를 기념하라"고 하신 것은 분배의 실천을 의미하는 봉사(디아코니아)의 명령이다. 성도들은 떡과 포도주를 먹고 마심으로 그리스도의 십자가의 고난에 참여하고 그리스도의 구원의 은혜를 확인하고 그를 통한 소망을 더욱 든든히 하게 된다. 따라서 성만찬은 성도들의 정체성을 밝혀주고 사명을 불러일으키며 연합과 친교와 나눔의 정신을 고양한다.

7. 예배의 구조와 순서

기독교 역사에서 예배의 구조는 일반적으로 초대교회에서는 '말씀예전'과 '성만찬'의 2중적 구조였다. 기독교 예배는 초대교회의 2중 구조를 기초로 해서 도입부분과 마지막 부분이 첨가되어 4중 구조가 되었다. 일반적으로 4중 구조는 개회와 부름, 선포와 고백, 주의 만찬, 파송으로 되어있다.

서구의 대부분의 교회들은 일반적으로 4중 구조의 틀 안에서 예배가 시행되고 있지만 대부분의 한국교회들은 3중 구조적 틀 안에서 이루어지고 있다. 서구 교회들은 신개신교인들(New Protestants)에 의해 주의 만찬이 연 4회로 제한되기도 하였지만 대부분의 교회들은 예배에서 적어도 한 달에 한번 이상은 성만찬을 시행하고 있다.

하지만 대부분의 한국교회는 성만찬을 연 2회 정도 시행하고 있기 때문에 예배는 3중 구조 안에서 시행되고 있다고 볼 수 있다. 그러나 한국교회의 예배의 지향점은 3중 구조에서 4중 구조로 나아갈 필요가 있다. 한국교회 예배

---

[46] *The First Apology of Justin, the Martyr in Early Christian Father*, 287.

는 시대적인 상황 속에서 3중 구조가 일반적으로 시행되고 있지만 예배의 성경적이고 역사적이고 영적인 관점에서 보면 성만찬이 예배에서 결코 소홀히 여길 수 없는 요소이기 때문이다.

세계교회의 예배는 일반적으로 4중 구조의 형식을 띠고 있다. 미국연합감리교회의 경우는 들어감(entrance), 선포와 응답(proclamation and response), 감사와 나눔(thanksgiving and communion), 파송(sending forth) 순이다. 미국장로교회의 경우는 모임(gathering), 말씀(the Word), 성찬(the eucharist), 파송(sending) 등으로 부르고 있다. 현대교회는 비교적 교파나 교단을 초월하여 4중 구조의 형식을 취하고 있다. 도입단계, 말씀단계, 성찬단계, 그리고 파송단계의 구조 속에서 비슷한 요소와 순서를 담고 있다.

김상구는 서구 개신교 예배서, 개혁주의 예배 예식서, 미국 연합장로교 공동 예식서 등에 나타난 주일 예배의 구조 분석을 통하여 4중적 구조가 공통적으로 나타난다고 하였다. 이는 초대교회 예배의 2중 구조인 '말씀예전'과 '성만찬'을 중심으로 도입부분과 파송의 순서가 더해진 것이라고 말한다. 그는 표준예식서 1에 나타난 예배의 4중 기본 구조를 다음과 같이 설명한다.[47]

첫째, 예배의 도입부분이다. 이 부분에서는 시편 기도의 개회송과 함께 자비송과 영광송으로 하나님의 자비와 감사를 간청한다. 이 기도 후 회중은 아멘으로 화답한다.

둘째, 말씀이다. 이 부분에서는 서신서 낭독, 복음서 낭독과 그 사이에 있는 화답송과 복음서 낭독 이후 신앙고백을 한다. 다음에는 설교와 찬양이 행해지고, 광고와 헌금을 한다. 말씀의 마지막 부분에서는 중보기도(목회기도)를 한다. 성만찬이 없는 경우에는 주기도는 중보기도에 이어서 바로 한다.

셋째, 성만찬 부분이다. 성만찬은 주로 두 가지 유형으로 시행된다. 하나의 유형은 주기도와 성찬의 말씀을 한 후, 다른 하나의 유형은 거룩송과 성찬의 말씀과 주기도와 평화의 인사를 한 후, 하나님의 어린양을 부르면서 떡과 포도주를 분배한다. 그리고 기도로 마무리 한다.

---

[47] 김상구, 『개혁주의 예배론』(서울: 대서, 2010), 343-44.

넷째, 종결부분이다. 이 부분에서는 축복과 선언과 함께 축도로 이루어진다. 예배의 이 4중 구조는 기계적으로 시행하기보다는 4중 구조의 틀 안에서 연령, 신앙 유형, 시간, 환경, 성향 등을 고려하여 지혜롭게 시행할 때 보다 더 효과적이고 생동감 있는 예배가 될 수 있다.

표준예식서 1에 나타난 예배의 4중 구조보다 더 간략한 요소로 구성되어 있는 개혁교회의 주일 예배의 4중 구조를 보면 다음과 같다.[48]

첫째, 개회와 부름이다. 이 부분은 예배의 도입부분이다. 여기에는 전주, 기원, 시편 혹은 찬송 순서로 되어 있다.
둘째, 선포와 고백이다. 이 부분은 신앙고백, 성경봉독, 찬송, 헌금, 설교, 설교 후 기도로 되어 있다.
셋째, 성만찬이다. 첫 번째 형태에 속한 성만찬은 성만찬 말씀, 제정사, 성만찬 기도와 생략 가능한 주기도, 초대, 분배, 감사기도, 시편 혹은 찬송의 순서로 되어 있다.
넷째, 파송이다. 이 부분은 광고, 감사기도와 간구기도, 주기도, 찬송, 축도, 후주 및 헌금이다.

8. 예배의 한 실제 모델

예배의 요소는 성경에서 명확하게 제시하지 않고 있기 때문에 예배는 다양한 요소를 통해 시행될 수 있다. 하지만 성경에 명확히 예배의 요소가 규정되어 있지는 않지만 성경적 원리와 정신에 의해 예배의 요소는 규정될 수 있다. 성경적 원리와 정신에 의해 교회의 예배 역사는 주로 4중적 구조로 형성되었다.

---

[48] 김상구,『개혁주의 예배론』, 355-56.

여기에 제시된 예배 모델은 주요 내용의 골격은 초대교회의 예배의 '말씀 예전'과 '성만찬'의 2중 구조에 도입부분과 종결부분을 추가해 4중 구조로 체계화한 미국장로교회와 감리교회의 기존 예배구조를 참조하여 재구성한 것이다. 이 모델은 한국교회 예배문화와 상황에서 시행하기에는 쉽지 않은 요소들이 있지만 이 모델을 통해서 설교 중심의 예배에서 예배의 각 요소들을 균형 있게 시행할 필요가 있다. 특히 성경 봉독과 성만찬의 중요성을 인식하고 회복할 필요가 있다.[49]

도입 단계(Entrance)

예배로의 부름(Call to Worship)
기원(Invocation)/개회기도(Opening Prayer)
찬양의 찬송(Hymn of Praise)
고백과 용서(Confession and Pardon)
신앙고백(Creed)

예배로 부름에서는 인도자가 하나님이 어떤 분이시며 무엇을 행하셨는지를 성경 말씀 중에 발췌된 구절을 통해 말한다. 특별히 예배의 중심이 하나님임을 말한다. 예배로 부름에서 주로 사용하는 성경 구절은 "우리 주 예수 그리스도의 은혜가 너희 무리에게 있을지어다"(살후 3:18), 혹은 "주 예수 그리스도의 은혜와 하나님의 사랑과 성령의 교통하심이 너희 무리와 함께 있을지어다"(고후 13:13), 혹은 "우리의 도움은 천지를 지으신 여호와의 이름에 있도다"(시 124:8) 등이다.

개회기도가 마쳐진 후 있는 찬송은 흐름상 생략해도 무방하다. 예배 인도자의 기원을 반영하면서 성삼위의 임재를 기원하는 찬양대의 화답송이 대신 위치할 수도 있다.

고백과 용서의 내용은 인도자가 요한일서 1:8, 9을 봉독하고 난 후 "겸손

---

49 김순환, 『예배학 총론』(서울: 대한기독교서회, 2012), 198-207, 460-64의 내용을 중심으로 구성함.

과 믿음으로 우리의 죄를 하나님께 고백합시다"라고 청한 뒤 다음과 같이 고백한다.

다같이: 자비로우신 하나님, 우리의 생각과 말과 행동으로 하지 말아야 할 일을 행한 것과 해야 할 일을 하지 않은 것으로 인하여 당신께 죄를 지었음을 고백합니다. 우리가 온 마음과 온 힘으로 당신을 사랑하지 않고 우리 이웃을 내 모과 같이 사랑하지 못하였습니다. 자비로운 주님! 우리를 용서하여 주시고 우리를 고쳐주소서. 그리하여 당신의 영광을 위하여 당신의 뜻 안에서 기뻐하고 당신의 길로 걸어가게 하소서. 아멘(장로교 예식서).

인도자: 여기에 복음이 있습니다. 우리가 여전히 죄인 되었을 때 그리스도께서 우리를 위해 죽으심으로 우리에 대한 하나님의 사랑을 증명하셨습니다. 예수 그리스도의 이름으로 여러분의 죄는 용서받았습니다.

회　중: 예수 그리스도의 이름으로 당신의 죄는 용서받았습니다.

다같이: 하나님께 영광 돌립니다. 아멘(장로교 예식서).

신앙고백은 사도신경으로 함께 고백한다. 신앙고백은 설교 다음으로 갈 수도 있다.

말씀 단계(The Word)

조명기도(Prayer of Illumination)
제1봉독(First Reading)
제2봉독(Second Reading)
찬양대 찬양(Anthem)
복음서 봉독(Gospel Reading)
설교(Sermon)
초청(Invitation)
중보기도(Prayer of Intercession)
찬송(Hymn)

장로교회에서 사용하는 조명기도의 하나를 소개하면 다음과 같다. "주여 성령의 권능으로 우리의 중심과 마음을 여시어 성경이 읽혀지고 당신의 말씀이 선포될 때 당신께서 오늘 우리에게 말씀하시는 것을 기쁨으로 듣게 하소서!"

제1봉독은 구약성경 중에서 선택하여 봉독한다. 제2봉독은 신약성경 서신서 중에서 선택하여 봉독한다. 성경봉독 후에는 '아멘'으로 화답한다. 시편은 인도자와 회중이 함께 교독하는 것이 좋다. 예배에서 제1봉독과 시편 그리고 제2봉독을 할 수 있지만 그중에 복음서가 바탕이다.

찬양대 찬양은 제2봉독을 마친 후 하는 것이 적절하다.

설교는 봉독된 본문 중에 한 본문을 선택하여 할 수도 있고 다른 본문을 선택하여 설교할 수도 있다. 여기서 기억해야 할 것은 성경 봉독도 설교와 똑같이 예배의 중요한 요소이다라는 것이다. 때문에 설교를 위한 방편으로 성경을 읽는 것은 아니다.

초청에서는 예배 참가자들 가운데 새로운 신앙적 결단을 원하는 사람을 초청하는 순서이다.

중보기도는 교역자나 평신도 누구든지 기도를 인도할 수 있다. 이 기도는 성경의 디모데전서 2:1-2, 고린도후서 1:11, 에베소서 6:18-19 등과 95년경 클레멘트의 서신에서 4세기 말의 에게리아의 일기에서 발견되는 세상을 향한 중보적인 기도이다. 중보기도는 일반적으로 세계를 위하여, 나라를 위하여, 정부를 위하여, 지역공동체를 위하여, 어려움에 처한 사람들과 도움이 필요한 사람들을 위하여 기도한다. 기도의 순서는 일반적으로 특별히 세계에서 발생한 어려운 문제로부터 시작해서 도움이 필요한 개인을 위한 기도로 마친다.

> **성만찬 단계(The Eucharist)**
>
> 봉헌(Offering)
> 성찬식 초대(Invitation to the Lord's Supper)
> 대감사(Great Thanksgiving)
> 주기도(Lord's Prayer)
> 분병(Breaking the Bread)
> 배찬(Communion of the People)
> 초대(Invitation)
> 배찬(Communion)
> 배찬 후 기도(Prayer after Communion)

* 봉헌

봉헌에서는 일반적으로 다음과 같이 할 수 있다.

목사: 용서받고 화목의 은총을 입은 백성으로서 우리 자신은 물론 우리의 선물을 하나님께 드립니다. 시편 24:1에 말씀하시기를 "땅과 거기 충만한 것과 세계와 그중에 거하는 자가 다 여호와의 것"이라고 하셨습니다. 혹은 "각각 그 마음에 정한대로 할 것이요 인색함으로나 억지로 하지 말지니 하나님은 즐겨 내는 자를 사랑하시느니라"(고후 9:7).

곧 바로 찬양대의 찬양이나 함께 찬송을 하면서 헌금 위원들이 헌금을 시작한다. 행진하여 성찬성물을 성찬상에 드리는 경우에는 헌금을 수합한 위원들과 함께 행진하여 나와 집례자에게 전한다. 성찬성물이 배열되어 있을 때는 헌금 수집함만 받아 성찬상에 놓는다.

목사: 여호와의 광대하심과 권능과 영광과 이김과 위엄이 다 주께 속하셨사오니.
회중: 천지에 있는 것이 다 주의 것이로소이다.

* 성찬식 초대

집례자는 성찬상을 앞에 두고 회중을 바라보면서 사람들을 성찬에 초대한다.

목사: 형제 자매 여러분, 이것은 하나님의 백성이 누리는 기쁨의 잔치입니다. 누가복음에 따르면 부활하신 주께서 그의 제자들과 상에 함께 앉으셨을 때 떡을 드셔서 축사하시고 떼어 나누어 주셨습니다. 그러자 그들의 눈이 밝아지고 주님을 알아보게 되었습니다. 이것은 주님의 식탁입니다. 주님은 자기를 믿는 모든 사람들이 이 준비한 잔치에 나오라고 초청하고 계십니다. 혹은 예수께서 말씀하시기를 "수고하고 무거운 짐진자들아 다 내게로 오라 내가 너희를 쉬게하리라. 나는 마음이 온유하고 겸손하니 나의 멍에를 메고 내게 배우라 그러면 너희 마음이 쉼을 얻으리니"(마 11:28-29)라고 하셨고 또한 "내가 곧 생명의 떡이니 내게 오는 자는 결코 주리지 아니할 터이요. 나를 믿는 자는 영원히 목마르지 아니하리라"(요 6:35)고 말씀하셨습니다.

* 대감사

목사는 회중들로 하여금 일어설 것을 청한다.

목사: 주님께서 여러분과 함께 계십니다.
회중: 또한 목사님과도 함께하십니다.
목사: 여러분의 마음을 높이 드십시오.
회중: 우리가 주님과 함께 높이 듭니다.
목사: 주님께 감사를 드립니다.
회중: 옳고 마땅한 일입니다.
목사: 오 하나님, 당신의 사랑하는 자녀 예수 그리스도를 인하여 당신께 감사드립니다. 우리를 구속하시기 위해서 구주로 보내셨습니다.
회중: 거룩하시고 거룩하시고 거룩하신 주, 권능과 능력의 하나님이시여,

하늘과 땅이 당신의 영광으로 가득하나이다.⁵⁰

목사: 주께서 이 땅에 오셔서 복음을 전하시고 고난의 십자가를 지시기 전에 말씀하셨습니다. "받아 먹으라. 이것은 너희를 위해 찢기는 나의 몸이라." 이와 같이 또한 잔을 가지고 말씀하셨습니다. "이것은 너희를 위해 흘리는 나의 피다. 이것을 행할 때마다 나를 기념하라"고 하셨습니다. 그러므로 그의 죽으심과 부활을 기억하면서 우리가 떡과 잔을 드리며 또 우리를 당신 앞에 서서 봉사하기에 합당하도록 우리를 여기셨기에 당신께 감사드립니다.

* 주기도

목사: 예수께서 우리에게 가르치신 대로 하나님이 이 땅을 다스리도록 기도합시다.

목사와 회중: 하늘에 계신 우리 아버지여 이름이 거룩히 여김을 받으시오며 나라가 임하시오며 뜻이 하늘에서 이루어진 것 같이 땅에서도 이루어지이다. 오늘날 우리에게 일용할 양식을 주시옵고 우리가 우리에게 죄 지은 자를 사하여 준 것 같이 우리 죄를 사하여 주시옵고 우리를 시험에 들게 하지 마시옵고 다만 악에서 구하시옵소서. 나라와 권세와 영광이 아버지께 영원히 있사옵나이다. 아멘.

주기도문 후에 목사는 사람들을 앉게 한다.

* 분병

목사는 떡을 들어 사람들이 충분히 볼 수 있도록 떡을 떼면서 말한다.

---

50 이것은 이사야 6:3에 기초한 삼성송(The Sanctus)이다. 삼성송은 하나님의 거룩하심에 대한 찬양으로 주의 만찬에서 일반적으로 다 함께 한 목소리로 말하거나 또는 "거룩하도다, 거룩하도다, 거룩하도다"라고 노래로 부름.

목사: "내가 너희에게 전한 것은 주께 받은 것이니 곧 주 예수께서 잡히시던 밤에 떡을 가지사 축사하시고 떼어 이르시되 이것은 너희를 위하는 내 몸이니 이것을 행하여 나를 기념하라 하시고."

이어서 목사는 잔의 포도주를 들고 말한다.

목사: "식후에 또한 그와 같이 잔을 가지시고 이르시되 이 잔은 내 피로 세운 새 언약이니 이것을 행하여 마실 때마다 나를 기념하라 하셨으니 너희가 이 떡을 먹으며 이 잔을 마실 때마다 주의 죽으심을 그가 오실 때까지 전하는 것이니라."

＊초대
떡과 포도주를 들고 목사는 다음과 같이 말한다.

목사: 하나님의 백성에게 주시는 선물입니다.

＊배찬
떡과 포도주를 사람들에게 나누어준다. 사람들이 성찬을 받기 위해 성찬상 앞으로 나와 받을 수도 있고, 배찬 위원들이 사람들이 앉아 있는 곳으로 가서 나누어 줄 수도 있다. 이때 배찬 위원들은 떡을 나누어 주면서 "형제(자매)님을 위해 내어주신 그리스의 몸입니다"라고 말한다. 이때 수찬자는 "아멘"한다. 포도주를 나누어 주면서 "형제(자매)님 위해 흘리신 그리스도의 피입니다"라고 말한다. 수찬자는 "아멘"으로 화답한다.

＊배찬 후 기도

목사: 사랑의 하나님, 이 성찬을 통해 우리를 먹이시고 그리스도와 연합하게 하시며 하나님의 영원한 나라에서의 천국잔치를 미리 맛보게 하셔서 감사합니다. 우리 주 예수 그리스도를 인하여 하나님의 영광을

위하여 살아가며 일하도록 성령의 능력을 우리에게 주소서.

회중: 아멘.

> **파송 단계(Sending)**
>
> 찬송(Hymn)
> 위임과 축도(Charge and Blessing)

네 번째 단계는 파송이라는 이름이 더 적합하다. 예배자들은 예배를 마치고 단순히 해산하는 것이 아니라 세상을 향해 파송되는 것이기 때문이다. 때문에 축도와 함께 이어지는 후주는 세상을 향해 예배자들을 파송하는 것임으로 경쾌하고 활기차고 선교적 열망을 반영하는 것이 좋다. 축도는 그리스도 안에서 자신들에게 주시는 하나님의 은혜의 복음을 다시 한 번 듣는 것이다.

제3부

영성 수업

제1강	인간 이해와 영성
제2강	기독교 영성 해석
제3강	영성생활과 자기 분화의 지평
제4강	신앙의 단계와 영적 여정
제5강	영성생활과 기도
제6강	기도의 유형
제7강	기도의 방법
제8강	렉시오 디비나
제9강	기도와 치유
제10강	영 분별과 해석: 로욜라의 이냐시오
제11강	영혼의 어두운 밤
제12강	영성생활과 방언
제13강	영성생활과 금식

Christian Spirituality
for Spiritual Journey

제1강

인간 이해와 영성

1. 영성과 인간

1) 통전적 존재로 창조된 아담(인간)

    (1) 사람(아담)은 영혼과 몸의 물리적 결합으로 창조된 존재가 아니라 신비적(화학적)으로 변한 통전적인 존재

    (2) 아담은 통전적인 존재로서 이성적·감성적·영적·육체적 국면을 지님

    (3) 이성 감성 영성 몸은 실체적 부분(part)이 아니라 인격적 국면(aspect)임

(4) 이성 감성 영성 몸은 실체가 아니라 인격임
(5) I am a body/spirit(x) I am a body/spirit(o)

2) 영혼과 인간

(1) KJV는 창세기 2:7에서 하나님의 '느샤마'에 의해 창조된 아담을 '생령'(네페쉬 하야, a living soul)으로 번역
(2) 이는 구약성경 그리스어 역본의 '네페쉬'(*nephesh*, 영혼)의 번역어로 쓴 고대 그리스어를 반영한 것임
(3) 하지만 대부분의 현대 역본들은 이 단어를 '살아 있는 존재'(a living being)로 번역함
(4) 한 번역본(NLT)은 "살아 있는 사람"(a living person)이 되었다고 번역함
(5) '살아 있는 네페쉬'라는 용어는 아담(사람)이라는 존재의 총체성을 나타냄
(6) 아담이 네페쉬를 가진 것이 아니라 그 자체가 '살아 있는 네페쉬'임 (로슨 스톤[Lawson Stone])
(7) 몸(*soma*)과 영혼(*psyche*)이란 용어는 이원론적으로 이해해서는 안 되고, 하나의 '이중 양상의 일원론'
(8) 창세기 2:7의 가장 좋은 번역은 '영혼'이란 표현보다 **'살아 있는 사람'**이 더 적합
(9) 영혼이란 개념은 헬라적인 색채가 강해서 인간을 몸과 영혼으로 구성된 이원론적 실체로 볼 수 있기 때문임

3) 영혼 = 사람

(1) 히브리 본문의 '네페쉬'(*nephesh*)
"저가 사모하는 **영혼**(soul)을 만족하게 하시며 주린 **영혼**(soul)에게 좋은 것으로 채워주심이로다"(시 107:9, KJV)

"주님께서는 목마른 **사람**에게 물을 실컷 마시게 하시고 배고픈 **사람**에게 좋은 음식을 마음껏 먹게 해 주셨다"(NIV)

(2) 헬라어 본문의 '프쉬케'(*psyche*)

"내가 내 **영혼**(soul)을 두고 하나님을 불러 증거하시게 하노니"(고후 1:23, KJV)

"나는 하나님을 **나의**(my, 사람) 증인으로 모시겠습니다"(NIV)

(3) 영혼 사랑 = 인간사랑

(4) 영혼(soul)
   · 히브리어 - 네페쉬(*nephesh*)
   · 헬라어 - 프쉬케(*psyche*)
   · 라틴어 - 아니마(*anima*)

① 하나님의 숨을 부여 받은 존재(being)로서 하나님과 교제 할 수 있는 영적 인격
② 인간의 내적 차원
③ 전인격적인 존재
④ 의식과 무의식을 모두 포함하는 정신과 동의어

4) 전인적 존재로서 영혼

(1) 영혼, 영, 몸, 마음 등은 부분(part)이 아니라 국면(aspect)
(2) 영혼, 영, 몸, 마음 등은 실체라기보다는 인격을 의미함
(3) 영혼, 영, 몸, 마음 등은 인간의 이름들임

2. 영성과 하나님의 형상

1) 기독교 초기 신학자들

(1) 하나님의 형상을 인간이 소유하고 있는 '능력'
(2) 지정의와 같은 능력을 뜻하는 것으로 이해
(3) 인간의 구조적 차원으로 이해된 이성과 도덕성 등으로 이해

2) 최근의 신학자들

(1) 하나님의 형상의 구조적 차원인 능력과 가능성은 좀 덜 강조하고 '관계'를 보다 더 강조: 관계적 소명으로 봄
(2) 인간이 하나님을 예배하고, 이웃을 사랑하고, 자연을 돌보는 일들은 하나님 형상으로서 인간의 본질적 요소라고 주장
(3) 하나님의 형상을 기능적이고 경험적 차원만을 강조

3) 안토니 후크마

(1) 하나님의 형상은 구조적 차원과 기능적 모두를 포함
(2) 하나님의 형상은 통전적 존재와 삶을 모두 포함 개념

3. 영성과 일반은총

1) 모든 인간의 마음에 하나님의 율법이 적혀 있음(롬 2:14-15)
2) 모두가 정직, 정의, 사랑, 황금률과 같은 양심을 가지고 태어남
3) "브살렐에게 … 하나님의 영을 그에게 충만하게 하여 지혜와 총명과 지식과 여러 가지 재주"를 갖게 하셨다고 말함(출 31:1-4)
4) 예술적인 솜씨가 하나님으로부터 왔음을 볼 수 있는 증거다 예술가, 교육가, 과학자의 하나님의 사역 또는 어떤 것을 발현하는 행위라고 할 수 있음
5) 살리에리는 모차르트의 도덕적, 영적 상태와 관계없이 그의 작품을 하나님의 음성이라고 함

6) 하나님의 영으로 이방의 왕 고레스에게 기름 부으셔서 세계의 지도자로 새우셨다는 기록이 등장함(사 45:1)
7) 주님은 또 다른 이방 나라의 왕이 죄에 빠지지 않도록 지켜 주심 (창 20:6-7)
8) 하나님의 영은 구원받지 못한 사람을 세상에서 고귀하게 하는 능력으로도, 구원받지 못한 이를 세상에서 억누르는 힘으로도 모두 작용할 수 있음을 보여주는 지표들임
9) 이는 성령님은 죄를 회개시켜 회심하게 하시는 사역뿐 아니라 하나님의 형상으로 지음 받은 모든 사람들에게 지혜와 용기와 통찰을 주심
10) 주님의 존재를 부정하는 사람들에게 이런 통찰을 주심 … 하나님의 형상이기 때문임

4. 특별계시와 일반계시의 관계

페니 파딩(Penny Farthing) 자전거를 통해 본
특별계시와 일반계시의 관계

관점	앞바퀴	뒷바퀴
존 칼빈	특별계시	일반계시
토마스 아퀴나스	일반계시	특별계시

5. 영성과 몸

1) 이원론적 패러다임에서 몸

(1) 몸: 본능적 차원의 주 매개체
(2) 정신: 정신적 영적 차원의 주 매개체

2) 통전적 패러다임에서 몸

(1) 몸: 영적 차원, 정신적 차원, 본능적 차원
(2) 정신: 영적 차원, 정신적 차원, 본능적 차원

3) 영적 삶에서 몸의 차원

(1) 달라스 윌라드(Dallas Willard)의 몸에 대한 관점
"인간의 영적인 삶은 언제나 우리의 몸을 사용하는 것과 관련되어 있다 우리에게는 이것들 외에 영적인 삶의 다른 도구나 수단이 없다"
(2) 로버트 브라우닝(Robert Browning)의 몸에 대한 관점
"사람은 '몸이 있음에도 불구하고' 발전하는 것이 아니라 '몸 때문에' 발전한다"

제2강

기독교 영성 해석

1. 영성의 정의

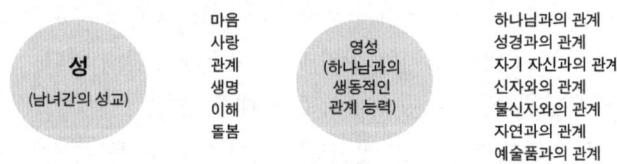

1) 영성은 하나님, 자신, 타인, 자연과 교제하는 능력이다(Spirituality refers to the capacity for relationship with God, self, others, nature)

2) 메조리 톰슨(Marjorie Thompson)

"영성이란 영성생활을 할 수 있는 능력이라고 간단하게 정의할 수 있다. 즉, 하나님의 영을 받아들이고, 그에 대해서 깊이 생각하며, 그에게 응답할 수 있는 보편적인 인간의 능력을 의미한다."

3) 어반 홈즈(Urban Holmes)

(1) 관계성을 위한 인간의 능력,
(2) 인식 현상을 초월하고,
(3) 이 관계성은 주체자의 노력들에 관계없이 증폭되고 고양된 인식으로서 주체자에 의해서 인식된다.
(4) 역사적인 구조 안에서 존재한다.
(5) 세계 안에서의 창의적인 활동 안에 자신을 노출한다.

4) 임마누엘 라티(Emmanuel Lartey)

"영성은 자기, 타자들, 세상, 하나님 그리고 감각적인 경험을 초월하고, 특수한 역사적, 공간적, 사회적 상황 속에서 표현되고, 흔히 세상에서의 특정 형태들의 행동으로 나타나는 것과의 관계를 위한 인간의 능력을 의미한다. 우리의 영성은 우리의 특정적인 관계 방식과 관련이 있고 적어도 5가지 차원을 가진다."

(1) 초월과의 관계
(2) 개인 내적인(자기와의) 관계
(3) 대인적(다른 사람과의) 관계
(4) 집단적인(사람들 사이에서의) 관계
(5) 공간적인(장소와 사물들과의) 관계

이런 차원들이 하나의 통합된 전체를 이루는 것으로 이해되어야 한다고 주장하는 것이 중요하다. 그것들은 여기에서 토론의 목적을 위해서 구별되지만, 실제로는 분리할 수 없다."

2. 영성(spirituality)의 유형

1) 존재론적 영성(spirituality, 영성)

   (1) 능력(The capacity)
   (2) 존재(Being, 영성·이성·감정·몸 등)
   (3) 선물로 주어진 존재론적 차원

2) 경험론적 영성(spiritual life, 영적 삶)

   (1) 하나님, 자신, 타인, 자연과의 교제(Relationship with God, self, others, nature)
   (2) 행함(Doing, 기도·말씀·묵상·예배 등)
   (3) 영적 삶과 관련된 기능론적 차원

3) 성향론적 영성(spiritual character)

   (1) 성령을 추구하는 영적 지향성.
   (2) 영적 인격과 관계된 영적 품성(거룩한 신적 품성).

      ① 지성: 지적 인격과 품성이 수반된 지적 역량.
      ② 감성: 감성적 인격과 품성이 수반된 감성적 역량.
      ③ 영성: 영적 인격과 품성이 수반된 영적 역량.

3. 영적(spiritual) 개념 이해의 중요성

1) 영적 개념에 대한 두 관점

   (1) 헬라적 관점: 영적 개념을 몸과 대립적인 관점에서 이해
   (2) 히브리적 관점: 영적 개념을 하나님과 관계 안에서 이해

2) 영적 개념의 특징

   (1) '영적'이란 단어는 명사적이고 고정된 개념이 아니라 생동적인 '동사적 개념
   (2) 기도와 예배와 말씀 묵상과 찬양과 같은 요소나 행위 자체를 영적인 것으로 이해되어서는 안 됨

3) 영적 삶의 캐피탈(Capital)

   (1) 말씀 묵상과 기도와 찬송과 예배 등은 영적 삶에서 '캐피탈'(capital, 머리·핵심·통치)과 같은 역할
   (2) 인간의 몸에서 머리가 중요한 기능을 하듯이 이러한 요소들은 영적 삶에서 중요한 역할을 함
   (3) 머리는 생명의 근원에 해당하는 핵심 부분이듯이 이러한 요소들은 영적 삶에서 핵심적인 기능을 함
   (4) 이러한 요소들은 일상의 삶을 개혁하고 변화시키는 통치적인 기능을 함

4. 영적 여정의 이해

1) 영적 여정 : 테일하르드 드 샤르댕(Teilhard de Chardin)

   (1) 우리는 영적 여정을 걷는 인간이 아니라 인간의 여정을 걷는 영적 존재
   (2) 영적인 사람이 되기 위해 덜 인간적이 되는 것이 아님
   (3) 오히려 영적 여정은 좀 더 온전한 인간이 되는 과정
   (4) 영적 여정은 하나님과의 관계뿐만 아니라 하나님이 사랑하는 세상에서 아름다운 삶의 여정과 결코 분리될 수 없음

2) 영적 여정과 일상 : 크리스천 스미스(Christian Smith)

   (1) 생애의 여러 변환과 이혼, 가족 구성원의 죽음, 집을 떠남, 직장을 잃음 등은 우리의 종교적 영적 실천에 부정적으로 영향을 줌
   (2) 영적인 삶과 일상적인 삶은 결코 분리될 수 없는 것임을 밝혀줌
   (3) 일상적인 것의 반대편에 우리의 영적인 것을 건설하는 것은 어리석은 것이 아니라 잘못

3) 영적 면역성

   (1) 교회 안에서의 영적 면역성인가?
   (2) 일상 안에서의 영적 면역성인가?

4) 영적

   (1) 영적 행동이나 경험을 위해서는 단지 신학적 관찰과 이해뿐만 아니라 과학적 관찰과 이해도 필요
   (2) 영적 여정 또는 생활에서 기도와 말씀 묵상과 같은 '상의하달' 효과와

인간의 환경과 상태와 같은 '하의상달'의 효과에 대해서도 알아야 함
(3) 영적 여정 또는 생활에서 기도와 말씀 묵상과 같은 '상의하달'의 요소들뿐만 아니라 질병과 같은 '하의상달'의 요소들도 매우 크게 작용
(4) 경건하게 성경을 읽고 기도생활을 했던 그리스도인들이 알츠하이머병에 걸리면 이러한 영적 실천이 매우 어려울 수 있음
(5) 영적 여정 또는 생활은 기도와 말씀 묵상과 같은 요소들과만 관련이 있고 몸이나 물리적인 것과는 전혀 관계가 없다고 생각해서는 안 됨
(6) 알츠하이머병에 걸린 사람은 모두 영적 여정에 치명적인 영향을 받는다고 하여 인간의 영적 행동이나 경험은 인간의 물리적 차원인 뇌에 전적으로 종속되는 것으로 이해하는 것도 주의해야 함
(7) 알츠하이머성 치매 진단을 받은 사람이 아내의 도움으로 질병 중간 단계에 접어들고도 한참 후까지 영적 체험을 한 사실이 보고됨
(8) 영적 여정 또는 생활은 우리의 뇌와 아주 밀접하게 관련됨
(9) 영적 여정 또는 생활은 성경 읽기와 기도와 같은 상의 요소들에만 의존되는 것이 아니라 하의 요소들에 의해서도 많은 영향을 받음
(10) 영적 여정 또는 생활은 상의 요소들과 하의 요소들을 넘어서는 특징도 간과해서는 안 됨 즉, 이는 하나님의 영의 역사의 중요성도 인식해야 함

5. 성경적 영성

예수 생명의 기독교

예수 생명의 기독교
(하나님, 성경, 인간, 자연)
→ 도그마적 기독교
(성경 교리의 도그마화)
→ 예수 생명의 기독교
(하나님, 성경, 인간, 자연
: 신학, 영성, 일상)

6. 예수 생명의 기독교와 영성

1) 예수 생명의 기독교
2) 예수 생명의 영성[1]

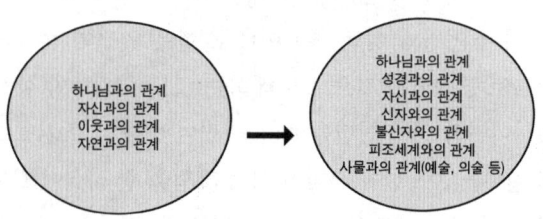

예수 생명의 영성[1]

7. 하나님 사랑의 영성

1) 하나님 사랑과 자기 사랑: 전인성의 지평(Horizon)

  (1) 하나님 사랑의 다양한 방법(전인성)
  (2) 하나님 사랑을 통한 하나님 사랑
  (3) 자기 사랑을 통한 하나님 사랑
  (4) 이웃 사랑을 통한 하나님 사랑
  (5) 자연 사랑을 통한 하나님 사랑

---

1 장종현, 생명을 살리는 교육 (서울: 백석신학연구소, 2008), p. 235-254 참조.

2) 자기 사랑의 다양한 방법(전인성)

   (1) 자기 관리를 통한 자기 사랑
   (2) 하나님 사랑을 통한 자기 사랑
   (3) 아내(남편) 사랑을 통한 자기 사랑

3) 아내(남편) 사랑의 다양한 방법(전인성)

   (1) 선물을 통한 아내(남편) 사랑
   (2) 자기 건강을 통한 아내(남편) 사랑
   (3) 돌봄을 통한 아내(남편) 사랑

      ① 이분법적 사고를 버려야 함
      ② 양자택일적 사고가 우리를 병들게 함

8. 하나님 사랑의 방법: 클레르보의 베르나르

· 하나님 사랑에 이르는 사중적 상승의 길: 하나님을 사랑함에 대하여

1) 자신을 위해 자기 사랑

   (1) 자기 중심적 사랑
   (2) 하나님 없는 자기 사랑
   (3) 도덕적 영적 진보를 가로막음

2) 자신을 위해 하나님 사랑

   (1) 자신의 유한함과 죽음에 대해 인식하면서 하나님 사랑

(2) 하나님을 통한 영원한 생명 추구(하나님 사랑하는 목적이 천국 가기 위함)
   (3) 하나님 사랑이 아니라 자기 보존적 사랑

3) 하나님을 위해 하나님 사랑

   (1) 자기 보존적 하나님 사람에서 하나님을 위한 사랑으로 대체
   (2) 하나님의 존재와 하나님이 하신 일에 대한 감사
   (3) 하나님이 자신을 사랑하는 만큼 다른 사람도 사랑한다는 것을 깨달음

4) 하나님을 위해 자신 사랑

   (1) 하나님의 사랑을 받은 자신을 사랑
   (2) 하나님이 자신을 사랑하신 것처럼 자신을 사랑
   (3) 2번째 단계는 자기 보존과 관련이 있지만 이 단계에서는 편재하는 하나님 사랑과 관련이 있음

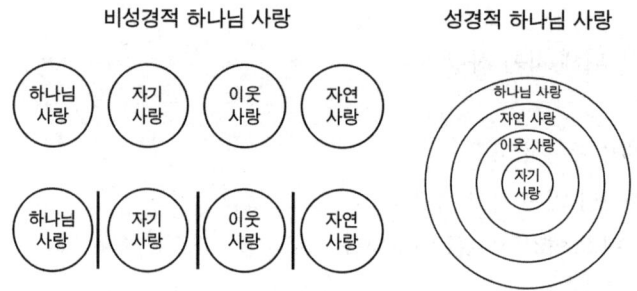

하나님 사랑

제3강

영성생활과 자기 분화의 지평

1. 영성생활과 자기 인식의 중요성

1) 자기 인식과 하나님과의 관계는 복잡하게 연관되어 있음
2) 영성생활은 거짓 자아를 버리고 참 자아로 살아가는 것과 관계되어 있음
3) 사도 바울이 "옛사람(거짓 자아)을 벗어버리고 하나님을 따라 의와 진리의 거룩함으로 지으심을 받은 새사람(참 자아)을 입으라"고 한 맥락과 같음
4) 어거스틴은 고백록에서 "자기 자신으로부터 멀어진다면 어떻게 하나님께 가까이 갈 수 있겠는가"라고 말 한 후에 "주님, 당신을 알기 위해 제 자신을 알게 해 주십시오"라고 기도했음
5) 마이스터 에크하르트는 "먼저 자기 자신을 알지 못하는 사람은 하나님을 알 수 없다"라고 말했음
6) 아빌라의 테레사는 "영성생활의 거의 모든 문제는 자기 이해의 부족에서 비롯된다"고 고백했음
7) 존 칼빈은 '우리의 지혜는 크게 두 부분으로 구성되어 있다 하나님에 대한 앎과 우리 자신에 대한 앎이다 이 둘은 매우 복잡하게 연결되어 있어서 어느 것이 먼저고 나중인지, 어느 것이 원인이고 결과인지 구별

하기가 쉽지 않다'고 했음

2. 예수님의 광야 시험: 거짓 자아와의 투쟁

1) 헨리 나우웬과 여러 신학자들은 예수님의 광야 시험 사건을 참 자아와 거짓 자아와의 투쟁으로 봄(마 4:1-11):

피터 스카치로의『정서적으로 건강한 영성』, 헨리 나우웬의『영성 수업』, 최창국의『기독교 영성』참조.

2) 참 자아 거짓 자아에 대한 깊은 연구를 위해서는 M 배절 페닝턴 "참 자아 거짓 자아: 내적 정신의 탐구"를 참조

3) 하나님이 예수님에 부여하신 참 자아

   (1) "너는 내 사랑하는 아들이요 내 기뻐하는 자라"(마 3:17)
   (2) 참 자아의 정체성은 "너는 사랑스런 존재다"
   (3) 우리의 정체성의 가장 핵심 기준은 하나님의 사랑
   (4) 우리는 모두 사랑 받는 존재이며 소중한 보물들이다

4) 거짓 자아로 살고 싶게 하는 유혹

   (1) 첫 번째 유혹: 내가 하는 것이 곧 나다(성과)
      "네가 만일 하나님의 아들이어든 명하여 이 돌들로 떡덩이가 되게 하라"(마 4:3)
   (2) 두 번째 유혹: 사람들이 생각하는 내가 곧 나다(인기)
      "네가 만일 하나님의 아들이어든 뛰어내리라 … 그가 너를 위하여 그의 사자들을 명하시리니 그들의 손이 너를 받들어 … "(마 4:5-6)

(3) 세 번째 유혹: 내가 가진 것이 나다(소유)
"지극히 높은 산으로 가서 천하만국과 그 영광을 보여 이르되 만일 내게 엎드려 경배하면 이 모든 것을 네게 주리라"(마 4:8-9)

3. 자아와 감정(정서)

1) 자아 형성에서 감성(감정, 정서)의 중요성

2) 감성의 기능: 감성(정서)은 "감정이나 그 감정에 따르는 제각각의 생각, 심리적이고 생물학적인 상태, 행동을 유발하는 광범위한 성향"(다니엘 골만)

3) 하나님도 감정을 가지고 계심

   (1) "하나님이 보시기에 좋았더라"(창 1:25)
   (2) "나 네 하나님 여호와는 질투하는 하나님인즉"(출 20:5)
   (3) "고민하고 슬퍼하사 이에 말씀하시되 내 마음이 매우 고민하여 죽게 되었으니"(마 26:37-38)
   (4) "그들의 마음이 완악함을 탄식하사 노하심으로"(막 3:5)
   (5) "그 때에 예수께서 성령으로 기뻐하사"(눅 10:21)

4) "감정을 무시하는 것은 현실에 등을 돌리는 것과 같다 … 그곳은 우리가 하나님을 만나는 장소다"(댄 알렌더, 트렘퍼 롱맨)

4. 감성의 범주

전문가들은 감성을 크게 8가지 범주로 나눔

1) 화: 격분, 적대감, 신경질, 짜증
2) 슬픔: 비탄, 자기 연민, 절망감, 실의, 낙담, 외로움
3) 두려움: 염려, 초조함, 겁, 신경과민, 놀람, 공포, 불안함
4) 즐거움: 기쁨, 안도, 만족, 흐뭇함, 흥분, 설렘, 희열, 황홀함
5) 사랑: 받아들임, 신뢰, 헌신, 존경
6) 놀람: 충격, 경탄, 경이
7) 혐오감: 경멸, 멸시, 반감, 불쾌감, 역겨움
8) 수치심: 죄책감, 회한, 창피스러움, 당혹감, 유감

5. 참 자아와 자기 분화

1) 분화지수가 낮을수록 하나님이 주신 독특한 삶(가치, 은사 등)을 감지하지 못함
2) 분화지수가 낮은 사람일수록 다른 사람들로부터 끊임없이 인정과 확신을 구함
3) 분화지수가 낮은 사람은 자신의 가치와 정체성을 얻기 위해 타인의 생각과 감정에 의존함
4) 분화지수가 낮은 사람일수록 거짓 자아의 유혹에 빠지기 쉬움

6. 자기 분화의 의미

1) 자기 분화란 자신의 원가족과의 관계에서 하나로 밀착되어 정서적으로 융합되었던 자신을 가족 구성원 간에 건강한 경계를 통하여 자신의 개별성과 자율성을 가지는 것
2) 분화란 자신의 정서와 인지 과정을 분리하는 것을 포함함
3) 하나는 자신과 자신의 가족체계 속에 있는 사람들과 경계를 구분하는 것

4) 다른 하나는 자신의 느낌의 과정을 인지 과정과 구별하는 것(자신의 느낌과 다른 사람의 느낌을 인식하지만 자신의 느낌이나 다른 사람의 느낌이 자신의 행동을 지시하지 않게 함)
5) 분화가 잘된 사람은 다른 사람이 자신의 감정에 동의하지 않아도 불안해하지 않음(불안지수 낮음)
6) 분화 수준이 높은 사람은 다른 사람의 인정과 수용, 이해와 칭찬, 동의와 찬성에 자기의 감정과 생각이 좌우되지 않기 때문에 다른 사람과의 관계가 안정적으로 유지됨
7) 분화가 잘된 사람은 융통성, 적응성, 자족성이 높음

7. 자기 분화 지수[1]

1) 분화지수 0-25

 (1) 사실과 감정을 구별하지 못한다
 (2) 정서적으로 빈곤하여 다른 사람들에게 과하게 반응한다
 (3) 에너지의 대부분을 사람들이 인정하는 승리나 성취에 투자한다
 (4) 목표 지향적인 활동에는 에너지를 거의 쓰지 않는다
 (5) "나는 ~한 생각이 들어 나는 ~라고 믿어"와 같은 말을 하지 못한다
 (6) 가족들과 정서적으로 분리되지 않았다
 (7) 부부관계가 상호 의존적이다
 (8) 변화나 위기에 대한 생활 적응력이 빈약하다
 (9) 어디쯤에서 맺고 끊어야 할지 알지 못한다

---

1 피터 스카치로, 『정서적으로 건강한 영성: 진정한 삶의 변화를 이끌어 내는 영성의 비밀』, 강소희 역 (서울: 두란노서원, 2015), 120-22.

2) 분화지수 25-50

(1) 사실과 감정을 조금 구별할 수 있다
(2) 많은 부분이 사람들의 평가와 기대가 반영된 거짓 자아이다
(3) 걱정 근심이 없을 때는 비교적 잘 살아간다
(4) 용납 받기 위해 자신을 재빨리 다른 사람들과 동화시키고 변화시킨다
(5) 말로는 자신의 원칙과 신념을 고수하지만 그와 다르게 행동한다
(6) 칭찬을 들으면 자긍심이 솟구치고 비난을 들으면 뭉개진다
(7) 관계가 틀어지거나 균형을 잃으면 초조하고 불안해진다 과하게 반응하거나 눈앞이 캄캄해진다
(8) 스트레스를 받으면 명쾌하게 사고하지 못하고 종종 그릇된 결정을 내린다
(9) 거짓 자아를 치장하기 위해 권력이나 명예, 지식, 사람들의 사랑 등을 추구한다

3) 분화지수 50-75

(1) 사고와 감정이 동전의 양면처럼 함께 작용한다는 것을 안다
(2) 합리적 수준의 참 자아를 지니고 있다
(3) 마음에서 결정한 인생의 목표를 따라갈 수 있다
(4) 사람들을 무시하지 않고 차분히 자신의 믿는 바를 진술할 수 있다
(5) 자신의 모습을 잃지 않고도 친밀한 결혼 생활을 누릴 수 있다
(6) 자녀들이 자율적인 성인으로 성장하는 동안 여러 단계를 거칠 때 기다릴 줄 안다
(7) 혼자 있을 때나 사람들과 함께 있을 때나 삶이 잘 돌아간다
(8) 위기가 닥쳐도 좌절하지 않고 헤쳐 나갈 수 있다
(9) 사람들에게 나의 세계관을 주장하지 않고 관계를 이어 간다

4) 분화지수 75-100

   (1) 사람들의 칭찬이나 비난에 영향을 받지 않고 자신의 정체성과 원칙, 목표를 고수한다
   (2) 원 가족을 떠날 수 있고 내면이 이끄는 바를 따라 독립된 성인으로 살아간다
   (3) 신념을 지키되 사고가 닫혀 있지도 교조적이지도 않다
   (4) 다른 사람들이 믿는 바를 듣고 평가할 수 있으며 새로운 견해를 받아들이기 위해 과거의 신념을 버릴 수 있다
   (5) 특별한 반응 없이도 사람들의 말을 들어 줄 수 있고, 반대 없이 그들과 소통할 수 있다
   (6) 상대방이 내 뜻대로 변화되지 않아도 존중하고 공경할 수 있다
   (7) 자유롭게 인생을 즐기며 놀 수 있다
   (8) 스트레스와 압박이 있어도 염려하지 않고 평정을 유지할 수 있다
   (9) 자신의 운명과 삶에 대한 책임을 감당할 수 있다

8. 자기 분화의 내적 차원과 외적(관계적) 차원

1) 분화의 내적 차원은 감정과 사고를 분리하는 능력
2) 분화의 외적 차원은 자신과 다른 사람과의 관계에서 개별성과 질적 연합성을 이루는 능력
3) 분화의 내적 차원이 낮으면 주관적 감정과 객관적 사실을 구분하는 능력이 약하기 때문에 자신의 느낌에 따라 행동함
4) 분화의 관계적 차원은 자신의 태도나 행동은 관계체계 내에 있는 다른 사람들과의 상호적인 연결성을 유지하면서 독자적으로 생각하며 자신의 결정에 따라 행동할 수 있는 능력

9. 자기 분화의 목표

1) 분화는 유사 자기 또는 거짓 자아(pseudo-self)에서 진짜 자기 또는 참 자아(solid)가 되는 데 목표가 있음
2) 유사 자기는 다른 사람과의 관계나 상황에 따라 변화되거나 좌우되는 자기
3) 진짜 자기는 사람들과의 관계나 자신이 처한 불안한 상황에 의해 좌우되는 행동을 하지 않고 자신의 믿음, 가치, 삶의 원리에 근거하여 주체적으로 행동하는 자기
4) 베드로가 예수님에게 "주는 그리스도시요 살아계신 하나님의 아들"이라고 한 고백은 유사 자기에서 비롯됨
5) 베드로는 예수님과의 관계에서 불안과 두려움의 상황에 따라 변하는 행동을 함
6) 예수님의 죽음과 부활 후에 베드로는 그의 사역과 삶의 여정에서 자신의 믿음을 부정하지 않고 믿음을 진짜 자기의 일부로 만듦

10. 분화지수와 만성불안

1) 분화지수가 낮으면 의존성이 높기 때문에 더 많은 불안을 경험함
2) 분화 과정에서 형성되는 불안은 급성불안과 만성불안
3) 급성불안은 현실에서 실제 위협에 대한 반응으로 발생
4) 만성불안은 있을지도 모를 가상적 위협에 대한 두려움으로 발생
5) 급성불안과 만성불안 모두 타고나는 것과 학습되는 요소가 있음
6) 만성불안에서 학습은 보다 중요한 역할을 함
7) 만성불안은 가족으로부터 가장 많은 영향을 받음

11. 자기 분화가 낮은 사람의 특징

1) 다른 사람들이 자신에 대해 좋게 생각하는 것이 가장 중요한 초점
2) 의존성이 강함: 다른 사람이나 외적인 것에 의존하는 성향이 강함
3) '의존하는 자'(codependent)라는 말은 알코올 중독이나 마약 등 중독에 빠져 사는 사람들을 지칭하는 말임
4) 자신의 필요보다 다른 사람들의 필요를 충동적으로 배려하려는 것과 다른 사람의 행복에 지나친 책임감
5) 마마보이들은 분화지수가 낮은 사람들의 경우가 많음
6) 분화지수가 낮은 사람은 신앙생활도 마마보이처럼 함
7) 참 자아보다는 거짓 자아로 살아가는 경우가 많음
8) 종교 중독자들이 많음(이단에 빠지기 쉬움)
9) 자기 분화지수가 낮으면

   (1) 하나님과의 관계
   (2) 자기 자신과의 관계
   (3) 이웃(다른 사람)과의 관계
   (4) 창조세계와 창조물과의 관계

   · 어느 하나에만 지나치게 치중하는 경향
   · 종교 중독이나 이단이나 사탄의 책략에 빠지기 쉬운 요인 중에 하나가 네 개의 관계 중에 하나에만 집착하거나 빠지는 경우가 많음

12. 자기 분화와 영성생활

1) 기독교 전통에서도 인간이 가슴과 머리(정서와 사고) 어느 한쪽의 지배만 받아 모노드라마를 하는 존재가 아님을 강조
2) 초대 교부 에바그리우스(346-399)는 자기 인식을 영성생활에서 매우 중

요하게 여김
3) 그는 마음을 속이는 그릇된 시각으로 인해 자기 이해를 왜곡시킬 수 있는 함정과 유혹을 연구함
4) 그는 이러한 함정들을 로기스모스(logismos)라고 함
5) 로기스모스는 마음을 혼란하게 하고 모호하게 해서 조금씩 그리고 점진적으로 자기 파괴적인 환상을 심어 주는 '나쁜 생각' 또는 '나쁜 반응'임
6) 로기스모스는 분화되지 않은 반응과 밀접하게 관계되어 발생
7) 로기스모스는 영혼의 최대의 적이며 다른 사람과 세계와 하나님을 올바른 시각으로 보지 못하게 하고 잘못된 반응을 하게 하는 내면의 악으로 봄
8) 에바그리우스는 건강한 영성생활을 위해서는 분화되지 않은 나쁜 생각과 반응에서 벗어나는 것을 중요하게 여김
9) 인간이 로기스모스에 사로 잡힐 때 진짜 자기가 아니라 유사 자기로 살아가게 됨
10) 진짜 자기를 발견하고 만나는 일 없이 하나님과 바른 관계를 맺는 것을 불가능
11) 자기 인식과 분화 없이는 영적으로 성숙해질 수 없음

13. 자기 분화와 일곱 가지 대죄[2]: 십자가의 요한

1) 같은 장소에서 똑같이 예배를 드리고 사도신경을 외우고 이웃 사랑의 중요성을 알고 있지만 왜 서로 다른 모습을 가지고 있는가?
2) 자기 분화 수준이 낮을수록 치명적인 죄에 노출되기 쉬움

---

2 피터 스카치로, 『정서적으로 건강한 영성: 진정한 삶의 변화를 이끌어 내는 영성의 비밀』, 179-80.

(1) 교만: 다른 사람을 정죄하려 들고 그들의 잘못에 대해 인내심을 가지고 기다려 주지 못한다 자기보다 더 영적인 사람의 가르침만 받아들이려고 한다
(2) 영적 탐욕: 하나님이 주신 영성에 만족하지 못한다 내적인 삶과 영혼의 부요 함을 추구하기보다 끊임없이 지적으로만 배우려 들고 늘 많은 양의 책을 읽는다
(3) 영적 사치: 하나님보다 하나님이 주시는 영적 축복에서 더 많은 즐거움을 찾는다
(4) 분노: 처음에 맛보았던 기쁨이 사라지면 쉽게 초조해하고 마음의 평정을 잃으며 인내를 가지고 하나님을 기다리지 못한다
(5) 영적 과식: 십자가를 거부하고 아이들처럼 즐거운 것만 찾는다
(6) 영적 시기심: 다른 사람들이 나보다 영적으로 성장하는 것을 보면 불행하다고 느낀다 항상 다른 사람과 비교한다
(7) 나태함: 힘든 일을 보면 도망치려 한다 이들의 목표는 좋은 느낌과 영적 즐거움이다

제4강

신앙의 단계와 영적 여정

1. 전통-인습적 신앙

1) 제임스 파울러

   (1) 외부에서 주어진 전통적인 가치와 형식을 권위를 가진 것으로 그대로 받아들임
   (2) 자신이 속한 전통적 가치와 다른 것은 용납되지 않음
   (3) 전통-인습적 신앙의 사람들은 신뢰가 강한 반면 자율성이 약한 면이 있음

2) 칼 융

   (1) 외부 세계에 순응하는 자아인 페르조나(*persona*)와 관계된 신앙
   (2) 페르조나: 사회상황과 사회관습의 요구에 응답하기 위하여 쓰는 가면
   (3) 근본적으로 가족, 동료, 전통, 문화의 가치에 의해 영향
   (4) 가면의 신앙
   (5) 가면의 신앙은 외향적인 가치인 물질적인 만족과 확보가 더 큰 관심사임

3) 정통-인습적 신앙 영적 지도

  (1) 전통 지향적 신앙을 가진 사람에게 영적 지도자가 도와주어야 할 핵심 내용은 '본질'과 '전통'의 관계성 대한 이해
  (2) "전통은 죽은 자의 살아 있는 믿음이며 전통주의는 살아 있는 자의 죽은 믿음이다"(야로슬라브 펠리칸)
  (3) 전통은 우리의 신앙에 지혜를 줄 뿐만 아니라 선생과 같은 역할
  (4) 전통은 우리의 신앙 여정에 필요한 많은 영적 지혜와 우수한 방법론을 전수해 줌
  (5) 성경의 진리에서 나온 오랜 영적 전통, 훈련 방법, 지혜들을 결코 간과할 수 없는 보화들
  (6) 예) 렉시오 디비나, 묵상기도, 베네딕트의 수도원의 기도와 노동의 조화 등
  (7) 물론 문제가 많았던 중세의 잘못된 전통들도 있었음
  (8) 잘못된 성직자 중심주의와 삼분설과 같은 왜곡된 인간론 등은 반드시 극복되어야 할 문제들
  (9) 예수님도 전통을 무시하지 않으시고 귀하게 여기심
  (10) 하지만 전통이 본질을 침해하거나 사람의 생명과 하나님의 사랑의 정신에 부합되지 않을 때는 거부하심
  (11) 전통의 가치에만 매이게 되면 본질을 놓치게 되는 전통주의에 빠지게 됨
  (12) 신약의 사울이 대표적인 경우임
  (13) 사울은 다메섹에서 예수님의 음성을 듣고 만나기 전에는 유대주의적 전통에 매여 본질을 보지 못함
  (14) 본질을 보지 못하고 전통주의에 매여있던 사울
  (15) 편견과 공격성의 지배를 받았고 심지어 생명까지도 그 전통에 종속시키려고 함
  (16) 전통이 본질보다 우선할 때는 지혜가 아니라 무기가 되어 버림
  (17) 교리 중심적 신앙과 자기가 속한 공동체의 신념과 가치에 의존하는

경향이 강함
(18) 자기 주체적 신앙으로 가기 위해서는 성찰적 탐구가 필요
(19) 자기가 속한 신앙 공동체의 신념과 가치를 초월하여 영적 체험을 할 수 있는 길을 안내 필요

① 만일 은사와 방언 등을 소중히 하는 사람이라면, 경건서적 읽기나 성경공부 사색적인 방식이나 렉시오 디비나와 같은 관조적인 방식이 도움
② 만일 사색적이고 형식적인 예배 전통을 중시하는 사람이라면, 비형식적인 예배를 경험하도록 돕는 것이 좋음
③ 바울이 영적 체험 후에 신앙의 의식적 성찰뿐 아니라 하나님의 신비를 인정하고 성령의 은사를 따라 산 삶은 중요한 근거가 됨

2. 의식-성찰적 신앙

1) 제임스 파울러

(1) 이 단계의 신앙은 자동적으로 일어나지 않음
(2) 어떤 이들은 이것을 회피하려고 함
(3) 집행능력이 있는 자아(executive ego)가 지배하는 개별 성찰적(individuated reflective) 단계
(4) 외부의 권위에 의존하기보다는 개별화의 과정을 거침
(5) 장점은 독립성과 개별적 성찰 능력
(6) 약점은 개인주의적임
(7) 어떤 생각이나 사상에 흑백 논리에 빠지기 쉽고 종합적 논리가 약함

2) 칼 융

  (1) 의식적 자아가 지배하는 단계
  (2) 의식적 자아가 정의한 이념에 의해 움직임
  (3) 이 단계가 견고해지면 자신은 매우 안전하고 편안하며 충분하다고 느끼게 됨
  (4) 때때로 자기의 가치와 세계관을 나누지 않는 이들을 용납하지 못함
  (5) 자신의 삶에 힘을 주었던 구조들이 그 권위와 힘을 잃어가기 시작할 때
  (6) 자신은 다른 사람의 도움을 필요로 함

3) 의식-성찰적 신앙 영적 지도

  (1) 신앙 여정에서 의식은 중요한 역할
  (2) 의식의 주인공인 이성을 타당하게 사용될 경우 초월과 연결되는 중요한 역할을 감당(데이비드 트레이시)
  (3) 하지만 이성 중심적 신앙 체계는 신앙의 초월성을 왜곡하거나 외면할 수 있음
  (4) 신앙을 이성 중심 터전에 가둘 때 신앙의 이해는 협소화될 수 있고 기독교적 신비와 영적 삶을 왜곡시킬 수 있음
  (5) 우리의 신앙이 의식 중심적인 사고에 매이게 되면 하나님에 대한 지적 신념을 섬기게 됨
  (6) 하나님을 믿는 것이 아니라 하나님에 대한 우리의 생각을 섬기게 됨
  (7) 이것은 바로 영적 신경증, 즉 우리의 정신의 우상 또는 지식의 우상임
  (8) 우리는 일반적으로 우상을 보이는 어떤 형상을 섬기는 것으로 생각함
  (9) 그러나 우상은 눈에 보이는 물리적인 것뿐만 아니라 정신적인 개념(mental concept)으로도 나타날 수 있음
  (10) 하나님에 대한 지적인 이해는 많이 발전했지만 하나님 체험에 대한

관심은 적음
(11) 하나님 체험에 대한 이해와 평가도 지극히 이성적임
(12) 의식 중심적 신앙은 논리적이고 윤리적인 신앙을 추구하지만 신앙의 무의식 세계와 신비성에 대해서는 부정적인 경향
(13) 영적 지도자는 이 단계에 있는 사람들에게는 렉시오 디비나 혹은 말씀 묵상을 격려할 필요
(14) 조용한 음악 경청과 일기쓰기 혹은 꿈 기록하기 등은 이 단계의 사람들에게 좋은 자원
(15) 무의식의 세계에 대한 열린 자세도 필요

3. 무의식-결합적 신앙

1) 제임스 파울러

(1) 이전의 이념 구성이 이성과 의식에 치우쳐져 있음에 한계를 느낌
(2) 이성의 한계를 느끼기 시작
(3) 꿈과 느낌들에 관심
(4) 파울러는 이 단계를 결합적(conjunctive) 신앙의 단계라고 말함
(5) 이성과 비이성 현재와 과거 상징과 이념을 통합
(6) 다른 사람과 대립하여 자신을 규정하는 대신에 자신을 개방
(7) 특히 이전 단계에서 자신의 가치와 갈등을 빚었던 다른 사람과 그룹들에 대해 개방성
(8) 심지어 역설적 관점까지도 포용
(9) '아이러니적 표상 능력'을 갖게 됨
(10) 자신의 입장이나 자신이 속한 전통의 가치가 제한적이라는 사실을 의식
(11) 위험성은 진리와 현실의 역설적 성격에 대해 냉소적으로 대할 수도 있음

2) 칼 융

   (1) 자신의 한 부분인 그림자를 끌어안고 동일화
   (2) 그림자는 기본적인 또는 정상적인 본능을 포함
   (3) 생존을 위해 유용한 현실적 통찰과 적절한 반응의 원천
   (4) 인간의 자아는 그림자가 서로 사이좋게 조화를 이루면 인간은 충만하고 활기를 느낌
   (5) 그림자 원형은 인간의 인격에 견실하고 입체적인 특성을 부여
   (6) 그림자는 인간의 생명력, 창조력, 활기, 강인성을 책임지고 있음
   (7) 그림자를 거부하면 인격은 평범해짐

3) 무의식-결합적 신앙 영적 지도

   (1) 하나님은 우리를 다양한 방식으로 우리를 돌보심
   (2) 이 단계에 있는 사람들은 이전에 그들의 그림자 혹은 수치심을 억압하는 데에 사용되었던 에너지와
   (3) 사귀며 의식적으로 통합시킬 수 있도록 도와줄 때 신앙 여정에 도움이 될 수 있음
   (4) 센터링 침묵기도 또는 집중기도(centering prayer), 꿈 해석 등이 도움이 될 수 있음
   (5) 하지만 신앙의 신비성까지 수용할 수 있을 때 보다 더 성숙한 신앙의 세계에 이를 수 있음

4. 신비적-보편적 신앙

1) 신비 신앙의 이해

   (1) 서구 기독교 신학이 이성주의에 종교의 본질을 합리화시킴으로써 종교의 생명력을 고갈시켰다고 봄(루돌프 오토)
   (2) 종교는 반이성적이거나 반지성적이어서는 안 되지만 비이성적일 수 있는 인간 경험(오토)
   (3) 종교적 경험의 비이성적 차원을 '누미너스'(numinous): "거룩한 존재 앞에 설 때 자기가 초라하고 보잘것없는 피조물임을 느끼는 의식"
   (4) 종교체험이 비이성적일 수 있다는 의미
   (5) 종교체험은 역설, 비약, 실존적 결단, 자기 초월의 감정, 황홀한 감성, 비매개적인 직관, 비인과적 동시성 체험 등을 동반
   (6) 종교체험이 반드시 논리적, 과학적, 인과론적 설명으로 이해되어야 하는 실재의 세계가 아니라는 것을 피력
   (7) 신비 추구가 사회적 자아를 부정하고 기적 찾기에 몰두할 위험성
   (8) 하나님이 주는 감각적인 것에 몰두할 수 있음
   (9) 영적 탐욕 영적 탐식 영적 질투로 인하여 오히려 영적 퇴보를 부를 수 있음

2) 신비-보편적 신앙의 특징

   (1) 신앙은 전통 인간의 정신세계(의식과 무의식 세계) 하나님의 신비성 포함
   (2) 신앙의 원이 신비성까지 확장되어 진정한 자기 정체성을 경험
   (3) 보편적 신앙 - 존재의 공익에 참여/ 공동선에 참여(제임스 파울러)
   (4) 개성화(individuation) - '진정한 자아로 살아가기'(칼 융)
   (5) 편협한 자아에 매달리지 않고 통합시키는 자기를 따라 살게 됨
   (6) 온 인류를 향한 사랑과 이타적인 사랑을 실천하는 행동하는 신앙

(7) 일상과 신비가 역설적으로 통합
(8) 기도하는 것과 노동하는 것이 동일하게 여겨짐
(9) 예배 시간에 시편을 읽는 것과 집 없는 사람들을 위해 집 지어 주기 운동을 하는 것이 동일하게 중요
(10) 이 단계에 있는 사람들은 창조와 역사 안에서 하나님의 현존과 차츰 하나가 됨
(11) 신비적 체험이 공적 영역에서 나타나도록 돕는 것이 필요

① 작게는 자기가 속한 공동체를 어떻게 돌보고 변화시킬 수 있는가에 이들이 적극적으로 참여.
② 전쟁, 기근, 생태, 각종 억압과 차별 등 인류 전체의 공동의 문제들을 고민하고 사회봉사나 개혁 운동에 참여하는 일을 권장.

5. 성경적 신앙

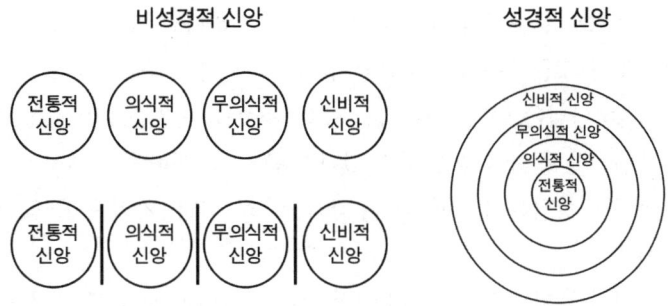

제5강

영성생활과 기도

1. 하나님 체험의 방법

1) 유념적(kataphatic) 방법

(1) 헬라어 '카타파시스'(*kataphasis*)에서 유래
(2) 유념적 방법은 하나님께서 인간에게 주신 선물을 긍정적으로 보고 적극적으로 활용하여 하나님 경험-능동적 하나님 경험
(3) 창조된 것들로부터 하나님의 장엄함과 아름다움을 인식할 수 있다고 봄-하나님은 인간의 경험으로부터 유추할 수 있는 이미지들, 상징들, 개념들을 통하여 알려질 수 있다고 봄
(4) 유념적 방법은 상상과 감정, 감각, 이성, 의지, 기억 등을 적극적으로 사용
(5) 성경의 증거: "창세로부터 그의 보이지 아니한 것들 곧 그의 영원하신 능력과 신성이 그가 만드신 만물에 분명히 보여 알려졌나니"(롬 1:20)
(6) 하나님의 계시에 더 초점(특별계시와 일반계시)
(7) 하나님을 아는 것에 더 초점
(8) 내재적인 하나님에 더 초점

2) 무념적(apophatic) 방법

　(1) 헬라어 아포파시스(*apophasis*)에서 유래
　(2) 무념적 방법은 하나님께서 인간에게 주신 선물을 부정적으로 보고 소극적으로 활동하여 하나님 경험 - 수동적 하나님 경험
　(3) 하나님의 불가지론을 확신하고 구체적인 이미지로 하나님을 말하는 것, 명명하는 것, 상징화하려는 모든 개념적인 시도를 부정적으로 봄
　(4) 무념적 방법은 사상, 생각, 상징으로는 하나님께 충분히 다가갈 수 없다는 사실을 강조
　(5) 성경의 증거: 하나님을 본 사람이 없고 볼 수도 없고(요 6:46; 딤전 1:17) 하나님의 영만이 하나님의 깊은 것까지 통달하시고 하나님의 일을 이해할 수 있다(고전 2:10-11; 출 11:33)
　(6) 하나님의 신비에 더 초점
　(7) 하나님을 경험하는 것에 더 초점
　(8) 초월적인 하나님에 더 초점

2. 유념적 무념적 기도

1) 유념적 기도(능동적 기도): 구송기도 묵상기도

　(1) 구송기도: 소리 기도 - 통성기도 부르짖는 기도
　(2) 묵상기도: 사색기도 또는 옹알거림의 기도 - 반추기도

2) 무념적 기도(수동적 기도): 예수기도, 향심기도, 관조기도

　(1) 예수기도: 문장 기도("주여, 저는 죄인입니다 저를 불쌍히 여기소서!")
　(2) 향심기도: 단어 기도("하나님, 예수님, 성령님, 사랑, 은혜" 등)

(3) 관조기도: 무단어 기도(하나님의 사랑의 품에 안기는 것)

3) 기도는 하나님과 대화(communication)

(1) 말하는 기도(능동적 기도): 구송기도 묵상기도
(2) 듣는 기도(수동적 기도): 예수기도, 향심기도, 관조기도

3. 기도의 의미

1) 기도의 두 가지 의미: 신학자 램버트

(1) 좁은 의미: 무언가를 위해 하나님께 요구하는 청원
(2) 넓은 의미: 하나님의 인격에 대해 생각하는 경배

2) 청원 기도의 대표적인 예

(1) "오늘날 우리에게 일용할 양식을 주옵소서!"
(2) 루터: "인간은 자신이 원하는 것을 말한다 … 불행에서 빠져나오고 싶다고, 악한 것들에서 자유로워지고 싶다고 말한다 그는 그것을 구한다 그는 대주재 앞에서 부끄러워하지 않고 말한다 '하나님이여! 나를 도와주십시오'"
(3) 칼빈: "하나님께서는 어린아이들이 어려운 근심 걱정이 있을 때마다 부모님께 달려가 피난처를 구하듯이, 우리도 어려운 일이 있을 때마다 당신을 찾도록 경고하고 촉구하신다"

3) 청원 기도의 대표적인 성경 구절

   (1) "구하라 그러면 너희에게 주실 것이요 찾으라 그러면 찾을 것이요 문을 두드리라 그러면 너희에게 열릴 것이니라 구하는 이마다 얻을 것이요 찾는 이가 찾을 것이요 두드리는 이에게 열릴 것이니라"(마 7:7-8)
   (2) 청원 기도는 어떤 결과를 얻는 데만 있는 것이 아니라 심층적인 의미를 볼 수 있어야 함
   (3) 모든 기도의 본질적 목적은 욕구실현이 아니고 하나님과의 관계 형성
   (4) "청원은 물질적이고 감각적인 원인과 결과의 맥락에서가 아니라 우정의 맥락에서 이해될 때 의미가 통한다"(사이몬 찬)

4) 청원 기도 해석의 문제

   (1) "우리가 기도할 때마다 기도한 대로 다 이루어지는 것은 아니기 때문이다"
   (2) 보편적인 해석

      ① 충분한 믿음이 없기 때문이다
      ② 우리가 옳지 않은 것을 구했기 때문이다
      ③ 하나님은 우리가 구한 것을 다른 방법으로 이미 주셨는지도 모른다
      ④ 하나님은 부모처럼 우리에게 무엇이 더 좋은지를 우리보다 더 잘 아신다

   (3) 해석의 문제

      ① 기도를 나타난 결과로만 판단하려는 무리한 시도일 수 있음

② 마태가 말하는 청원 기도는 공동체 안에서 구체적인 행위에 깊이 관련되어 있을 뿐만 아니라, 공동체의 행위 또한 청원 기도와 밀접하게 연결되어 있음을 알 수 있음

5) 청원 기도와 '예수님의 이름'

(1) 기도에서 기도가 끝났다는 의미 이상
(2) 예수 그리스도를 통해 하나님께 기도하고, 하나님은 그 기도에 그리스도를 통하여 응답 - 깊은 의미가 있음
(3) '예수 그리스도를 통하여': 그리스도의 몸을 통하여 기도할 뿐만 아니라 그리스도의 몸인 예수님 자신과, 믿는 이들의 몸(우리 자신)을 통해서도 기도한다는 의미
(4) 우리는 그리스도의 몸의 한 부분으로서 그리스도와 분리될 수 없는 관계
(5) 우리도 그리스도의 몸의 한 부분으로서 자신의 기도에 응답할 책임을 가지고 있음
(6) '예수 그리스도를 통하여': 하나님께서 그 기도에 개입해 주시도록 간청하는 것 이상으로 우리도 그 기도에 개입되고 있음
(7) 우리는 기도할 때 그리스도의 몸(공동체)인 우리 자신은 간청에만 관련되어 있는 것이 아니라,
(8) 간청한 바를 성취하려는 참여와도 관련됨
(9) 예: 아내가 아팠을 때 병의 회복을 위한 간구와 함께 아내를 의사에게 데리고 가야 함
세계 평화를 위해 간구하면서 내게 상처를 준 사람을 용서하지 않는다면 그것은 바른 기도가 될 수 없음
(10) 진정한 기도는 우리의 몸을 필요로 함
(11) 우리는 기도할 때 하나님의 뜻을 알아내고 실행함에 있어서 동역자
(12) 동역자란 존재론적 동역자가 아니라 실천적 동역자
(13) 청원 기도는 말하는 기도와 행위적 기도

(14) 진정한 청원 기도는 **언어와 행동**을 분리시키지 않고 통합

4. 기도 형태와 단계: 존 카시안

1) 기도의 형태

(1) 간구는 죄의 용서를 구하는 회개기도
(2) 기도는 사랑의 의무를 다하고 악을 멀리하는 서원 기도
(3) 도고 또는 중보는 이웃과 세계를 위한 중보기도
(4) 감사는 하나님의 과거 현재 미래의 섭리를 바라보는 관조기도

2) 기도의 단계

(1) 낮은 단계의 기도: 기도와 간구(탄원과 간구)
(2) 중간 단계의 기도: 도고 또는 중보
(3) 높은 단계의 기도: 감사(하나님의 관점에서 우리 삶과 세상을 바라보는 삶)

3) 바울의 기도와 간구와 간청과 감사

(1) 기도

① 언제나 받아들이고 반응하려는 하나님을 향한 내면의 태도

(2) 간청

① 필요한 것을 제공할 능력이 전혀 없는 자신의 상태와 관련됨
② 도움을 주기를 바라는 대상의 힘과 능력을 인정

(3) 간구

　① 우리의 소원과 하나님의 목적 사이의 다리를 놓는 것
　② 관용의 실천(바울은 간구와 감사와 함께 이루어진다는 것을 언급
　　 하면서 관용의 내적인 흐름을 묘사함

(4) 감사

　① 요구 조건 없이 절대적인 신뢰
　② 우리의 삶과 존재를 하나님께 맡기는 내면의 태도이자 성향

제6강

기도의 유형

1. 구송기도 (Verbal Prayer)

1) 구송기도의 특징

   (1) 이성을 활발하게 사용하고 언어를 사용하는 소리 기도
   (2) 종교개혁 전통에서 가장 활발하게 행해온 기도
   (3) 시편은 하나님께 표현된 온갖 종류의 기도로 가득 차 있지만 구송기도가 많음
   (4) 신약성경에도 구송기도가 풍부함
   (5) 보편적으로 자신의 생각과 환경과 관계된 기도

2) 구송기도에서 간과해서는 안 되는 세 가지 요소

· 우리의 필요와 치유를 간구할 때도 세 가지 요소를 간과하지 말아야 함.
· 그것은 사랑과 용서와 평화.

(1) 사랑

　① 우리의 기도가 우리의 상태에 의존된 것이 아니라 하나님의 사랑에 의존됨
　② 기도의 출발은 하나님의 사랑
　③ 기도는 사랑을 경험하며 양육하는 행위

(2) 용서

　① 우리는 자신과 이웃의 용서, 그것을 받아들이는 은혜를 구해야 함
　② 우리는 과거로부터 쉽게 벗어나지 못하는 성향이 있음
　③ 하나님은 이미 기억하지 않음에도 불구하고 우리는 죄와 죄책감에 매달려 있는 경우가 많음
　④ "하나님은 우리들의 죄를 호수에 던져버리시고, 그곳에 '낚시 금지'라는 푯말을 세워두셨다"
　⑤ 기도는 용서를 경험하며 기르는 행위

(3) 평화

　① 우리는 기도할 때 평화를 구해야 함
　② 우리의 삶이 다른 사람을 위한 평화의 선물이 되도록 구해야 함
　③ 엄밀한 의미에서 기도는 사적인(private) 것이 아님
　④ 'private'는 타자와 엄격히 분리된 사적인 관계를 의미함
　⑤ 'private'란 용어는 강도라는 뜻에서 유래함
　⑥ 기도는 평화를 위한 행동

2. 묵상기도 (Meditative Prayer)

1) 묵상기도의 특징

   (1) 우리의 의지로 성경과 하나님의 진리들을 숙고하는 기도
   (2) 어떤 의미에서 묵상기도는 이성보다는 감성과 더 연관된 기도
   (3) 묵상은 더 인격적으로 하나님을 사랑을 추구하는 기도
   (4) 구송기도와 묵상기도는 모두 서술적인 기도에 속함
   (5) 보편적으로 보다 더 하나님과 성경과 관계된 기도

2) 묵상기도의 유형으로서 반추기도

   (1) 일상생활 속에서 성경 말씀을 계속 되새김질하는 기도
   (2) 반추기도는 성경 암송 기도
   (3) 반추기도로서의 묵상은 구약성경에도 언급됨
       "이 율법 책을 네 입에서 떠나지 말게 하며 주야로 그것을 묵상하여"
       (수 1:8)
       "오직 여호와의 율법을 즐거워하여 그 율법을 주야로 묵상하는 자"
       (시 1:2)
   (4) 반추는 일상의 삶 속에서 하나님의 임재에 더 민감하도록 해 주는 훈련

3) 반추기도는 다음과 같은 절차를 통해 진행 가능

   (1) 눈을 감고 조용히 내가 예수님 앞에 있는 것을 상상
   (2) 예수님과 대화를 나누면서 하루 동안 있었던 그분의 임재에 대해 감사
   (3) 성령의 인도를 구하는 기도를 한 후, 하루를 돌아보며 반성이 필요한 부분이 있으면 하나님께 은혜를 함

(4) 내일은 하나님의 임재를 더 잘 인식할 수 있도록 도움을 구함
(5) 반추의 시간 동안 발견한 것들을 일기에 기록함

4) 반추기도의 효과

(1) 매일 규칙적으로 반추를 하면
(2) 종교적이거나 영적인 것과는 거리가 멀어 보이는 일상의 경험들 속에서도
(3) 하나님의 섭리와 은혜와 사랑을 분별할 수 있는 유익

3. 예수기도 (Jesus Prayer)

1) 본래 동방 교회의 수도자들에 의해 행해진 기도
2) 사막 교부들이 손노동을 하면서 "하나님 저를 불쌍히 여기소서!"(시 50:1)을 끊임없이 암송했던 기도 방법
3) 4세기 이집트 수도자들은 성경의 짧은 구절들을 반복 암송하는 것에서 유래
4) 호흡기도(respiratory prayer)라고 칭하기도 함
5) 구체적인 호흡법에 따라 행해졌기 때문
6) 호흡기도는 생명을 유지하기 위해 호흡을 지속적으로 하기 위함
7) 숨을 들어 마시면서 "주여!" 하고, 숨을 내시면서 "나를 불쌍히 여기소서!"
8) 예수기도는 19세기 러시아의 한 평신도가 "쉬지 말고 기도하라"(살전 5:17)는 말씀을 실천하기 위한 방법을 연구하다가 쓴 『이름 없는 순례자』에 의해 정교회 안에서 대중화
9) 원래 수도원 안에서만 행해졌지만 일반 신자들에게까지 전파되어, 가톨릭, 정교회, 성공회, 개신교에서 행해지는 기도
10) 일상의 삶 속에서 신앙적이고 영적 삶을 꽃피웠던 켈트 기독교 전통

에서도 발견됨
11) 예수기도는 성경에 뿌리를 두고 있음

여리고 근처 길가에 앉아 있던 두 소경, "주여 우리를 불쌍히 여기소서" (마 20:30)

세리의 기도, "하나님이여 불쌍히 여기소서 나는 죄인이로소이다" (눅 18:13) 등

12) 예수기도는 여러 형식으로 되어 있음

가장 널리 사용되는 방법:

"주 예수 그리스도시요! 하나님의 아들이여! 이 죄인에게 자비를 베푸소서!"

"주 예수여! 저에게 은혜를 베푸소서!"

13) 예수기도는 두 부분으로 이루어져 있음

"주 예수 그리스도여!"하고 예수의 이름을 부르는 호칭 부분

"우리(죄인)에게 자비를 베푸소서!" 하고 자비를 구하는 청원 부분

3. 향심기도 (Centering Prayer)

1) 고대기도 방법이었던 관조의 재인식되면서 태동한 기도 형태
2) 삶의 중심을 하나님의 임재에 맞추도록 돕는 단순한 방법
3) 고대 교회부터 16세기까지 영성생활에서 중요한 역할
4) 그러나 이 기도는 문예부흥 사조가 형성된 이후에 그리스도인들에게서 관심이 쇠퇴
5) 1970년대에 시토회 수도사들이었던 토마스 키팅(Thomas Keating), 바실 페닝턴(Basil Pennington), 윌리엄 메닝거(William Meninger)를 중심으로 관조적 형태의 기도 전통을 회복

6) 향심기도는

   (1) 필요를 말하는 기도가 아니라 하나님의 임재 안에 머물기를 소망하는 기도
   (2) 하나님의 임재를 추구하며 순종을 지향하는 기도
   (3) 거룩한 단어 기도: 아버지, 예수님, 성령님, 사랑, 긍휼, 자비, 은혜
   (4) 단지 주의 집중(attention)보다 마음을 하나님께 맡기려고 지향(intention)함
   (5) 행동(doing) 중심보다 하나님 곁에 머물러 함께 존재(being)하려 함
   (6) 그리스도와 함께 머무는 것이 변화와 치유의 기초와 힘으로 믿음

4. 관조기도 (관상, Contemplative Prayer)

1) 관조란 사고에 의한 분석적인 하나님 경험이 아니라
2) 하나님의 임재 체험과 관련된 언어
3) 관조기도는 기도의 주체가 내가 되는 것이 아니라
4) 하나님의 영이 인도를 열망하며 추구하는 기도
5) 바라봄의 기도: "바라봄이 바로 자연스런 관조의 행위이고 사랑으로 존중하는 행위"(William McNamara)
6) 관상적 삶이란 누가복음 10:38-24에 등장하는 마리아처럼 단순히 예수님의 발 앞에 앉아서 그분을 바라보는 것
7) 예수님의 사랑을 느끼는 것
8) 예수님의 사랑 안에서 안식하는 것
9) 예수님을 바라보는 것은 내가 무엇을 하는지보다는 내가 어떤 존재인지와 좀 더 관련됨
10) 하나님의 부르심에 관조적 응답은 우리가 하나님을 위해 무엇인가를 하려고 애쓰는 마음이라기보다는
11) 그분의 사랑 안에서 마음이 쉼을 얻으며 정화되는 것에 더 가까움

12) 하나님과 하나님의 것을 소유하려 하지 않고, 그 자체를 긍정하고 사랑하고 경험하는 데 목적
13) 관조의 의미

   (1) 자신들의 영적인 뿌리를 찾는 데 관심이 있었던 그리스 교부들(특히 알렉산드리아 클레멘스[Clemens, Alexandrinus, 150?-215?], 오리겐[Origenes, 185?-254?], 니사의 그레고리오[St Gregory of Nyssa, 330-95])은 영적인 진리에 대한 시각을 표현하기 위해 신플라톤주의 학파에서 테오리아(*theoria*)라는 말을 빌려옴
   (2) 테오리아는 원래 "진리에 대한 지적인 시각"을 뜻함
   (3) 그리스 철학자들은 이것을 인간의 최고의 활동으로 간주함
   (4) 교부들은 테오리아에 히브리어 다아트라는 말뜻을 첨가하여 그 의미를 "사랑을 통하여 얻어지는 경험적 지식"으로 확대하여 이해
   (5) 다아트는 인간의 지력뿐 아니라 전 인격으로 아는 지식을 뜻함(예를 들어 시 139:1-6)
   (6) 이렇게 확대된 뜻을 가지게 된 테오리아가 후에 라틴어 컨템플라티오(contemplatio)라는 단어로 번역되게 됨
   (7) 컨템플라티오는 그리스도인들의 전통으로 자리잡게 된 6세기 말에 그레고리오(St Gregory the Great)는 관조(contemplation): "사랑으로 충만한 하나님에 대한 지식"
   (8) 그레고리오 이것을 귀한 선물로 이해 - 관조를 "하나님 안에서 쉼"

제7강

기도의 방법

1. 말씀기도

1) 기도의 가장 중요한 젖줄은 성경
2) 성경을 통해 기도의 언어를 발견하고 성경을 붙들고 기도
3) 우리의 아픔과 슬픈 감정만을 붙들고 기도하기보다는 성경을 가지고 기도할 때 풍성한 기도를 경험
4) 성경 우리에게 성경에 기록되어 있는 기도를 자신의 것으로 활용하라고 권함(주기도문과 시편)
5) 시편을 통해 기도할 때 감사와 탄식의 기도를 넘어 하나님의 신실하심을 붙들고 기도 가능
6) 성경은 하나님이 우리에게 하시는 말씀인 동시에 우리에게 기도의 언어를 제공
7) 우리의 기도의 언어가 빈약할 때 성경을 통해 기도의 언어와 지혜를 얻어 기도할 수 있음
8) 금요 심야기도회 주일 오후 예배에서 말씀기도를 실행하면 더 풍성한 기도를 경험

2. 쓰기기도

1) 기도를 소리를 내어 하거나 묵상적인 형태로만 한다고 생각
2) 하지만 기도는 다양한 형태로 실행될 수 있음
3) 몸기도와 쓰기기도와 같은 기도도 매우 중요한 기도의 방법
4) 특히 쓰기기도는 마음과 생각을 하나님 앞에 깊이 성찰하는 기도
5) 소리를 내어 정신없이 하는 기도보다 더 깊고 풍성한 기도가 될 수 있음
6) 쓰기기도는 매일의 삶이 하나님과 어떠한 관계를 갖고 있는지를 살펴보게 함
7) 하나님의 은혜가 얼마나 풍성했는지를 기억할 수 있도록 해줌
8) 쓰기기도는 영성 일기 형태로 실행할 수 있지만 개인 기도 시간이나 공적인 예배에서도 실행할 수도 있음
9) 수요일 밤 예배는 대부분 성숙한 성도들이 참여하기 때문에 쓰기기도를 종종 실행하면 좋음
10) 쓰기기도는 자신의 기도의 역사로 남을 수 있기 때문에 매우 의미 있는 기도

3. 노래기도

1) 히브리인들은 시편을 가리켜 '기도의 책'이라 부르지 않고 '찬양의 책'이라고 함
2) 시편의 많은 부분의 시가 불평과 탄식과 비탄 가운데 드리는 기도
3) 히브리인들이 기도로 넘치는 시편을 찬양의 책이라고 부른 이유는 기도와 찬양을 분리된 관계로 여기지 않음
4) 시편에서는 끝없이 계속되는 수많은 기도가 찬양이 있음
5) 절실하고 애절한 기도로 시작했더라도 모든 기도는 마침내 '찬양'으로 끝을 맺음

6) 때로는 기도가 쉽게 찬양으로 변하는 것은 아님
7) 그러나 모든 간구와 탄식과 비탄의 기도가 찬양으로 바뀌는 것을 시편은 보여줌
8) 비록 감당하기 힘든 탄식과 간구로 시작했더라도 언젠가는 찬양으로 마침
9) 기도는 찬양으로 승화될 때 가장 아름다움
10) 찬양은 언제나 경이와 경탄을 수반하기 때문
11) 가장 아름다운 기도는 노래로 승화된 기도
12) 노래기도는 찬양으로 승화된 기도요 감사로 넘치는 기도의 표지
13) 기도는 인간의 필요만을 위한 수단이 아니라 하나님을 찬양하는 노래
14) 기도가 우리의 필요를 넘어 하나님께 우리의 간구와 찬양을 올려 드릴 때 천상의 노래
15) 노래로 기도하는 것은 두 배로 기도하는 것
    입으로 기도하는 것은 한 배로 기도하는 것
    노래로 기도하는 것은 두 배로 기도하는 것
    몸으로 기도하는 것은 세 배로 기도하는 것
    몸과 비파와 수금으로 기도하는 것은 네 배로 기도하는 것

4. 몸기도

1) 교회 전통에서 기도의 행위나 의도가 몸의 자세와 결합하여 상징적인 기도의 '언어'를 형성
2) 기도할 때 무릎을 꿇고, 고개를 숙이거나 하늘을 향해 쳐들고, 눈을 감거나 위를 쳐다보고, 두 손을 꼭 쥐고, 얼굴을 땅에 대고 엎드리는 것 등 다양한 자세는 기도의 만국 공용어
3) 이러한 몸짓들은 모두 '기도의 언어'
4) 기도에서 몸은 만국 공용의 신체어
5) 다윗은 하나님 앞에서 내적 기쁨을 신체적 춤으로 표현함

6) 법궤 앞에서 춤추던 다윗,
"내 영혼이 여호와의 궁정을 사모하여 쇠약함이여 내 마음과 육체가 생존하시는 하나님께 부르짖나이다"(시 84:2)
7) 불행하게도 기독교 역사는 춤에 대한 부정적인 견해를 가지고 있었음
8) 예를 들어 가톨릭의 교회에서는 원래 춤을 추지 못하게 함
9) 춤과 예식을 엄격히 분리함
10) 1994년에야 비로소 춤은 예전적인 형태의 한가지로 여김
11) 우리는 결코 언어만으로 기쁨의 힘인 환호를 표현할 수 없음
12) 환호는 현재적인 몸의 언어에서 구체화
13) 언어만을 통해 아픔과 눈물과 고통과 기쁨과 환희를 다 담아낼 수 없음
14) 아프리카계 사람들은 몸으로 찬양하고 몸으로 기도
15) 몸으로 표현된 그들의 아픔과 기쁨이야말로 진정한 찬양이고 기도
16) 하나님의 사랑도 단지 언어에만 그칠 수 없어 그의 아들에게 몸을 갖게 하심
17) 하나님의 아들의 수난과 고통과 부활은 그의 몸을 통하여 우리에게 전해짐
18) "당신이 육체적으로 행하는 것들도 모두 영적이다 당신은 모든 일이 예수 그리스도 안에서 하기 때문이다"(안디옥의 성 이냐시오)
19) 기도하는 동안에 몸의 다양한 부분들을 사용하도록 권유 받아야 함
20) 우리 문화와 교회가 정신적인 집중만을 지나치게 강조하기 때문(실천의 상징)

제8강

렉시오 디비나

1. 렉시오 디비나 이해

1) 라틴어 렉시오 디비나(lectio divina)라는 오리겐(185-251)이 처음으로 '테이나 아나그노시스'(Theia Anagnosis)라는 그리스어로 표현
2) '테이나 아나그노시스'를 라틴어로 표현하면 '렉시오 디비나'
3) 렉시오 디비나에서 '렉시오'의 문자적 의미는 '독서'이고, '디비나'의 문자적 의미는 '거룩한'
4) 렉시오 디비나의 문자적 의미는 '거룩한 독서'
5) 허성준은 렉시오 디비나(lectio divina)를 '성독'

   (1) 성스러운 독서
   (2) 성경 독서
   (3) 성령에 의한 독서

2. 렉시오 디비나의 단계

· 오늘날까지 보편적으로 시행되고 있는 렉시오 디비나는 12세기 카르투시오회 수도승 귀고 2세가 네 단계로 체계화

1) 성경 읽기(*lectio*)
2) 묵상(*meditatio*)
3) 기도(*oratio*)
4) 관조(관상, *contemplatio*)

3. 렉시오 디비나의 단계별 특징과 목적

1) 독서(Reading)

   (1) 온 힘을 집중하여 성경을 주의 깊게 연구하는 것
   (2) **복된 삶의 감미로움(the sweetness of a blessed life)을 추구하는 것**
   (3) 이성의 능력을 사용함
   (4) 묵상에 사용할 기초 자료를 제공함
   (5) 외적 감각의 훈련

2) 묵상(Meditation)

   (1) 이성의 도움으로 숨겨진 진리에 대한 지식(knowledge of hidden truth)을 추구하는 정신의 능동적 작용
   (2) **복된 삶의 감미로움을 깨달음 내지 알아챔**
   (3) 찾아야 할 바를 더 주의 깊게 숙고함-발견하고 보이는 보물을 찾아 파헤침
   (4) 내적 이해와 관계됨

3) 기도(Prayer)

　(1) 선을 얻게 하고 악을 멀리하시는 하나님께 바치는 마음의 봉헌
　(2) **복된 삶의 감미로움을 청함**
　(3) 온 힘을 다해 자신을 하나님께로 들어올리며, 그것이 갈망하는(long for) 보물, 즉 관조의 감미로움을 청함(begs)
　(4) 갈망(desire)

4) 관조(Contemplation)

　(1) **행복한 삶의 감미로움을 맛보는 것**
　(2) 그것으로 인해 기쁘고 새롭게 되는 감미로움 그 자체
　(3) 감미로운 환희를 주는 것
　(4) 관조는 하나님이 은혜 위에 은혜로서 행하시는 일이요, 하나님만이 행하실 수 있는 일

4. 렉시오 디비나 실천

1) 개인 렉시오 디비나

　(1) 준비단계

　　① 우선, 몸과 마음을 바르게 한다
　　② 렉시오 디비나를 할 때 가장 기억해야 할 것은 하나님의 임재이다
　　③ 시작하기 전, 성경은 하나님이 나에게 보내신 사랑의 편지임을 상기한다
　　④ 성경 말씀을 펼치기 전 "오소서 성령님!" 하고 성령님의 도움을 청한다

⑤ 성경의 저자에게 영감을 준 성령, 그 성령 안에 계시므로 성령께서 우리의 스승이 되신다

(2) 말씀 읽기

① 손으로 성경책을 들고 읽을 곳을 편다
② 눈으로는 성경말씀을 보면서 입으로는 그 말씀을 작은 소리로 천천히 읽는다
③ 귀로는 그 말씀을 듣는다
④ 여기서 읽는다는 것은 우리를 구원하는 하나님의 말씀 앞에 우리 자신을 열어 드리는 것을 의미한다
⑤ 말씀의 지식을 얻기 위해서가 아니라 말씀이 우리를 변화시키도록 우리를 말씀 앞에 드리는 것이다
⑥ 말씀을 읽다가 한 줄의 글이나 단어가 마음에 부딪혀 와 관심을 사로잡으면, 거기에 멈춰 서 그 말씀에 머문다
⑦ 그리고 그 말씀을 주의 깊게 반복해서 읽고 또 읽는다

(3) 말씀 묵상

① 마음에 와닿는 그 구절에 밑줄을 그어 표시한다
② 작은 소리로 천천히 반복 암송한다
③ 우리의 관심을 끄는 단어나 구절을 반복하여 되새김질한다
④ 주어진 말씀을 반복함으로써 말씀이 우리 내면 깊이 뿌리를 내려서 말씀과 내가 하나가 되게 한다
⑤ 그 말씀이 왜 나의 마음을 움직였는지, 그 말씀은 내게 무엇을 말하고 있는지를 마음과 이성과 감성, 즉 전 인격을 동원하여 묵상한다
⑥ 여기서 묵상은 말씀에 대한 지적인 연구를 하는 것을 의미하는 것은 아니다

(4) 기도

① 주어진 말씀과 그 말씀의 의미를 통해서 하나님이 오늘 나의 삶을 어떻게 인도하시는지 발견한다
② 이 단계는 말씀이 나의 전 존재의 가장 깊은 곳까지 들어갈 수 있도록 나를 더욱 말씀 앞에 열어 놓는다
③ 주신 말씀에 대하여 나의 생각, 뜻, 결심, 느낌을 동원해서 하나님께 응답하는 단계이다
④ "성경을 통해서 하나님이 우리에게 말씀하시고 우리는 기도를 통해서 하나님께 말합니다"

(5) 관조

① 관조는 말씀을 통해서 우리를 찾아오신 하나님의 현존 앞에 머무르는 단계이다
② 성령이 나와 하나님의 관계를 더욱 깊게 해 주시고, 인도하고 변화시킬 수 있도록
③ 하나님의 품 안에 깊은 사랑과 평화 속에 머물러 있는 상태다

(6) 마무리 단계

① 끝마칠 때는 하나님께 대한 감사의 기도로 마무리한다
② 기도의 자리에서 일어나기 전에 고요히 감사기도와 주님의 기도를 바친다
③ 일어나기 전에 마음에 와닿았던 성경구절들 중 하나를 택하여 기억하거나 쪽지를 간직한다
④ 일어나면서 그 구절을 가지고 일상으로 돌아간다 선택한 성경구절은 일상에서 끊임없이 되뇌인다

2) 소그룹 렉시오 디비나

간단하게 할 수 있는 소그룹 렉시오 디비나는 아래와 같이 진행할 수 있다.

(1) 찬송이나 복음 송 중에 한 장을 함께 부른다
(2) 인도자나 그룹 원 중에 말씀을 통해 성령의 음성 듣기를 소망하는 기도를 한다
(3) 인도자가 성경에서 10절 이내로 선택하여 온 본문을 돌아가며 한 절씩 읽는다
(4) 돌아가며 한 절씩 읽은 후에 3분 정도 묵상을 한다
(5) 묵상한 후에 특별히 자신의 마음에 부딪혀 온 단어나 숙어나 구절을 설명 없이 표현한다
(6) 하지만 자신의 마음에 부딪혀온 단어나 숙어 등이 없으면 억지로 말할 필요는 없고 자신은 없었다고 말한다
(7) 다시 한 번 돌아가면서 읽은 후에 5분 정도 묵상을 한다
(8) 마음에 다가오는 말씀을 통해 묵상할 때 성경에 나오는 인물이 되어 보기도 하고 본문의 주인공인 하나님의 마음을 상상해 보기도 한다 즉, 거룩한 상상력을 발휘해 본다
(9) 묵상한 후에 각자의 마음에 다가오는 내용이나 깨닫게 한 내용이나 회개하게 한 내용이나 감사하게 한 내용 등을 함께 나눈다
(10) 함께 기도한다 자신에게 주신 말씀의 음성과 함께 참여한 사람들에게 주신 말씀을 통해 깨달은 내용 등을 가지고 감사함으로 기도한다

참고로 한국교회 안에서는 가정을 심방하여 예배드릴 때 주로 찬송, 기도, 설교 등의 순서로 하는 경향이 보편적이지만, 소그룹 형태의 렉시오 디비나로 진행하는 것도 좋을 수 있다. 물론 초신자의 가정을 심방할 때는 찬송, 기도, 설교 등으로 하는 것이 더 바람직할 수 있다.

제9강

기도와 치유

1. 레드랜즈 실험

1) 기도와 상담 실험

(1) 캘리포니아의 레드랜즈대학교(Redlands University)에서 행해진 기도 실험이 실험은 윌리엄 파커(William R Parker)와 엘린 존스(Elaine St Johns)의 기도가 『당신의 인생을 바꾼다』(*Prayer Can Change Your Life: Experiments and Techniques in Prayer Therapy*)를 통해 알려짐

(2) 이 실험에서 피실험자들은 22세에서 60세까지 45명의 지원자로 이루어짐

(3) 그들 중 3분의 1은 대학생 3분의 2는 지역사회의 주부, 교사, 사업가, 그 밖의 직업군들

(4) 이들 지원자들은 연구에 참여했을 당시 우울증 등의 문제점을 가지고 있었고 나머지 50-75%의 사람들은 신체적으로 아무 이상이 없을 때도 의학적 치료를 받기 원하는 사람들이었음

(5) 환자들은 15명씩 세 개의 그룹으로 나눔

　① A 그룹은 평범한 심리요법을 받았지만 치료를 받는 동안 어떤 종교적 언급도 받지 않음
　② B 그룹은 평범한 기도만 하게 함-이들은 9개월에 걸친 실험 내내 매일 밤마다 자신을 위해 기도를 하게 함
　　이 그룹의 사람들은 충실한 종교적 실천자들이었고, 기도에 대한 한없는 확신을 가진 자들이었지만, 심리학적 상담은 불필요하다는 믿는 자들이었음
　③ C 그룹은 자신들의 대한 심리적인 검사를 제공 받으며 매주 2시간 동안 기도 모임을 통해 만남을 가짐

(6) 이들 세 그룹은 다른 그룹과 서로 어떤 접촉이나 의사소통도 하지 못하게 함
(7) 그들은 실험 전후에 몇 개의 심리학적 검사를 받음
(8) 모든 검사는 숙련된 통계 심리학자에 의해 집행됐고, 그들은 실험에 직접적으로 연관되지 않은 사람들이었음
(9) 검사에는 개인의 내면 깊숙한 곳에 자리잡고 있는 역동적인 움직임을 표면 밖으로 드러내게 만드는 검사를 위해 다양한 도구가 사용됨
(10) 9개월 후에 환자들은 다른 중립적인 심리학자들에 의해 다시 한 번 검사를 받음
(11) 연구 결과

　① 심리요법을 받은 A 그룹은 65%의 향상을 보임
　② 스스로 기도했던 B 그룹은 어떤 향상도 보이지 않음
　③ C 그룹은 72%의 향상을 보임

(12) 연구자들은 C 그룹, 즉 기도 모임 그룹 내에서 몇몇 참가자들이 총체적 치유가 일어났다고 확신했음

(13) 이들 참가자들은 초기에 편두통, 말더듬증 증상, 궤양 증상, 간질 증상을 보임

2) 레즈랜드 실험을 통해 본 기도와 상담

레즈랜드 실험을 통하여 몇 가지 중요한 문제를 생각해 볼 수 있음.

(1) 심리학적 상담은 불필요하다고 믿고 오직 기도만 한 그룹의 치유가 0%로 나타났다는 결과에 대해 몇 가지 해석이 가능함
(2) 오직 기도만 한 그룹을 하나님을 전적으로 신뢰하는 것으로 평가할 수도 있겠지만, 그 반대의 평가도 가능함
(3) 심리 상담을 무시하고 기도만 하는 것은 오히려 하나님의 주권을 제한하는 것이 될 수도 있음
(4) 하나님께서 인간을 치료하시는 방편들은 다양할 수 있음
(5) 하나님의 치유 방법들 가운데는 기도가 될 수도 있고, 의료적인 것이 될 수도 있고, 상담 치료적 것이 될 수도 있음

3) 기도에 대한 해석의 문제

(1) 만약에 외형적으로 나타난 결과만을 가지고 기도의 가치를 평가할 때는 심각한 문제를 불러옴
(2) 우리는 기도를 우리가 필요하다고 믿는 결과를 내놓게 하는 것으로 생각하는 경향이 있음
(3) 기도를 통해 하나님과의 깊고 생명력 있고 변형적인 관계 속으로 들어감 없이, 기도를 우리의 삶의 증상을 조작하는 시도로 사용하기 쉬움
(4) 기도의 본질은 기능적이 아니라 관계적임
(5) 기도의 본질적 특성은 하나님과의 대화이지 하나님을 통해서 어떤 것을 얻기 위한 수단이 아님

(6) 하나님께서는 이러한 다양한 방편들을 통해서 우리를 만나시고 치유하심
(7) 심리 상담이 필요한 사람에게는 기도보다는 심리 상담이 더 효과적일 수 있다는 전제는 지극히 성경적임
(8) 심리 상담이 요구되는 사람을 기도 치유에만 매달리게 하는 것은 오히려 하나님의 주권에 저촉되는 것이 될 수 있음
(9) 기도 치유와 상담을 사역으로 하는 사람들은 그들의 사역이 늘 하나님의 주권 아래 있음을 의식하는 것이 필요함

2. 하나님의 사역의 방편

1) God beyond us
   하나님은 초월적으로 우리에게 사역을 행하실 수 있음
2) God through us
   하나님은 우리에게 목회자 상담자 교사 등을 통해 사역을 행하실 수 있음
3) God with us
   하나님은 우리와 함께 사역을 행하실 수 있음
4) God within us
   하나님은 우리에게 선물로 주신 이성 감성 영성 몸을 통해 사역을 행하실 수 있음

4. 영적 치유의 차원

1) 영적 치유의 3차원: 프레이저 왓츠

   (1) 인간의 **영적 차원**이 개입하는 것으로 여겨지는 치유

① 몸과 정신과 같이 영성이 역할
② 인간의 존재론적 차원

(2) 인간의 **영적 의식**이 일정한 역할을 감당하는 치유

① 하나님 임재의식, 하나님의 주권 의식 등
② 인간의 기능론적 차원

(3) **영적 작용**의 관점에서 설명되는 치유

① 성령의 역사와 같은 초월적 작용
② 초월적 차원

2) 프레이저 왓츠의 핵심 질문

(1) 영적 치유가 과학적으로 이해되어야 하는가? 혹은 신학적으로 이해해야 하는가가 아니라 신학적 설명과 과학적 설명은 어떤 관계여야 하는가?
(2) 영적 치유에서 왓츠가 말한 영적 의식, 영적 차원, 영적 작용을 혼동해서도 안 되지만 이러한 차원들을 양자택일의 가치의 문제로 보아서도 안 됨
(3) 영적 치유나 생활은 오직 영적인 차원 그 자체와 관계된다고 보아서는 안 됨(통전적 관점 필요)

제10강

영 분별과 해석

1. 영 분별의 세 요소

1) 초자연적인 영향(preternatural influence)
2) 지적 작용의 과정(process of intellection)
3) 정서적 이끌림(attraction of affectivity)

세 가지 요소들은 어느 하나도 빠져서는 안 되는 필수 불가결한 요소들

2. 영 분별에서 정서적 차원

1) 영적 위안(consolation)과 영적 황량(desolation)

  (1) 영적 위안은 평안이 있고, 활기를 얻고, 희망에 차며, 영적인 만족을 느끼는 것을 말함
  (2) 물론 정서적 느낌이 긍정적으로만 느껴지는 것은 아님 때로는 우리가 경험하는 고통과 어둠도 영적 위안이 될 수 있음
  (3) 우리를 하나님께로부터 멀어지게 하는 것이 아니라 하나님께로 가까

이 나아가게 하는 것일 수도 있기 때문
(4) 영적 황량은 활기를 잃거나 하나님께로부터 멀어짐을 느끼게 되는 것을 말함

2) 영적 위안의 세 가지 의미

(1) 위안은 평화와 즐거움 같은 느낌(후회와 같은 부정적 느낌도 하나님께로 이끈다면 위안의 의미에 포함)
(2) 평화와 즐거움과 같은 위안의 원인은 궁극적으로 성령
(3) 평화와 즐거움과 같은 위안의 증거는 소망, 믿음, 사랑이 증가된 결과로 나타남

3) 영적 황량의 세 가지 의미

(1) 황량은 어두움, 혼란, 낙심 등과 같은 느낌
(2) 어두움, 혼란 등과 같은 황량의 궁극적 원인은 궁극적으로 성령을 거역하는 영
(3) 어두움, 혼란 등과 같은 황량의 증거는 소망, 믿음, 사랑을 감소

① 이냐시오는 황량이 불의와 절망과 상실에 대한 참되고 진정한 반응일 수도 있다는 것을 인정
② 하지만 그는 분별의 근본적인 규칙으로서 위안 속에서만 결단을 행하라고 함
③ 마음이 황량 또는 고독에 처해 있는 경우에는 행동하지 말아야 함
④ 그 시기에는 우리가 자신을 신뢰하지 못하기에 올바르고 진실하게 행동할 수 없기 때문
⑤ 황량이 얼마나 합리적이냐 비합리적이냐에 관계없이 우리의 삶 속에서 황량을 존중하겠다는 결심만큼 분별의 행위에 근본적인 것은 없음

4) 영적 위안을 검증하는 방법

위안은 하나님, 선한 영, 그리고 악한 영으로부터 올 수 있음.

(1) 사전 원인이 없는 위안(consolation without previous cause)

① 오직 하나님만이 아무 사전 원인(previous cause)이 없이 영혼에게 위안을 주실 수 있음
② 사전 원인이 없이 하나님께로부터 온 영적 위안은 영혼의 환경과 조건이 전혀 영적 위안을 경험할 수 있는 상황이 아닌데도 경험
③ 하나님께로부터 온 영적 위안은 사전 원인이 없는 위안(consolation without previous cause)
④ 하나님으로부터 온 위안은 우리가 처한 상황은 기쁨과 평안을 경험할 수 없는 상황인데,
⑤ 내면에 깊은 기쁨과 평안과 같은 위로가 있음

(2) '사전 원인이 있는 영적 위안'(consolation with previous cause)

① 이 위안의 근원이 선한 영일 수도 있고 악한 영일 수도 있음
② 사전 원인이 있는 위안의 근원은 자신일 수도 있음
③ 선한 영이 주는 위안은 영혼의 진보를 위해서 위안을 주지만, 악한 영은 영혼이 정도를 벗어나 그의 사악한 의도에 따르도록 하기 위해 거짓 위안
④ 특별히 주의해야 할 것은 빛의 천사처럼 가장한 악한 영의 정체임
⑤ 빛의 천사를 가장한 악한 영은 경건한 영혼에게 적합한 거룩한 생각을 갖게 함
⑥ 하지만 마지막에는 영혼이 정도에서 벗어나게 함

(3) 빛의 천사를 가장한 악한 영의 유혹에 빠지지 않기 위해서는 영혼이 생각의 전 과정을 주의 깊게 살펴보아야 함

① 생각의 변화의 전 과정과 그 생각의 변화에 따른 정서 상태는 어떻게 변화되어 왔는지를 관찰해야 함
② 생각의 전개 과정에서 시작과 중간과 끝의 과정이
   선함-선함-덜 선함,
   선함-덜 선함-더 덜 선함으로
③ 진행되어 영적 황량을 가져다주었다면, 악한 영의 덫이 사고의 과정 중 그 어디엔가 있음
④ 그러나 사고의 전 과정이 선하게 진행되었다면 그 사고들은 선한 영으로부터 온 것이며, 그 사고들은 하나님의 뜻과 일치된다는 것을 의미함
⑤ 핵심은 선한 영으로부터 오는 영적 위안은 동기와 과정과 결과가 선함
⑥ 하지만 악한 영으로부터 온 거짓 영적 위안은 처음 동기는 선한 것 같지만 결과는 악하고 파괴적임

3. 아빌라의 테레사의 영 분별

1) 생각과 미래의 꿈이 진리의 영으로부터 온 경우

(1) 평강과 조화를 가져오고, 불안하게 하지 않고, 소생시키고 소진시키지 않을 때
(2) 쉽게 잊을 수 없는 경우
(3) 당신 자신이 그 경험을 구성하지 않았다는 직관적인 느낌이 있는 경우

2) 생각이나 미래에 대한 꿈이 거짓의 영과 자신의 영에 의해 만들어진 경우

   (1) 혼란스럽고 동요하게 만들며, 그것이 지속되는 동안에 마음의 불안이 좀처럼 가라앉지 않는 경우
   (2) 그 영혼에 어둠과 고통을 초래할 수 있는 경우
   (3) 기도와 선한 일에 무덤덤하고 내키지 않는 생각을 들게 하는 경우

제11강

영혼의 어두운 밤

1. 인간의 욕구와 영혼의 어두운 밤

1) 하나님이 아닌 하나님의 창조물을 더 사랑하게 됨
2) 더 많이 소유하기 위해 하나님을 우상화시키기까지 함
3) 더 많이 소유하기 위해 하나님도 대상화(it)시킴
4) 아버지(Thou)보다 아버지의 것(it)을 더 사랑함
5) 탕자가 아버지와의 관계보다 물질에 더 집착했던 모습과 같음
6) 하나님 대신에 감각적인 것들을 숭배하게 됨
7) 감각적인 것에 중독
8) 탕자의 귀향 여정을 가리키는 영적인 명칭이 많음
   정화, 성화, 욕구의 변화, 영혼의 어두운 밤 등

2. 영혼의 어두운 밤의 의미

1) 십자가의 요한이 말한 '어두움'은 우리가 보편적으로 삶의 여정에서 겪게 되는 고난과 시련과 같은 것이 아님

2) 요한이 사용한 '어두움'이란 용어는 스페인어 '오스쿠라'(oscura)는 단순히 '컴컴함'임
3) '어두움'이란 밤에는 사물을 보기가 힘든 것처럼, 하나님과 인간의 가장 깊은 관계가 인간의 의식적인 깨달음으로부터 가려져 있음을 의미
4) 어두운 밤은 영혼이 초보 단계에서 숙련 단계로 진보하는 여정에서 경험하는 신호
5) 어두운 밤은 우리가 한때 믿음의 실천과 기도를 통해 누렸던 기쁨을 잃어버리는 경험과 여정을 말함
6) 하지만 어두운 밤에는 하나님의 역설이 숨겨져 있음
7) 찬란한 빛은 어두워진 시력을 초래하듯이 어두우면 어두울수록 성장의 가능성은 더 큼

3. 영혼의 어두운 밤의 신호

1) 기도와 삶 속에서 지속적이고 만연된 건조함과 불만족과 메마름에 대한 경험

   (1) 기도와 같은 영성생활을 통해서 누렸던 기쁨과 충만함이 사라지는 경험
   (2) 하나님은 정신의 모든 기능인 감정과 느낌들, 감각적인 것들과 영적인 것들, 외부적인 것과 내부적인 것을 고통스러울 정도로 드러내심
   (3) "지각은 어두움 속에 내버려두시고, 의지는 메마르게 하시고, 기억은 공허하게 하시고, 영혼의 감각들은 가장 깊은 고통과 비통과 곤경 안에 두시며, 사랑의 감정을 저버리고, 영혼이 영적인 것들을 통해 누렸던 이전의 달콤함은 멀리 두신다"
   (4) 단맛에 중독되어 있는 영혼을 정화시킴
   (5) 영혼은 감각적인 단맛 중독증에 빠져 있을 뿐만 아니라 영적 단맛에도 중독되어 있기 때문임

(6) 무미건조함의 지속적인 경험은 영혼의 어두운 밤과 자신의 죄와 결함 때문에 발생하는 것 사이를 구별해 주는 증거
(7) 자신의 죄와 결함으로 발생하는 고통이나 밤은 보통 다른 것들 속에서 어느 정도의 만족감을 누릴 수 있고 어느 정도의 시간이 흐르면 예전으로 회복이 가능
(8) 하지만 영혼의 어두운 밤에는 예전 방식들이 모두 공허해 보일 뿐만 아니라 똑같은 방식으로 다시 기도하거나 삶을 이어갈 수 없다는 것을 발견하게 됨

2) 예전의 기도 방식이나 영성생활의 방식에 대한 욕망이 저하되는 현상이 나타남

(1) 이러한 현상이 나타날 때 한동안 익숙했던 기도의 방법들과 영성생활을 위해 더 많은 노력을 해도 열망은 살아나지 않음
(2) 영혼의 어두운 밤에는 한동안 새벽기도에 나가서 열정적으로 부르짖고, 공적인 예배에 성실하게 참석을 했지만 이제는 그런 열정이 사라지게 됨
(3) 이러한 경험은 타락한 것처럼 느껴질 수 있음
(4) 왜냐하면 자신의 영적 삶이 퇴보하고 있는 것처럼 여겨지기 때문임
(5) 이런 경험은 영혼에게 고통과 슬픔과 불안과 같은 현상이 발생할 수도 있음
(6) 이러한 현상은 반드시 우울증과 같은 침울함이나 그 밖의 어떤 기분에서 기인한 것만은 아님

3) 내적인 고요함과 평안함 가운데서 하나님의 사랑스러움을 인식하며 그 안에 혼자 머무르길 원하는 형태로 나타남

(1) 어두운 밤을 경험하는 과정에 있는 사람은 하나님과 함께하며 이성적 사고와 걱정과 노력을 내려놓고 하나님의 사랑 안에서 쉬기를 원함

(2) 어떤 규범적인 훈련이나 행동 없이도 내적인 평화와 고요함 속에서 하나님에 대한 사랑어린 인식 가운데 홀로 머무르고 싶은 열망이 일어남
(3) 요한은 이 세 번째 신호가 어두운 밤의 가장 확실한 신호라고 봄

4. 영혼의 어두운 밤의 목적

1) 영혼의 어두운 밤을 경험할 때 우리 안에서 사라지는 것은 하나님 자체가 아니라 단지 하나님에 관한 우리의 개념, 이미지, 감각
2) 우리에게서 개념과 이미지와 감각으로부터 형성된 신적 우상들에 대한 애착을 제거해 주며, 나아가 진정한 하나님을 인식할 수 있도록 해줌
3) 이러한 경험은 하나님께서 우리를 버리시기 위함이 아니라 우리가 하나님과 연합 할 수 있도록 준비시키는 과정임
4) 어두운 밤을 통해 하나님이 아닌 우리 욕망과 애착이 만들어낸 우상을 섬기고 있다는 것을 발견하게 됨

5. 영혼의 어두운 밤과 정화

1) 영혼의 어두운 밤은 가장 근원적이고 본질적인 창조를 위한 밤
2) 십자가의 요한은 우리 자신에 의하여 성취된 능동적인 단계와 하나님에 의하여 비롯된 정화의 능동적인 단계를 구분함
3) 하나님에 의하여 비롯된 정화의 능동성은 우리로 하여금 능동성으로부터 수동성으로 전환하게 함
4) 이러한 수동성으로 전환은 우리로 하여금 공허감과 메마름에 빠지기도 함
5) 하지만 하나님이 주신 것에 붙들려 있는 우리를 해방시키시는 밤

6) 우리의 감각도 우리의 선한 행위도 우리가 심지어 하나님이라고 부르는 그 이름조차도 우리에게 우상화되어 있기에 하나님은 어두운 밤을 통해서 우리를 정화시킴

6. 영혼의 어두운 밤과 우울증

1) 영적 체험이지만 심리적 변화로 오인하거나 영적 체험이라고 생각했지만 심리적 현상

   (1) 기도생활에서 메마름, 공허, 우울증이 영적인 것인지 심리적인 것인지 분별해야 함
   (2) 반작용으로 우울증이 동반하는 영적 메마름 또는 어두운 밤을 경험한다면 우울증을 다루는 노력으로는 효과가 없음
   (3) 역으로 우울증을 영적 메마름이나 고독으로 생각하면 혼란을 초래함
   (4) 어떤 경우에는 이것을 심리적으로 불편한 일을 회피하는 '영적 태만'의 근거로 볼 수 있음
   (5) 십자가의 요한이 말한 어두운 밤은 영적 체험과 심리적 체험을 구분하는 데 도움
   (6) 어두운 밤은 하나님에 대한 심리적 현상이 아님

2) 영적 여정에서 많은 상승과 하강을 경험

   (1) 영적 여정에서 어떤 것들은 삶과 관계에서의 실패, 성공, 상실 등 일상생활의 경험에 의해 발생
   (2) 어떤 것들은 자신의 내적인 문제인 오래된 정신적 상처나 분노가 내적 성찰에 대한 반응으로서 표출
   (3) 어떤 것들은 생리적인 문제로 뇌의 화학 물질 변화에 의해 발생

(4) 이 모든 것은 우리의 심리적인 차원에서 발생한 것이지만, 기도 생활이나 영적인 인식과 영향을 서로 주고받음
(5) 우울증은 기도를 힘들게 할 수 있고, 기도 체험은 우울증을 증가시키거나 감소시킬 수 있음

3) 영혼의 어두운 밤과 우울증의 차이

제랄드 메이(Gerald May)는 어두운 밤에 나타나는 현상과 심리적 일차성 우울증과의 차이점을 구분하여 설명.

(1) 어두운 밤의 체험들은 일차성 우울증과 달리 생활이나 직업에서의 능력 상실이 나타나지 않는 것이 보통
(2) 놀랍게도 어두운 밤 체험 이후에도 유머 감각은 지속됨
(3) 다른 사람을 긍휼히 여기는 마음이 어두운 밤 체험 이후로 더욱 커짐 임상적 우울증에서 보이는 자기 몰두는 거의 또는 전혀 나타나지 않음
(4) 어두운 밤은 표면적으로는 불만족과 혼란이 매우 심하면서도, 가장 정직한 대답과 가장 깊은 반응을 들여다보면 모든 것이 제대로 되어 가고 있다는 감각을 지님
(5) 하지만 우울증의 경우에는 깊은 곳에서 무언가 잘못되어 가고 있다는 느낌이 있으며, 적어도 의식적인 수준에서는 철저하고 기적적인 변화를 바라는 욕구가 팽배
(6) 어두운 밤을 경험하는 사람은 임상적 우울증에 빠진 사람처럼 도움을 간절히 요청하는 것 같지는 않음 설명이나 평가를 바라기는 하겠지만, "날 좀 여기서 구해 주세요"라는 식의 말은 거의 들을 수 없음
(7) 어두운 밤을 경험하는 사람은 다른 사람이 어두운 밤의 시기를 통과하고 있는 것을 보고 좌절하거나 분노나 짜증을 느끼지 않음
(8) 이런 감정들은 내면화된 분노를 지닌 우울증을 가진 사람들에게서 흔히 볼 수 있음 그러나 어두운 밤을 체험하는 사람은 다른 사람이 같은

체험을 하는 것을 알고 위안을 받을 때가 많음
(9) 물론 어두운 밤의 체험과 우울증의 이러한 차이점을 일반화시키는 것은 적절하지 않을 수 있음
(10) 차이점들은 우리가 경험하는 두려움과 메마름과 공허 등이 단지 인간의 내면적인 심리적인 현상만이 아니라 하나님과의 관계에서 발생하는 영적 체험이 될 수 있다는 것을 알도록 도와주는 보완적인 현상으로 이해되어야 함
(11) 또한 이러한 차이점의 현상들을 가지고 모든 사람에게 동일하게 적용하거나 억지로 적용하여 사람들의 체험을 규격화하려고 해서도 안 됨
(12) 어두운 밤의 체험과 다른 어떤 요인으로 발생한 일차성 우울증이 함께 진행되는 것도 가능할 수 있기 때문임
(13) 차이점들이 오히려 우울증을 경험하고 있는 사람에게 필요한 심리치료나 약물치료를 간과해버리는 과오를 범할 수 있기 때문임
(14) 인간의 영적 체험이나 심리적 체험에 대한 이론적 연구나 임상적 연구를 통하여 내놓은 객관적인 자료라고 할지라도, 그러한 자료는 어떤 영적 체험이나 심리적 체험을 한 사람에게 그 자료는 항상 이차적인 것임
(15) 어두운 밤을 알아채는 경험처럼 보이는 것들 중에는 나태와 영적 교만과 영적 탐식으로 인해 발생하는 영적 질병일 수도 있음
(16) 또한 어두운 밤의 경험처럼 보이는 것들 중에는 어떤 것은 사실상 악한 영의 일일 수도 있음
(17) 때문에 어두운 밤의 체험과 다른 영적 체험들을 통해 여러 질문들을 해보아야 함

① 자신의 체험에 대한 건강한 개방성이 유지되는가?
② 자신의 체험을 모든 방향에서 그 경험에 대해 도움 받고자 하는가?
③ 체험에 대한 자신의 느낌과 상관없이 다른 사람에게 그것이 정직과 사랑과 믿음을 격려하는 것으로 느껴지는가?

④ 자신의 체험이 하나님을 의지하도록 하는가, 아니면 가로막는 것 같은가?
⑤ 자신의 체험이 하나님 사랑과 이웃 사랑을 자라게 하는가, 아니면 방해하는가?
⑥ 자신의 체험이 하나님의 임재와 은혜에 대한 더 깊은 감각으로 이끄는가, 아니면 냉랭함, 분리, 이기심, 적대감으로 이끄는가?

(18) 만약에 자신이 체험한 것이 하나님으로부터가 아니라 악한 영의 작용으로 의심이 생기는 경우 기도해야 함
(19) 하나님이 주신 은혜의 체험을 대면하는 경우, 그 기도는 자신에게 편안하고 조용하게 느껴짐
(20) 자신의 기도가 악한 영을 대면하고 있을 경우, 기도는 방해를 받거나 때로는 가로막히기도 함
(21) 기도에 대한 이런 지침은 보충적으로 이해되고 사용되어야지 절대적인 것처럼 남용되거나 완전한 분별 기준처럼 여겨서는 안 됨

제12강

영성생활과 방언

1. 방언의 이해

1) 방언(고전 12:10, 28, 30; 14:1-40)은 배운 경험이 없는 새로운 언어로 영적인 메시지를 전하는 능력과 관계됨

   (1) 다른 지체들의 유익을 위해 이 메시지는 말씀을 받는 자(고전 14:13), 혹은 통역의 은사가 있는 자에 의해 통역되어야 함(고전 14:26-28)
   (2) 바울은 방언의 은사를 공적으로 사용하는 것을 인정하지만 교회의 덕을 세우는 데 사용되어야 한다고 말함(고전 14:26-28)

2) 오순절의 방언(행 2:1-13)과 고린도에서의 방언의 사용(고전 14장)에는 차이가 있음

   (1) 고린도에서의 방언은 회중을 향한 메시지가 아닌 교회의 덕을 세우는 하나님께 드려지는 찬양(고전 14:2)과 관계됨
   (2) 따라서 고린도에서의 방언은 예언적이기보다는 예배에 가까움
   (3) 그러나 바울은 고린도전서 12:10, 28에 나타난 영적 은사에 대한 진술에서 다양한 '각종 방언'이 있음을 언급함

3) 바울은 고린도전서 14:2, 4, 14, 15, 28에서 각종 다른 방언에 대해 인정함

    (1) 개인적 방언 또는 방언 기도(고전 14:14-15)를 인정함
    (2) 통역되어야 하는 공적인 방언의 사용이 구분될 필요가 있음
    (3) 방언 기도는 경배나 중보를 돕기 위해 많이 사용
    (4) 하지만 방언의 은사의 주요한 목적은 상호 간에 덕을 세우기 위한 것임

4) 방언의 은사는 쉽게 남용되고 가장될 수 있음

    (1) 즉 방언은 영적 교만, 과도한 심취, 분열의 요인이 될 수 있음
    (2) 따라서 교회에 분별과 통역의 은사가 필요

5) 방언을 성령 받은 자의 필수 능력인 것처럼 가정되어 안 됨

    (1) 방언의 바른 해석 중요
    (2) 특히 방언이 성령 세례의 유일한 표적은 아님
    (3) 모든 신자들이 이 은사를 가진 것은 아님(고전 12:17-19, 30)

2. 방언의 해석

1) 앤서니 티슬턴(Anthony Thiselton)은 고린도전서의 방언의 은사에 대한 다양한 해석적 관점들을 다섯 가지로 정리함

    (1) 천사의 말로서의 방언(E Earle Ellis, G Dautzenberg)
    (2) 다른 나라의 언어를 말하는 기적적인 능력으로서의 방언(Chrysostom, Thomas Aquinas, Robert Gundy, Christopher Forbes)

(3) 전례적이거나 고풍스럽거나 율동적인 말의 형식으로서의 방언(F Bleek, C F G Heinrici, L T Johnson)
(4) 황홀경(무아경)에서 하는 말로서 방언(Tertullian, S D Currie, L T Johnson, H Kleinknecht)
(5) 과도하게 통제된 정신에서 나온 예지적인 지각이나 경험을 잠재의식적으로 또는 무의식적으로 폭발시키는 해방으로서의 방언(K Stendahl, G Theissen, F D Machia, Max Turner, J Motmann)

2) 티슬턴은 고린도전서 그리스어 본문의 주석을 통하여 다섯 번째의 입장을 취함

(1) 고린도전서에 나타난 방언은 '통역하다'라는 의미보다 '분명히 말하다' 또는 '말로 나타내다'라는 의미로 더 빈번하게 나타나기 때문
(2) 그는 이러한 증거를 통하여 고린도전서 12:10에 나타난 방언은 로마서 8:26에서 '말할 수 없는 탄식'이라는 어구와 병행을 이루고 있다고 봄
(3) 방언은 형언할 수 없는 고통이나 기쁨, 울음이나 웃음의 분출과 관련된 것으로 이해함
(4) 즉 방언에서 울음과 웃음은 의식과 개념, 그리고 인지적인 정신 이전에 터져 나오고, 순수한 명제적 진술로는 도저히 표현할 수 없는 소리나 몸짓으로 분출됨
(5) 그는 바울은 억누르지 않고 **"다 털어놓게 하는"** 성령의 해방하는 은사로 방언을 이해함

3. 방언의 언어와 목적

1) 방언의 언어

   (1) 천사의 언어: 찬양과 경배의 은사
   (2) 외국어: 영적인 메시지의 은사(통역 필요)
   (3) 율동적인 언어: 전례적이거나 율동적인 말의 은사
   (4) 황홀경(무아경)의 언어: 내적인 깊은 사귐의 은사
   (5) 심리적이고 무의식적 언어: 치료 또는 해방의 은사

성경의 문자적 내용만을 연역적으로 분석하거나 해석하는 데 머물러서는 안 되고 방언기도를 하는 사람들의 심리적 환경적 상황을 고려한 또는 포함된 해석이 필요.

2) 방언의 유익과 목적

   (1) 방언은 모든 사람에게 주어지는 것은 아니지만 하나님을 찬미할 때 사용할 수 있는 은사로서 아주 광범위하게 확산되어 있는 은사
   (2) 방언을 하는 것과 하나님을 찬미하는 것(행 10:26)의 결합은 대단히 중요
   (3) 찬미는 마음의 억제를 초월하는 것을 의미하기 때문임
   (4) 방언은 하나님께 영광을 돌리기 위하여 정신적인 개념들의 폭정으로부터 인격을 자유로이 해방시키는 수단이기도 함
   (5) 성령의 능력 안에서 자유를 누리게 되는 수단이라고도 할 수 있음

제13강

영성생활과 금식

1. 성경과 금식

1) 마가복음 9:14-29에 귀신들린 아이를 고치시는 예수님의 이야기
2) 제자들이 예수님께 "우리는 어찌하여 능히 그 귀신을 쫓아내지 못하였나이까"(막 9:28)
3) 제자들의 질문에 예수님은 "기도 외에 다른 것으로는 이런 종류가 나갈 수 없느니라"(막 9:29)
4) 마가복음 9:29에서 한국어 성경과 영어성경 NIV에서는 '기도'라고 번역
5) 영어성경 KJV에서는 "기도와 금식"으로 번역(And he said unto them This kind can come forth by nothing, but by prayer and fasting)
6) 기도와 금식의 의미와 가치를 볼 수 있음

2. 몸기도로서 금식기도

1) 우리는 정신과 육체의 차원을 향유한 존재로 창조되었기 때문에 기도도 정신과 몸으로도 할 수 있어야 함
2) 기도는 단지 마음 또는 정신으로만 하는 것이 아님
3) 기도는 몸으로도 해야 함
4) 어떤 의미에서 마음 기도보다는 몸기도가 훨씬 더 힘들고 어려운 기도일 수 있음
5) 마음으로 말하는 기도는 쉽게 할 수 있지만 몸기도인 금식은 고통과 인내를 수반하기 때문
6) "중요한 문제를 놓고 기도할 때는 금식을 병행하는 것이 좋다 금식은 마음을 더욱 간절하게 하고 기도에 전념하게 해 준다"(존 칼빈)

3. 금식기도의 목적

1) 극한 슬픔을 표현하는 형태로써 금식

    (1) 다윗은 사울의 죽음을 애도하며 금식함(삼상 31:11-13; 삼하 1:11-12) 다윗은 사울이 자기의 원수였지만 그가 하나님이 기름 부으시고 세우신 하나님의 종이었다는 것 때문에 사울이 죽었을 때 슬퍼하며 울며 금식함
    (2) 예수님은 제자들이 신랑이신 예수님을 빼앗기고 난 후에 금식할 것이라고 함(마 9:14-15)
    (3) 이처럼 극한 슬픔을 표현하는 형태로써 금식이 실천됨

2) 개인의 죄나 민족의 죄를 회개하기 위하여 금식함

니느웨 성의 왕과 백성들은 요나를 통해 선포된 하나님의 심판을 믿고 금식하며 회개함(욘 3:3-10).

3) 선교와 같은 사역에서 성령의 인도함을 받기 위해 금식함

   (1) 안디옥 교회는 금식하며 기도함으로 하나님을 섬기다가 세계 선교에 대한 성령님의 계시를 받게 됨(행 13:2-3)
   (2) "주를 섬겨 금식할 때에 성령이 가라사대 내가 불러 시키는 일을 위하여 바나바와 사울을 따로 세우라 하시니"

4) 하나님의 사역을 시작할 때에 필요한 힘과 은사를 받기 위해서 그리고 내적으로 자신을 준비시키기 위해서 금식함

   (1) 모세와 엘리야 그리고 예수님께서 40일 동안 광야에서 금식을 행했던 것도 바로 이러한 목적을 이루기 위해서임(출 24, 34장; 왕상 19장, 마 4장)
   (2) 예수님은 사십일 금식 후에 공생애 사역을 시작하심

5) 금식의 핵심 목적 중에 하나는 이웃 사랑

   (1) 금식의 목적은 이웃 사랑에 있음
   (2) 이사야 선지자는 금식의 목적은 다른 사람을 돕는 데 있다고 강조(사 58:6)
   (3) 금식은 우리 자신을 위한 것에 있기보다 우리가 먹지 않은 것으로 다른 사람들을 도와주기 위한 것임

4. 이사야 58:6의 해석의 중요성

1) 한국교회 안에서는 이 본문의 전후 문맥을 무시하고 금식 자체를 강조하기 위해 '금식은 하나님이 기뻐하시는 행위'라고 해석
2) 하나님께서 "나의 기뻐하는 금식은" 하고 말씀하였기 때문에 하나님께서 금식을 기뻐하신다는 것으로 해석
3) 하지만 이 본문에서 이사야는 사람들이 금식을 하면서도 다른 사람의 필요를 전혀 생각지 않고 자기 의와 자아도취의 행위로 변질시킨 것을 비판
4) 히브리어 본문에는 "나의 기뻐하는 금식"이라는 내용이 없음
5) 마소라 사본은 기뻐하다는 말이 아니라 "선택하다"는 뜻의 히브리어 "바하르"(bachar)를 사용함
6) 이 구절은 "내가 선택한 금식은 … "이라고 번역해야 옳음
7) 모든 영역본은 "the fast that I choose"라고 번역하고 있음
8) KJV, NIV 등 거의 모든 영역본은 마소라 사본에 따라 "내가 선택한 금식"이라고 번역하고 있음
9) 오로지 TNK만 "내가 바라는 금식"(the fast I desire)이라고 번역함
10) 심지어 중국어 성경도 "선택한 금식"이라고 번역함

5. 금식기도의 유형

1) 대부분의 한국 그리스도인들은 일반적으로 금식을 물만 먹고 하는 것으로 생각하는 경향
2) 하지만 기독교 역사에서 금식은 반드시 절식으로만 하는 것은 아니었음
3) 기독교 역사에서 부분 금식도 행해짐
4) 교부(abba) 요셉이 교부 포에멘에게 '금식은 어떻게 행해야 합니까?'

5) 포에멘은 '내 경험으로는 매일 먹는 것이 더 좋다고 생각한다 그러나 만족하지 않기 위해서 단지 조금씩만 먹는 것이 좋다'
6) 교부들은 음식을 전혀 먹지 않는 금식보다는

   (1) 평상시보다 음식의 양을 주려서 조금씩만 먹는 '금욕적인 금식'이나
   (2) 어떤 특정한 음식을 먹지 않는 '부분 금식'을 하였다는 것을 알 수 있음

6. 금식기도의 유형

1) 리처드 포스터(Richard Foster)는 금식을 세 유형으로 구분함

   (1) 일반적인 금식: 모든 종류의 음식, 그것이 고체 상태이든지 액체 상태이든지 간에 물을 제외한 모든 종류의 음식을 절식
   (2) 부분적인 금식: 모든 음식을 절식하는 것이 아니라 특정 음식만을 절식
   (3) 절대적인 금식: 음식과 물을 모두 먹지 않는 것

2) 성경에서 금식의 유형

   (1) 부분 금식과 절대 금식
   (2) 물만 먹고 하는 절식 형태의 일반 금식은 나타나 있지 않음
   (3) 어떤 특정한 음식을 먹지 않고 하는 부분 금식: 대표적인 예가 다니엘 (단 10:1-3, 고기 등과 같은 음식을 먹지 않음)
   (4) 큰 위기 가운데 주로 했던 절대 금식: 대표적인 예가 에스더(에 4:15-17, 민족적인 수난과 위기를 극복하기 위해 수산에서 3일간 절대 금식 기도)

3) 금식의 현대적 적용

   (1) 금식은 단지 음식을 먹지 않는 것뿐만 아니라 그 밖의 다른 것까지도 모두 절제하는 의미에서 금식을 이해
   (2) 절제란 인생의 즐거움을 모두 거부한다는 뜻은 아님
   (3) "우리가 세상적인 것을 즐거워하고 그것에 빠져 있으면서 하나님을 욕되게 하는 것만큼이나 그 즐거움을 피하고 두려워하는 것도 하나님을 욕되게 하는 것이기 때문이다."(달라스 윌라드(Dallas Willard)
   (4) 절제의 진정한 목적은 하나님께서 주신 선물을 올바르게 즐기는 방법을 배우는 것
   (5) 이런 종류의 금식은 텔레비전을 시청하는 대신 자연의 소리를 듣거나 침묵을 지키는 것도 현대적인 의미에서 금식의 형태가 될 수 있음
   (6) 육체적 건강에 열중하며 지나치게 매달리는 것도 자제해야 함
   (7) 예를 들어 강박관념에 시달리면서 먹지 않는 것뿐만 아니라 그렇게 먹는 것까지도 절제하는 것이 금식
   (8) 이 밖에도 절제를 통해서 금식을 실천할 수 있는 방법은 다양함

7. 교회력에 따른 금식기도의 실천

1) 교회에 기도 사역위원회 구성 필요
2) 기도 사역위원회는 금식이 시작되기 전에 구체적인 실천 계획과 방법과 목적을 준비하여 발표
3) 금식기도의 계획과 방법

   (1) 교회력의 각 절기 1-4주 전부터 '부분 금식'을 실천
   (2) 금식 기간에는 평소의 음식비용의 절반 정도를 절식
   (3) 예를 들어 평소에 2주에 본인의 식사와 간식비로 20만 원 정도였다면 10만 원 정도를 절약

(4) 금식 동안에는 고기와 기호식품을 먹지 않거나 평소 먹던 것의 반절만 먹으며 하는 것이 좋을 수 있음

4) 금식기도를 통한 사랑 실천 방법

(1) 기도사역위원회에서는 도움과 사랑이 필요한 성도들이나 이웃을 조사하거나 추천을 받아 명단 목록을 익명으로 작성하여 부분 금식이 시작되기 전에 성도들에게 나누어 줌
(2) 성도들 중에 도움과 사랑이 필요한 성도들의 익명과 함께 어느 정도 구체적인 내용을 작성하여 추천하도록 함
(3) 성도들은 익명으로 작성된 내용을 보고 부분 금식을 하며 기도하도록 하면 좋음

5) 절기별 금식기도의 목적과 실천

(1) 성탄절 금식 목적과 실천 방법

① 예수님이 친히 이 땅에 오신 성육신의 정신과 사랑을 기억하며 부분 금식을 하여 절약한 돈으로 사랑을 실천하기 위함
② 교회 안에서 가장 외롭게 살아가는 할아버지와 할머니, 그리고 소년 소녀 가장에게 사랑을 베푸는 데 목적을 두면 좋을 수 있음
③ 부분 금식기도는 성탄일 전야에 끝냄
④ 금식하면서 돕고 싶거나 사랑을 베풀고자 하는 마음이 생긴 성도의 익명을 헌금 봉투에 써서 절약한 돈과 함께 성탄일에 헌금함
⑤ 익명을 쓸 때는 한 사람만 써서는 안 되고 최소한 세 명 이상을 쓰도록 해야 함
⑥ 한 사람에게 많은 사람이 집중될 수 있기 때문
⑦ 또는 금식기도 중에 특별히 사랑을 베풀고 싶은 마음이 생긴 성도에게 성탄 예배 후나 저녁에 부분 금식을 통해 절약한 돈으로

식사를 대접하는 것도 좋음
⑧ 식사를 대접할 때는 대접을 받는 당사자만 알게 하고 조용히 실천해야 함

(2) 수난절 금식 목적과 실천 방법

① 예수님이 친히 몸의 고난을 겪으셨던 것처럼 주님의 고난을 실천적으로 경험
② 인류의 죄와 고통을 감당하기 위해 고난을 당하시고 죽으셨던 것처럼 이웃의 고통에 동참
③ 금식을 통해 절약한 물질을 교회 안과 밖의 가난하고 소외된 사람들에게 베풀면 좋음
④ 부분 금식과 함께 사랑을 실천하며 지키면 보다 더 건강한 교회 공동체가 되는 데 중요한 역할
⑤ 금식을 통해 절약한 물질을 드리면 자신들의 영적인 삶뿐만 아니라 유기체적 공동체의 삶을 경험하는 기회가 될 수 있음

(3) 추수감사절 금식 목적과 실천 방법

① 대부분의 한국교회들이 추수감사절에 감사에 대한 설교와 헌금을 함
② 하지만 추수감사절은 기억과 축제와 감사와 교육과 나눔의 목적
③ 목적에 맞게 추수감사절을 지내기 위해서는 부분 금식이 좋은 방법이 될 수 있음
④ 부분 금식을 실천하여 절약하여 물질적인 나눔을 통해 사랑을 실천하는 것은 감사절에 중요함

Tip) 추수감사절의 의미와 목적

1) 과거를 기억하는 것: "너는 애굽에서 종 되었던 것을 기억하고 이 규례를 지켜 행할지니라"(신 16:12).
2) 즐거워하는 것(축제의 절기): "너와 네 자녀와 노비와 네 성중에 있는 레위인과 및 너희 중에 있는 객과 고아와 과부가 함께 네 하나님 여호와께서 자기의 이름을 두시려고 택하신 곳에서 네 하나님 여호와 앞에서 즐거워할지니라"(신 16:11).
3) 하나님께서 주신 복을 생각하며 감사하는 것(신 16:10).
4) 교육적인 의미가 내포되어 있음: 특별히 자녀들을 위한 실물교육의 의미가 있음.
5) 물질을 드려서 나누는 것: 하나님께서 주신 물질을 드려서 그 물질을 특별히 고아와 과부와 나그네와 함께 나누는 것(신 16:11).

참고문헌

Adams, Jay E. *The Christian Counselor's Manual: The Sequel and Companion Volume to Competent to Counsel*. Grand Rapids, MI: Baker Books, 1981.

Adler, Mortimer J. *Intellect: Mind over Matter*. New York: Collier Books, 1990.

Allen, Diogenes. *Spiritual Theology: The Theology of Yesterday for Spiritual Help Today*. Cambridge, MA.: Cowley Publications, 1997.

Anderson, Ray S. *On Being Human*. Grand Rapids: Eerdmans, 1982.

Anderson, Ray S. *The Soul of Ministry: Forming Readers for God's People*. Philadelphia: Westminster/John Knox Press, 1997.

Anonymous. *The Cloud of Unknowing*. Whitefish, Montana: Kessinger Publishing, 2010.

Arias, Mortimer. "Centripetal Mission or Evangelization by Hospitality," in *Missiology: An International Review* 10, no. 1(1982): 69-81.

Arndt, William F. and Gingrich, F. Wilbur. *A Greek-English Lexicon of the New Testament and Other Early Christian Literature*. Chicago: University of Chicago, 1967.

Au, Wilkie *By Way of the Heart: Toward a Holistic Christian Spirituality*. New York: Paulist Press, 1989.

Baab, Lynne. *Personality Type in Congregations*. Herndon, AV.: Alban Institute, 1998.

Banks, Robert. *Redeeming the Routines: Bringing Theology to Life*. Wheaton, Ill.: Bridge Point, 1993.

Barth, Karl. *Christian Doctrine*. Edinburgh: T&T Clark, 1960.

Baxter, Richard. *The Saints's Everlasting Rest*, ed., E. Glenn Hinson, The Doubleday Devotional Classics, vol. 1. New York: Doubleday, 1978.

Beck, J. T. Outlines of Biblical Psychology. Edinburgh: T&T Clark, 1877.

Benner, David G. "What God Hath Jointed: The Psychospiritual Unity of Personality," *The Bulletin: Christian Association for Psychological Studies Guides*, 5, no. 2 (1979): 11.

Berkhof, Louis. *Systematic Theology*. Grand Rapids: Eerdmans, 1941.

Bernard of Clairvaux. *Selected Works*, Translated by G. R. Evans. New York: Paulist Press, 1988.

Bernard of Clairvaux. *The Love of God*. Portland, Oregon: Multnomah, 1983.

Bernard of Clairvaux. *Meat from the Mystics: Sermons on the Song of Songs*. Raleigh, NC.: Lulu Press, 2012.

Bissonnier, Henry. "Religious Expression and Mental Deficiency." in From *Religious Expression Religious Attitude*. ed. A. Godin. Brussels: Luman Vitae Press, 1965.

Bloesch, Donald G. *The Struggle of Prayer*. Colorado Springs: Helmers & Howard, 1988.

Bloom, Benjamin. *Taxonomy of Educational Objectives*. Boston, MA: Allyn and Bacon, 1956.

Boice, James Montgomery. *The Gospel of John, vol 1: The Coming of the Light: John 1-4*. Grand Rapids: Baker, 1999.

Bonaventure. *The Soul's Journey into Go: The Tree of Life; The Life of St. Francis*, Translated by Ewert Cousins. New York: Paulist Press, 1978.

Bonhoeffer, Dietrich. *The Cost of Discipline*. New York: Macmillan, 1959.

Bonhoeffer, Dietrich. *Collected Works of Dietrich Bonhoeffer*, Vol. II, Edited by Edwin H. Robertson, Translated by Edwin H. Robertson and John Bowden. London: William Collins Sons & Co., 1966.

Bonhoeffer, Dietrich. *Life Together*. London: SCM Press, 1954.

Boros, Ladislaus. *Pain and Providence*, Translated by Edward Quinn. Helicon Press, 1966.

Bowe, Barbara E. *Biblical Foundations of Spirituality*. New York: A Sheed & Ward Book, 2003.

Bradly, Ian. *The Celtic Way*. London: DLT, 1993.

Brennan, Robert Edward. *Thomistic Psychology: A Philosophical Analysis of Nature of Man*. New York: The Macmillan, 1941.

Bridger, Francis and Atkinson, David. *Counseling in Context: Developing A Theological Framework*. London: DLT, 1998.

Bromiley, Geoffrey W. 'Body', *The International Standard Bible Encyclopedia*, vol 1. Grand Rapids: Eerdmans, 1996.

Brooke, Avery. "What is Contemplation?," *Weaving*, 7/4 (1992): 10.

Brother Lawrence. *The Practice of the Presence of God*, edited by Donald E. Demaray. New York: Alva House, 1997.

Brown, David. *God and the Enchantment of Place: Reclaiming Human Experience*. Oxford: Oxford University Press, 2004.

Brown, Francis, Driver, S. R. and Briggs, Charles. *Hebrew and English Lexicon of the Old Testament*. Oxford: Oxford University Press, 1963.

Bruner, F. D. *A Theology of the Holy Spirit: The Pentecostal Experience and the New Testament Witness*. Grand Rapids: Eerdmans, 1970.

Buber, Martin. *Ecstatic Confessions*, Edited by Paul Mendes-Flohr, Translated by Esther Cameron. San Francisco: Harper & Row, 1985.

Buber, Martin. *I and Thou*, Translated by R. Gregor Smith. New York: Charles Scribners Sons, 1958.

Buttrick, David G. "Interpretation and Preaching," *Interpretation*, 25/1 (1981): 58.

Calvin, John. *Commentary on Luke*. Grand Rapids: Baker Book House, 2005.

Calvin, John. *Institutes of the Christian Religion*, I. Translated and Annotated by Ford Lewis Battles. Grand Rapids: Eerdmans, 1995.

Calvin, John. *Institute of the Christian Religion*, II. Translated and Annotated by Ford Lewis Battles. Grand Rapids: Eerdmans, 1995.

Calvin, John. *Institutes of the Christian Religion*, III. Translated and Annotated by Ford Lewis Battles. Grand Rapids: Eerdmans, 1995.

Calvin, John. *Sermons on Ephesians*. Edinburgh: Banner of Truth, 1973.

Cavalletti, Sofia. *The Religious Potential of the Child*. New York: Paulist Press, 1983.

Carson, V. and Huss, K. "Prayer," *Journal of Psychiatric Nursing and Mental Health Services* 17/3 (1979): 34-37.

Chapell, Bryan. *Christ-Centered Preaching: Redeeming the Expository Sermon*. Grand Rapid: Baker Books, 2005.

Cherry, Reginald. *Healing Prayer*. Nashville: Thomas Nelson Publishers, 2003.

Choi, Chang Kug. "Spirituality and the Integration of Human Life: Implications for Christian Education." Ph. D. Dissertation, University of Birmingham, 2003.

Ciampa, R. E. and Rosner, B. S. *The First Letter to the Corinthians*. Grand Rapids: Eerdmans, 2010.

Clark, Andy and Chalmers, David J. "The Extended Mind." *Analysis* 58(1998): 10-23.

Clement of Alexandria. *Stromata or Miscellanies* 5. Whitefish, MT.: Kessinger Publishing, 2010.

Clines, David. "A Biblical Doctrine of Man,", *The Journal of the Christian Brethren Research Fellowship* 28 (1976): 24.

Cobb, John. *To Pray or Not to Pray*. Nashville: Abingdon Press, 1974.

Coles, Robert. *The Spiritual Life of Children*. Boston: Houghton Mifflin Company, 1991.
Conn, Joann Wolski. "Toward Spiritual Maturity: Spirituality." In Catherine M. LaCugna, ed. *Freeing Theology: The Essentials of Theology in Feminist Perspective*. HarperSanFrancisco, 1993.
Corlett, Eleanor S. and Miller, Nancy B. *Navigating Midlife: Using Typology as a Guide*. California: Consulting Psychologists Press, 1993.
Cox, Harvey. *Fire From Heaven*. Reading, Mass.: Addison-Wesley, 1995.
Cranfield, Charles E. B. *The Epistle to the Romans: A Critical and Exegetical Commentary*. Edinburgh: T&T Clark, 1975.
Cully, Iris V. *Education for Spiritual Growth*. New York: Harper & Row, 1984.
Cunningham, Lawrence S. and Egan, Keith J. *Christian Spirituality: Themes from the Tradition*. New York: Paulist Press, 1996.
Currid, John. *A Study Commentary on Exodus*. Darlington: Evangelical Press, 2001.
Currie, S. D. "Speaking in Tongues." *Interpretation* (1965): 274-94.
Dabney, Robert. *Sacred Rhetoric. Edinburgh*: The Banner of Truth Trust, 1979.
Davies, John Gordon. *Liturgical Dance: An Historical, Theological and Practical Handbook*. London: SCM, 1984.
Davies, Paul. *God and the New Physics*. London: Simon & Schuster, 1983.
Dawson, Gerrit Scott, Gonzalez, Adele V., Hinson, E. Glenn, Job, Rueben P., Thomson, Marjorie J. and Wright, Wendy M. *Companions in Christ: A Small_Group Experience in Spiritual Formation*. Nashville: Upper Room Books, 2001.
Delitzsch, Franz. *System of Biblical Psychology*. Edinburgh: T&T Clark, 1867.
Descartes, Rene. *The Philosophical Works of Descartes*, Translated by E. S Haldance and G. R. T. Ross. Cambridge: Cambridge University Press, 1969.
Dilthey, Wilhelm. *Selected Writings*. ed. and trans. H. P. Rickman. Cambridge: Cambridge University Press, 1976.
Dienstfrey, Harris. *Where the Mind Meets the Body*. New York: HarperCollinsr, 1991.
Dionysius the Areopagite. *The Mystical Theology and the Celestial Hierarchies*. Godalming: Shrine of Wisdon, 1965.
Dossey, Larry. *Healing Words*. New York: HarperOne, 1995.
Downey, Michael. *Understanding Christian Spirituality*. New Jersey: Paulist Press, 1997.
Downey, Michael. *Understanding Christian Spirituality*. New York: Paulist Press, 1997.

Downs, Perry G. *Teaching for Spiritual Growth: An Introduction to Christian Education*. Grand Rapids: Zondervan Publishing House, 1994.

Duncan, Bruce. *Pray Your Way: Your Personality and God*. London: DLT, 1993.

Dunn, Richard R. and Sundene, Jana L. *Shaping the Journey of Emerging Adult: Life-Giving for Spiritual Transformation*. Downers Grove, IL.: InterVarsity Press, 2012.

Dyckman, Katherine, Garvin, Mary and Liebert, Elizabeth. *The Spiritual Exercises Reclaimed*. New Jersey: Paulist Press, 2001.

Dykstra, Craig. *Vision and Character: A Christian Educator's Alternative to Kohlberg*. New York: Paulist, 1981.

Edgerton, W. Dow. *Speak to Me That I May Speak: A Spirituality of Preaching*. Cleveland, Ohio: The Pilgrim Press, 2006.

Edwards, Jonathan. *Religious Affections*, John E. Smith ed. New Heaven, Conn.: Yale University Press, 1959.

Edwards, O. C. *Elements of Homiletic: A Method for Preaching to Preach* (New York: Pueblo Publishing, 1992), 63.

Eliot, T. S. *Four Quartets*. London: Faber and Faber, 2001.

Ellis, E. Earle. *Prophecy and Hermeneutics in Early Christianity*. Grand Rapids: Eerdmans, 1978.

Ellul, Jacques. *What I Believe*. Grand Rapids: Eerdmans, 1989.

Esatell, Kevin, ed. *Appointed for Growth: A Handbook of Ministry Development and Appraisal*. London: Mowbray, 1994.

Esler, P. E. "Glossolalia and the Admission of Gentiles into the Early Christian Community," in *The First Christians in Their Social Worlds: Social-Scientific Approaches to New Testament Interpretation*. London: Routledge, 1994.

Eswine, Zack. *Preaching to a Post-Everything World: Crafting Biblical Sermons That Connect with Our Culture*. Grand Rapids: Baker Books, 2008.

Fairbaim, Donald. "Grace As Sharing Divine Communion." in *Grace and Christology in the Early Church*. Oxford: Oxford University Press, 2003.

Farmer, Lorelei. "Religious Experience in Childhood: A Study of Adult Perspectives in Early Spiritual Awareness." *Religious Education* 87 (1992): 259-68.

Fee, Gordon D. *Paul's Letter to the Philippians*. Grand Rapids: Eerdmans, 1995.

Foester, Werner. "Sozo," TDNT vol. 6. 1971.

Forbes, C. *Prophecy and Inspired Speech in Early Christianity and Its Hellenistic Environment*, QUNT II, 75. Tubingen: Mohr, 1995.

Ford, J. M. "Toward a Theology of Speaking in Tongues," *Theological Studies* 32 (1971): 2-29.

Foster, Richard J. *Celebration of Discipline*. San Francisco: Harper & Row, 1988.

Fowl, Stephen E. & Jones, L. Gregory. Reading in *Communion*. Grand Rapids: Eerdmans, 1998.

Foxgrover, David. "Self_examination in John Calvin and William Ames." in *Later Calvinism*. ed. W. Fred Graham. Kirksville: Sixteenth Century Journal Publications, 1994.

Fowler, James. *Stage of Faith: The Psychology of Human Development and the Quest for Meaning*. New York: Harper & SanFrancisco, 1995.

Frede, Dordthea and Reis, Burkhard, eds. *Body and Soul in Ancient Philosophy*. Cumberland, RI: De Gruyer, 2009.

Ganss, George E. ed. *Ignatius of Loyola: Spiritual Exercises and Selected Works*. New York: Paulist Press, 1991.

Gendlin, Eugene. *Focusing*. New York: Bantam, 1981.

Glasser, Arthur F. "Missiology". in *Evangelical Dictionary of Theology*. Elwell, Walter A. ed. Grand Rapids: Baker, 1984.

Goergen, Donald. *The Sexual Celibate*. New York: Seabury Press, 1975.

Goldman, Ronald. *Religious Thinking from Childhood to Adolescence*. London: Routledge & Kegan Paul, 1968.

Goodman, F. *Speaking in Tongues: A Cross-Cultural Study of Glossolalia*. Chicago: University of Chicago, 1968.

Granger, H. *Aristotle's Idea of the Soul*. New York: Springer, 2010.

Grenz, Stanley J. *The Social God and the Relational Self: A Trinitarian Theology of the Imago Dei*. Louisville: Westminster John Knox, 2001.

Groome, Thomas H. *Christian Religious Education: Sharing Our Story and Vision*. San Francisco: Jossey-Bass Publishers 1991.

Guthrie, W. K. C. *Orpheus and Greek Religion*. Princeton: Princeton University Press, 1993.

Hadot, Pierre. *Philosophy as Way of Life*. Cambridge, MA: Blackwell, 1995.

Hamilton, Neill. *Maturing in the Christian Life: A Pastor's Guide*. Philadelphia: Geneva Press, 1984.

Happold, F. C. *Mysticism: A Study and an Anthology*. Harmondsworth: Penguin, 1963.

Hart, Thomas. *Spiritual Quest: A Guide to the Changing Landscape*. Mahwah, NJ.: Paulist Press, 1999.

Hay, David and Morisy, Ann. "Secular Society/Religious Meaning: A Contemporary Paradox." *Review of Religious Research* 26/3 (1985): 213-27.

Hay, David with Nye, Rebecca. *The Spirit of the Child*. London: Fount, 1998.

Hay, David. "Memories of a Calvinist Childhood." in *Roots in a Northern Landscape*. ed. W. Gordon Lawrence. Edinburgh: Scottish Cultural Press, 1996.

Heinrich, C. F. G. *Der erste Sendschreiben des Apostel Paulus an die Korinther*. Gottingen: Vandenhoeck & Ruprecht, 1989.

Heard, J. B. *The Tripartite Nature of Man*. Edinburgh: T&T Clark, 1866.

Heiler, Fredrick. *Prayer: A Study in the History and Psychology of Religion*. Oxford: Oneworld Publications, 1997.

Helminiak, Daniel A. *Spiritual Development: Interdisciplinary*. Chicago: Loyola University Press, 1987.

Hendricks, William D. *Exist Interviews: Revealing Stories of Why People Are Leaving the Church*. Chicago: Moody, 1993.

Henry, Matthew. *A Method for Prayer*, Edited by J. Ligon Duncan. Greenville: Reformed Academic Press, 1994.

Herbert of Cherbury. *The Life of Edward, First Lord Herbert of Cherbury*. ed. with an introduction by J. M. Shuttleworth. London: Oxford University Press, 1976.

Hoekema, Anthony A. *Created in God's Image*. Grand Rapids: Eerdmans, 1986.

Hoekema, Anthony A. *Created in God's Image*. Grand Rapids: Eerdmans, 1996.

Holmes, Urban T. *A History of Christian Spirituality: An Analytical Introduction*. San Francisco: Harper & Row, 1982.

Holmes, Urban. *A History of Spirituality*. New York: Seabury Press, 1980.

Houdek, Francis J. *Guided by the Spirit*. Chicago: Loyola, 1995.

Houston, James. *The Transforming Power of Prayer*. Colorado Springs: NavPress, 1996.

Hull, John M. "Bargaining with God: Religious Development and Economic Socialization", *Journal of Psychology and Theology* 27, 3 (1999): 241-49.

Hull, John M. "Christian Education in a Capitalist Society: Money and God", David Ford and Dennis L. Stemps eds., *Essentials of Christian Community: Essays in Honour of Daniel W. Hardy*. Edinburgh: T&T Clark, 1996.

Hull, John M. "Competition and Spiritual Development", *International Journal of Children's Spirituality* 6, 3 (2001): 263-75.

Hull, John M. "Spiritual Development: Interpretations and Applications", *British Journal of Religious Education* 24, 3 (2002): 171-82.

Hull, John M. *Utopian Whispers: Moral, Religious, Spiritual Values in Schools*. Norwich: Religious and Moral Education Press, 1998.

Humbert, E. G. *Jung* Paris: Editions Universtaires, 1983.

Ignatius of Loyola. *The Spiritual Exercises of St*. Ignatius, Translated by Anthony Mottola. New York: Doubleday, 1964.

Jaeger, Werner W. *The Theology of the Early Greek Philosophers*. Oxford: Oxford University Press, 1967.

James, William. *The Varieties of Religious Experience*. New York: Touchstone, 1997.

Johnson, B. C. "Tongues: A Sign for Believers?," *New Testament Studies* 25 (1979): 186-90.

Johnson, Reginald. *Your Personalty and God*. Wheaton, Ill.: Voctor Books, 1988.

Johnson, Terry. *Reformed Worship: Worship That Is According to Scripture*. Greenville: Reformed Academic Press, 2000.

Jonas, Hans. *The Gnostic Religion*. Boston, MA: Beacon Press, 2001.

Jones, Stanton L. and Butman, Richard E. *Modern Psychotherapies: A Comprehensive Christian Appraisal*. Dowers Grove, IL.: InterVarsity Press, 1991.

Julian of Norwich. *Revelation of Divine Love*. London: Penguin Classics, 1998.

Jung, Carl G. *Man in Search of Soul*. New York: Harcourt, Brace & World, 1933.

Jung, Carl G. *Memories, Dreams, Reflections*. London: Fontana Press, 1995.

Jung, Carl G. *Psychological Types*. Princeton, N.J.: Princeton University Press, 1971.

Kasemann, Ernst. "Ministry and Community in the New Testament," in *Essays on New Testament Themes*. London: SCM, 1981.

Kasemann, Ernst. "On the Subject of Primitive Christian Apocalyptic." in Ernst Kasemann. *New Testament Questions of Today*. trans. W. J. Montague. London: SCM, 1969.

Keating, Charles J. *Who WE Are Is How We Pray: Matching Personality and Spirituality*. New London: Twenty-Third Publications, 2008.

Keating, Thomas. *Open Mind and Heart: The Contemplative Dimension of Gospel*. New York: Continuum, 1997.

Kelsey, Morton T. *Speaking with Tongues: An Experiment in Spiritual Experience*. London:

Hodder and Stoughton, 1968.
Kelsey, Morton. *Christo-Psychology*. New York: Crossroad, 1982.
Kelsey, Morton. *Dreams: A Way to Listen to God*. New York: Paulist Press, 1987.
Kierkegaard, Soren. *Christian Discourses*, Translated by Walter Lowie. Oxford: Oxford University Press, 1961.
Knox, R. A. *Enthusiasm: A Chapter in the History of Religion with Special Reference to the XVII and XVII Centuries*. Oxford: Oxford University Press, 1973.
Koenig, H. G., Pargament, K. I. and Nielsen, J. "Religious Coping and Health Outcomes in Medically Ill Hospitalized Older Adults," *Journal of Nervous and Mental Disorders* 186 (1998): 513-21.
Koenig, Harold G., McCullough, Michael E. and Larson, David B. *Handbook of Religion and Health*. New York: Oxford University Press, 2001.
Koening, H. G., Hays, Cohen, L K., Larson, D. B. and Blazer, D. G. "Attendance at Religious Services, Interleukin-6, and Other Biological Indicators of Immune Function in Older Adults," *International Journal of Psychiatry in Medicine* 27(1997): 233-250.
Kornfeld, Margaret. *Cultivating Wholeness: A Guide to Care and Counseling in Faith Communities*. New York: Continuum, 1998.
Kuhn, Thomas S. *The Structure of Scientific Revolutions*. Chicago: University of Chicago, 1962.
Kuiper, R. B. "Scriptural Preaching," *The Infallible Word*. Phillipsburg, NJ: Presbyterian and Reformed, 1967.
Kurtz, Ernest & Ketcham, Katherine. *The Spirituality of Imperfection: Storytelling and the Journey to Wholeness*. New York: Bantam Books, 1994.
Ladd, George E. *A Theology of the New Testament*. Grand Rapids: Eerdmans, 1974.
Laeuchli, Samuel. *The Language of Faith: An Introduction to the Semantic Dilemma of the Early Church*. London: Epworth, 1965.
Langdon, A. A. "A Critical Examination of Dr Goldman's Research Study on Religious Thinking from Childhood to Adolescence." *Journal of Christian Education* 12 (1969): 37-63.
Lartey, Emmanuel Y. *In Living Colour: An Intercultural Approach to Pastoral Care and Counselling*. London: Cassell, 1997.
Leech, Kenneth. *Experiencing God: Theology as Spirituality*. New York: Harper & Row, 1985.
Leech, Kenneth. *Soul Friend: A Study of Spirituality*. London: Sheldon Press, 1985.

Leech, Kenneth. *Spirituality and Pastoral Care*. Cambridge: Cowley Publications, 1989.

Leech, Kenneth. *The Eye of the Storm: Spiritual Resources for the Pursuit of Justice*. London: DLT, 1997.

Lewis, C. S. "Christian Apologetics," in *Walter Hooper*, ed., God in the Dock: Essays on Theology and Ethics. Grand Rapids: Eerdmans, 1994.

Lewis, C. S. "The Weight of Glory," in *Transposition and Other Addresses*. London: Geoffrey Bles, 1949.

Lewis, I. M. *Ecstatic Religion*. Baltmore: Penguin Books, 1975.

Locke, Steven & Colligan, Douglas. *The Healer Within: The New Science of Mind and Body*. New York: E. P. Dutton, 1986.

Lovelace, Richard F. "Evangelical Spirituality: A Church Historian's Perspective," *Journal of the Evangelical Theological Society*, 31/1 (1988): 35.

Lovelace, Richard. *Dynamics of Spiritual Life*. Downers Grove: InterVasity, 1979.

Luther, Martin. "Preface to the Burial Hymns(1542)," in *Luther's Works*: Liturgy and Hymns V 53, Edited and Translated by Ulrich S. Leupold. Philadelphia: Augsburg Fortress, 1970.

Luther, Martin. *Three Treatises*. Minneapolis: Fortress Press, 1970.

MacDonald, W. G. "The Place of Glossolia in Neo-Pentecostalism," in F. Goodman, *Speaking in Tongues: A Cross-Cultural Study of Glossolalia*. Chicago: University of Chicago, 1968.

Machen, J. Gresham. *The Christian View of Man*. New York: Macmillan, 1937.

Macquarrie, John. *In Search of Humanity: A Theological and Philosophical Approach*. London: SCM, 1982.

Magee, Bryan. *The Story of Philosophy*. London: Dorling Kindersley, 2010.

Marshal, Paul. *A Kind of Life Imposed on Man: Vocation and Social Order from Tyndale to Locke*. Toronto: University of Toronto Press, 1996.

Matthews, D. A., Marlowe, S. M. and MacNutt, F. S. "Effects of Intercessory Prayer on Patient with Rtheumatoid Arthritis," *Southern Medical Journal* 93 (2000): 1177-86.

May, Gerald G. *Addiction and Grace: Love and Spirituality in the Healing of Addictions*. New York: HarperCollins, 1998.

May, Gerald G. *Care of Mind Care of Spirit: Psychiatric Dimension of Spiritual Direction*. New York: Harper & Row, 1992.

May, Gerald G. *The Dark Night of the Soul: A Psychiatrist Explores the Connection Between Darkness and Spiritual Growth*. New York: HarperCollins, 2004.

McCabe, Herbert. *God Matters*. London: Geoffrey Chapman, 1987.

McClendon, James W. Jr. *Systematic Theology: Ethics*. Nashville: Abingdon, 1986.

McDowell, Josh & Hostetler, Bob. *Johsh McDowell's Handbook on Counseling Youth: A Comprehensive Guide for Equipping Youth Workers, Pastors, Teachers, Parents*. Nashville: W Publishing Group, 1996.

McGinn, Bernard. *The Foundations of Mysticism*. London: SCM Press, 1995.

McGrath, Alister. *Christian Spirituality: An Introduction*. Oxford: Blackwell Publishers Inc, 1999.

McGrath, Alister. *Roots that Refresh: A Celebration of Reformed Spirituality*. London: Hodder & Stoughton, 1992.

Merton, Thomas. *Contemplative Prayer*. New York: Image Books, 1971.

Merton, Thomas. *Opening the Bible*. Collegeville, Minn.: Liturgical Press, 1970).

Merton, Thomas. *Raids on the Unspeakable*. New York: New Directions, 1966.

Miller, Samuel. *Thoughts on Public Prayer*. Harrisonburg: Sprinkle, 1985.

Moltmann-Wendel, Elisabeth. *I Am My Body: New Ways of Embodiment*, Translated by John Bowden. London: SCM, 1994.

Moore, Thomas. *Care of the Soul: A Guide for Cultivating Depth and Sacredness in Everyday Life*. New York: HarperPerennial, 1994.

Mulholland, M. Robert, Jr. "Life at the Center-Life at the Edge," *Weaving*. (July-August, 1998).

Mulholland, M. Robert, Jr. *Shaped by the Word: The Power of Scripture in Spiritual Formation*. Nashville: Upper Room Books, 2000.

Mulholland, M. Robert, Jr. *Invitation to the Journey: A Roadmap for Spiritual Formation*. Dowers Grove: InterVarsity Press, 1993.

Muller, Richard A. *Dictionary of Latin and Greek Theological Terms: Drawn Principally from Protestant Scholastic Theology*. Grand Rapids, Michigan: Baker Book House, 1985.

Murphy, Nancey. "Nonreductive Physicalism: Philosophical Issues," in Warren S. Brown, Nancey Murphy, and H. Newton Maloney, eds., *Whatever Happened to the Soul? Scientific and Theological Portraits of Human Nature*. Minneapolis: Fortress Press, 1998.

Murphy, Thomas. *Pastoral Theology: The Pastor and the Various Duties of His Office*. Audubon: Old Paths, 1996.

Murray, John. *Collected Writings: Systematic Theology v. 2*. Carlisle, PA: The Banner of Truth, 1977.

Murray, John. *Redemption-Accomplished and Applied*. Grand Rapids: Eerdmans, 1989.

Myers, David G., Abell, Jackie, Kolstad, Arnulf and Sani, Fabio. *Social Psychology*. McGraw-Hill Higher Education, 2010.

Nee, Watchman *The Release of the Spirit*. Indianapolis: Sue Foundation, 1956.

Newberg, Andrew and Waldman, Mark Robert. *How God Change Your Brain*. New York: Ballantine Books, 2009.

Noll, Mark. *The Scandal of the Evangelical Mind*. Grand Rapids: Eerdmans, 1995.

Norton, Karen R. Frank C. *Laubach: One Burning Heart*. Syracuse, NY.: Laubach Literacy International, 1990.

Nouwen, Henri J. M. *Making All Things New: An Invitation to the Spiritual Life*. San Francisco: Harper & Row, 1981.

Nouwen, Henri J. M. *The Return of the Prodigal Son: A Story of Homecoming*. London: DLT, 1994.

Nyssenus, Gregorius. *Contra Eunomium Liber*. Boston: Brill, 2002.

O' Laoire. "An Experimental Study of the Effects of Distant, Intercessory Prayer on Self-esteem, Anxiety, and Depression," *Alternative Therapies in Health and Medicine* 3, no. 6(1997): 38-53.

Oates, Wayne E. *The Psychology of Religion*. Waco, Texas: Word Books, 1984.

Oden, Thomas C. *The Transforming Power of Grace*. Philadelphia: Abingdon, 1993.

Osborne, Grant R. *The Hermeneutical Spiral: A Comprehensive Introduction to Biblical Interpretation*. Downers Grove: IVP, 1991.

Otto, Rudolf. *The Idea of the Holy*, Translated by John W. Harvey. Oxford: Oxford University Press, 1968.

Packer, J. I. *A Quest for Godliness: The Puritan Vision of the Christian Life*. Westchester, Ill.: Crossway, 1990.

Pagels, Elaine H. *The Gnostic Paul: Gnostic Exegesis of the Pauline Letters*. Philadelphia: Fortress, 1975.

Palmer, Parker J. "All the Way Down: A Spirituality of Public Life," in Parker J. Palmer, Barbrara G. Wheeler, and James Fowler, eds., *Caring for the Commonweal: Education for Religious and Public Life*. Macon, GA.: Mercer University, 1990.

Palmer, Parker J. *To Know As We Are Known: A Spirituality of Education*. London: Harper & Row, 1983.

Parker, William R. & Johns, Elaine St. *Prayer Can Change Your Life: Experiments and Techniques in Prayer Therapy*. New York: Prentice Hall Press, 1986.

Parsons, M. "Being Precedes Act, Indicative and Imperative in Paul's Writing." In *Understanding Paul's Ethics*. (Ed.) B. S. Rosner. Grand Rapids: Eerdmans, 1995.

Pasquier, Jacque. "Examination of Conscience and Revision de Vie." *The Way* 11(1971): 311-25.

Paulsell, Stephanie. *Honoring the Body: Meditations on a Christian Practice*. San Francisco: Jossey-Bass, 2002.

Pazmino, Robert W. *God Our Teacher*. Grand Rapids: Baker Academic, 2001.

Pelikan, Jaroslav. *The Christian Tradition: A History of the Development of Doctrine*. Chicago: University of Chicago Press, 1977.

Pennington, Basil. *True Self/False Self: Unmasking the Spirit Within*. New York: Crossroad, 2000.

Pennington, M. Basil. "Western Contemplative Spirituality and the Religious Educator." In *The Spirituality of Religious Educator*. (Ed.) James Michael Lee. Birmingham, Ala.: Religious Education Press, 1985.

Peterson, Eugene H. *Subversive Spirituality*. Grands Rapids: Eerdmans, 1997.

Peterson, Eugene H. *Working the Angels: The Shape of Pastoral Integrity*. Grand Rapids: Eerdmans, 1987.

Peterson, Eugene H. *Earth and Alter: The Community of Prayer in a Self-Bound Society*. Downers Grove, Ill.: InterVarsity Press, 1985.

Phillips, J. B. *Your God is Too Small*. New York: Macmillan, 1987.

Plato. *Laws*. Cambridge: Cambridge University Press, 2016.

Plato. *Phaedo*. Oxford: Oxford University Press, 2009.

Polanyi, Michael. *Personal Knowledge*. Chicago: University of Chicago Press, 1958.

Polanyi, Michael. *The Tacit Dimension*. Gloucester, MA.: Peter Smith, 1983.

Preus, Samuel. *Explaining Religion: Criticism and Theory from Bodin to Freud*. New Haven: Yale University Press, 1987.

Pseudo-Dionysius. *The Divine Names*. Whitefish, MT: Kessinger Publishing, 2010.

Pesudo-Dionysius. *The Mystical Theology* 3. Whithefish, MT: Kessinger Publishing, 2006.

Ramsey, Ian T. *Models and Mystery*. Oxford: Oxford University Press, 1964.

Reich, Charles. *The Greening of America*. New York: Random House, 1972

Rhodes, Lynn. *Co-Creating: A Feminist Vision of Ministry*. Philadelphia: Westminster Press, 1987.

Ricoeur, Paul. "Explanation and Understanding," in Chares E. Reagan and David Stewart, eds., *The Philosophy of Paul Ricoeur: An Anthology of His Work*. Boston: Beacon Press, 1978.

Robinson, Edward. *The Original Vision*. New York: Seabury Press, 1983.

Robinson, H. Wheeler. *The Christian Doctrine of Man*. Edinburgh: T&T Clark, 1934.

Robinson, J. A. T. *The Body: A Study of Pauline Theology*. London: SCM, 2012.

Rogers, Frank Jr. "Dancing with Grace: Toward a Spirit-Centered Education." *Religious Education* 89: 3 1994.

Rolheiser, Ronald. *The Holy Longing: The Search for a Christian Spirituality*. New York: Doubleday, 1999.

Russell, Bertrand. *History of Western Philosophy*. Oxford: Routhedge, 2004.

Russell, Letty. "Handing on Tradition and Changing the World." in *Transformation and Tradition in Religious Education*. ed. Padraic O'Hare. Birmingham: Religious Education Press, 1979.

Ryken, Leland. *Culture in Christian Perspective*. Portland: Multnomah, 1986.

Sanford, John A. *Dreams: God's Forgotten Language*. New York: Crossroad, 1982.

Sanford, John A. *Evil: The Shadow Side of Reality*. New York: Crossroad, 1981.

Schleiermacher, Friedrich. *Hermeneutics: The Handwritten Manuscripts*. ed. by Heinz Kimmerle. Missoula: Scholars Press, 1977.

Schneiders, Sandra. "Theology and Spirituality: Strangers, Rivals, or Partners?" *Horizons 13* Fall 1986.

Schreiner, Susan E. *The Theater of His Glory: Nature and the Natural Order in the Thought of John Calvin*. Grand Rapids: Baker Book House, 1991.

Seymour Jack L. and Miller, Donald E. eds. *Theological Approaches to Christian Education*. Nashville: Abingdon Press, 1990.

Sheldrake, Philip. *Spirituality and History: Questions of Interpretation and Method*. London: SPCK, 1995.

Sheldrake, Philip. *Spirituality and Theology: Christian Living and the Doctrine of God*. London: DLT, 1998.

Skemp, J. B. *The Greek and the Gospel*. London: Carey Kingsgate, 1964.

Smith, Christian. *Souls in Transition: The Religious & Spiritual Lives of Emerging Adults*. New York: Oxford University Press, 2009.

Smith, Huston. *The World's Religions*. New York: HarperSanFrancisco, 2009.

Smith, C. Ryder. *The Bible Doctrine of Salvation*. London: Epworth, 1946.

Solle, Dorothee. *The Silent Cry: Mysticism and Resistance*. Minneapolis: Fortress Press, 2001.

Solomon, Charles R. *The Handbook of Happiness*. Denver: Heritage House of Publications, 1971.

Sorrell, Tom. *Descartes: A Very Short Introduction*. Oxford: Oxford University Press, 2000.

St. Bonaventure. *The Soul' Journey into God,* Translated by Ewert Cousins. New York: Paulist Press, 1978.

St. John of the Cross. *Spiritual Sentence and Maxims*, Translated by E. Allison Peers. Createspace Independent, 2012.

St. John of the Cross. *The Ascent of Mount Carmel*, Translated by E. Allison Peers. Kent: Burns & Oates, 1983.

St. John of the Cross. *The Dark Night of the Soul*, Translated by E. Allison Peer. New York, 2003.

St. John of the Cross. *The Spiritual Canticle*. Whitefish, Montana: Kessinger Publishing, 1998.

St. Louis, Donald. "The Ignation Examen." in *The Way of Ignatius Loyola: Contemporary Approaches to the Spiritual Exercises*. ed. Philip Sheldrake. London: SPCK, 1991.

St. Teresa of Avila. *Interior Castle*, Translated by E. Allison Peers. London: Dover, 2007.

St. Teresa of Avila. *The Collected Works*. trans. and ecl. Kieran Kavanaugh and Otilio Rocdriguez. Washington, D.C.: Institue of Carmelite Studies, 1985.

St. Teresa of Avila. *The Way of Perfection*. London: Baronius Press, 2006.

Stacey, W. David. *The Paulline View of Man in relation to Its Judaic and Helenistic Background*. London: Macmillan, 1956.

Stanton L. Jones and Richard E. Butman, *Modern Psychotherapies*. Downers Grove, IL.: IVP, 1991.

Stein, Murray. *Jung's Map of the Soul*. Chicago: Open Court, 1998.

Stendahl, Krister. "Glossolalia- The NT Evidence." in Krister Stendahl. *Paul among Jesus and Gentiles*. London: SCM, 1977.

Stevens, Anthony. *Jung: A Very Short Introduction*. Oxford: Oxford University Press, 1994.

Stevens, R. Paul & Green, Michael. *Living the Story: Biblical Spirituality for Every Christian*. Grand Rapids: William Eerdmans Publishing Company, 2003.

Stevens, R. Paul. "Poems for People Under Pressure: The Apocalypse of the John and Contemplative Life," in J. I. Packer & Loren Wilkinson, eds., *Alive to God: Studies in Spirituality*. Dowers Grove: InterVarsity Press, 1992.

Stott, John. *Baptism and Fullness: The Work of the Holy Spirit Today*. Downers Grove, IL.: InterVarsity Press, 2006.

Strobel, Lee. *Inside the Mind of Unchurched Harry and Mary: How to Reach Friends and Family Who Avoid God and the Church*. Grand Rapids: Zondervan, 1993.

Theissen, Gerd. *Psychological Aspects of Pauline Theology*. trans. J. P. Galvin. Edinburgh: T&T Clark, 1987.

Temple, William. "The Divinity of Christ." In *Foundations*. (Ed.) B. H. Streeter. London: Macmillan, 1930.

The First Apology of Justin, the Martyr in Early Christian Father, ed., Cyril C. Richardson. Philadelphia: Westminster Press, 1953.

Theological Dictionary of the Old Testament, vol. 1. Grand Rapids: Eerdmans, 1977.

Theological Dictionary of the Old Testament, vol. 2. Grand Rapids: Eerdmans, 1977.

Theological Dictionary of the Old Testament, vol. 6. Grand Rapids: Eerdmans, 1977.

Theological Dictionary of the Old Testament, vol. 9. Grand Rapids: Eerdmans, 1977.

Thielicke, Helmut. *Theological Ethics 1*. Grand Rapids: Eerdmans, 1981.

Thiselton, Anthony C. *The Hermeneutics of Doctrine*. Grand Rapids: Eerdmans, 2007.

Thompson, Bard. *Liturgies of the Western Church*. Philadelphia: Fortress, 1961.

Thompson, Marjorie J. *Soul Feast: An Invitation to the Christian Spiritual Life*. Louisville: Westminster John Knox Press, 1995.

Thompson, Ross. *Christian Spirituality*. London: SCM, 2008.

Thomson, Marjorie J. Soul Feast: An Invitation to the Christian Spiritual Life. Louisville, Kentucky: Westminster John Knox Press, 1995.

Thouless, R. H. *An Introduction to the Psychology of Religion*. Cambridge: Cambridge University Press, 1972.

Thurman, Howard. *Disciplines of the Spirit*. New York: Harper & Collins, 1963.

Tolson, Chester L. and Koenig, Harold G. *The Healing Power of Prayer*. Grand Rapids: Baker

Book House, 2003.

Torrance, James B. *Worship, Community and the Triune God of Grace*. Dowers Grave: IVP, 1996.

Tozer, A. W., Snyder, J. L. *The Pursuit of God: The Life of A. W. Tozer*. Camp Hill, Penn.: Christian Publications, 1991.

Tugwell, Simon. "The Gift of Tongues in the New Testament," *Expository Times* 84/5 (1973): 137.

Turner, Denys. *The Darkness of God: Negativity in Christian Mysticism*. Cambridge: Cambridge University Press, 1995.

Turner, Denys. *The Darkness of God: Negativity in Christian Mysticism*. Cambridge: Cambridge University Press, 1996.

Ulanov, Ann & Barry. *Primary Speech: A Psychology of Prayer*. Atlanta: John Knox Press, 1982.

Underhill, Evelyn. "A Historical Sketch of European Mysticism from the Beginning of the Christian Era to the Death of William Blake." in *Mysticism: A Study in the Nature and Development of Man's Spiritual Construction*. New York: Meridian Books, 1955.

Uzukwu, Elochukwu. *Worship as Body Language*. Collegeville, MN: The Liturgical Press, 1997.

V. Cully, Iris. *Education for Spiritual Growth*. San Francisco: HarperCollins, 1984.

Veritatis, Evangelium. 23:18-26, Grobel, Kendrick. *The Gospel of Truth: A Valentinian Meditation on the Gospel*. trans. the Coptic and Commentary. Nashville: Abingdon, 1960.

Vermes, Pamela. Buber. London: Halban, 1988.

Viz, P. "Secular Personality Theories: A Critical Analysis," in T. J. Burke, ed., *Man and Mind: A Christian Theory of Personality*. Hillsdale, MI.: Hillsdale College Press, 1987.

von Balthasar, Hans Urs. "Theology and Sanctity," in *Exploring in Theology*, vol. 1: *The Word Made Flesh*. San Francisco: Ignatius Press, 1989.

Wakefield, Gordon S. ed. *Westminster Dictionary of Christian Spirituality*. Philadelphia: Westminster John Knox, 1983.

Ward, Benedicta, ed. *The Sayings of the Desert Fathers*. Kalamanzoo, Mich.: Cistercian Publications, 1975.

Ward, Ted. *Cross-cultural Christian Education and Korean Mission Movement*. Seoul: Hwettbull, 1994.

Warren, J. "Work Out Your Own Salvation." *EQ*. (1994).

Watts, Fraser. ed. *Spiritual Healing*. New York: Cambridge University Press, 2011.

Watzlawick, Paul, Weakland, John and Fisch, Richard. *Change: Principles of Problem Formation and Problem Resolution*. London: W. W. Norton & Co, 1974.

Weaver, Glenn. "Embodied Spirituality: Experiences of Identity and Spiritual Suffering Among Persons with Alzheimer' Dementia." in *From Cells to Souls and Beyond*. ed. Malcolm Jeeves. Grand Rapids: Eerdmans, 2004.

Weiser, A. *The Psalms: A Commentary*. trans. H. Hartwell. London: SCM, 1962.

Westerhoff, John III. *Spiritual Life: The Foundation for Preaching and Teaching*. Louisville, KY.: Westminster John Knox Press, 1994.

Westerhoff, John III. *Will Our Children Have Faith?*. San Francisco: Harper & Row, 1976.

Willard, Dallas. *Renovation of The Heart: Puting On The Character Of Christ*. Colorado Springs: NAVpress, 2002.

Willard, Dallas. *The Spirit of the Disciplines*. New York: HarperSanFrancisco, 1991.

William, C. G. "Glossolalia in the New Testament," *Tongues of the Spirit: A Study of Pentecostal Glossolalia and Related Phenomena*. Cardiff: University of Wales Press, 1981.

Williams, Rowan. "Sapientia and the Trinity: Reflections on the De Trinitate." In *Collectanea Augustiniana: Melanges T. J. van Bavel*. (Ed.) B. Brunning. Leuven: University Press, 1990.

Willmott, Trevor. "Spirituality and Appraisal," Kevin Esatell, ed., *Appointed for Growth: A Handbook of Ministry Development and Appraisal*. London: Mowbray, 1994.

Wolff, Hans Walter. *Anthropology of the Old Testament*. trans. Margaret Kohl. London: SCM, 1974.

Wolters, Albert M. *Creation Regained*. Grand Rapids: Eerdmans, 1985.

Woods, T. E., Antoni, M. H., Ironson, G. H. and Kling, D. W. "Religiosity is Associated with Affective and Immune Status in Symptomatic HIV-Infected Gay Men," *Journal of Psychosomatic Researchs* 45(1999): 165-176.

Wright, Nicholas Thomas. *Surprised by Hope: Rethinking Heaven, the Resurrection, and the Mission of the Church*. New York: HarperOne, 2008.

Wuellner, Flora. *Prayer and Living Christ*. Nashville: Abingdon, 1968.

갓프리, 로버트. "예배와 감정," 필립 그레이엄 라이큰, 데릭 토마스, 리곤 던컨 3세 편집, 『개혁주의 예배학』, 김병하·김상구 역. 서울: 개혁주의신학사, 2012.

권명수. "관상기도: 깊은 사귐의 기도," 정원범 엮음.『영성목회 21세기』. 서울: 한들출판사, 2007.
그룹, 토마스.『생명을 위한 교육』, 김도일 역. 서울: 한국장로교출판사, 2001.
김병석. "두뇌와 예배의 연관성에 관한 연구". 한국복음주의실천신학회.「복음과 실천신학」36권(2015): 118-46.
김상구.『개혁주의 예배론』. 서울: 대서, 2010.
김성민.『융의 심리학과 종교』. 파주: 동명사, 1988.
김세윤.『빌립보서 강해』. 서울: 두란노아카데미, 2009.
김순성. "고 민영완 목사의 목회와 영성에 나타난 주변성." 한국복음주의실천신학회.「복음과 실천신학」23 (2011): 97-125.
김순성. "한국장로교내 소수파 영성으로서의 고려파 영성의 특징과 평가." 한국복음주의실천신학회.「복음과 실천신학」제42권 (2017): 83-121.
김순환.『예배학 총론』. 서울: 대한기독교서회, 2012.
김순환. "포스트모던 상황과 예배의 지평확대를 위한 이론과 실제." 한국복음주의실천신학회.「복음과 실천신학」제42권 (2017): 122-51.
김재성.『개혁주의 성령론』. 서울: CLC, 2012.
김현진.『공동체 신학』. 서울: 예영커뮤니케이션, 1999.
나우웬, 헨리.『영성수업』, 윤종석 역. 서울: 두란노, 2007.
다우니, 마이클.『오늘의 기독교 영성 이해』, 안성근 역. 서울: 은성, 2001.
도시, 래리.『치료하는 기도』, 차혜경·장준원 역. 고양: 바람, 2008.
드종, 제임스.『개혁주의 예배』, 황규일 역. 서울: CLC, 2009.
디마레스트, 브루스.『영혼을 생기나게 하는 영성』, 김석원 역. 서울: 쉴만한물가, 2007.
래리모어, 월트.『하나님이 창조하신 건강한 사람』, 정지훈 역. 서울: 조이선교회, 2007.
레이드, 스탠포드.『칼빈이 서양에 끼친 영향』. 홍치모, 이훈영 역. 서울: 크리스챤 다이제스트, 1993.
로더, 제임스.『신학적 관점에서 본 인간발달: 영의 논리』, 유명복 역. 서울: CLC, 2006.
로빈슨, 해돈.『강해설교』, 박영호 역. 서울: CLC, 1999.
리버트, 엘리자베스.『영적 분별의 길』, 이강학 역. 서울: 좋은씨앗, 2016.
리치, 케네스,『마음으로 드리는 기도』, 노진준 역. 서울: 은성, 1992.
롱, 토마스 G.『설교자는 증인이다』, 서병채 역. 서울: CLC, 2005.
마샬, 월터.『성화의 신비』, 장준호 역. 서울: 복있는사람, 2010.
마샬, 폴.『천국만이 내 집은 아닙니다』, 김재영 역. 서울: IVP, 2000.

맥너트, 프랜시스. 『치유의 목회』, 신현복 역. 서울: 아침영성지도연구원, 2010.

멀홀랜드, 로버트. 『영성여행 길라잡이』, 서원교 역. 서울: 살림, 2008.

멀홀랜드, 로버트. 『예수의 길에서 나를 만나다』, 서원교 역. 서울: 살림, 2009.

메이, 제랄드. 『사랑의 각성』, 김동규 역. 서울: IVP, 2006.

몰트만, J. 『생명의 영』, 김균진 역. 서울: 대한기독교서회, 1996.

무어, 메리, 엘리자베스. 『기독교교육의 새로운 모형』, 이정근, 박혜성 역. 서울: 기독교교육협회, 1991.

무어, 토마스. 『영혼의 돌봄』, 김영운 역. 서울: 아침지도영성연구원, 2007.

미첼, 브리트 웹. "발달심리학을 뛰어넘는 신앙적 순례," 마크 맥민, 티모디 필립스 편집, 『영혼돌봄의 상담학』, 한국복음주의 기독교상담학회 전요섭외 공역. 서울: CLC, 2006.

바턴, 루스 헤일리. 『영적 성장을 위한 발돋움』, 황의무 역. 서울: 살림, 2007.

박태현. "21세기 한국교회를 위한 청교도 영성." 한국복음주의실천신학회. 「복음과 실천신학」 41 (2016): 72-105.

박현신. "4차 산업혁명의 도전에 대한 인문학적 질문과 실천신학적 응전." 한국복음주의 실천신학회. 「복음과 실천신학」 48 (2018): 41-81.

배은주. "기독학생의 신앙성숙도와 자존감의 관계 연구." 「복음과 상담」 3. 서울: 한국복음주의 기독교상담학회, 2004.

버클리, 수잔. 『영적 지도와 영적 여정』, 권희순 역. 서울: 은성, 2008.

베너, 데이비드. 『거룩한 사귐에 눈뜨다』, 노문종 역. 서울: IVP, 2007.

베너, 데이비드. 『영혼 돌봄의 이해』, 전요섭·김찬규 역. 서울: CLC, 2010.

베르나르, 샤를 앙드레. 『영성신학』, 정제천·박일 역. 서울: 가톨릭출판사, 2008.

보아, 케네스. 『기독교 영성, 그 열두 스펙트럼』, 송원준 역. 서울: 디모데, 2005.

부르보, 리즈. 『몸의 지능』, 이현경 역. 고양: 아시아코치센터, 2009.

빙켈, 에르나 반 드. 『융의 심리학과 기독교 영성』, 김성민 역. 서울: 다산글방, 1997.

샐리어스, 돈 E. 『예배와 영성』, 이필은 역. 서울: 은성, 2010.

손석태. 『성경을 바로 알자』. 서울: CLC, 2012.

스위트, 레너드. 『영성과 감성을 하나로 묶는 미래교회』, 김영래 역. 서울: 좋은씨앗, 2002.

스코펠로, 마들렌. 『영지주의자들』, 이수민 편역. 경북 왜관: 분도출판사, 2005.

신지은, 박정훈 외 3인. 『세계적 미래학자 10인이 말하는 미래혁명: 행복한 미래 불행한 미래』. 서울: 일송북, 2007.

아들러, M. J.『열 가지 철학적 오류』, 장건익 역. 서울: 서광사, 1990.

애들 알버그 칼훈.『영성훈련 핸드북』, 양혜원, 노문종 역. 서울: IVP, 2008.

앤더슨, 버나드 W.『시편의 깊은 이해』, 노희원 역. 서울: 대한기독교서회, 1997.

앤드슨, 레이.『새천년을 위한 영성사역』, 강성모 역. 서울: 나눔사, 1999.

언더힐, 이블린.『영성생활』, 배덕만 역. 서울: 누멘, 2008,

에드가, 윌리엄. "평생 예배," 필립 그레이엄, 데릭 토마스, 리곤 던컨 3세 편집,『개혁주의 예배학』, 김병하·김상구 역. 서울: 개혁주의신학사, 2012.

에드워드, 틸든.『영혼을 돌보는 영성지도』, 이만홍·최상미 역. 파주: 로뎀, 2010.

오먼, 조던.『영성신학』, 이홍근 역. 왜관: 분도출판사, 2012.

오현철. "설교자의 정체성과 성령의 역할". 한국복음주의실천신학회.「복음과 실천신학」41권(2016): 142-68.

울라노프, 앤 & 배리.『종교와 무의식』, 이재훈 역. 서울: 한국심리치료연구소, 1996.

유해룡. "고대와 중세시대의 영성," 정용석 외,『기독교 영성의 역사』. 서울:은성, 1997.

유해룡.『하나님 체험과 영성수련』. 서울: 장로회신학대학교출판부, 2007.

융, C. G.『인간과 무의식의 상징』. 이부영 외 역. 서울: 집문당, 2000.

웨버, 로버트 E.『예배학』, 이승진 역. 서울: CLC, 2012.

윌라드, 달라스.『마음의 혁신』, 윤종석 역. 서울: 복있는사람, 2005.

윌킨슨, 존.『성경과 치유』, 김태수 역. 서울: UCN, 2005.

윙켈.『융의 심리학과 기독교 영성』, 김성민 역. 서울: 다산글방, 1996.

임채남. "건강한 교회 성장과 사회적 책임과의 관계성에 관한 통계학적 분석연구". 한국복음주의실천신학회.「복음과 실천신학」34권(2015): 151-93.

장종현.『생명을 살리는 교육』, 서울: 백석신학연구소, 2008.

조성호. "4차 산업혁명시대와 기독교 영성의 발전 방안 연구." 한국복음주의실천신학회.「복음과 실천신학」제48권 (2018): 149-73.

조성호. "쓰기와 읽기를 통한 영적 성숙의 가능성 연구." 한국복음주의실천신학회.「복음과 실천신학」43 (2017): 113-138.

조성호. "해석학적 영성이해와 21세기 목회리더십 형성." 한국복음주의실천신학회.「복음과 실천신학」37 (2015): 95-128.

존슨, 벤 C.『목회영성』, 백상렬 역. 서울: 진홍, 1995.

존슨, 테리, 던컨, 리곤. "공동 예배에서 성경 읽기와 성경의 내용으로 기도하기," 필립 그레이엄 라이콘, 데릭 토마스, 리곤 던컨 3세 편집. 『개혁주의 예배학』. 김병하·김상구 역. 서울: 개혁주의신학사, 2012.

좁, 루벤. 『영성 수련』. 이세형 역. 서울: KMC, 2009.

찬, 사이몬. 『영성신학』. 김병오 역. 서울: IVP, 2002.

최창국. "건강한 돌봄을 위한 자기분화와 영성생활의 관계 연구." 한국복음주의실천신학회. 「복음과 실천신학」 제39권 (2016): 206-35.

최창국. 『기독교 영성신학』. 서울: 대서, 2010.

최창국. "기독교 영성의 통전적 이해." 「복음과 실천」 9, 2005.

최창국. "몸과 기독교교육: 통전적 교육을 위한 유기체적 인식." 「성경과 신학」 45, 2008.

최창국. "영성과 하나님의 프락시스: 영성훈련의 해석적 모델과 방향성." 「성경과 신학」 49 (2009).

최창국. 『영성형성과 돌봄을 위한 기독교 영성신학』. 서울: 대서, 2010.

최창국. 『영혼 돌봄을 위한 기독교 영성』. 서울: CLC, 2013.

최창국. 『해결중심 크리스천 카운셀링』. 서울: CLC, 2006.

최창국. "해석학의 상호텍스트성의 모델로서 정서적 역학 연구". 한국복음주의실천신학회. 「복음과 실천신학」 46권(2018): 230-60.

카이퍼, 아브라함. 『칼빈주의』. 박영남 역. 서울: 세종문화사, 1988.

칼훈, 애들 알버그. 『영성훈련 핸드북』. 양혜원·노문종 역. 서울: IVP, 2008.

켈러, 티모시. 『일과 영성』. 최종훈 역. 서울: 두란노, 2014.

콕스, 리처드. 『뇌는 설교를 어떻게 받아들이는가』. 김창훈 역. 서울: CLC, 2014.

콕스, 하비. 『영성 음악 여성: 21세기 종교와 성령론』. 유지황 역. 서울: 동연, 1998.

클라인벨, 하워드. 『목회상담론』. 박근원 역. 서울: 한국장로교출판사, 2001.

타이어, 넬슨. 『영성과 현대목회』. 이윤복 역. 서울: 성광문화사, 1992.

투르니에, 폴. 『강자와 약자』. 정동섭 역. 서울: IVP, 2007.

파스칼, 블레즈. 『팡세』. 김형길 역. 서울: 서울대학교출판문화원, 2010.

프랑클, 빅토르 E. 『무의식의 하나님』. 임헌만 역. 서울: 그리심, 2009.

피터슨, 유진. 『이 책을 먹으라』. 양혜원 역. 서울: IVP, 2006.

홈, 캘빈 S., 노드비, 버논 J. 『융 심리학 입문』. 김형섭 역. 서울: 문예출판사, 2012.

홈즈, 어반 T. 『목회와 영성』. 김외식 역. 서울: 대한기독교서회, 1988.

휴즈, 로버트 데이비스. "기독교 영성에서의 성령." 『기독교 영성 연구』. 권택조 외 역. 서울: CLC, 2017.